JN342465

漢文博士

한자능력검정시험 3-2급

권 출판사

국립중앙도서관 출판시도서목록(CIP)

저절로 외워지는 한자능력 검정시험 3~2급/
엄기창 저, --서울 : 퀸출판사, 2003
p. ; cm

ISBN 89-950987-6-7 03710 : ₩15000

711.47077-KDC4
495.78-DDC21 CIP2003001600

저절로 외워지는
한자 능력
검정시험 3~2급
(漢 文 博 士)

2000年 12月15日 · 初版印刷
2022年 10月30日 · 十一版發行

編 者 嚴 基 昌
發行人 盧 富 江
發行處 퀸출판사

주소:서울특별시 영등포구 신길로15가길 8
등록:1999年 10月25日(제12-268호)

TEL : 848-7618
FAX : 832-0618
H.P : 010-9112-7618
H.P : 010-6668-7618

값 15,000

머리말

지금 세상은 너무나 빠르게 변하고 있습니다.

그 속에서 오늘날 소외되었던 한문의 중요성은 점점 더 우리를 한문 공부를 하지 않을 수 없는 궁지로 몰아넣고 있습니다. 쉽사리 이해할 수 없는 한자. 시간은 없고 마음만 조급해집니다.

이러한 독자 여러분의 고민을 풀어드리기 위하여 폐사(弊社)에서는 종래의 상형문자화된 한자에 현대감각을 더 가미하여 그림으로 쉽게 이해할 수 있는 100% 그림 풀이 한문책을 출간하였습니다.

이제 우리는 이 책으로 한자 하나 하나의 그림 풀이를 직접 보고 그 속에서 한자를 익힐 수 있게 되었으니, 옛말대로 百聞이 不如一見이라는 平凡한 진리를 이 책이 실증하여 줄 것입니다.

독자 여러분의 건승을 빕니다.

감사합니다.

편자 씀

本册의 特徵

1) 본서는 문교부선정 기초한자 1,800字를 근간으로 하여 한자 2천여자를 효과적이고 능률적으로 익힐 수 있도록 現代감각에 맞게 단계적으로 圖解 설명하여 놓았다.

2) 합성한자의 부수자는 청색으로 표기하였으며 해당자의 左則欄에 부수자를 일일이 도해 설명하고 各 字의 밑欄에는 字源풀이를 하여 두자가 합하여 새로운 字가 된 緣由를 설명하여 놓았다.

3) 各 字마다 그 字에 해당하는 單語를 수록함으로서 용어의 쓰임을 정확하고 쉽게 익히도록 하였다.

4) 문교부선정 기초한자중 중학생용 한자는 字義 앞에 田표를 하였고 고등학생용 한자는 □표를 하여 구별할 수 있게 하였다.

5) 글자의 뜻은 알아야 하되 그 字의 音은 암기할 필요가 없는 한자는 단어를 수록하지 않았으며 뜻만 기억하도록 ※표로 주를 달아놓았다.

예) ※(뜻만 기억할것)
襄 겹겹이쌀 양

※ 위와같은 字들은 字義의 끝의 음 즉 양字라고 까지 암기할 필요가 없으며 겹겹이 싼다는 뜻을 가진 字라고만 기억하면 됨.

6) 各 字마다 일본어로 음과 훈을 표기하여 동시학습의 효과를 꾀하였다.

7) 본서는 산뜻한 三色度 인쇄로 학습능률을 倍加할 수 있게 하였다.

8) 부록에는 字音索引을 넣어 글자가 실린 페이지를 명기하고 쉽게 찾아볼 수 있게 하였다.

9) 各 字마다 筆順을 넣고 학습의 편의를 위하여 同字(동)·略字(약)·俗字(속) 등도 併記했다.

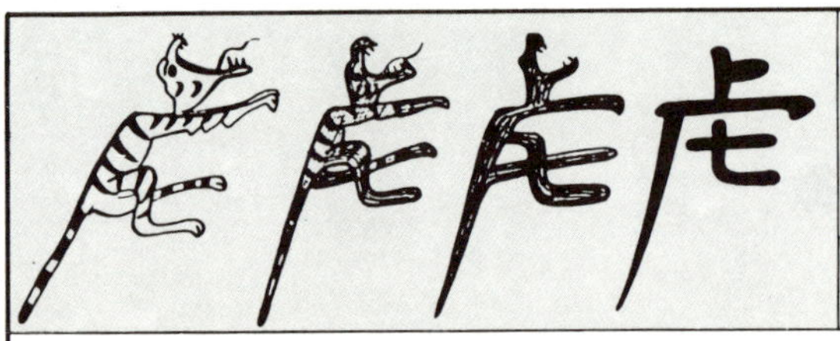

虍

丨 | ⺊ | 𠂉 | 广 | 虍

※뜻만 기억할 것.

범의문채 호

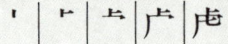

범의 모양을 본뜬 자(다른 자와 합하여 **범**의 뜻으로 쓰임)

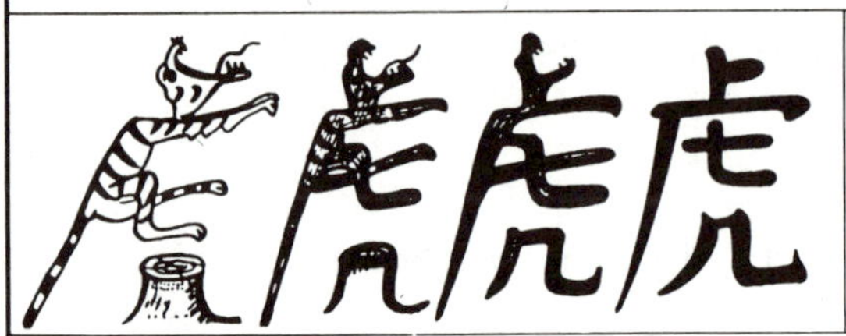

虎

丨 | ⺊ | 𠂉 | 广 | 虍 | 虎

虎口 (호구) 매우 위험한 경우

虎尾 (호미) 호랑이 꼬리

中 범 호 コ(とら)

3급II 나무 등걸을 박차고 뛰어 오르는 **범**의 모양을 본뜬 자.

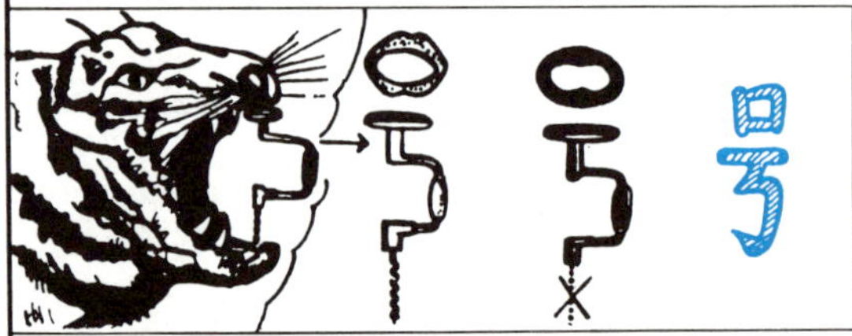

號

口 | 号 | 号⺊ | 号𠂉 | 号虍 | 號 약 号

號令 (호령) 지휘하여 명령함

號數 (호수) 번호의 수효

中 부르짖을 호 ゴウ(さけぶ)

6급 **입을 드릴** 길이 만큼 벌리고 **범**이 **부르짖다.**

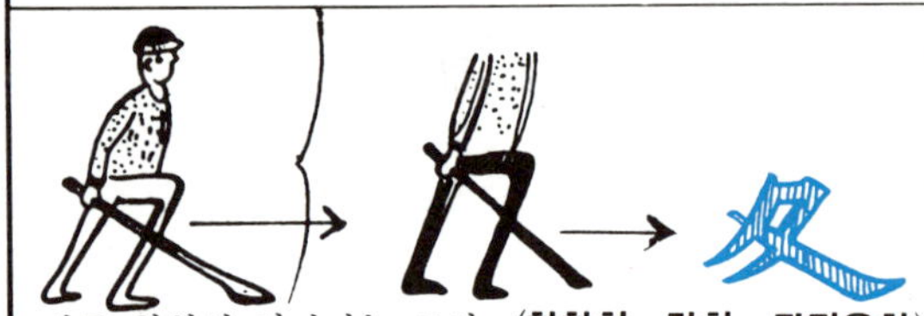

발로 천천히 걸어가는 모양. (**천천히, 갈치. 뒤져올치**)

處

⺊ | 𠂉 | 广 | 虍 | 虍夂 | 處 약 処

處女 (처녀) 결혼안한 나이찬 여자

處罰 (처벌) 형벌에 붙임

中 곳 처 ショ(ところ)

4급II **범**이 **천천히 걸어** 나타나던 **곳이** 여기다.

虛

⺊ | 𠂉 | 广 | 虍 | 虍 | 虛 속 虚

虛榮 (허영) 실속이 없이 겉만 꾸미는 것

虛事 (허사) 헛된 일, 헛 일

中 빌 허 キョ(むなしい)

4급II 범이 빠지게 파놓은 함정이 **비어** 있다는 뜻.

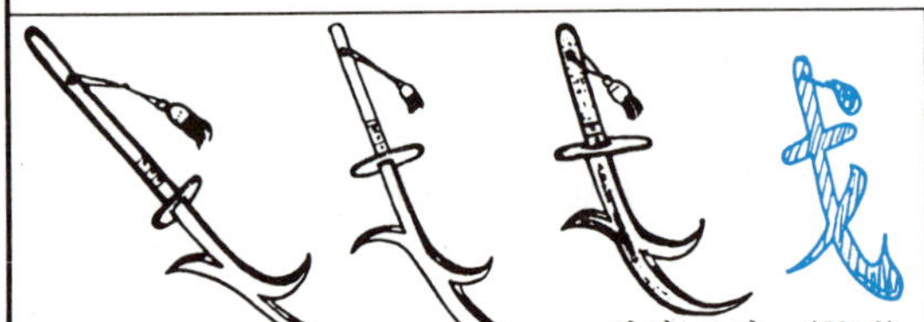

창의 모양. (**창과**)

戲

戲 | 广 | 虍 | 虛 | 戱 | 戲

동

戲曲 (희곡) 연극의 각본

戲劇 (희극) 익살부려 웃기는 연극

놀 희

희롱할 희 キ(たわむれる)

3급II 속이 **빈** 탈을 쓰고 **창**을 휘두르며 **희롱하듯 놀다.**

鹿

丶 亠 广 声 声 鹿

鹿茸 (녹용) 사슴의 새로 돋은 연한 뿔 보약으로 씀

鹿皮 (녹피) 사슴의 가죽

사슴 록 ロク(しか)

3급

집에 **사슴**이 있는 모양.

젖가슴의 모양. (**가슴심 · 마음심**)

발로 천천히 걸어가는 모양. (**천천히, 갈치, 뒤져올치**)

慶

广 声 声 慮 慶

慶事 (경사) 기쁜 일

中 경사 경 / 하례할 경 ケイ(よろこぶ)

사슴을 몰고 **마음씨** 착한 자를 찾아 **가서** **경사,** 날(성탄일)마다 **하례하다.**

麗

丽 丽丽 严 麗 麗 麗

麗人 (여인) 얼굴이 고운 여자

麗朝 (여조) '고려 왕조'의 준말

고울 려 レイ(うるわしい)

4급II

(색) **안경**을 쓰고 **사슴**을 보니 **곱다.**

馬

丨 厂 冂 𫠠 馬 馬

馬術 (마술) 말 타는 기술

牛馬 (우마) 소와 말

中 말 마 バ(うま)

5급

말의 모양.

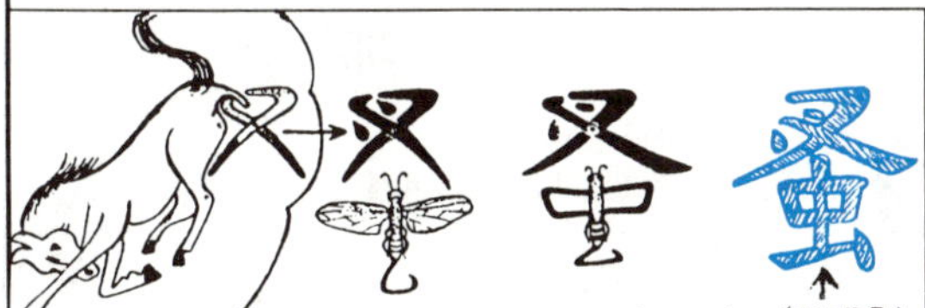

벌레의 모양. (**벌레충**)

騷

厂 馬 馬 馭 騷 騷 약 騒

騷動 (소동) 여러 사람이 법석을 함

騷然 (소연) 떠들석한 모양

떠들 소 / 시끄러울 소 ソウ(さわぐ)

3급

말가죽을 **집게로 집어뜯** 듯이 **벌레**가 무니 **시끄럽**게 **떠들**어 대다.

대나무의 이파리 모양을 본뜬 자(**대죽**)

篤

丿 ⺈ ⺮ 笃 篤 篤

篤實 (독실) 열성있고 진실함

篤志 (독지) 뜻이나 마음씨가 친절함

두터울 독 / 위독할 독 トク(あつい)

3급

대나무로 **말**가죽이 부어서 **두텁게** 되도록 때리어 말이 **위독**하다.

燕

一 廿 甘 甘 燕 燕

燕樂 (연락) 주연을 베풀고 즐거이 놂
燕雀 (연작) ① 제비와 참새 ② 작은 새, 그릇이 작은 사람

□ 제비 연 エン(つばめ)

3급 **제비**의 모양을 본뜬 자.

象

象 象 象 象 象 象

象牙 (상아) 코끼리의 어금니
現象 (현상) 나타난 상태

□ 코끼리 **상** ショウ(かたどる)

4급 **코끼리**의 모양을 그린 자.

사람이 섰는 모양. (**사람인**)

像

亻 亻 伯 像 像 像

想像 (상상) 미루어 생각함
肖像 (초상) 사람의 용모와 똑같게 그린 것

□ 형상 **상**
닮을 **상** ゾウ

3급Ⅱ (코끼리를 본 적이 없는) **사람**들이 **코끼리**의 **형상**을 **닮게** 그리다.

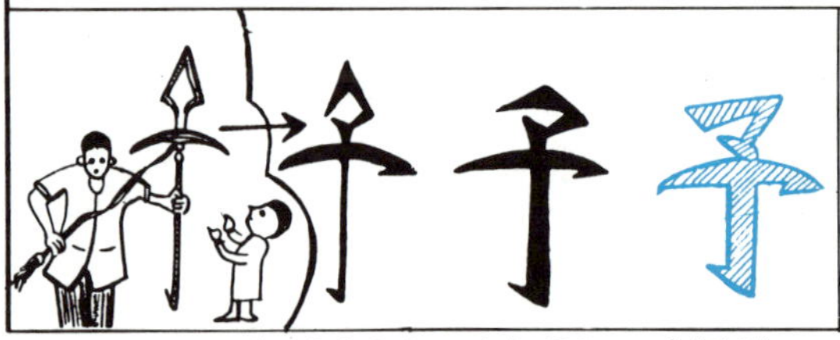

끈을 떼어버리고 창을 주는 모양(**줄여**)

豫

予 予 予 予 豫 豫

豫防 (예방) 미리 막음
豫選 (예선) 예비적으로 골라 뽑음

□ 미리 **예** ヨ(あらかじめ)

4급 (먹이를) **주기**도 전에 **코끼리**가 코를 **미리** 내민다.

卯

卯 卯 卯 卯 卯

卯飯 (묘반) 조반
卯正 (묘정) 오전 여섯시

中 토끼 묘 ボウ(う)

3급 **토끼**의 모양.

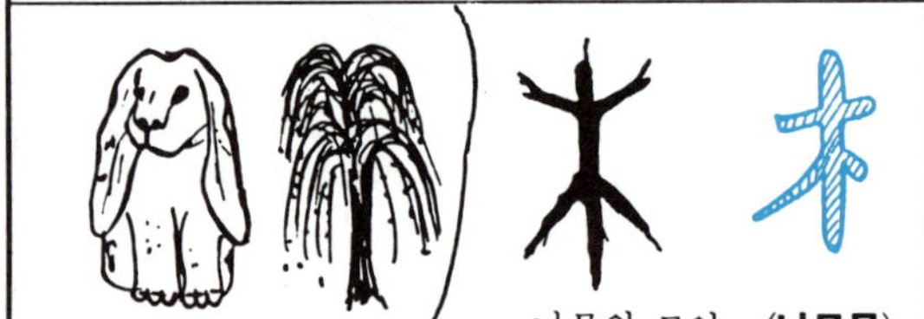

나무의 모양. (**나무목**)

柳

一 木 杠 柳 柳 柳

柳絲 (유사) 버드나무의 가는 가지
花柳 (화류) 꽃과 버들

中 버들 **류** リュウ(やなぎ)

4급 **나무**로 가지가 **토끼** 귀같이 늘어진 게 **버들**이다.

밭의 모양 (**발전**)

留

留宿 (유숙) 나그네로 묵고 있음

留意 (유의) 마음에 둠

中 머무를 류　リュウ(とめる)

4급 II

토끼가 풀**밭**에 **머무르다.**

돈이 든 자개장의 모양. (**자개패 · 돈패 · 조개패**)

貿

貿販 (무판) 푸줏간을 냄

貿穀 (무곡) 곡식을 무역하여 들임

무역할 무　ボウ

3급 II

토끼를 **돈**을 받고 팔아 **무역하다.**

卬

※뜻만 기억할 것

높을 앙

토끼가 앞다리를 넣고 뒷다리를 펴서 자세를 **높이다.**

사람이 섰는 모양. (**사람인**)

仰

仰慕 (앙모) 우러러 사모함

仰天 (앙천) 하늘을 우러러 봄

中 우러러볼 앙　ギョウ(あおぐ)

3급 II

사람이 **높게** 되니 **우러러 보다.**

캥거루우가 달려가는 모양. (**갈착. 달릴착**)

迎

迎春 (영춘) 새해를 맞이함

送迎 (송영) 가는 이를 보내고 오는 이를 맞음＝送舊迎新 (송구영신)

中 맞을 영　ゲイ(むかえる)

4급

높은 곳까지 **달려가**서 **맞이하다.**

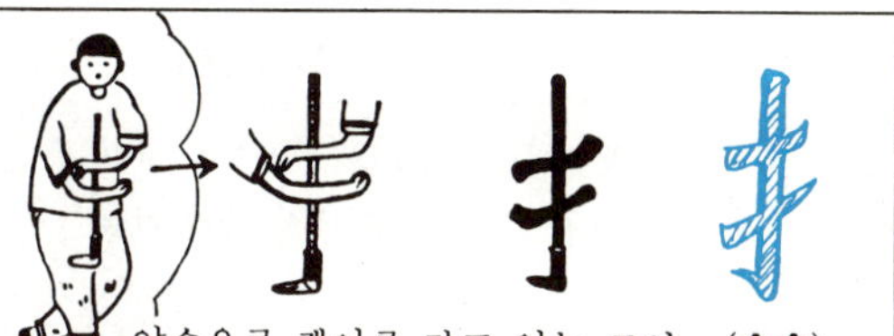
양손으로 괭이를 잡고 있는 모양. (**손수**)

抑

抑留 (억류) 억지로 머물게 함

抑止 (억지) 억눌러 제지함

누를 억　ヨク(おさえる)

3급 II

손을 **높게** 들었다가 아래로 **누르다.**

免

ㄱ ㄲ 乃 㔾 免 免 (속) 兎

免除 (면제) (책임 등을) 면해 줌
免責 (면책) 책망이나 책임을 면함

中 면할 면 メン(まぬかれる)

여자가 출산을 해 출산의 고통을 **면하다**. 3급

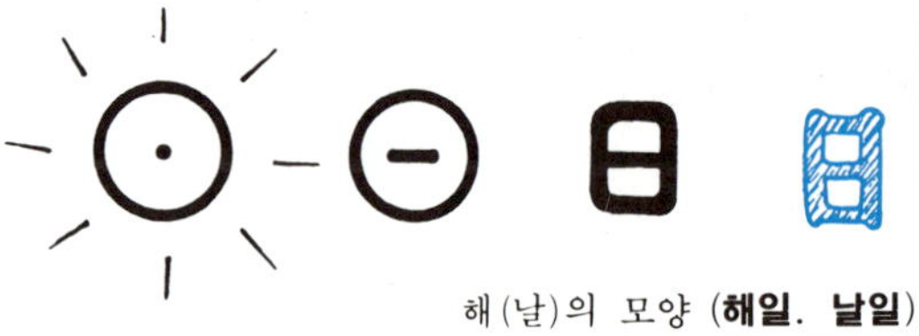

해(날)의 모양 (**해일. 날일**)

晩

丨 日 日ᄼ 晗 晩 晩

晩成 (만성) 늦게야 이룸
晩時 (만시) 때를 놓침

中 저물 만 バン(おそい)

3급 **햇볕**을 **면할** 때가 **저물녘**이다.

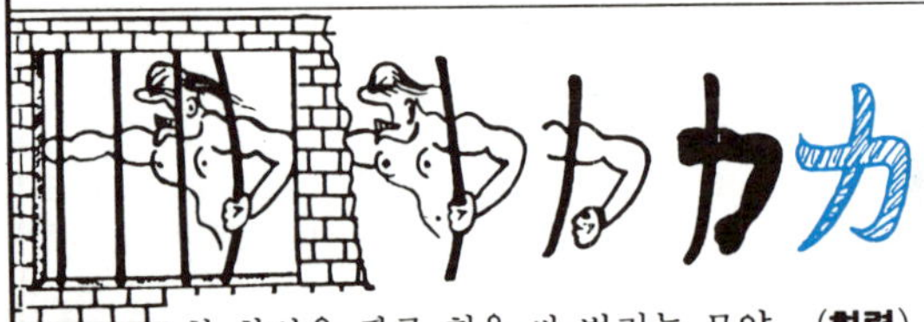

철 창살을 팔로 힘을 써 벌리는 모양. (**힘력**)

勉

ノ ⺈ 㔾 免 免 勉

勉學 (면학) 공부를 힘써 함
勤勉 (근면) 부지런하게 힘씀

中 힘쓸 면, バン(つとめる)

4급 (고생을) **면하도록** **힘**쓰라고 **권하다**.

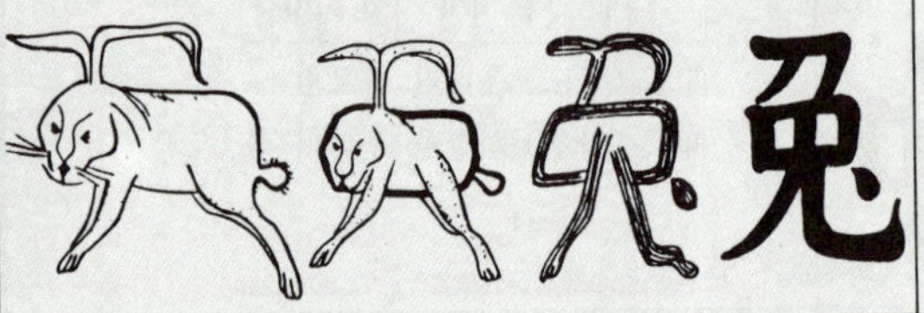

兎

ㄱ ㄲ 乃 㔾 免 兎

兎缺 (토결) 언청이
兎皮 (토피) 토끼 가죽

토끼 토 ト(うさぎ)

3급 II **토끼**의 옆모습을 본뜬 자.

캥거루우가 달려가는 모양. (**갈착. 달릴착**)

逸

ノ ⺈ 㔾 㔾 免 逸

逸隱 (일은) 속세를 피하여 숨음
逸才 (일재) 뛰어난 재주

편안할 일 イチ(それる)

3급 II **토끼**가 **달아나**서 **편안히** 숨다.

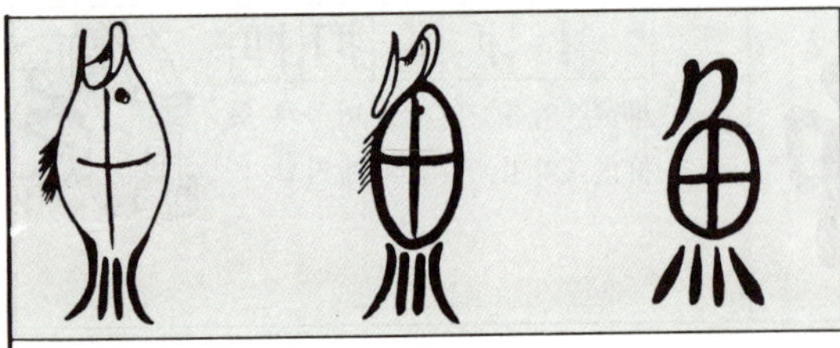

魚

ノ ⺈ 𠂊 ⺈ 缶 魚

魚物 (어물) 생선을 가공하여 말린 것
魚油 (어유) 물고기에서 짜낸 기름

中 고기 어, 물고기 어 ギョ(さかな)

5급 **물고기**의 모양.

물방울이 떨어지는 모양. (**물수**)

漁

丶 氵 氵 渔 漁 漁

漁船 (어선) 고기잡이하는 배

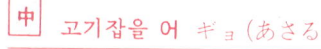

漁翁 (어옹) 고기잡이하는 늙은이

中 고기잡을 어 ギョ (あさる)

5급

물에서 **물고기**를 **잡다.**

非

丿 ナ ョ ヨ 非 非

非凡 (비범) 보통이 아님

非一非再 (비일비재) 한둘이 아님

中 아닐 비 ヒ (あらず)

(옥문의 모양) 감옥에 갇히니 자유인이 **아니다.**

4급 II

젖가슴의 모양. (**가슴심 · 마음심**)

悲

ナ ヨ 非 非 悲 悲

悲戀 (비련) 결말이 비참한 연애

悲愁 (비수) 슬퍼하고 근심함

中 슬플 비 ヒ (かなしい)

4급 II

(일이 뜻대로) **아니** 되니 **마음**으로 **슬퍼**하다.

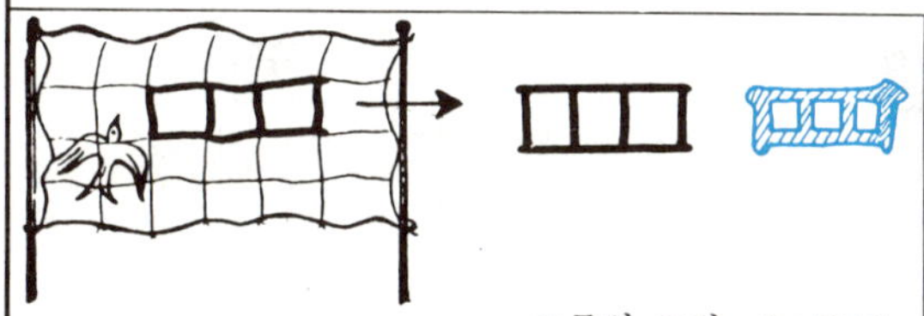

그물의 모양. (**그물망**)

罪

丨 冂 罒 罪 罪 罪

罪責 (죄책) 범죄상의 책임

罪刑 (죄형) 범죄와 형벌

中 허물 죄, 죄 죄 ザイ (つみ)

5급

그물(법망)에 걸려들 정상이 **아닌** 짓을 하는 것이 **죄**다.

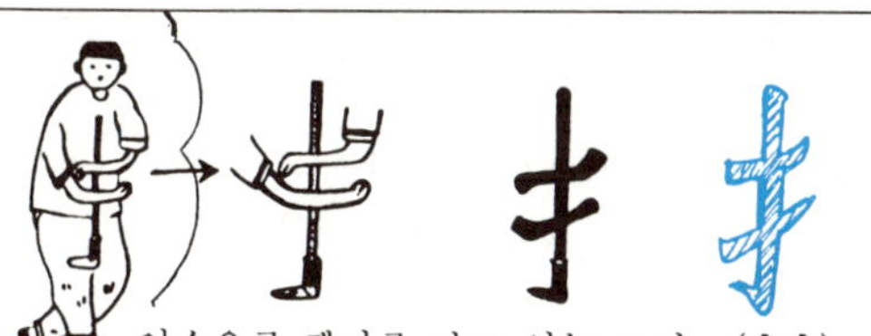

양손으로 괭이를 잡고 있는 모양. (**손수**)

排

一 扌 扌 挂 排 排

排水管 (배수관) 수도물을 돌려 주는 관

排置 (배치) 순서있게 잘 벌여 놓음

물리칠 배 ハイ (おす)

3급 II

손으로 **아니** 하겠다고 하며 **물리치다 .**

차나 수레의 모양. (**차차 · 수레거**)

輩

丿 ヨ ヨ 非 非 輩

輩出 (배출) 연달아 많이 나옴

同輩 (동배) 나이나 신분이 서로 같은 무리

무리 배 ハイ (やから)

3급 II

(자기 것이) **아닌** **차**를 많은 **무리**가 타고 다니다.

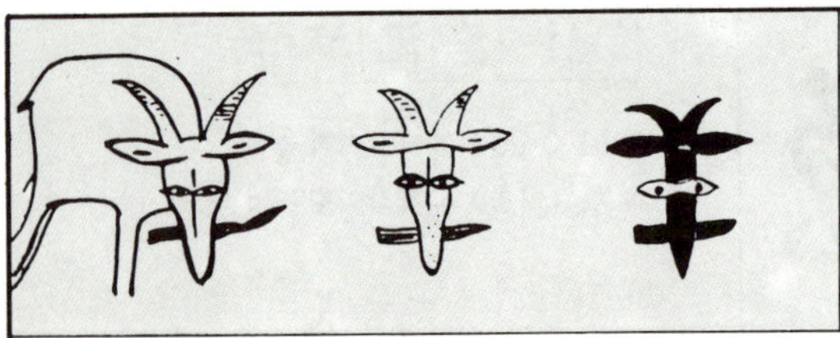

羊

丶	丷	䒑	䒑	兰	羊

羊腸 (양장) 꼬불꼬불한 길
羊角 (양각) 양의 뿔

中 양 양　　ヨウ(ひつじ)

양의 모양　　4급II

물방울이 떨어지는 모양. (**물수**)

洋

丶	氵	氵丷	氵䒑	氵兰	洋

洋洋 (양양) (앞날의 희망이) 많고 큼
洋裝 (양장) 서양풍의 의복

中 큰바다 양　　ヨウ

6급　　**물**결이 **양**떼같이 이는곳이 **큰 바다**다.

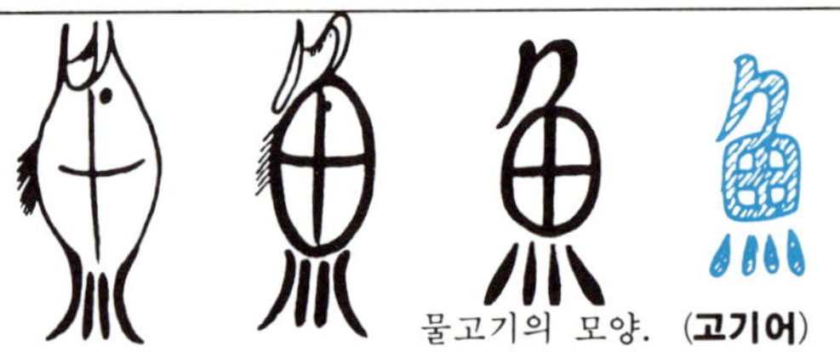

물고기의 모양. (**고기어**)

鮮

ノ	𠂊	角	魚	魚䒑	鮮

鮮麗 (선려) 선명하고 고움
鮮魚 (선어) 갓잡은 신선한 물고기

中 고을 선, 깨끗할 선　セン(あざやか)

5급　　**물고기**나 **양**은　**곱다**. (깨끗하다)

어른이 양팔을 벌리고 서있는 모양. (**큰대**)

美

丷	䒑	䒑	𦍌	𦍌	美

美觀 (미관) 아름다운 구경거리
美擧 (미거) 아름다운 행실

中 아름다울 미　ビ(うつくしい)

6급　　**양**이 **크게** 자라니 **아름답다**.

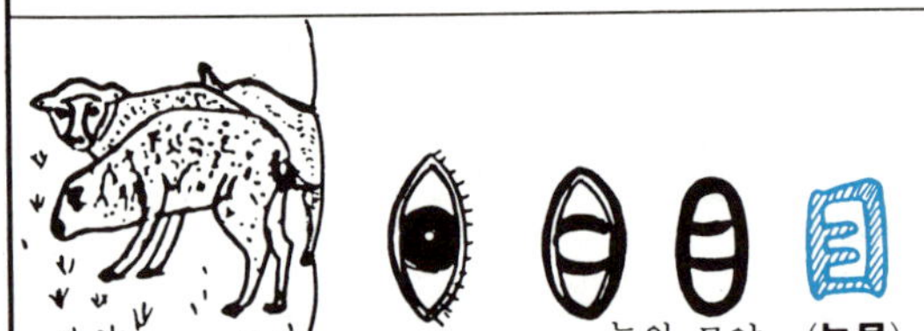

눈의 모양. (**눈목**)

着

丷	䒑	䒑	𦍌	羊	着

着實 (착실) 침착하고 성실함
着手 (착수) 일을 시작함

中 붙을 착　チャク(つく)

5급　　**양**들이 **눈**으로 보면서 **붙어**(떼지어) 다닌다.

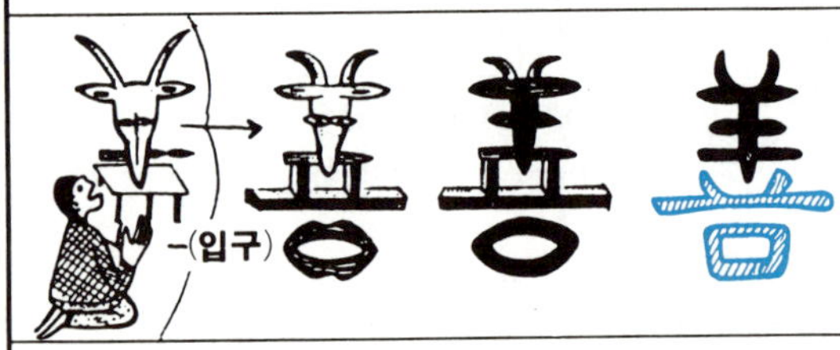

善

丷	䒑	羊	羊	羊	善

善導 (선도) 잘 인도하여 줌
善行 (선행) 착한 행실

中 착할 선　セン(よい)

5급　　**양**을 잡아 **받쳐 놓고 입**으로 제 지내니 **착하다**.

(갈착. 달릴착) 캥거루우가 달려가는 모양.

達

一 十 土 尗 幸 達

達見 (달견) 사물에 밝은 의견

達觀 (달관) 사물을 넓게 관찰함

(※어떤 경지에 이르는게 통달한거다)

中 이를 달, 통달할 달 タチ

4급 II 땅위를 양이 달려가 풀밭에 이르다.

신에게 보이려고 잿상을 차려놓은 모양. (보일시 제사시. 젯상시)

祥

一 亍 示 示' 礻¨ 祥 동 祥

祥氣 (상기) 상서로운 기운

祥運 (상운) 상서로운 운수

복 상 ショウ

3급 제를 양을 잡아놓고 지내니 복이 내리다.

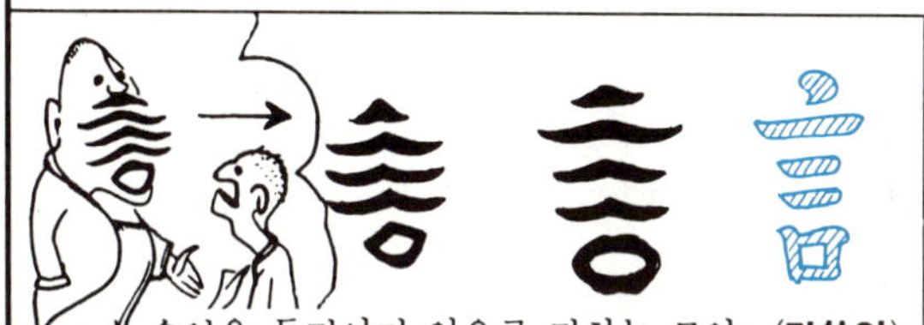

수염을 들먹이며 입으로 말하는 모양. (말씀언)

詳

一 亖 言 言' 詳 詳

詳論 (상론) 자세한 논

詳議 (상의) 상세한 의논, 논함

자세할 상 ショウ(くわしい)

3급 II 말을 양의 울음소리같이(길게) 자세히 하다.

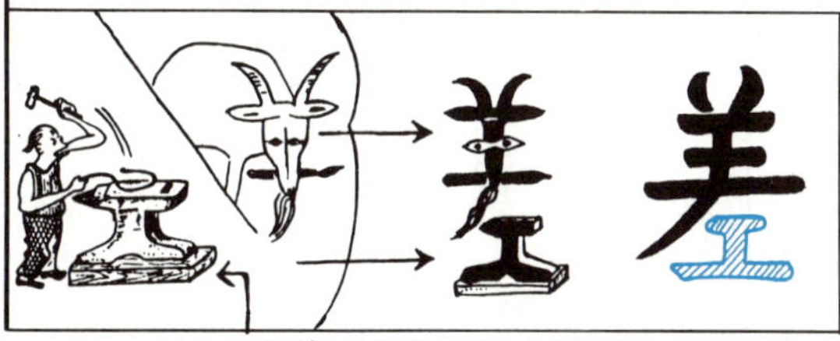

모루의 모양을 본뜬자(장인공 · 만들공)

差

丷 䒑 䒑 𦍌 兰 差

差額 (차액) 차이가 나는 액수

差異 (차이) 서로 다름

어기어질 차
다를 차 サ(さす)

4급 양고기로 만든 음식은(다른 것보다) 맛이 다르다.

毛

一 二 三 毛

毛皮 (모피) 털이 붙은 짐승가죽

毛筆 (모필) 붓

中 터럭 모 モウ(け)

4급 II 털의 모양.

집의 모양. (집시. 지붕시)

尾

ㄱ 尸 尸 尸 尸 尾

尾行 (미행) 몰래 뒤를 따라감

末尾 (말미) 사물의 끄트머리

中 꼬리 미 ビ(お)

3급 집 밖으로 내민 털이 꼬리다.

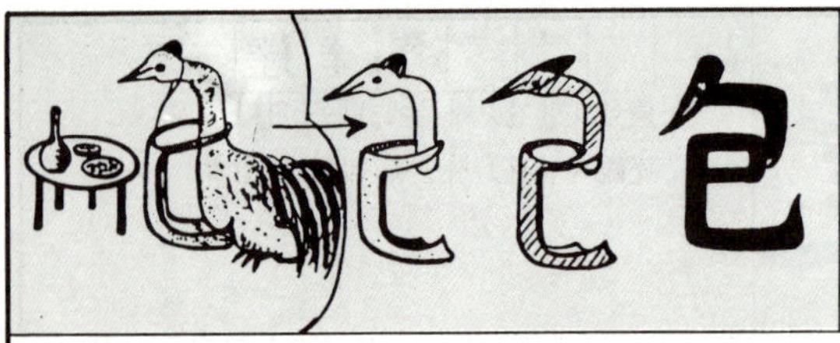

包

丿 勹 勺 匀 包

包裝 (포장) 물건을 쌈
包含 (포함) 한속으로 다 겹쳐 쌈

☐ 쌀 포, 용납할 포　ホウ(つつむ)

4급 II　닭의 목을 천으로 싸다.

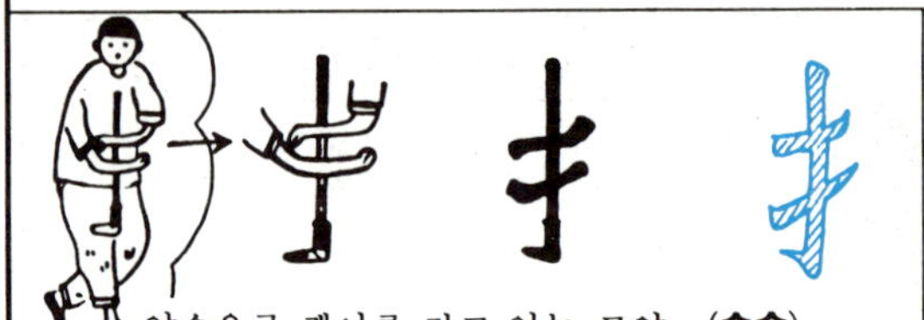

양손으로 괭이를 잡고 있는 모양. (**손수**)

抱

一 扌 扚 抅 拘 抱

抱合 (포합) 서로 껴 안음
抱負 (포부) 품고 있는 생각

中 안을 포　ホウ(だく)

3급　손으로 싸서 안다.

밥을 하려고 집에서 양식을 정미기에 찧는 모양 (**밥식**)

飽

𠆢 今 食 飠 飣 飽　동 饱

飽食 (포식) 배부르게 먹음
飽聞 (포문) 썩 많이 들음

☐ 배부를 포　オウ(あかす)

3급　음식을 배속에 싸고 있으니 배부르다.

몸통 부분인 갈비뼈의 모양. (**몸육 · 고기육**)

胞

丿 刀 月 肑 肑 胞

胞胎 (포태) 아이를 뱀
胞子 (포자) 생물의 생식세포

☐ 배 포　ホウ

4급　몸의 오장을 싸고 있는 게 배다.

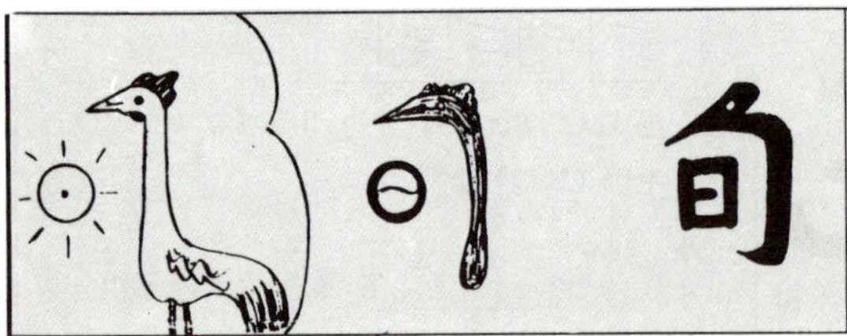

旬

丿 勹 勺 旬 旬 旬

旬望 (순망) 음력 초열흘과 보름
旬報 (순보) 열흘만에 한 번씩 내는 보고서

☐ 열흘 순　ジュン

3급 II (십이지간으로 따지면) 닭의 날은 열 번째(열흘)에 있다.

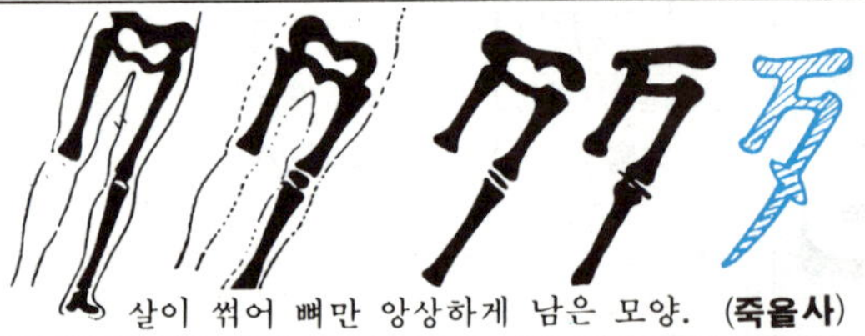

살이 썩어 뼈만 앙상하게 남은 모양. (**죽을사**)

殉

一 ア 歹 歹 殉 殉

殉職 (순직) 직무를 다하다가 목숨을 잃음
殉國 (순국) 나라를 위해 목숨을 바침

☐ 따라죽을 순　ジュン(したがう)

3급　(남편이) 죽은 지 열흘안에 따라죽다.

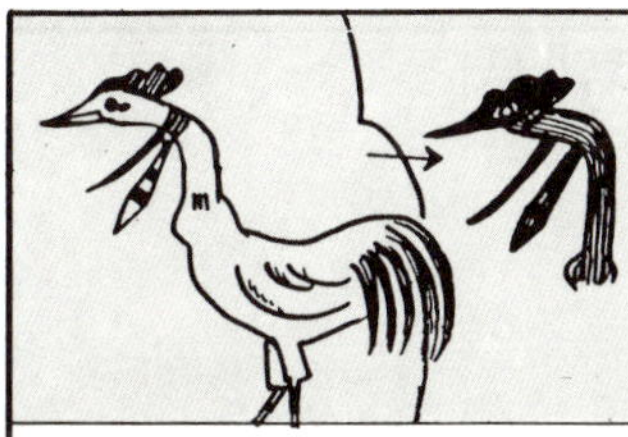

勿 勿

丿	勹	勺	勿		

勿驚 (물경) 놀라지 말라

勿論 (물론) 말할 것도 없음

中 없을 물　ブツ(なかれ)

3급II　닭 목에는 넥타이를 맬 수 **없다.**

소의 모양. (**소우**)

物

丿	𠂉	牛	牛	牞	物

物望 (물망) 높이 우러러 보는 명망

物的 (물적) 물질적인 것

中 만물 물, 물건 물　モツ(もの)

7급　**소**를 팔아 **없애**고 **물건**을 장만하다.

싹이(+) 흙위에(—) 돋아나는 모양. (**흙토**)

均

一	土	圴	均	均	均

均分 (균분) 똑같이 고르게 나눔

均一 (균일) 한결같이 고름

中 고를 균　キン(ならす)

4급　**흙**덩이를 **없애려**고 **고르다.**

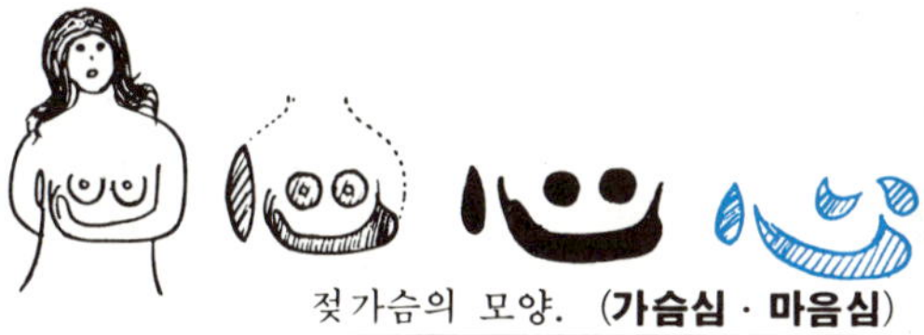

젖가슴의 모양. (**가슴심 · 마음심**)

忽

丿	勹	勿	勿	忽	忽

忽待 (홀대) 탐탁하지 않은 대접

忽視 (홀시) 눈여겨 보지 않고 슬쩍 봄

문득 홀　コツ(たちまち)

3급II　**없던 마음**이 **문득** 생기다.

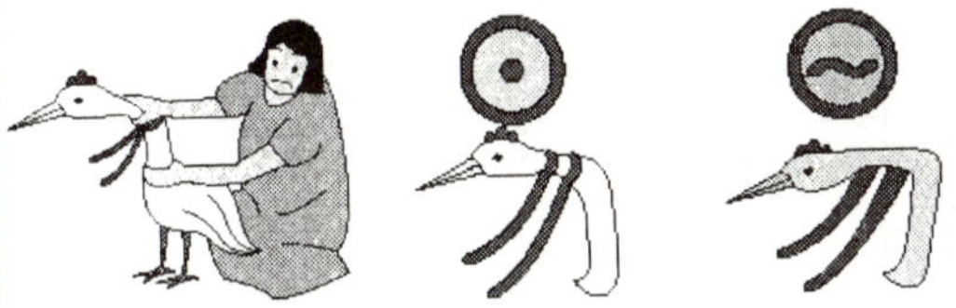

易

丨	冂	日	旦	易	易

易俗 (역속) 나쁜 풍속을 고침

容易 (용이) 쉬움

中 쉬울 이, 바꿀 역　エキ(やさしい)

날을 잡아 **닭을 목 졸라 쉬웁게** 닭의 운명을 **바꾸다.**　4급

돈이 든 자개장의 모양. (**자개패 · 돈패 · 조개패**)

賜

丨	冂	貝	貝日	貝旦	賜

賜金 (사금) 임금이 내린 돈

下賜 (하사) 임금이 신하에게 물건을 줌

中 줄 사　シ(たまう)

3급　**돈**을 **쉽게 주다.**

曷

日	㫗	曷	曷

※뜻만 기억할 것

그칠 갈

날을 잡아 **닭 목**을 **칼**로 치니 숨이 **그치**다.

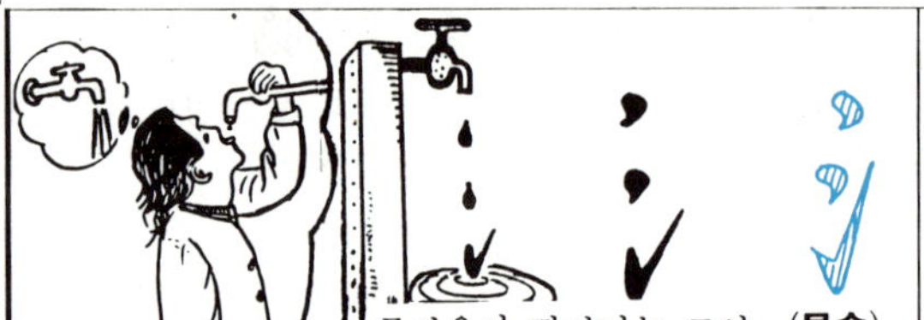

물방울이 떨어지는 모양. (**물수**)

渴

丶	氵	沪	洉	渴	渴

渴急 (갈급) 목마른 듯이 몹시 급함

渴望 (갈망) 목마른 듯이 간절히 바람

中 목마를 **갈** カツ(かわく)

3급

물이 나오다 **그치**니 **목 마르다**.

수염을 들먹이며 입으로 말하는 모양. (**말씀언**)

謁

一	亖	言	訁	謁	謁

拜謁 (배알) 절하여 공손히 뵈옴

謁告 (알고) 휴가를 청하는 것

사뢸 **알**, 뵈일 **알** エツ

3급

(하고 싶은) **말**을 다 하고 **그친** (끝낸) 것을 일컬어 **사뢧**다고 한다.

匋

丿	勹	勽	匋	匋

※뜻만 기억할 것

질그릇 **도**

닭에게 물을 주는 **그릇**이 **질그릇**이다.

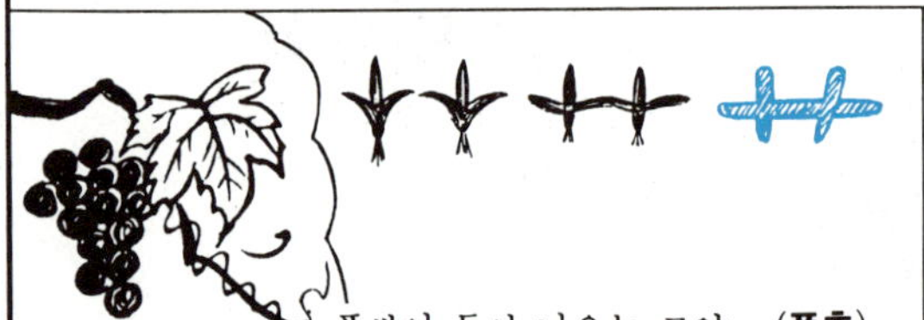

풀싹이 돋아 나오는 모양. (**풀초**)

萄

艹	艹	芍	芶	萄	萄

葡萄園 (포도원) 대규모로 가꾸는 포도밭

葡萄石 (포도석) 포도색의 옥돌

포도 **도** トウ(ぶどう)

식물(풀)의 열매가 **질그릇** 빛같이 검으칙칙한 게 **포도**다.

지팡이의 모양.

※「글자 왼쪽에 붙을시 언덕을 뜻함」(**언덕부**)

陶

阝	阝	阝	陶	陶	陶

陶器 (도기) 질그릇

陶壁 (도벽) 오지 벽돌

질그릇 **도**

구울 **도** トウ

3급II

가마골 **언덕**에서 **질구릇**을 **구어내**다.

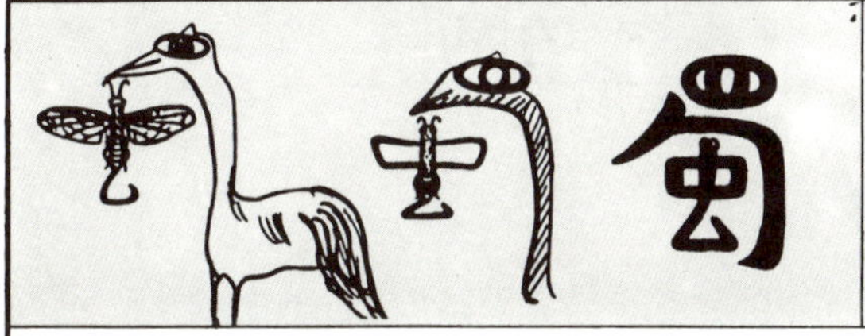

蜀

冂	罒	罒	罗	罚	蜀

※뜻만 기억할 것.

큰닭 촉

2급 벌레를 물고 있는 **큰 닭**의 모양을 본뜬 자.

개가 서있는 옆모양. (**개견**)

獨

丿	犭	犭	犭	犭	獨

약 独

獨斷 (독단) 자기혼자 결정함

獨特 (독특) 특별나게 다름

中 홀로 독 ドク(ひとり)

5급 **개**와 **닭**은 각각 **홀로** 있어야 한다.

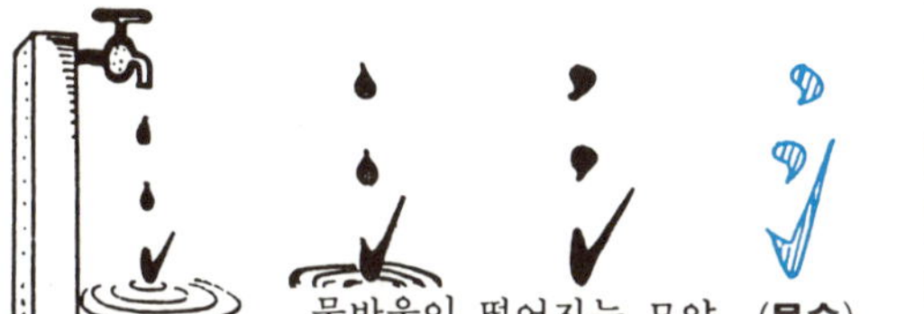

물방울이 떨어지는 모양. (**물수**)

濁

丶	氵	氵	氵	氵	濁

濁流 (탁류) 흐르는 흙탕물

淸濁 (청탁) 맑음과 흐림

흐릴 탁 ダク(にごる)

3급 맑은 **물**을 **큰 닭**이 들어가 **흐려** 놓다.

觸

𠂊	角	角	角	觸

觸怒 (촉노) 웃어른의 노여움을 삼

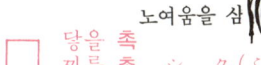

닿을 촉

찌를 촉 ショク(ふれる)

3급II

코뿔소의 뿔모양(**뿔각**)

뿔로 **닭**을 **찌르**다(닿게 하다)

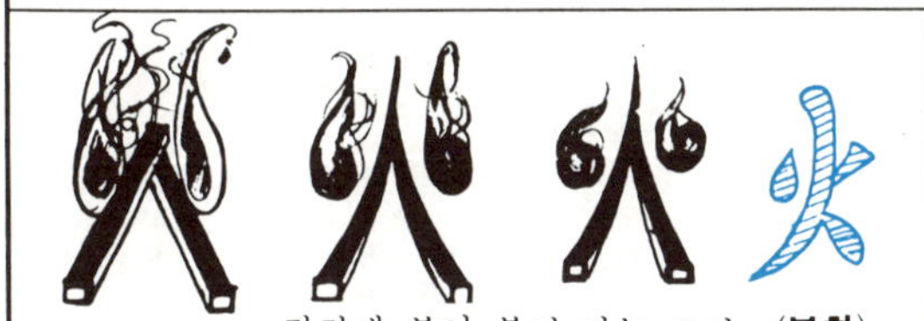

장작에 불이 붙어 타는 모양. (**불화**)

燭

丷	火	火	火	火	燭

燭光 (촉광) 촛불의 빛

燭火 (촉화) 촛불

촛불 촉 ショク(ともしび)

3급 **불**꽃이 **닭**벼슬같이 생긴 게 **촛불이다**

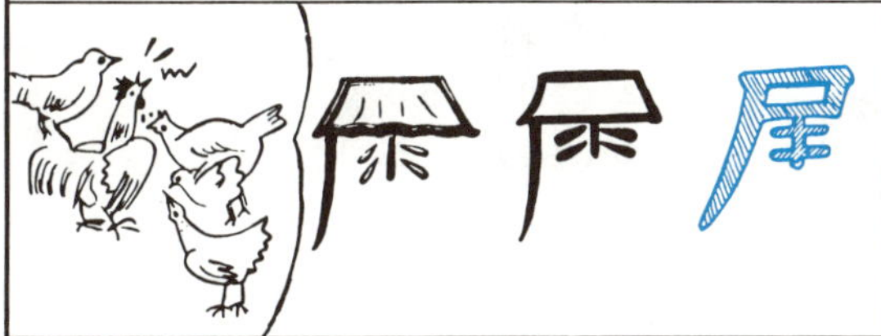

屬

一	尸	尸	尸	尸	屬

속 属

等屬 (등속) 무리

屬託 (속탁) 부탁하여 맡김

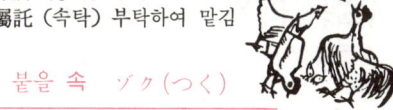

붙을 속 ゾク(つく)

4급 **집**에서 **눈물 흘리**며 우는 **장닭**에게 많은 암탉을 **붙이**다

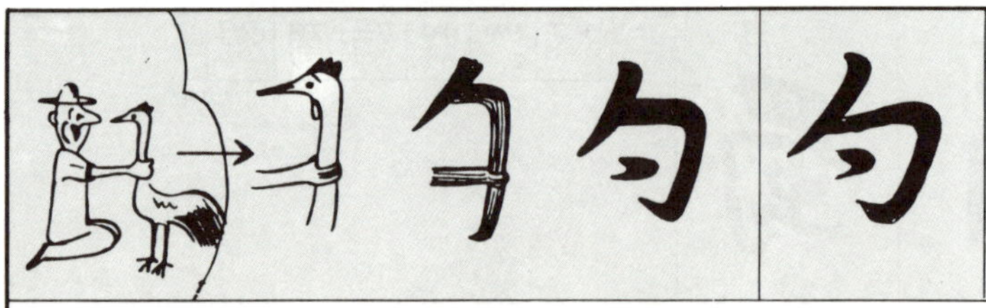

丿 勹 勺

※뜻만 기억할 것

움켜잡을 작

닭의 목을 손으로 **움켜잡다.**

흰밥이 담긴 사발의 모양(**흰백**)

的

′ 亻 白 白′ 的 的

的當 (적당) 틀림없이 꼭 맞음

的中 (적중) 꼭 들어 맞음

中 과녁 적, 밝을 적 テキ(まと)

5급 쌀밥같이 **흰** 표적을 화살이 **움켜잡도**록 만든 것이 **과녁**이다.

실의 모양. (**실사**)

約

𠃋 幺 糸 糹 約 約

約定 (약정) 약속하여 정함

約婚 (약혼) 결혼할 것을 약속함

中 기약할 약, ヤク(つづめる)

5급 (청실홍실) **실**을 **움켜잡**고 결혼을 **기약하다.**

※ 술은 닭이 홰에 오를 저녁에 먹는 음식이라는 데서 술과 닭의 뜻을 가짐.

술병의 모양. (**술유. 닭유**)

酌

一 丆 丙 酉 酌 酌

酌定 (작정) 일을 짐작하여 결정함

參酌 (참작) 참고하여 알맞게 헤아림

잔 작 シャク(くむ)

3급 **술**잔을 **움켜잡**고 **잔질**하다

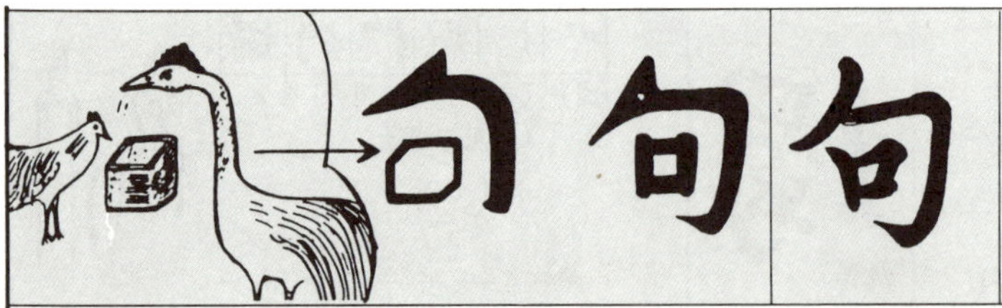

丿 勹 勺 句 句

佳句 (가구) 좋은 글

結句 (결구) 맺음의 글

(※꾸불꾸불 굽게 기록한것이 글귀)

中 굽을 구, 글귀 구(귀) ク

4급II 닭이 모이통 앞에서 목을 **굽히고** 있는 모양.

양손으로 괭이를 잡고 있는 모양. (**손수**)

拘

一 扌 扌 扚 拘 拘

拘置 (구치) 붙잡아 둠

拘留 (구류) 죄인을 가두어 둠

거리낄 구, 잡을 구 コウ(かかわる)

3급II **손**을 **굽혀** **잡다.**

丿	犭	犭	犭	犳	狗

개가 서있는 옆모양. **(개견)**

狗

狗尾草 (구미초) 강아지풀

□ 개 구
강아지 구 コウ(いぬ)

3급

개 중에 등이 **굽은** 개가 **강아지다**

一	艹	艹	芍	芍	菊

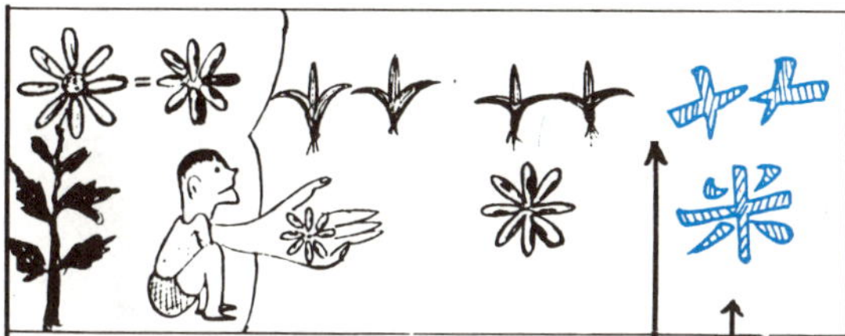

菊

菊月 (국월) 음력 9월의 별칭
霜菊 (상국) 서리가 내릴 때에 핀 국화

□ 국화 국 キク

3급 II

풀싹이 돋아 나오는 모양. **(풀초)**
쌀알이 흩어져 있는 모양. **(쌀미)**

식물의 **굽은** 줄기에 **쌀**알을 뭉쳐 놓은것 같은 모양의 꽃이 피는 게 **국화**다.

一	艹	艹	芍	苟	苟

풀싹이 돋아 나오는 모양. **(풀초)**

苟

苟免 (구면) 겨우 액을 벗어남
苟生 (구생) 구차하게 삶

□ 구차할 구 コウ(いやしくも)

3급

풀밭에 **굽히고** 앉아 있으니 **구차하다**

一	艹	芍	苟	苟	敬

못을 집게로 잡고 두들기는 모양 **(두들길복)**

敬

尊敬 (존경) 높여 공경함
敬稱 (경칭) 높여 일컬음

中 (※조심성이 많으면 공경을 받는다)
조심할 경, 공경할 경 ケイ(うやまう)

5급

풀속으로 굽히듯 숨으며 두들겨 맞을까봐 **조심하**다.

艹	芍	苟	敬	驚	驚

驚

大驚 (대경) 크게 놀라는 것
驚喜 (경희) 크게 기뻐함

中 놀랄 경 キョウ(おどろく)

4급

말의 모양 **(말마)**

조심성이 많은 **말**은 잘 **놀란다**.

艹	芍	苟	敬	警	警

수염을 들먹이며 입으로 말하는 모양. **(말씀언)**

警

警報 (경보) 경계하라고 알리는 보도
警鍾 (경종) 경계를 알리는 종

□ 깨달을 경, 경계할 경 ケイ(いましめる)

4급 II

조심성 있게 **말**하며 **경계하다**.

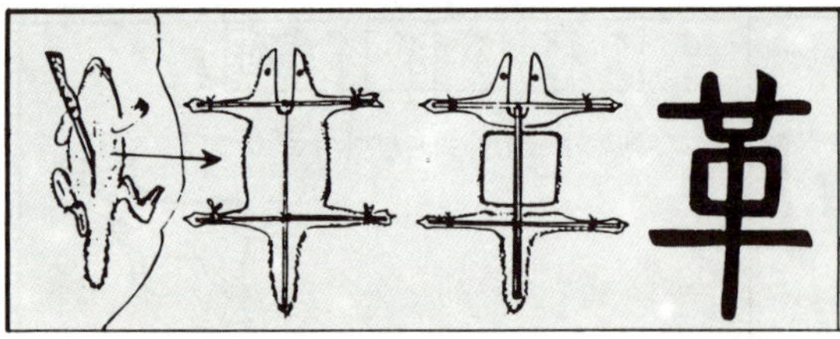

革

一	廿	廿	芇	苩	革

革帶 (혁대) 가죽으로 만든 띠
革命 (혁명) 급격한 변혁

□ 가죽 혁
고칠 혁 カク(かわ)

4급

가죽을 벗겨 말리는 모양

鳥

´	户	白	自	鳥	鳥

鳥獸 (조수) 날짐승과 길짐승=금수
鳥跡 (조적) 새의 발자국

中 새 조 チョウ(とり)

4급II

새의 모양을 본뜬 자.

입의 모양. (**입구**)

鳴

丨	口	口'	口白	口鳥	鳴

鳴動 (명동) 울리어 진동함
鳴鍾 (명종) 종을 쳐서 울림

中 울 명 メイ(なく)

4급

입을 벌리고 **새**가 **울**다.

우뚝 솟은 산봉우리의 모양. (**메산**)

島

户	白	自	鳥	鳥	島

弧島 (고도) 바닷가에서 멀리 떨어진 외로운 섬
島民 (도민) 섬에 사는 백성

中 섬 도 トウ(しま)

5급

새가 바다 가운데 **산**에 앉은 곳이 **섬**이다.

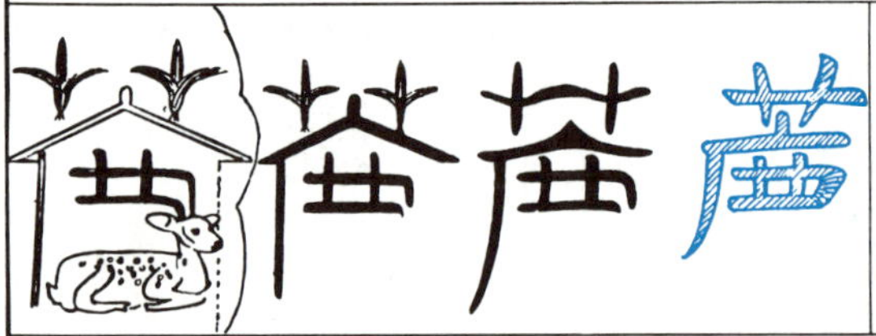

薦

一	艹	芦	芦	蔦	薦

薦擧 (천거) 인재를 들어 추천함
薦主 (천주) 추천하여 준 사람

□ 드릴 천
천거할 천 セン(すすめる)

3급

약초(**풀**)와 **사슴**과 **새**를 **드리**는 자를 **천거하**다

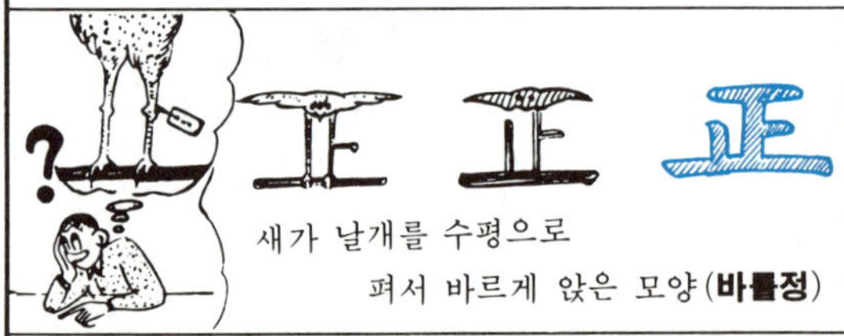

새가 날개를 수평으로 펴서 바르게 앉은 모양(**바를정**)

焉

一	丆	正	㠯	焉	焉

焉敢生心 (언감생심) 감히 그런 마음을 먹을 수 없음
終焉 (종언) 마지막 최후

□ 어찌 언
의심쩍을 언 エン

3급

(나무가지에) **바르게 새가 어찌** 앉을까 **의심쩍**다

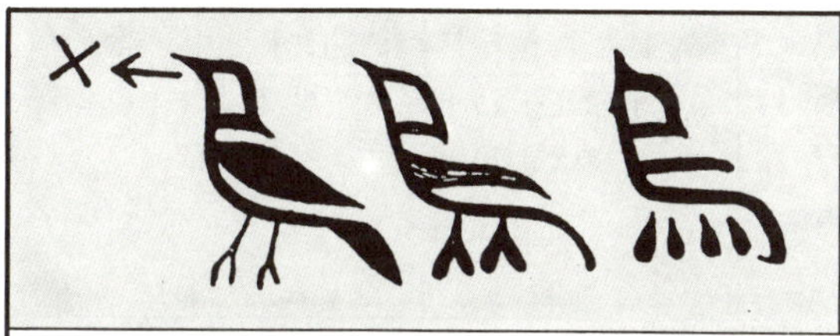

烏

´	户	户	乌	烏	烏

烏頭白 (오두백) 있을 수 없는 무리한 일

烏合 (오합) 까마귀가 모인 것처럼 규율이 없음

中 까마귀 오 ウ(からす)

몸이 검어 눈알이 보이지 않는 새가 **까마귀**다.

3급II

입의 모양. (**입구**)

鳴

口	口'	口户	口白	鳴	鳴

嗚嗚 (오오) 노래를 부르는 소리

嗚呼 (오호) 탄식의 소리

탄식할 오 オ

3급

입으로 **까마귀**가 **탄식하듯** 울다.

足

丨	ㄇ	口	𠯁	𧾷	足

發足 (발족) 일의 시작

禁足 (금족) 출입을 금함

中 발 족, 흡족할 족 ソク(あし)

7급

새 **발**의 모양.

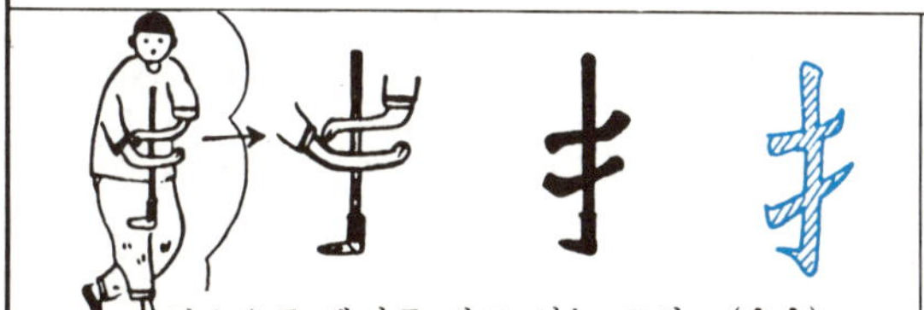

양손으로 괭이를 잡고 있는 모양. (**손수**)

捉

一	扌	扌口	扌早	捉	捉

捉來 (착래) 붙잡아 옴

捉送 (착송) 붙잡아서 보냄

잡을 착 ソワ(とらえる)

3급

손으로 **발**목을 **잡다**

사람이 서는 모양. (**사람인**)

促

亻	亻口	亻口	亻早	促	促

促迫 (촉박) 기한이 임박함

促成 (촉성) 재촉하여 성취시킴

재촉할 촉

촉박할 촉 ソク(うながす)

3급II

사람이 **발**걸음을 **재촉하다**

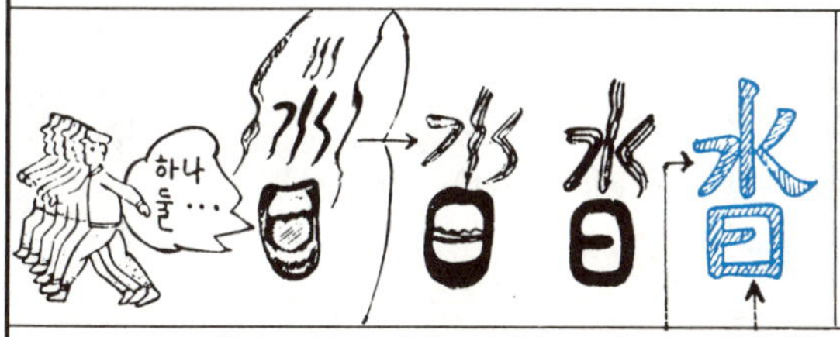

물흐르듯이 말을 한다는 뜻(**물수 · 말할왈**)

踏

丨	口	𧾷	𧾷丶	跡	踏

踏步 (답보) 제자리에서 걸음

踏査 (답사) 실제로 가서 자세히 조사함

밟을 답

걸을 답 トウ(ふむ)

3급II

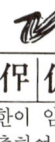

발을 **물흐르듯 입으로** 하는 구령에 맞추어 **걸음**을 옮기다

正

一	丅	下	正	正	

正常 (정상) 바르고 떳떳함

正確 (정확) 바르고 확실함

中 바를 정 ショウ(ただしい)

7급 (새가 날개를 수평으로 펴서) **바르**게 앉아 있는 모양.

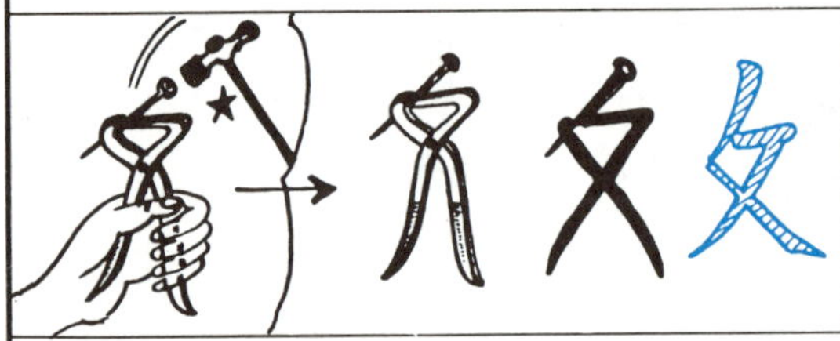

못을 집게로 잡고 두들기는 모양 (**칠복. 두들길복**)

政

一	下	正	正	正	政

政局 (정국) 정계의 판국

政爭 (정쟁) 정치계의 다툼

中 정사 정, 다스릴 정 セイ(まつりごと)

4급II **바르게** **쳐**서 **정사를** 잘 **다스리다.**

나무를 묶은 모양 (**묶을속**)

못을 집게로 잡고 두들기는 모양 (**칠복. 두들길복**)

整

口	束	敕	整	整

整列 (정렬) 줄지어 섬

整頓 (정돈) 가지런히 바로잡음

가지런할 정 セイ(ととのえる)

4급 (단을) **묶고** **쳐**서 옆을 **바르**고 **가지런하게** 하다.

팔을 흔들며 총총 걸어가는 모양. (**갈척. 바삐갈척**)

征

ノ	彳	彳	彳丅	彳下	征

征路 (정로) 나그네의 길

征伐 (정벌) 적군을 치는 일

칠 정 セイ

3급II **가서** **바르게** 피려고 **치다**

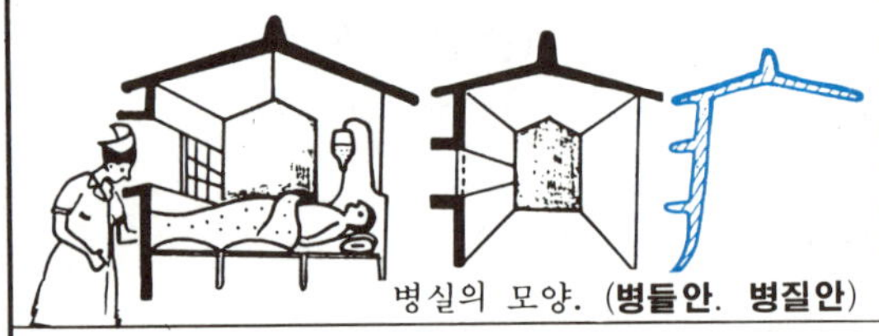

병실의 모양. (**병들안. 병질안**)

症

亠	广	疒	疒	疔	症

症狀 (증상) 병의 상태

症勢 (증세) 병을 앓는 여러 모양

疑症 (의증) 의심이 많은 성질이나 그 병

병증세 증 ショウ

3급II **병**을 **바르게**보아 **병증세**를 알아내다

공룡이 꼬리를 끌고가는 모양 (**끌인 · 갈인**)

延

一	下	正	延	延	延

延着 (연착) 정한 시간보다 늦게 도착함

延期 (연기) 정한 기한을 물림

끌 연 エン(のびる)

4급 (몸을) **바르지** 않게 해서 **천천히 걷자**니 발을 **끌게 된**다

止

丨	⺊	𣥂	止		

禁止 (금지) 말려서 못 하게 함

止熱 (지열) 병의 열을 내리게 함

中 그칠 지 シ(とまる)

5급 새가 다리가 묶여 날지 못하고 **그치**고 서 있다.

사람의 모양 (**사람인**)

企

ノ	人	个	仐	㑅	企

企圖 (기도) 계획을 세움, 일을 꾀함

企業 (기업) 경제 분야에서의 경영 활동

中 꾀할 기 キ(くわだてる)

3급II **사람**이 가던 걸 **그치**고 서 있기를 **꾀하다**. (바라다).

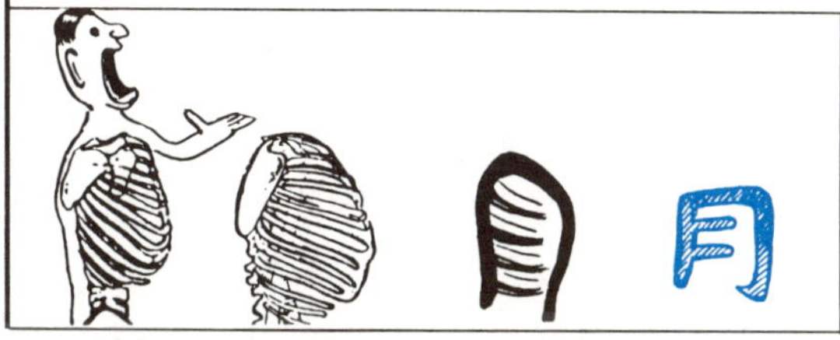

몸통 부분인 갈비뼈의 모양. (**몸육 · 고기육**)

肯

⺊	𣥂	止	肯	肯

肯意 (긍의) 수긍하는 의사

肯從 (긍종) 즐기어 좇음

즐길 긍 コウ(うけがう)

(뼈에) **그치어**(붙어) 있는 **고기**를 먹으며 맛을 **즐기**다

此

丨	⺊	𣥂	止	止	此

此世 (차세) 이 세상

此後 (차후) 이 다음

中 이 차, 머무를 차 シ(これ)

새가 날아 가던 걸 그치고 앉아서 **이** 곳에서 **머무르다**.

3급

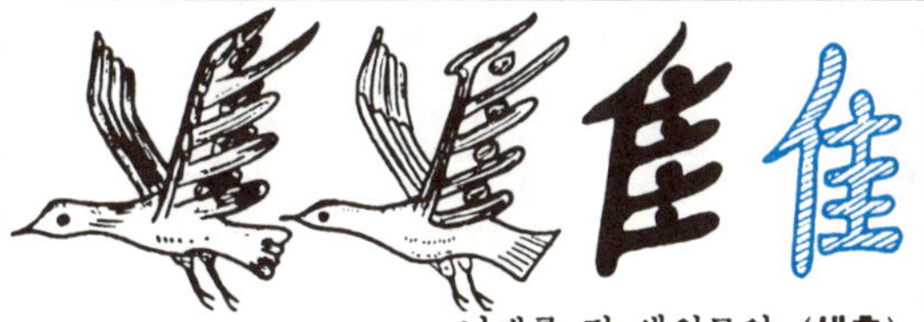

날개를 편 새의모양 (**새추**)

雌

丨	止	此	此	雌	雌

雌雄 (자웅) 암컷과 수컷

雌雄聲 (자웅성) 거센 소리와 앳된 소리가 섞여 나오는 목소리

암컷 자 シ(めす)

3급 (알을 낳으려고 둥지에) **머물러** 있는 **새**가 **암컷**이다.

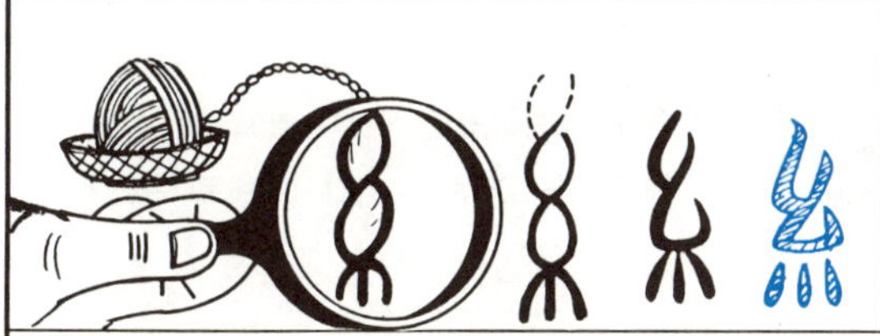

실의 모양. (**실사**)

紫

⺊	止	此	此	柴	紫

紫桃 (자도) 자두

紫電 (자전) 자주빛 전광

자주빛 자 シ(むらさき)

(녹슨 바늘귀에)**머물러** 있는 **실**이 녹물이 묻어 **자주빛**이 되다

鬼

´	丨´	白	甶	鬼	鬼

鬼才 (귀재) 세상에 뛰어난 재주
鬼雨 (귀우) 큰 비, 호우

□ 귀신 귀　キ(おに)

외뿔이 나고 입이 십자로 찢어진 괴물. 즉 **귀신**의 모양을 본뜬 자.　3급II

싹이 (+) 흙위에 (—) 돋아나는 모양. (**흙토**)

塊

土	土´	圠	坤	塊	塊

塊炭 (괴탄) 덩이진 석탄
金塊 (금괴) 금덩이

□ 흙덩어리 괴　カイ(かたまり)

3급　**흙**이 각가지 **귀신** 모양 뭉쳐진 것이 **흙덩어리**다.

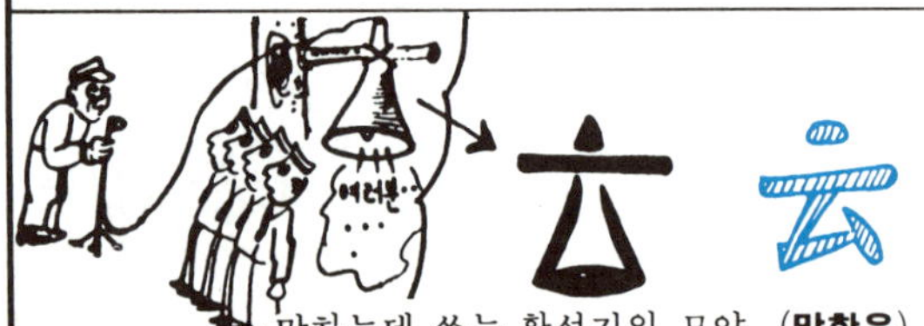

말하는데 쓰는 확성기의 모양. (**말할운**)

魂

二	云	䒤	䒤甶	魂	魂

魂膽 (혼담) 혼과 담, 정신
招魂 (초혼) 죽은 사람의 혼을 부름

□ 혼 혼, 넋 혼　コン(たま)

3급II　흔히 **말**하는 **귀신**이라는 것이 곧 **넋**이다.

※ 술은 닭이 홰에 오른 저녁에 먹는 음식이라는 데서 술과 닭의 뜻을 가짐.

술병의 모양. (**술유**. **닭유**)

醜

一	冂	酉	酉由	醜	醜

醜聞 (추문) 아름답지 못한 소문, 추한 소문

□ 더러울 추　シュウ(みにくい)

3급　**술**이 취해 **귀신**같은 짓을 하니 **추하다**(더러웁다)

젖가슴을 짚어보이는 모양 (**가슴심·마음심**)

愧

丷	忄	忄由	愧	愧	愧

愧色 (괴색) 부끄러운 기색
愧心 (괴심) 부끄러운 마음

□ 부끄러울 괴　ゲ(はじる)

3급　**마음**을 **귀신**같이 알아채니 **부끄러워**하다

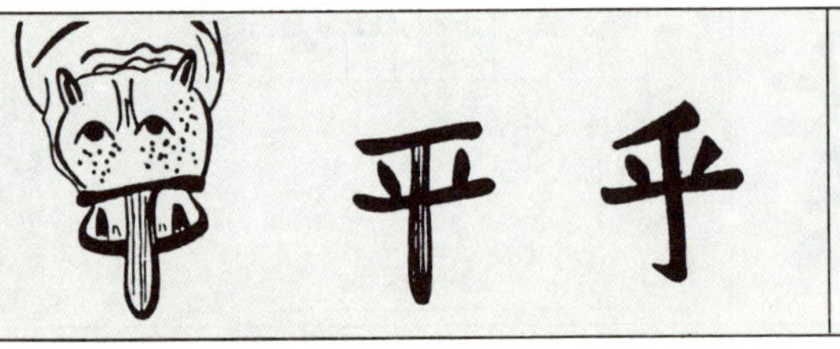

乎

一	𠂉	丷	乊	乎

乎而 (호이) 친한 사이의 칭호
純乎 (순호) 섞임이 없이 제대로 온전함

中 어조사 호, 그런가 호　コ(や)

하마가 숨을 헐떡이는 것은 날씨가 더워 **그런가** 보다.　3급

입의 모양. (**입구**)

呼

丨	口	口一	口丆	口乊	呼

呼名 (호명) 이름을 부름

呼吸 (호흡) 숨을 내쉼과 들이쉼

中 부를 호 コ(よぶ)

4급 II

입으로 **그런가** 하고 **부르다.**

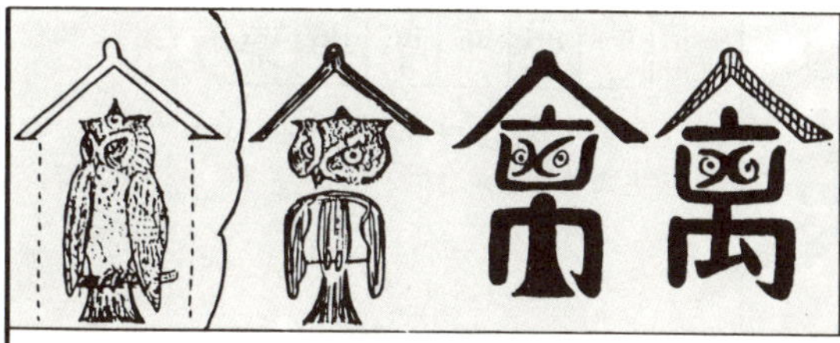

禽

人	亽	今	禽	禽	禽

禽鳥 (금조) 날짐승의 총칭

禽獲 (금획) 사로잡음

날짐승 금

사로잡을 금 キン(とり)

3급 II

집에서 **날짐승**을 **사로잡아** 기르는 모양

날개를 펀 새의모양 (**새추**)

離

亠	卤	离	离	离	離

離愁 (이수) 이별의 슬픔

離脫 (이탈) 떨어져 나감

떠날 리 リ(はなれる)

4급

날짐승인 **새**가 날아서 **떠나**다

乙

乙

乙種 (을종) 둘째, 종류

乙榜 (을방) 거인 (擧人)

中 새 을 オツ

3급 II

(물에) **새**가 앉아 있는 모양.

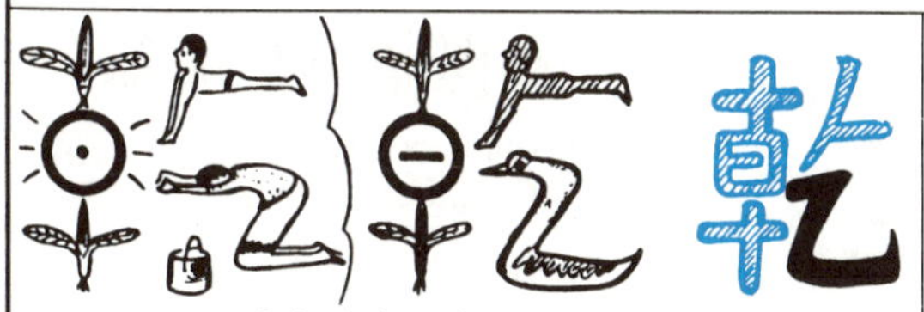

초원에 해가 돋아 빛나는 모양 (**해돋을 간**)

乾

十	古	卓	卓	卓	乾

乾材 (건재) 한약의 약재

乾命 (건명) 축원문에 쓰는 남자의 칭호

中 하늘 건(간), 마를 건 カン(かわく)

3급 II

초원에 해가 뜨니 **사람이 새**같이 굽히고 **마른 하늘** 밑에서 구걸하다.

之

丶	㇇	之

之字路 (지자로) 꼬불꼬불한 길

之次 (지차) 다음, 버금

中 갈 지 シ(これ)

3급 II

부리를 벌리고 **새**가 앞으로 **가**다.

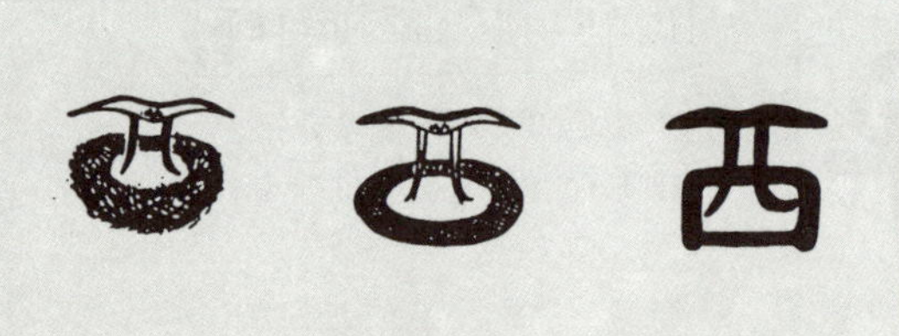

西

一 丁 冂 襾 襾 西

西天 (서천) 서쪽 하늘

西偏 (서편) 서쪽으로 기울어짐

中 서녘 서 セイ(にし)

8급 새가 보금자리를 찾을 때가 해가 서쪽으로 기울 때다.

나무의 모양 (나무목)

栗

襾 覀 覀 覀 要 栗

黃栗 (황율) 말려서 껍질을 벗긴 밤

生栗 (생률) 날밤

밤 률 リツ(くり)

3급II 서향판에 잘 자라는 나무열매가 밤이다.

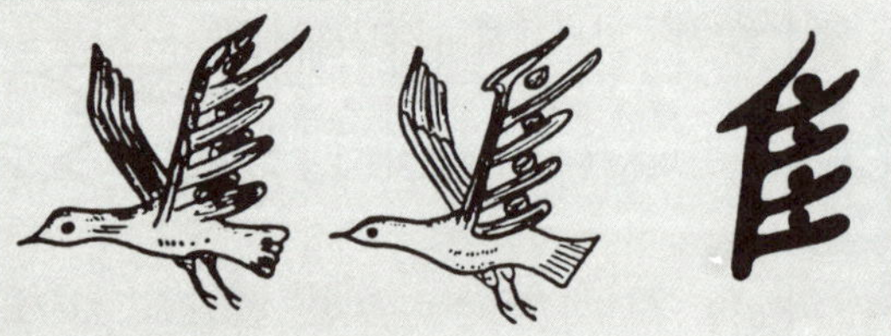

隹

丿 亻 亻 仁 隹

※뜻만 기억할 것

새 추

날개를 편 새의 모양.

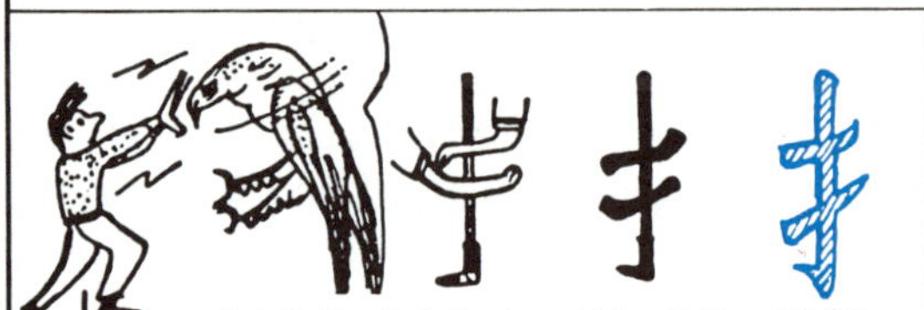

양손으로 괭이를 잡고 있는 모양. (손수)

推

一 扌 扌 扌 推 推

推理 (추리) 사리를 미루어 생각함

推測 (추측) 미루어 헤아림

中 밀 추 スイ(おす)

4급 손으로 새를 밀다.

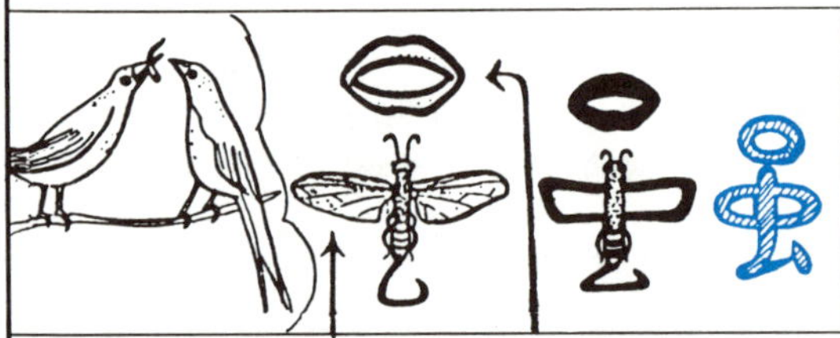

벌레의 모양. (벌레충) 입의 모양. (입구)

雖

口 吕 虽 虽 虽 雖 동 雖

雖然 (수연) 비록 그러하나

雖是 (수시) 그러나

中 비록 수 いえども

입에 벌레를 문 새가 비록 작지만 새끼를 기른다. 3급

나무의 모양 (나무목)

集

丿 亻 亻 仁 隹 集

集團 (집단) 모임, 떼, 단체

集計 (집계) 모아 합계함

中 모을 집 シュウ(あつまる)

6급 새가 나무 위에 모이다.

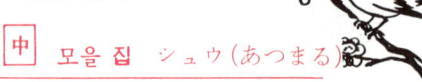

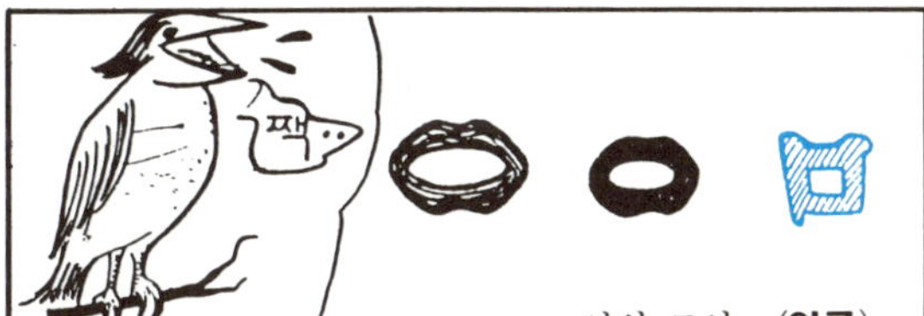

입의 모양. (**입구**)

唯

唯我 (유아) 오직 나 하나만임

唯唯 (유유) 남의 뜻을 거역하지 않는 유순한 모양

中 오직 유, 짧은소리 유　コイ(ただ)

3급　**입**으로 **새**가 낼 수 있는 소리는 **오직** 짹 하는 **짧은 소리**다.

수염을 들먹이며 입으로 말하는 모양(**말씀언**)

誰

誰昔 (수석) 옛날, 그 옛날

誰何 (수하) 누구, 성명을 묻는 말

中 누구 수　スイ(だれ)

3급　**말**하는 **새**소리를 알아듣는 자가 **누구**냐?

벼의 모양(**벼화**)

稚

稚兒 (치아) 어린아이

稚魚 (치어) 물고기 새끼

어릴 치　チ(わかい)

3급II　**벼**가 **새**꼬리 만큼 자랐으니 **어리**다

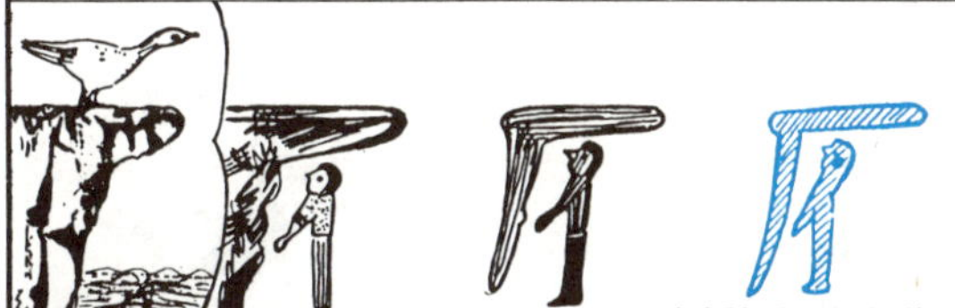

(**바위엄 사람인**)

雁

同 鴈

雁信 (안신) 편지, 소식

雁影 (안영) 기러기가 나는 그림자

기러기 안　ガン(かり)

3급　**바위**틈에 살며 **사람**같이 행동하는 **새**가 **기러기**다 ※(기러기는 짝이 죽으면 두번 다시 짝짓지않기 때문임)

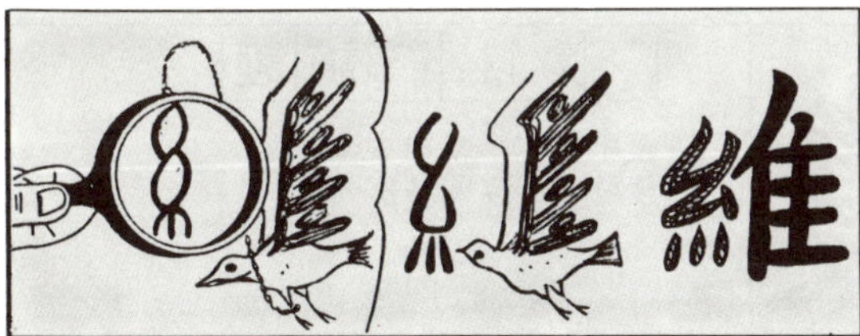

維

維綱 (유강) 정치를 뒷받침하는 법도

이을 유

맬 유　イ

3급II　**실**로 **새**를 **매다**

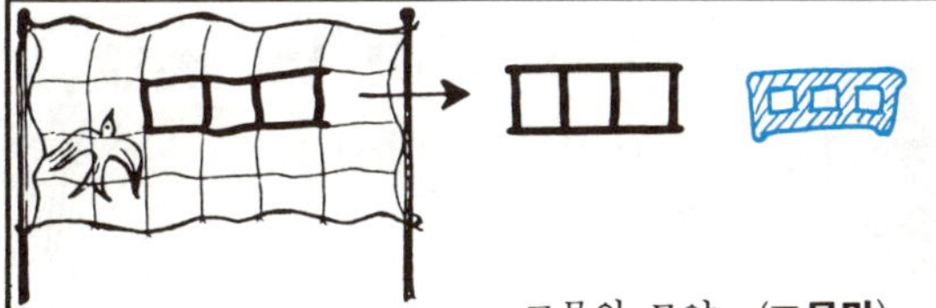

그물의 모양. (**그물망**)

羅

羅列 (나열) 죽 벌여 놓음

羅立 (나립) 벌여 늘어섬

벌릴 라 ラ(いくさ)

4급II　**그물**의 네 귀퉁이를 **매어 벌리다**

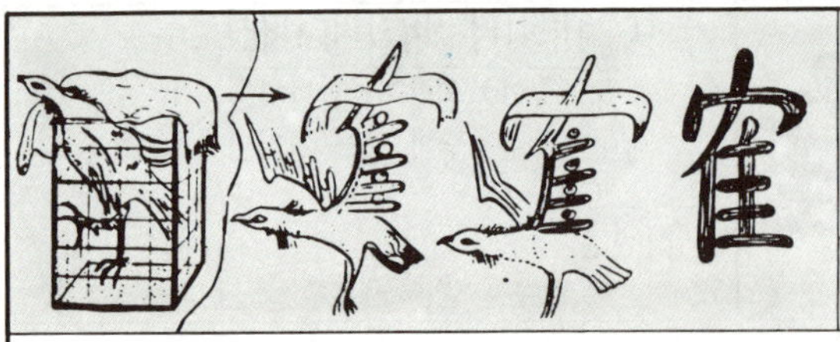

隺

冖 ⺊ 隺 隺

※뜻만 기억할 것

□ 높이날 **확**

(새장) **덮개**를 꿰뚫고 **새**가 **높이 날아** 오르는 모양

큰바위 밑에 돌덩이(口)가 있는 모양. (**돌석**)

確

一 石 石冖 石𠂉 碓 確

確固 (확고) 확실하게 정해진 모양
確立 (확립) 굳게 세움

□ 확실할 **확** カク(たしか)

4급II

(뜻이) **돌**같이 굳고 **높아**(성공할 것이) **확실**하다

새의 모양. (**새조**)

鶴

冖 隺 隺 隺' 鶴 鶴

鶴舞 (학무) 학춤
鶴髮 (학발) 두루미의 깃처럼 하얀 머리털 노인의 백발

□ 학 **학** カク(つる)

3급II

높게 나는 **새**가 **학**이다

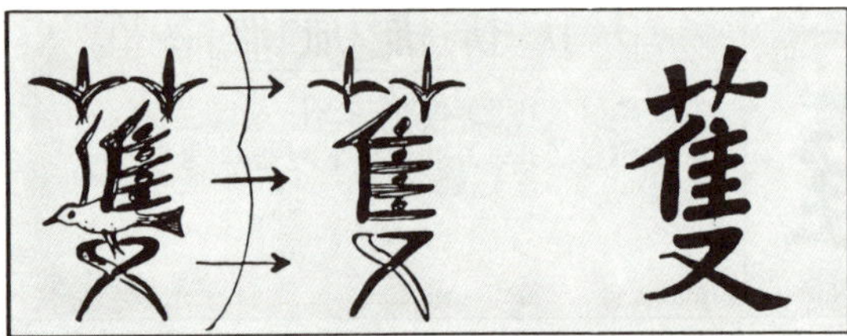

蒦

艹 芢 萑 蒦

※뜻만 기억할 것

□ 보살필 **약**

풀속의 **새**가 **잡힐**까 봐 주위를 **보살핀**다는 뜻

수염을 들먹이며 입으로 말하는 모양. (**말씀언**)

護

一 亠 言 訁艹 謢 護

護身 (호신) 몸을 보호함
護國 (호국) 나라를 지킴

□ 호위할 **호** ゴ(まもる)

4급II

위로의 **말**로 **보살펴** 주며 **보호하**다

벼의 모양(**벼화**)

穫

一 千 禾 禾艹 穫 穫

多穫 (다확) 많이 거두어 들임
收穫 (수확) 농작물을 거둬 들임

□ 곡식거둘 **확** カク

3급

벼를 **보살펴** **거두**다

개가 서있는 옆모양 (**개견**)

獲

獲得 (획득) 손에 얻음
獲利 (획리) 이익을 얻음

□ 얻을 획 カク(える)

3급II

개와 같이 **보살펴** 사냥물을 **얻다**

雚

※뜻만 기억할 것

황새 관

풀속에서 입을 좌우로 저으며 울어대는 새가 **황새**다.

눈으로 사람을 본다는 뜻. (**볼견**)

觀

약 観

觀客 (관객) 구경하는 사람
觀望 (관망) 형세를 멀리서 바라봄

中 볼 관 カン(みる)

5급

황새가 먹이를 자세히 **보고** 또 **보다.**

철 창살을 팔로 힘을 써 벌리는 모양. (**힘력**)

勸

약 勧

勸善 (권선) 선을 권하고 장려함
勸學 (권학) 학문을 힘써 배우도록 함

中 권할 권 カン(すすめる)

4급

(※착한 일을하면 황새가 온다는 고사에서 유래됨)

황새가 오도록 **힘써서** 좋은 일을 하라고 **권하다**

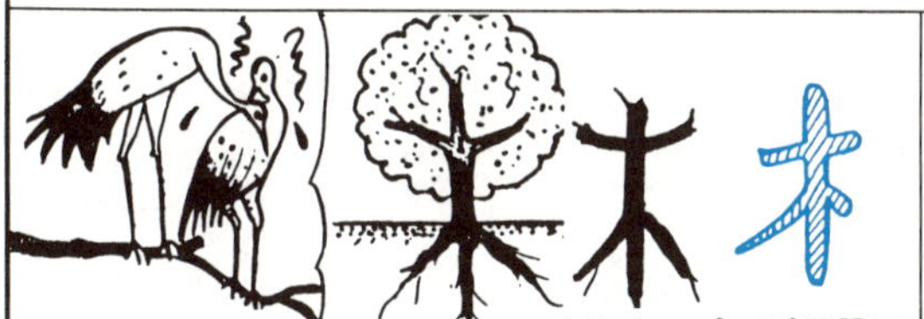
나무의 모양 (**나무목**)

權

속 権

權益 (권익) 권리나 이익
權門 (권문) 권세있는 집안

中 권세 권 ケン

4급II

(뭇새를 몰아내고) **나무**에서 **황새**가 **권세**를 잡다.

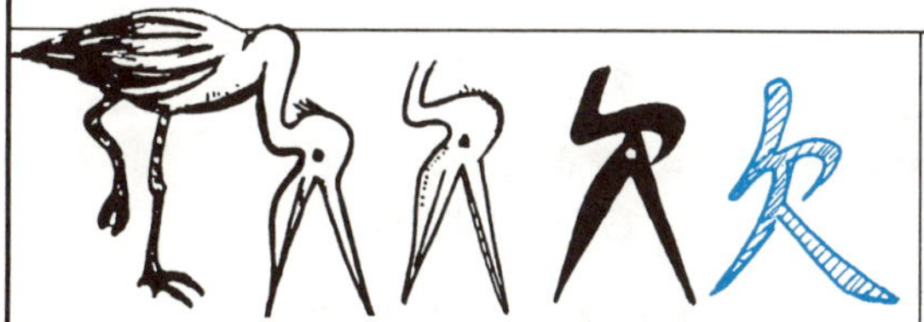
입을 크게 벌리고 하품하는 모양(**입크게 벌릴흠. 하품흠**)

歡

약 歓

歡迎 (환영) 즐거이 맞이함
歡呼 (환호) 기뻐서 큰소리를 지름

中 기뻐할 환 カン

4급

황새가 **입을 크게 벌리**고 **기뻐하다.**

翟

※뜻만 기억할 것

펼 적
꿩깃같이쑥나올 적

깃을 새가 **펀다**는 뜻

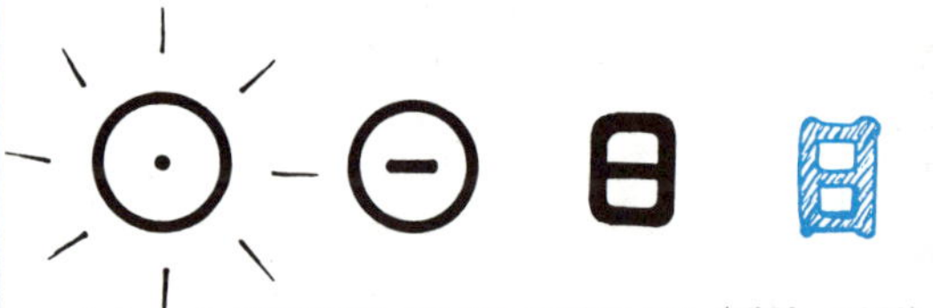

해의 모양 (**해가떠서 새날이 온다는 뜻**) (**해일. 날일**)

曜

曜曜 (요요) 빛나는 모양
月曜日 (월요일) 일주 (一週) 의 제 2 일

해비칠 요
요일 요 ヨウ(ひかり)

5급

햇빛이 **펴져** **해가 비치**다

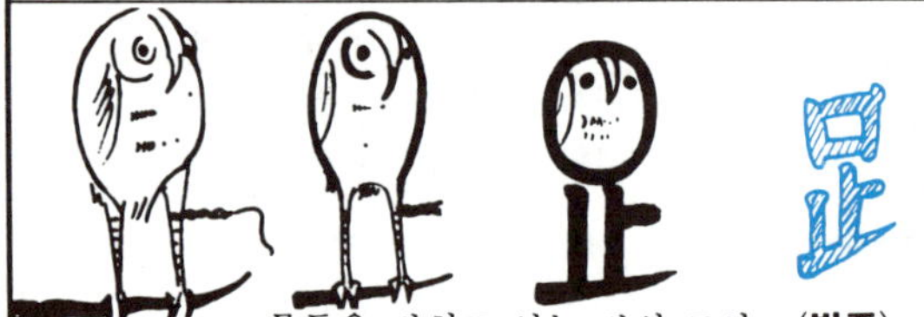

몸통을 받치고 있는 발의 모양. (**발족**)

躍

躍動 (약동) 생기있고 활발하게 움직임
躍進 (약진) 매우 빠르게 진보함

뛸 약 ヤク(をどる)

2급

다리(발)를 **펴**고 **뛰**다(달리다)

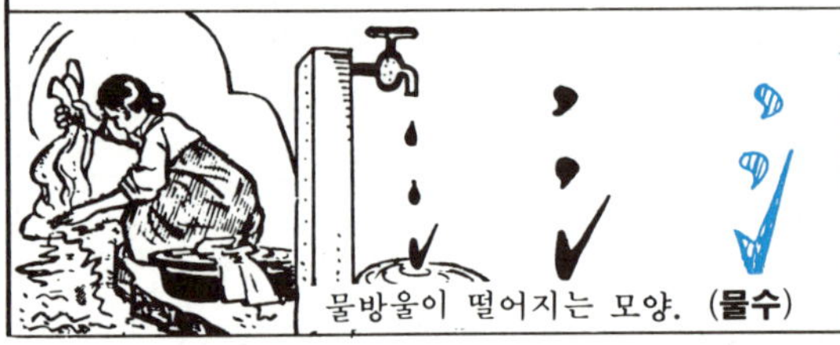

물방울이 떨어지는 모양. (**물수**)

濯

濯足 (탁족) 발을 씻음
洗濯 (세탁) 빨래

빨 탁 タク(すすぐ)

3급

(세탁물을) **물**에 **펴**서 **빨다**

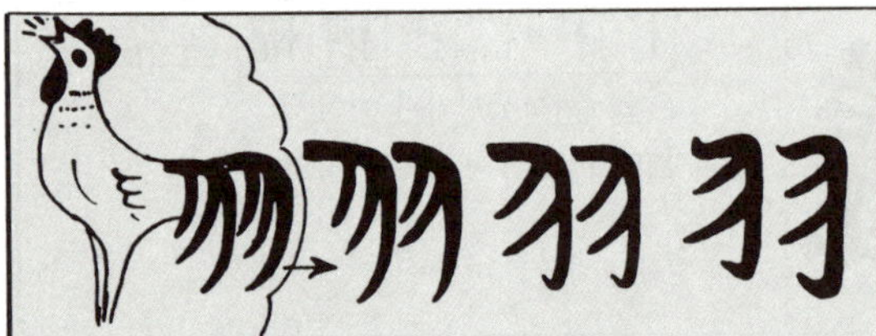

羽

羽翼 (우익) 6날개, 도와주는 사람
長羽 (장우) 긴 것

깃 우 ウ(はね)

3급

깃의 모양.

習

習慣 (습관) 버릇
習得 (습득) 배워 터득함

中 익힐 습 シュウ(ならう)

6급

흰밥이 담긴 사발의 모양(**흰백**)

깃이 **흰** 어린 새가 나는 걸 **익히**다.

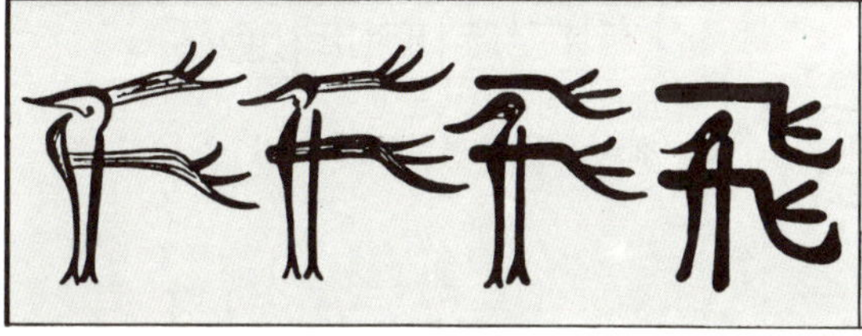

飛

飛變 (비변) 급히 일어남, 사변

雄飛 (웅비) 크고 용감히 나아가 활동함

中 날 비　ヒ(とぶ)

4급 II　새가 **날아가**는 모양.

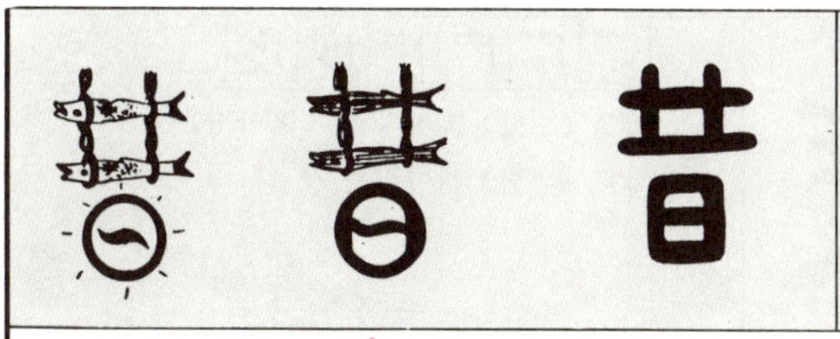

昔

一 廾 艹 昔 昔 昔

今昔 (금석) 지금과 옛날

昔年 (석년) 옛날

中 옛 석, 오랠 석　セキ(むかし)

3급　고기를 엮어서 햇볕에 **오래** 말리다.

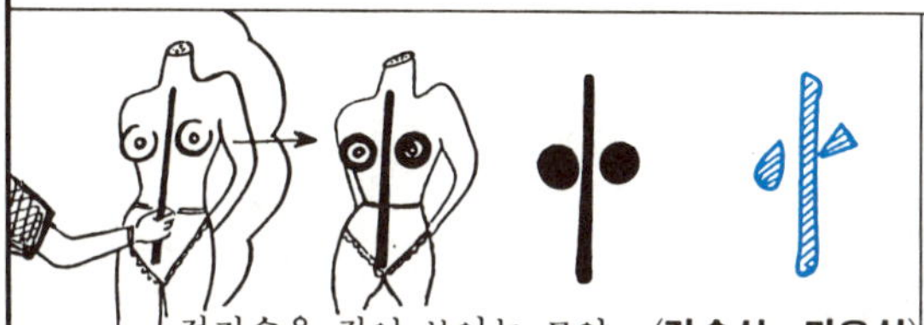

젖가슴을 짚어 보이는 모양. (**가슴심 · 마음심**)

惜

忄 忄 忄 惜 惜 惜

惜別 (석별) 이별을 애틋하게 여김

惜春 (석춘) 가는 봄을 애틋하게 여김

中 아낄 석

3급 II　**가슴**에 **오래** 간직하여 **아끼다.**

사람이 섰는 모양. (**사람인**)

借

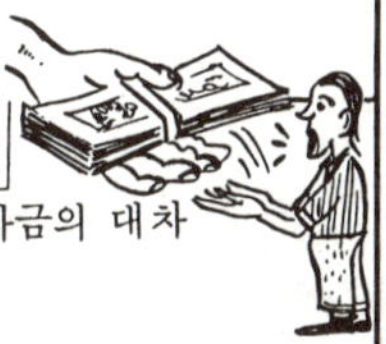

借 借 借 借 借

借款 (차관) 국제간의 자금의 대차

借如 (차여) 만약, 만일

中 빌 차, 빌릴 차

3급　**사람**에게 **오래** (돈을) **빌리**다.

쇠를 다루는 대장간의 모양. (**쇠금**)

錯

𠆢 亼 金 鉗 錯 錯

錯覺 (착각) 잘못 인식함

錯雜 (착잡) 뒤섞여 복잡함

섞일 착
도금할 착　サク

금속이 **오래** 녹쓸 지 않게 섞어 **도금**하다　3급

(쟁기뢰)　(대죽)

籍

⺮ ⺮ 笁 簎 籍 籍

籍籍 (적적) 여러 사람의 입에 오르 내리는 모양

호적 적　セキ

종이가 없던 옛날에는 대나무 조각을 엮어서 거기다 글을 썼음

대쪽을 엮어 **쟁기**로 밭 갈 듯이 **오랜** 세월 글을 새겨 놓은 게 서적(**호적**)이다.

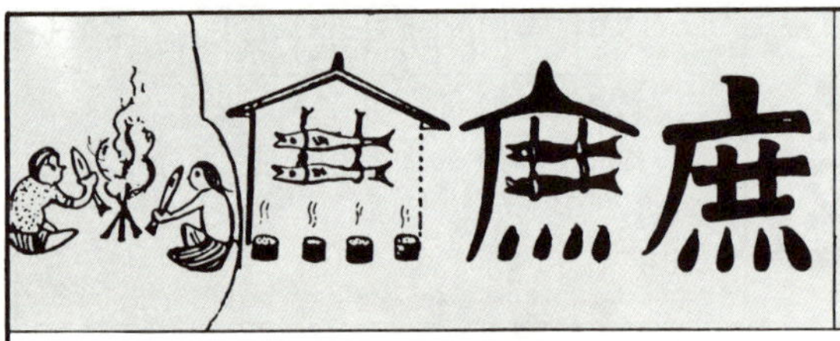

庶

亠 广 户 庐 庐 庶

庶事 (서사) 모든 일
庶政 (서정) 여러 가지 정사

□ 여럿 서
서자 서　ショ(もろもろ)

집에서 **엮은 고기**를 **불**에 구워 **여럿이** 먹다　3급

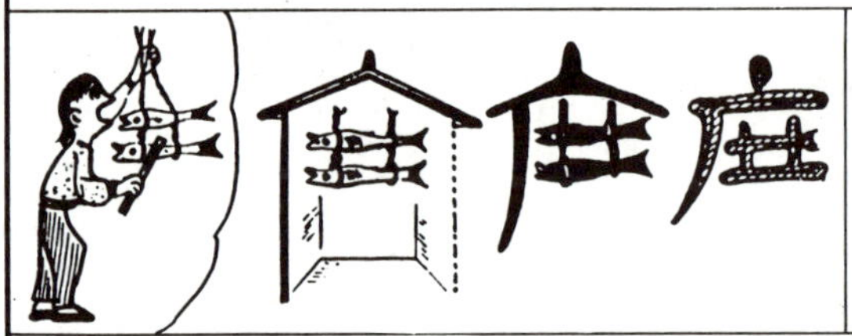

度

亠 广 户 庐 度 度

度量 (도량) (1)자와 말 (2)아량, 국량
寸度 (촌탁) 헤아리는 것

中 잴 도, 헤아릴 탁　ド(たび)

집에서 **엮은 고기** 타래를 **잡고서** 길이를 **재다.**　6급

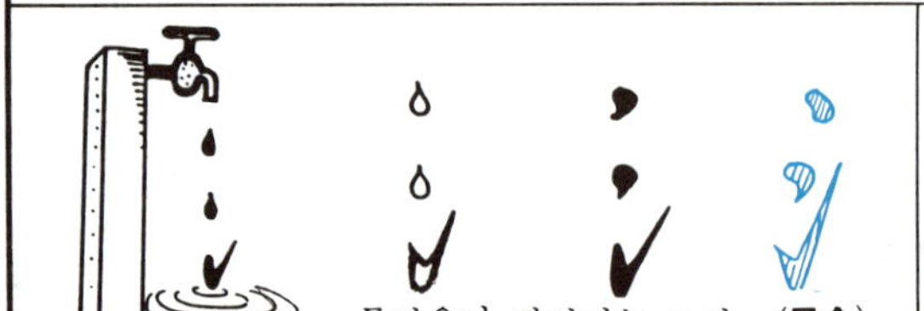

물방울이 떨어지는 모양. (**물수**)

渡

丶 氵 氵 沪 浐 渡

渡涉 (도섭) 물을 건넘
渡來 (도래) 물을 건너서 옴

□ 건늘 도 ト(わたる)

3급　**물**의 깊이를 **재어**가며 **건너다**

辶

丶 辶

※뜻만 기억할 것

□ 뛸 착
달아날 착

캥거우루가 **뛰어서 달아나**는 모양을 본뜬 자

날개를 편 새의모양 (**새추**)

進

丿 亻 什 佳 隹 進

進步 (진보) 차차 발달하여 나아감
進退 (진퇴) 나아감과 물러섬

中 나아갈 진　シン(すすむ)

4급II　**새**가 **달리** 듯 앞으로 **나아가**다.

뿌리의 모양(**뿌리출**)

述

一 十 才 木 朮 述

序述 (서술) 차례를 좇아 말함
著述 (저술) 글을 써서 책을 만듦

□ 설명할 술
지을 술　ジュツ(のべる)

3급II　**식물의 뿌리**가 **달리** 듯 빨리 성장하는 비결을 **설명하**다

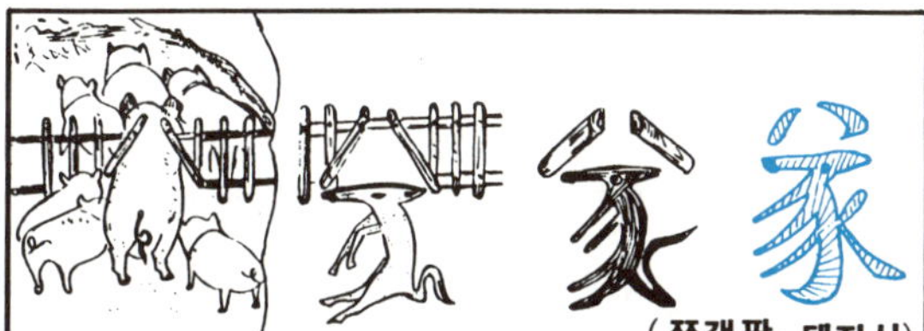
(쪼갤팔 · 돼지시)

遂

遂事 (수사) 이미 다 된 일
遂成 (수성) 어떤 일을 다 해냄

이룰 수
드디어 수 スイ(とげる)

3급 (우리를) **쪼개**고 **돼지**가 **달아나** 뜻을 **드디어 이루다**

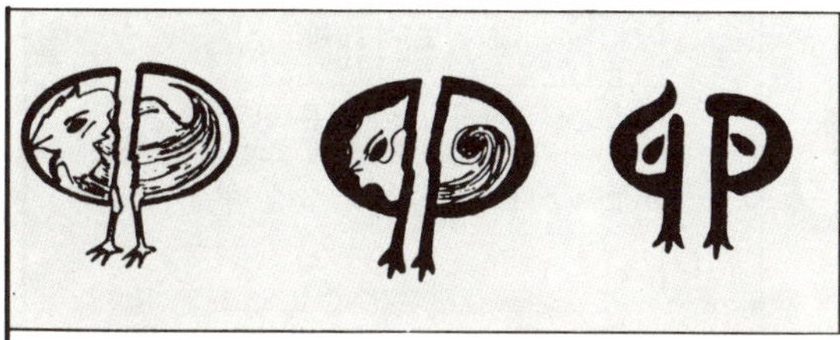

卵

卵黃 (난황) 노른 자위
卵生 (난생) 알에서 태어남

中 알 란 ラン(たまご)

4급 **알**이 까이는 모양.

(손톱조 · 손 조) (아들자)

孵

孵卵 (부란) 알을 깜
孵化 (부화) 알이 까짐

알깔 부 フ(かえる)

(새가) **알**을 **발톱**(또는 손톱)으로 **자식**을 얻고자 **깐다**

巳

巳生 (사생) 사년 (巳年) 에 난 사람
巳日 (사일) 일진의 지지가 사 (巳) 인 날

中 뱀 사, 여섯째지지 사 シ(み)

3급 **뱀**의 모양.

已

已往之事 (이왕지사) 이미 지나간 일
已已 (이이) 그침

中 이미 이, 그칠 이 イ(やむ)

3급II **뱀**이 **잘리어** 숨이 **이미 그치**다.

신에게 보이려고
젯상을 차려놓은 모양. (보일시, 제사시. 젯상시)

祀

祀天 (사천) 하늘에 제사를 지냄

제사 사 シ(まつる)

3급II **제상**을 차려놓고 **뱀**같이 생긴 혼령에게 **제사**지내다.

也

𠃌 乜 也

也有 (야유) 또 있음
也乎 (야호) 강조의 뜻을 나타내는 어조사

中 뱀 야, 이다 야, ヤ(なり)

3급 **나무가지에** 감긴 **뱀**을 보고 이크! **뱀**이다하고 놀라는 모양.

사람이 섰는 모양. (**사람인**)

他

丿 亻 亻𠃌 亻乜 他

他山之石 (타산지석) 다른 산의 나쁜 돌로 자기 구슬을 가는 데 소용이 된다는 뜻
出他 (출타) 다른 곳에 잠깐 나감

中 다를 타 タ(ほか)

5급 **사람**과 **뱀**은 근본적으로 **다르다**.

싹이(+) 흙위에(—) 돋아나는 모양. (**흙토**)

地

一 十 土 土𠃌 土乜 地

地帶 (지대) 한정된 일정한 구역
地目 (지목) 지세를 징수하기 위하여 구분한 토지의 종목

中 따 지 チ(つち)

7급 **흙** **뱀**이 사는 곳이 **땅**이다.

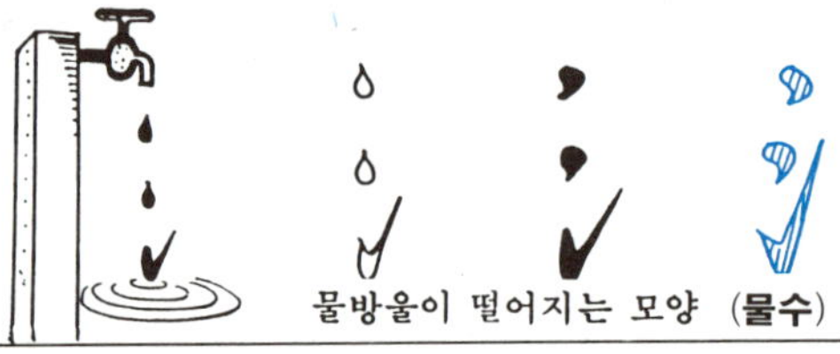

물방울이 떨어지는 모양 (**물수**)

池

丶 冫 氵 氵𠃌 氵乜 池

池沼 (지소) 못
池湖 (지호) 못과 호수

못 지 チ(いけ)

3급 II **물** **뱀**이 사는 곳이 **못**이다

巴

ㄱ ㄲ ㅍ 巴

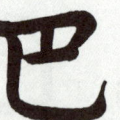

三巴戰 (삼파전) 셋이 어우러져 하는 싸움
巴戟天 (파극천) 부조초 (不凋草) 의 뿌리

큰뱀 파, 땅이름 파 ハ(うずまき)

똬리를 틀고 있는 **큰 뱀**의 모양.

色

丿 ⺈ 𠂊 ⺈ ⺈ 色

色素 (색소) 물감
色眼鏡 (색안경) 빛갈 있는 안경

中 빛 색 ショク(いろ)

7급 **사람**이 **큰 뱀**을 밟고 낯**빛**이 변하다.

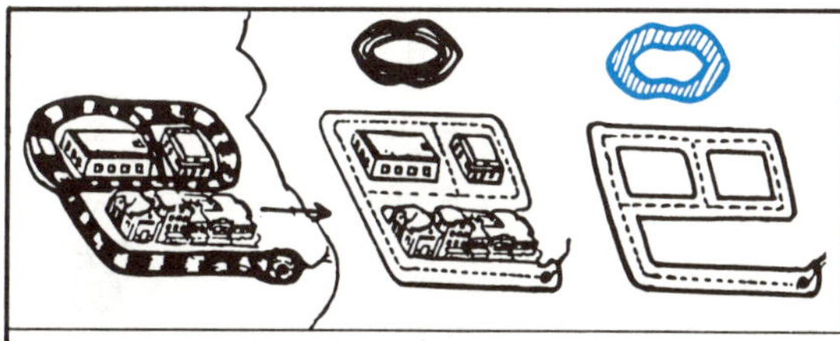

邑

丨 ㄇ 口 吊 吕 邑

邑內 (읍내) (1)읍의 구역 안 (2)고을

邑長 (읍장) 읍의 행정 책임자

中 고을 읍 ユウ(むら)

7급 많은 **입** (즉 사람)이 **큰 뱀**같이 길을 내고 모여 사는 곳이 **읍**이다.

몸통 부분인 갈비뼈의 모양. (**몸육 · 고기육**)

肥

丿 刀 月 月ㄱ 月ㅁ 肥

肥料 (비료) 식물을 생장시키기 위한 영양물질

살찔 비 ヒ(ふとる)

3급 II **몸** 보신용으로 **큰 뱀**을 먹고 **살찌**다

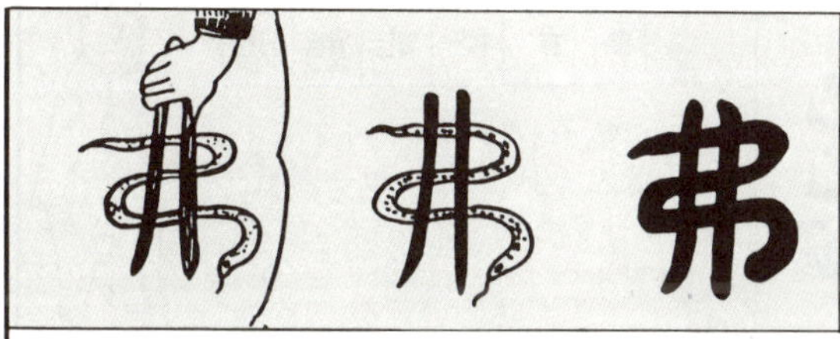

弗

ㄱ ㄱ 弓 弔 弗

弗乎 (불호) 부인하는 뜻

弗素 (불소) 화학원소의 일종

아니 불 フツ(あらず)

3급 지렁이나 뱀 같은 걸 눌러서 **아니** 움직이게 하는 모양.

사람이 섰는 모양. (**사람인**)

佛

亻 𠆢 仁 佀 侼 佛 약 仏

佛教 (불교) 석가가 세운 종교

佛像 (불상) 부처의 형상

中 부처 불 ブツ(ほとけ)

4급 II **사람**이 **아닌** 행동을 하는 자를 교화시키는 것이 **부처다**.

양손으로 괭이를 잡고 있는 모양. (**손수**)

拂

一 扌 扫 扫 拂 拂

拂入 (불입) 치를 돈을 넣음

拂下 (불하) 관청에서 개인에게 물품을 팜

털 불

지불할 불 フツ(はらう)

3급 **손**에 아무 것도 **아니** 가졌다고 하며 손을 **털다**

돈이 든 자개장의 모양. (**자개패 · 돈패 · 조개패**)

費

ㄱ 弓 弔 弗 費 費

費目 (비목) 비용을 지출하는 명목

浪費 (낭비) 보람 없이 함부로 씀

없앨 비 ヒ(ついえる)

5급 (자기게) **아니라**고 **돈**을 함부로 써 **없애**다

能

′	厶	㣺	育	能	能

㊗ 䏻

能力 (능력) 일을 감당할 힘

能動 (능동) 제 마음에 내켜서 함

中 능할 능　ノウ(あたう)

(곰의 모양)곰은 재주 부리기에 능하기 때문에 **능하다**는 뜻이 됨.　5급

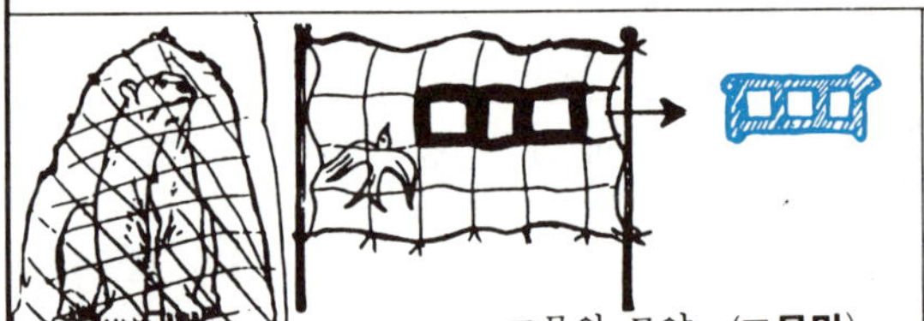

그물의 모양. (**그물망**)

罷

丨	冂	罒	罒	罷	罷

罷業 (파업) 동맹 파업의 준말

罷場 (파장) 시장이 파함

파할 파, 그만둘 파　ヒ(やめる)

3급　**그물**에 걸린 곰이 **능하게** 재주부리는 것을 **그만두다**

가슴의 모양 (**가슴심·마음심**)

態

育	育	能	能	態	態

態勢 (태세) 상태, 자세

狀態 (상태) 되어 있는 형편

모양 태　タイ(わざと)

4급II　(재주부리기에) **능한** 곰이 **마음**껏 **모양**내다

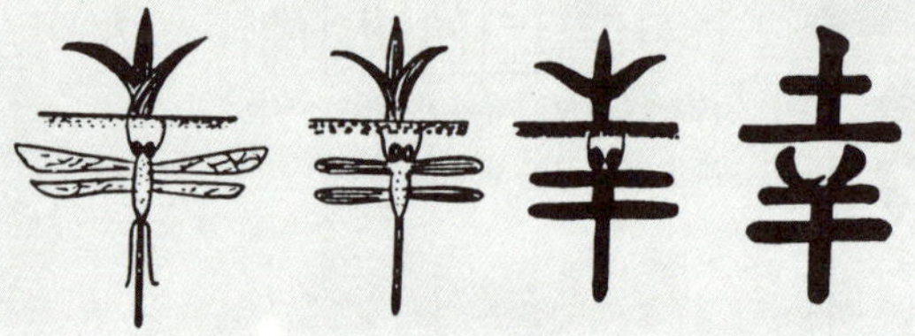

幸

一	十	土	夫	坴	幸

幸不幸 (행불행) 행복함과 불행함

幸運 (행운) 좋은 운수

中 다행할 행　コウ(さいわい)

6급　흙에 앉은 잠가리가 살아 있는 것도 **다행**한 일이다.

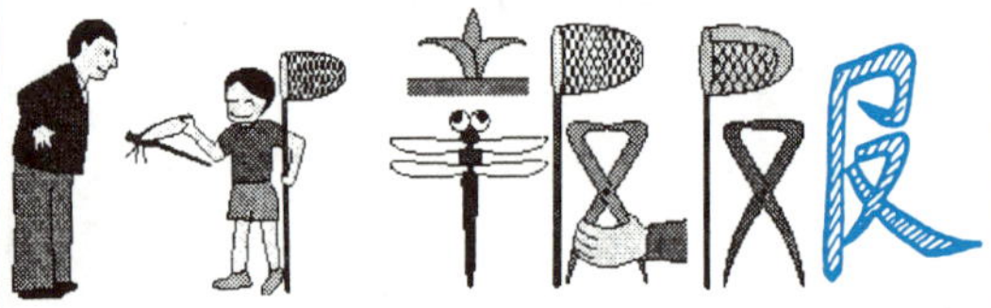

報

土	夫	幸	幸	郣	報

報復 (보복) 앙갚음

報德 (보덕) 남의 은덕을 갚음

中 고할 보, 갚을 보　ホウ(むくいる)

4급II　(잠자리를) **다행히 잠자리채**로 잡았음을 **고하다**.

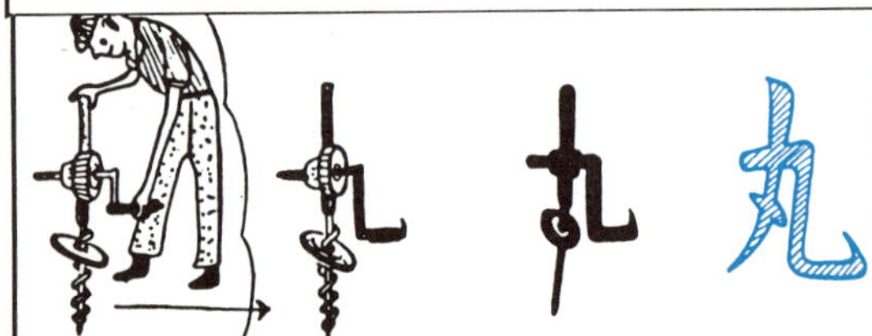

(드릴을) 여러번 돌려 구멍을 둥글게 내다 (**둥글환**)

執

土	夫	幸	刲	執	執

執念 (집념) 달라붙어 뗄 수 없는 생각

執務 (집무) 사무를 맡아 봄

中 잡을 집　シツ(とる)

다행히 **둥근** 구멍을 뚫을 자가 드릴을 **잡다**.

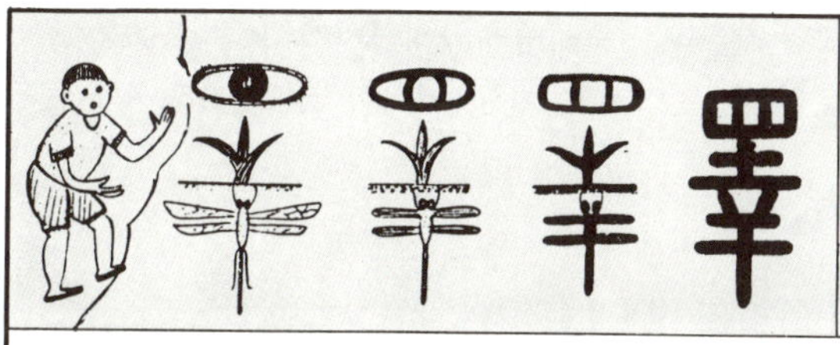

睪

※뜻만 기억할 것.

□ 엿볼 역

눈으로 **흙**에 앉은 **잠자리**를 잡으려고 **엿본다**는 뜻

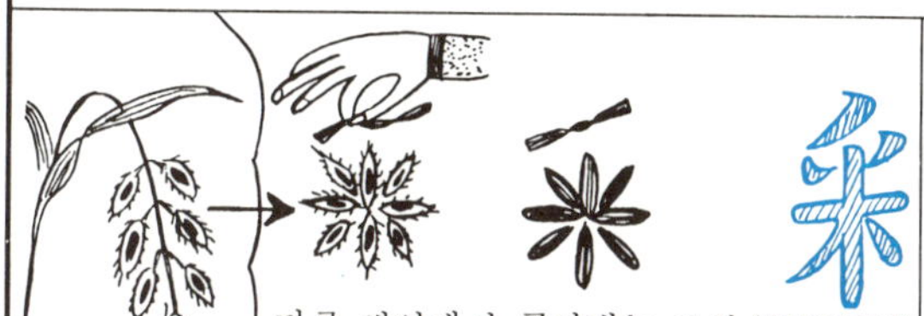

티를 쌀알에서 골라내는 모양(**분별할변**)

釋

釋 약 釈

釋教 (석교) 불교

釋放 (석방) 구속하였던 것을 풀어 자유롭게 함

□ 풀릴 석
해석 석 シャク

3급II 보따리를 **분별하**여 **엿볼 수** 있도록 **풀어**놓다

수염을 들먹이며 입으로 말하는 모양. (**말씀언**)

譯

譯 약 訳

譯註 (역주) 번역과 주석

譯解 (역해) 번역하여 풀이함

□ 통역할 역 ヤク(わけ)

3급II (다른 나라의) **말**을 **엿볼 수** 있게 **번역**하다(통역하다)

말의 모양. (**말마**)

驛

驛 약 駅

驛馬 (역마) 역말

驛夫 (역부) 역의 잡무에 종사하는 사람

□ 역마 역 エキ(うまや)

※ 옛날에는 교통수단이 말이었기에 정거장에는 말이 많았음

(많은) **말**을 **엿볼 수** 있는곳이 **역마(정거장)**이다 3급II

물방울이 떨어지는 모양 (**물수**)

澤

澤 약 沢

沼澤 (소택) 못

光澤 (광택) ① 얼른거리는 빛
② 빛의 반사로 번쩍거리는 것

□ 못 택
윤택할 택 タク(さわ)

3급II 많은 **물**을 **엿볼 수** 있는 곳이 **못**이다

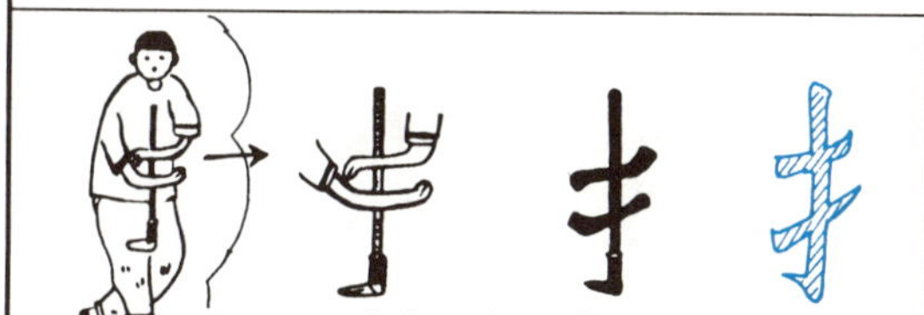

양손으로 괭이를 잡고 있는 모양. (**손수**)

擇

擇

擇日 (택일) 좋은 날짜를 고름

擇地 (택지) 좋은 땅을 고름

□ 가릴 택
뽑을 택 タク(えらぶ)

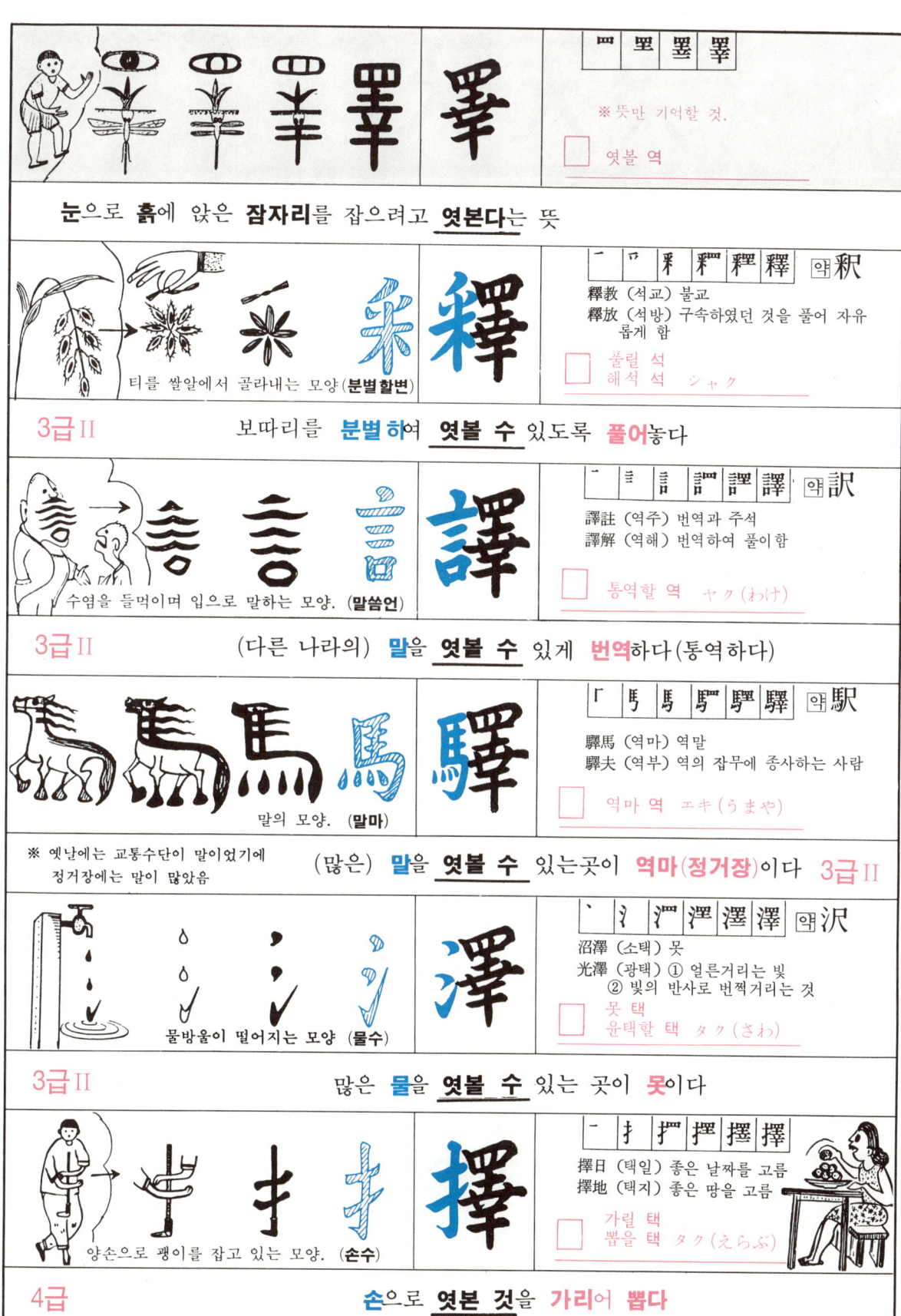

4급 **손**으로 **엿본 것**을 **가리**어 **뽑다**

犬

一	ナ	大	犬		

犬猿 (견원) 개와 원숭이. 서로 사이가 나쁜 사람

狂犬 (광견) 미친 개

中 개 견 ケン(いぬ)

4급 **개**의 모양.

사람이 섰는 모양. (**사람인**)

伏

ノ	イ	仁	仕	伏	伏

伏炎 (복염) 삼복의 더위

伏願 (복원) 윗 어른께 삼가 원함

中 엎드릴 복 フク(ふせる)

4급 **사람** 옆에 **개**가 **엎드리다.**

굴의 모양. (**구멍혈. 굴혈**)

突

'	宀	穴	空	突	突

突然 (돌연) 갑자기

突出 (돌출) 쑥 불거짐

갑자기 돌 トツ(つく)

3급II **굴** (구멍)에서 **개**가 **갑자기** 나오다.

입의 모양 (**입구**)

哭

ı	ㅁ	吅	𠯑	哭	哭

哭聲 (곡성) 곡하는 소리

痛哭 (통곡) 슬피 욺

울 곡 コク

3급II **입을 좌우**로 저으며 **개**가 **울다.**

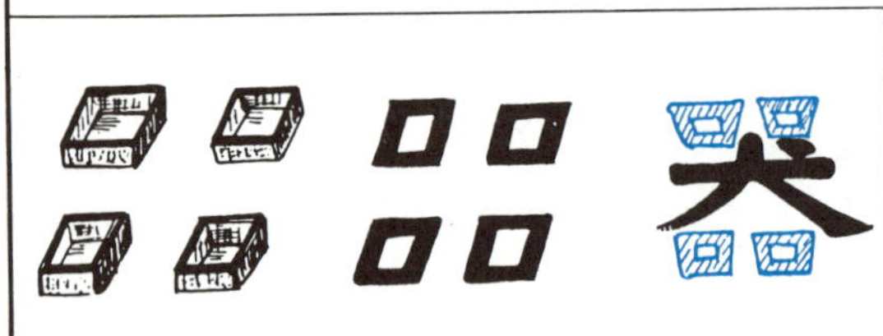

器

ㅁ	吅	吅	哭	哭	器

器械 (기계) "연장, 그릇"등을 통틀어 이르는 말

器量 (기량) 도량과 재주, 기국 (器局)

그릇 기 キ(うつわ)

4급II **여러 통**에 **개**고기를 담아 놓은 게 **그릇**이다

獸

ㅁ	吅	畕	嘼	嘼	獸

獸待 (수대) 짐승과 같이 대우함

獸慾 (수욕) 짐승과 같은 음란한 욕심

짐승 수 ジュウ(けもの)

3급 **두 귀**를 세우고 **뼈**를 **입**에 물고 있는 **개**가 곧 **짐승**이다

淚

`	氵	氵	汀	沪	淚

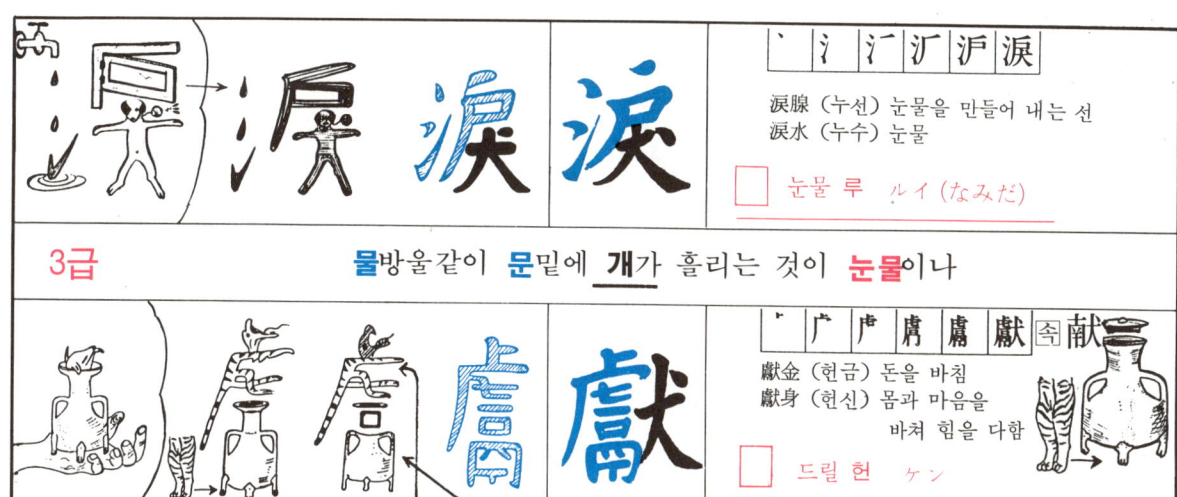

淚腺 (누선) 눈물을 만들어 내는 선
淚水 (누수) 눈물

☐ 눈물 루 ルイ(なみだ)

3급

물방울같이 **문**밑에 **개**가 흘리는 것이 **눈물**이나

범과 오지병의 모양(**범호 · 오지병격**)

獻

`	广	卢	膚	膚	獻

속 献

獻金 (헌금) 돈을 바침
獻身 (헌신) 몸과 마음을 바쳐 힘을 다함

☐ 드릴 헌 ケン

3급 II

범의 발같은 게 달린 **오지병**에 **개**소주를 담아서 **드리다**

갈비뼈의 모양. (**몸육 · 고기육**) 연탄불의 모양.(**불화**)

然

ノ	ク	夕	夕犬	夕犬	然

然後 (연후) 그러한 뒤
然諾 (연락) 쾌히 허락함

中 그럴 연 ゼン(しか)

7급

고기로 **개**를 잡아 먹을 때는 **불**에 **그렇게** 그을려야 한다.

장작에 불이 붙어 타는 모양. (**불화**)

燃

丷	火	火	炒	燃	燃

燃燈會 (연등회) 집집이 등불을 켜는 불교 행사의 하나

☐ 불탈 연
불사를 연 ネン(もえる)

4급

불에 **그렇게** 놓고 **불사르**다.

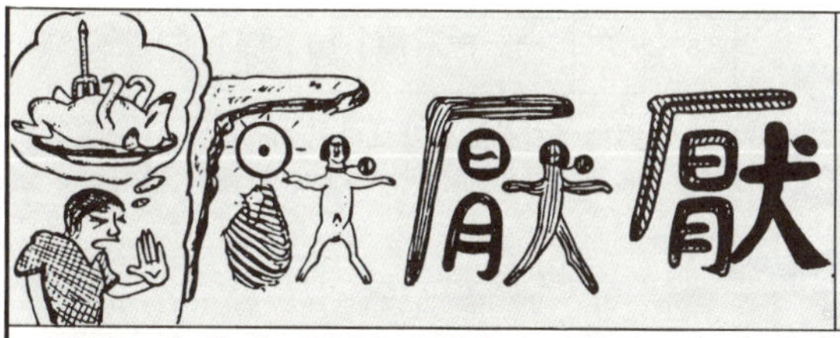

厭

厂	厂	眉	厝	厭	厭

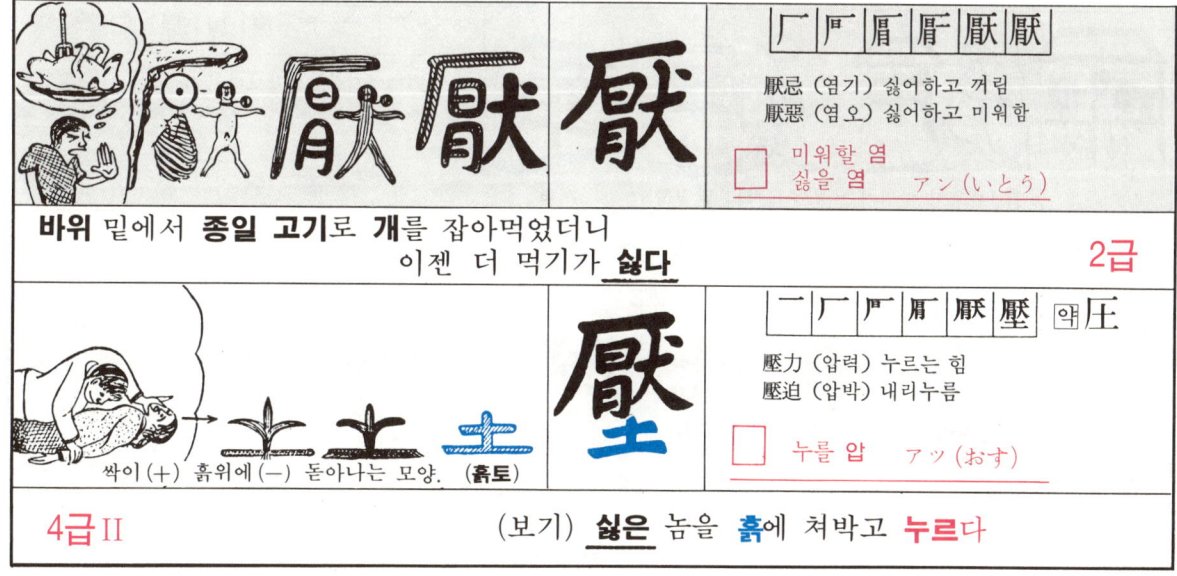

厭忌 (염기) 싫어하고 꺼림
厭惡 (염오) 싫어하고 미워함

☐ 미워할 염
싫을 염 アン(いとう)

바위 밑에서 **종일 고기**로 **개**를 잡아먹었더니
이젠 더 먹기가 **싫다**

2급

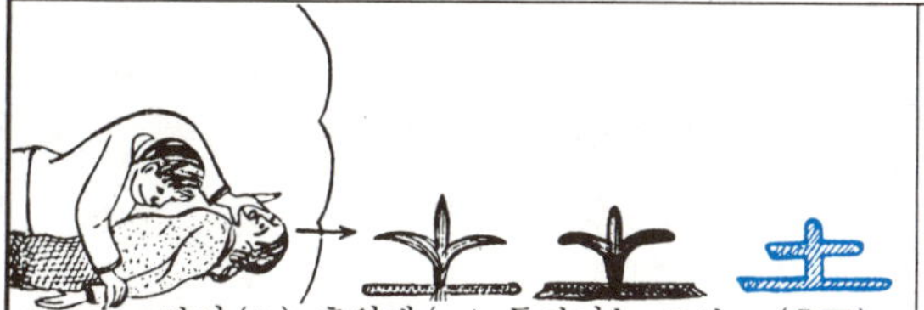

싹이(+) 흙위에(一) 돋아나는 모양. (**흙토**)

壓

一	厂	戸	眉	厭	壓

약 压

壓力 (압력) 누르는 힘
壓迫 (압박) 내리누름

☐ 누를 압 アツ(おす)

4급 II

(보기) **싫은** 놈을 **흙**에 처박고 **누르**다

尤

一 ナ 尢 尤

怨尤 (원우) 원망하고 탓함

尤異 (우이) 극히 훌륭함

中 더욱 우 ユウ(もっとも)

3급 개가 절름발이가 되니 보기가 **더욱** 싫다.

많은 사람이 왕래하는 서울의 성문 모양 (**서울경**)

就

亠 古 京 京 就 就

就業 (취업) 일자리에 나아가 일을 함

就任 (취임) 배치된 직장에 처음으로 나아감

中 이룰 취, 나아갈 취 ジュ(つく)

4급 **서울**로 개놈까지 **더욱** 뜻을 **이루**려고 **나아가**다.

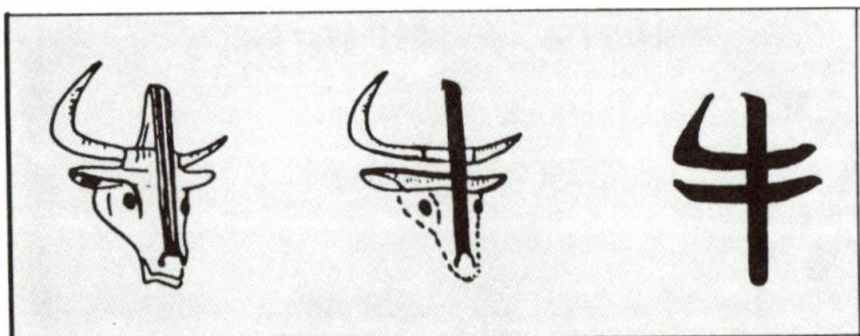

牛

丿 𠂉 牛 牛

牛飮 (우음) 소같이 많이 마심

牛耳讀經 (우이독경) 쇠귀에 경 읽기

中 소 우 ギュウ(うし)

5급 **소**의 모양

사람이 섰는 모양. (**사람인**)

件

丿 亻 亻 仁 仁 件

事件 (사건) 일거리, 뜻밖에 일어난 일

件名 (건명) 일이나 물건의 이름

조건 건
물건 건 ケン(くだり)

5급 (옛날에는) **사람**에게 **소**는 제일가는 **물건**이다※ 옛날에는 사람에게 소가 제일가는 재산이었음.

캥거루우가 달려가는 모양 (**갈착. 달릴착**)

遲

一 ㄱ 尸 屖 犀 遲

遲刻 (지각) 정각보다 늦게 옴

遲參 (지참) 정한 시간보다 늦게 참석함

더딜 지
느릴 지 チ(おそい)

3급 **축사**(외양간)에 갇힌 **소**는 **달려가**는 게 **더디**다

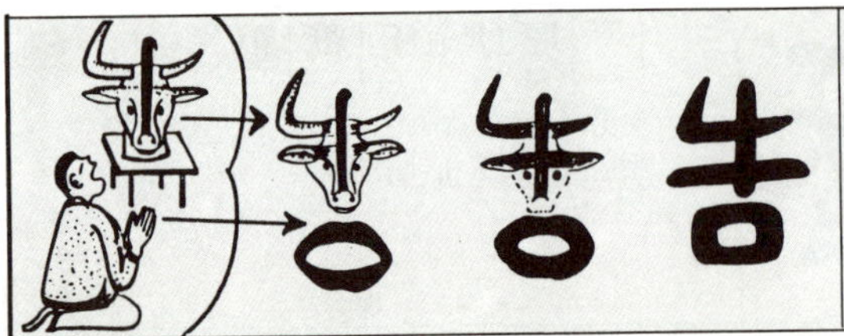

告

丿 𠂉 牛 牛 告 告

告別 (고별) 작별을 고함

告示 (고시) 고하여 알림

中 알릴 고, 고할 고 コク(つげる)

5급 소를 잡아놓고 입으로 신에게 **고하다**.

캥거루우가 달려가는 모양. (**갈착. 달릴착**)

造

丿 𠂉 牛 牛 告 造

造作 (조작) 물건을 지어서 만듦
造船 (조선) 배를 설계하여 만듦

中 지을 조　ゾウ(つくる)

4급II　신에게 **고하려 가려**고 제사 음식을 **짓다.**

물방울이 떨어지는 모양. (**물수**)

浩

丶 氵 氵 汁 浩 浩

浩繁 (호번) 넓고 크며 번거로움이 많음
浩然 (호연) 마음이 바르고 활달한 모양

中 넓을 호　コウ

3급II　**물**이 **고하 듯** 소리내며 **넓게** 흐르다

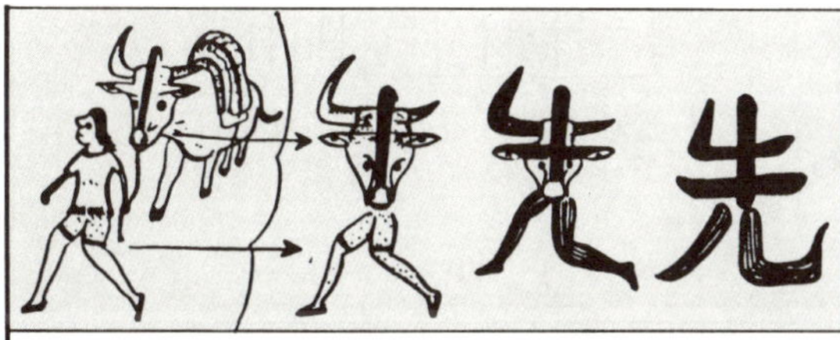

先

丿 𠂉 牛 生 步 先

先人 (선인) 앞 세대 사람
先見之明 (선견지명) 닥쳐올 일을 앞질러 내다보는 판단력

中 먼저 선　セン(さき)

8급　동물 중에 **소**를 **사람**이 제일 **먼저** 가축으로 부리다.

물방울이 떨어지는 모양. (**물수**)

洗

丶 氵 汇 泩 洪 洗

洗練 (세련) 능숙하고 미끈하게 가다듬음
洗眼 (세안) 눈을 씻음

中 씻을 세　セン(あらう)

5급　**물**에 **먼저** 들어가 **씻다.**

制

丿 𠂉 午 芾 制 制

制服 (제복) 제정된 복장
制定 (제정) 제도를 만들어 정함

법 제, 마를 제　セイ

4급II　소 코뚜레를 칼로 다듬어 **마르다.**

옷의 모양(**옷의**)

製

丿 𠂉 芾 制 製 製

製藥 (제약) 약제를 조합하여 약을 만듦
製菓 (제과) 과자를 만듦

中 만들 제　セイ

4급II　(옷감) **마름질**하여 **옷**을 **만들다.**

卜

丨	卜				

卜吉 (복길) 길한 날을 가려 받음
占卜 (점복) 점을 치는 일

□ 점 복　ボク(うらなう)

거북등을 부저로 지지어서 갈라지는 걸 보고 **점**을 치다.　3급

구름에 가려진 반달이 저녁 하늘에 떠 있는 모양(**저녁석**)

外

ノ	ク	夕	外	外	

外患 (외환) 외부에서 받는 근심
外剛內柔 (외강내유) 겉으로 보기에는 강하나 속은 부드러움

中 바깥 외　ガイ(そと)

＊점은 본디 아침에 치는 것이 상례였음.

저녁에 치는 **점**은 상례 **밖의** 일이다.　8급

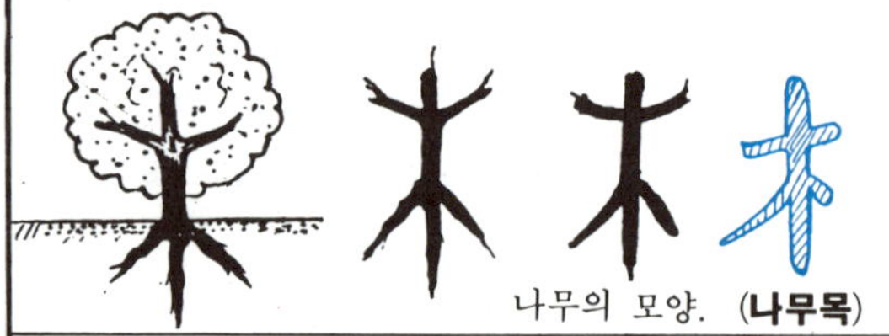

나무의 모양. (**나무목**)

朴

一	十	才	木	朴	朴

儉朴 (검박) 검소하고 질박함
質朴 (질박) 꾸민데가 없이 순수함

□ 순박할 **박**　ボク

6급　**나무**의 성질을 **점**쳐 보면 **순박**하다

팔을 휘저으며 달아나는 모양. (**달아날주**)

赴

一	十	土	走	赴	赴

赴任 (부임) 임명을 받아 새 임지로 감
赴援 (부원) 구원하러 감

□ 다다를 부
달릴 부　フ(おもむく)

3급　**점괘**대로 **달려**가서 목적지에 **다다르**다

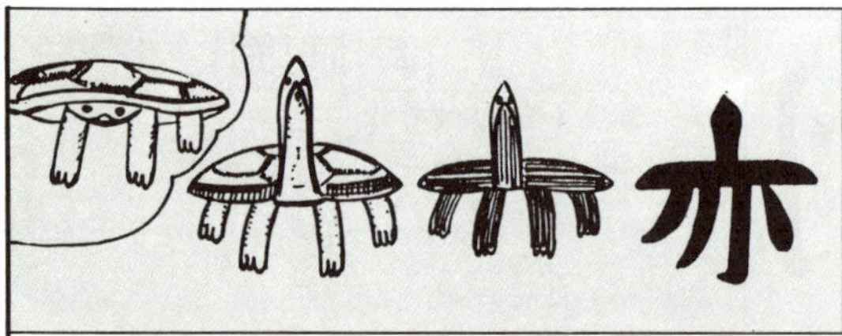

亦

'	亠	亣	亣	亦	亦

亦然 (역연) 역시 그러함
亦如 (역여) 또한 같음

中 또 역　エキ(また)

3급II　거북이가 목을 넣었다가 **또** 내민다.

赤

一	十	土	夫	赤	赤

赤手 (적수) 맨주먹
赤色 (적색) 붉은 빛

中 붉을 적　セキ(あかい)

5급　**칼**로 거북이 목을 **또** 따니 **붉은** 피가 나온다.

몸통을 받치고 있는 발의 모양. (**발족**)

跡

丨 口 𧾷 𧾷 跡 跡

故跡 (고적) 남아 있는 옛 자취
史跡 (사적) 역사의 자취

□ 발자취 적 セキ(あと)

3급 II **발**을 **또** 띠어놓아 **발자취**를 남기다

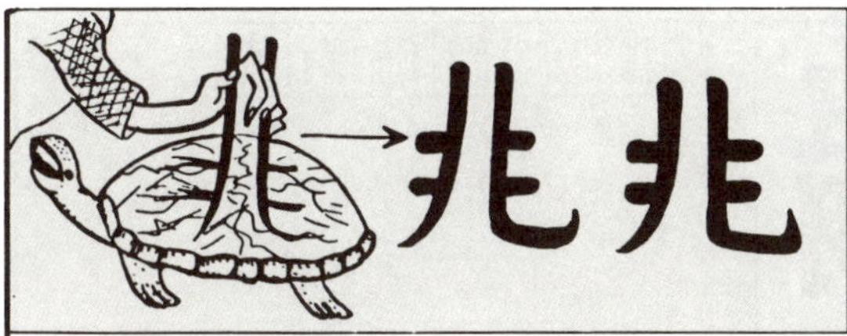

兆

丿 ﾘ 㐅 兆 兆 兆

兆民 (조민) 많은 사람

(※금이 수없이 많이 갈라 지기 때문에 가장 큰 수자인 '조'의 뜻이 나옴)

中 점괘 조 조짐 조 チョウ(きざす)

3급 II 점장이가 거북등을 지저서 **갈라지는** 걸 보고 **점괘**와 **조짐**을 알다.

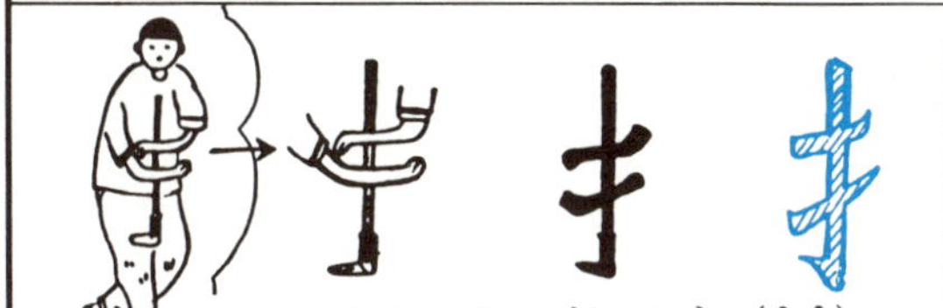

양손으로 괭이를 잡고 있는 모양. (**손수**)

挑

一 扌 扌 挑 挑 挑

挑戰 (도전) 싸움을 걸거나 돋음
挑出 (도출) 시비를 끌어내거나 돋음

□ 집적거릴 도, 돋울 도 도전 도 チョウ(いどむ)

3급 **손**으로 사람을 **갈라** 놓으려고 **집적거리**어 화를 **돋우다.**

나무의 모양. (**나무목**)

桃

木 村 杓 杉 桃 桃

桃仁 (도인) 복숭아 씨의 알맹이
桃花 (도화) 복숭아 꽃

□ 복숭아 도 トウ(もも)

3급 **나무**에 두 쪽으로 **갈라진** 것 같은 열매가 달린 게 **복숭아**다

몸통을 받치고 있는 발의 모양. (**발족**)

跳

丨 口 𧾷 跀 跳 跳

跳梁 (도량) 거리낌없이 함부로 날뜀
跳舞 (도무) 몹시 기뻐 날뜀

□ 뛸 도 (조) チョウ(とぶ)

3급 **발**로 땅을 **갈라질** 정도로 차며 **뛰다**(솟구치다)

캥거루우가 달려가는 모양. (**갈착. 달릴착**)

逃

ﾘ 㐅 兆 兆 洮 逃

逃亡 (도망) 몰래 피하여 달아남
逃走 (도주) 피하거나 쫓겨서 달아남

□ 달아날 도 도망할 도 トウ(のがす)

4급 (타인과) **갈라저**서 **달아나는** 게 **도망**이다

用

丿 | 冂 | 月 | 月 | 用

用途 (용도) 쓰이는 곳
用意 (용의) 할 의사

中 쓸 용　ヨウ(もちいる)

6급　거북이가 등가죽을 방패 삼아 **쓰다.**

바위가 옆으로 나온 모양 (**바위엄**)

備

亻 | 亻艹 | 俨 | 偌 | 備 | 備

備荒 (비황) 흉년이나 재변에 대한 준비
具備 (구비) 빠짐없이 모두 갖춤

中 갖출 비, 준비할 비　ビ(そなえる)

4급II　**사람**이 **풀**과 **바위**도 **쓸데**가 있다고 **갖추**어 두다.

周

丿 | 冂 | 冂 | 冃 | 周 | 周

周知 (주지) 두루 앎
周密 (주밀) 일에 빈틈이 없음

□ 두루 주　シュウ(まわり)

4급　거북 등에는 □(네모꼴) 무늬가 **두루** 나 있다는 뜻

수염을 들먹이며 입으로 말하는 모양. (**말씀언**)

調

亠 | 三 | 言 | 訂 | 訶 | 調

調査 (조사) 자세히 살펴 알아봄
調和 (조화) 고르게 갖춤

中 고를 조　チョウ(しらべる)

5급　**말**을 **두루**하여 **고루**게 하다.

甬

乛 | 乛 | 了 | 百 | 甬

※ 뜻만 기억할 것

□ 솟구칠 용

거북이가 목을 쑥 내밀어 **솟구치**는 모양

캥거루우가 달려가는 모양. (**갈착. 달릴착**)

通

乛 | 了 | 百 | 甬 | 通

通信 (통신) 소식을 전하는 일
普通 (보통) 예사스러움

中 통할 통　ツウ(とおる)

6급　**솟구치** 듯 **달려가 통하다**(통과하다)

철 창살을 팔로 힘을 써 벌리는 모양. (**힘력**)

勇

㇇	マ	乛	甬	甬	勇

勇猛 (용맹) 날래고 사나움

勇往 (용왕) 힘차게 나아감

中 날랠 용 ユウ(いさむ)

6급

솟구치 듯 **힘**이 나니 **날래다.**

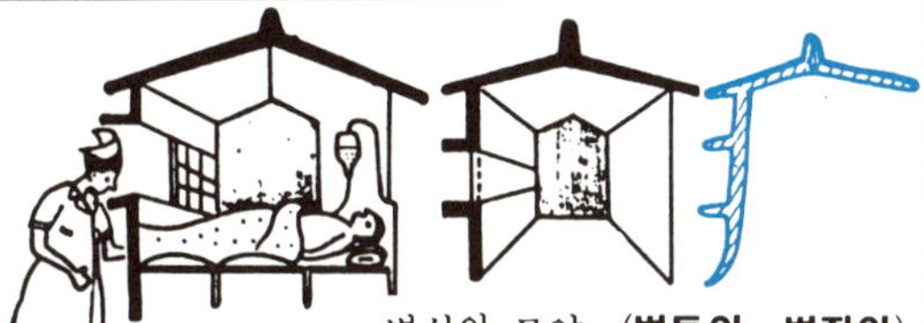

병실의 모양. (**병들안. 병질안**)

痛

亠	广	疒	疗	痟	痛

痛症 (통증) 몹시 아픈 증세

痛歎 (통탄) 몹시 한탄스러움

아플 통 ツウ(いたい)

4급

병이 **솟구치**니 **아프**다.

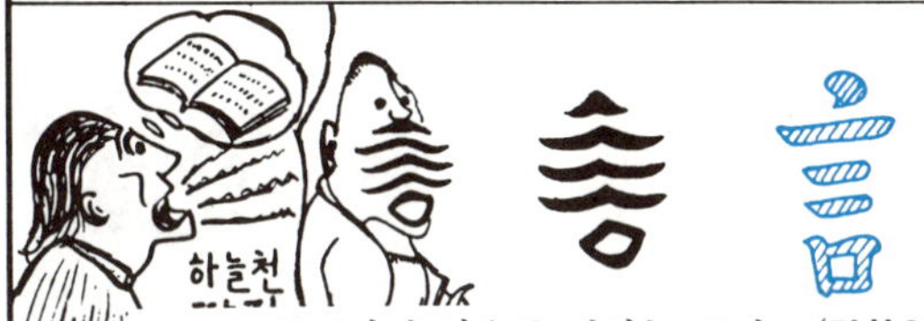

수염을 들먹이며 입으로 말하는 모양. (**말씀언**)

誦

亠	言	言	訁	誦	誦

誦經 (송경) ① 유교의 경정을 읽음
② 불교의 경문을 읽음

誦詠 (송영) 시가를 외워 읊음

욀 송 ショウ

3급

말소리를 **솟구쳐** 우렁찬 음성으로 글을 **외우**다

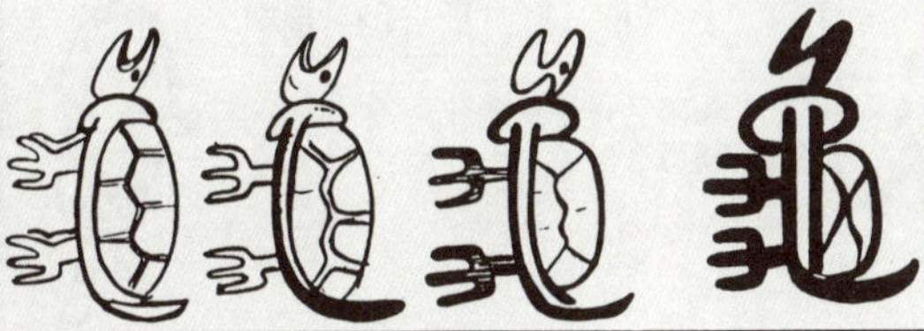

龜

⺈	龟	龜	龜	龜	龜	약속	亀

龜船 (귀선) 거북선

龜裂 (균열) 갈라져 터짐

터질 균 ※ 거북이 등에난 금처럼 터지다.

거북 귀 キ(かめ)

3급

거북 모양을 본뜬 자임

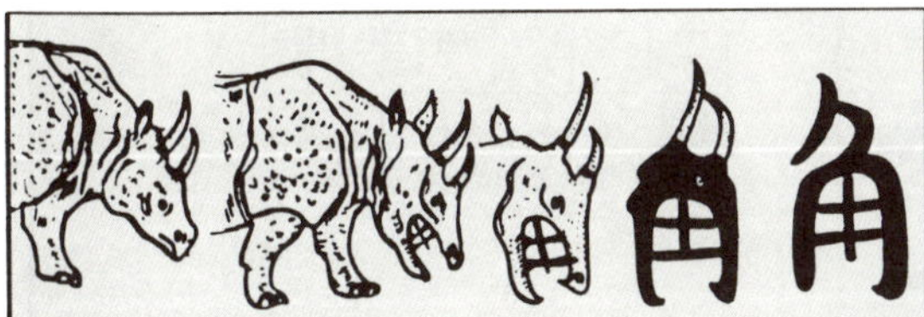

角

ノ	⺈	𠂊	角	角	角

角弓 (각궁) 뿔로 만든 활

牛角 (우각) 소의 뿔

中 뿔 각 カク(かど)

6급

코뿔소의 **뿔**을 그린 모양.

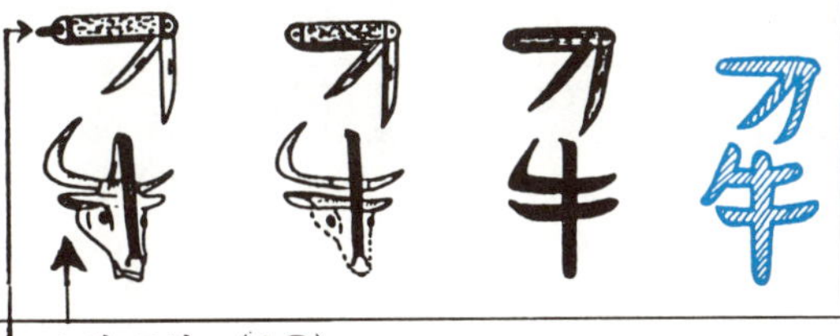

소의 모양. (**소우**)

칼의 모양(**칼도**)

解

ノ	⺈	角	角	角刀	解

解讀 (해독) 풀어서 읽음

解說 (해설) 알도록 풀어서 밝힘

中 가를 해 풀 해, カイ(とく)

뿔 사이를 **칼로** 쳐 **소**를 **가르다**(**풀다**)

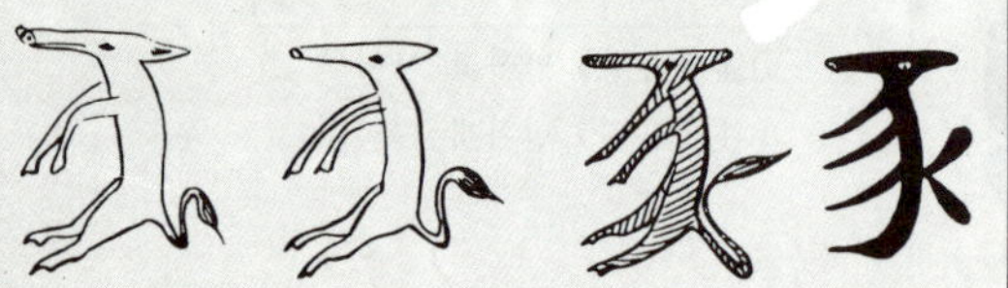

豕

一 丆 丂 豸 豕

※뜻만 기억할 것.

□ 돼지 시

(주둥이가 긴) **돼지**의 옆모양을 본뜬 자 **돼지**를 뜻함

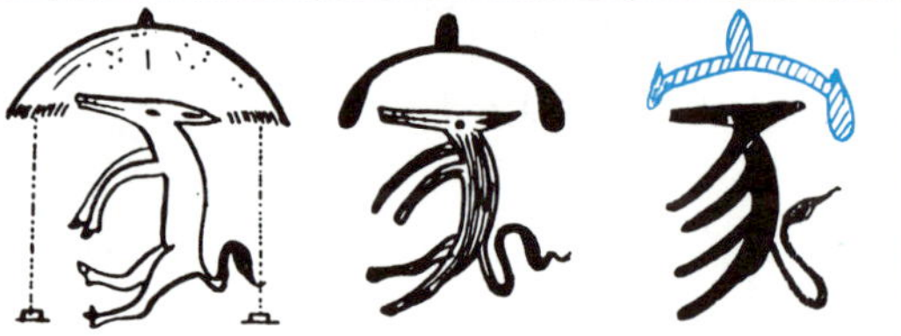

지붕이 덮어씌워진 집의 모양 **(집면)**

家

丶 宀 宀 家 家

家運 (가운) 집안의 운수
家屋 (가옥) 집

中 집 가　カ(いえ)

7급

지붕을 덮은 **돼지** 우리의 모양. 곧 **집**을 뜻함.

캥거루우가 달려가는 모양. **(갈착 달릴착)**

逐

一 丆 丂 豸 豕 逐

逐客 (축객) 손을 쫓음
逐日 (축일) 날마다

□ 쫓을 축　チク(おう)

3급

돼지가 **달아나**도록 **쫓다**

몸통 부분인 갈비뼈의 모양. **(몸육 · 고기육)**

豚

丿 几 月 肜 豚 豚

豚肉 (돈육) 돼지 고기
養豚 (양돈) 돼지를 기름

□ 집돼지 돈
돼지 돈　トン(ぶた)

3급

몸이 살이 찐 **돼지**가 **집돼지**다

(풀초 · 덮을멱 한일)

蒙

一 艹 艹 芦 蒙 蒙

啓蒙 (계몽) 무식한 이를 깨우쳐 줌
蒙利 (몽리) 이익을 봄

□ 어릴 몽
어리석을 몽　ム(ゆめ)

(총구 앞에서) **풀**을 **덮어**쓴 **한 마리**의 **돼지**같이 **어리석**다　3급II

(발얽은 돼지축)　**(흙토 · 덮을멱)**

塚

土 圹 圹 坧 塚 塚

塚主 (총주) 무덤을 지키는 임자
貝塚 (패총) 조개무지

□ 무덤 총　チョウ(つか)

돼지의 발을 얽어놓은 모양　**흙**을 **덮어** **발묶인 돼지**같이 염한 시체를 묻어놓은 곳이 **무덤**이다

亥

亠	亠	亡	亥	亥	亥

亥月 (해월) 월건이 해로 된 달

亥正 (해정) 오후 10시

中 끝지지 해, 돼지 해 ガイ(い)

3급 멧**돼지**의 옆 모양.

칼을 새워 놓은 모양. (**선칼도. 칼도**)

刻

亠	亡	亥	亥	亥刂	刻

刻苦 (각고) (1)몹시 애씀 (2)무척 힘듬

頃刻 (경각) 극히 짧은 시각

새길 각 コク(きざむ)

4급 **돼지** 모형을 **칼**로 **새기다.**

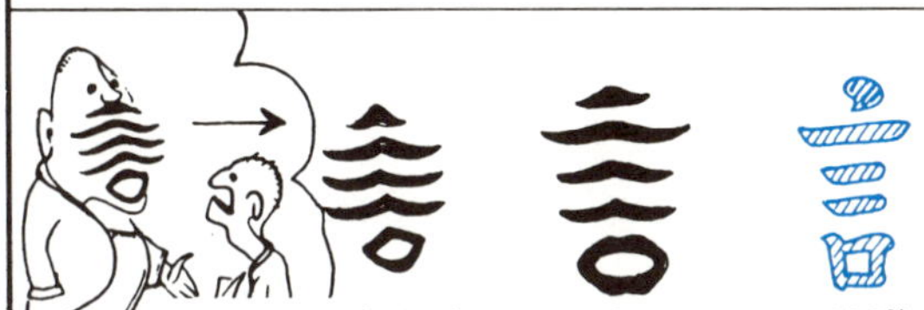

수염을 들먹이며 입으로 말하는 모양. (**말씀언**)

該

亠	言	言	訁	訁亥	該

該敏 (해민) 널리 갖추어서 영리함

該廳 (해청) 그 관청

갖출 해 ガイ

3급 **말**한 바를 **돼지**같이 욕심을 내 **갖추**다

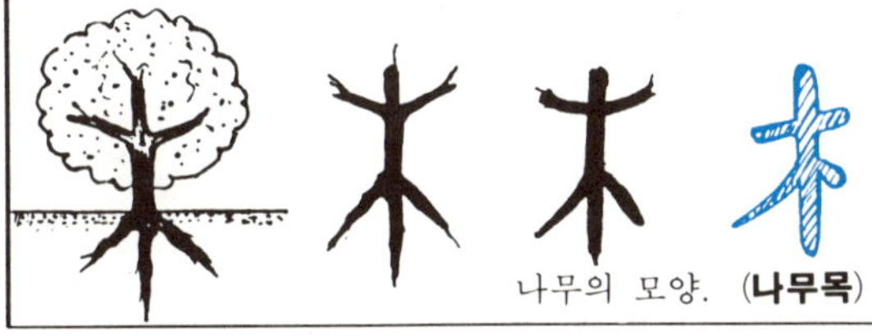

나무의 모양. (**나무목**)

核

一	木	木	木	杉	核

中核 (중핵) 중심이 되는 것

核實 (핵실) 확실한 사실

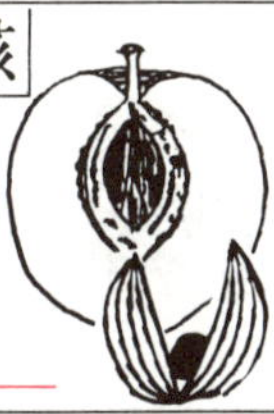

씨 핵 カク(たね)

4급 **나무** 열매 속에 **돼지**같이 통통한 알이 **씨다**

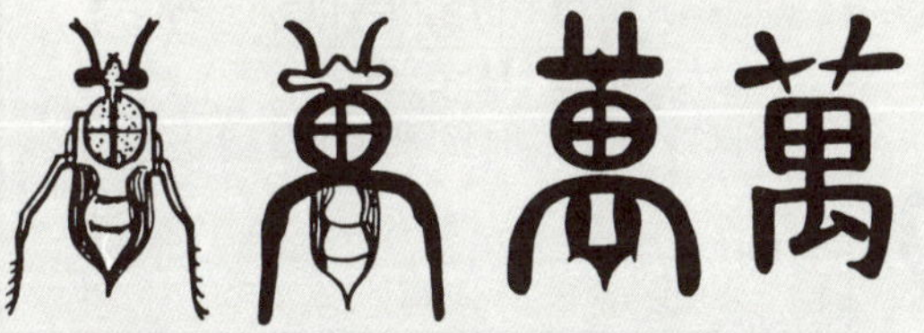

萬

一	艹	艹	芇	萬	萬

속 万

萬頃 (만경) 한없이 넓음

萬病 (만병) 온갖 병

中 일만 만, 벌 만 マン(よろず)

8급 수 **만** 마리가 모여 사는 **벌**의 모양을 **본뜬** 자.

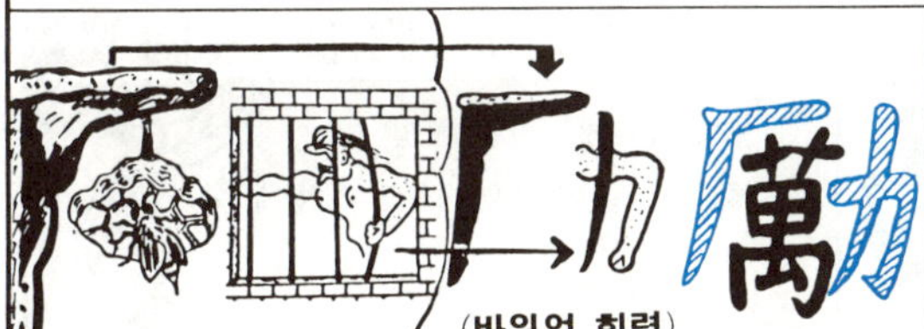

(**바위엄.힘력**)

勵

厂	厂	厈	厲	厲	勵

약 励

勵行 (여행) 힘써 행함

勉勵 (면려) 힘써 일함

힘쓸 려

권면할 려 レイ(はげむ)

3급II **바위**밑에 사는 수 **만**의 벌처럼 **힘**써 **일 하**라고 **권면**하다

禺

丨	冂	日	吕	禺

※뜻만 기억할 것.

□ 원숭이 우

야구심판 흉내를 내는 **원숭이**의 모양을 그린 자.

캥거루우가 달려가는 모양. (**갈착. 달릴착**)

遇

丨	冂	日	吕	禺	遇

遇合 (우합) 우연히 만남

遇害 (우해) 살해당함

中 만날 우 グウ(あう)

4급

원숭이가 **달려가** 서로 **만나다.**

가슴의 모양 (**가슴심·마음심**)

愚

丨	日	吕	禺	愚	愚

愚問 (우문) 어리석은 질문

賢愚 (현우) 현명함과 어리석음

□ 어리석을 우 グ(おろか)

3급II

원숭이의 **마음**같이 **어리석다.**

사람이 섰는 모양. (**사람인**)

偶

亻					偶

配偶 (배우) 부부의 짝

偶發 (우발) 갑자기 일어남

□ 짝지을 우, 뜻밖에 우 グウ(たまたま)

3급II

사람이 **원숭이**와 **뜻밖에 짝**지어서 살다.

爲

一					爲

약 為

爲人 (위인) 사람된 품

爲限 (위한) 기한이나 한도를 삼음

中 할 위 イ(ため)

(머리빗는 걸 보고) 발톱으로 원숭이가 머리를 빗는척 **한다**는 뜻.

4급II

사람의 모양 (**사람인**)

僞

亻					僞

약 偽

僞裝 (위장) 거짓 꾸밈

僞善 (위선) 표면으로만 착한체 함

□ 거짓 위 ギ(いつわる)

3급

사람같이 원숭이가 행동**하지**만 참 뜻이 없는 **거짓** 흉내이다.

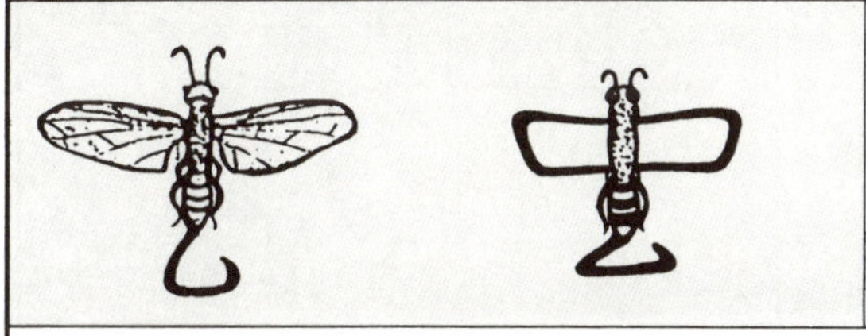

虫

丨 口 中 虫 䖝 蟲

蟲齒 (충치) 벌레먹은 이

蟲害 (충해) 벌레로 인하여 입은 농사의 손해

中 벌레 충 チュウ(むし)

4급 II — **벌레**의 모양,

蛇

丨 口 虫 虵 蛇 蛇

蛇心 (사심) 뱀처럼 간악하고 시기하는 마음

蛇足 (사족) 소용 없는 일을 함의 비유

□ 뱀 사 グ・ジャ(へび)

3급 — **벌레**를 잡아 먹으려고 **지붕**에서 **입을 벌리**고 있는 게 **뱀**이다

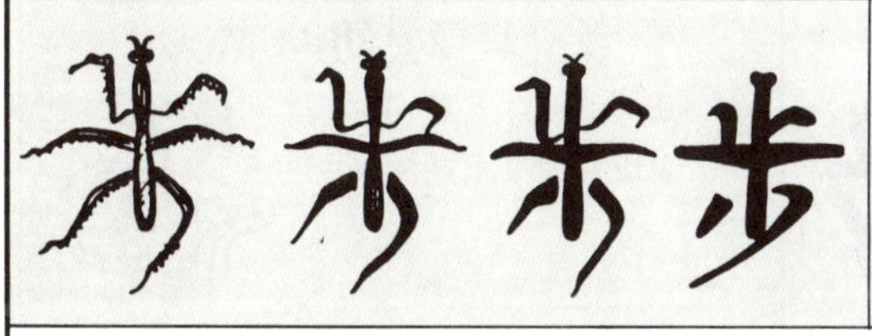

步

丨 卜 止 步 步 步

步月 (보월) 달밤에 거닒

步行 (보행) 걸어서 감, 걸어 다님

中 걸음 보 ホ(あるく)

4급 II — 사마귀가 발을 휘저으며 **걸어**가는 모양.

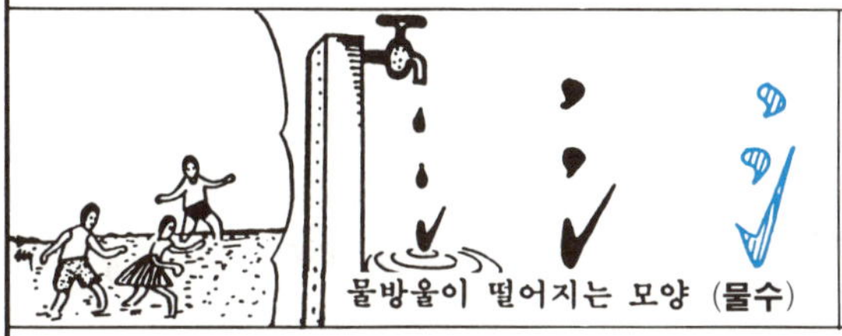

涉

丶 氵 汁 沚 涉 涉

涉外 (섭외) 외부와 연락하며 교제함

涉險 (섭험) 위험을 무릅씀

□ 물건널 섭 ショウ(わたる)

3급 — **물**을 **걸어**서 **건너다.**

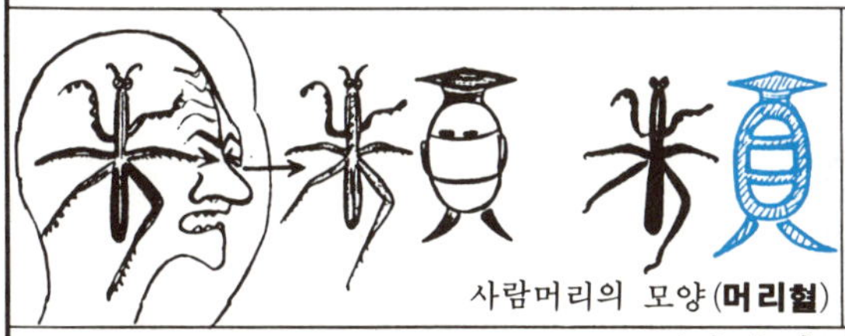

頻

丨 止 步 步 頻 頻

頻度 (빈도) 잦은 도수

頻數 (빈삭) 빈번, 잦음

□ 자주 빈 / 찡그릴 빈 ヒン(しきる)

3급 — (사마귀가) **걸어**서 **머리**에 오를 때 같이 얼굴을 **자주 찡그리다**

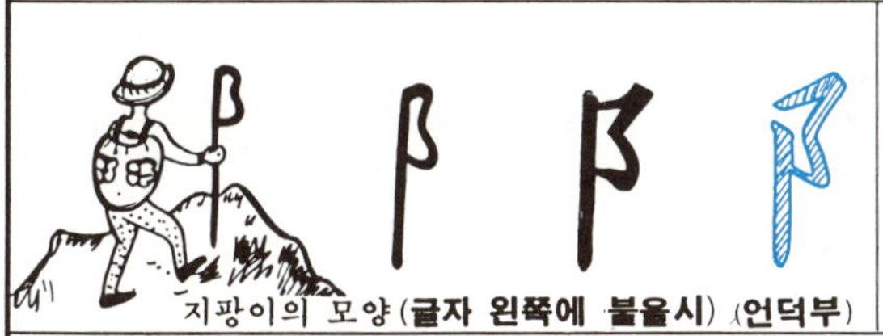

陟

阝 阝 阝止 阝步 陟 陟

陟方 (척방) 임금의 죽음

進陟 (진척) 일이 진행되어 감

□ 오를 척 チョク(のぼる)

2급 — **언덕**을 **걸어서** **오르다**

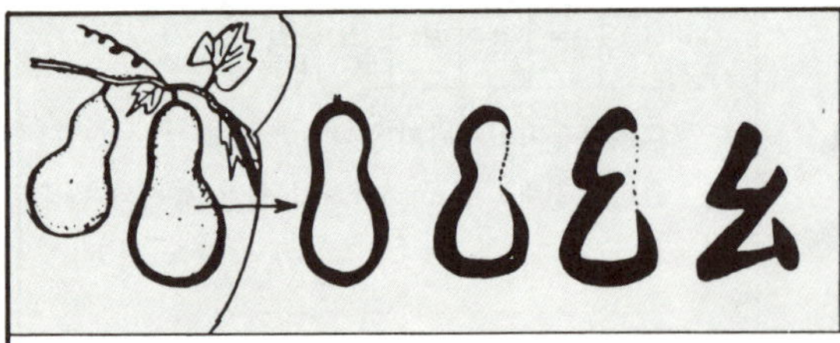

幺

丿 乡 幺

※ 뜻만 기억할 것.

□ 작을 요, 어릴 요

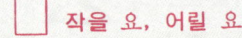

(조롱박의 모양을 본뜬자) 조롱박은 작기 때문에 **작다. 어리다**의 뜻으로 쓰임.

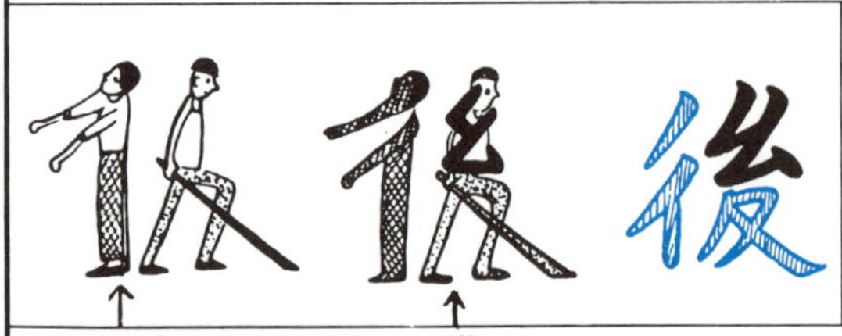

(바삐갈척. 천천히 걸을치)

後

丿 彳 彳' 彳幺 𢓜 後

後聞 (후문) 뒷 소문

背後 (배후) 등뒤

中 뒤 후 ゴ(あと)

7급 **걸을 때** 보폭을 **작게**하여 **천천히 걸으면** 남에게 **뒤**지게 된다.

철 창살을 팔로 힘을 써 벌리는 모양. (**힘력**)

幼

丿 乡 幺 幻 幼

幼兒 (유아) 어린 아이

老幼 (노유) 늙은 이와 어린이

中 어릴 유 ヨウ(おさない)

3급II **작은 힘**밖에 없으니 **어리**다.

우뚝 솟은 산봉우리의 모양. (**메산**)

幽

丨 丩 𢆶 𢆶 幽 幽

幽靈 (유령) ① 죽은 사람의 영혼
② 없는것을 있는 것처럼 꾸며놓은 존재

□ 그윽할 유
숨을 유 ユウ(かすか)

3급II **산속**에 **작고작은**집을 짓고 **그윽하게 숨어**살다

도끼의 모양(**도끼근**)

斷

丨 丨 𢆶 㡭 㡭 斷 약 断

斷食 (단식) 음식을 먹지 않음

斷乎 (단호) 기어코. 꿋꿋한 모양

□ 끊을 단 ダン(ことわる)

4급II **작은 조롱박이 담긴 통**을 **도끼**로 **끊다**

실의 모양. (**실사**)

繼

丿 幺 糸 糸𢆶 糸㡭 繼 속 継

繼續 (계속) 뒤를 이어 나감

繼走 (계주) 이어달리기

□ 이을 계 ケイ(つぐ)

4급 **실**로 **작은 조롱박이 담긴 통**을 **이어매**다

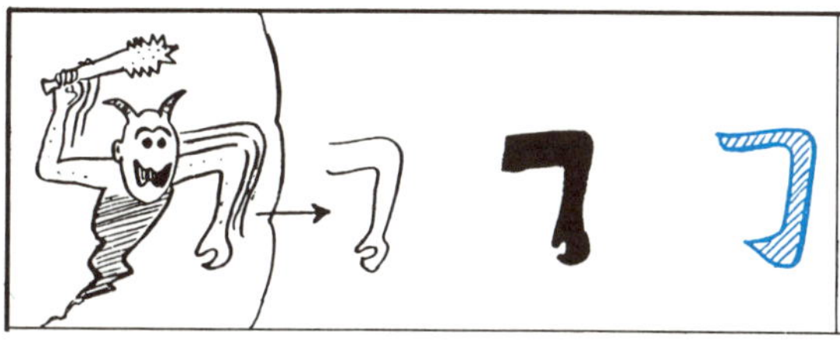

幻

𠃋	幺	幺	幻

幻想 (환상) 허망한 생각, 망상
夢幻 (몽환) 터무니없는 꿈

허깨비 환
요술 환 ゲン(まぼろし)

2급

작은 **팔**에 든 것이
도깨비의 **요술** 방망이 이다.

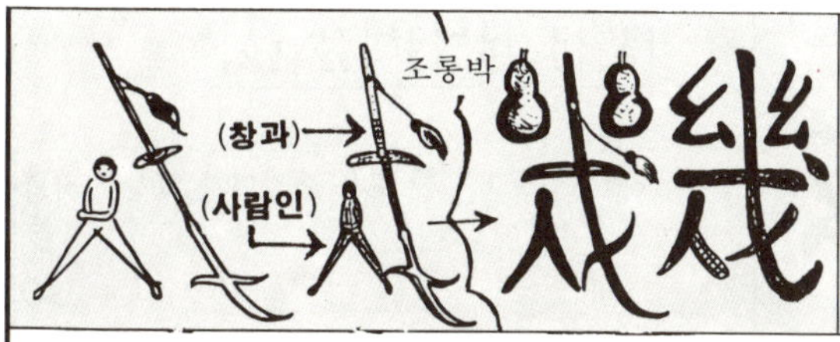

幾

幺	幺幺	幺幺	𢆶	幾	幾

幾日 (기일) 몇날, 며칠
幾何 (기하) 얼마, 기하학의 준말

中 얼마 기, 몇 기 キ(いくつ)

3급 (조롱박같이) **작고 작은** 수의 **창**과 **사람**으로 적과 싸우니
얼마후 패할 판이다.

나무의 모양 (**나무목**)

機

一	木	朩	機	機	機

機構 (기구) 얽어 만든 꾸밈새
機微 (기미) 사물의 미묘한 낌새

기미 기
기계 기 キ(はた)

4급

나무를 **얼마**(몇개)간 써야 **기계**가 된다.

밭의 모양 (**밭전**)

畿

幺	幺幺	畿	畿	畿	畿

畿伯 (기백) 경기도 관찰사의 이칭
畿察 (기찰) 기백 (畿伯)

경기 기
지경 기 キ(いく)

3급II

(서울에서) **얼마** 떨어진 곳에 있는 **밭**이 **경기**도 땅이다

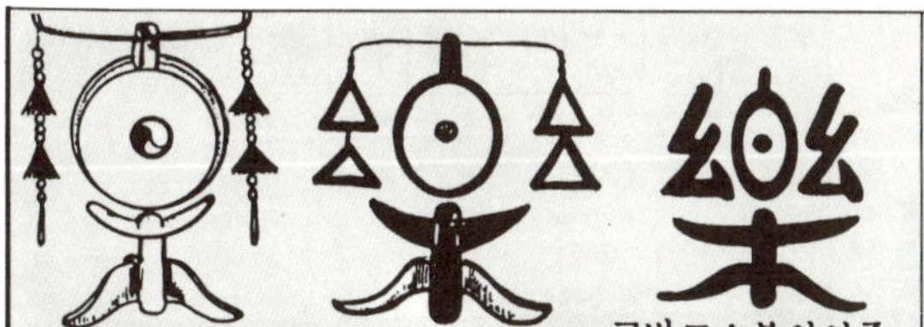
교방고 : 북의일종

樂

白	幺白	幺白幺	樂	樂	樂

속 楽

樂土 (낙토) 즐거운 장소
樂山樂水 (요산요수) 산수를 좋아함

中 즐거울 락 ガク(たのしむ)

6급

(교방고의 모양을 그린 것) 교방고를 치며 **즐거워** 한다는 뜻.

풀싹이 돋아 나오는 모양. (**풀초**)

藥

一	艹	艹	藥	藥	藥

藥石 (약석) 약과 침
藥草 (약초) 약재로 쓰는 풀

中 약 약 ヤク(くすり)

6급

풀로써 병자에게 **즐거움**을 주는 것이 **약초**다.

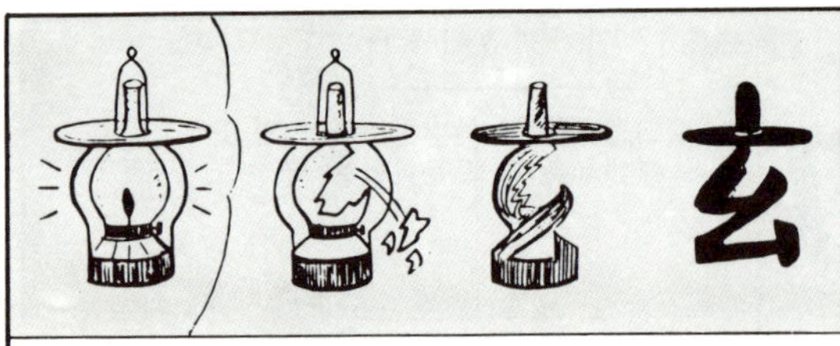

玄

丶 亠 𠫓 玄 玄

玄孫 (현손) 손자의 손자
玄學 (현학) 심원한 학문

☐ 검을 현　ゲン(くろ)

3급II　**등**이 깨지고 불이꺼지니 주위가 **검다**(어둡다)는 뜻

활의 모양 (**활궁**)

弦

丁 弓 弓亠 弓𠫓 弦 弦

弦歌 (현가) 거문고에 맞추어 노래함
弦壺 (현호) 활등 같은 손잡이가 있는 항아리

☐ 시위 현　ゲン(つる)

3급　**활**에서 **검게** 보이는 부분이 **활시위** 이다

실의 모양. (**실사**)

絃

𠃋 幺 糸 糸亠 糸𠫓 絃

絃誦 (현송) 거문고에 맞추어 시를 읊음
絃歌 (현가) 거문고 등과 어울려 하는 노래

☐ 줄 현　ゲン

3급　**실**을 엮어 **검게** 보이는 게 **줄**(악기줄)이다

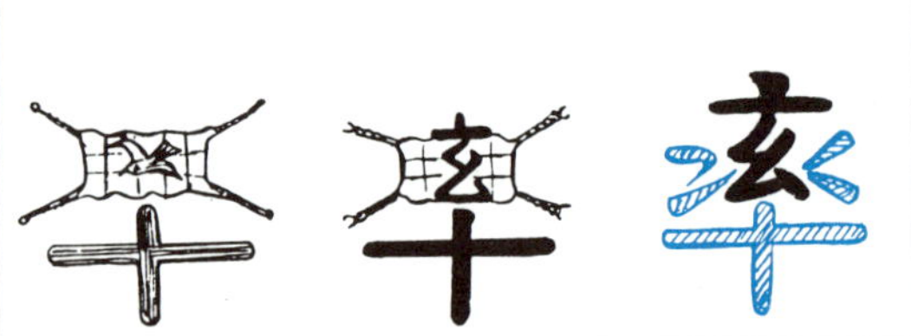

率

丶 亠 玄 玆 玆 率

引率 (인솔) 사람을 이끌고 거느림

☐ 거느릴 솔
율 률　ソツ(ひきいる)

3급II　**검은** 그물의 **좌우를 묶어**서 **열** 사람의 인부를 **거느리어** 치고 **능률(비율)**껏 새를 잡다

밭의 모양 (**발전**)

畜

丶 亠 𠫓 玄 畜 畜

畜舍 (축사) 가축을 기르는 집
家畜 (가축) 집에서 기르는 짐승

☐ 가축 축
기를 축　チク

3급　(짐승으로 뒤덮혀) **검게 밭**이 보일정도로 **가축**을 **기르**다

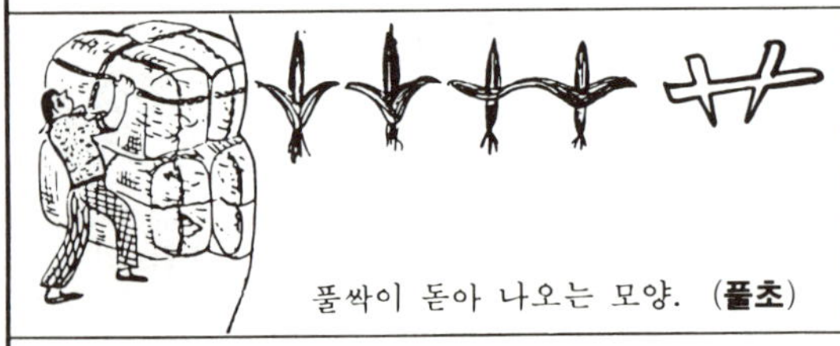

풀싹이 돋아 나오는 모양. (**풀초**)

蓄

一 艹 艹 艹 蓄 蓄

蓄財 (축재) 재물을 모아 쌓음
蓄電 (축전) 전기를 축적하는 일

☐ 저축할 축
쌓을 축　チク(たくわえる)

4급II　**풀**을 **가축**을 **기르**려고 **쌓다**

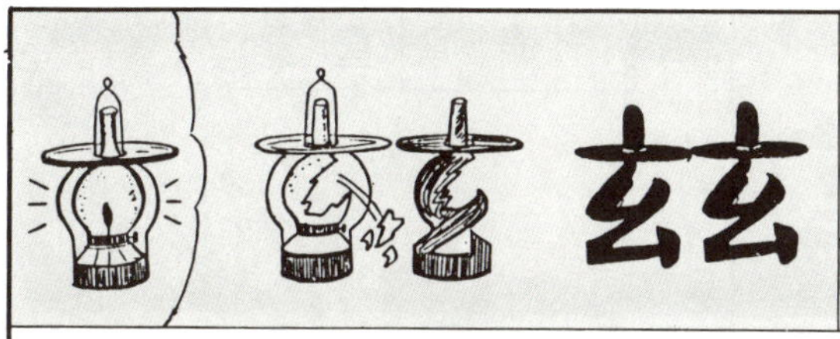

玆

玆白 (자백) 맹수 이름. 모양이 말과 비슷하고 날카로운 이빨이 있어 범을 잡아먹는다

이 자
흐릴 자 (シ(この))

3급 (날이) **검**고 **검**으니(캄캄하니) **이**와 같이 **흐리**게 보이다

젖가슴의 모양 (**가슴심·마음심**)

慈

慈悲 (자비) 동정심이 많고 자애로움
慈親 (자친) 자기의 어머니

中 사랑 자
어머니 자 ジ(いつくしむ)

3급II (하늘보다 높고 바다보다 깊은) **이**와 같은 **마음**이 곧 **어머니**의 **사랑**이다

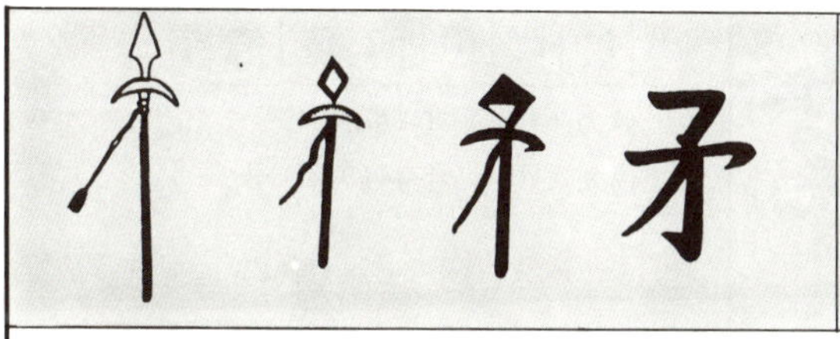

矛

矛盾性 (모순성) 모순의 본디의 성질
矛戈 (모과) 창

창 모 ム(ほこ)

3급 **창**의 모양.

나무의 모양 (**나무목**)

柔

柔軟 (유연) 부드럽고 연함
柔順 (유순) 성질이 온화하고 공손함

中 부드러울 유 ジュウ(やわらかい)

3급II **창**대로 쓰는 **나무**는 탄력성이 있고 (※강하면 쉬 부러지기 때문임) **부드러워**야 한다.

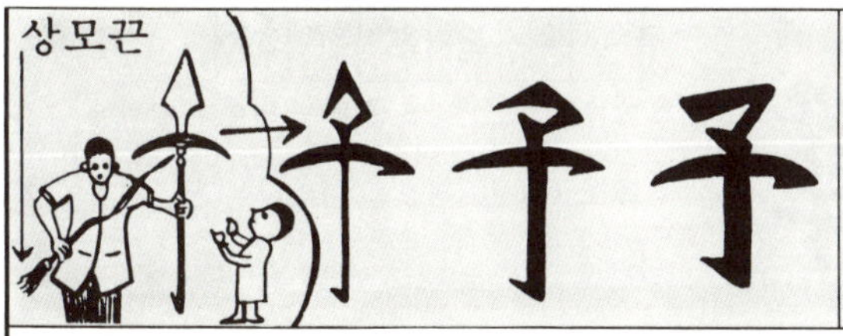

予

予取予求 (여취여구) 남이 내게서 얻고 내게서 구함. 곧 '남이 내게 대하여 제멋대로 함'을 뜻하는 말

나 여, 줄 여 ヨ

3급 상모끈이 없는 창을 **나**에게 **주다**.

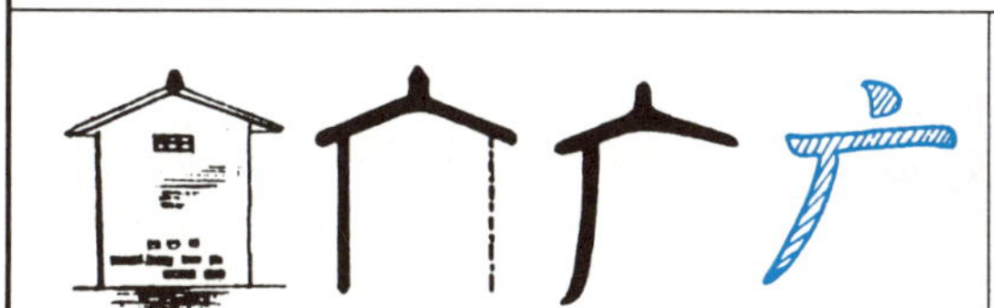

집의 모양 (**집엄**)

序

序論 (서론) 머리말의 논설
順序 (순서) 차례

中 차례 서 ジョ(ついで)

5급 **집**에서 **주는** **차례**를 기다리다.

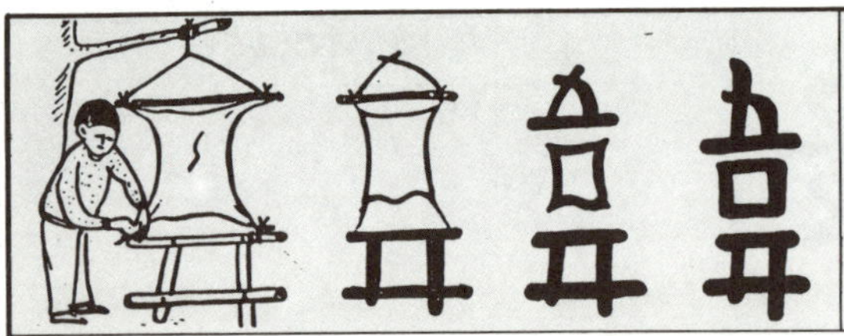

韋

𠀎	𠀎	韋 (stroke 3)	韋 (stroke 4)	韋

※뜻만 기억할 것

☐ 에워싸서 말리는 가죽 위
에워쌀 위

2급 　네 귀퉁이를 묶어 **애워싸서** 가죽을 말리는 모양.

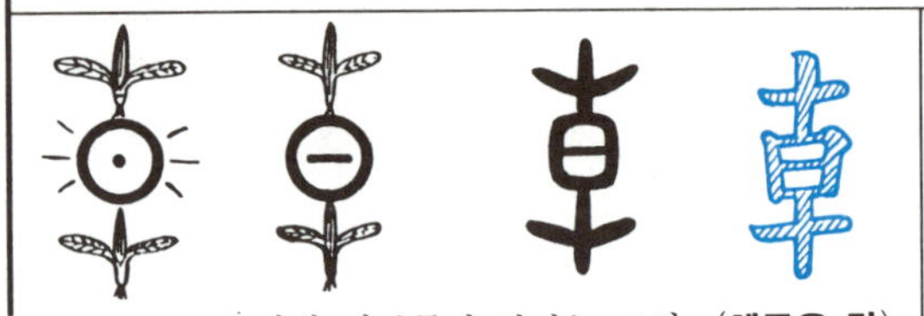

초원에 해가돌아 빛나는 모양. (**해돋을 간**)

韓

親韓 (친한) 한국과 친함
大韓 (대한) 대한민국의 약칭

中 나라 한, 한국 한 　カン

(동녘의) **해돋는** 땅으로 삼면이 바다로 **애워싸여** 있는 반도가 **한국**이다. 　8급

사람이 섰는 모양. (**사람인**)

偉

偉力 (위력) 위대한 힘
偉大 (위대) 국량이 매우 큼

中 훌륭할 위, イ(えらい)

5급 　**사람**들에게 **애워싸여** 있는 자가 **훌륭한** 위인이다.

담장같이 사면을 에워싼 모양 (**에울위. 에워쌀위**)

圍

圍立 (위립) 삥 둘러 싸고 섬
周圍 (주위) 둘레 예 ~環境

☐ 둘레 위 　イ(かこむ)

4급 　**사방주위**를 **애워싼 것**이 **둘레**다

실의 모양. (**실사**)

緯

緯度 (위도) 적도에서 남북으로 걸침을 나타내는 좌표
緯線 (위선) 위도를 나타내는 선, 씨선

☐ 씨 위 　イ

3급 　날줄 **실**을 **애워싼 것**이 **씨줄**(경도)이다

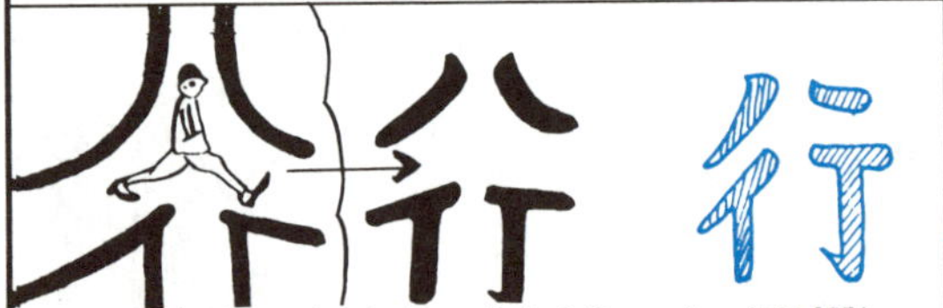

사람들이 많이 다니는 네거리의 모양. (**다닐행**)

衛

동 衞

衛生 (위생) 의식주 등에 주의하여 신체의 건강을 보전함

☐ 막을 위
호위할 위 　エイ(まもる)

4급II 　**다니**며 주위를 **애워싸서** **호위하다**

캥거루우가 달려가는 모양. (**갈착. 달릴착**)

違

ㄱ 力 ⺈ 韋 韋 違

違約 (위약) 약속을 어김
違背 (위배) 어긋남

□ 어길 위 イ(ちがう)

3급 (죄수가 철책으로) **애워싸인** 감옥에서 **달아나** 지시를 **어기다**

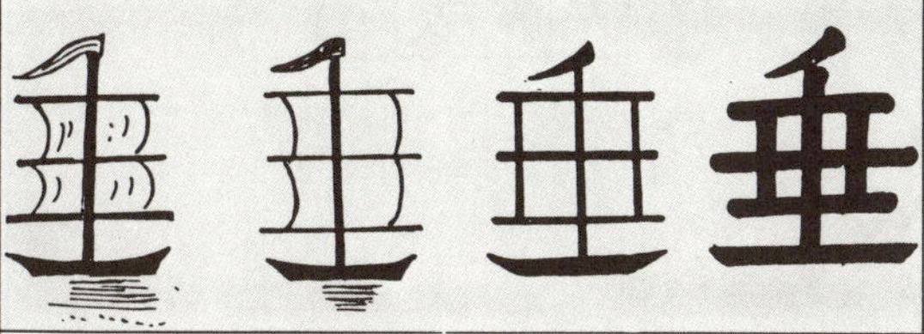

垂

一 二 三 三 垂 垂

垂範 (수범) 착한 일을 하여 남의 모범이 됨.
垂訓 (수훈) 후세에 전하는 교훈

□ 드리울 수 スイ(たれる)

2급 배에 돛을 **드리우고**(올리고)있는 모양

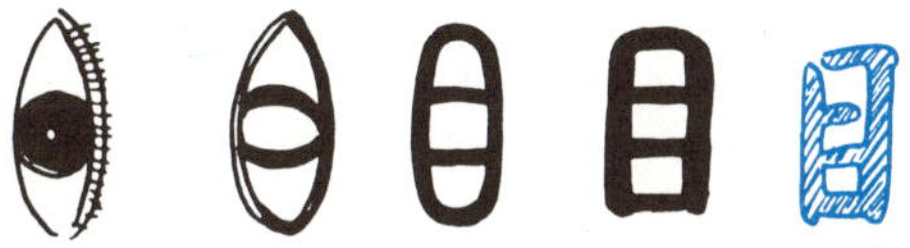

눈의 모양. (**눈목**)

睡

丨 目 目一 目二 目垂 睡

睡中 (수중) 잠이 든 동안
睡鄕 (수향) 꿈나라

□ 졸 수 / 잘 수 スイ(ねむる)

3급 **눈**가풀을 **드리우고** **졸다**

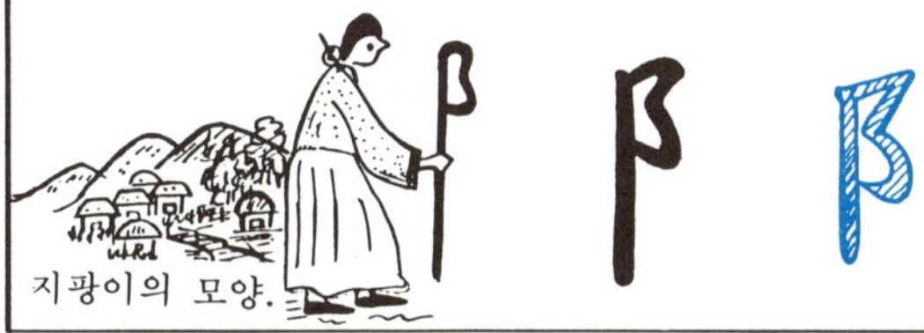

지팡이의 모양.

郵

一 二 三 垂 垂 郵

郵送 (우송) 우편으로 보냄
郵政 (우정) 우편에 관한 행정

□ 역말 우 / 우편 우 ユウ

※「글자 우측에 붙을시 고을을 뜻함」. (**읍읍. 마을읍**)

(편지를 우체통에) **드리우**면 각 **마을**로 배달되는 게 **우편**이다

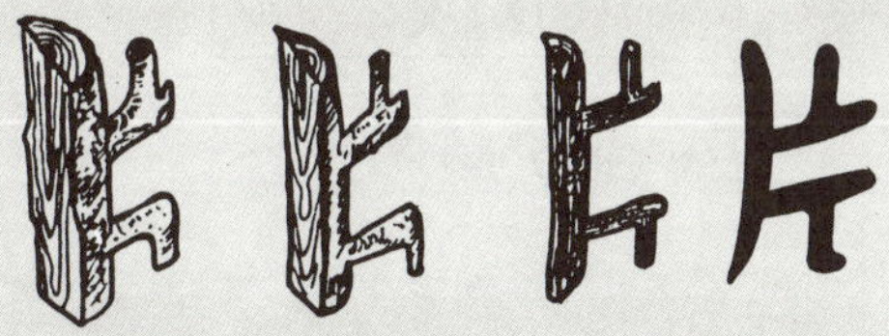

片

丿 丿 片 片

片面 (편면) 한 쪽 면
片舟 (편주) 작은 배

中 조각 편 ヘン(かた)

3급II 통나무를 쪼갠 **조각**의 모양.

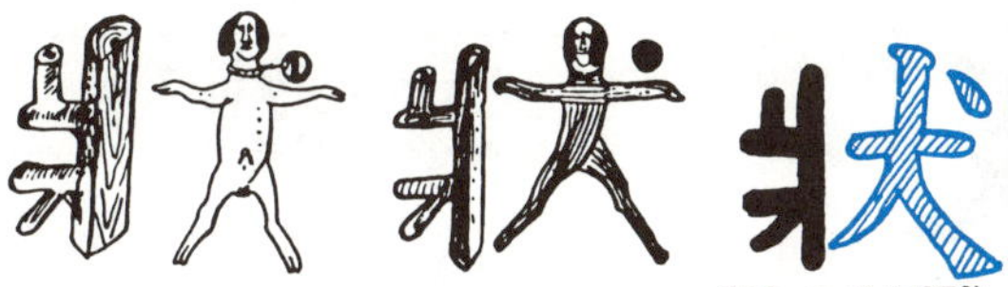

개의 모양(**개견**)

狀

丨 爿 爿一 爿ナ 狀 狀

賞狀 (상장) 상으로 주는 증서
答狀 (답장) 회답의 편지

□ 문서 장 (글을 모양내서 적은것이 문서다) / 모양 상 ジョウ(かたち)

4급II **통나무조각** 옆에 **개**가 **모양**을 내고, 서있다.

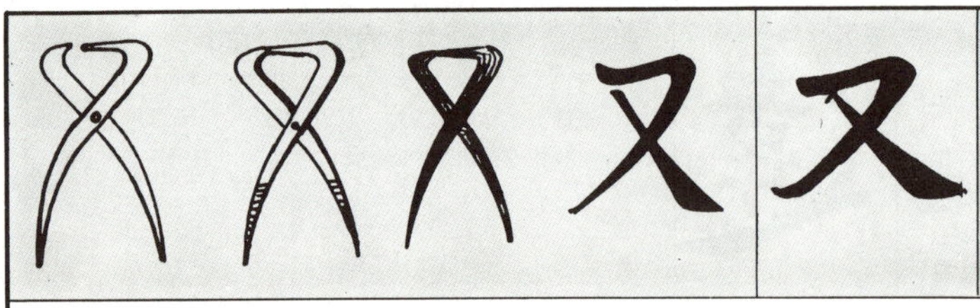

フ	又				

又況 (우황) 하물며
又重之 (우중지) 더우기

中 또 우 ユウ(また)

3급 집게의 모양을 본뜬 자. 집게로 **또** 물건을 집는다는 뜻.

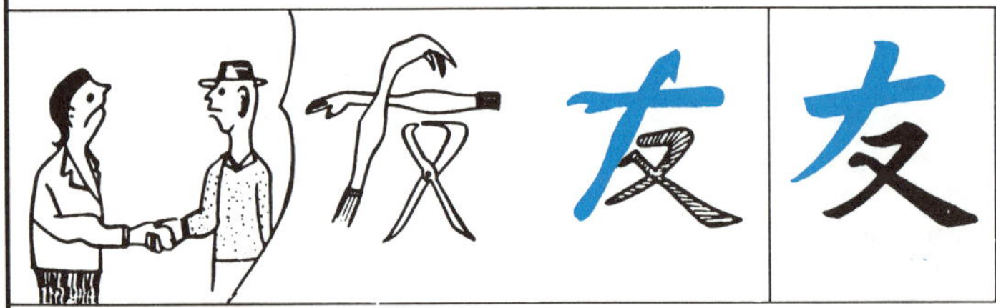

一	ナ	方	友		

友愛 (우애) 형제사이의 애정
友情 (우정) 동무사이의 정

中 벗 우 ユウ(とも)

5급 (만날때마다) **양손**을 **또 잡고** 반기는 사이가 **벗**이다

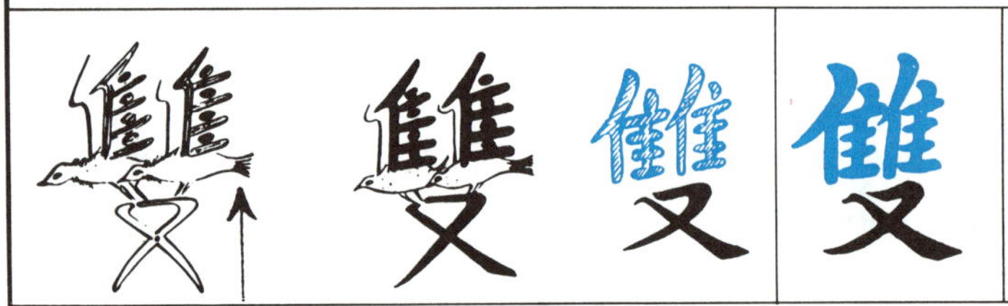

亻	仁	什	隹	雔	雙

雙方 (쌍방) 양편
雙手 (쌍수) 두 손

속 双

두 쌍 ソウ(ふた)

새의 모양. (**새추**)

두 마리 새가 **또 잡혔**으니(마리수가) **둘**이다 3급II

丶	丷	氵	氵	沪	沒

沒殺 (몰살) 죄다 죽임
埋沒 (매몰) 파묻음

빠질 몰
숨질 몰 ボツ

물방울이 떨어지는 모양. (**물수**)

물속에 **사람**이 **또 잡고** 있던 집게를 **빠뜨리**다. 3급II

一	厂	万	反		

反面 (반면) 반대되는 쪽
反對 (반대) 반대

中 돌이킬 반, 뒤집을 반 ハン(そる)

6급 (포클레인으로) **바위**를 **또잡고**
(=집게) **반대로 뒤집다**

밥을 하려고 집에서 양식을 정미기에 찧는 모양.(**밥식**)

𠆢	今	食	飠	飣	飯

飯店 (반점) 음식을 파는 가게
飯酒 (반주) 밥에 곁들여 먹는 술

中 밥 반 ハン(めし)

3급II 날곡식(**음식**)을 **반대**로 익혀서 만든 게 **밥**이다

캥거루우가 달려가는 모양. (**갈착. 달릴착**)

返

一	厂	万	反	ˋ反	返

返納 (반납) 도로 바침
返信 (반신) 회답하는 통신

☐ 돌아올 **반** ヘン(かえす)

3급

(가던 방향의) **반대**쪽으로 **달리**어 **돌아오**다

나무의 모양 (**나무목**)

板

一	木	木一	木厂	木万	板

板門 (판문) 판자로 만든 문
板本 (판본) 판목으로 인쇄한 책

☐ 널조각 **판** ハン(いた)

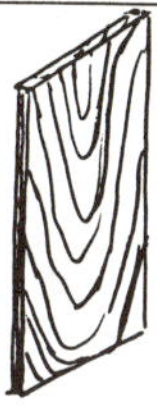

5급

통**나무**의 **반대**가 **널조각**이다

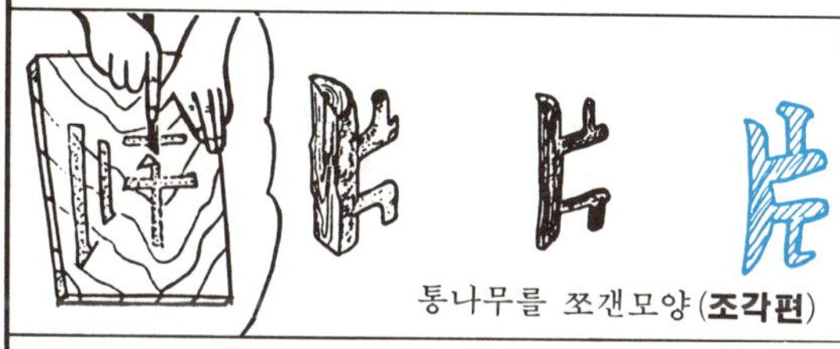

통나무를 쪼갠모양(**조각편**)

版

丿	丿一	片	片厂	片万	版

版本 (판본) 목판 (木版) 으로 박은 책
新版 (신판) 새로 출간된 책

☐ 쪽 **판**
인쇄할 **판** ハン

3급II

통나무조각의 **반대쪽**에 **인쇄**하다

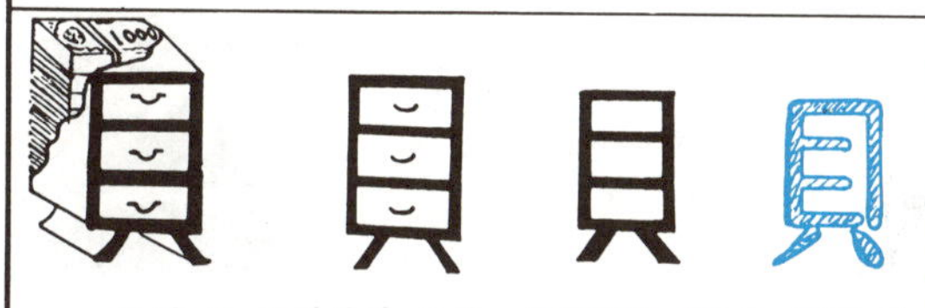

돈이 든 자개장의 모양. (**자개패 · 돈패 · 조개패**)

販

丨	冂	目	貝厂	貝万	販

販賣 (판매) 상품을 팜
街販 (가판) 거리를 돌아다니며 팜

☐ 팔 **판** ハン

3급

돈을 받고 **반대**로 물건을 **팔다**

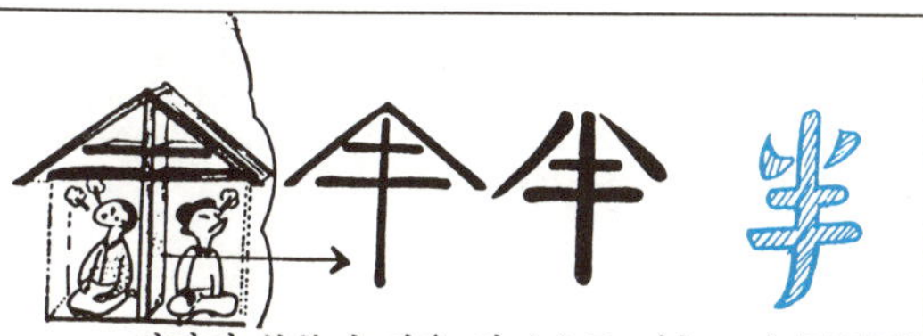

갈라진 부부가 집을 절반으로 나눈모양(**절반반**)

叛

丷	亠	半	半厂	半万	叛

叛賊 (반적) 모반한 역적
叛旗 (반기) 모반인이 세우는 기

☐ 배반할 **반**
나뉠 **반** ハン(そむく)

3급

반쪽으로 갈라져 **반대**하며 **나뉘**어지다(배반하다)

지팡이의 모양. (**글자 왼쪽에 붙을시**) (**언덕부**)

阪

了	阝	阝一	阝厂	阝万	阪

阪上走丸 (판상주환) 산비탈에서 공을 굴림
① 세 (勢) 에 편승하여 일을 하면 쉽게 할 수 있음의 비유
② 일이 자연의 힘에 따라 잘 진척됨의 비유

☐ 비탈 **판** ハン(さか)

2급

언덕의 **반대**가 **비탈**이다

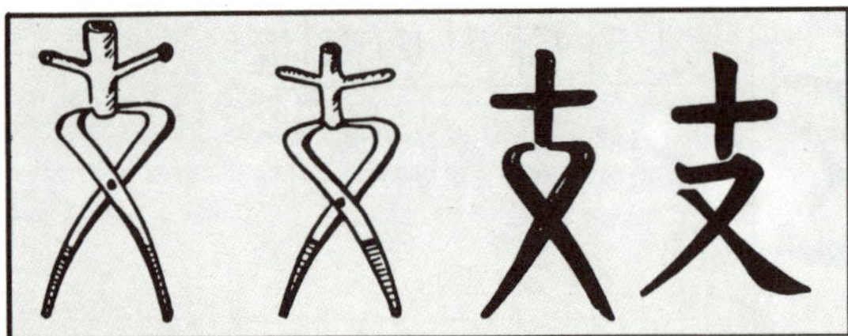

支

一 十 ナ 支

支援 (지원) 지지하여 응원함

支持 (지지) 옳게 여겨 받듦

中 지탱할 지, 갈라질 지 シ(ささえる)

4급II (나무의) **갈라진** 가지를 집고 있는 모양.

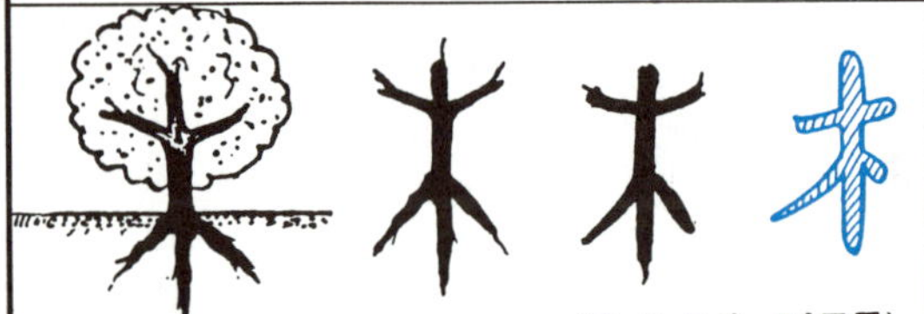

나무의 모양 (**나무목**)

枝

一 木 木 木 枝 枝

枝葉 (지엽) 가지와 잎

枝幹 (지간) 가지와 줄기

中 가지 지 シ(えだ)

3급 **나무**의 줄기에서 **갈라져** 나온 것이 **가지**다.

양손으로 괭이를 잡고있는 모양 (**손수**)

技

一 扌 扌 扌 技 技

技能 (기능) 손재주, 재능

技手 (기수) 기사밑에 있는 기술자

中 재주 기 ギ(わざ)

5급 **손**으로 좋고 나쁜 걸 **갈라** 놓는 것이 **재주**다.

우뚝 솟은 산봉우리의 모양. (**메산**)

岐

山 山 山 岐 岐

岐傍 (기방) 두 갈래 길

分岐 (분기) 나뉘어 갈라짐

갈림길 기 キ(えだみち)

2급 **산**에서 **갈라진** 게 **갈림길**이다

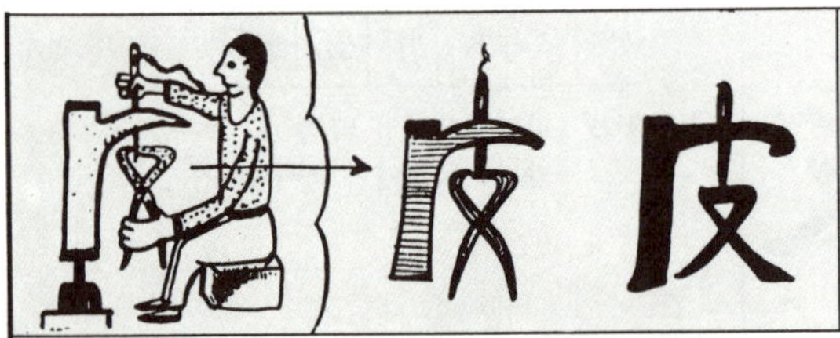

皮

一 厂 广 皮 皮

皮骨 (피골) 살갗과 뼈

皮麥 (피맥) 겉보리

中 가죽 피 ヒ(かわ)

3급II 목이 긴 가죽신을 깁는 모양 **가죽**을 뜻함.

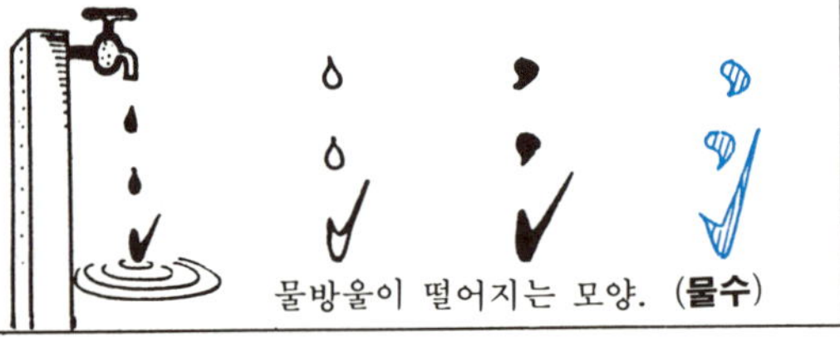

물방울이 떨어지는 모양. (**물수**)

波

丶 氵 氵 汸 沪 波

波亂 (파란) 생활의 변화

波心 (파심) 물결의 중심

中 물결 파 ハ(なみ)

4급II **물**의 **가죽**(수면)에 이는 것이 **물결**이다

돌 (바위)의 모양 (돌석)

破

一	石	矿	矿	破	破

破局 (파국) 판국이 결딴남
破産 (파산) 가산을 없앰

中 깨뜨릴 파 ハ(やぶる)

4급II **돌**의 **가죽**(표면)을 **깨뜨리다.**

(갈척. 바삐갈척)

彼

ノ	彳	彳	彳	彼	彼

彼此 (피차) 저것과 이것
彼邊 (피변) 저편

中 저 피 ヒ(かれ)

3급II (척후병이)**바쁜 걸음**으로 **가죽** 탈을 쓰고 **저**쪽으로 사라지다.

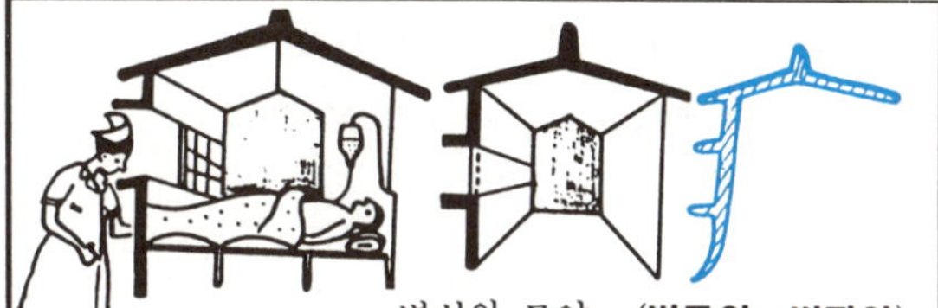

병실의 모양. (병들안. 병질안)

疲

亠	广	疒	疒	疒	疲

疲勞 (피로) 피곤함, 느른함
疲弊 (피폐) 피로하고 약해짐

□ 피곤할 피, 고달플 피 ヒ(つかれる)

4급 **병** 색이 살갗 **가죽**에 나타났으니 **피곤하다.**

옷의 모양 (옷의)

被

`	礻	衤	衤	被	被

被服 (피복) 의복
被殺 (피살) 살해를 당함

□ 입을 피 ヒ(こうむる)

3급II **옷**으로 **가죽**(몸의살갗)을 가리려고 **입다**

모자를 쓰고 입마개를 한 머리의 모양. (머리혈)

頗

ノ	厂	皮	皮	頗	頗

頗遲 (파지) 좀 늦음
頗安 (파안) 좀 편안함

□ 비뚤어질 파
치우칠 파 ハ(すこぶる)

3급 (살갗) **가죽**에 **머리**만한 혹이나(얼굴이) **비뚤어지**다(한쪽으로 **치우치다**)

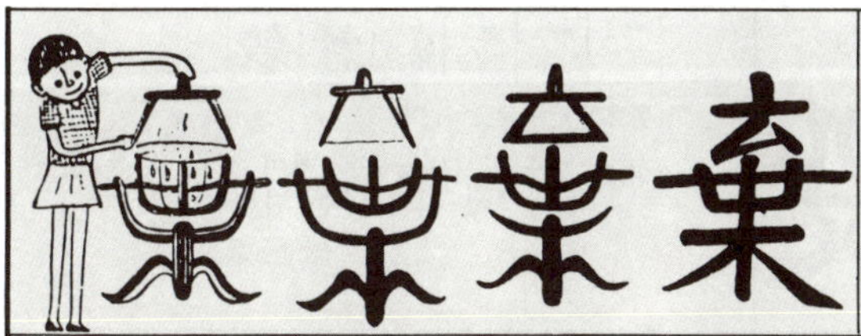

棄

亠	亠	亠	亠	亠	棄

棄世 (기세) 세상을 떠남
棄捐 (기연) 사재를 내놓아 남을 도와줌

□ 버릴 기 キ(すてる)

3급 **쓰레받기**의 오물을 **쓰레기통**에 **버리**다

叚 叚

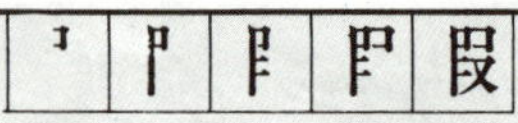

※뜻만 기억할 것

빌릴 차

(문을 잠근 자물통을 열려고)열쇠나 고리를 뽑을 집게를 **빌린다**는 뜻.

사람이 섰는 모양. (**사람인**)

假

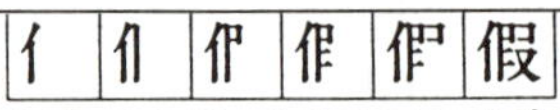 약 仮

假想 (가상) 가정적으로 생각함

假飾 (가식) 거짓 꾸밈

中 거짓 가 カ(かり)

4급II **사람**에게 열쇠나 집게를 **빌렸으**니 자기는 **거짓**(임시) 주인이다.

해의 모양 (**해가떠서 새날이 온다는 뜻**) (**해일. 날일**)

暇

閑暇 (한가) 조용하고 틈이 있음

暇餘 (가여) 겨를, 틈

겨를 가, 여가 가 カ(ひま)

4급 (직장에서 쉬는) **날**을 **빌리**어 얻은 것이 **여가**(겨를)이다.

殳

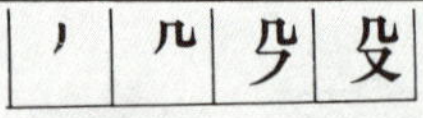

※뜻만 기억할 것.

칠 수, 두들길 수

고리를 만들려고 집게로 잡고서 **두들겨 치**는 모양.

殺

殺意 (살의) 사람을 죽이려는 마음

殺到 (쇄도) 세차게 몰려 듦

中 죽일 살, 감할 쇄 サツ(ころす)

4급II **절단기**나 **나무**로 **두들겨** 쳐서 **죽이**다

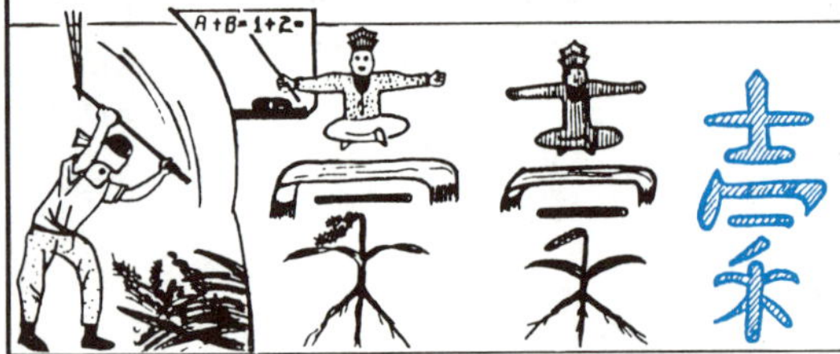

穀

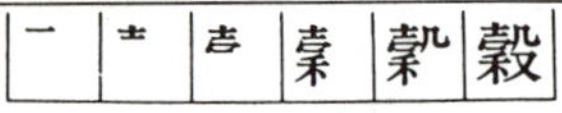

穀物 (곡물) 곡식

穀倉 (곡창) (1)곡식을 많이 쌓아 두는 곳
(2)곡식이 많이 나는 지방

中 곡식 곡 コク

4급 **선비**가 **덮어쓰**고 **막대기**로 **벼**를 **두들겨**서 **곡식**을 얻다.

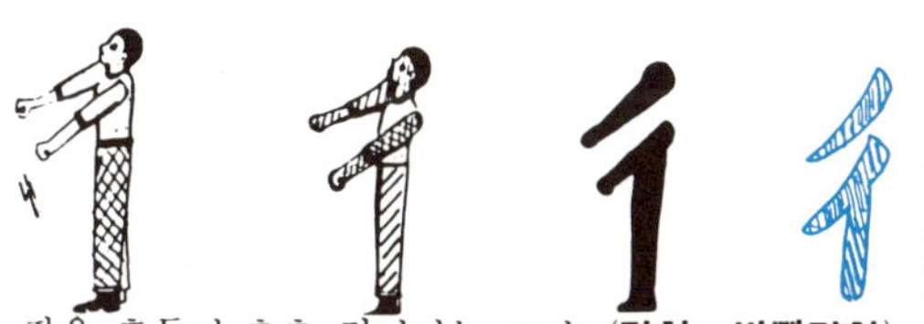

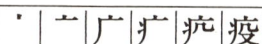

팔을 흔들며 총총 걸어가는 모양. (**갈척. 바삐갈척**)

役

丿 彳 彳 彸 役 役

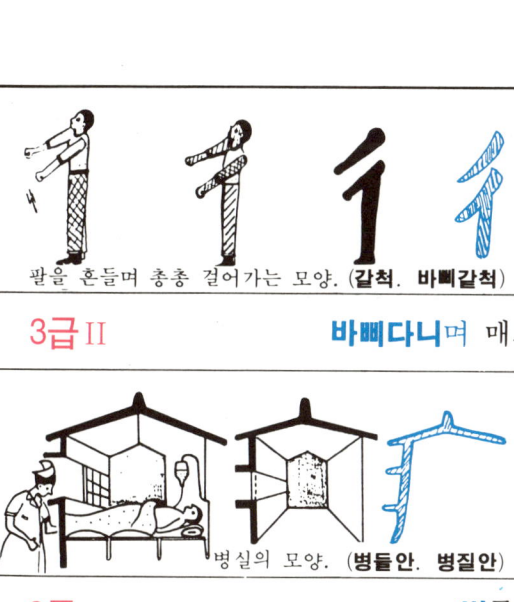

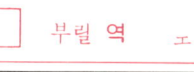

役員 (역원) 임원
役畜 (역축) 노역용 가축

부릴 **역** エキ

3급II

바삐다니며 매로 **두들겨**서(일군을) **부리**다

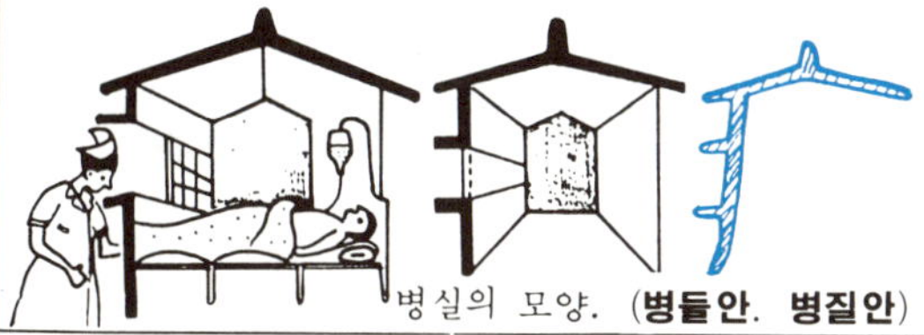

병실의 모양. (**병들안. 병질안**)

疫

丶 亠 广 疒 疒 疫

疫病 (역병) 전염병
疫神 (역신) ① 천연두
② "마마"를 맡았다는 신

전염병 **역** エキ

3급

병균이 **두들겨**치듯 삽시간에 번지는 게 **전염병**이다

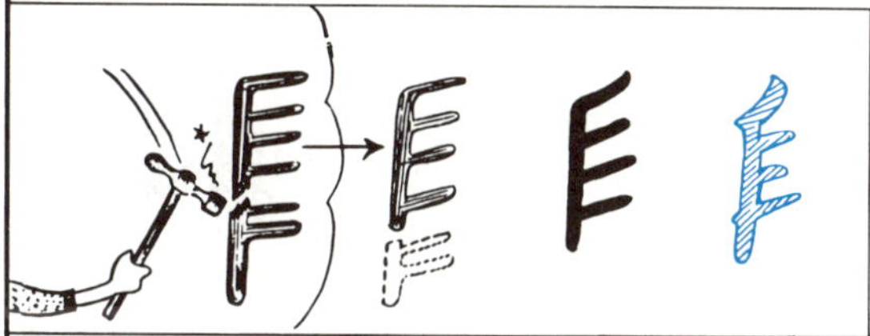

段

丿 厂 阝 𠬝 段 段

初段 (초단) (바둑따위의) 첫째의 단
階段 (계단) 오르내리기 위한 층층대

조각 **단** ダン

4급

빗을 **두들겨** 쳐서 **조각**을 내다

(**절구구 흙토**)

毁

丿 𦥑 臼 㿟 毁 毁

毁譽 (훼예) 훼방함과 칭찬함
破毁 (파훼) 깨뜨리어 헐어버림

헐 **훼**
험담할 **훼** キ(やぶる)

3급

절구통에 **흙**을 넣고 **두들기**니(찧으니) 통안이 **헐**다

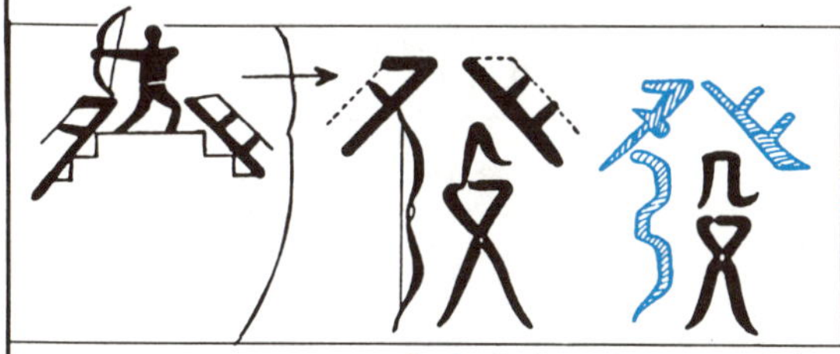

發

フ ヲ 癶 癸 發 發 약 発

發病 (발병) 병이 남
發明 (발명) 세상에 없던 것을 처음으로 만들어 냄

中 쏠 **발**, 필 **발** ハツ(たつ)

6급

난간에서 **활**로 표적을 **두들기려**고 **쏘다.**

집의 모양(**집엄**)

廢

亠 广 广 庈 廢 廢 약 廃

廢物 (폐물) 아무 소용이 없이 된 물건
廢殘 (폐잔) 못쓰게 되어 남아있음

폐할 **폐**
집쓸릴 **폐** ハイ(すたる)

3급

집을 **쏘아**대니 **집이 쓸리어 폐하게** 되다

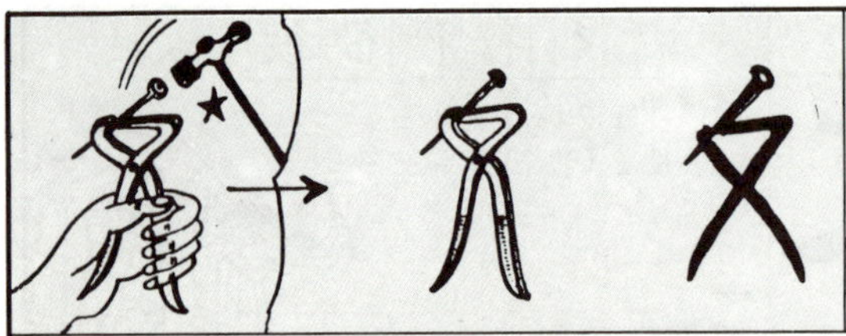

攵

丿	𠂉	ケ	攵

※뜻만 기억할 것.

□ 두드릴 복, 칠 복

못을 집게로 잡고 **두들겨 치**는 모양.

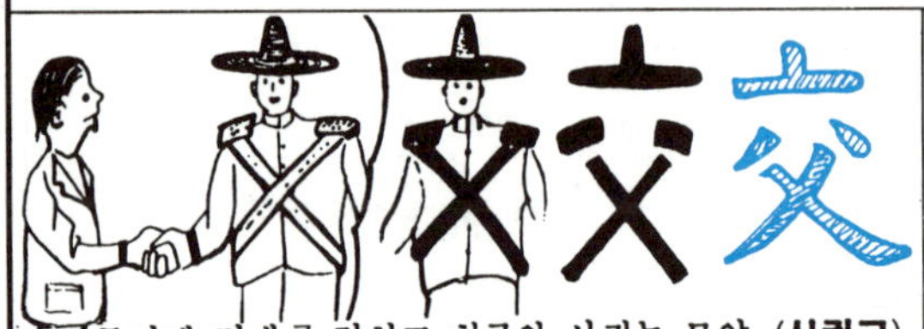

모자에 견대를 걸치고 친구와 사귀는 모양 (**사귈교**)

效

亠	六	交	交𠂉	効	效

效則 (효칙) 무엇을 본받아 법으로 삼음

效果 (효과) 보람으로 나타나는 결과

中 본받을 효

효험 효 コウ(きく)

5급 (좋은 친구만) **사귀라**고 **두들겨**서 좋은 점만 **본받게** 하다.

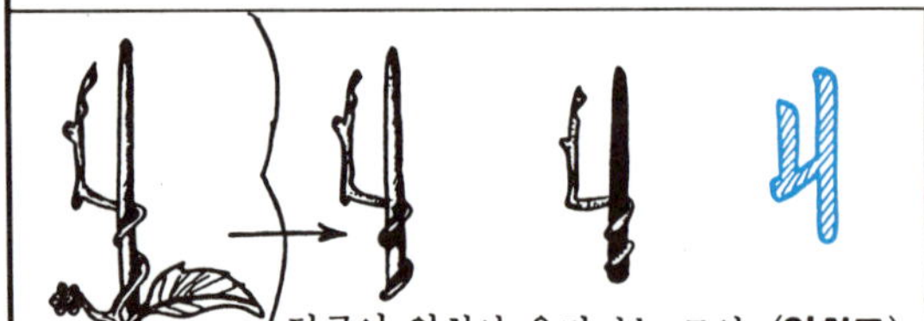

덩굴이 얽히어 올라가는 모양 (**얽힐구**)

收

丨	丩	丩丿	丩𠂉	收	收

收監 (수감) 옥에 가둠

收金 (수금) 돈을 거두어 들임

中 거둘 수 シュウ(おさめる)

4급II **얽힌 덩굴**을 **두들겨 쳐**서 **거두다.**

돈이든 자개장의 모양 (**조개패·돈패**)

敗

丨	目	貝	貝𠂉	敗	敗

敗戰 (패전) 싸움에 짐

敗北 (패배) 싸움에 지고 달아남

中 패할 패, 무너질 패 ハイ(やぶれる)

5급 **돈** 때문에 **두들겨** 맞을 정도로 사업에 **패하다.**

散

二	丗	昔	昔𠂉	散	散

散飛 (산비) 흩어져 날음

散步 (산보) 이리저리 거닐음

中 흩을 산 サン(ちる)

4급 **엮은 고기와 갈비**를 **두들기**니 살점이 **흩어지**다.

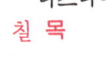

소의 모양. (**소우**)

牧

丿	𠂉	牛	牛	牛𠂉	牧

牧民 (목민) 백성을 다스리어 기름

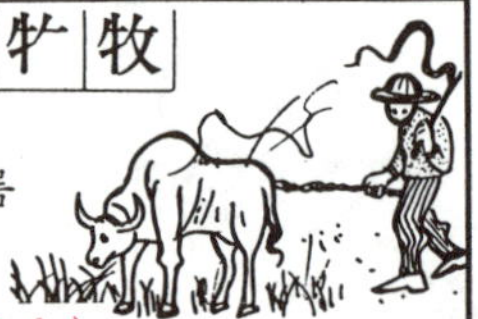

칠 목

□ 기를 목 ボク(まき)

4급II **소**를 풀밭으로 **두들겨** 몰고 가서 **기르다.**

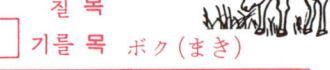

敦

亠	亩	享	享	敦	敦

敦篤 (돈독) 인정이 두터움
敦睦 (돈목) 사이가 두텁고 서로 화목함
敦迫 (돈박) 쉴 새 없이 재촉함

☐ 도타울 돈　トン

3급　**높은 아들**로 키우려고 늘 매로 **두들기**는 부모의 마음은 **도타울**다

攻

一	工	工	工	攻	攻

攻勢 (공세) 공격하는 태세나 세력
攻擊 (공격) 나아가 적을 침
攻究 (공구) 연구하고 조사함

☐ 칠 공　コウ(せめる)

4급II　(물건을) **만들려**고 **두들겨** **치다**

啓

厂	戶	戶	户	攺	啓

啓導 (계도) 깨우치어 이끌어 줌
啓發 (계발) 뜻을 열어 줌

☐ 열 계　ケイ

3급II　**집**문을 **두드리**며 **입**으로 **열라**고 하다

微

丿	彳	彳	彳	微	微

微速 (미속) 느릿느릿한 속도
微官末職 (미관말직) 자리가 낮고 변변치 않은 벼슬

☐ 작을 미
가늘 미　ビ(かすか)

3급II　**빨리가**서 **산**에서 **제일** 큰 **나무등걸**을 **두들겨** 보았자 그 소리는 **가늘**게 들린다

徵

丿	彳	彳	彳	徵	徵

徵稅 (징세) 세금을 징수함
徵兆 (징조) 미리 보이는 조짐

☐ 부를 징　チョウ(しるし)

빨리가서 **산**에서 **제일**가는 **왕**(산적두목)을 **두들겨** 잡을 자를 **부르**다　3급II

懲

彳	彳	彳	徵	懲	懲

懲戒 (징계) 부정 부당한 행위에 제재를 가함
懲惡 (징악) 못된 사람을 징계함

☐ 징계할 징　チョウ(こらす)

3급　(죄인을) **불러**서 **마음껏**(양심건) **징계하**다

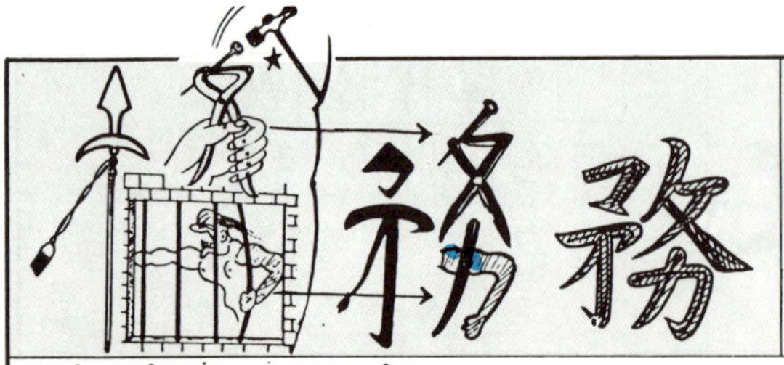

務

マ	子	予	矛	矜	務

務實 (무실) 참되고 실속 있도록 힘씀

務進 (무진) 힘써 나아감

中 힘쓸 무, 일할 무　ム(つとめる)

창의 모양. (**창모**)

4급II

창으로 **두들기** **듯** **힘**써 **일하다**.

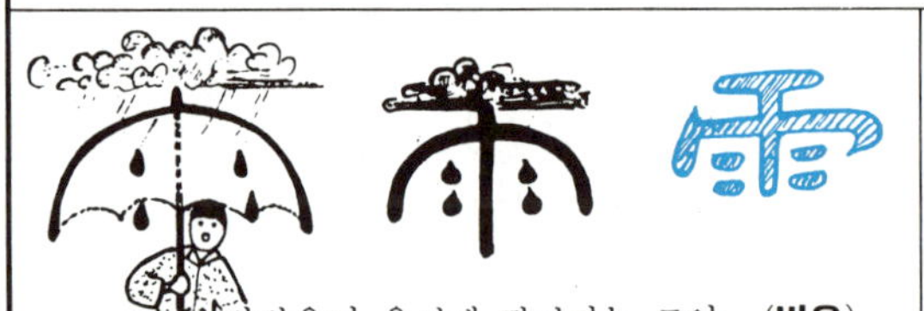

빗방울이 우산에 떨어지는 모양. (**비우**)

霧

一	一	雨	雺	霚	霧

霧散 (무산) ① 안개가 갬 ② 자취없이 흩어짐

霧笛 (무적) 안개가 끼었을 때 배나 등대가 울리는 기적

□ 안개 무　ム(きり)

3급

비가 **힘차**게 올 때 이는 것이 물 **안개**다

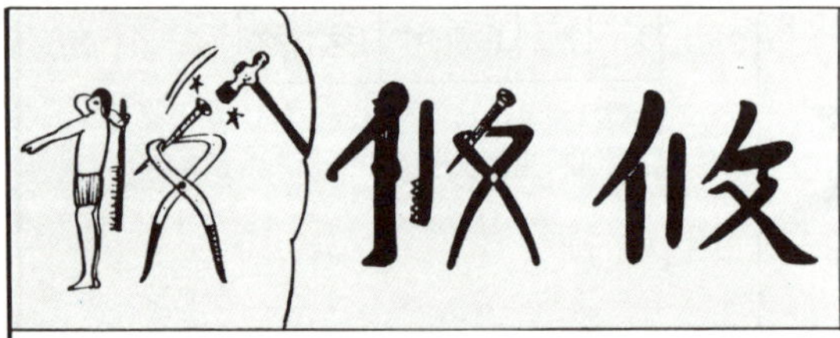

攸

ノ	亻	亻丨	攸

※ 뜻만 기억할 것

□ 멀 유

사람이 **막대**로 등을 **두들기**면서 **멀리**까지 긁다

머리털(터럭)의 모양. (**터럭삼 머리결삼**)

修

亻	亻丨	亻攵	攸	攸	修

修鍊 (수련) 마음과 몸을 닦아 단련함

修習 (수습) 학문이나 일을 닦고 익힘

中 닦을 수　シュウ(おさめる)

4급II

멀리(길게) 자란 **머리결**을 **닦다**

나무의 모양 (**나무목**)

條

ノ	亻	亻丨	亻攵	攸	條

條約 (조약) 나라 사이의 계약

條文 (조문) 조목을 적은 글

中 곁가지 조, 가닥 조　ジョウ

4급

멀리 **나무**줄기에서 뻗어나간 게 **곁가지**다

가슴의 모양 (**가슴심·마음심**)

悠

ノ	亻	亻丨	攸	悠	悠

悠然 (유연) 느릿느릿한 모양

悠長 (유장) 오래고 긴 것

□ 생각할 유
아득할 유　ユウ

3급II

먼 앞날을 **마음**으로 **생각하**니 **아득하기**만 하다

占

丨 ⺊ ⺊ 占 占

占據 (점거) 빼앗아 자리잡음
占有 (점유) 차지하여 가짐

□ 점칠 점, 차지할 점 セン(うらなう)

거북등을 지져서 갈라지는 것을 보고 **입**으로 **점**을 치다.

※옛날에는 거북등껍질을 지져 이것을 보고 점을 쳤음.

4급

집의 모양 (**집엄**)

店

广 庐 庐 店 店

店房 (점방) 가겟방
店員 (점원) 상점에 고용된 사람

中 가게 점 テン(みせ)

5급

집에서 **점**쳐 본 후 **가게**를 차리다.

乍

丿 𠂉 乍 乍 乍

※뜻만 기억할 것

□ 잠깐 사

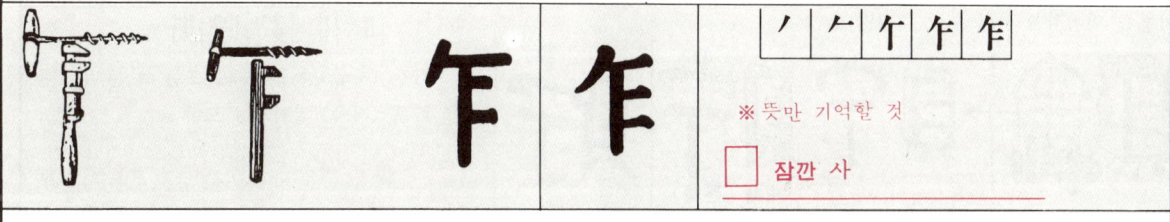

뚫거나 조이는 걸 **잠깐** 사이에 하다.

사람이 섰는 모양. (**사람인**)

作

丿 亻 亻 作 作 作

作黨 (작당) 떼를 지음
佳作 (가작) 꽤 잘 된 작품

中 작품 작, 만들 작 サク(つくる)

6급

사람이 **잠깐** 사이에 **작품을 만들다.**

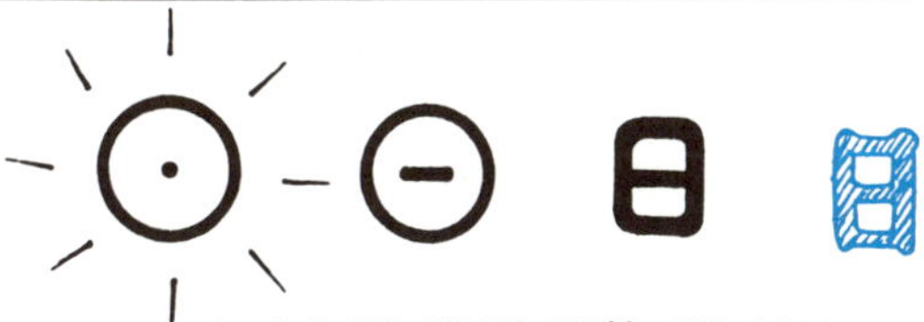

해의 모양 (**해가떠서 새날이 온다는 뜻**) (**해일, 날일**)

昨

丨 日 昨 昨 昨 昨

昨今 (작금) 어제 오늘, 요사이
昨夜 (작야) 어제밤

中 어제 작 サク(きのう)

6급

날이 **잠깐** 사이에 지나간 것이 **어제**다.

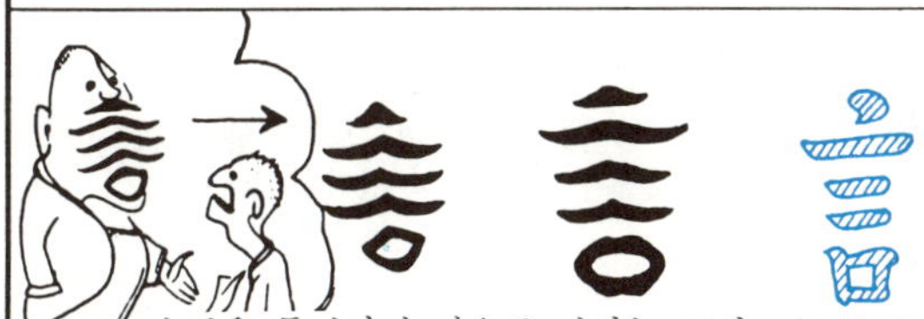

수염을 들먹이며 입으로 말하는 모양. (**말씀언**)

詐

亠 言 言 詐 詐 詐

詐僞 (사위) 거짓
詐欺 (사기) 남을 꾀로 속여 해침

□ 속일 사
거짓 사 サ(いつわる)

3급

말로 **잠깐** 사이에 **속이**다

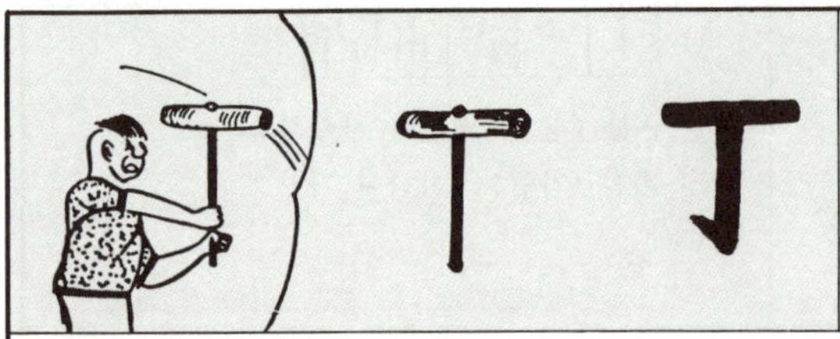

丁

一 丁

丁銀 (정은) 품질이 좋지 못한 은
丁寧 (정녕) 틀림없이 꼭

中 장정 정, 고무래 정　テイ(よぼろ)

4급　**고무래**의 모양.

양손으로 괭이를 잡고 있는 모양. (**손수**)

打

一 寸 扌 扌 打

打開 (타개) 헤쳐서 열어감
打倒 (타도) 쳐서 거꾸러뜨림

中 칠 타　ダ(うつ)

5급　**손**에 **고무래**를 들고 **치다.**

지붕을 덮어씌운 집의 모양. (**집면**)

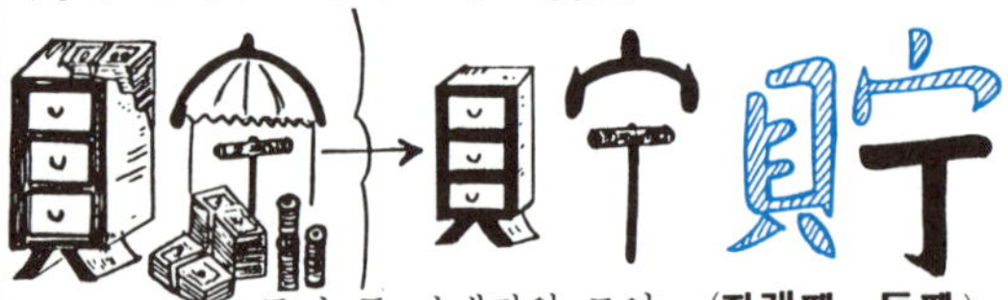

돈이 든 자개장의 모양. (**자개패 · 돈패**)

貯

丨 冂 貝 貯 貯 貯

貯金 (저금) 돈을 모음, 또는 그 돈
貯蓄 (저축) 절약하여 모아 둠

中 저축할 저　チョ(たくわえる)

5급　**돈**을 **집**안에 **고무래** 높이 만큼 **쌓다**(저축하다).

모자를 쓰고 입마개를 한 머리의 모양. (**머리혈**)

頂

一 丁 丆 丌 頂 頂

頂門 (정문) 정수리, 숫구멍
頂拜 (정배) 머리를 숙이고 절함

中 이마 정, 꼭대기 정 チョウ(いただく)

3급Ⅱ　**고무래**의 **머리통**이 인체에 비한다면 **이마**에 해당된다.

수염을 들먹이며 입으로 말하는 모양. (**말씀언**)

訂

亠 亖 言 言 訂 訂

訂正 (정정) 잘못된 것을 고침
訂定 (정정) 잘잘못을 의논하여 정함

고칠 정　テイ

3급　**말**을 **고무래**로 치듯 하여 잘못을 **고치**다.

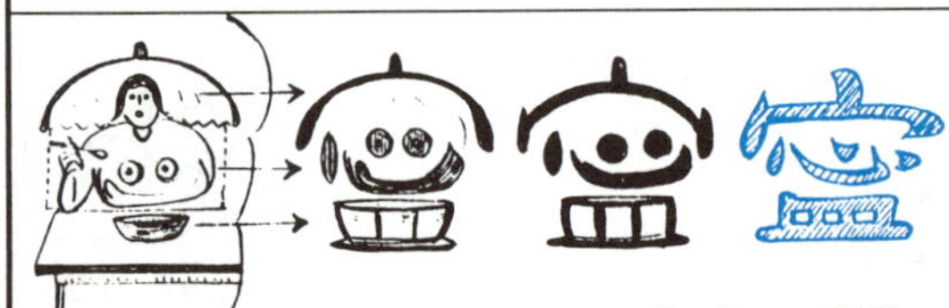

(**집면, 마음심, 그릇명**)

寧

宀 宓 宓 寍 寍 寧

寧日 (영일) 일이 없고 편안한 날
寧居 (영거) 안심하고 편안히 삶

편안할 녕　ネイ(むしろ)

집에서 **마음**껏 한 사발(**그릇**)의 밥을 먹고 **고무래**질 하니 심신이 **편안**하다　3급Ⅱ

丶 ⺀ ⺀ 斗

斗祿 (두록) 얼마 안 되는 봉급
斗星 (두성) 북두칠성의 준말

中 말 두　ト(ます)

4급II

(옛날) **말**의 모양.

벼의 모양(**벼화**)

一 千 禾 禾 禾 科

科罪 (과죄) 죄를 처단함
科目 (과목) 학문의 구분

中 조목 과, 법 과　カ(しな)

6급

벼의 수량은 **말**질 하여 **조목** 조목 따지는 **법**이다.

𠂆 𠂉 臼 臼

※뜻만 기억할 것

□ 절구 구　キュウ(うす)

절구통의 모양을 그린 자.

艹 艹 萑 萑 萑 舊 약 旧

舊恩 (구은) 옛날의 입은 은혜
舊正 (구정) 음력 정월 초하루

中 옛 구, 부엉이 구　キュウ(ふるい)

날개를 편 새의모양 (**새추**)

풀속에 사는 **새**로 **절구통**이란 별명으로 **옛**부터 불리었던 것이 **부엉이**이다.

걸어가는 「사람」의 다리 모양. (**걷는 사람인**)

𠂆 𠂉 臼 臼 兒 兒 속 児

兒名 (아명) 어릴 때에 부르는 이름
乳兒 (유아) 젖먹이

中 아이 아　ジ

(머리통의 숫구멍이 채 아물지 않아) **절구통** 같이 골통 위가 뚫린 **사람**이 **아이**다.

(**집면 · 새조**)

宀 宀 宀 宀 寫 寫 약 写

寫實 (사실) 있는 그대로 그려냄
寫眞 (사진) 감광원리를 이용하여 물체를 박아 냄

□ 베낄 사
그릴 사　シャ(うつす)

5급

집이 **절구통**같은 둥지에 **새**가 옮겨앉듯이 글을 옮겨 **베끼다**.

登

登用 (등용) 인재를 골라 뽑아 씀
登校 (등교) 학교에 감

中 오를 등　トウ(のぼる)

7급　계단 위를 북소리에 맞추어 **오르다.**

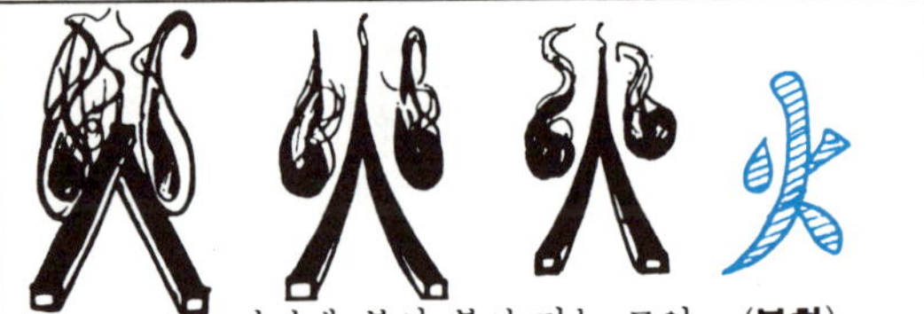

장작에 불이 붙어 타는 모양. (**불화**)

燈

燈盞 (등잔) 기름을 담아서 불을 켜는 그릇
燈心 (등심) 심지

中 등잔 등　トウ(ひ)

4급II　주위를 밝히려고 **불**을 **올리어** 놓은 것이 **등잔**이다.

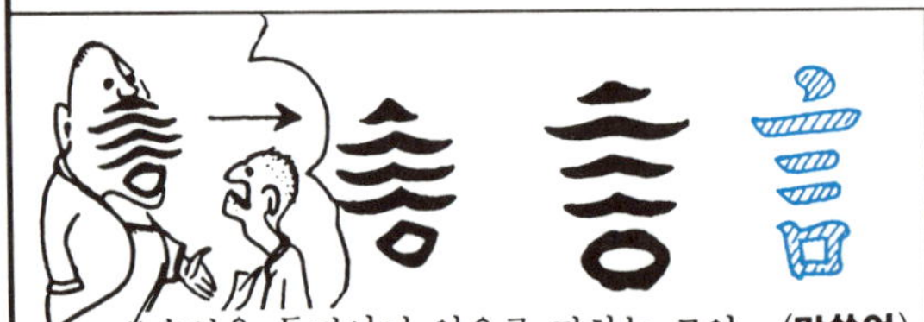

수염을 들먹이며 입으로 말하는 모양. (**말씀언**)

證

속 証

證言 (증언) 사실을 증명하는 말
證人 (증인) 증거하는 사람

中 증거 증　ショウ(あかし)

4급　재판할 때 **말**을 **올리어** **증거**로 삼다.

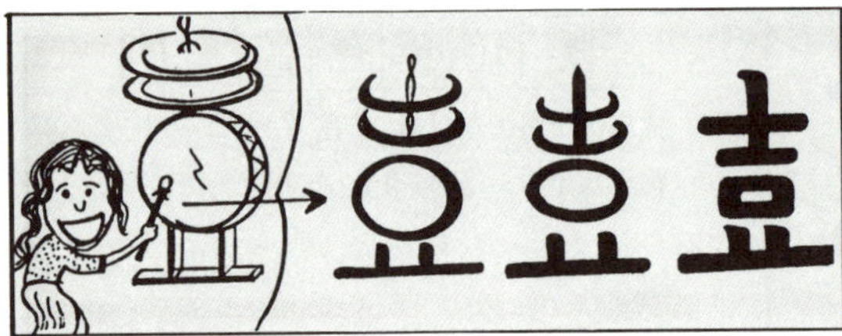

壴

※뜻만 기억할 것.

북세울 주

북의 모양을 그린자

입의 모양 (**입구**)

喜

喜悲 (희비) 기쁨과 슬픔
喜色 (희색) 기쁜듯이 보이는 얼굴

中 기쁠 희　キ(よろこぶ)

4급　**북**을 치며 **입**으로 노래하니 **기쁘다.**

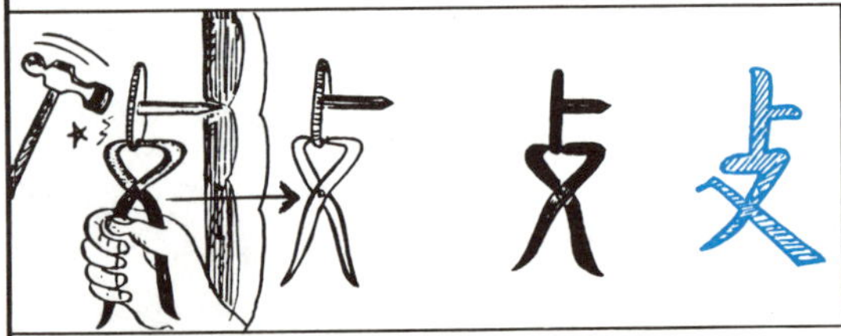

鼓

鼓動 (고동) 북이 울리는 소리
鼓吹 (고취) 사기를 북돋움
鼓舞 (고무) 부추겨 용기가 생기게 함

북 고
칠 고　コ(つづみ)

못을 집게로 잡고 두들기는 모양 (**칠복. 두들길복**)

북을 **두들겨 치다**　3급II

(집엄 · 손(마디)촌)

廚

丶 亠 广 㡳 㡴 廚 동 厨

廚房 (주방) 음식을 만드는 곳, 부엌
廚人 (주인) 요리를 하는 사람
廚下 (주하) 주방

부엌 주 チュウ(くりや)

집안에서 **북**을 **손**으로 치는 듯한 도마소리가 나는 곳이 **부엌**이다

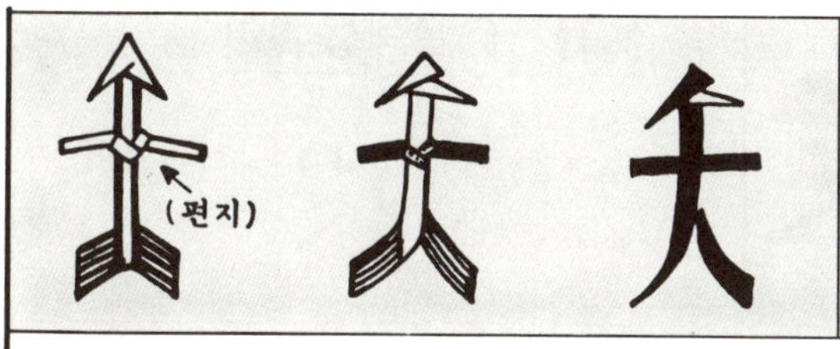

矢

丿 𠂉 𠂉 矢 矢

矢架 (시가) 화살대
矢言 (시언) 맹세하는 말

살 시 シ(や)

3급

편지를 묶어 맨 **화살**의 모양을 그린 자.

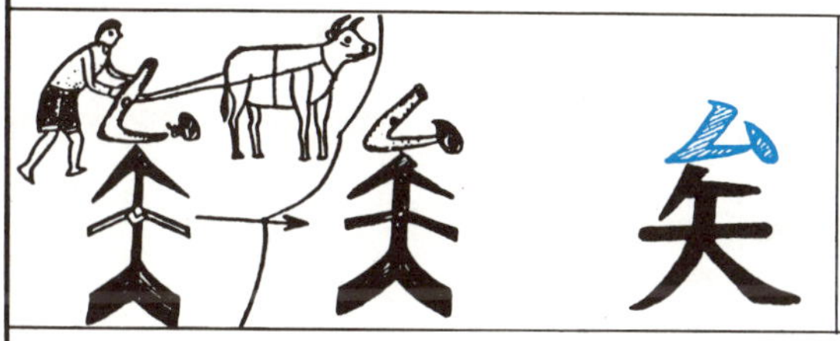

矣

厶 厶 𠫓 𠫓 矣 矣

矣哉 (의재) 영탄의 조사
矣夫 (의부) 영탄의 조사

中 어조사 의, 말끝일 의 イ(かな)

3급

쟁기와 **화살**이 땅에 꽂이듯 **말이 끝이**다.

병실의 모양. (**병들안. 병질안**)

疾

亠 广 疒 疒 疒 疾

疾走 (질주) 빠르게 달림
疾風 (질풍) 빠르고 센 바람

병 질
고질병 질 シシ(やましい)

3급II

병중에 **화살**같이 깊이 박힌 병이 **고질병**이다

입의 모양. (**입구**)

知

丿 𠂉 𠂉 矢 矢 知

親知 (친지) 서로 잘 알고 친근하게 지내는 사람

中 알 지 チ(しる)

5급

화살 같이 **입**으로 빨리 **알아** 맞추다.

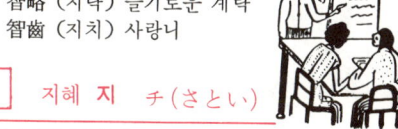

입으로 말하는 모양(**가로왈 · 말할왈**)

智

丿 𠂉 矢 知 智 智

智略 (지략) 슬기로운 계략
智齒 (지치) 사랑니

지혜 지 チ(さとい)

4급

아는 바를 **말**하는 게 **지혜**다

侯

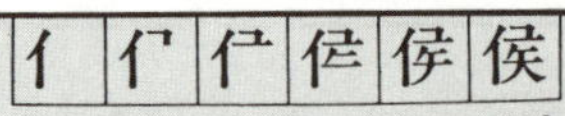

侯・ (후라) 적의 정세를 정탐하는 병정
君侯 (군후) 제후 (諸侯) 의 존칭
※과녁을 잘 맞히면 좋은 벼슬에 오른다

□ 벼슬이름 후
과녁 후 コウ

사람이 **만들**어 놓고 **화살**을 쏘는 데가 **과녁**이다 3급

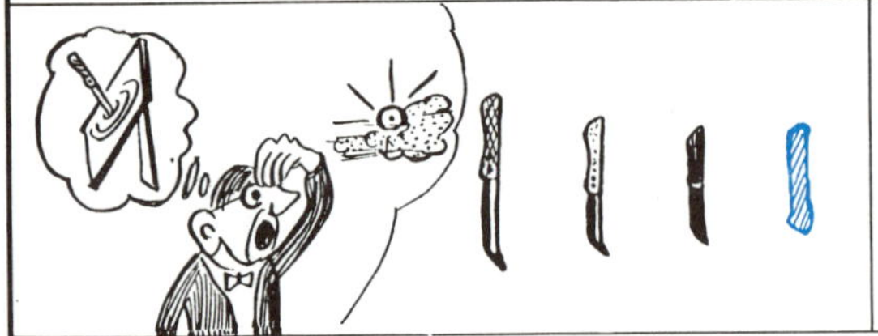

候

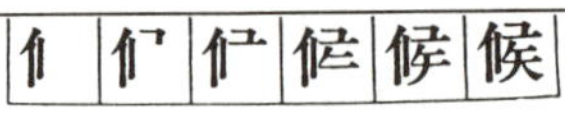

時候 (시후) 춘하추동 사시의 절후
天候 (천후) 기후 (氣候)

□ 살필 후
날씨 후 コウ(そうろう)

4급 **칼**을 던져 **과녁**을 맞추리 만큼 **날씨**가 청명한가 **살피**다

입의 모양. (**입구**)

喉

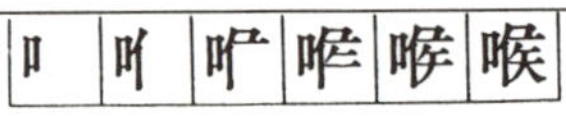

喉頭 (후두) 인두 (咽頭)
咽舌 (후설) 목구멍과 혀. 곧 중요한 곳

□ 목구멍 후 コウ(のど)

3급 **입**안에 **과녁**같이 생긴 게 **목구멍**이다

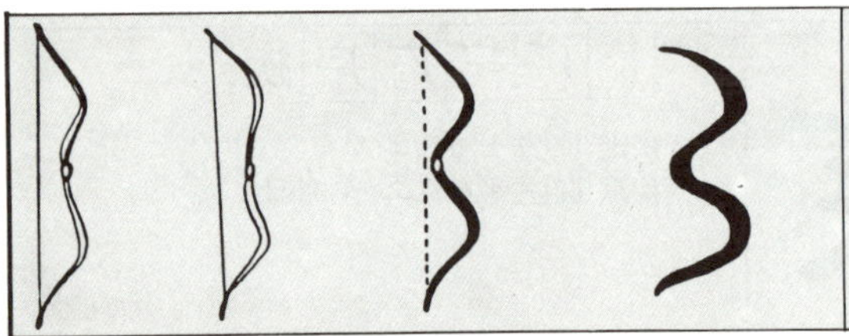

弓

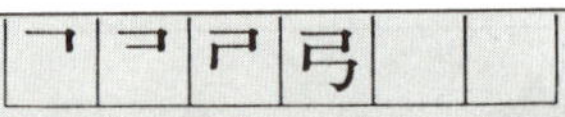

弓矢 (궁시) 활과 화살
弓形 (궁형) 활 모양의 반월형

中 활 궁 キュウ(ゆみ)

3급II **활**의 모양.

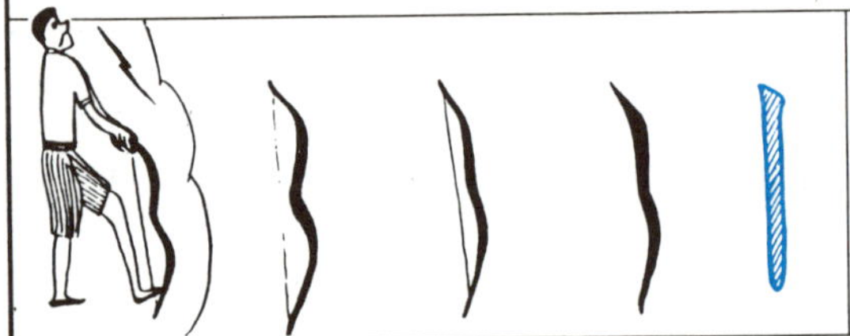

引

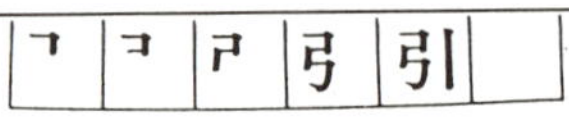

引上 (인상) 끌어 올림
引導 (인도) 길을 안내함

中 끌 인, 당길 인 イン(ひく)

4급II **활**을 **똑바로** 펴려고 **끌어당기다.**

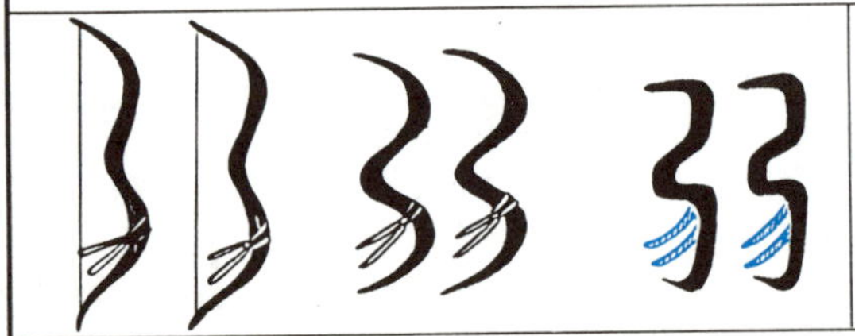

弱

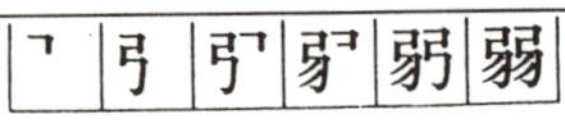

弱骨 (약골) 몸이 약한 사람
弱視 (약시) 약한 시력

中 약할 약 ジャク(よわい)

6급 부러져 **동여맨** **활**은 **약하다.**

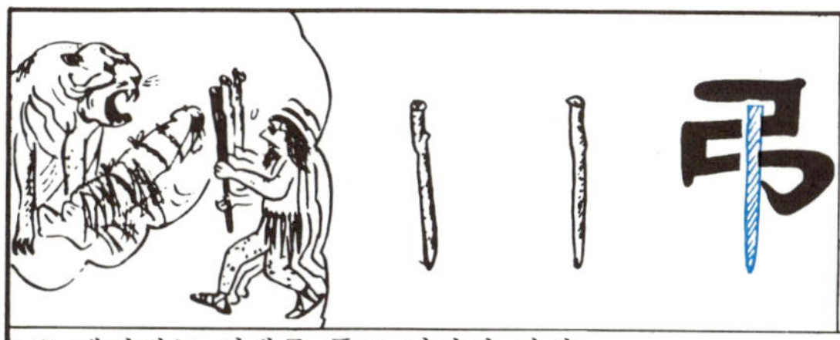

弔

弔 (속) 吊

弔詞 (조사) 조상하는 글. 조사 (弔辭)
弔客 (조객) 조상하러 온 손님
弔慰 (조위) 죽은 이를 조상하고 유족을

조상 조　チョウ(とむらう)

※ 옛날에는 시체를 풀로 덮어서 장사 지냈기 때문에 짐승이 시체를 파먹지 못하게 활과 몽둥이로 쫓아가며 장사 지냈음.

활과 **몽둥이**를 들고 **조상하다**　3급

어른이 양팔을 벌리고 선모양(**큰대**)

夷

夷然 (이연) 편편한 모양
東夷 (동이) 동쪽 지방의 민족

오랑캐 이
무리 이　イ(えびす)

큰 몸에 **활**을 즐겨 메고 다니는 자가 **오랑캐 무리**다

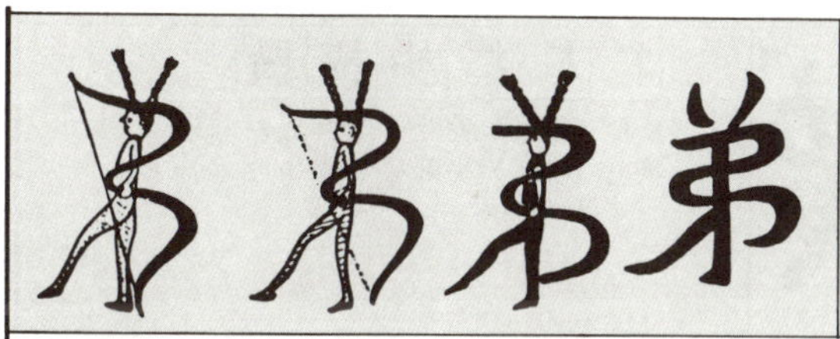

弟

弟氏 (제씨) 남의 아우의 존칭
弟子 (제자) 가르침을 받는 사람

中 아우 제　ダイ(おとうと)

갈라지게 머리를 땋고 활을 메고 있는 자가 **아우**다.　8급

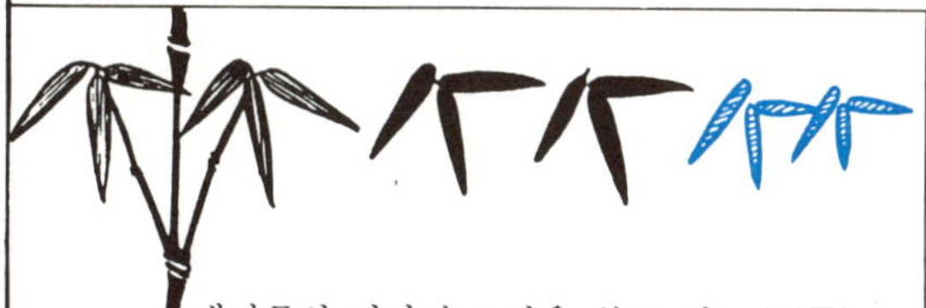

대나무의 이파리 모양을 본뜬 자. (**대죽**)

第

第一 (제일) (1)첫째　(2)가장 훌륭함
甲第 (갑제) 크고 너르게 잘 지은 일등 급의 집

中 차례 제, 등급 제　ダイ

6급

대나무에 **아우**(새순이)가 **차례**로 생겨나다.

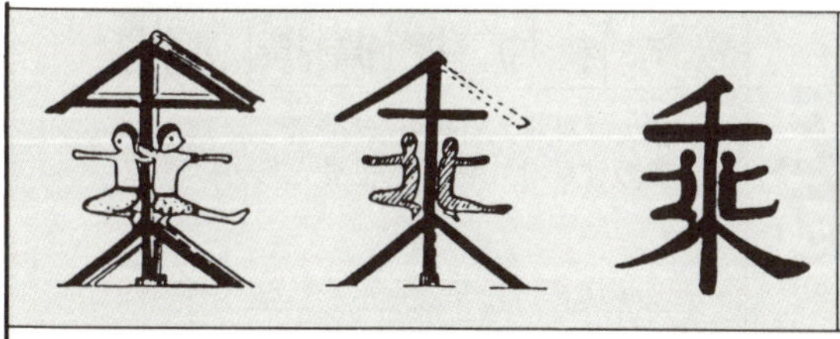

乘

乘客 (승객) 차나 배를 타는 손님
乘合 (승합) 여러 사람이 함께 탐

中 오를 승　ジョウ(のる)

3급II

경사진 기둥을 타고 **올라가**는 모양.

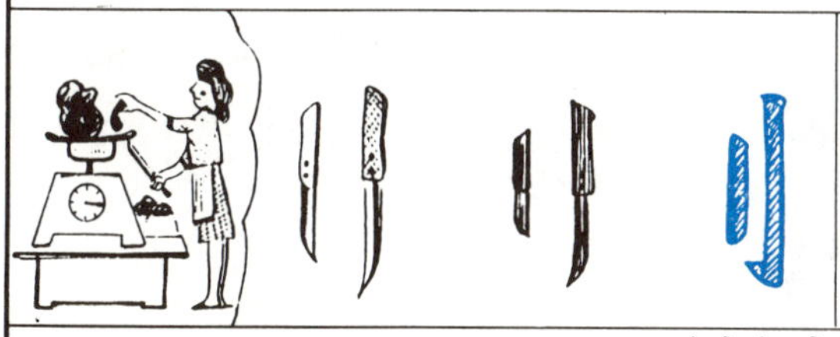

칼이 두개 서있는 모양(**칼도 · 선칼도**)

剩

剩餘 (잉여) 쓰고 난 나머지
過剩 (과잉) 지나치게 많음

더줄 잉
남을 잉　ジョウ(あまる)

(저울위에) **올라** 있는 것 외에 **칼**질 하여 **남**는 몫을 **더주**다

一	丆	丙	㒳	亩	更

※뜻만 기억할 것

☐ 불화살을 뜻함

화살에 황을 묶어 맨 **불화살**을 그린 자.

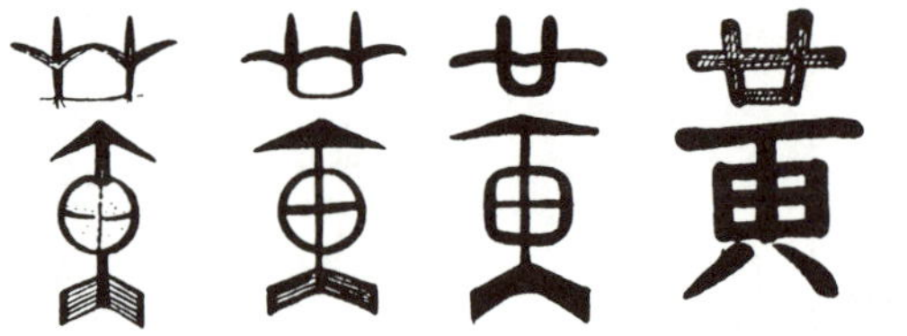

黃

一	艹	艹	芔	菁	黃

黃昏 (황혼) 해가 질 무렵

黃泉 (황천) 저승

中 누를 황 コウ(きいろい)

시들은 **풀색**과 황이 묶인 **불화살**은 **누런 색**이다. 6급

나무의 모양 (**나무목**)

橫

木	朾	杙	桔	構	橫

橫厄 (횡액) 뜻밖에 닥쳐오는 재앙

橫財 (횡재) 뜻밖에 재물을 얻음, 또는 그 재물

☐ 가로 횡 オウ(よこ)

3급II

나무로 만든 **누런** 색의 바리케이트를 **가로**질러 놓다

집의 모양 (**집엄**)

廣

亠	广	庐	庳	庿	廣	약広

廣告 (광고) 세상에 널리 알림

廣場 (광장) 너른 마당

中 넓을 광 コウ(ひろい)

5급

집안 끝이 아물아물 **노랗게**(누렇게) 보일 정도로 **넓다**.

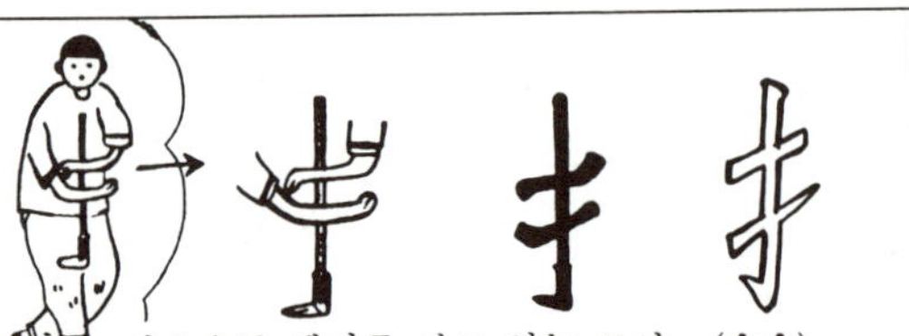

양손으로 괭이를 잡고 있는 모양. (**손수**)

擴

一	扌	扩	护	擃	擴	약拡

擴大 (확대) 넓히어 크게 함

擴散 (확산) 흩어져 번짐

☐ 늘릴 확 カク(ひろがる)

3급

손으로 **넓게**하려고 **늘리**다

쇠를 다루는 대장간의 모양. (**쇠금**)

鑛

𠆢	亼	金	鉱	鉾	鑛	약鉱

鑛物 (광물) 지각 속에 있는 무기화합물

鑛夫 (광부) 광산에서 일하는 노동자

☐ 쇳덩이 광
광석 광 コウ(あらがね)

4급

쇠가 **넓게** 붙어 있는 돌이 **광석**이다

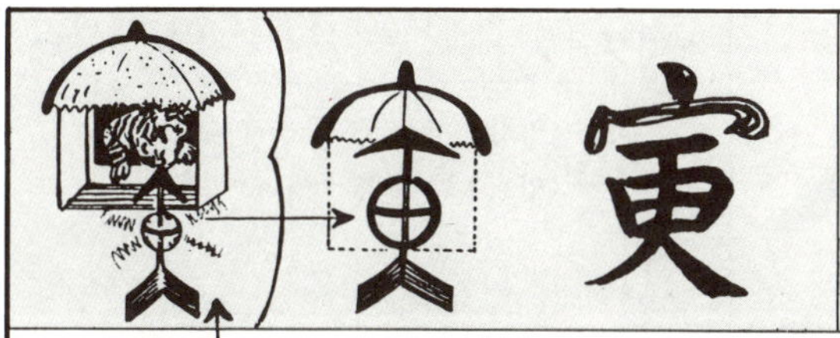

寅

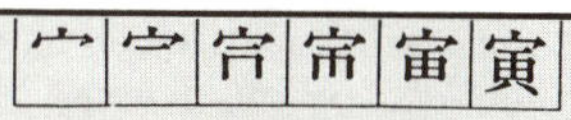

寅念 (인념) 삼가 생각함
寅方 (인방) 24 방위 중 동방

中 세째지지 인, 범 인 イン(とら)

화살에 황을 묶어맨 **불화살**을 뜻함.

집에 숨어 **불화살**로 **범**을 쏘아 잡다. 3급

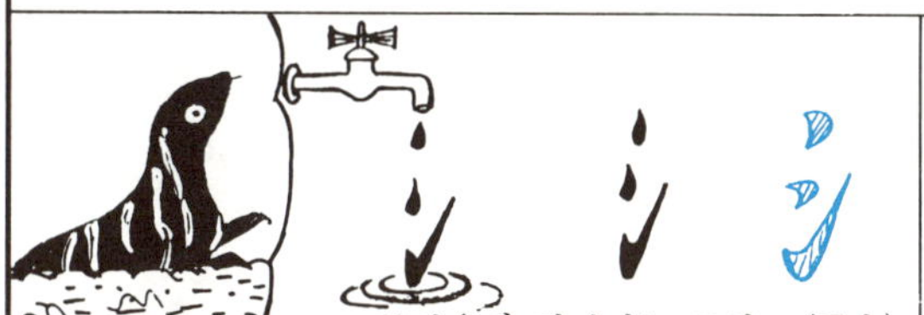

물방울이 떨어지는 모양. (**물수**)

演

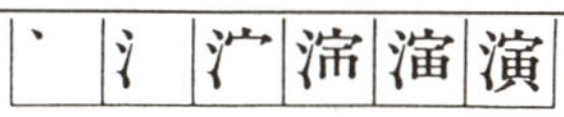

演題 (연제) 강연등의 제목
演出 (연출) 각본을 상연함

펼 연
익힐 연 エン

4급II **물 범**이 수영을 **익히**다

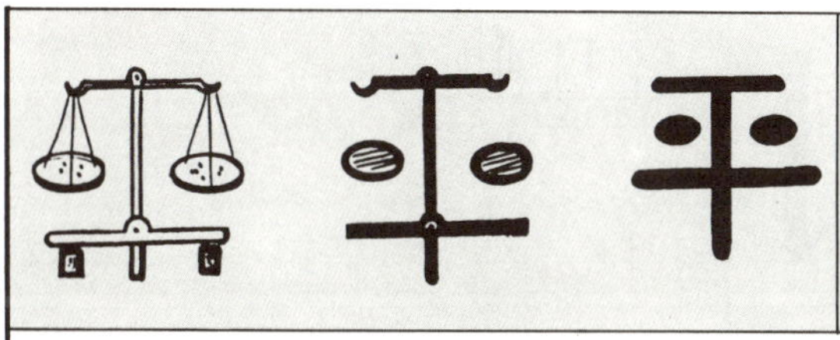

平

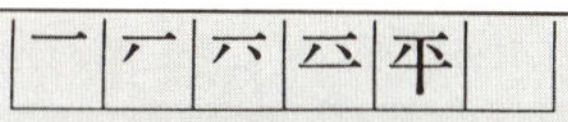

平時 (평시) (1)평화스러운 때 (2)평소
平穩 (평온) 고요하고 안온함

中 평탄할 평 ヘイ(たいら)

7급 저울의 모양을 그린 자. 저울같이 **평평하다**는 뜻.

수염을 들먹이며 입으로 말하는 모양. (**말씀언**)

評

評傳 (평전) 비평을 겸한 전기
評判 (평판) 세상사람들의 평

평론할 평 ヒョウ

4급 **말**을 한 곳에 치우치지 않고 **평평**하게 하여 **평론**하다

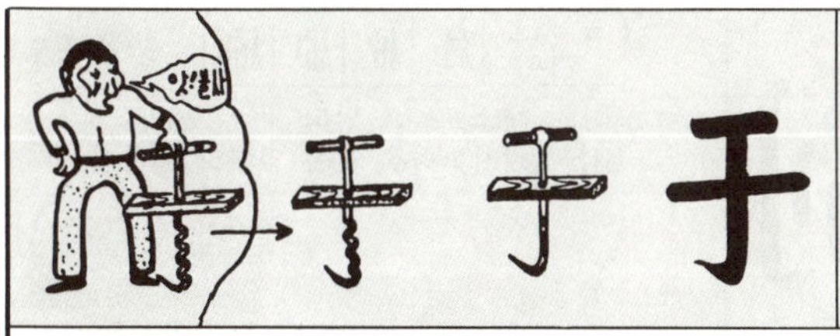

于

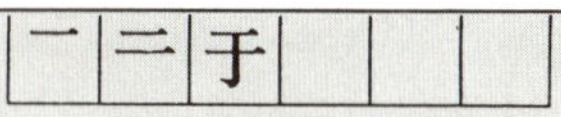

于思 (우사) 수염이 많이 난 모양
于于 (우우) 만족스러운 모양

中 굽을 우, 탄식할 우, ウ(ここに)

3급 송곳으로 뚫다가 끝이 **굽어 탄식하**다.

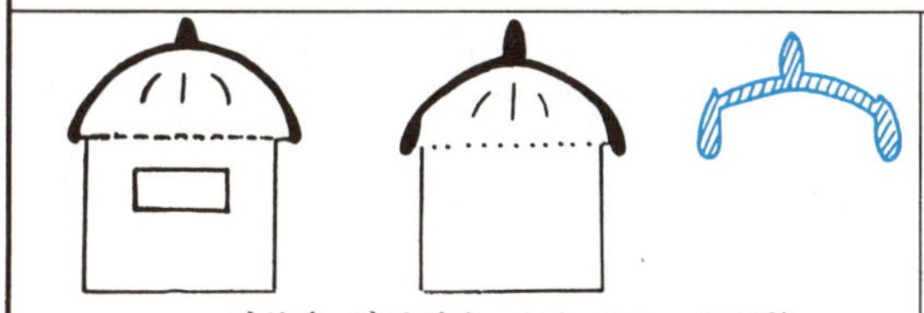

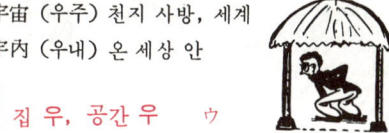

지붕을 덮어씌운 집의 모양. (**집면**)

宇

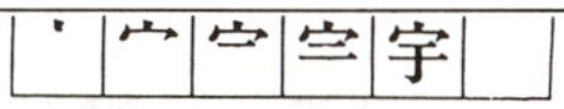

宇宙 (우주) 천지 사방, 세계
宇內 (우내) 온 세상 안

中 집 우, 공간 우 ウ

3급II **지붕**밑에 몸을 **굽히**고 사는 곳이 **집**이다.

入

ノ	入			

入賞 (입상) 상을 탈 등수에 듦

入港 (입항) 배가 항구에 들어감

中 들 입　ニュウ(いる)

7급　나무의 찢어진 틈 사이에 칼이 **들어 있다.**

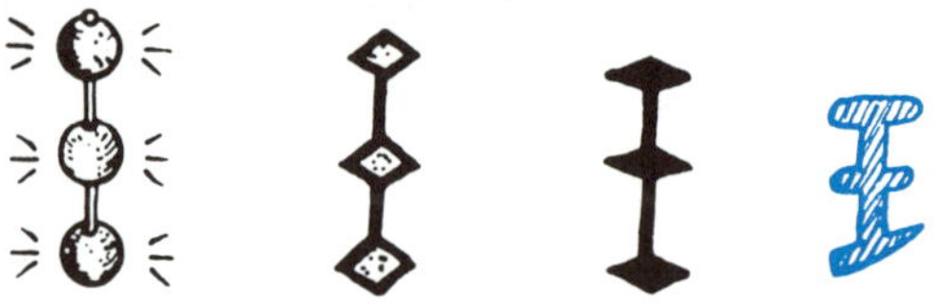

구슬이 꿰어있는 모양. (**구슬옥**)

全

ノ	入	𠆢	亼	仐	全

全力 (전력) 모든 힘

全然 (전연) 아주, 전혀

中 온전 전　ゼン(もったく)

7급　좋은 보석에 **들어갈** 수 있을 만큼 **구슬**이 흠 없이 **온전하다.**

刂

丨	刂

선칼 도

칼을 새워 놓은 모양

입과 사람의 모양(**입구, 사람인**)

别

丨	口	口	另	別	別

속 別

别故 (별고) 뜻밖의 사고

别世 (별세) 세상을 떠남

中 분별 별, 나눌 별　ベツ(わかれる)

입에 물고 **사람**이 **칼**로 베듯이 **나누**다　6급

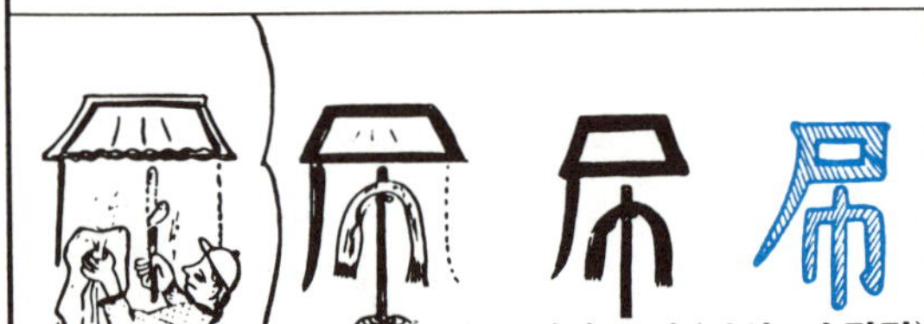

집과 수건의 모양(**집시 · 수건건**)

刷

ㄱ	尸	层	屌	刷	刷

刷掃 (쇄소) 쓸고 털고 함

刷新 (쇄신) 묵은 것을 없애고 새롭게 함

닦을 쇄

새길 쇄　サツ(する)

3급II　**집**에서 **수건**과 **칼**로 목판을 **닦**고 **새기**다

범과 멧돼지의 모양(**범호 · 돼지시**)

劇

⺊	广	虍	虏	豦	劇

劇團 (극단) 연극하려고 모인 단체

劇甚 (극심) 극도로 심함

심할 극

연극 극　ゲキ

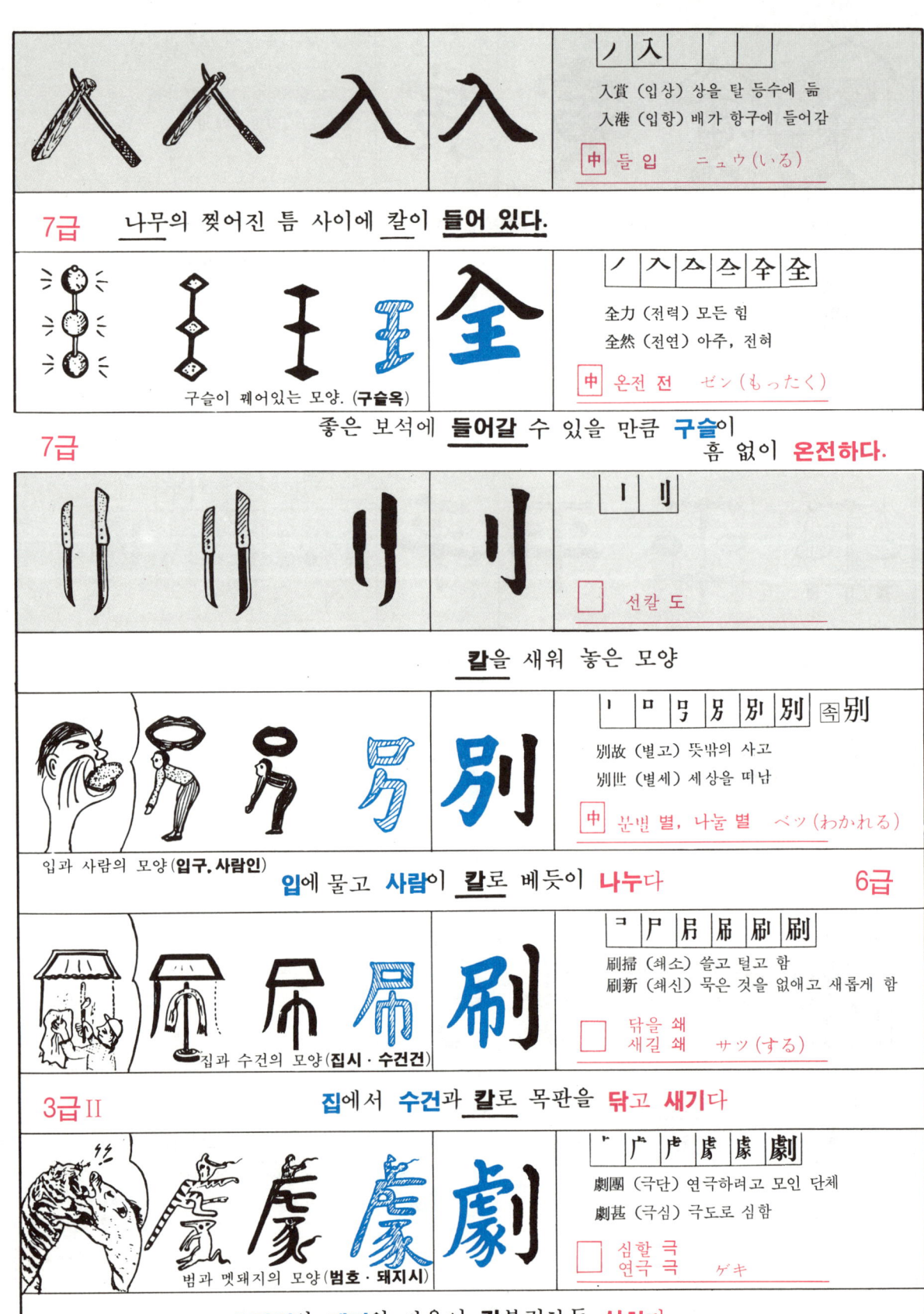

4급　**호랑이**와 **돼지**의 싸움이 **칼**부림하듯 **심하**다

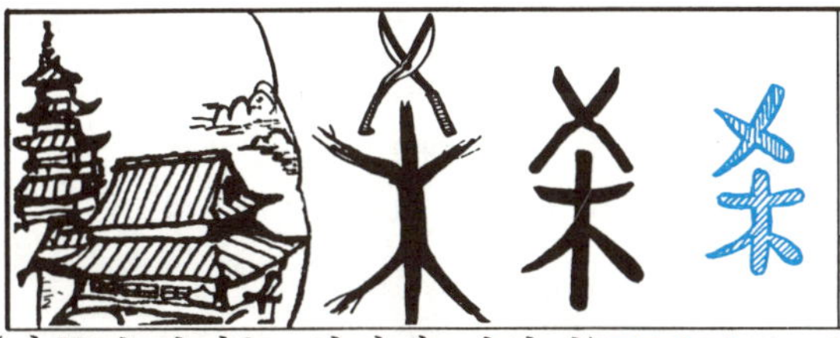

刹

乂 㐅 杀 杀 刹 刹

刹那 (찰나) 지극히 짧은 순간, 손가락 한번 튀기는 시간

刹土 (찰토) 불교에서 국토를 이르는 말

□ 절 찰
짧은시간 찰　セツ(てら)

(나무가 자라는 시간에 비하면)**절단기**로 **나무**를 **칼**질 하여 **절**을 짓는 시간은 **짧은 시간**이다

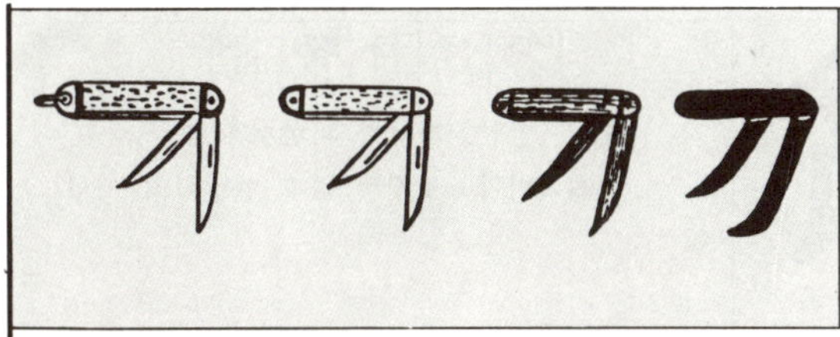

刀

𠃌 刀

刀尖 (도첨) 칼의 끝

刀子 (도자) 작은 칼

中 칼 도　トウ(かたな)

3급II

칼의 모양을 본뜬 자.

옷의 모양(**옷의**)

初

丶 ㇇ 衤 衤 初 初

初面 (초면) 처음으로 만남

初志 (초지) 맨 처음 먹은 뜻

中 처음 초　ショ(はじめ)

5급

옷감에 **칼**질을 하는 것이 옷을 만드는 **처음** 과정이다.

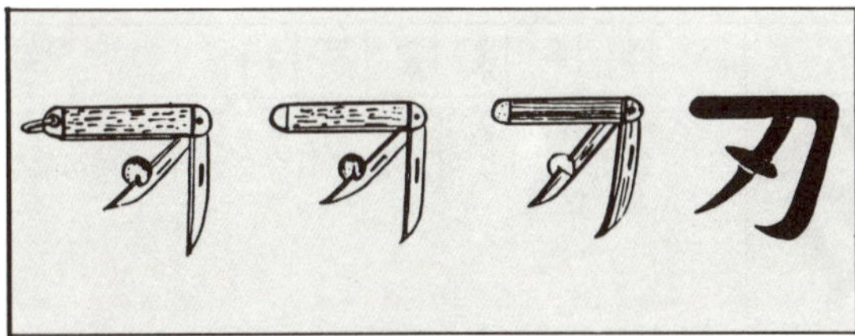

刃

𠃌 刀 刃

속 刄

刀刃 (도인) 칼날

白刃 (백인) 흰 칼날

□ 칼날 인　ジン(は)

3급

칼날의 모양

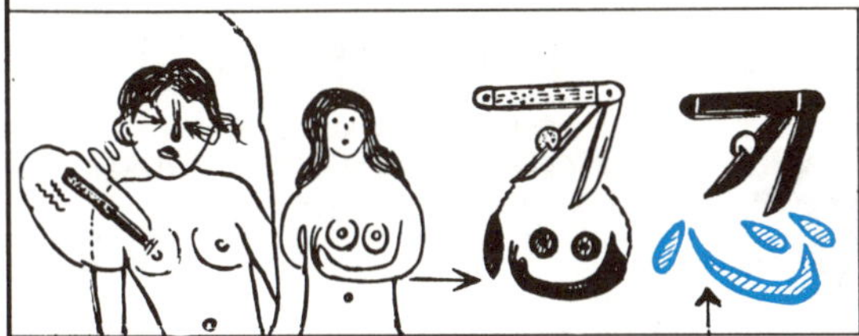

젖가슴의 모양. (**가슴심 · 마음심**)

忍

𠃌 刀 刃 刃 忍 忍

忍苦 (인고) 고통을 참음

忍從 (인종) 참고 복종함

中 참을 인　ニン(しのぶ)

3급II

칼날로 **가슴**을 찌르는 듯한 고통을 **참다**

수염을 들먹이며 입으로 말하는 모양. (**말씀언**)

認

亠 言 言 訁 認 認

認識 (인식) 분별하여 앎

認定 (인정) 그렇다고 여김

中 인정할 인, 알 인　ニン(みとめる)

4급II

말을 끝까지 **참아** 듣고 사실을 **알다**.

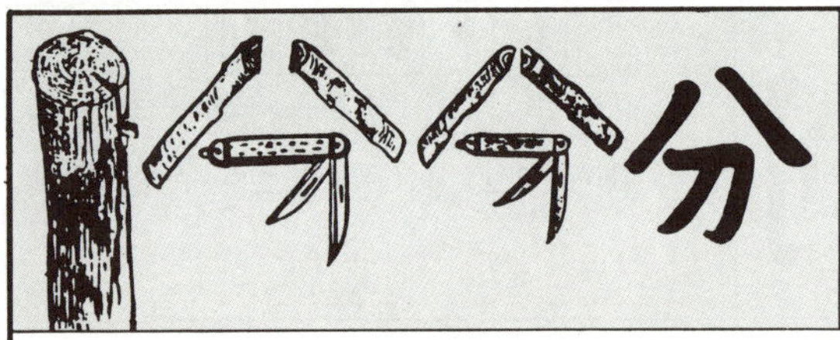

分

丿 八 分 分

分科 (분과) 따로 갈라놓은 학과

分量 (분량) 수효의 많고 적은 정도

中 나눌 분　ブン(わける)

6급　**통나무**를 **칼로** 쪼개어 **나누다.**

돈이 든 자개장의 모양. (**자개패 · 돈패 · 조개패**)

貧

丿 八 分 贫 貧 貧

貧困 (빈곤) 가난하고 군색함

貧弱 (빈약) 보잘것 없고 변변하지 못함

中 가난할 빈　ヒン(まずしい)

4급 II　**나누어** **돈**을 써 버리니 **가난하다.**

머리의 모양. (**머리혈**)

지붕을 덮어씌운 집의 모양. (**집면**)

寡

宀 宀 宀 宣 寡 寡

寡聞 (과문) 들은 바가 적음

寡婦 (과부) 남편을 잃은 여자

中 적을 과 (※과부는 수가 적다)

과부 과,　カ(すくない)

3급 II　**집의 우두머리**(즉 남편)와 **나누어**진(사별한) 자가 **과부**다.

실의 모양. (**실사**)

紛

纟 幺 糸 糸 紒 紛

紛爭 (분쟁) 엉클어져 다툼

紛糾 (분규) 어지럽고 뒤숭숭하여 말썽이 많음

분잡할 분　フン(まぎれる)

3급 II　**실**을 여러 가닥으로 **나누니** **분잡**하다

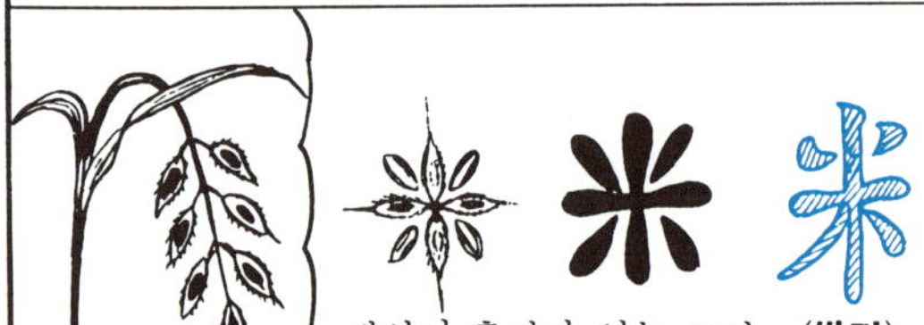

쌀알이 흩어져 있는 모양. (**쌀미**)

粉

丷 米 米 米 粉 粉

粉面 (분면) 분으로 단장한 얼굴

粉碎 (분쇄) 가루같이 잘게 부스러뜨림 ② 여지 없이 쳐부숨

가루 분　フン(こな)

4급　**쌀**알을 잘게 **나눈** 것이 **가루**다

젖가슴의 모양. (**가슴심 · 마음심**)

忿

丿 八 分 分 忿 忿

忿隙 (분극) 노하여 사이가 나빠짐

忿怒 (분노) 분하여 몹시 성냄 비 憤怒

분할 분

성낼 분　フン(いかる)

(부인이 외간 남자에게 속을) **나누어** **마음**을 주니 **분하다**

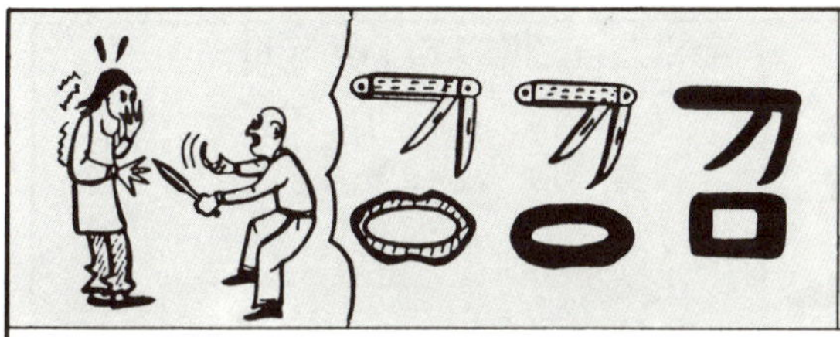

召

㇆	刀	乃	召	召

召喚 (소환) 관청에서 오라고 부름
召集 (소집) 불러 모음

☐ 부를 소 ショウ(めす)

3급 칼로 위협하며 입으로 **부르다.**

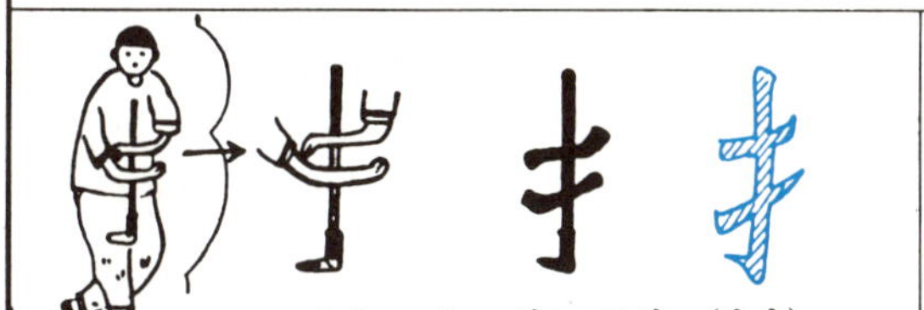

양손으로 괭이를 잡고 있는 모양. (**손수**)

招

一	扌	扣	扨	招	招

招待 (초대) 손님을 불러서 대접함
問招 (문초) 죄상을 심문함

中 부를 초, 손짓할 초 ショウ(まねく)

4급 **손**으로 **부르려**고 **손짓하다.**

팔을 휘저으며 달아나는 모양. (**달아날주**)

超

一	十	土	走	起	超

超越 (초월) 보통보다 뛰어 넘음
超等 (초등) 등급을 뛰어 넘음

☐ 뛰어넘을 초 チョウ(こえる)

3급II **부르**니 빨리 **달려가려**고 **뛰어넘**다

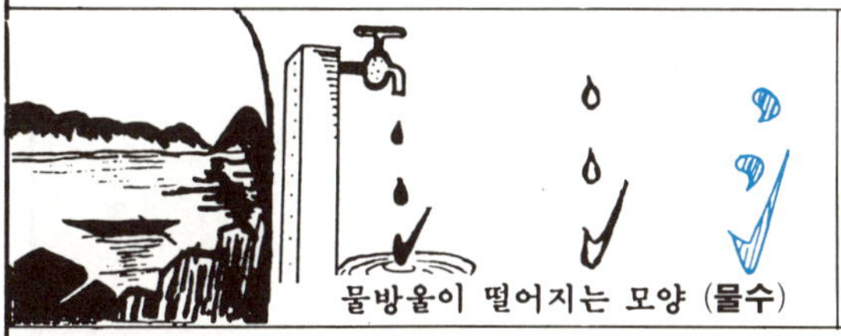

물방울이 떨어지는 모양 (**물수**)

沼

氵	汀	沕	沼	沼	沼

沼畔 (소반) 늪 언저리
沼池 (소지) 소택 (沼澤)

☐ 못 소
늪 소 ショウ(ぬま)

2급 **물**을 **불러**서 모아 놓은 게 **못**이다

해의 모양 (**해가떠서 새날이 온다는 뜻**) (**해일, 날일**)

昭

丨	日	日ㄱ	昍	昭	昭

昭蘇 (소소) 소생함
昭昭感認 (소소감응) 분명히 마음에 느끼어 응함

☐ 밝을 소 ショウ

3급 **햇**볕을 **불러**모아 **밝히**다

연탄불의 모양. (**불화**)

照

丨	冂	日	昍	昭	照

照諒 (조량) (형편을) 살펴서 밝게 암
照明 (조명) 일정한 대상을 광선으로 비추어 밝힘 예 ~裝置

☐ 비칠 조 ショウ(てらす)

3급II **밝**게 **불**을 **비치다**

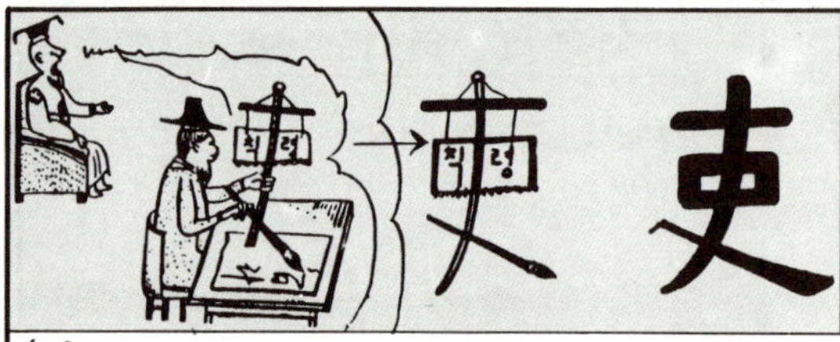

吏

一	𠀌	戸	㔾	声	吏

吏才 (이재) 관리로서의 재능

吏道 (이도) 관리로서 행할 도리

□ 아전 리, 관리 리　リ

(임금이 내린 명령 즉)
칙령기를 받고 사무를 보는 자가 **관리**다.

3급II

사람이 섰는 모양. (**사람인**)

使

亻	亻一	𠆢	佰	使	使

使用 (사용) 물건이나 사람을 부림

使節 (사절) 나라의 대표로 남의 나라로 가는 사람

中 부릴 사, 하여금 사　シ(つかう)

6급

사람을 **관리**가 **부리**다.

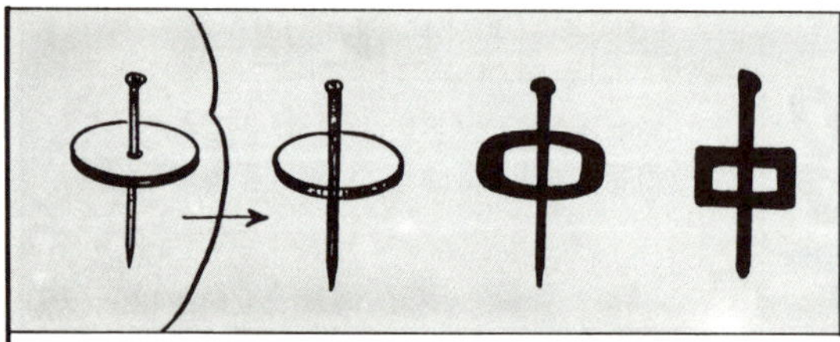

中

ㅣ	冂	口	中		

中部 (중부) 어떤 지역의 가운데 부분

中心 (중심) 한 가운데

中 가운데 중　チュウ(なか)

8급

가운데를 뚫고 있는 모양.

가슴의 모양 (**가슴심·마음심**)

忠

冂	口	中	忠	忠	忠

忠心 (충심) 충성스러운 마음

忠誠 (충성) 참 마음에서 우러나는 정성

中 충성 충　チュウ

4급II

가슴 **가운데**서 우러나는 **마음**이 **충성심**이다.

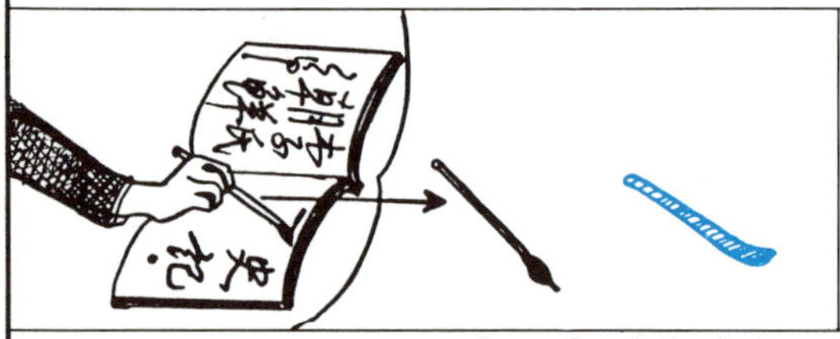

史

ㅣ	冂	口	史	史	

史記 (사기) 역사적 사실을 적은 책

歷史 (역사) 인간 사회의 변천 및 발전 과정

中 사기 사　シ(ふみと)

5급

한곳에 치우치지 않고 **가운데** 입장에서 **붓**으로 기록하여 놓은 게 **사기**(역사)다

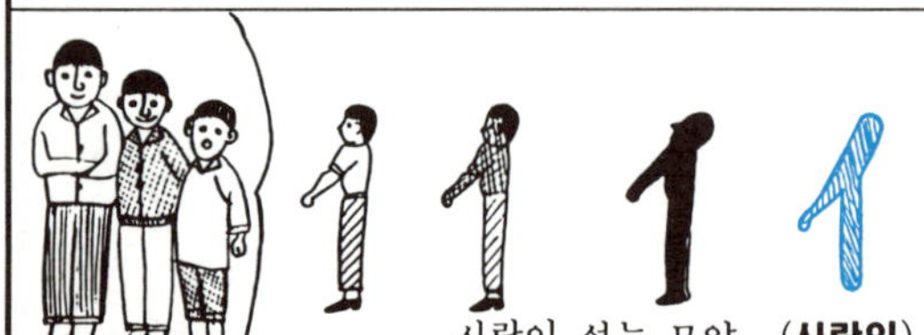

사람이 섰는 모양. (**사람인**)

仲

ノ	亻	亻ㅣ	仲	仲	仲

仲父 (중부) 둘째 아버지

仲氏 (중씨) 남의 둘째 형의 높임말

□ 다음 중, 버금 중　チュウ(なか)

3급

세 **사람** 중에 **가운데** 있는 자가 **다음**(버금)가는 자다

主

丶 亠 亡 丰 主

主權 (주권) 가장 중요한 권리

主客 (주객) 주인과 손님

中 주인 주, 임금 주　シュ(おも)

촛대의 모양. 나그네가 쓰고 있는 촛대는 집 **주인** 것이라는 뜻.　7급

사람이 섰는 모양. (**사람인**)

住

亻 亻 亻 亻 仹 住

住居 (주거) 머물러 살음

住持 (주지) 절을 주관하는 중

中 머무를 주　ジュウ(すまう)

7급　**사람**이 집 **주인**이 되면 한 집에 오래 **머물러** 살 수 있다.

팔을 흔들며 총총 걸어가는 모양. (**갈척. 바삐갈척**)

往

丿 彳 彳 彳 往 往　속 徃

往來 (왕래) 오고 감

往診 (왕진) 의사가 환자 집에 가서 진찰 함

中 갈 왕　オウ(いぬ)

4급II　**바삐 걸어**서 **주인**에게로 **가다.**

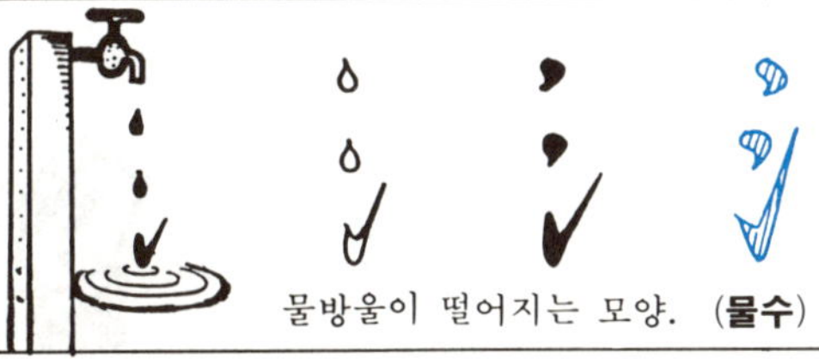

물방울이 떨어지는 모양. (**물수**)

注

丶 氵 氵 汁 汴 注

注文 (주문) 물건을 맞춤

注視 (주시) 주의하여 봄

中 물댈 주, 주낼 주　チュウ(そそぐ)

6급　**물**에 **주인**이 되려고 **물을 대다.**

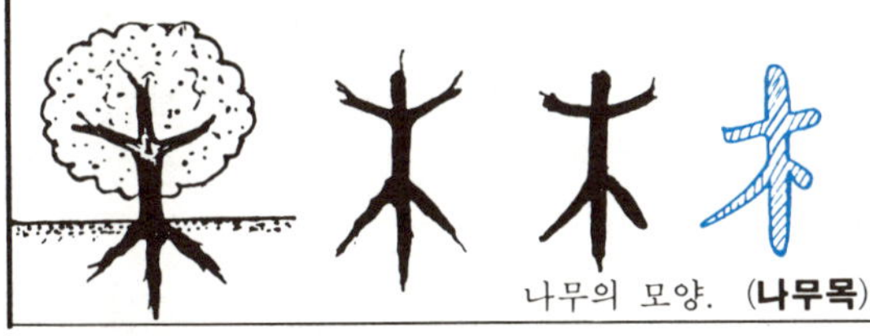

나무의 모양. (**나무목**)

柱

一 木 木 朩 柱 柱

柱石 (주석) ① 기둥과 주추 ② 중책을 진 사람

石柱 (석주) 돌로 만든 기둥

기둥 주　チュウ(はしら)

3급II　**나무**에서 **주인**에 해당되는 부분이 **기둥**(원줄기)이다

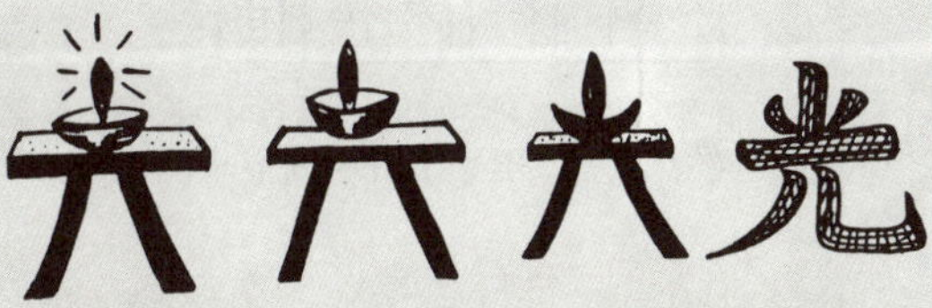

光

丨 丬 ⺌ 业 光 光

光榮 (광영) 영광

觀光 (관광) 다른 나라 문물을 구경함

中 빛 광　コウ(ひかり)

6급　호롱불이 탁자 위에서 **빛**을 내는 모양

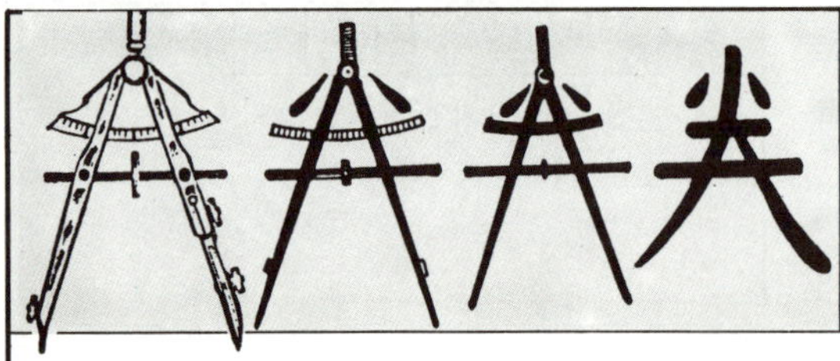

龹

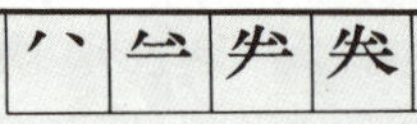

※ 뜻만 기억할 것

□ 둥글 권

콤파스의 모양, **둥글다**는 뜻으로 쓰임.

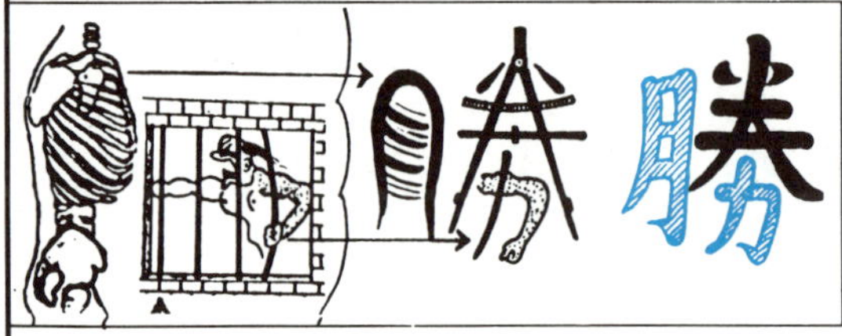

勝

勝利 (승리) 싸움에 이김
勝負 (승부) 이김과 짐

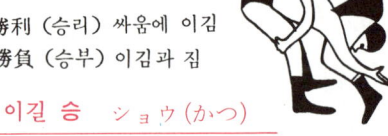

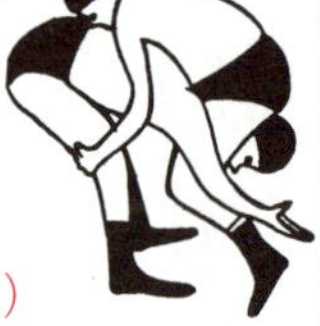

中 이길 승　ショウ(かつ)

6급

몸을 **둥글 게** 할 **힘**이 있는 자가 **이긴다.**

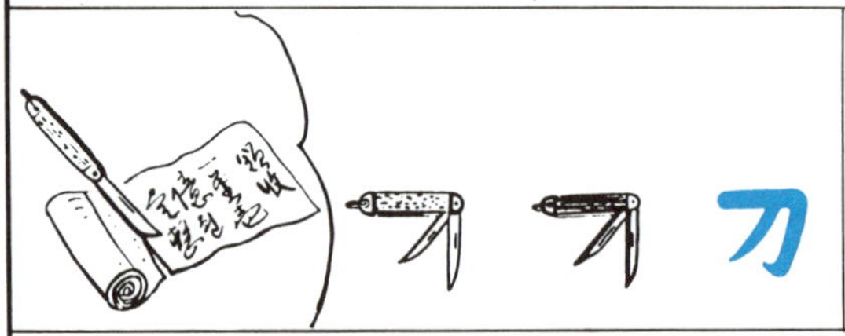

칼의 모양(**칼도**)

券

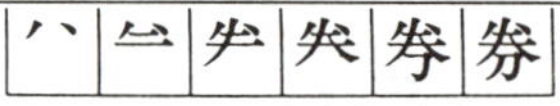

券面 (권면) 증권의 겉면
旅券 (여권) 외국 여행자의 신분, 국적을 증명하고, 그 보호를 의뢰하는 문서

□ 문서 권　ケン

4급

둥근 종이뭉치를 **칼**로 짤라 **문서**를 만들다

손의 모양. (**손수**)

拳

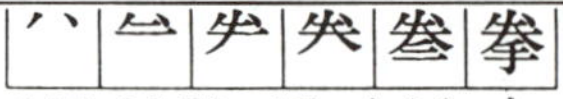

拳鬪 (권투) 가죽 장갑을 끼고 주먹으로 치고 받고 하는 경기
鐵拳 (철권) 쇠뭉치같이 굳센 주먹

□ 주먹 권　ケン(こぶし)

3급II

둥글 게 손을 한 것이 **주먹**이다.

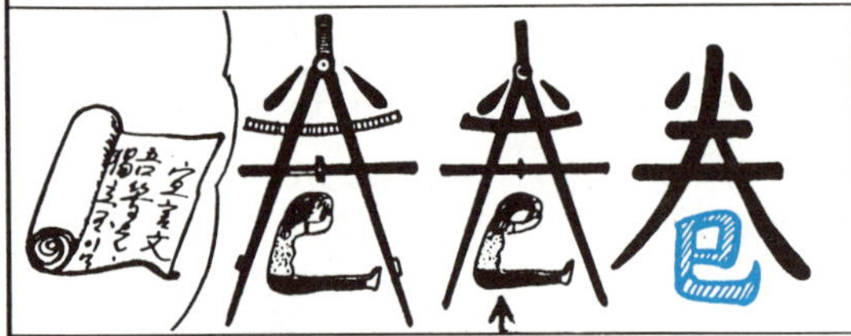

구부리고 있는 모양. (**구부릴절. 마디절**)

卷

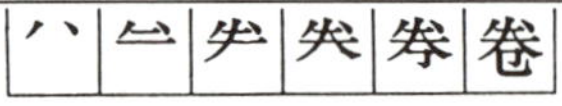

席卷 (석권) 돗자리를 말듯이 쉽게 너른 땅을 쳐서 빼앗음

中 두루마리 권, 말 권
책 권,　カン(まく)

둥글 게 구부리듯
두루마리 책을 말다.

4급

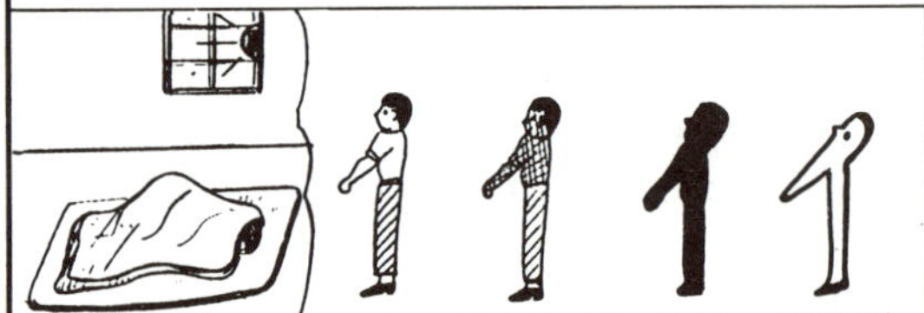

사람이 섰는 모양. (**사람인**)

倦

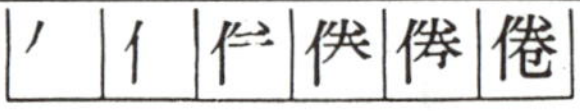

倦厭 (권염) 게을러지고 염증이 남
倦怠 (권태) 싫증이 나서 게을러짐

□ 게으를 권　ケン(うむ)

사람이 **두루마리**같이 몸을 말고 **게으름**을 부리다

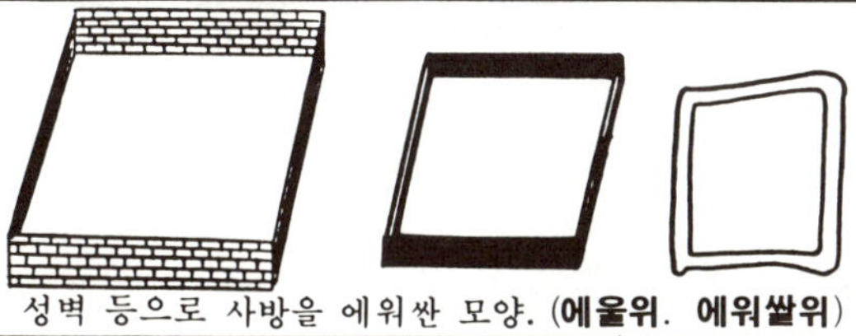

성벽 등으로 사방을 에워싼 모양. (**에울위. 에워쌀위**)

圈

圈外 (권외) 범위 밖, 둘레 밖
當選圈 (당선권) 당선될 가능성이 있는 범위

□ 우리 권
둥글 권 ケン(おり)

2급 **사방을 에워싸**듯 둘러(**말아**)친 게 **우리**다

黑

⑤黒

黑奴 (흑노) 검둥이 ⑪黑人
黑煙 (흑연) 새까만 연기

中 검을 흑 コク(くろい)

5급 재떨이와 연탄불을 그린 자 **검다**는 뜻으로 쓰임.

싹이(+) 흙위에(—) 돋아나는 모양. (**흙토**)

墨

墨汁 (묵즙) 먹물
白墨 (백묵) 칠판에 글쓰는 분필

中 먹 묵 ボク(すみ)

3급 **검은 흙**으로 만든 것이 **먹**이다.

거북등을 지져 점을 치는 모양. (**점칠 점**)

點

약点

點檢 (점검) 낱낱이 조사함
點燈 (점등) 등불을 켬

□ 점 점 テン(ともす)

4급 **검은** 먹물로 **점친** 결과대로 **점**을 찍다.

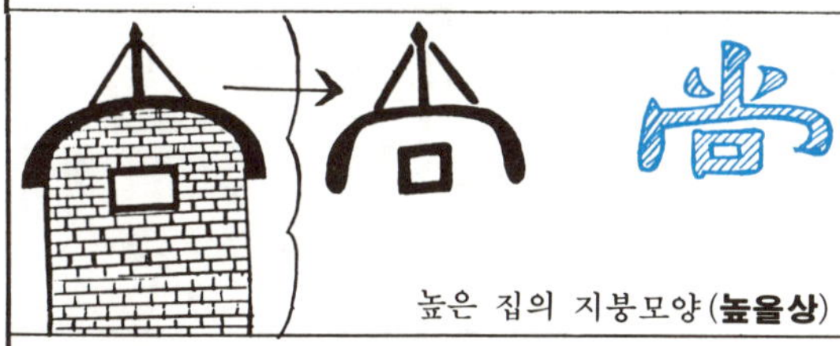

높은 집의 지붕모양(**높을상**)

黨

약党

黨論 (당론) 당의 의결이나 이논
黨爭 (당쟁) 당파의 싸움

□ 무리 당
당 당 トウ

4급II **높은** 뜻을 가지고 **검은** 비리와 싸우는 **무리**가 **당**이다

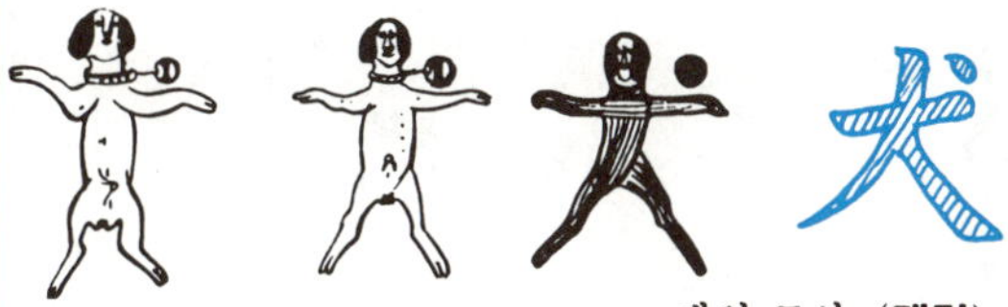

개의 모양 (**개견**)

默

默想 (묵상) 말없이 마음속으로 생각함
默重 (묵중) 말이 적고 무게가 있음

□ 잠잠할 묵 モク(だまる)

3급II **검은** 밤에 **개**마저 짖지 않으니 **잠잠하다**

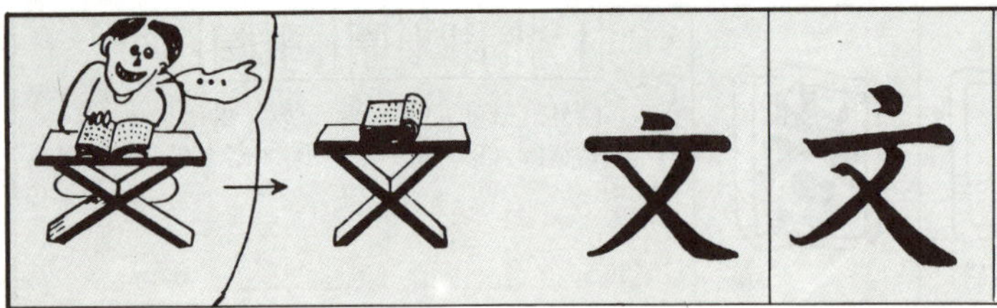

丶	亠	ナ	文		

文章 (문장) 완결된 사상을 나타낸 글
文筆 (문필) 글을 짓거나 글씨 쓰는 일

中 글월 문 フン(ふみ)

7급 책이 책상에 놓인 모양 **글월**을 뜻함.

亠	文	产	彦	顔	顏

顏色 (안색) 얼굴 빛
紅顏 (홍안) 소년의 얼굴

中 낯 안 ガン(かお)

3급II 머리의 모양. (**머리혈**)

글공부를 **바위**에서 **터럭**이 자라도록 해서 우두**머리**가 되여 **낯을** 내다

丶	亠	ナ	文	产	産

產業 (산업) 생산을 하는 사업
產卵 (산란) 알을 낳음

中 낳을 산 サン(うむ)

꽃이나 이삭이 생기는 모양 (**날생**)
산기슭에 바위가 옆으로 나온 모양. (**바위엄**)

글을 읽는 동안 **바위** 밑에서 **생긴 풀**이 꽃을 **낳다.**

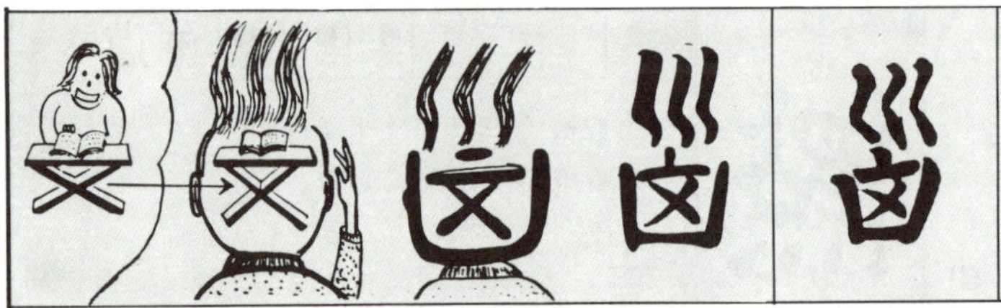

巛	𠃌	𡿺	㐫

※뜻만 기억할 것

머리 뇌

머리카락이 나고 그 속에
글이 들어 있는 것이 **머리**다

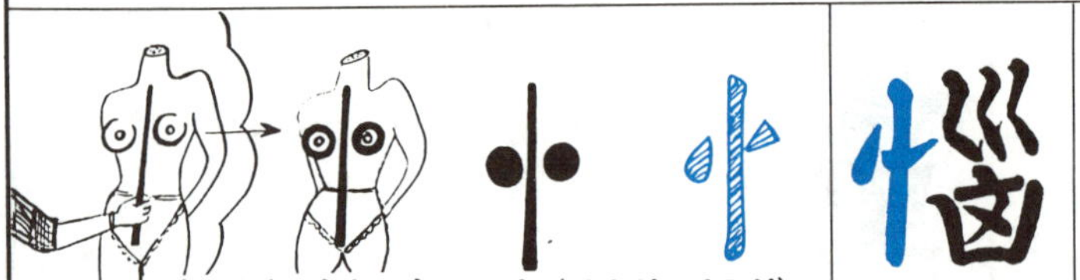

젖가슴을 짚어보이는 모양 (**가슴심·마음심**)

丶	忄	忄巛	忄𡿺	惱	惱	약 悩

惱殺 (뇌쇄) 몹시 괴로움. 몹시 괴롭게 함
惱神 (뇌신) 정신을 괴롭게 함

번뇌할 뇌 ノウ(なやむ)

3급 **마음**과 **머리**로 **번뇌하**다

몸통 부분인 갈비뼈의 모양. (**몸육 · 고기육**)

丿	月	月丶	月巛	腦	腦

腦貧血 (뇌빈혈)뇌의 피가 적어져서 생기는 병
首腦 (수뇌) 어떤 기관의 가장 중요한 자리에 앉은 사람 예 ~部

머릿골 뇌 ノウ

3급II **몸**에 붙어 **머리**속에 있는 게 **머릿골**이다

單

ㅁ 吅 吅 𠱠 㗊 單 약 単

單身 (단신) 홑몸　예 孑孑(혈혈) ~

單子 (단자) 수량이나 이름을 적은 종이

中 홑 단　タン(ひとえ)

4급II　**돌팔매**를 **창수레**로 막으며 **홑로** 진격하다.

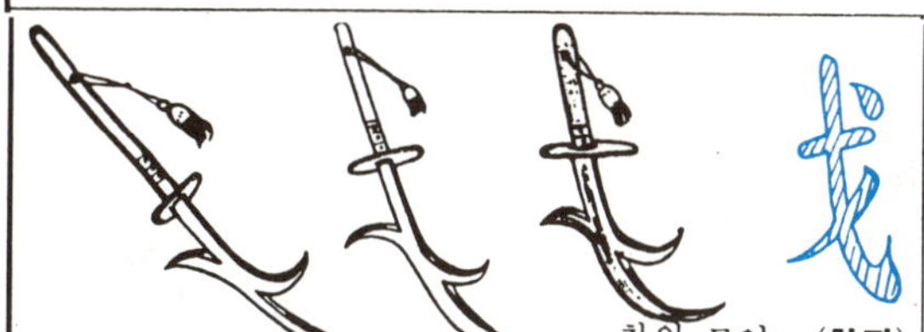

창의 모양. (**창과**)

戰

ㅁ 吅 單 戰 戰 戰　약 戦　약 战

戰友 (전우) 군대의 벗

戰勢 (전세) 전쟁의 형편

中 싸움 전　セン(たたかう)

6급　**홑**로 **창**을 들고 **싸우다.**

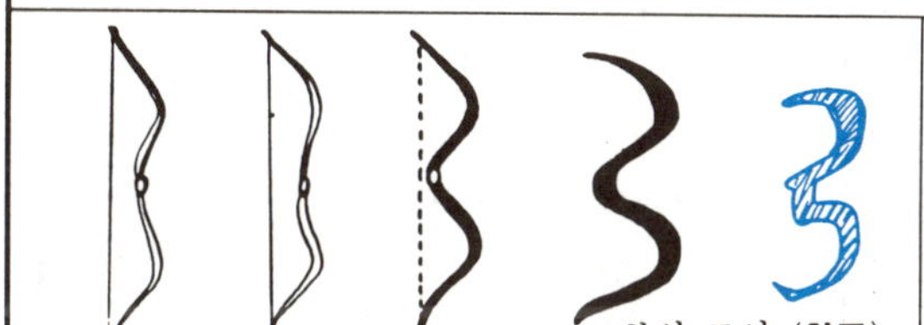

활의 모양 (**활궁**)

彈

弓 弔 弓吅 彈 彈 彈　약 弾

彈皮 (탄피) 탄환의 껍질

彈壓 (탄압) 퉁기고 억누름

탄알 탄

탈 탄　ダン(はずむ)

4급　**활**시위에서 **홑**로 떠나 날아가는 게 **탄알**이다

신에게 보이려고

잿상을 차려놓은 모양. (**보일시, 제사시, 젯상시**)

禪

一 亍 示 示吅 禪 禪　약 禅

禪位 (선위) 임금 자리를 물려 줌

禪學 (선학) 선종에 관한 학문

고요할 선

중 선　セン

3급　(여러사람들의) **제사**를 **홑**로 맡아 지내주는 자가 **중**이다

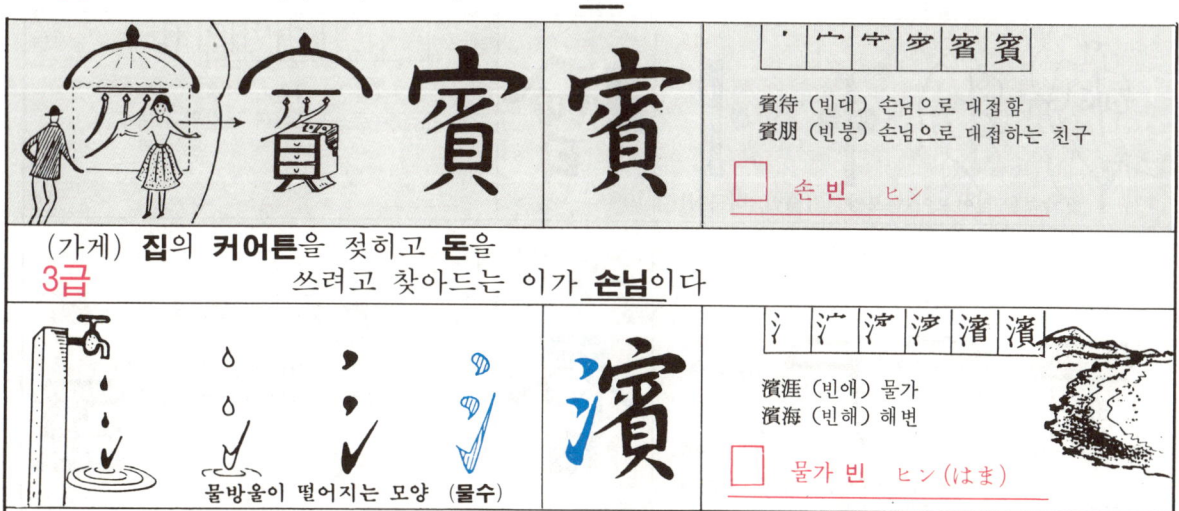

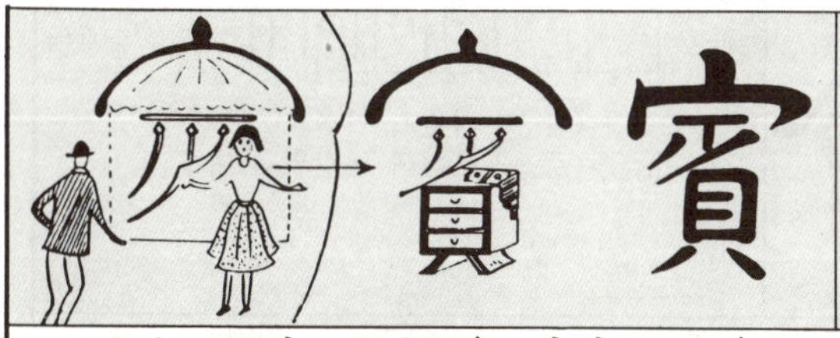

賓

丶 宀 宀 宀 賓 賓

賓待 (빈대) 손님으로 대접함

賓朋 (빈붕) 손님으로 대접하는 친구

손 빈　ヒン

(가게) **집**의 **커어튼**을 젖히고 **돈**을

3급　쓰려고 찾아드는 이가 **손님**이다

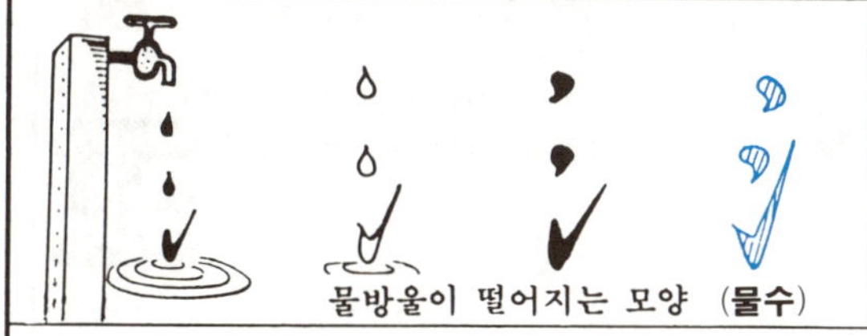

물방울이 떨어지는 모양 (**물수**)

濱

氵 氵 氵 氵 濱 濱

濱涯 (빈애) 물가

濱海 (빈해) 해변

물가 빈　ヒン(はま)

물이 **손님**같이 왔다갔다하는 곳이 **물가**다

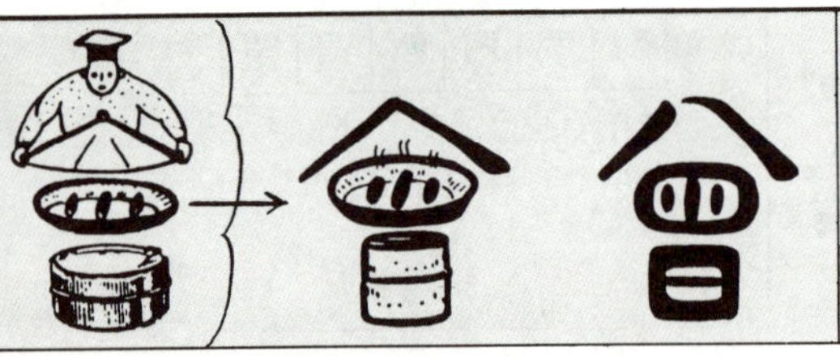

曾

亻 佡 佡 佡 曾 曾 약 曽

曾經 (증경) 일찌기, 이전에
曾祖父 (증조부) 아버지의 할아버지

中 거듭 증, 포갤 증 ソウ(かって)

3급II 덮은 음식 그릇을 찬합 위에 **거듭 포개어** 놓은 모양.

싹이 (+) 흙위에 (—) 돋아나는 모양. (**흙토**)

增

扌 扩 坍 坍 墙 增 약 増

增築 (증축) 집을 늘이어 지음
增加 (증가) 더하여 많아짐

中 더할 증 ゾウ(ふえる)

4급II **흙**을 **거듭 포개어** **더하다.**

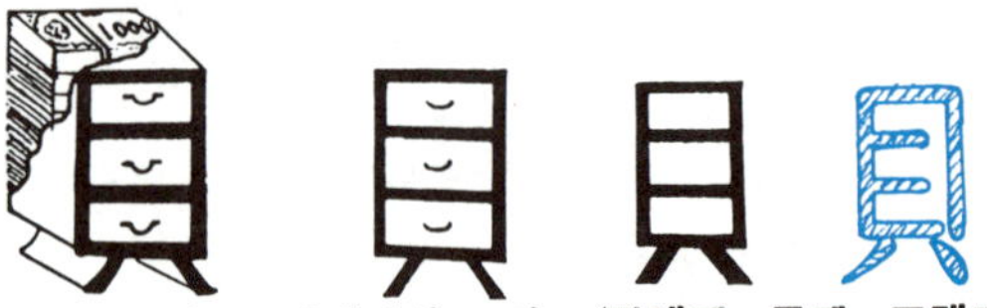

돈이 든 자개장의 모양. (**자개패 · 돈패 · 조개패**)

贈

丨 冂 貝 貯 贈 贈

贈與 (증여) 물품을 선사로 줌
贈呈 (증정) (선사나 성의 표시로) 줌

줄 증 ソウ(おくる)

3급 **돈**을 내여서 **거듭** **주다**

사람이 섰는 모양. (**사람인**)

僧

亻 伫 伶 倫 僧 僧

僧正 (승정) 최고위의 승관
僧畓 (승답) 중이 소유한 논

중 승 ソウ

3급II **사람**이 도를 **거듭** 닦고 **중**이 되다

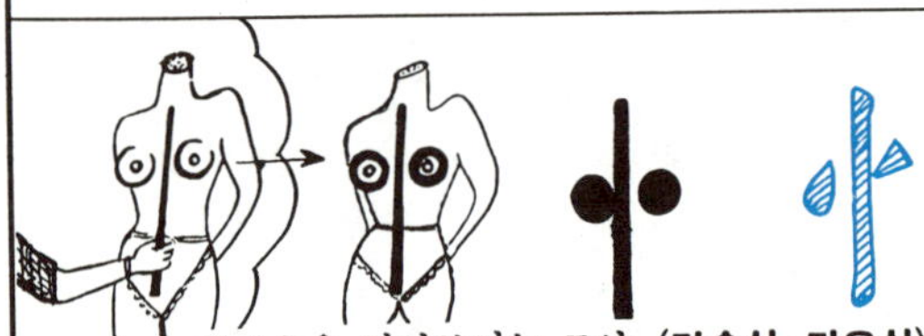

젖가슴을 짚어보이는 모양 (**가슴심 · 마음심**)

憎

丶 忄 忙 忙 憎 憎

愛憎 (애증) 사랑과 미움
憎狀 (증상) 보기에 밉살맞은 태도

미워할 증 ゾウ(にくむ)

3급II (보기 싫은) **마음**이 **거듭** 쌓이니 **미워지다**

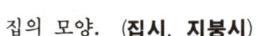

집의 모양. (**집시. 지붕시**)

層

コ 尸 尸 屈 層 層

層岩 (층암) 험하게 쌓인 바위
層層 (층층) 여러 층 예 ~侍下

층 층 ソウ

4급 **집**위에 **거듭** 집을 올려 지은 게 **이층**이다

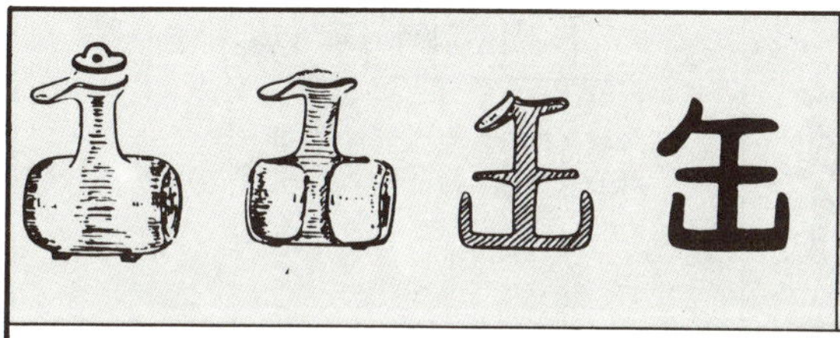

缶

丿	𠂉	𠂒	午	缶

缶器 (부기) 배가 불룩하고 아가리가 좁게 된 오지로 만든 그릇

☐ 장군 부　フ(ほとぎ)

장군 이나 **질그릇** 의 모양

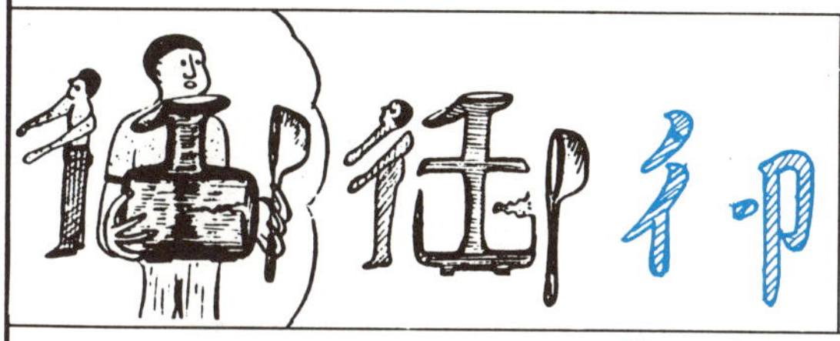

御

丿	彳	𢓊	徭	衘	御

御筆 (어필) 임금의 글씨나 그림
御宇 (어우) 천자가 재위하는 동안의 치세

☐ 임금 어 · 모실 어
집부릴 어　ギョ(おん)

3급II

빨리 가서 **금이간 질그릇**과 **바가지**를 껴안고 **임금**을 **모시**듯이 **짐을 부리**다

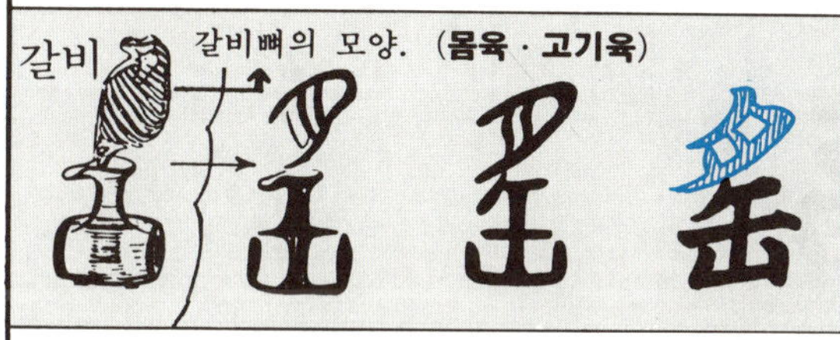

갈비
갈비뼈의 모양. (몸육 · 고기육)

䍃

丿	夕	夕	名	䍃

※뜻만 기억할 것

☐ 질그릇 요
고기담긴질그릇 요

(갈비) **고기가** 담긴 **질그릇**을 뜻함

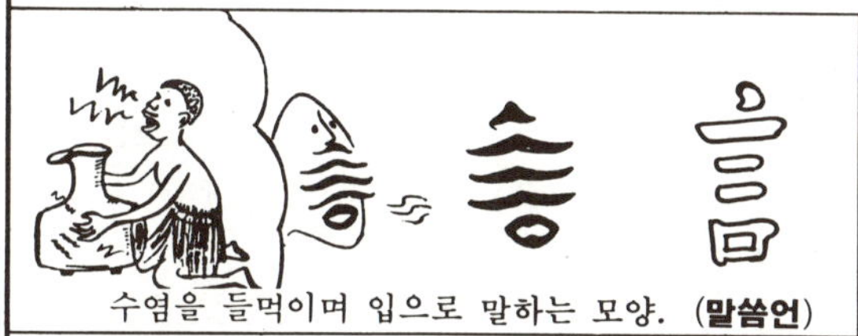

수염을 들먹이며 입으로 말하는 모양. (말씀언)

謠

亠	言	言	訡	謠	謠

俗謠 (속요) 민간에 떠도는 속된 노래
謠言 (요언) 세상의 뜬소문

☐ 곡없는노래 요
노래 요　ヨウ(うたう)

4급II

말의 흐름이 **고기**가 담긴 **질그릇**을 칠때같이 투박한 것이 **곡없는 노래**다

양손으로 괭이를 잡고 있는 모양. (손수)

搖

一	扌	扌	搖	搖	搖

搖車 (요거) 어린애를 태우고 밀어주는 수레
搖動 (요동) 흔들림, 또는 흔듦

☐ 흔들 요　ヨウ(ゆれる)

3급

손으로 **고기**가 담긴 **질그릇**을 **흔들다**

캥거루우가 달려가는 모양. (갈착. 달릴착)

遙

丿	夕	夕	名	䍃	遙

遙望 (요망) 먼 데를 바라봄
遙遙 (요요) 멀고 아득함

☐ 멀 요　ヨウ(はるか)

3급

고기가 담긴 **질그릇**(도시락을) 싸들고 **달려가**야 할만큼 **멀다**

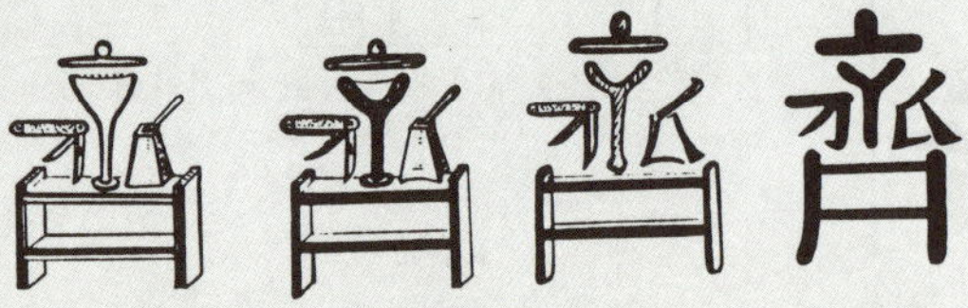

齊

丶 亠 亣 亦 斉 齊 약 斉

齊家 (제가) 집안을 바로 다스림
齊進 (제진) 일제히 나아감
齊平 (제평) 정돈되고 평평함

□ 가지런할 제　セイ(ひとしい)

컵 좌우에 칼과 붓통을 진열대 위에 **가지런히** 놓은 모양

3급 II

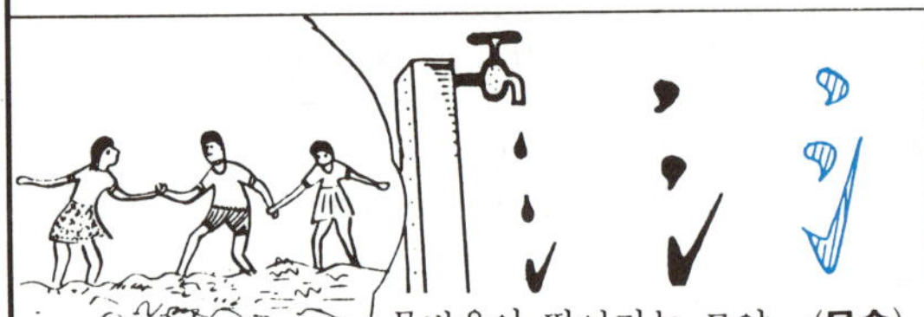

물방울이 떨어지는 모양. (**물수**)

濟

氵 汴 沖 浹 潹 濟 약 済

經濟(경제) 재화를 획득, 이용하는 활동.
救濟 (구제) 어려운 사람을 구함

□ 구제할 제 ※ 어려움을 건너주는게 구제다.
건널 제　サイ(すむ)

4급 II

물위를 **가지런히** 손잡고 **건너다**

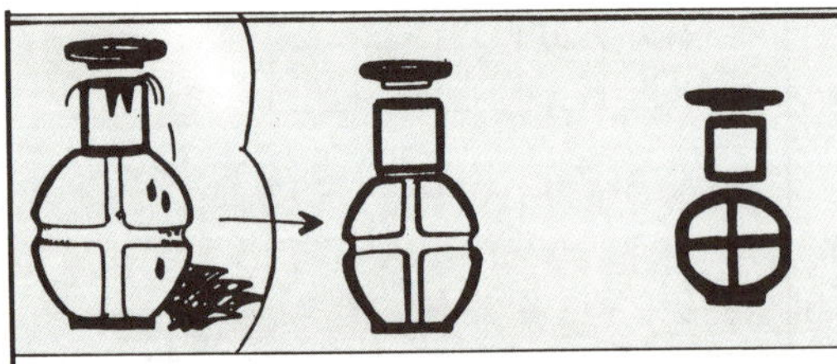

畐

一 戸 畐 畐 畐

※ 뜻만 기억할 것

□ **가득찰 복, 넘칠 복**

뚜껑 밖으로 병술이 **가득차 넘치는** 모양.

지붕을 덮어씌운 집의 모양. (**집면**)

富

宀 宀 宀 宫 富 富

富貴 (부귀) 재산이 많고 지위가 높음
富國 (부국) 재산이 풍부한 나라

中 부자 부　フ(とむ)

4급 II

(돈이) **집**에 **가득찼**으니 **부자**다.

신에게 보이려고
젯상을 차려놓은 모양. (**보일시**, **제사시**. **젯상시**)

福

一 亍 礻 礻 祀 福

福利 (복리) 행복과 이익
福音 (복음) 기쁜 소식

中 복 복　フク

5급

제사상을 **가득차게** 차리고 제사 지내면 **복**이 내린다.

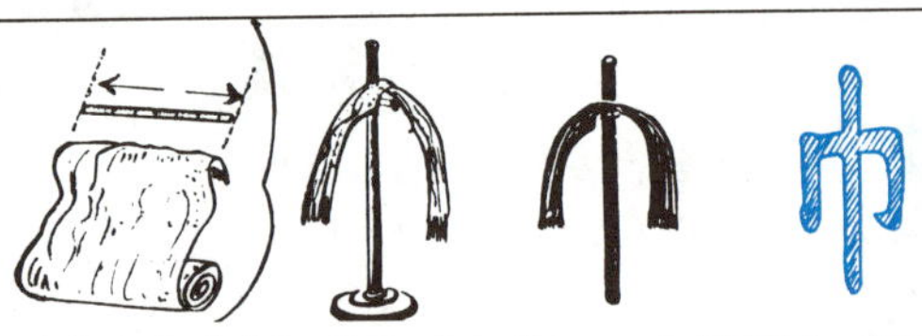

옷걸이에 수건같은 천이 걸려 있는 모양. (**수건건 · 천건**)

幅

丨 冂 巾 巾 帕 幅

幅光 (폭광) 한 폭의 너비
幅員 (폭원) 지역의 너비

□ 폭 폭　フク(はば)

3급

천의 꽉찬 (**가득찬**) 너비가 곧 **폭**이다

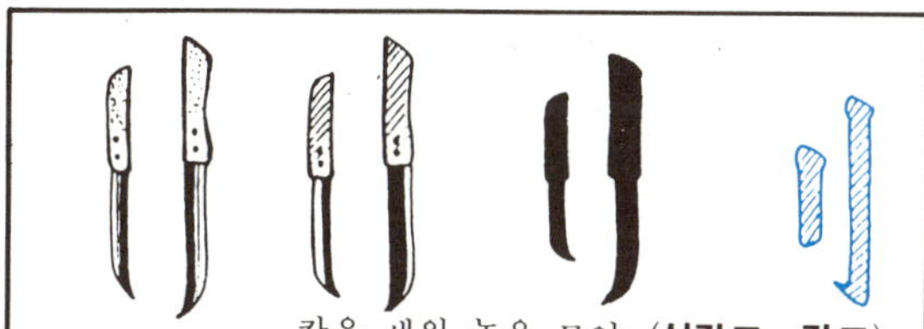

칼을 새워 놓은 모양. (**선칼도. 칼도**)

副

一 ｜ 吊 ｜ 畐 ｜ 畐 ｜ 副 ｜ 副

副署 (부서) 국무에 관한 문서에 국무총리 와 관계 국무위원이 함께 하는 서명
副軍 (부군) 예비군

□ 버금 부　フク(そえる)

4급II

가득찬 음식을 **칼**로 나누어 **버금**가는 자(다음 사람)에게 주다

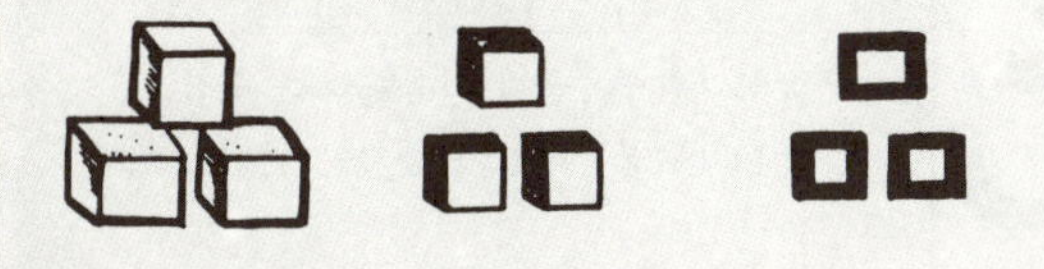

品

品格 (품격) 사람된 바탕
品行 (품행) 몸과 마음 가짐

中 물건 **품**, 종류 **품**　ヒン(しな)

5급

여러 **종류**의 **물건**이 쌓여 있는 모양.

신하의 모양(**신하신**) (**사람인**)

臨

臨檢 (임검) 현장에 나가 조사함
臨迫 (임박) 어떤 시기가 눈앞에 가까이 닥쳐옴

□ 임할 **림**　リン(のぞむ)

3급II

신하되는 **사람**같이 엎드리어(누워) **물건**을 보는 자세로 **임하다**

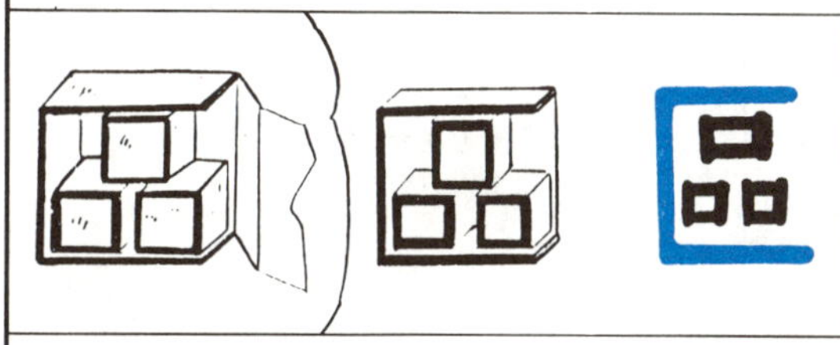

區

一 ｜ 丅 ｜ 㔾 ｜ 品 ｜ 區 ｜ 區　약 区

區別 (구별) 가지를 따라 갈라 놓음
區分 (구분) 따로따로 갈라 나눔

□ 숨길 **구**
나눌 **구**　ク

6급

물건을 **통안**에 **나누어 숨겨** 놓은 모양

새의 모양. (**새조**)

鷗

鷗鷺 (구로) 갈매기와 해오라기
鷗汀 (구정) 갈매기가 있는 물가

□ 갈매기 **구**　ウ(かもめ)

3급

(높은 바위틈에 몸을) **숨기**고 사는 **새**가 **갈매기**다

말의 모양. (**말마**)

驅

驅步 (구보) 달음박질
驅蟲 (구충) 해충을 없애버림

□ 몰 **구**
말몰 **구**　ク(かける)

3급

말발굽이 **숨겨**진 듯(보이지 않을 정도로) 쏜살같이 **말을 몰**다

瓦

一 丅 工 瓦 瓦

瓦家 (와가) 기와로 지붕을 이은 집

瓦解 (와해) 기와가 깨어지듯이 사물이 깨어져 흩어짐

中 기와 와, 질그릇 와 ガ(かわら)

3급

기와집의 모양을 본뜬 자.

元

一 二 テ 元

元帥 (원수) 군대를 통솔하는 주장

元功 (원공) 제일 으뜸되는 큰 공

中 으뜸 원 ガン(もと)

5급

엄지를 책상에다 세워 **으뜸**이라고 알리는 모양.

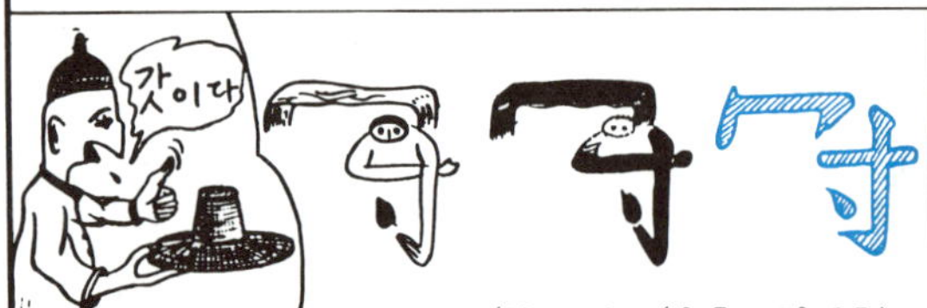

(덮을멱) (손촌 · 마디촌)

冠

冖 冖 冗 冠 冠 冠

冠帶 (관대) 갓과 띠

冠歲 (관세) 남자 20세를 일컬음

갓 관 カン(かんむり)

3급II

덮어쓰는 것 중에 가장 **으뜸**으로 **손**꼽히는 것이 **갓**이다

구슬이 꿰어있는 모양. (**구슬옥**)

玩

王 王 王 王 玗 玩

玩月 (완월) 달을 구경함

玩賞 (완상) 취미로 구경함

구경할 완 ガン(もてあそぶ)

구슬 중에 **으뜸**인 것을 **구경**하다

지붕을 덮어씌운 집의 모양. (**집면**)

完

' 宀 宀 宀 完

完本 (완본) 전권이 다 갖추어져 있는 책

完快 (완쾌) 병이 완전히 나음

中 완전할 완 구밀 완 カン(まったい)

5급

집을 **으뜸**가는 자재를 써 **완전하**게 **꾸미**다

지팡이의 모양. ※(**글자 왼쪽에 붙을시**) (**언덕부**)

院

阝 阝 阝' 阝宀 阝完 院

醫院 (의원) 병원 同 病院

院落 (원락) 울안의 정원이나 부속건물

관청 원
원집 원 イン

5급

언덕위에 **완전**하게 지은 게 **관청** 이다

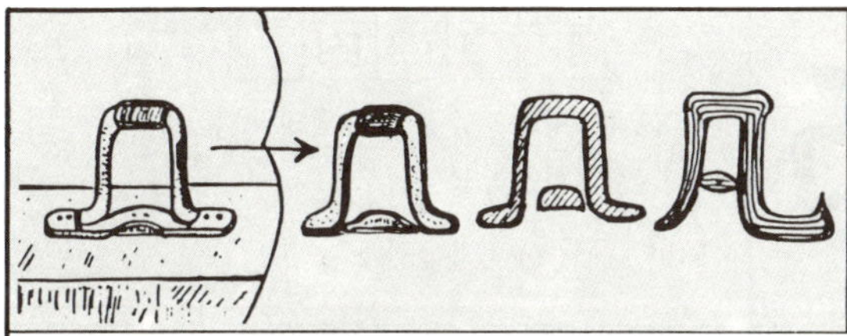

凡

丿 几 凡

凡常 (범상) 대수롭지 않음
凡節 (범절) 일상 생활의 모든 일

中 무릇 범, 모두 범　ボン(およそ)

3급II　**모든** 손잡이의 모양을 본뜬 자 **모두**(**무릇**)의 뜻으로 쓰임

물방울이 떨어지는 모양. (**물수**)

汎

丶 冫 氵 氿 汎 汎

汎濫 (범람) 물이 흘러 넘침
汎論 (범론) 사물 전반에 걸쳐 설명하는 것, 또 그 총론

넓을 범
떠갈 (뜰) 범　ハン

3급　**물**에 **모두** 휩쓸려 **넓게 떠가다.**

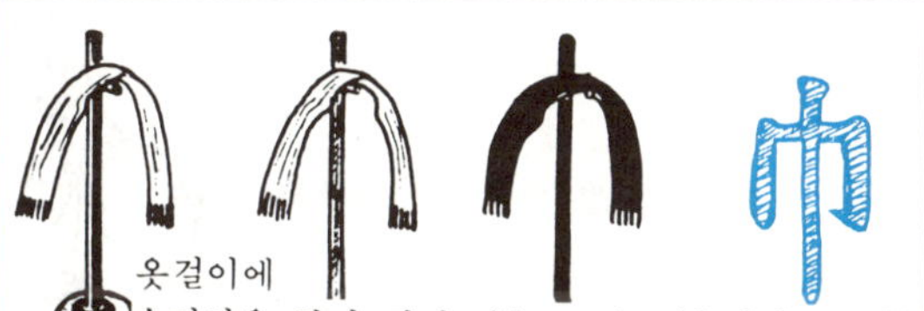

옷걸이에 수건같은 천이 걸려 있는 모양. (**수건건 · 천건**)

帆

丨 冂 巾 巾 帆 帆

帆船 (범선) 돛단배
出帆 (출범) 배가 돛을 달고 떠남

돛 범　ハン(ほ)

천을 **모두**(여러개) 이여 만든게 **돛**이다.

새의 모양 (**새조**)

鳳

几 凡 凬 凮 凰 鳳 (속)凤

鳳城 (봉성) 궁성
鳳兒 (봉아) 뛰어나게 현명한 아들

새 봉
봉황 봉　ホウ(おおとり)

3급　**모든 새**중에 제일가는 새가 **봉황**이다.

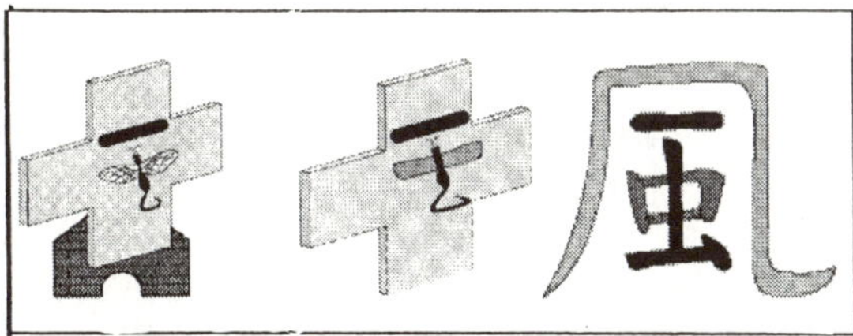

風

丿 几 凡 凬 凮 風

風波 (풍파) 바람과 물결
風景 (풍경) 경치

中 바람 풍　フウ(かぜ)

6급　**풍차** 앞에 **한**마리의 **벌레**가 **바람**을 타고 나르는 모양.

나무의 모양. (**나무목**)

楓

一 木 杋 枫 楓 楓

楓林 (풍림) 단풍나무 수풀
楓錦 (풍금) 아름답게 핀 단풍잎

中 단풍나무 풍　フウ(かえで)

3급II　**나무**가 찬 **바람**에 **단풍들다**(단풍나무가 되다).

丙

一 厂 冂 丙 丙

丙種 (병종) 등급으로 세째 가는 종류

丙舍 (병사) 묘막

中 남녘 병, 밝을 병 ヘイ(ひのえ)

(등의 모양을, 본뜬자) 등을 **남녘** 같이 **밝힌**다는 뜻. 3급II

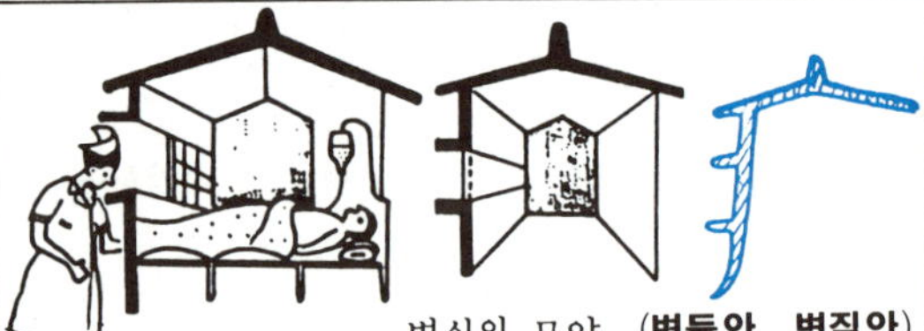

병실의 모양. (**병들안. 병질안**)

病

亠 广 疒 疒 疔 病

病患 (병환) 병의 경칭

病院 (병원) 의원

中 아플 병 ビョウ(やまい)

6급 **병실**에 불을 **밝히**고 **아픈자**를 돌보다.

나무의 모양. (**나무목**)

柄

木 木 朩 杤 柄 柄

權柄 (권병) 권력을 가진 신분

柄授 (병수) 권력을 내려줌

자루 병 ヘイ、エ(え)

2급 **나무**가지로 **밝히**는 등에 달려있는 게 **자루**다.

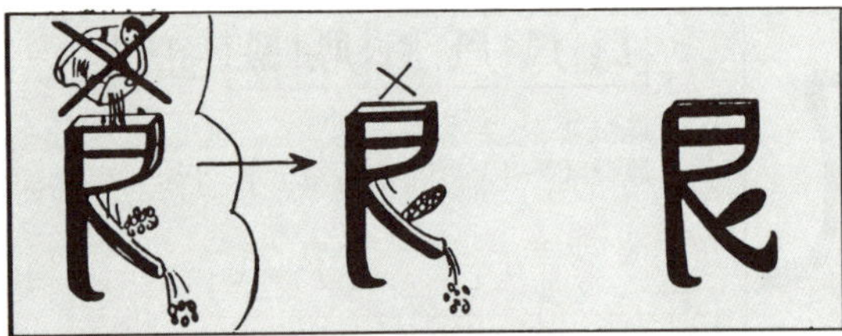

艮

ㄱ ㅋ 彐 艮 艮

艮方 (간방) 정동과 정북 중간의 방위

艮坐 (간좌) 간방 (艮方) 을 등진 좌향

멈출 간

그칠 간, コン(うしとら、とまる)

2급 정미길에 벼를 붓지 않으면 쌀 나오는 것이 **멈추다**(그치다).

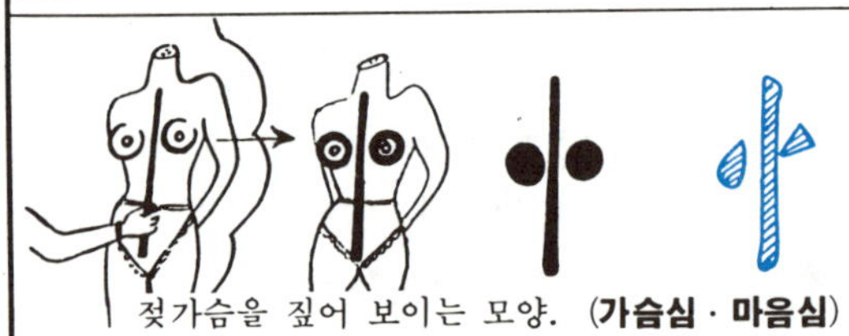

젖가슴을 짚어 보이는 모양. (**가슴심 · 마음심**)

恨

丶 忄 忄彐 怛 恨 恨

悔恨 (회한) 한탄하고 후회함

恨事 (한사) 한탄할 만한 일

中 한할 한 コン(うらむ)

4급 **가슴**에 **멈추어** 있는 응어리가 **한**이다.

지팡이의 모양. ※(**글자 왼쪽에 붙을시**) (**언덕부**)

限

阝 阝 阝彐 阳 限 限

限界 (한계) 경계

限死 (한사) 죽기를 한함

中 한정 한, 막힐 한 ゲン(かぎる)

4급II **언덕**이 길앞에 **멈추어** 있으니 길이 **막히고 한정되다.**

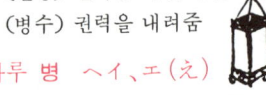

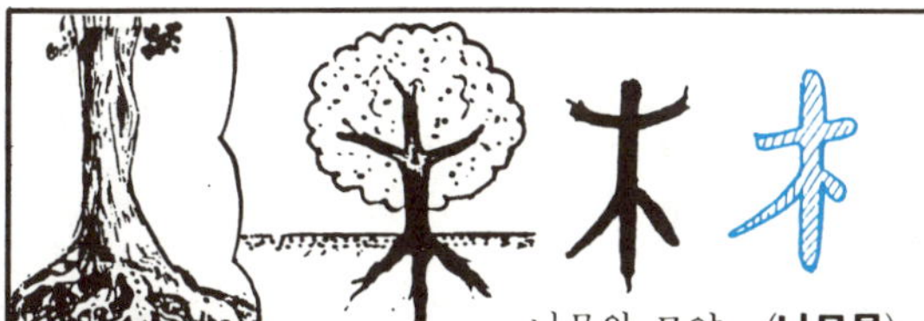

나무의 모양. (**나무목**)

根

木 朩 杩 枏 根 根

根基 (근기) 근본적인 토대
根絶 (근절) 아주 뿌리 채 없애버림

中 뿌리 근　コン(ね)

6급

나무를 **멈추게** 하는 것이 **뿌리**다.

눈의 모양. (**눈목**)

眼

丨 目 目ヨ 眀 眼 眼

眼盲 (안맹) 눈이 멀음
眼下 (안하) 눈아래

中 눈 안, 눈알 안　ガン(まなこ)

4급II

눈 안에 **멈추어** 있는 것이 **눈알**이다.

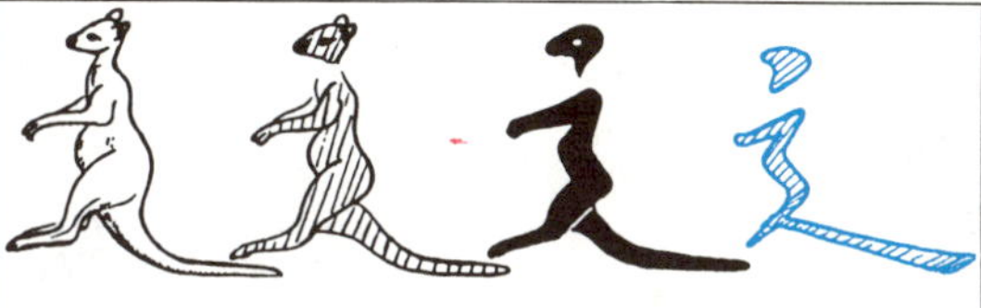

캥거루우가 달려가는 모양. (**갈착. 달릴착**)

退

ㄱ ㅋ 艮 艮 㫜 退

退步 (퇴보) 뒤로 물러섬
退路 (퇴로) 뒤로 물러갈 길

中 물러날 퇴　タイ(しりぞく)

4급II

전진하는 걸 **멈추고** 뒤로 **달리어 물러나다.**

쇠를 다루는 대장간의 모양. (**쇠금**)

銀

𠆢 亼 金 金ヨ 鉬 銀

銀河 (은하) 은하수
銀行 (은행) 금융 매개의 기관

中 은 은　ギン

6급

금속으로 보배 대열에 **멈추어** 있는 것이 **은**이다.

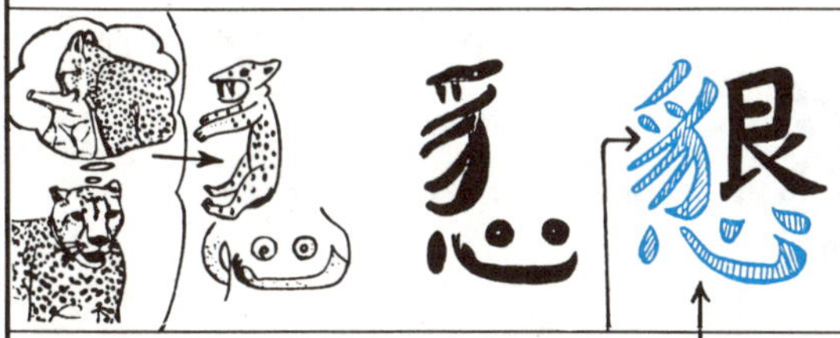

懇

一 ⺈ 豸 貇 懇 懇

懇曲 (간곡) 간절하고 극진함
懇談 (간담) 마음을 털어놓고 정답게 이야기함

간절할 간
정성 간　コン(ねんごろ)

맹수의 모양(**맹수치**)
젖가슴의 모양. (**가슴심 · 마음심**)

3급II

맹수가 **머물러** 서서 먹이를 찾는 **마음**이 **간절하**다.

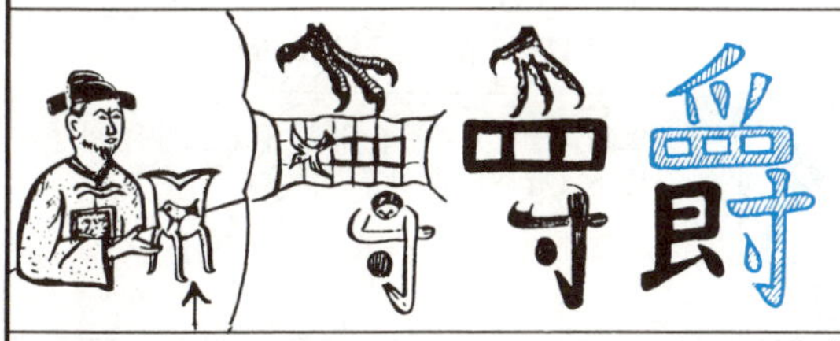

爵

一 ⺥ 罒 爫 爯 爵

爵位 (작위) 작호 (爵號) 와 위계 (位階)
爵號 (작호) 작위의 이름

벼슬 작　술잔 작
참새 작　シャク(さかずき)

※ 옛날에는 참새모양을 한 술잔으로 제사를 드리었음.

손으로 **그물**을 **멈추게** 쳐놓고 **손**을 펴 **벼슬아치**들이 **참새**를 잡다.

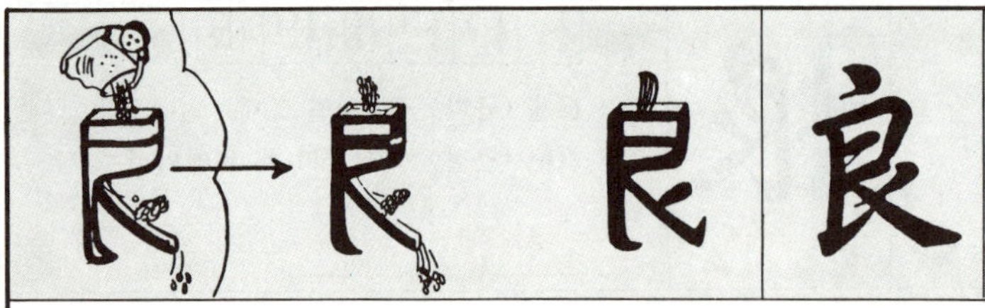

良

丶 ㄱ ㅋ 自 自 良

良家 (양가) 양민의 집 예 ~子弟
良順 (양순) 어질고 부드러움

中 어질 량, 좋을 량 リョウ(よい)

5급 곡식을 정미기에 부어 **좋은** 양식을 만든다는 뜻.

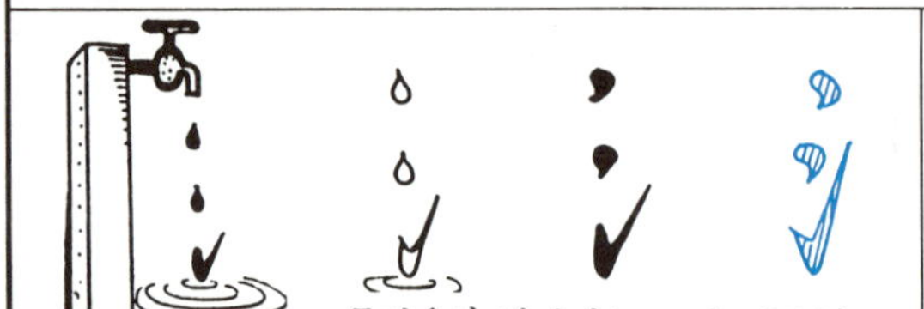

물방울이 떨어지는 모양. (**물수**)

浪

丶 氵 氵ㅋ 浪 浪 浪

浪費 (낭비) 함부로 헛되이 씀
波浪 (파랑) 물결

中 물결 랑 ロウ(なみ)

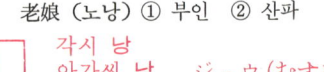

3급II **물**에 보기 **좋은** 무늬가 이는 것이 **물결**이다.

여자의 모양. (**계집녀**)

娘

ㄑ 女 女ㅋ 娘 娘

娘子 (낭자) ① 소녀 ② 어머니
老娘 (노낭) ① 부인 ② 산파

각시 낭
아가씨 낭 ジョウ(むすめ)

3급II **여자**의 **좋은** 시절은 **각시**때다.

초승달의 모양. (**달월**)

朗

ㄱ ㅋ 自 良 朗 朗 (속)朗

朗誦 (낭송) 소리를 높여 글을 외움
朗吟 (낭음) 높은 소리로 시를 읊음

밝을 랑
명랑할 랑 ロウ(ほがらか)

5급 (놀기)**좋으**리만큼 **달**빛이 **밝**다.

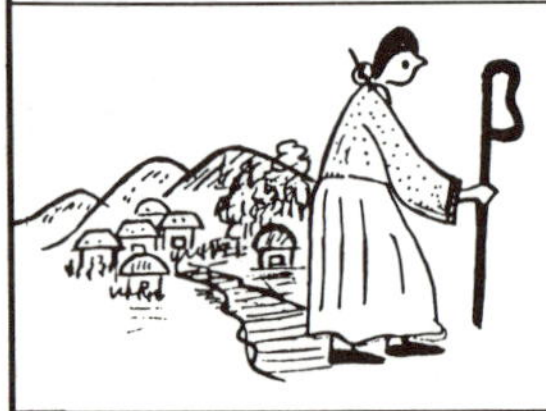

지팡이의 모양. ※「글자 우측에 붙을시」. (**읍읍. 마을읍**)

郎

丶 ㄱ 卢 良 良 郎 (속)郎

郎才 (낭재) 신랑감
新郎 (신랑) 새로 결혼한 남자

中 서방 랑, 사내 랑 ロウ(おとこ)

3급II **좋은** 사람을 **마을**에서 골라 **서방**으로 맞이 하다.

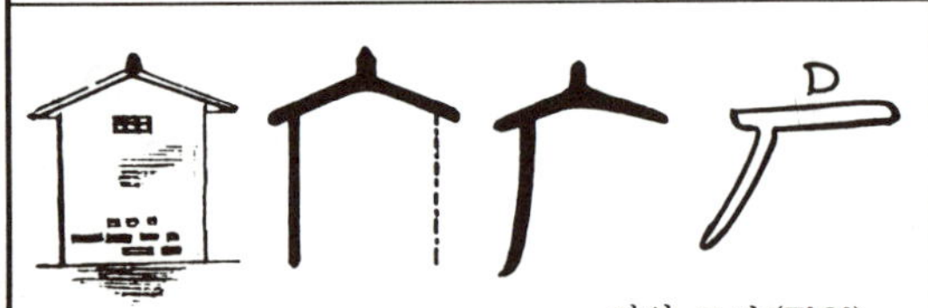

집의 모양(**집엄**)

廊

亠 广 庐 庐 廊 廊

廊底 (낭저) 대문간에 붙어있는 작은 방
廊下 (낭하) 긴 마루

결채 랑·별채 랑
복도 랑 ロウ

3급II **집**에서 **서방**님이 거처하는 곳이 **결채**(별채)다.

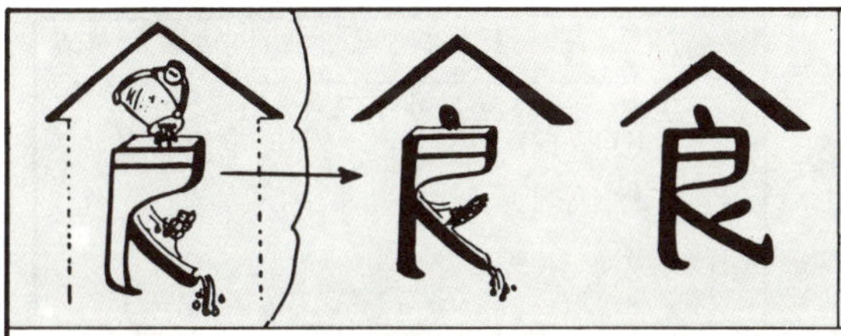

食

ノ	𠆢	亼	今	食	食

食糧 (식량) 먹을 양식
食前 (식전) 밥을 먹기 전

中 밥 식 ショク(たべる)

7급 집에서 정미기에 찧은 곡식으로 밥을 짓는다는 뜻.

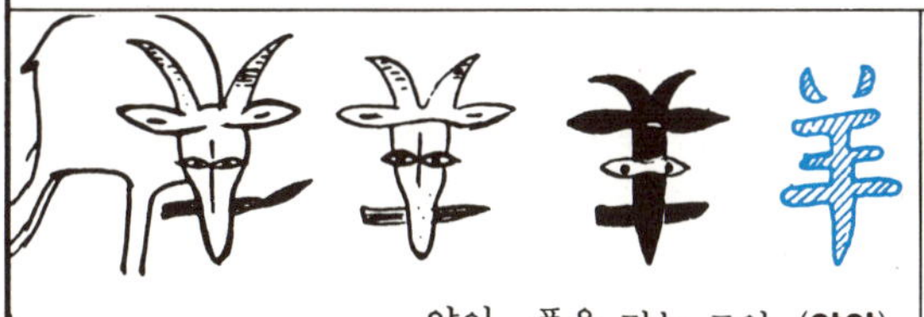

양이, 풀을 먹는 모양.(양양)

養

丷	䒑	𦍌	关	养	養

養育 (양육) 어린이를 길러 자라게 함
養護 (양호) 기르고 보호함

中 기를 양, 봉양할 양 ヨウ(やしなう)

5급 양고기와 밥을 먹고 몸을 기르다.

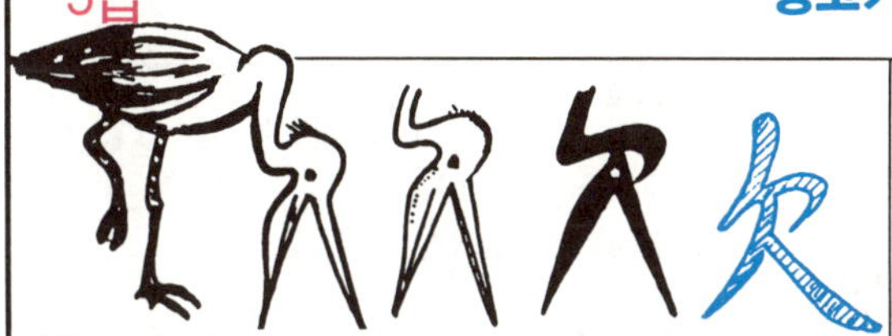

입을 크게 벌리고 하품하는 모양.(입크게 벌릴흠. 하품흠)

飮

𠆢	今	食	飠	飮	동 飲

暴飮 (폭음) 술을 가리지 않고 마구 마심

中 마실 음 イン(のむ)

6급 먹이로 밥을 입을 크게 벌리고 마시다.

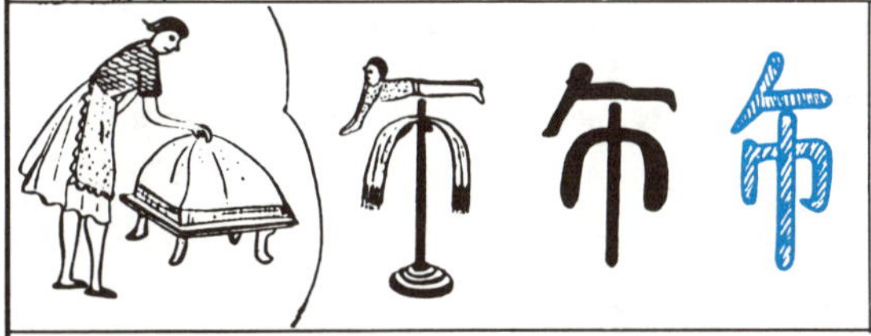

飾

𠆢	今	今	食	飠	飾	동 飾

裝飾 (장식) 치장하여 꾸밈
修飾 (수식) 말이나 문장을 꾸밈

꾸밀 식 ショク(かざる)

3급II 사람과 수건의 모양(사람인·수건건)

밥상을 사람이 수건으로 덮어 꾸미다.

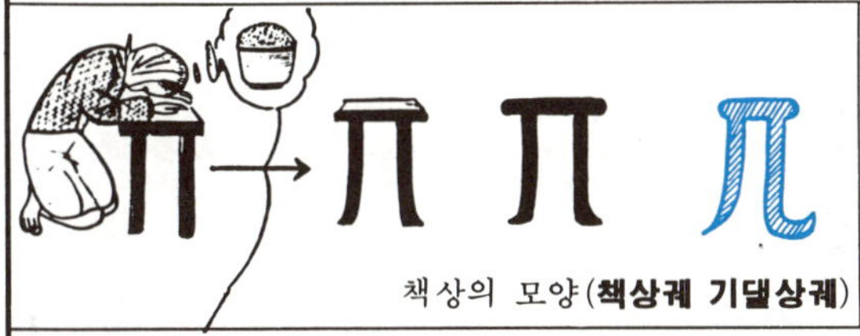

책상의 모양(책상궤 기댈상궤)

飢

𠆢	今	今	食	飠	飢	동 飢

飢死 (기사) 굶어 죽음
飢餓 (기아) 굶주림

주릴 기 キ(うえる)

3급 밥이없어 기댈상에 쓰러질 정도로 주리다.

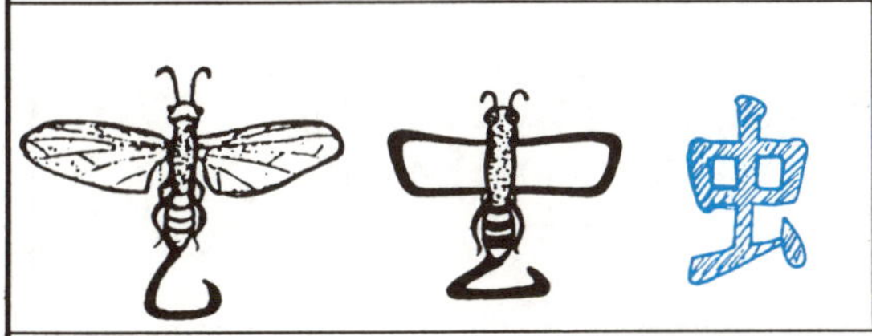

蝕

亼	今	食	食	飠	蝕

月蝕 (월식) 달의 일부 또는 전부가 지구에 가려지는 현상

일식 식
벌레먹을 식 ショク(むしばむ)

벌레의 모양(벌레충) (먹이를)밥같이 벌레가 좀먹은 것이 벌레먹은 거다

工

一	T	工			

工事 (공사) 공장이나 토목·건축 등에 관한 공사

工藝 (공예) 공작에 관한 예술

中 장인 공, 만들 공　ク(たくみ)

(모루의 모양을 본뜬 자)

7급　모루위에 놓고 **장인**이 물건을 **만든**다는 뜻.

철 창살을 팔로 힘을 써 벌리는 모양. (**힘력**)

功

一	T	I	巧	功	

功名 (공명) 공훈과 명예

功績 (공적) 쌓은 공적

中 이바지할 공　コウ、ク(いさお)

6급　(새 것을) **만들려고** **힘**을 써 사회에 **이바지 하다.**

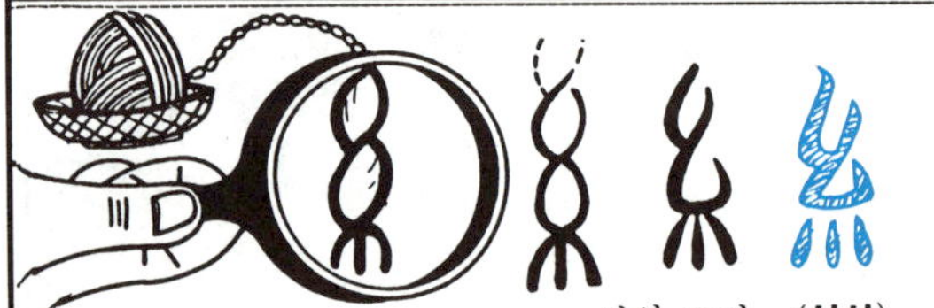

실의 모양. (**실사**)

紅

㇛	幺	糸	糹	紅	紅

紅顔 (홍안) 소년의 얼굴

紅潮 (홍조) 붉어진 얼굴 빛

中 붉을 홍　コウ(べに)

4급　**실**을 좋게 **만들려고** **붉게** 물들이다.

굴의 모양. (**구멍혈. 굴혈**)

空

'	宀	穴	穴	空	空

空襲 (공습) 항공기로 공중에서 습격함

空港 (공항) 비행장

中 빌 공　クウ(むなしい)

7급　**구멍**을 **만드니**(뚫으니) 속이 **비다.**

모자를 쓰고 입마개를 한 머리의 모양. (**머리혈**)

項

一	T	I	工'	项	項

項腫 (항종) 목에 나는 종기

項鐵木 (항철목) 물방아의 굴대를 떠받치는 나무

목 항
조목 항　コウ(うなじ)

3급 II　(조물주가) **만든** **머리**의 받침대가 **목**이다.

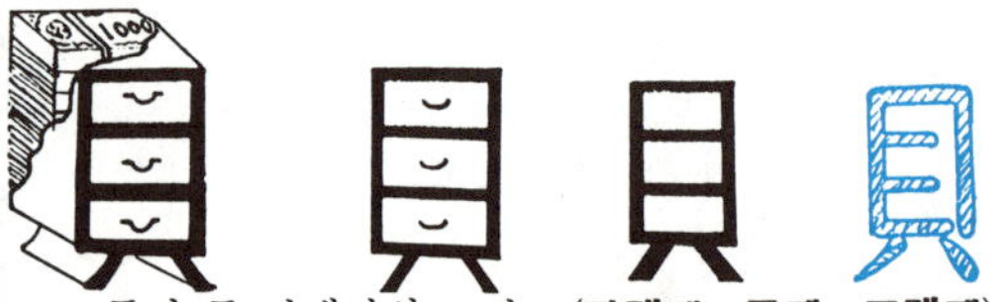

돈이 든 자개장의 모양. (**자개패 · 돈패 · 조개패**)

貢

一	工	产	贡	貢	貢

貢米 (공미) 공물로 바치는 쌀

貢賦 (공부) 공물과 세금

바칠 공　コウ(みつぐ)

3급 II　**만든** **재물**을 **바치**다.

巧

一	T	I	I丆	巧

巧舌 (교설) 교묘한 말, 재치있는 말
巧態 (교태) 아름답게 아양을 부리는 모양

□ 교묘할 교　コウ(たくみ)

막혀있는 구멍을 뚫는 드릴의 모양.

3급II

(구멍을) **만드**는 데 쓰는 **드릴** 모양이 **교묘하**다

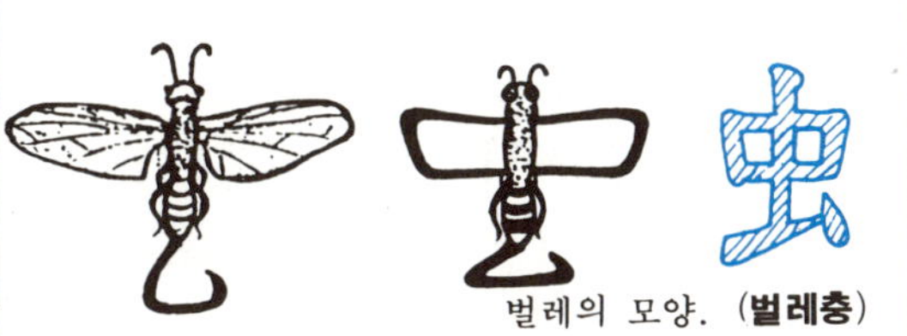

벌레의 모양. (**벌레충**)

虹

冂	中	虫	虫一	虹	虹

鮮虹 (선홍) 아름다운 무지개
虹洞 (홍동) 깊고 먼 모양.

□ 무지개 홍　コウ(にじ)

벌레가 구부리고 있는 모양으로 **만드러**진 것이 **무지개**다

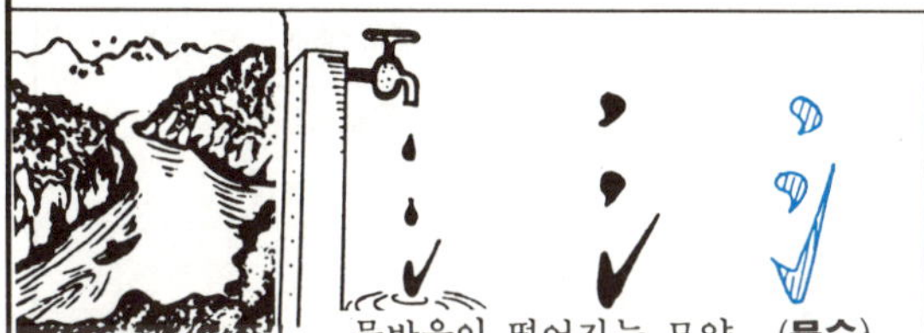

물방울이 떨어지는 모양. (**물수**)

江

丶	丷	氵	氵一	汀	江

江山 (강산) 강과 산, 강토
江邊 (강변) 강 가

中 물 강　コウ(え)

7급

냇**물**이 흘러 **만드**러진 게 **강**이다

새의 모양. (**새조**)

鴻

氵	氵工	江	鴻	鴻

鴻恩 (홍은) 큰 은혜
鴻筆 (홍필) 뛰어나게 잘된 문장

□ 기러기 홍　コウ

3급

강에 사는 **새**가 **기러기** 다

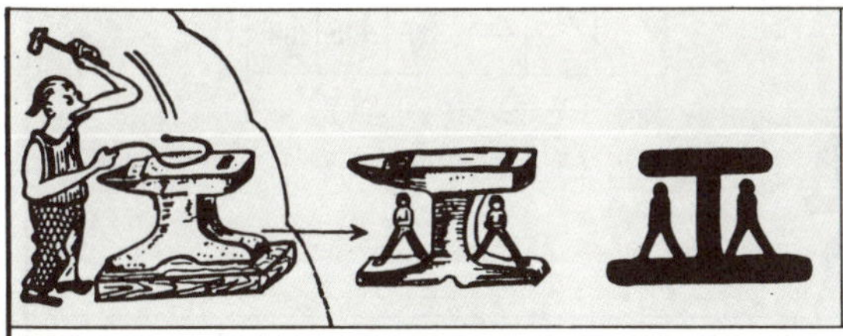

巫

一	T	兀	丌	巫	巫

巫俗 (무속) 무당의 풍속
巫堂 (무당) 귀신을 섬기며 길흉을 점치고 굿을 하는 여자

□ 무당 무　フ(みこ)

푸닥거리로 사람들의 운명을 다시 만드는 자가 **무당**이다.

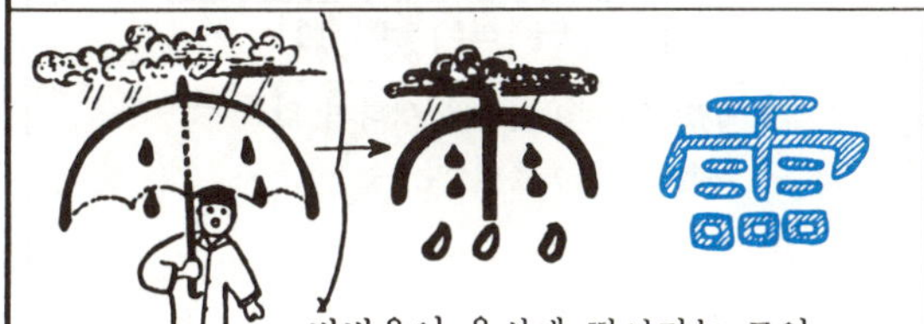

빗방울이 우산에 떨어지는 모양.

靈

一	冖	雨	霝	霝	靈

동 灵

靈柩 (영구) 시체를 담은 관
靈前 (영전) 죽은 사람의 영혼 앞

中 신령 령　レイ(たま)

3급II

빗 방울같이 **무당**에게 신이 내리니 **신령**하다.

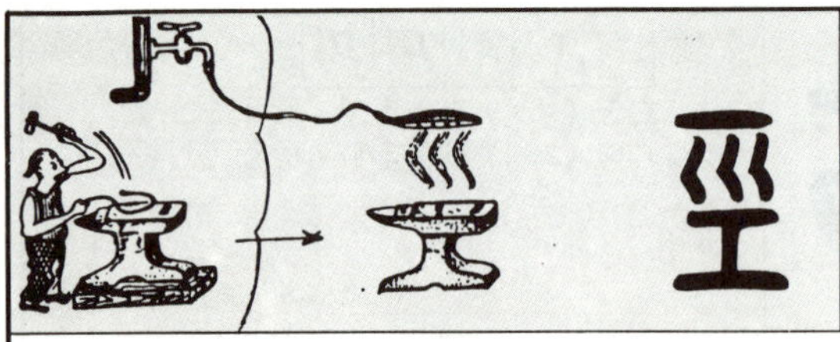

巠

一	巛	巠	巠

※뜻만 기억할 것

물줄기 경

샤워를 틀어 모루에 **물줄기**를 뿌린다는 뜻

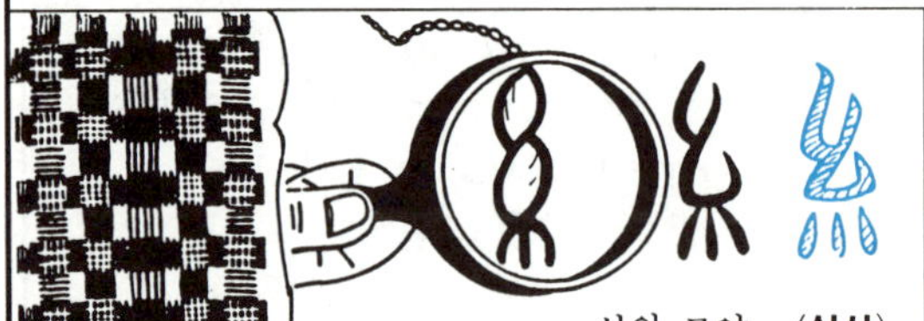

실의 모양. (**실사**)

經

𠃋	幺	糸	糸一	糸巛	經

약 経

經過 (경과) 겪어온 과정

經歷 (경력) 세월이 지나감, 겪어온 여러가지 일들

中 날 경, 지날 경　キョウ(たつ)

4급II　씨줄, **실** 위를 **물줄기**같이 **지나는** 것이 **날줄**이다.

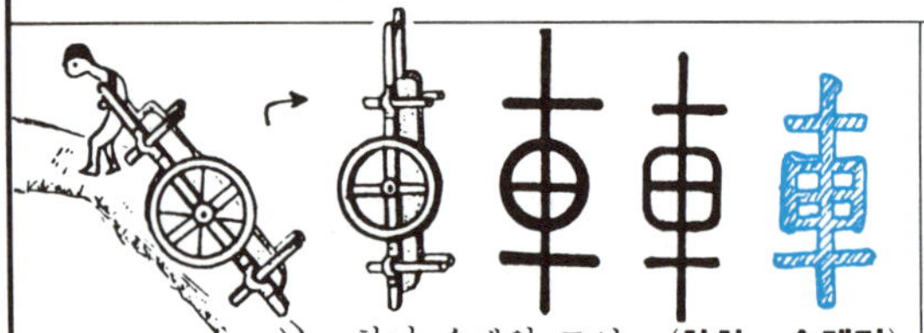

차나 수레의 모양. (**차차 · 수레거**)

輕

一	帀	車	車一	車巛	輕

약 軽

輕減 (경감) 덜어 가볍게 함

輕視 (경시) 가볍게 봄

中 가벼울 경　ケイ(かるい)

5급　**차**가 **물줄기** 처럼 **가볍게** 달린다.

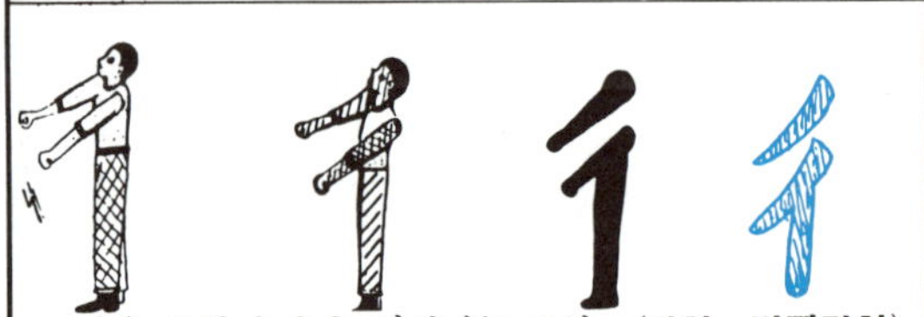

팔을 흔들며 총총 걸어가는 모양. (**갈척, 바삐갈척**)

徑

丿	彳	彳一	彳巛	彳巠	徑

약 径

徑間 (경간) 교각의 마주보는 거리

徑輪 (경륜) 직경과 둘레

中 지름길 경　ケイ

3급　**빨리** 가려고 **물줄기**를 가로질러 가는 게 **지름길**이다　5급

無

丿	𠂉	𠂉二	無	無	無

無能 (무능) 능력이 없음

無用 (무용) 소용이 없음

中 없을 무　ム(ない)

새가 날아간 빈, 새장을 불에 태워서 **없애다**

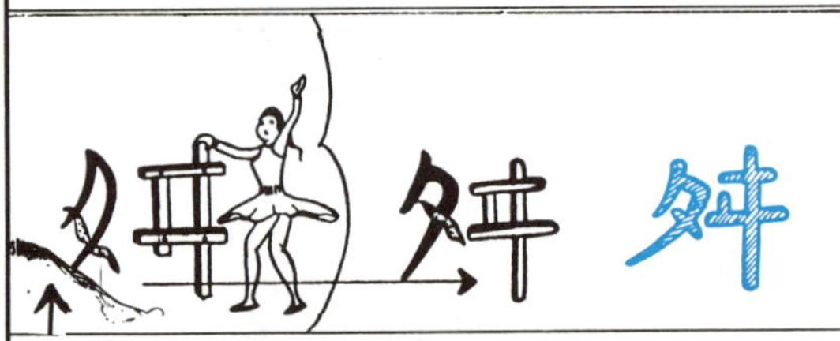

(**저녁석**) 반달이 저녁 하늘에 떠 있는 모양

舞

丿	𠂉	𠂉二	無	舞	舞

舞臺 (무대) 연극을 위하여 만든 곳

舞曲 (무곡) 춤에 맞추는 곡조

中 춤출 무　ブ(まう)

아무도 **없는 저녁**에 **사다리**를 안고 **춤추**다.　4급

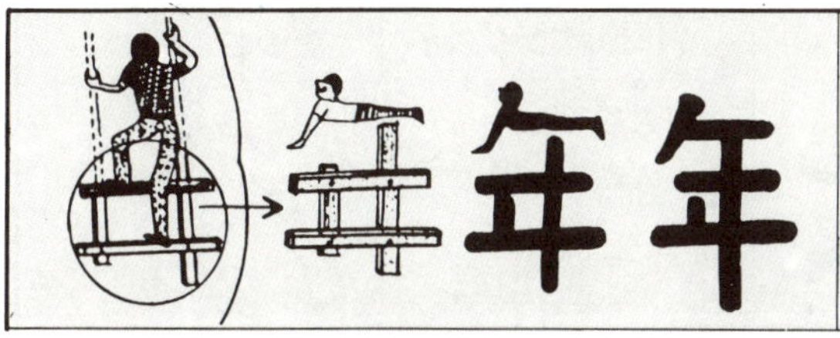

年

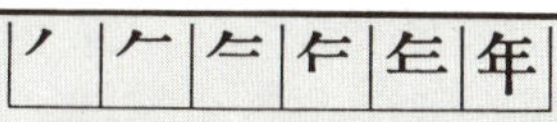

年少 (연소) 나이가 젊음
年限 (연한) 작정된 햇수

中 해 년　ネン(とし)

8급 **사람**이 **사다리**를 넘듯 넘는 세월이 **해**다.

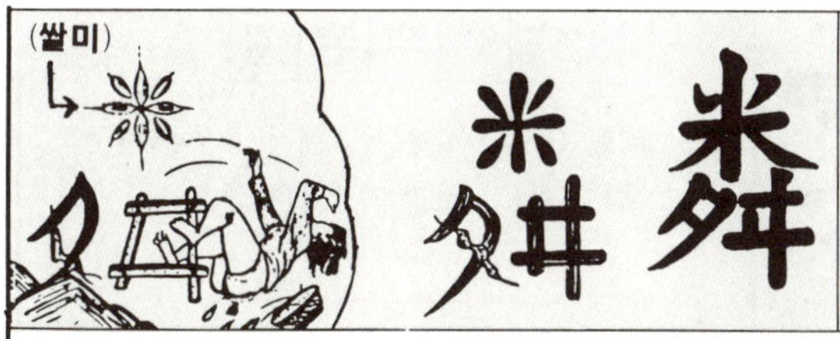

粦

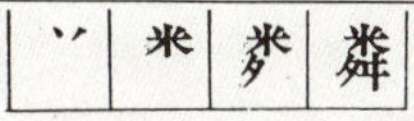

※뜻만 기억할 것

□ 어수선할 린
도깨비불 린

쌀바가지를 들고 **저녁**에 넘어져 **사다리** 주위가 **어수선하**다

지팡이의 모양. ※(**글자 왼쪽에 붙을시**) (**언덕부**)

隣

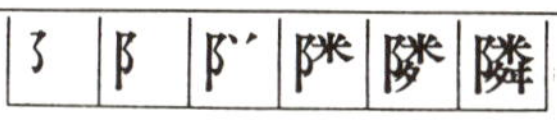 동 鄰

隣友 (인우) 가까운 이웃에 사는 벗
隣接 (인접) 이웃에 있음, 옆에 닿아 있음

□ 이웃 린　リン(となり)

3급 **언덕**위에 **어수선하게** 들어선 집이 **이웃**이다

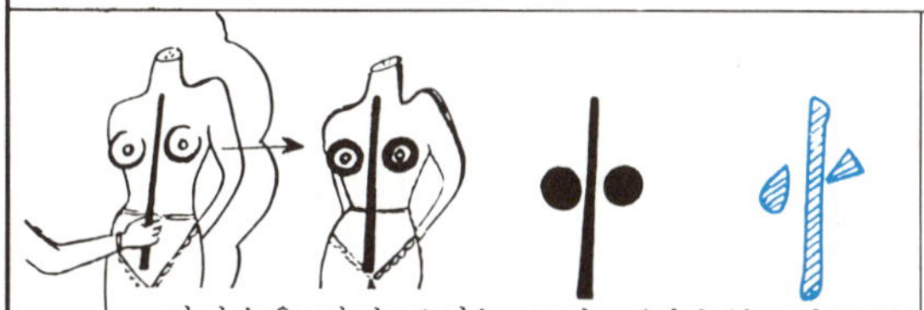

젖가슴을 짚어 보이는 모양. (**가슴심 · 마음심**)

憐

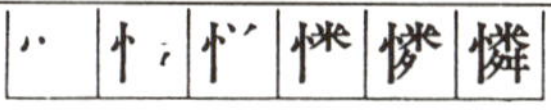

可憐 (가련) 가엾음
憐惜 (연석) 불쌍히 여기며 아낌

□ 가련할 련　レン(あわれむ)

3급 **마음**이 **어수선** 하니 **가련한** 처지다.

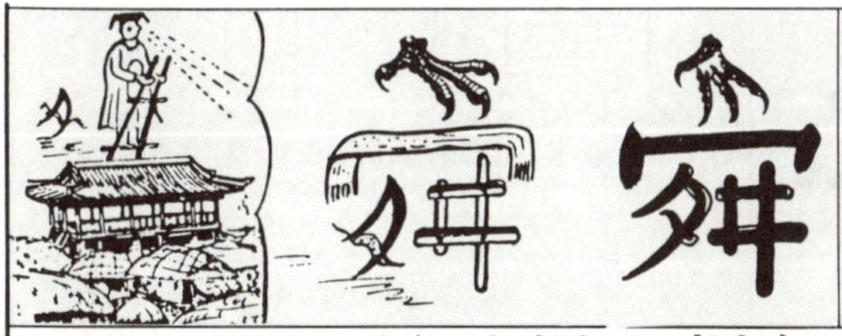

舜

舜治 (순치) 순 임금의 치세
舜王太平 (순왕태평) 순 임금의 태평시대

□ 무궁화 순
순임금 순　シュン(むくげ)

손수 **가려진** 민심을 살피려고 **저녁**에
2급 **사다리**를 올랐던 이가 **순 임금**이다.

눈의 모양. (**눈목**)

瞬

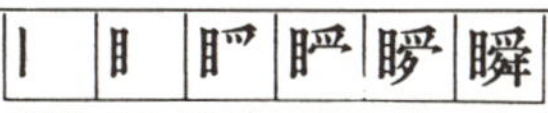

瞬間 (순간) 눈 깜짝하는 동안
瞬息間 (순식간) 순간

□ 눈깜짝일 순
잠깐 순　シュン(またたく)

3급II **눈**으로 **순 임금**을(백성이) **잠깐** 배알하다

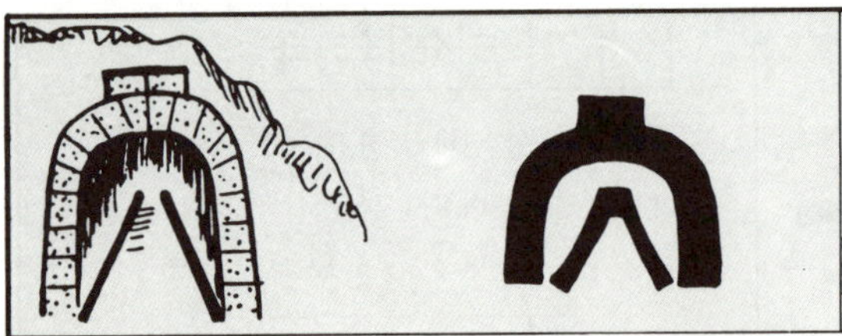

穴

'	宀	穴	穴		

穴見 (혈견) 좁은 식견
穴農 (혈농) 구메 농사

구멍 **혈**　ケツ(あな)

3급　굴이 뚫렸으니 **구멍**이 나 있다는 뜻.

窓

'	宀	穴	穸	窓	窓

同窓 (동창) 같은 학교에서 공부한 친구
窓戶 (창호) 창과 지게문의 총칭

中 창 창　ソウ(まど)

6급　(벽에다) **구멍**을 **세모나게** 내어 **가슴** 으로 숨쉬게 만든것이 **창**이다.

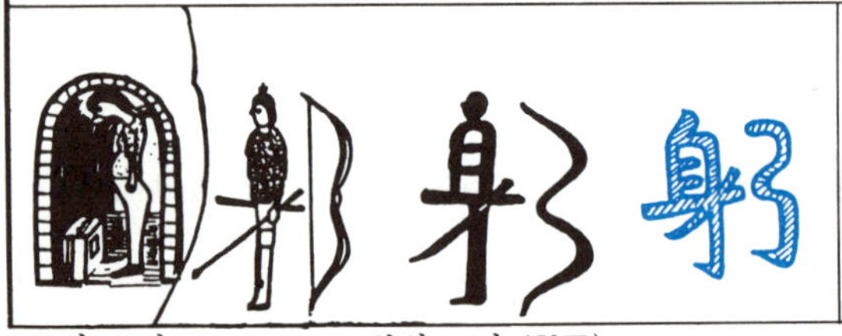

窮

'	宀	穴	竆	窮	窮

窮極 (궁극) 극도에 달함
窮理 (궁리) 사물의 이치를 연구함

다할 궁, 궁할 궁　キュウ(きわめる)

굴 속에서 **몸**을 **활**같이 굽히고 사니 **궁하다.**

一

一					

一家 (일가) 한 집안
一刻 (일각) 매우 짧은 시간

中 하나 일　イチ(ひとつ)

8급　나무토막이 **하나** 있는 모양.

二

一	二				

二心 (이심) 두 가지 마음
二次 (이차) 두 번째

中 두 이　ニ(ふたつ)

8급　나무토막이 **두 개** 있는 모양.

三

一	二	三			

三角 (삼각) 세 모
三間 (삼간) 세 칸, 아주 적음

中 석 삼　サン(みっつ)

8급　나무토막이 **세 개** 있는 모양.

(**여덟팔. 쪼갤팔**) 통나무를 쪼개 놓은 모양.

四

丨	冂	冂	四	四	

四季 (사계) 봄, 여름, 가을, 겨울
四角 (사각) 네모

中 넉 사, 사방 사 シ(よっつ)

8급 **에워싼** 주위를 **나누면** 동서남북 **네** 방위이다.

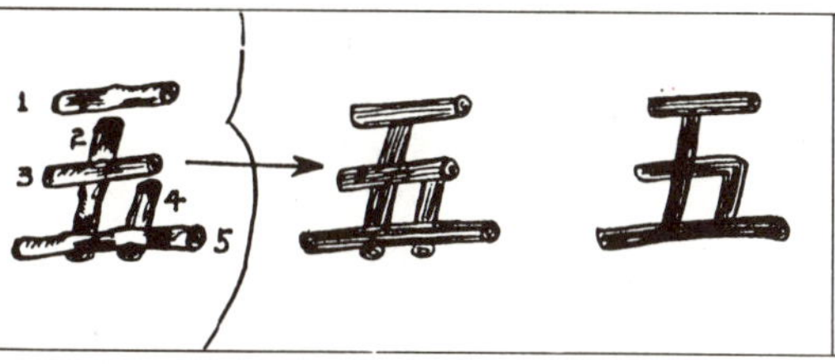

五

一	T	万	五		

五福 (오복) 사람의 다섯 가지 복
즉 수·복·강녕·유호덕·고종명

中 다섯 오 ゴ(いつつ)

8급 나무토막이 **다섯 개** 있는 모양.

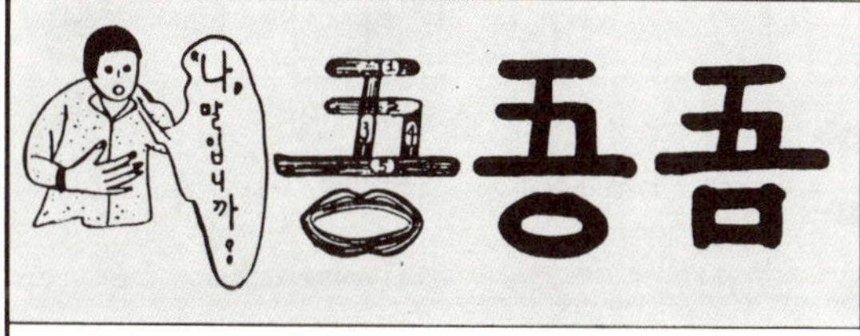

吾

一	T	万	五	吾	吾

吾伊 (오이) 글 읽는 소리
吾兄 (오형) 나의 형이란 뜻으로 친구를 존대하여 일컫는 말

中 나 오 ゴ(われ)

다섯 손가락으로
가슴을 짚으며 입으로 자기를 말할 때 **나**라고 한다. 3급

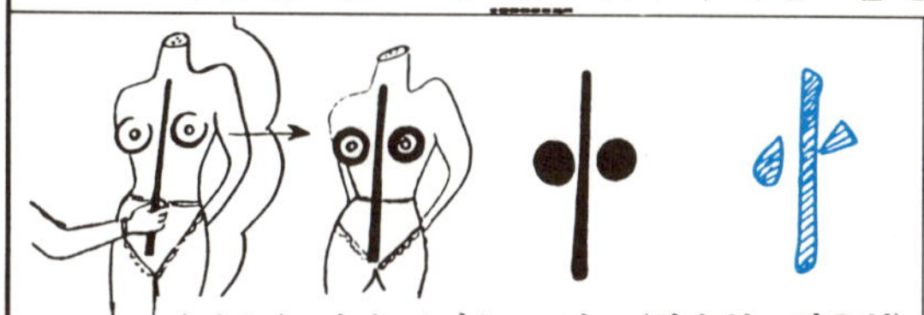

젖가슴을 짚어 보이는 모양. (**가슴심 · 마음심**)

悟

丷	忄	忄	忏	悟	悟

大悟 (대오) 크게 깨달음
悟悅 (오열) 깨달아 희열을 느낌

中 깨달을 오 ゴ(さとる)

3급II **가슴**으로 **나**의 잘못을 **깨닫다.**

수염을 들먹이며 입으로 말하는 모양. (**말씀언**)

語

亠	三	言	訁	語	語

語調 (어조) 말의 가락
語文 (어문) 언어와 문장

中 말씀 어 ゴ(かたる)

7급 **말**로 **나**의 뜻을 **말씀**드리다.

나무의 모양. (**나무목**)

梧

一	木	木	杆	梧	梧

梧葉扇 (오엽선) 둥근 부채의 한 가지
梧月 (오월) "음력 7월"의 이칭

오동나무 오 ゴ

※ 옛날에는 아이를 낳으면 결혼때 장농을 만드러 주는데 쓰려고 오동나무를 심었다는데서 유래

나무중에 **나**의 출생 기념 식수는 **오동나무**다

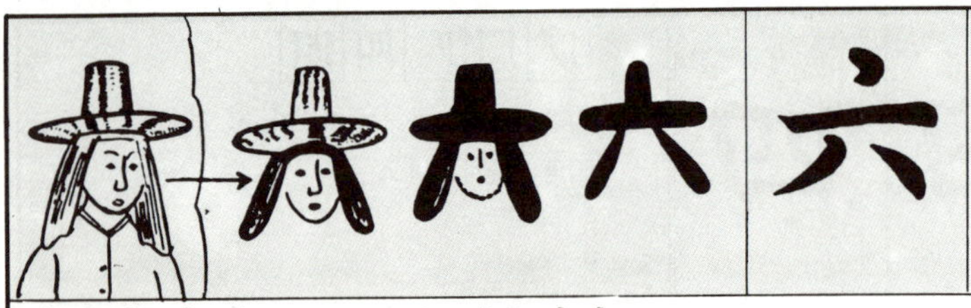

丶	亠	亣	六		

六甲 (육갑) 육십 갑자의 약칭
六法 (육법) 여섯 가지 법률

中 여섯 륙 ロク(むっつ)

남아가 만 육세가 되면 결혼하여
8급 초립 모자를 썼다는 데서 **여섯**을 뜻함.

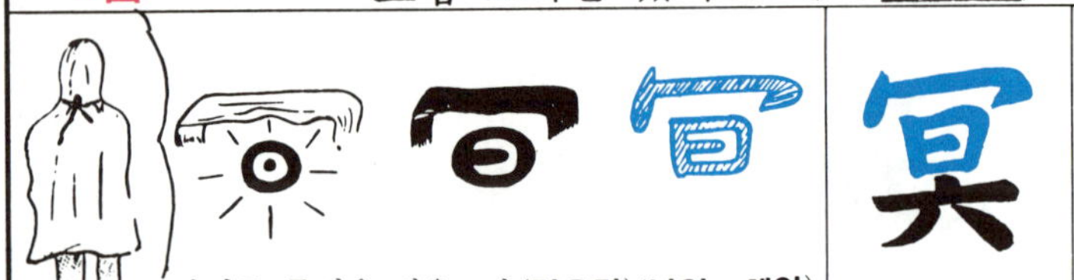

보자기로 물건을 덮은모양(**덮을멱**)(**날일 · 해일**)

冖	冖	冝	冥	冥	冥

冥福 (명복) 죽은 뒤의 행복
冥報 (명보) 죽은 뒤의 보복

어둘 명 メイ(くらい)

3급 (쓰게를)**덮어쓰**니 **햇볕**이 가려져 **여섯** 치 앞도 못볼 정도로 **어둡**다

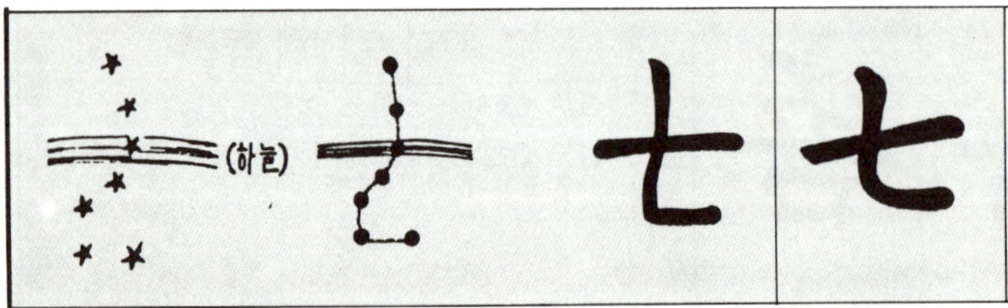

一	七				

七夕 (칠석) 음력七월七일
七星 (칠성) '북두칠성'의 준말

中 일곱 칠 シチ(ななつ)

8급 북두칠성의 모양 **일곱**을 뜻함.

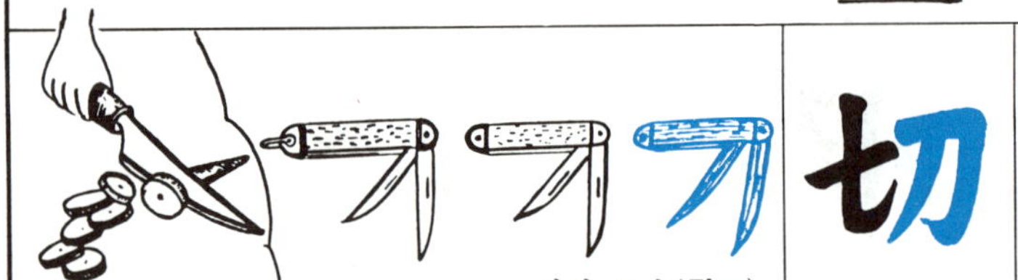

칼의 모양(**칼도**)

一	七	切	切		

切斷 (절단) 끊어 자름
切痛 (절통) 몹시 분하고 원통함

끊을 절, 온통 체 セツ(きる)

5급 **일곱** 등분되게 **칼**로 **온통 끊다**(자르다).

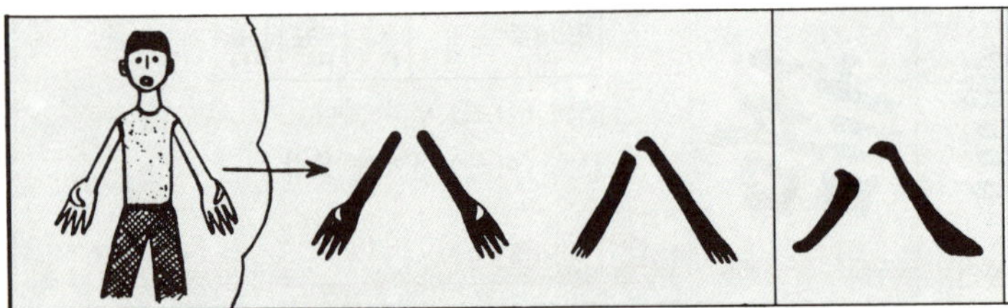

丿	八				

八字 (팔자) 한 평생의 운수
八卦 (팔괘) 여덟 가지 괘

中 쪼갤 팔
여덟 팔 ハチ(やっつ)

양 손가락으로 여덟을 가리키며 팔을 벌린 모양
8급 **여덟** 개로 **쪼갠**다는 뜻.

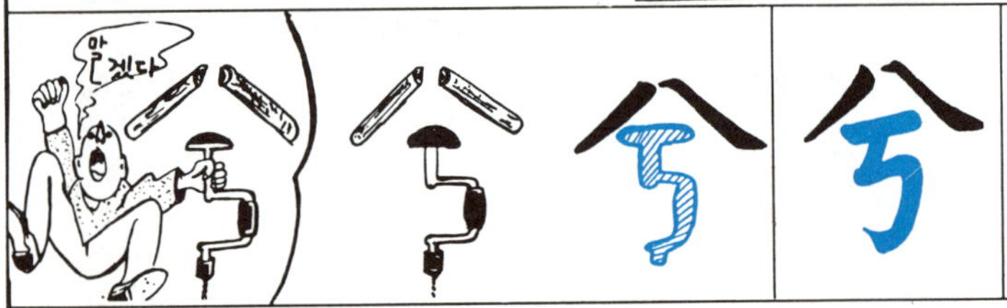

丿	八	亼	兮		

兮呀 (혜하) 목소리가 애처로와서 **사람의** 마음을 움직이게 하는 것
歸去來兮 (귀거래혜) 돌아갈지어다

어조사 혜
멈출 혜 ケイ

막혀있는 구멍을 뚫는 드릴의 모양.
3급 **쪼개**는 일과 **뚫는** 일을 **멈추다**

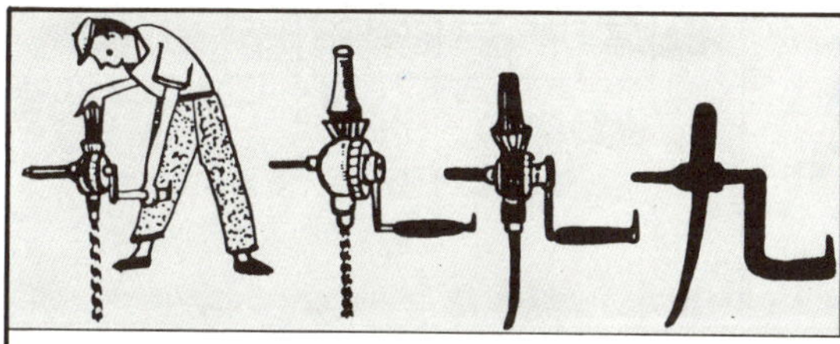

九

九天 (구천) 높은 하늘
九泉 (구천) 저승

中 아홉 구, 여러번 구 キュウ(ここのつ)

드릴의 모양 구멍을 뚫으려고 드릴을 **여러 번** 돌린다는 뜻.

8급

굴의 모양. (**구멍혈. 굴혈**)

究

究明 (구명) 사리를 궁구하여 밝힘
究問 (구문) 샅샅이 조사함

中 궁구할 구, 다할 구 キュウ(きわめる)

4급II

굴 속에서 **여러** 해, 동안 **연구**(궁구)하다.

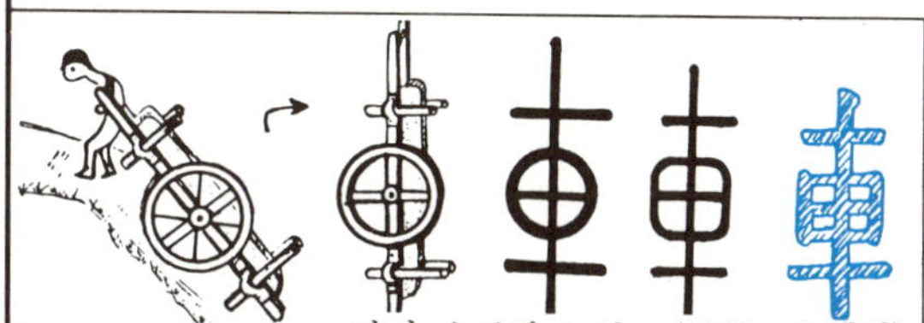

차나 수레의 모양. (**차차 · 수레거**)

軌

軌跡 (궤적) 수레바퀴가 지나간 자국
常軌 (상궤) 떳떳하고 바른 길

수레바퀴 궤 キ(わだち、みち)

2급

수레에 **여러 개** 붙어있는 게 **수레바퀴살**이다

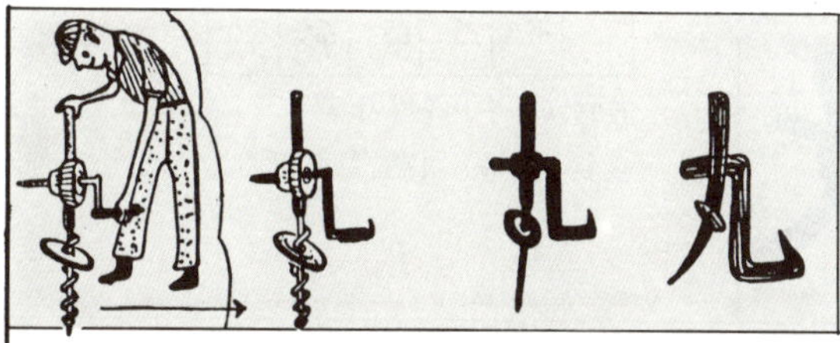

丸

彈丸 (탄환) 총탄 · 포탄 따위의 총칭
丸藥 (환약) 둥글둥글하게 만든 약

둥글 환 ガン(まるい)

3급

(드릴을) **여러 번** 돌려 **구멍**을 **둥글 게** 내다.

(**높을고 · 아들자**)

孰

孰若 (숙약) 양쪽을 비교해 의문을 물어 볼 때 쓰는 말
孰能御之 (숙능어지) 막기 어려움

누구 숙 ジュク(たれ)

3급

높게(크게)자란 **아들**과 **둥글 게** 한몸될자 **누구**일까

연탄불의 모양. (**불화**)

熟

半熟 (반숙) 반쯤만 익음
熟考 (숙고) 충분히 생각함

익을 숙 ジュク(うれる)

3급II

누구든지 **불**로서 **익히어** 먹는다

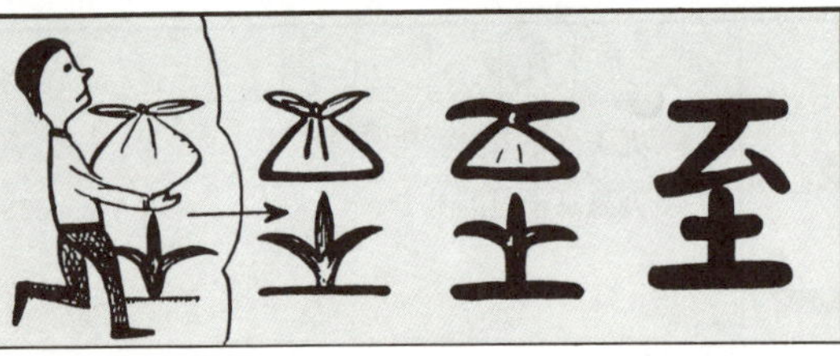

至

一 | ㅈ | 𠫔 | 𦤳 | 至 | 至

至誠 (지성) 지극한 정성
至當 (지당) 사리에 꼭 맞음

中 이를 지　シ(いたる)

4급II　보따리를 들고 목적지 땅에 **이른다**(온다)는 뜻

지붕을 덮어씌운 집의 모양. (**집면**)

室

丶 | 宀 | 宀 | 宊 | 室

室內 (실내) 방 안
室人 (실인) 자기의 아내

中 집 실　シツ(むろ)

8급　**지붕** 밑에 **이르니** **집**이다.

집의 모양. (**집시, 지붕시**)

屋

コ | 尸 | 尸 | 屋 | 屋 | 屋

屋上 (옥상) 양옥 지붕 위
屋外 (옥외) 집 밖

中 집 옥　オク(や)

5급　**집** 추녀밑에 **이르니** **집**이다.

못을 집게로 잡고 두들기는 모양(**두들길복**)

致

一 | ㅈ | 𠫔 | 至 | 致 | 致

致富 (치부) 부자가 됨
致賀 (치하) 기쁜 뜻을 표함

中 이를 치, 도달할 치　チ(いたす)

5급　**이르도록** **두들겨**서 끝내 목적지에 **이르다**.

높은 집의 모양(**높은집고**)

臺

一 | 亠 | 吉 | 亯 | 臺 | 臺　약 台

臺帳 (대장) 장부
臺詞 (대사) 연극, 영화에서 하는 말

대 대
집 대　タイ

3급II　**높은** 데에 **이르러** 멀리 보도록 세워진 게 전망**대** **집**이다

굴의 모양 (**구멍혈, 굴혈**)

窒

穴 | 空 | 窒 | 窒 | 窒 | 窒

窒息 (질식) 숨이 막힘
窒急 (질급) 몹시 겁을 냄

막을 질, 막힐 질　チツ(ふさぐ)

2급　**굴**속에 **이르니** 숨이 **막히다**.

여자의 모양 (**계집녀**)

姪

𠂉	女	女ᅳ	姪	姪	

姪子 (질자) 조카
姪婦 (질부) 조카며느리

□ 조카 **질** テツ(めい)

3급 형수나 계수씨 되는 **여자**의 뱃속에 **이르렀다**가 나온 아이가 **조카**다.

칼이 두개 서있는 모양 (**선칼도. 칼도**)

到

一	エ	ㅈ	至	到	到

到達 (도달) 목적한 곳에 다달음
到着 (도착) 도달

中 다다를 도, 닿을 도 トウ(いたる)

5급 (표적에) 던저져 **이른 칼**끝이 과녁에 **닿다.**

사람이 섰는 모양. (**사람인**)

倒

亻	亻	亻	侄	倒	倒

倒壞 (도괴) 무너뜨림, 무너짐
倒産 (도산) 가산을 탕진함

□ 넘어질 도 トウ(たおれる)

3급 **사람**이 장애물에 **닿아**(걸려) **넘어지**다

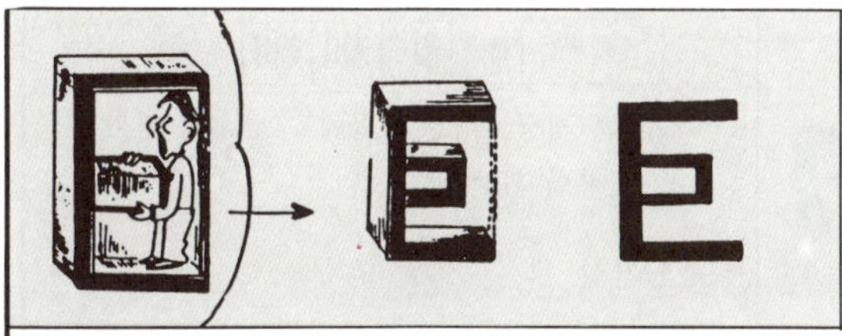

巨

一	ㄱ	ㅋ	巨	巨	

巨額 (거액) 큰 값어치, 큰 액수
巨事 (거사) 매우 거창한 일

中 클 거 キョ

통안이 적은 통을 들고 들어갈 수 있을 만큼 **크다.** 4급

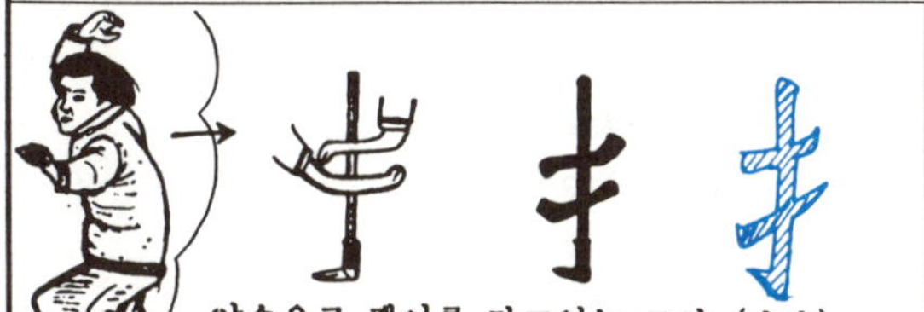

양손으로 괭이를 잡고있는 모양 (**손수**)

拒

一	扌	扌	拒	拒	拒

拒逆 (거역) 항거하여 거스름
拒絶 (거절) 받아들이지 아니하고 물리침

□ 막을 거 キョ(こばむ)

4급 **손**을 **크게** 휘저어 **막다**

몸통을 받치고 있는 발의 모양. (**발족**)

距

丨	口	𧾷	距	距	距

相距 (상거) 서로 떠러짐
距跳 (거조) 뛰어 오름

□ 떨어질 거
떨 거 キョ

3급II **발**걸음을 **크게** 옮기니 거리가 **떨어지다**

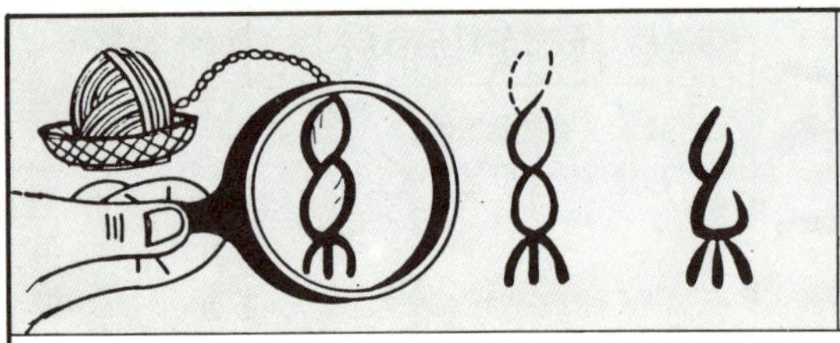

糸

′	ㄑ	幺	幺	糸

□ 실 사

실의 모양을 그린 것.

실의 모양. (**실사**)

絲

ㄑ	幺	糸	糹	糹幺	絲

生絲 (생사) 익히지 않은 명주실

絲路 (사로) 좁은 길, 작은 길

中 실 사　シ(いと)

4급

실에 **실**을 더해도 **실이다.**

풀싹이 돋아 나오는 모양.

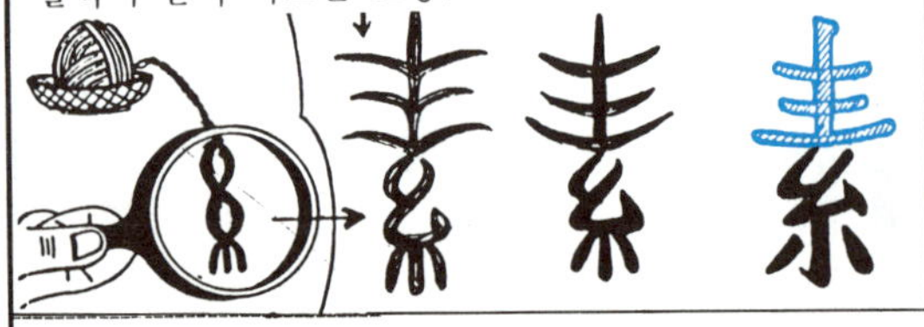

素

一	丰	丰	丰	耂	素

素志 (소지) 본디 품은 뜻

素行 (소행) 평소의 품행

中 흴 소, 바탕 소　ス(もと)

4급II

풀에서 뽑은 **실**의 **바탕은 희다.**

밭의 모양 (**밭전**)

細

ㄑ	幺	糸	糹	紅	細

細菌 (세균) 다른 생물에 기생해서 병의 근본이 되는 균

中 가늘 세　サイ(こまやか)

4급II

(높은 곳에서 보니) **실**같이 **밭**둑이 **가늘다.**

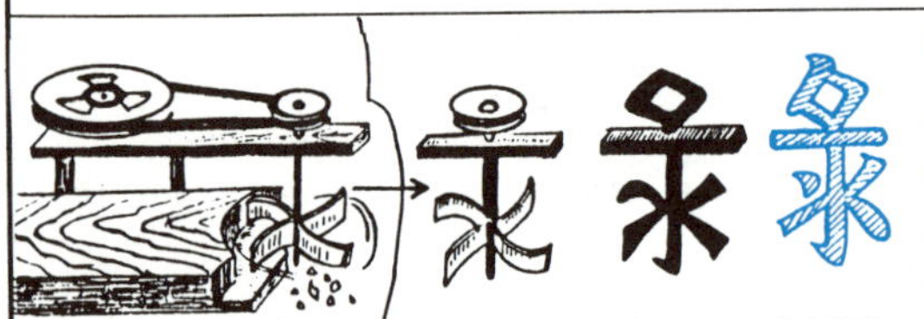

나무를 기계로 깎는 모양 (**나무깎을록**)

綠

ㄑ	幺	糸	糹	紵	綠

綠肥 (녹비) 풋거름

綠陰 (녹음) 우거진 나무의 그늘

中 푸를 록, 녹색 록　リョク(みどり)

6급

실같이 **깎아낸** 생나무껍질이 **푸르다.**

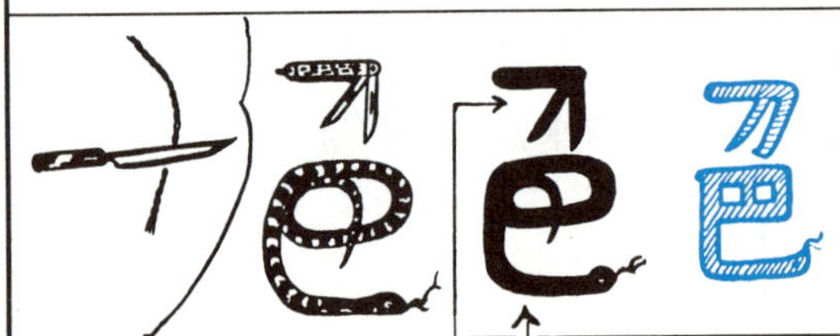

칼의 모양(**칼도**)

똬리를 틀고 있는 뱀의 모양. (**뱀파**)

絕

ㄑ	幺	糸	糹	絽	絕

絕命 (절명) 목숨이 끊어져 죽음

絕望 (절망) 소망이 끊어짐

中 끊을 절, 자를 절　ゼツ(たつ)

실을 **칼로 뱀 자르듯 끊다.**

4급II

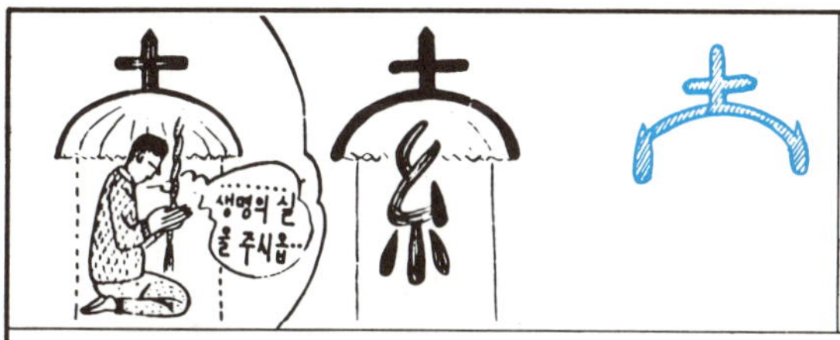

索

一	十	𠮛	壶	索	索

索捕 (색포) 찾아내어 잡음
索莫 (삭막) 황폐하여 쓸쓸한 모양

찾을 색 (삭)　サク(さがす)

3급II　**교회당**에서 생명의 줄(**실**)을 **찾다**

밭의 모양 (**발전**)

累

丨	冂	冊	畀	畾	累

累計 (누계) 총계
累卵 (누란) 알을 쌓아 놓은 것처럼 아주 위험한 상태

포갤 루
여러 루　ルイ(かさなる)

3급　(높은곳에서 보니) **밭** 이랑이 **실**같이 **여러** 개 **포개**져 있다

돼지가 빠드렁니로 우리를 뚫는 모양(**뚫을단 · 끊을단**)

緣

ㄑ	幺	糸	紀	緣	緣

緣故 (연고) ①까닭, 이유
緣由 (연유) 까닭

가선두를 연
인연 연　エン(ゆかり)

4급　**실**로 **뚫린** 천의 가장자리를 감치어 **가선두르**다

系

一	ㄱ	ㄱ	玄	玄	系

系列 (계열) 조직적인 차례
系子 (계자) 양아들, 양자

이을 계, 맬 계　ケイ

4급　**이어매어** 있는 모양을 본뜬 자.

어린 아들의 모양. (**아들자**)

孫

㇇	子	孑	孫	孫	

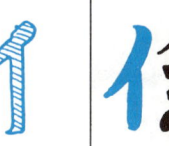

孫女 (손녀) 아들의 딸
孫婦 (손부) 손자의 아내

中　손자 손　ソン(まご)

6급　**아들**의 대를 **이어** 주는 자가 **손자**다.

사람이 섰는 모양. (**사람인**)

係

亻	亻	仫	伾	俘	係

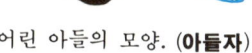

係着 (계착) 늘 마음에 걸림
係長 (계장) 관청이나 회사의 한 계의 책임자

연결할 계, 관계할 계　ケイ(かかる)

4급II　**사람**과 서로 **이어저** **관계하다**.

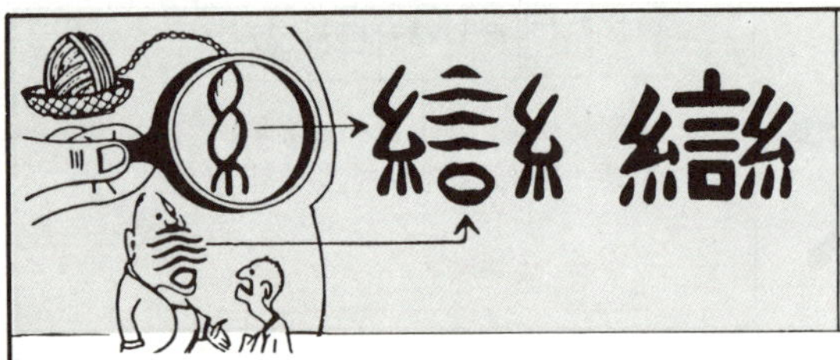

䜌

※ 뜻만 기억할 것.

□ 잇달 련, 말잇달 련

두 개의 실타래가 풀리듯 말을 **잇달아** 하다.

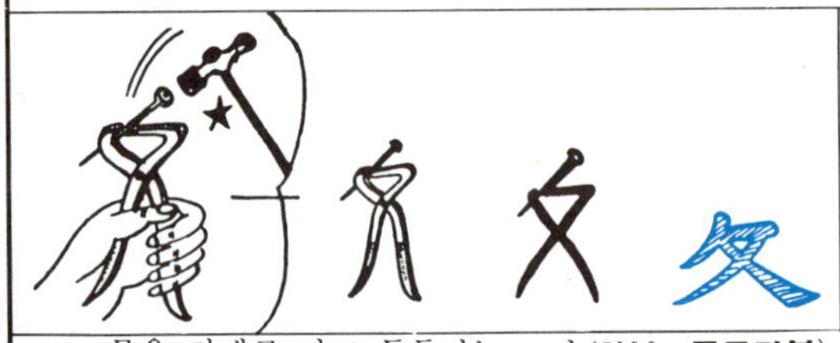

變

絲 䜌 變 약 变

變死 (변사) 병 외의 원인으로 죽음

變革 (변혁) 바꾸어 고침

中 변할 변 ヘン(かわる)

못을 집게로 잡고 두들기는 모양(**칠복. 두들길복**)

5급

(나쁜 사람을) **잇달아** **두들겨서** 가르치면 착한 자로 **변한다**

戀

言 䜌 戀 약 恋

戀人 (연인) 사랑하는 사람

戀情 (연정) 그리워 하는 마음

□ 사모할 련 그리울 련 レン(こい)

가슴의 모양 (**가슴심·마음심**)

3급II

잇달아 **마음**으로 **사모하다.**

蠻

言 䜌 蠻 약 蛮

蠻方 (만방) 오랑캐의 나라

蠻行 (만행) 야만적인 행위

□ 오랑캐 만 バン

벌레의 모양 (**벌레충**)

3급

잇달아서 **벌레**같은 짓을 하는 자가 **오랑캐**다

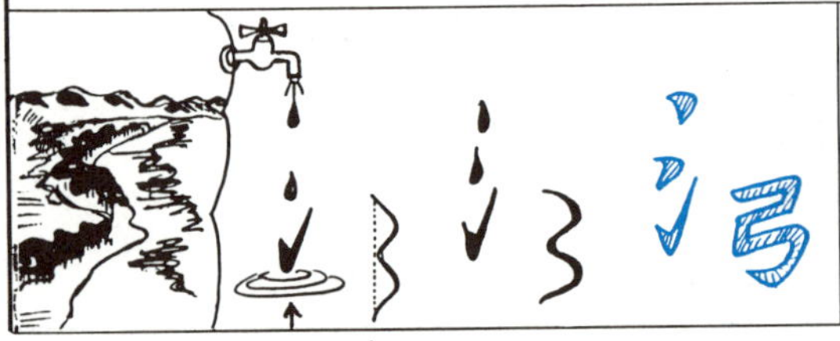

灣

氵 灣 약 湾

港灣 (항만) 항구와 해만

灣 (만) 바다가 육지로 넓게 들어온 곳

□ 물굽이 만 ワン(いりうみ)

(**물수**) ↑

활의 모양(**활궁**)

2급

파도가 (**물**)이 **잇달아** 몰아쳐 **활**같이 땅이 파인 곳이 **만(물굽이)**이다

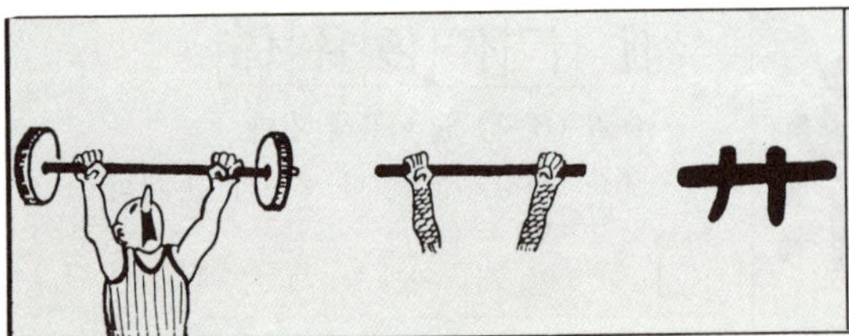

廾

一 ナ 廾

※ 뜻만 기억할 것

□ 받쳐들 공

들 공

손으로 **들고** 있는 모양을 본뜬 자

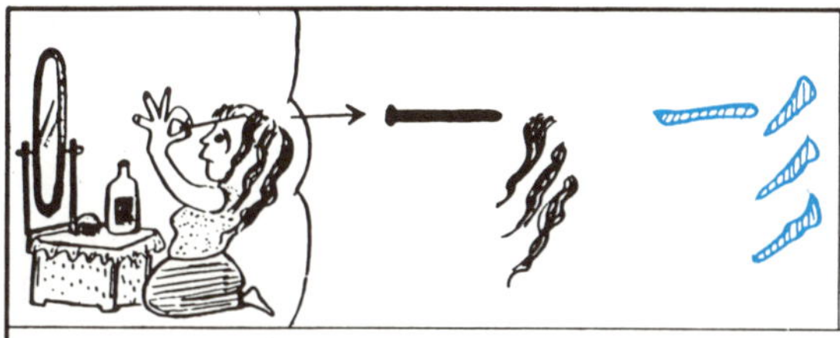

形

一	二	于	开	形	

形態 (형태) 모양과 태도

形成 (형성) 형상을 이룸

中 형상 형 ギョウ(かたち)

머리털(터럭)의 모양. (**터럭삼**)

6급

꼬챙이를 **들고** **머리결**을 갈라 **형상**을 고치다

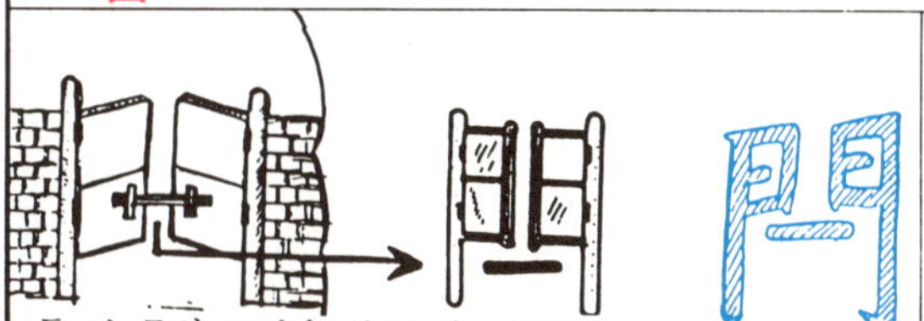

두 짝 문의 모양을 본뜬 자. (**문문**)

開

丨	冂	𠁣	門	閂	開

開陳 (개진) 진술함

開發 (개발) 거친 땅을 새로 이루어 발전시킴

中 열 개 カイ(ひらく)

6급

문에 **가로지른 빗장**을 **들고**(뽑고) **열다**

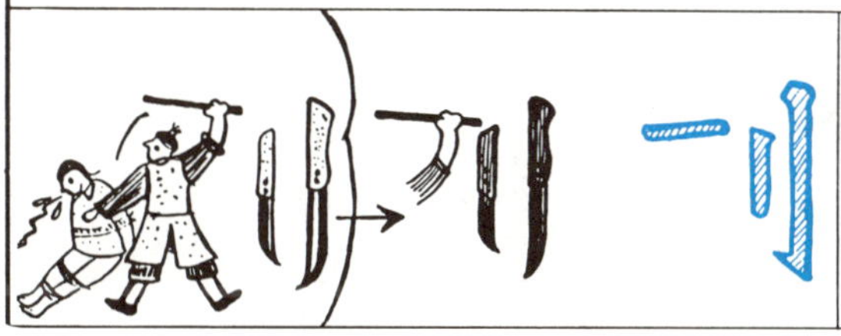

刑

一	二	于	开	开刂	刑

刑法 (형법) 6법의 하나

刑事 (형사) 형법의 적용을 받는 사건

中 형벌 형 ケイ

4급

몽둥이를 **들거**나 **칼**로 쳐 **형벌**하다

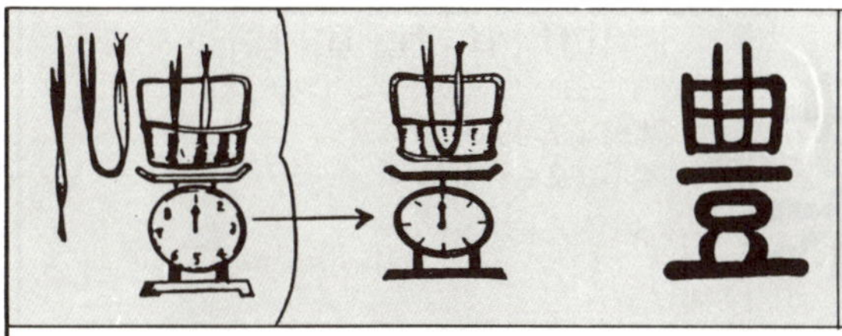

豐

丰	丰丰	𧯛	𧯛	豊	豐	약 豊

豊年 (풍년) 농사가 잘된 해

豊富 (풍부) 넉넉하고 부유함

中 풍성할 풍, 풍년 풍 ホウ(ゆたか)

크게 자란 농작물을 구부려 저울에 다니 **풍성하다.**

4급II

골격(뼈)의 모양. (**뼈골**)

體

冂	冎	骨	骨曲	骨豊	體	속 体

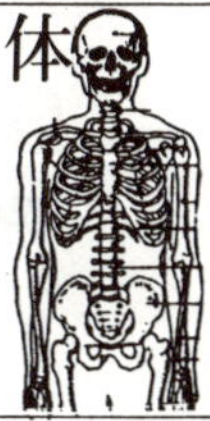

통일적인 것으로 통일하는 것

體驗 (체험) 자기가 직접 경험함

中 몸 체 タイ(からだ)

6급

뼈마디가 **풍성하게** 모여 이루어진 것이 **몸**이다.

신에게 보이려고 젯상을 차려놓은 모양. (**보일시, 제사시. 젯상시**)

禮

亍	示	礻冂	礻曲	禮	禮	약 礼

禮物 (예물) 사례로 주는 물건

禮訪 (예방) 인사로 방문함

中 예도 례 ライ

6급

젯상을 **풍성하게** 차리고 제 지내는 것이 **예도**다.

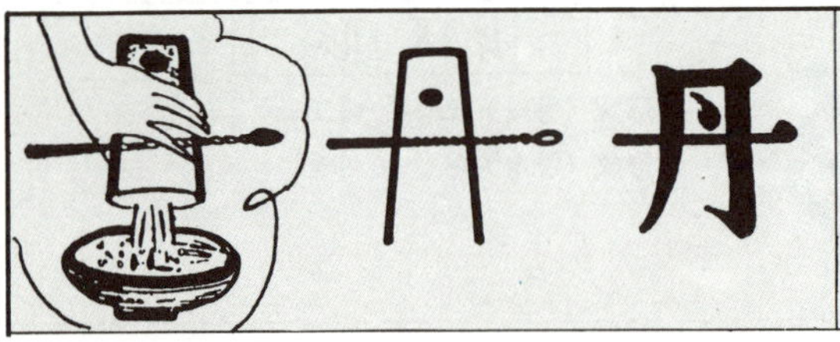

丹

丿 冂 冂 丹

丹粧 (단장) 화장
丹誠 (단성) 진정에서 울어나는 정성

中 붉을 단　　タン(あか)

3급 II　　컵의 단물을 쏟으니 **붉다**(달 감자(甘)를 뒤집은 모양).

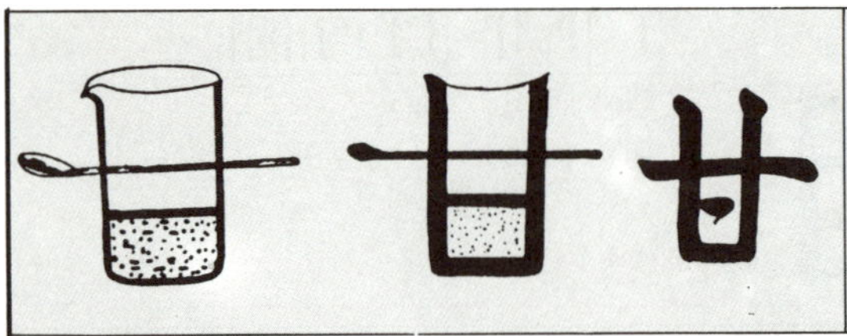

甘

一 十 廾 廿 甘

甘眠 (감면) 잠을 잘 잠, 달게 잠
甘酒 (감주) 좋은 술, 단술

中 달 감　　カン(あまい)

(컵에 설탕물이 담긴 모양) 컵의 설탕물이 **달다**.　　4급

통속에 비단필이 들어있는 모양. (**필필. 짝필**)

甚

一 十 廾 甘 甘 甚

甚難 (심난) 매우 어려움
甚至於 (심지어) 심하게는

中 심할 심　　ジン(はなはだ)

3급 II　　**달콤한** 음식에 **비단필**로 몸을 감싸고 사니 **심히** 좋다.

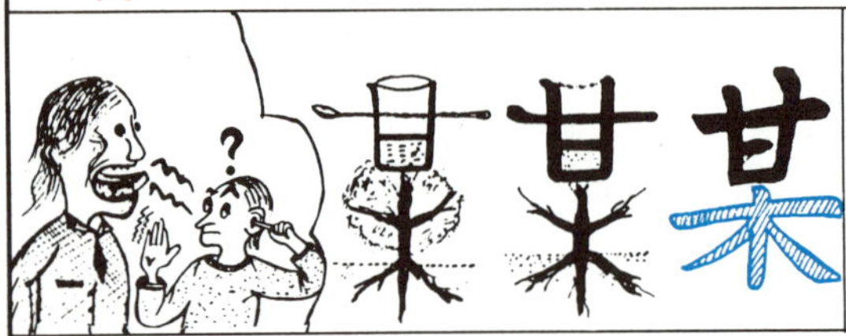

某

一 廾 甘 甘 苷 某

某處 (모처) 어떠한 곳
某年 (모년) 어느 해

아무 모　　ボウ(それがし)

3급　　**단** 맛이나는 **나무**조각을 입에 물고 말하니 **아무**도 알아 듣지 못한다.

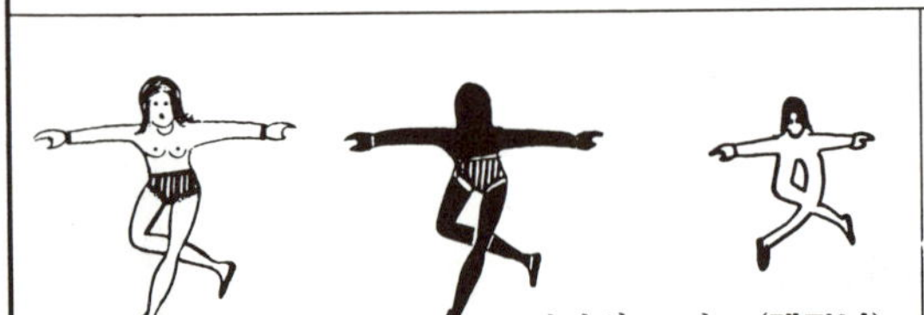

여자의 모양. (**계집녀**)

媒

女 女 女 娸 媒

媒婆 (매파) 중매하는 할멈
媒合 (매합) 혼인을 중매함

중매 매　　バイ(すす)

3급　　**여자**를 **아무**도 몰랐던 남자에게 **중매**하다.

수염을 들먹이며 입으로 말하는 모양. (**말씀언**)

謀

言 言 言 言 謀 謀

謀逆 (모역) 반역을 꾀하는 일
謀利 (모리) 이익을 꾀함

꾀 모
도모할 모　　ボウ(はかる)

3급 II　　**말**을 **아무**도 모르게 전하며(비밀을) **꾀**하다

一	十	廾	甘	甚	其

其

其間 (기간) 그 사이, 그 동안
其實 (기실) 실제의 형편

中 그 기, 그것 기　キ(その)

3급II　의자가 바로 **그**것이다.

싹이(+) 흙위에(ㅡ) 돋아나는 모양. (**흙토**)

十	廾	甘	甘	其	基

基

基幹 (기간) 기본이나 기초로 되는 중요한 부분　例 ~團體
基本 (기본) 사물의 기초와 근본

中 터 기　キ(もと)

5급　**그 땅**(흙)에 **터**를 잡다.

초승달의 모양. (**달월**)

一	廾	其	期	期	期

期

期限 (기한) 미리 정한 시기
期待感 (기대감) 믿고 기다리는 심정

中 기약할 기　キ

5급　**그 달**로 때를 **기약하다.**

입을 벌리고 하품하는 모양(**입크게 벌릴흠.하품흠**)

一	廾	其	欺	欺	欺

欺

欺罔 (기망) 속임. 거짓말을 함
欺瞞 (기만) 그럴듯하게 남을 속임

속일 기　ギ(あざむく)

3급　**그**는 **입을 크게 벌리**고(떠버리같이) **속이**다

도끼의 모양(**도끼근 · 근근**)

廾	其	斯	斯	斯

斯

斯學 (사학) 이 학문
斯界 (사계) 이 분야

이 사　シ(これ)

3급　(연못에 빠뜨린) **그 도끼**가 **이**것이냐(?)

쟁기에 깃발을 꽂은모양(**깃발언**)

亠	方	方	扩	旃	旗

旗

旗竿 (기간) 깃대
旗艦 (기함) 사령관이 타고 있는 군함

기 기　キ(はた)

쟁기에 꽂혀 그렇게 펄럭이는 게 **기**다　7급

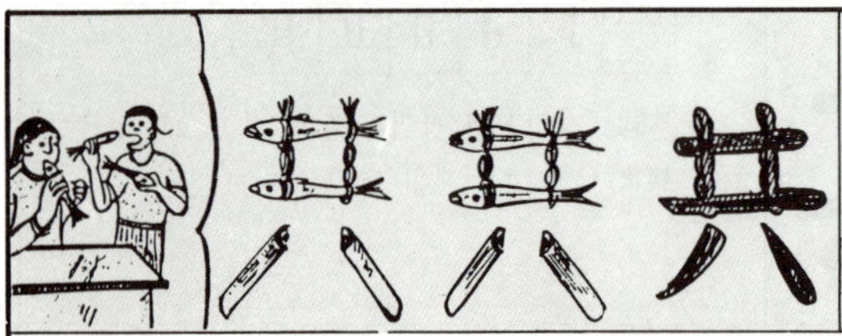

共

一 十 卄 廾 共 共

共同 (공동) 여럿이 일을 같이함
共用 (공용) 공동으로 씀

中 함께 공　キョウ(とも)

6급　**엮은** 고기를 **나누**어 **함께** 가지다

選

' 巳 巳巳 巺 巽 選

選任 (선임) 뽑아서 직무를 맡김
選定 (선정) 뽑아서 정함

中 가릴 선, 뽑을 선　セン(えらぶ)

5급　**둘이 구부리**고 **함께 나아가**서 대표자를 **가리어 뽑다**.

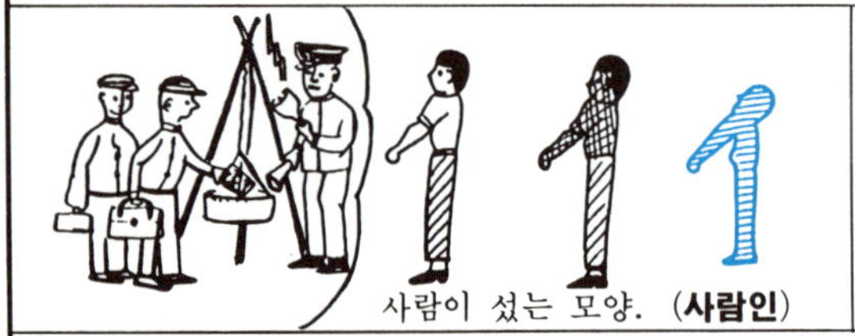

供

亻 仁 仕 仳 供 供

供需 (공수) 물자의 수요와 공급
供出 (공출) 나라의 요구에 따라 백성이 의무적으로 내 놓는 일

이바지할 공,　キョウ(そなえる)

3급II　**사람**이 **함께** 사회에 **이바지하**다.

恭

卄 卄 共 共 恭 恭

恭待 (공대) 상대자에게 경어를 씀
恭賀 (공하) 삼가 축하함 예 ~新年

공손할 공
공경할 경　キョウ(うやうやしい)

3급II　**함께 마음**으로 **공경하**다

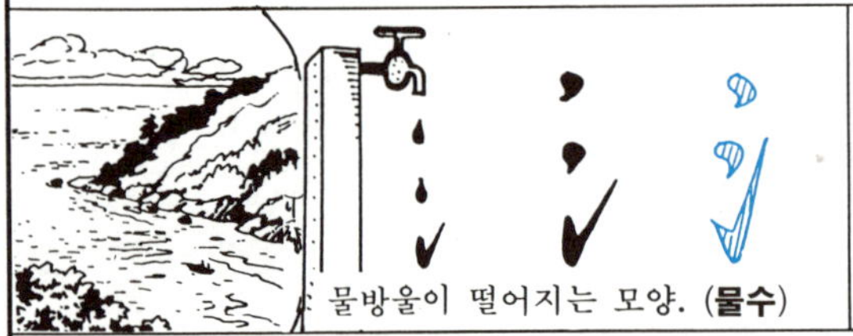

洪

丶 氵 氵 汁 洪 洪

洪勳 (홍훈) 훌륭한 공로. 큰 공
洪水 (홍수) 강물이 넘쳐 흐르는 것

넓을 홍　コウ

3급II　**물**이 **함께** 모여 흐르니 **넓다**

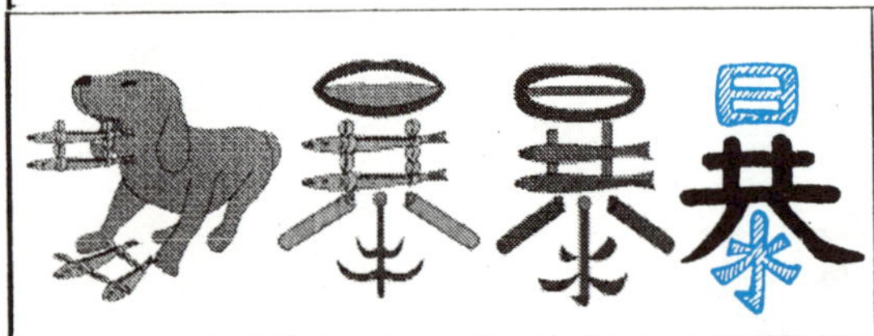

暴

丨 日 旦 異 暴 暴

暴惡 (포악) 사납고 악함
暴虐 (잔학) 난폭하고 잔악함

中 사나울 포 (폭)　ボウ(あばれる)

4급II　**입**을 **벌리**고 **엮은 고기**를 **찢고** **걸어당기**며 **사납게** 굴다.

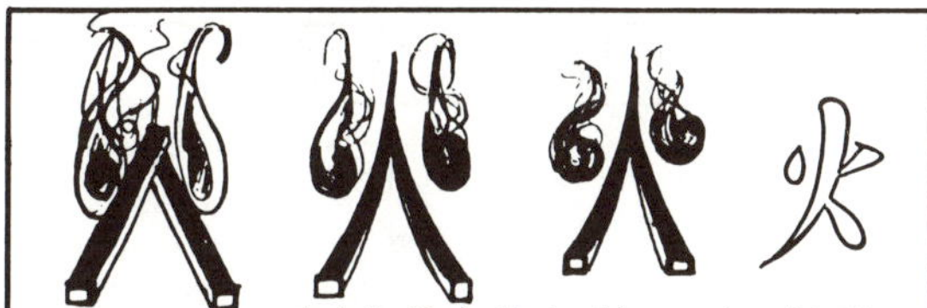

장작에 불이 붙어 타는 모양. (불화)

爆

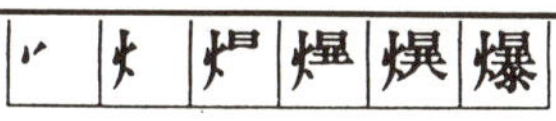

爆音 (폭음) 폭발하는 소리
爆彈 (폭탄) 폭약을 장치한 탄환

□ 터질 폭　バク(はじける)

4급

불이붙어 **사납게** **터지**다

물방울이 떨어지는 모양. (물수)

瀑

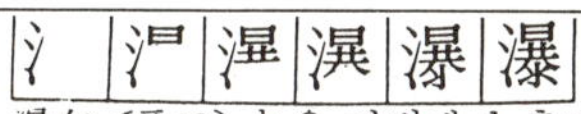

瀑布 (폭포) 높은 절벽에서 흘러 떨어지는물
飛瀑 (비폭) 매우 높은 곳에서 세차게 떨어지는 폭포

□ 소나기 포
폭포수 폭　バク(たき)

물이 **사납게** 흐르는 게 **폭포수**다

異

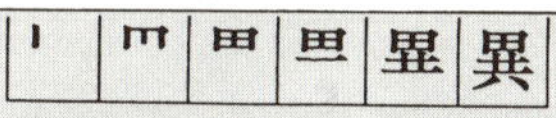

異見 (이견) 남과 다른 생각
異鄕 (이향) 타향 (他鄕)

中 다를 이　イ(ことなる)

발과 **엮은고기**는 **쪼개는** 방법이 **다르**다.

깃털의 모양(깃우)

翼

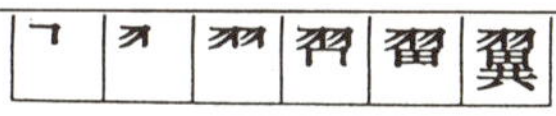

輔翼 (보익) 도와서 좋은 데로 인도함
翼亮 (익량) 임금을 도와서 천하를 다스림

□ 날개 익
도울 익　ヨク(つばさ)

3급II

깃이 서로 **다른** 방향(좌우)에 붙어있는 게 **날개**다

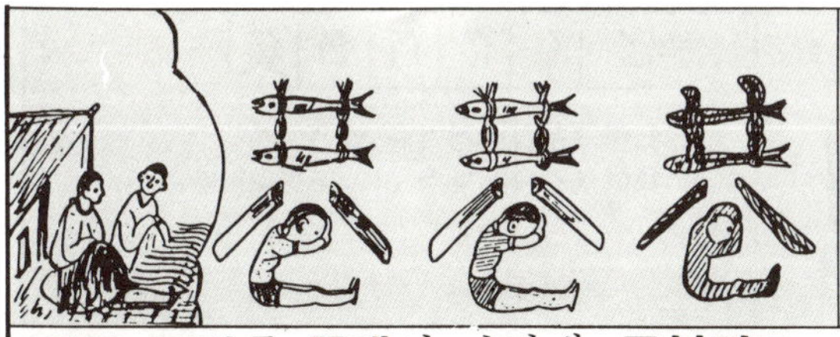

巷

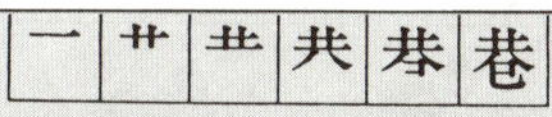

巷謠 (항요) 거리에서 유행하는 노래
巷間 (항간) 서민들 사이

□ 거리 항
골목 항　コウ(みなと)

엮은 고기를 **쪼개**어 난전에 **구부리고**
앉아 파는 곳이 **골목 길**이다.

3급

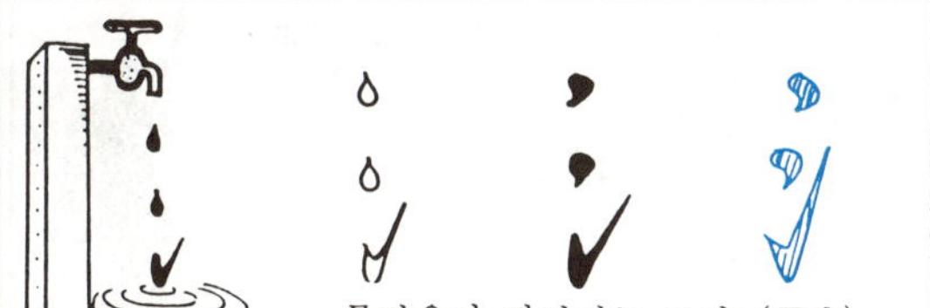

물방울이 떨어지는 모양 (물수)

港

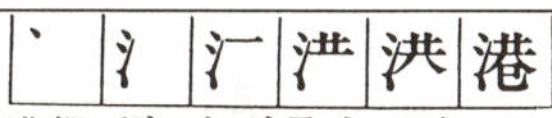

港都 (항도) 항구의 도시
軍港 (군항) 국방상의 설비가 되어 있는 항구

□ 항구 항　コウ(みなと)

4급II

물(바닷) **길**의 종착역이 **항구**다.

貝

丨 冂 月 月 目 貝

貝石 (패석) 조개의 화석
貝殼 (패각) 조개 껍질

中 재물 패, 조개 패 (かい)

3급 조개(자개)장농에 **돈**이 들어 있는 모양.

도끼 두개가 있는 모양 (**도끼근**)

質

⺁ 厂 斤 斦 質 質

質素 (질소) 모양을 내지 않음
質定 (질정) 갈피를 잡아 정함

中 바탕 질 シチ、シツ、チ (ただす)

5급 **두개의 도끼**중에 **돈**을 많이 주고 산게 **바탕**이 좋다.

주살의 모양 (**주살익**)
나무토막이 두개 있는 모양 (**두이**)

貳

一 二 貳 貳 貳 貳

貳車 (이거) 버금으로 따르는 수레
貳心 (이심) 두 가지 마음

中 두 이 二 (ふたつ)

3급 **주살**(칼)**두** 자루를 **돈**을 내고 사니 칼이 **두개**다.

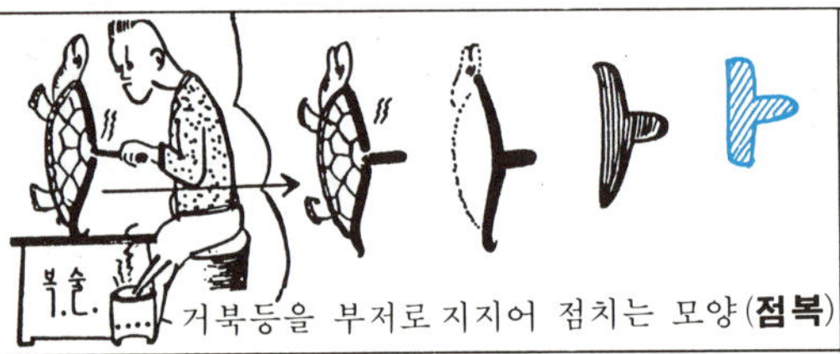

거북등을 부저로 지지어 점치는 모양(**점복**)

貞

丨 ⺊ ⺊ 貞 貞 貞

貞節 (정절) 굳은 마음과 변하지 않는 절개
貞操 (정조) 여자의 깨끗한 절개

中 곧을 정 テイ

3급II **점**을 쳐달라고 **돈**을 내면 **곧**은 점을 쳐준다

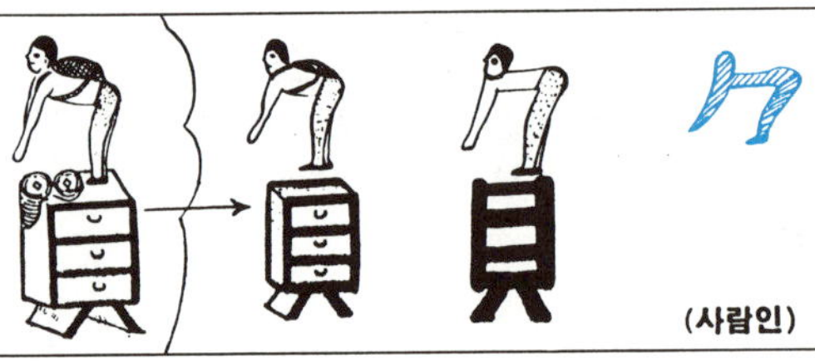

(**사람인**)

負

丿 ⺈ 仒 负 負 負

負傷 (부상) 상처를 입음
負債 (부채) 빚을 짐. 또는 진 빚

질 부
빚질 부 フ (おう)

4급 (딴) **사람**이 **돈**을 쓰고 **빚**을 **지다**

절단기와 창의 모양(**병장기융**)

賊

丨 冂 貝 貝 賊 賊

賊徒 (적도) 도적의 무리
賊巢 (적소) 도적의 소굴

도적 적 ゾク

4급 **돈**을 **병장기**로 빼앗아 가는 자가 **도적**이다

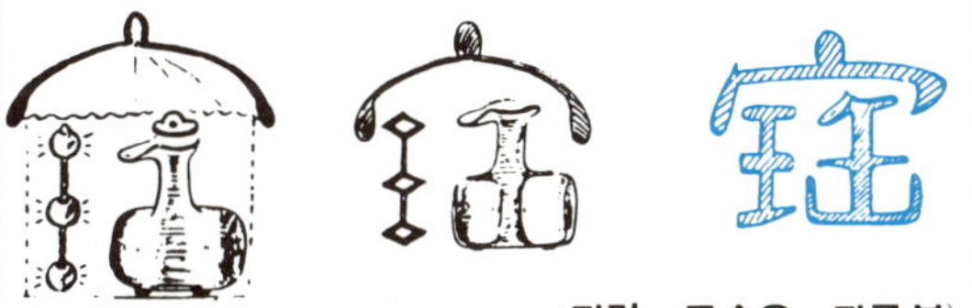
(집면 · 구슬옥 · 장군부)

寶

宀 | 宀 | 宝 | 寚 | 寶 | 寶 | 약 宝

寶物 (보물) 보배로운 물건
寶石 (보석) 아름답고 귀한 옥돌

보배 보　ホウ (たから)

4급II 집 안에 있는 구슬이 담긴 질그릇이나 돈이 보배다

(지아비 부) 갓을 쓴 지아비의 모양.

贊

丿 | 𠂉 | 先 | 兟 | 贊 | 贊 | 동 賛

贊否 (찬부) 찬성과 불찬성
贊成 (찬성) 옳다고 동의함

도울 찬　サン

두 지아비가 돈을 내어서 남을 돕다

3급II

수염을 들먹이며 입으로 말하는 모양. (말씀언)

讚

丶 | 言 | 言 | 訁 | 讃 | 讚 | 속 讃

讚美 (찬미) 아름다운 덕을 기림
讚揚 (찬양) 아름다움을 기리고 착함을 표창함

기릴 찬　サン (ほめる)

4급　(칭찬의) 말로 남을 돕는 행위를 기리다

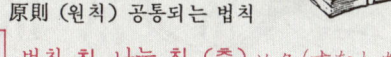

則

冂 | 目 | 貝 | 則 | 則

細則 (세칙) 자세한 규칙
原則 (원칙) 공통되는 법칙

中 법칙 칙　나눌 칙 (측) ソク (すなわち)

5급　돈을 칼로 베듯 법칙 대로 나누다.

사람이 섰는 모양. (사람인)

側

亻 | 们 | 伯 | 但 | 俱 | 側

側僻 (측벽) 편협되고 천함
側面 (측면) 표면에 대한 좌우의 면

곁 측　ソク (かわ)

3급II　(쓸만한) 사람을 법 대로 나누어 곁에 두다

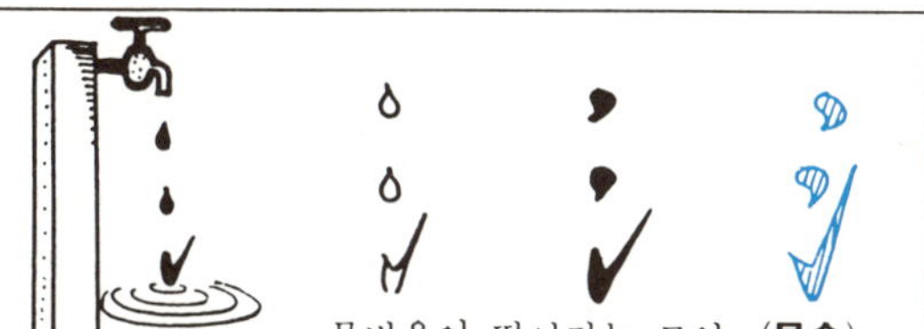
물방울이 떨어지는 모양. (물수)

測

丶 | 氵 | 沮 | 浿 | 浿 | 測

測量 (측량) 넓이 등을 조사해 잼
測定 (측정) 재어 정함

잴 측　ソク (はかる)

4급II　(수도국에서) 물을 법 대로 나누어 주고 쓴 량을 재다

그물 같이짠 광주리의 모양 (**그물망**)

買

丨	冂	罒	罒	罒	買

買賣 (매매) 물건을 사고 팜
買收 (매수) 남의 마음을 사서 자기편으로 함

中 살 매　バイ(かう)

5급　**그물** 광주리에 **돈**을 내고 물건을 **사다.**

賣

一	十	士	声	賣	賣

약 売

賣却 (매각) 팔아 버림
賣盡 (매진) 모조리 팔림

中 팔 매　バイ(うる)

5급 선비에게 광주리의 물건을 돈을 받고 **팔다.**

수염을 들먹이며 입으로 말하는 모양. (**말씀언**)

讀

言	言	訁	讀	讀

讀書 (독서) 책을 읽음
讀習 (독습) 글을 읽어 스스로 익힘

中 읽을 독 (두)　トク(よむ)　약 読

6급　(싸구려를 외치며) **말**로 물건을 **팔 때같이** (큰 소리로) **읽다.**

실의 모양. (**실사**)

續

纟	幺	糸	紷	續	續

약 続

續刊 (속간) 신문·잡지 등을 정간하였다가 다시 간행함
續行 (속행) 잇달아 시행함

中 이을 속　ゾク(つづく)

4급II　**실**타래 같이 **팔리는 게** 계속 **이어지다.**

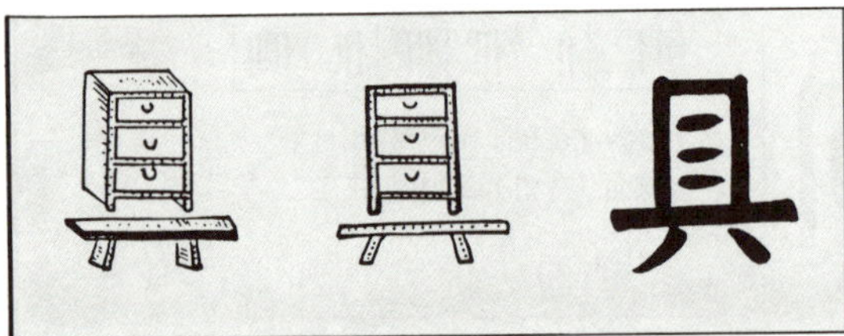

具

丨	冂	目	且	具	具

具格 (구격) 격식에 맞음
具備 (구비) 빠짐없이 갖춤

갖출 구　グ(そなえる)

5급　**가구** 밑에다 **받침대**를 **갖추어** 놓다

사람이 섰는 모양. (**사람인**)

俱

亻	亻	伵	倶	俱	俱

俱沒 (구몰) 부모가 다 별세함
俱現 (구현) 내용이 죄다 드러남

모두 구
다 구　ク(ともに)

3급　**사람**이 **갖출** 것을 **모두 다** 갖추다

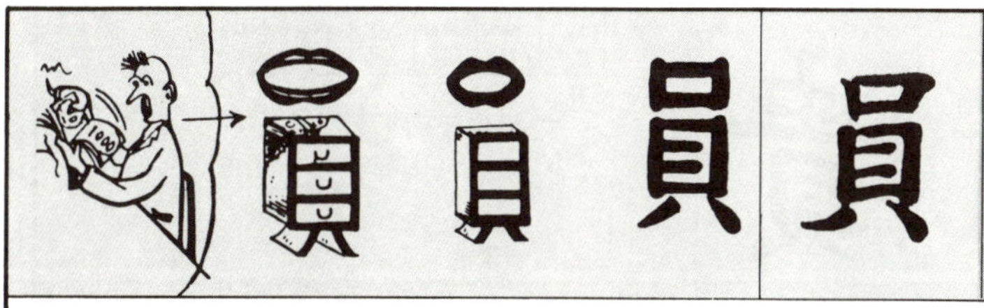

丨	口	尸	目	目	員

員外 (원외) 정한 사람의 수효 밖
員程 (원정) 정한 분량

인원 원, 관원 원　イン

4급II　**입**으로 **돈**을 많은 **인원**이 세다.

(에울위. 에워쌀위)

冂	門	圓	圓	圓

속 円

圓滿 (원만) 모나지 않음
圓熟 (원숙) 아주 숙달됨

中 둥글 원　エン (まるい)

4급II　(주위를) **에워싸**듯 많은 **인원**이　**둥글게** 모이다.

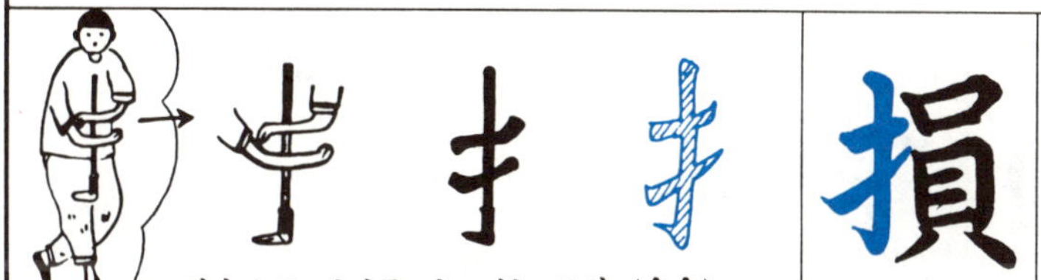

양손으로 괭이를 잡고있는 모양 (**손수**)

一	扌	扌口	捐	損	損

損傷 (손상) 떨어지고 상함
損失 (손실) 축나서 잃어버림

덜 손　ソン (そこなう)

4급　**손**을 써서 **인원** 수를 줄여 손해를 **덜다**

ㄴ	口	毌	毌	貫	貫

貫徹 (관철) 끝까지 해 냄
貫通 (관통) 맞뚫어 냄

꿸 관　カン (つらぬく)

3급II　엽전꾸러미를 만들려고 돈을 **꿰다.**

지붕을 덮어씌운 집의 모양. (**집면**)

宀	宀	宀	宀	實	實

약 実

實感 (실감) 실제로 느낌
實用 (실용) 실제로 씀

中 열매 실　ジッ (み)

5급　(단단한 껍질) **집**에 꽉 차게 **꿰어 있는** 것이 **열매**다.

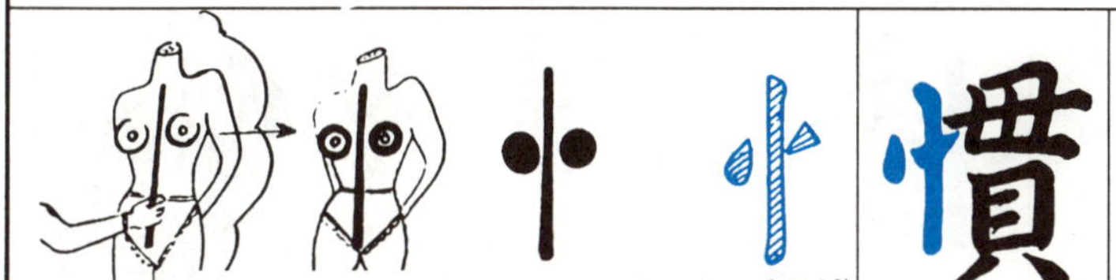

젖가슴을 짚어 보이는 모양. (**가슴심 · 마음심**)

丷	忄	忄毌	慣	慣	慣

慣例 (관례) 습관이 된 전례
慣用 (관용) 늘 많이 씀

익숙할 관
버릇 관　カン (なれる)

3급II　**마음**에 **꿰어 있어** 버리지 못하는 것이 **버릇**이다.

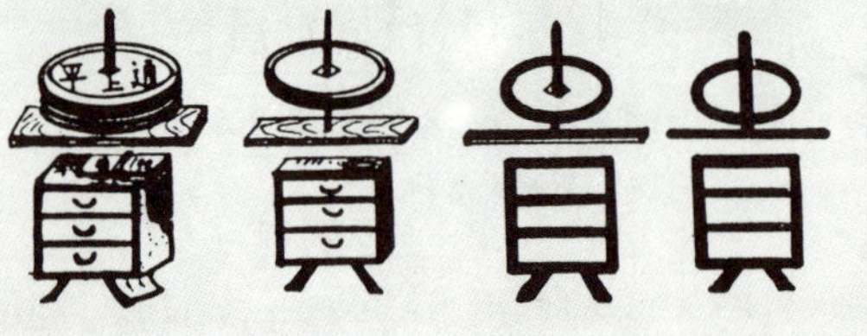

貴

丨 口 中 虫 冑 貴

貴下 (귀하) 상대에 대한 존칭

貴宅 (귀댁) 상대의 집의 존칭

中 귀할 귀 キ(とうとい)

5급 엽전꽂이와 돈궤는 **귀한** 거다.

캥거루우가 달려가는 모양. (**갈착. 달릴착**)

遺

口 中 虫 冑 貴 遺

遺失 (유실) 잃어버림

遺品 (유품) 기념으로 남겨 놓은 물건

中 끼칠 유, 잃을 유 イ(のこる)

4급 **귀한** 것을 갖고 **달리다**가 **잃어 버리다**.

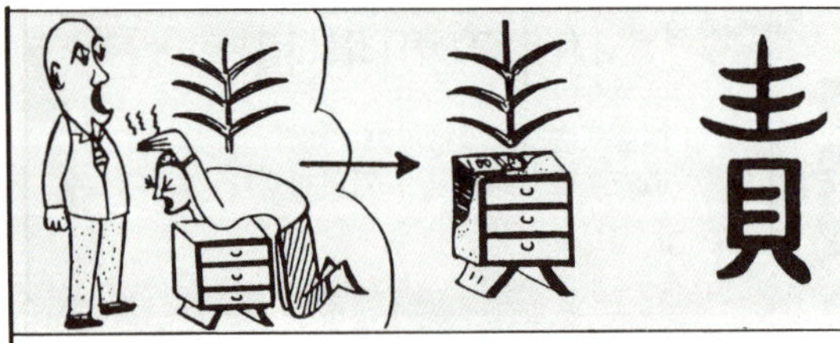

責

一 十 圭 靑 青 責

責任 (책임) 맡아서 해야 할 임무

責言 (책언) 꾸짖는 말

中 꾸짖을 책, 책임 책 セキ(せめる)

5급 **가시**로 찌르듯 **돈**을 **책임**지고 갚으라며 **꾸짖다**.

사람이 섰는 모양. (**사람인**)

債

亻 仕 佳 倩 債 債

債務 (채무) 부채를 갚아야 할 의무

債金 (채금) 남한테 빌어 쓴 돈

빚 채 サイ

3급 **사람**이 **책임**지고 갚아야 할 것이 **빚**이다.

몸통을 받치고 있는 발의 모양. (**발족**)

蹟

丨 口 𧾷 蹈 蹟 蹟

奇蹟 (기적) 사람의 힘으로 할 수 없는 신기한 일

事蹟 (사적) 사건의 자취

행적 적
발자취 적 セキ(あと)

3급II **발**로(한걸음 한거름) **책임**있게 **행적**을 남기다

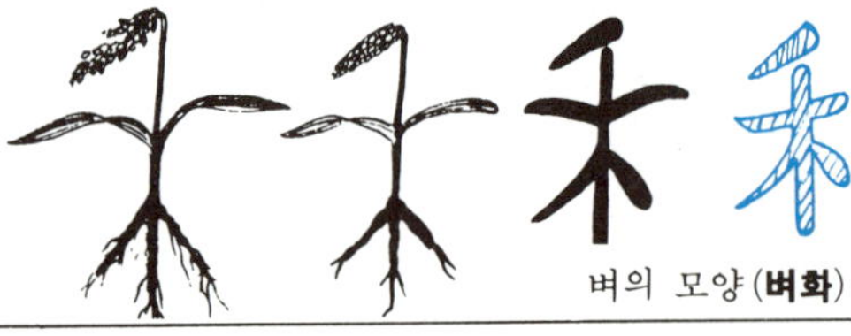

벼의 모양(**벼화**)

積

丿 千 禾 秸 積 積

功積 (공적) 공을 쌓음

積載 (적재) 물건을 쌓아 실음

모을 적 セキ(つむ)

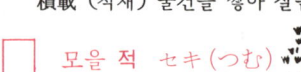

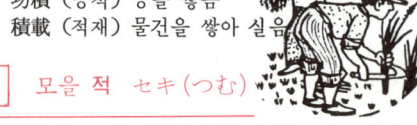

4급 **벼**를 **책임**지고 **모으다**

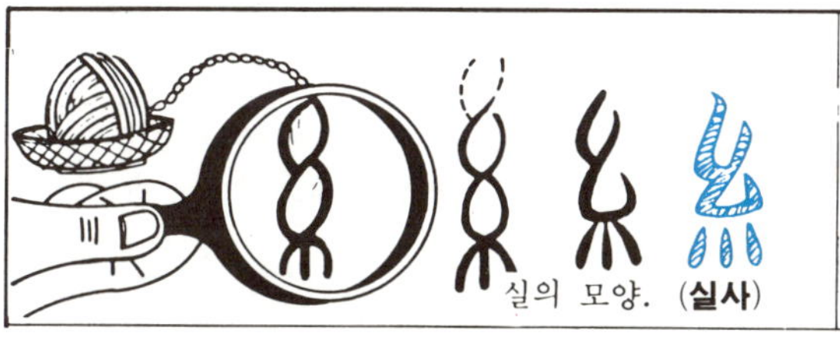

실의 모양. (**실사**)

績

紡績 (방적) 실을 뽑는 것, 또는 그 실
業績 (업적) 사업에서 거둔 공적

길쌈 적
공적 적 セキ(つむぐ)

4급

실을 만드는 **책임**을 맡고 **길쌈**하다

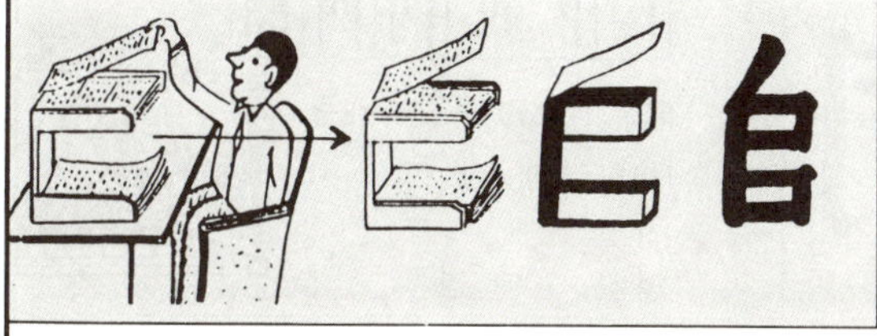

𠂤

※뜻만 기억할 것

많을 퇴, 쌓일 퇴

결재 서류통에 서류가 **많이 쌓이다**.

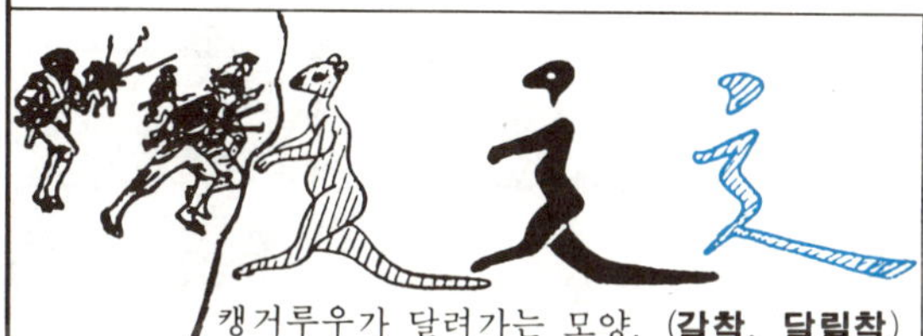

캥거루우가 달려가는 모양. (**갈착. 달릴착**)

追

追考 (추고) 미루어 생각함
追慕 (추모) 죽은 사람을 사모함

中 쫓을 추 ツイ(おう)

3급II

많은 거리를 **달려**서 **쫓다**

옷걸이에 수건같은 천이 걸려 있는 모양. (**수건건 · 천건**)

師

속 师

師範 (사범) 유도 따위의 무술을 가르치는 사람
師弟 (사제) 스승과 제자

中 스승 사 シ

많은 지식을 **지휘봉**을 들고 **수건**으로 땀을 닦으며 가르치는 이가 **스승**이다.

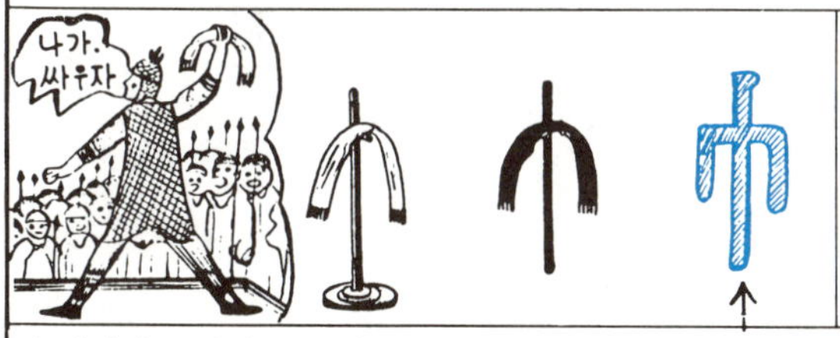

옷걸이에 수건같은 천이 걸려 있는 모양. (**수건건 · 천건**)

帥

統帥 (통수) 통령
元帥 (원수) 장수의 으뜸. 군인의 최고 계급

장수 수 スイ(ひきいる)

많은 병졸을 **수건**을 흔들며 지휘하는 이가 **장수**다

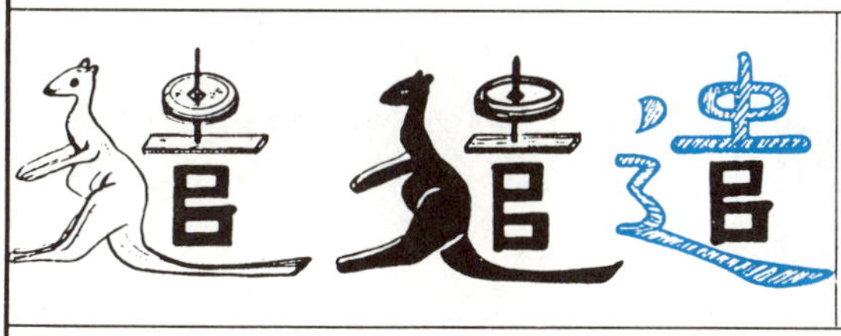

遣

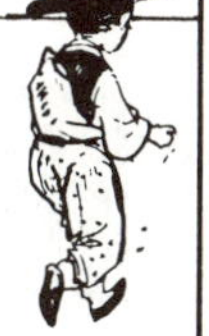

遣外 (견외) 외국에 파견함
遣歸 (견귀) 들려 보냄

보낼 견 ケン(つかわす)

3급

꽂아 묶은 **많은** 엽전을 **달려가**는 인편에 **보내다**

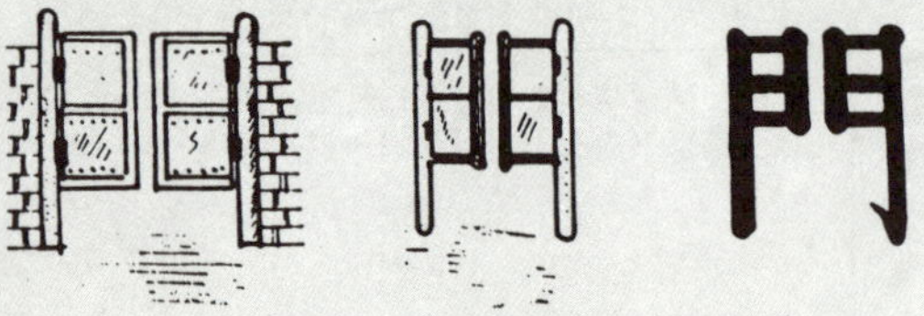

門

丨 𠃍 戶 戸 門 門

門戶 (문호) (1)집으로 드나드는 문
(2)출입구가 되는 중요한 곳

門生 (문생) 제자, 문하생

中 문 문 モン(かど)

8급

문의 모양을 본뜬 자.

입의 모양. (**입구**)

問

丨 𠃍 戶 門 門 問

問答 (문답) 물음과 대답

問病 (문병) 병문안

中 물을 문 モン(とう)

7급

문에 **입**을 대고 **묻다.**

귀의 모양(**귀이**)

聞

丨 𠃍 戶 門 閏 聞

聞人 (문인) 평판이 있는 사람

聞見 (문견) 보고 듣고서 아는 지식

中 들을 문 ブン(きく)

6급

문에 **귀**를 대고 **듣다.**

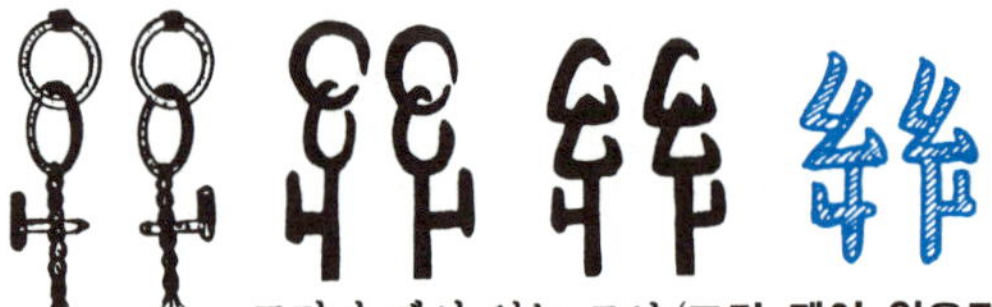

고리가 꿰여 있는 모양(**고리 꿰여 있을관**)

關

丨 戶 門 閂 閞 關 약 関

關鍵 (관건) (1)문의 빗장
(2)사물의 중요한 부분

關係 (관계) 둘 이상이 서로 걸림

(※잠그는 것이 관계하는 것이다)

中 잠글 관, 관계할 관 カン(せき)

5급

문 고리를 꿰어서 잠그다.

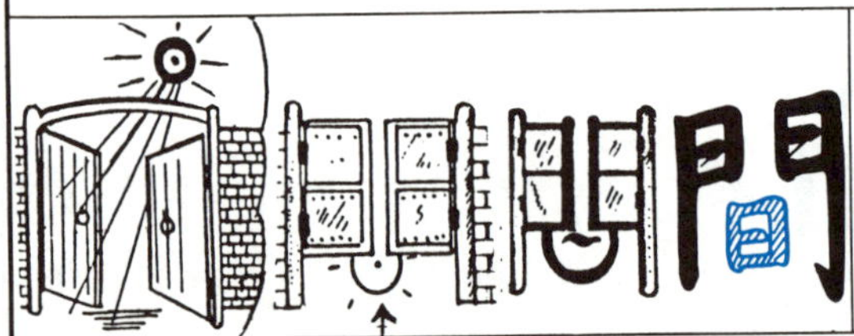

해(날)의 모양 (**해일. 날일**)

間

丨 𠃍 戶 門 問 間

間食 (간식) 군음식

間者 (간자) 이즈음

中 사이 간 カン(あいだ)

7급

문틈으로 **햇볕**이 스며
사이로 들어 오다.

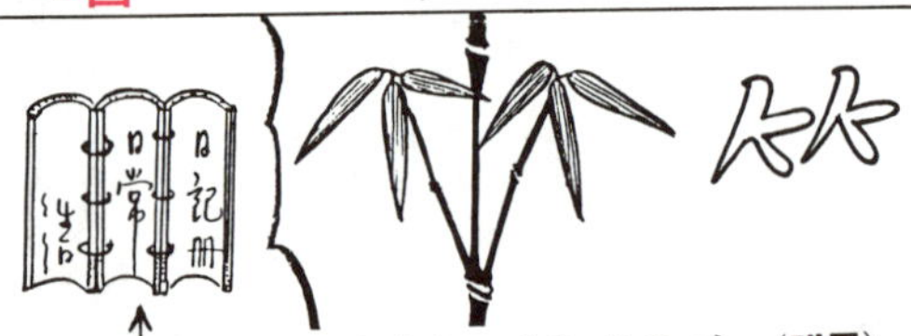

대나무의 이파리 모양을 본뜬 자. (**대죽**)

簡

丿 𠂉 𥫗 竹 簡 簡

簡略 (간략) 간단하게 줄임

簡易 (간이) 간단하고 쉬움

□ 편지 간
간략할 간 カン

*종이가 없던 옛날에는 대나무
조각을 엮어서 거기다 글을 썼음.

대나무 조각을 엮은 **사이**에 **간략하**게 **편지**를 쓰다

4급

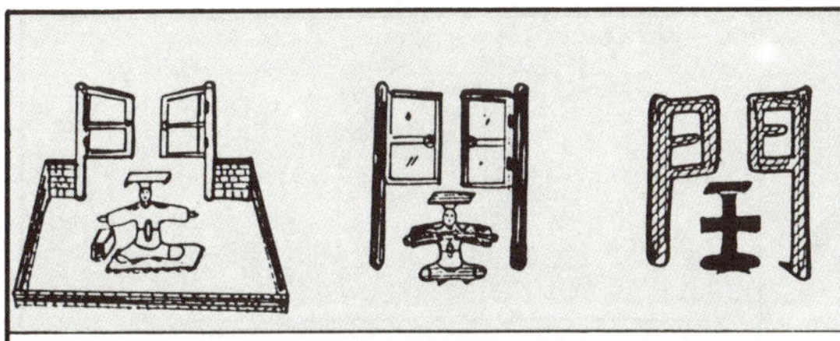

閏

丨	門	門	門	閏	閏

閏月 (윤월) 윤달
閏日 (윤일) 양력 2월 29일

□ 윤달 윤 ジュン(うるう)

(대궐) **문** 안을 **왕**이 벗어나지 못하는 때가 **윤달**이다

※ (윤달에는 재수가 없다하여 왕이 대궐을 떠나지 않았다는 데서 유래)

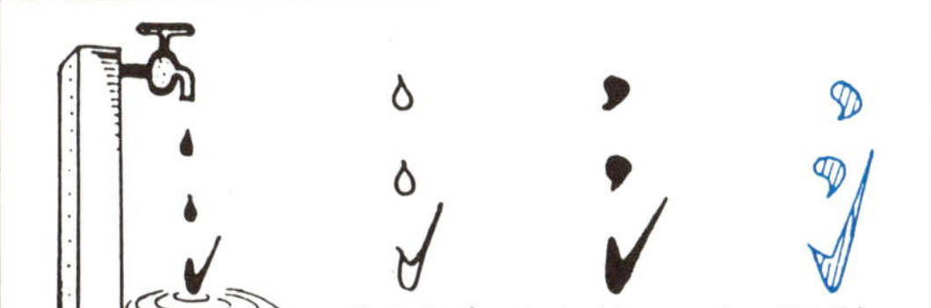

물방울이 떨어지는 모양. (**물수**)

潤

丶	氵	氵	氵	潤	潤

潤洽 (윤흡) 혜택이 널리 미침
潤筆 (윤필) 글씨를 쓰고 그린 그림

□ 젖을 윤
윤택할 윤 ジュン(うるおう)

3급II (윤달에 왕이 대궐을 벗어나지 못하듯) **물**이 **윤달**같이 고여 있으니 식물이 충분이 **젖어**서 **윤택**하다

長

一	厂	𠂉	上	㐧	長

長久 (장구) 길고 오램
長成 (장성) 자라서 어른이 됨

中 긴 장 チョウ(ながい)

8급 **의자**에 앉은 분이 수염이 **긴 어른**이다.

활의 모양 (**활궁**)

張

弓	弓	弓	張	張	張

張大 (장대) 벌려서 크게 함
張數 (장수) 종이를 세는

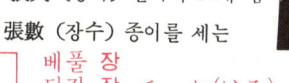

□ 베풀 장
당길 장 チョウ(はる)

4급 **활** 시위를 **길게** 잡아**당기**다

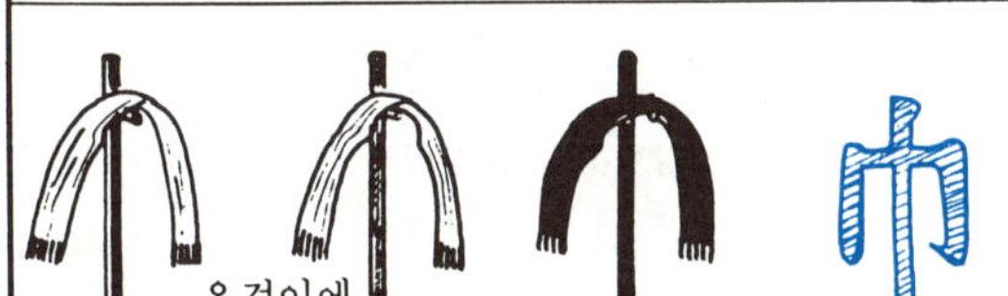

옷걸이에
수건같은 천이 걸려 있는 모양. (**수건건 · 천건**)

帳

丨	冂	巾	帳	帳	帳

帳記 (장기) 물품이나 논밭의 매매에 대한 물목 (物目) 을 적은 글발

中 휘장 장
장부책 장 チョウ(とばり)

4급 **수건** 같은 천을 **길게** 느린 게 **휘장**(장부책)이다

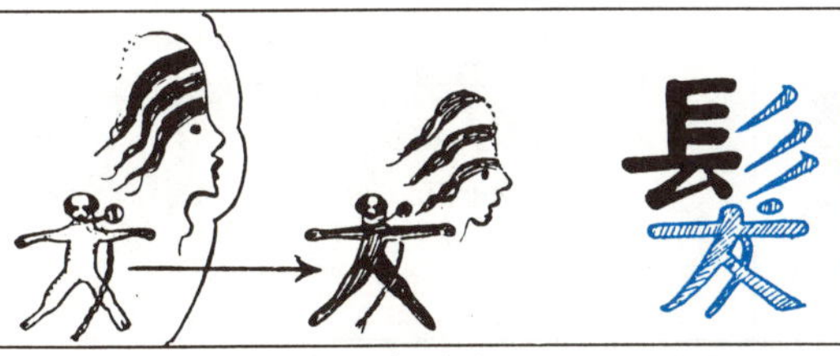

髮

一	𠂉	镸	髟	髮	髮

頭髮 (두발) 머리털
白髮 (백발) 하얗게 센 머리털

□ 머리털 발
터럭 발 ハツ(かみ)

4급 개목에 줄이 달려있는 모양 (**개달아날발**)

긴 머리결이 **개가 달아날** 때 줄같이 늘어진 것이 **터럭**이다

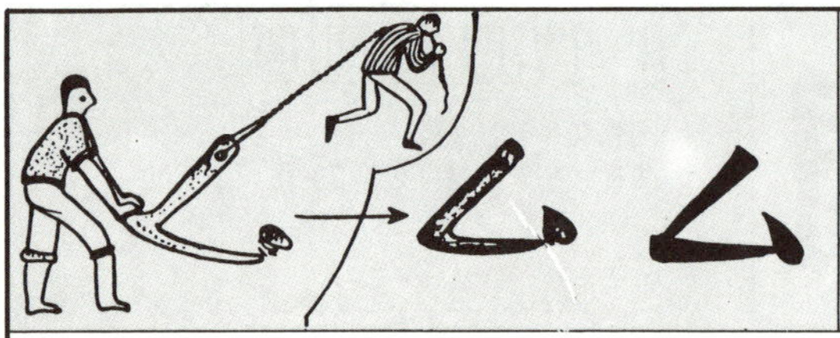

厶

丿	厶

※뜻만 기억할 것.

□ 쟁기를 뜻함

구부러진 나무로 만든 **쟁기**의 모양

벼의 모양(**벼화**)

私

一	二	千	禾	禾'	私

私利 (사리) 개인의 이익

私財 (사재) 개인의 재산

中 사사 사　シ(わたし)

4급

벼를 심거나 **쟁기**질 하는 일은 **사사**로운 것이다.

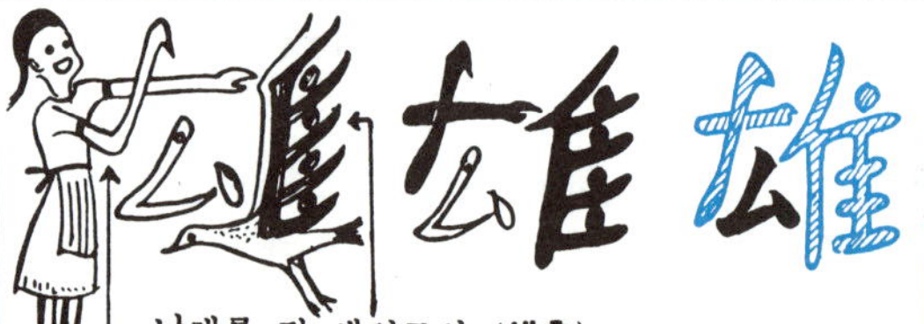

날개를 편 새의모양 (**새추**)

양손을 교차시킨 모양 (**손우**)

雄

一	ナ	厷	厷'	厷仁	雄

雄志 (웅지) 웅대한 뜻

雄壯 (웅장) 용감하고 씩씩한 모양

中 웅장할 **웅**, 수컷 **웅** ユウ(おす)

5급

손으로 쟁기질을 할 때와 같이 **새**를 잡고 있기 힘들면 **수컷**이다.

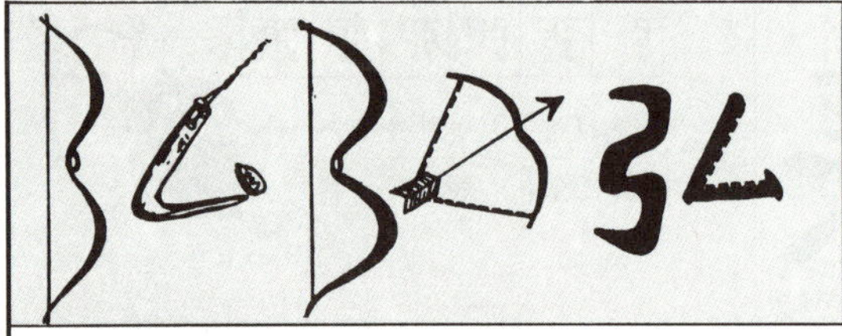

弘

ㄱ	ㄱ	㔾	弓	弓'	弘

弘益 (홍익) 널리 이롭게 함

弘報 (홍보) 널리 알림, 또 그 보도

中 클 홍　コウ

활의 모양 (**활궁**)

3급

활 시위를 쟁기모양이 되게 **크게** 벌리다.

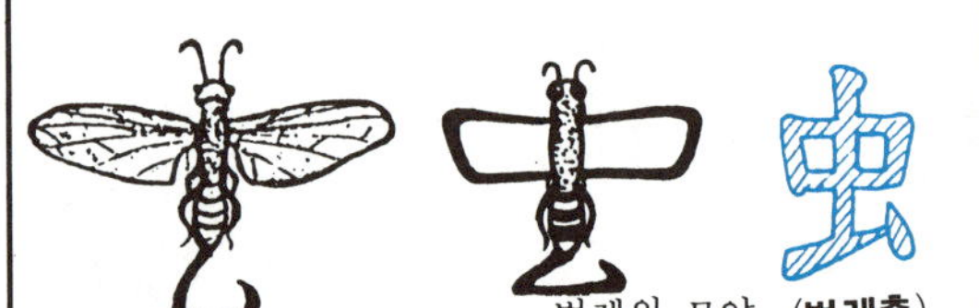

벌레의 모양. (**벌레충**)

強

弓	弓'	弓口	弓台	弓虽	強

強兵 (강병) 강한 병사

強化 (강화) 더 강하고 든든하게 함

中 강할 **강**　キョウ(つよい)

6급

큰 **벌레**는 (작은 벌레보다) **강하다.**

사람이 섰는 모양. (**사람인**)

以

丨	ㇾ	𠄌	以	以

所以 (소이) 까닭

以來 (이래) 어느 일정한 때부터 그후

中 부터 **이**, 써 (쓰다) **이** イ(もって)

5급

쟁기를 **사람**들이 옛날 **부터 써**오다.

사람이 섰는 모양. (**사람인**)

似

近似 (근사) 거의 같음
類似 (유사) 서로 비슷함

같을 사　ジ(にる)

3급　(쟁기를) **사람**이 **쓰는** 모습이 거의 **같다.**

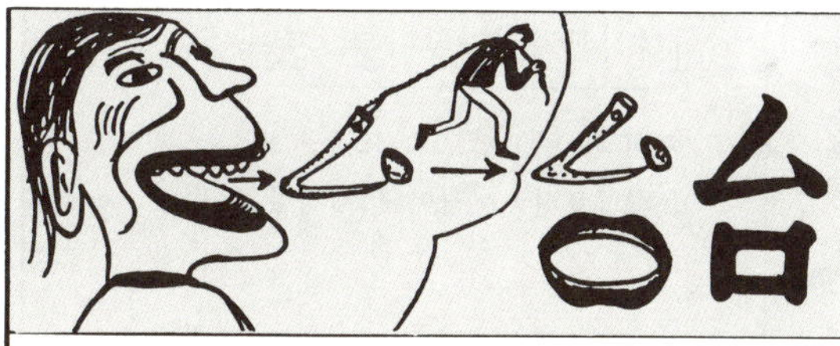

台

※ 뜻만 기억할 것

기쁠 태

2급　쟁기처럼 입을 벌리고 웃으며 **기뻐하다.**

여자의 모양. (**계집녀**)

始

始發 (시발) 첫 출발점에서 출발함
始祖 (시조) 한 겨레의 맨 처음 조상

中　비로소 시, 시작할 시　シ(はじまる)

6급　**여자**로서 가장 **기뻐**할 때가 **비로소** 어머니로 **시작할** 때다.

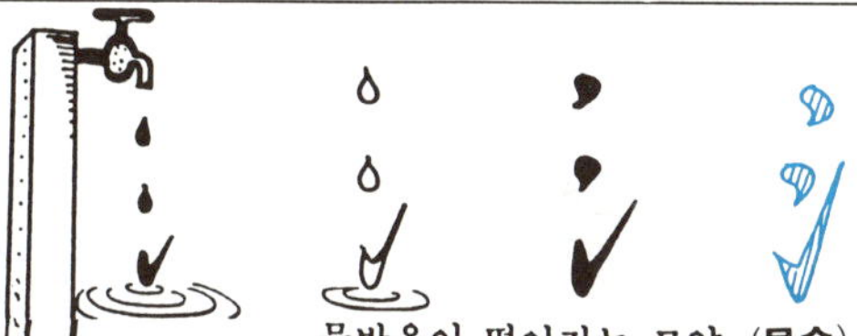

물방울이 떨어지는 모양 (**물수**)

治

治家 (치가) 집안 일을 처리함
治病 (치병) 병을 치료함

中　다스릴 치　ジ(なおす)

4급 II　**물**을 **기쁘게** 쓰려고 잘 **다스리다.**

젖가슴의 모양. (**가슴심 · 마음심**)

怠

怠業 (태업) 게으름을 피우는 일
怠荒 (태황) 게을러서 일에 거칠음

게으를 태　タイ(なまける)

3급　**기쁘**고 **마음**에 드는 일만 하려는 자는 **게으르**다

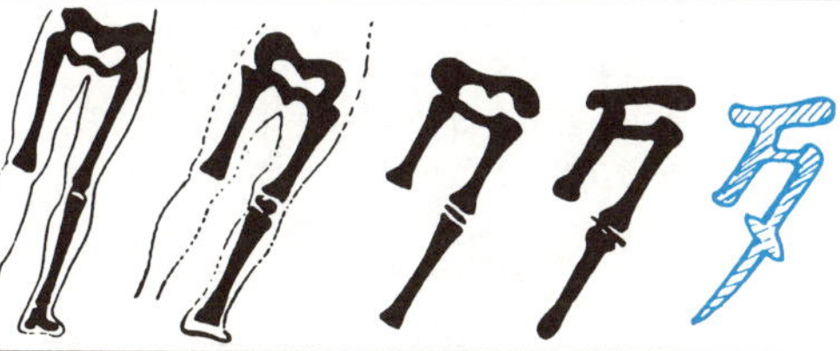

殆

殆哉 (태재) 위태로움
危殆 (위태) 위험함

위태할 태
거의 태　ほとんど

살이 썩어 뼈만 앙상하게 남은 모양. (**죽을사**)

3급 II　**죽음**을 **기뻐**하니 **위태**롭다.

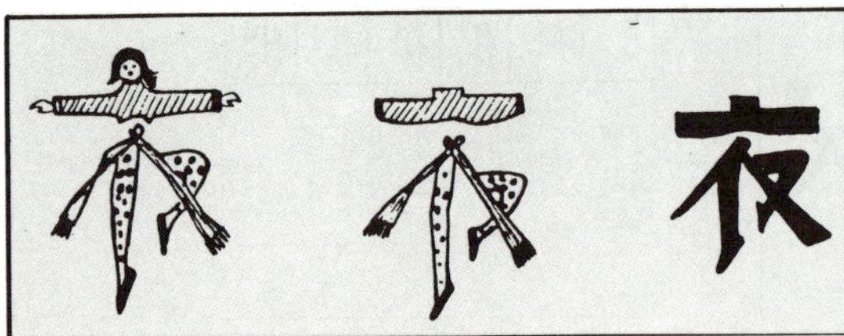

衣

丶 亠 ナ 才 衣 衣

衣服 (의복) 옷

布衣 (포의) 무명 옷

中 옷 의　イ(きぬ)

6급

옷의 모양을 본뜬 자.

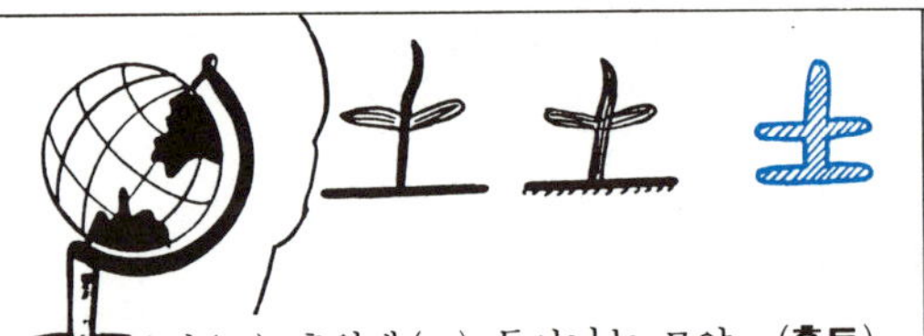

싹이(+) 흙위에(—) 돋아나는 모양. (**흙토**)

表

十 キ 主 手 耒 表

表面 (표면) 겉으로 드러난 면

表現 (표현) 생각이나 감정을 나타냄

中 거죽 표, 겉 표　ヒョウ(おもて)

6급

흙 **옷**이 지구의 **겉 거죽**이다.

입의 모양. (**입구**)

哀

丶 亠 亡 亨 亨 哀

哀樂 (애락) 슬픔과 즐거움

哀愁 (애수) 가슴에 스미는 슬픈 근심

中 슬플 애　アイ(かなしい)

3급II

옷으로 **입**을 막고 **슬프게** 울다.

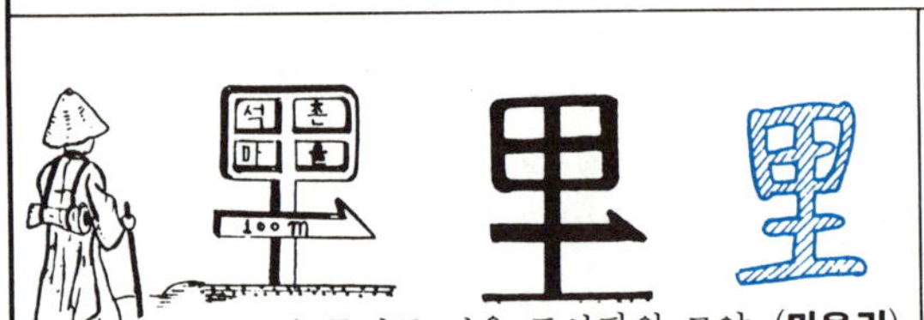

마을 입구에 묻어둔 마을 표시판의 모양. (**마을리**)

裏

丶 亠 亠 亩 重 裏 裏

腦裏 (뇌리) 생각하는 머리속

表裏 (표리) 겉과 속

□ 속 리　リ(うら)

3급II

옷을 **마을** 사람이 **속**에 껴입다

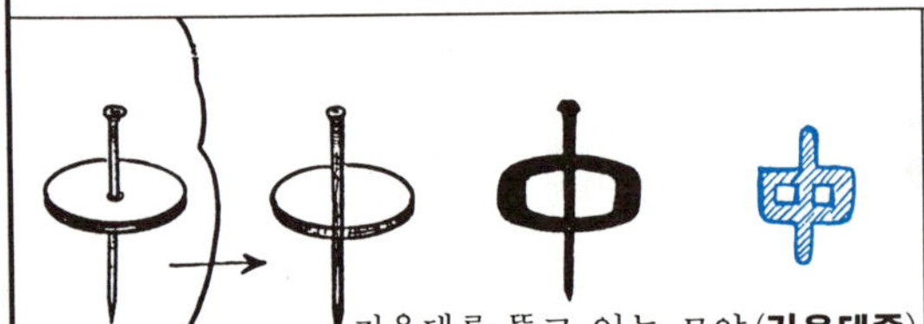

가운데를 뚫고 있는 모양(**가운데중**)

衷

丶 亠 亡 声 吏 衷

衷曲 (충곡) 심곡 (心曲)

衷款 (충관) 충심

□ 정성 충·속 충
참마음 충　チュウ(まこと)

2급

옷 **가운데**(속)에 깊이 간직된 **참마음**이 **정성**이다

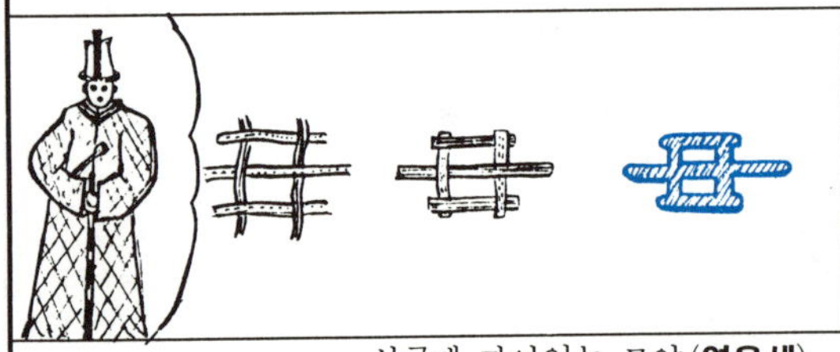

성글게 짜여있는 모양(**엮음새**)

衰

亠 亣 亩 亲 亲 衰

衰退 (쇠퇴), 쇠하여 전보다 못하여 감

衰境 (쇠경) 늙바탕

□ 쇠할 쇠
상복 최　スイ(おとろえる)

3급II

옷을 **결이 드문 상복**으로 바꾸어 입었으니 운이 **쇠**한 거다.

(나무목.새추)

雜

復雜 (복잡) 여러 내용이 뒤얽혀 있음
雜貨 (잡화) 여러 가지 상품

□ 섞일 잡 ザツ(まじる)

4급

(가지 각색의 깃털) **옷**을 입은 **새**들이 **나무**에 앉아 **섞이**다.

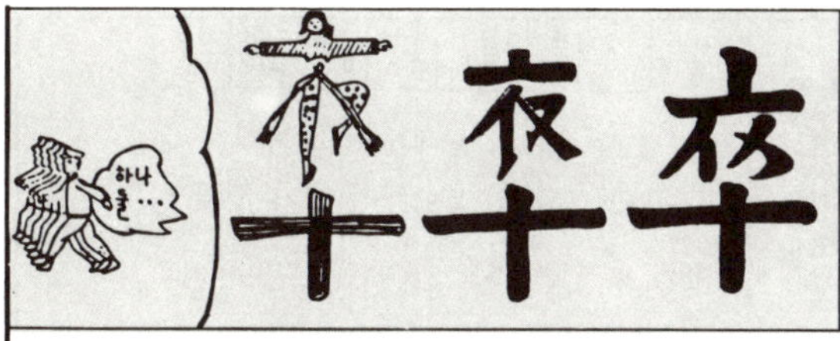

卒

약 卆

卒年 (졸년) 죽은 해
軍卒 (군졸) 군사

中 군사 졸, 마칠 졸 ソツ(おわる)

똑같은 **옷**을 입고 **십자**로 모여 선 자가 **군사**이다.

5급

술병의 모양. (술유. 닭유)

醉

속 酔

醉興 (취흥) 술에 취하여 일어나는 흥겨움
醉言 (취언) 취중에 하는 말

□ 취할 취 スイ(よう)

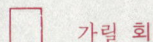

※ 술은 닭이 홰에 오른 저녁에 먹는 음식이라는 데서 술과 닭의 뜻을 가짐.

술을 마시고 **군사**들이 **취하**다

3급II

褱

※ 뜻만 기억할 것

□ 가릴 회

옷자락으로 **눈물**을 닦으려고 앞을 **가린**다는 뜻

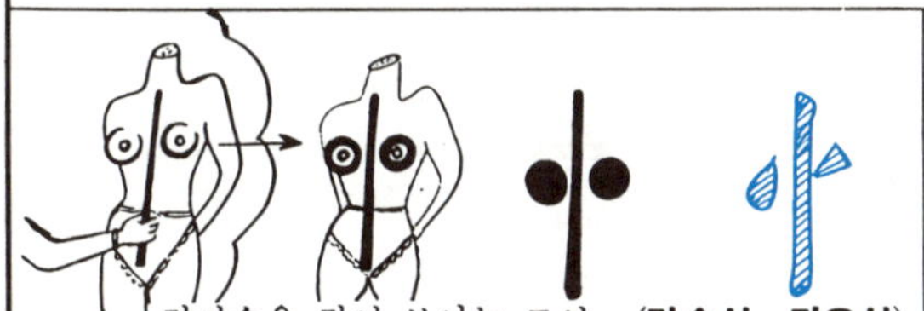

젖가슴을 짚어 보이는 모양. (가슴심 · 마음심)

懷

懷顧 (회고) 지난날을 돌이켜 생각함
懷慕 (회모) 그리워서 사모함

□ 품을 회
생각할 회 カイ(なつかしい)

3급II

가슴을 **가릴** 만큼 많은 **생각**을 **품**다

싹이(+) 흙위에(—) 돋아나는 모양. (흙토)

壞

壞敗 (괴패) 무너짐, 헐어짐
崩壞 (붕괴) 무너져 흩어짐

□ 무너질 괴 カイ(こわれる)

3급II

흙이 동굴을 **가릴** 정도로 **무너지**다

襄

亠	𠅃	𠆣	𠆢	襄

※뜻만 기억할 것

□ 겹겹이쌀 양, 도울 양

옷속의 몸을 브래지어와 넓은 띠로 **겹겹이 감싸다**.

2급

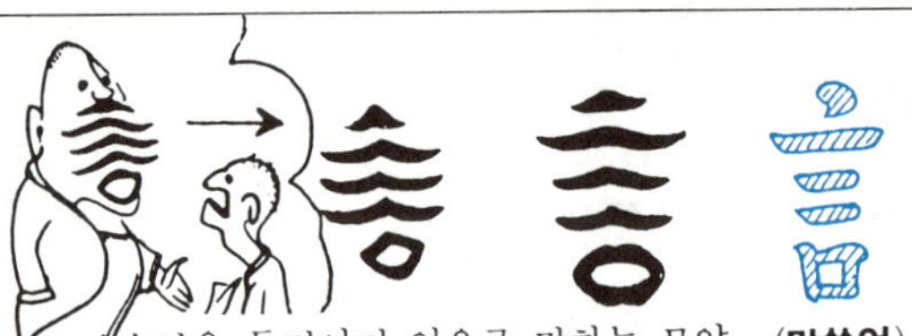

수염을 들먹이며 입으로 말하는 모양. (**말씀언**)

讓

亠	亖	言	訁	譲	讓

讓渡 (양도) 남에게 넘겨 줌

讓受 (양수) 남에게서 넘겨 받음

中 사양할 사　ジョウ(ゆずる)

3급Ⅱ

인사**말**을 **겹겹이 감싸**며 **사양하다**.

싹이(+) 흙위에(—) 돋아나는 모양. (**흙토**)

壤

扌	圹	垆	壛	壥	壤

壤土 (양토) 흙, 토지

土壤 (토양) 흙

□ 흙덩이 양　ジョウ

3급Ⅱ

흙이 **겹겹이 감싸인** 것이 **흙덩이**다.

여자의 모양. (**계집녀**)

孃

女	妒	姉	嬢	孃	孃

令孃 (영양) 남의 딸에의 높임말

朴孃 (박양) 성이 박씨인 처녀를 부를때 쓰이는 말

□ 아씨 양　ジョウ(むすめ)

2급

여자로 몸을 **겹겹이 감싼** 자가 **아씨**다

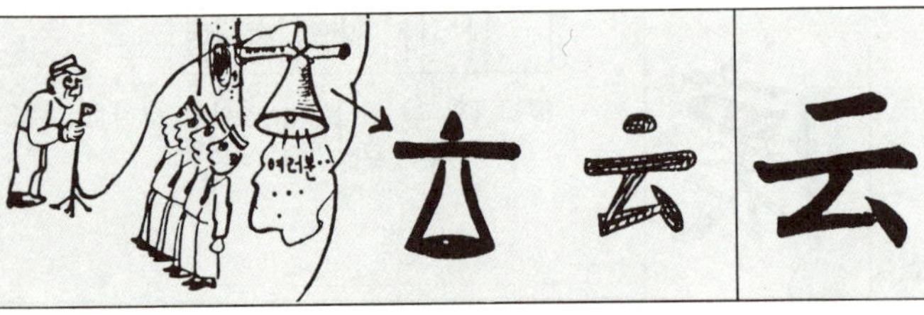

云

一	二	亍	云		

云云 (운운) 이러이러하다

云謂 (운위) 말함

中 이를 운, 말할 운　ウン(いう)

스피커의 모양.스피커로 전달 사항을 **말한다**는 뜻.

3급

빗방울이 우산에 떨어지는 모양. (**비우**)

雲

一	宀	帀	雫	雲	雲

雲雨 (운우) (1)구름과 비 (2)남녀간의 교정

雲集 (운집) 구름같이 모여듦

中 구름 운　ウン(くも)

5급

비가 올 것을 **말하여** 주는 것이 **구름**이다.

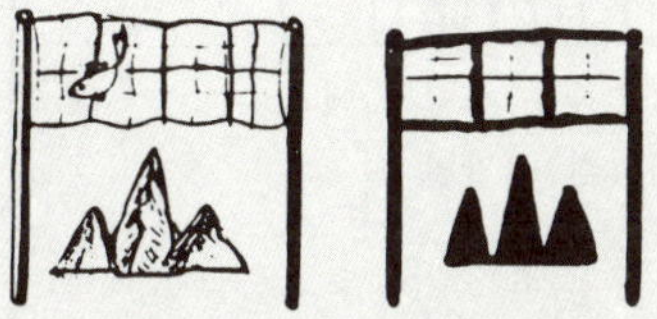

岡

丨	冂	罓	岡

※ 뜻만 기억할 것.

□ 산등성이 강

2급 **그물**같이 **산**을 잇고 있는 게 **산등성**이라는 뜻

실의 모양. (**실사**)

綱

ㄥ	幺	糸	糹冂	糹罓	綱

綱領 (강령) 활동이나 사업 등에서의 중요한 내용이나 계획

□ 벼리 강 / 법 강 コウ(つな)

※ 그물 밑을 두른 굵은줄이 벼리다.

3급II **실**로 **산등성이 같이** 튼튼하게 꼰 것이 **벼리**다

칼을 새워 놓은 모양. (**선칼도. 칼도**)

剛

丨	冂	罓	岡	岡丨	剛

剛建 (강건) 기상이 꼿꼿하고 건전함
剛斷 (강단) 강기있게 결단하는 힘

□ 굳셀 강 ゴウ

3급II **산등성이**도 **칼**로 끊을 수 있으리 만큼 **굳세**다

쇠를 다루는 대장간의 모양. (**쇠금**)

鋼

㇒	亼	金	金冂	金罓	鋼

鋼板 (강판) 판자 모양의 강철
鋼版 (강판) 강철판에 조각한 요판

□ 강철 강 コウ(はがね)

3급 **쇠**중에 **산등성이** 만큼 강한 것이 **강철**이다.

罔

丨	冂	冂	罓	罓	罔

罔然 (망연) 멍한 모양. 상심한 모양
欺罔 (기망) 남을 그럴듯하게 속임

□ 없을 망 / 속일 망 モウ(あみ)

(법의) **그물**에 걸려 **망하게** 된자가 모두 죄가 **없다**고 **속인**다는 뜻 3급

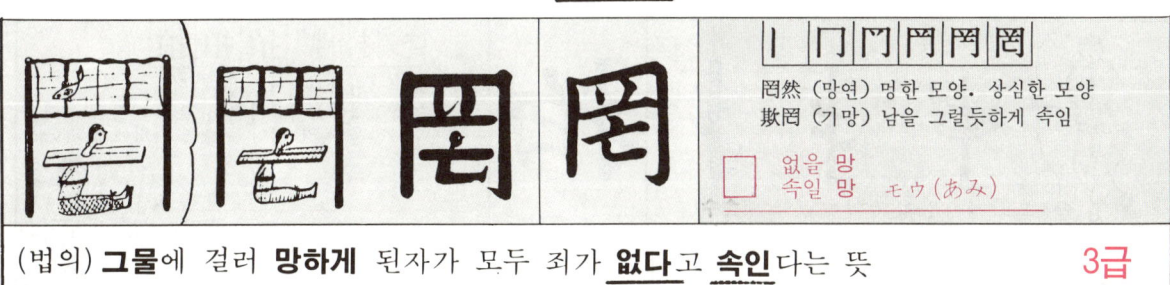

실의 모양. (**실사**)

網

幺	糸	糹冂	糹罓	網	網

網席 (망석) 멍석
網打 (망타) 일망타진

□ 그물 망 モウ(あみ)

2급 **실**로 **없**는 고기를 잡으려고 만든 것이 **그물**이다.

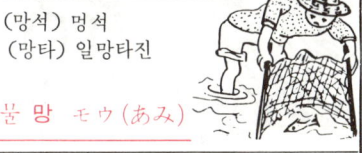

白

白骨 (백골) 죽은 사람의 뼈
白馬 (백마) 흰 색갈의 말

中 흰 백, 아뢸 백　ハク(しろい)

8급　밥의 모양을 그린 것. **흰**밥을 먹으라고 **아뢴다**는 뜻.

사람이 섰는 모양. (**사람인**)

伯

伯氏 (백씨) 남의 맏형
伯仲 (백중) 맏형과 둘째 형

맏 백　ハク

3급II　**사람** 중에 머리가 **흰** 자가 **맏**이다

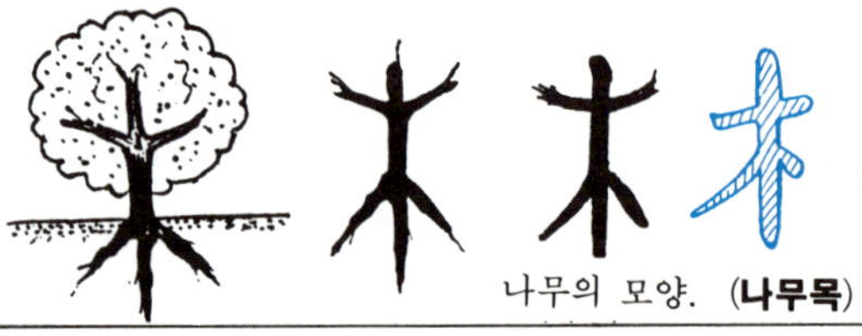

나무의 모양. (**나무목**)

柏

속 栢

柏子 (백자) 잣나무의 열매
冬柏 (동백) 동백나무의 열매

잣나무 백
잣 백　ハク(かしわ)

3급　**나무**중에 열매가 **흰**(껍질과 속알이) 것이 **잣**이다

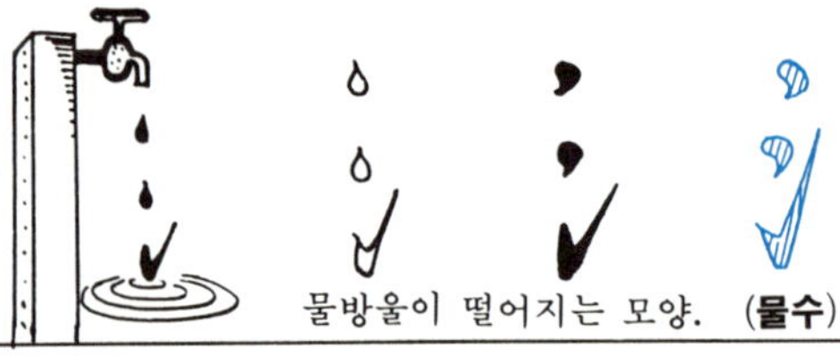

물방울이 떨어지는 모양. (**물수**)

泊

泊舟 (박주) 배를 댐
漂泊 (표박) 정처없이 떠돌아 다니며 삶

배댈 박
고요할 박 ハク(とまる)

3급　**물**이 **희게** 보이는 곳(즉 얕은곳)에 **배를 대**다

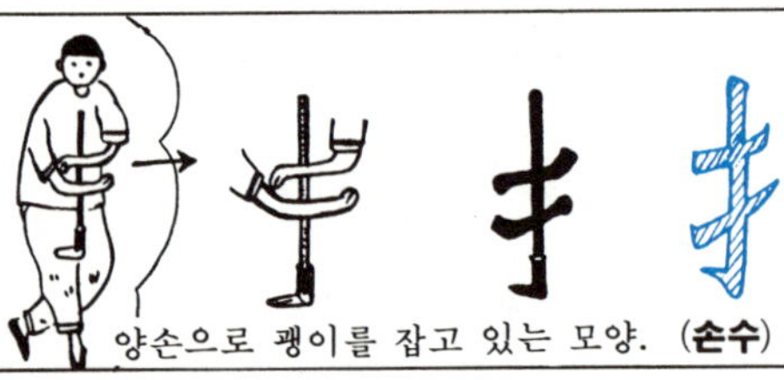

양손으로 팽이를 잡고 있는 모양. (**손수**)

拍

拍車 (박차) 잘하는 일에 더욱 채찍함
拍賣 (박매) 사겠다는 사람이 많이 있을때 값을 제일 많이 부르는 사람에게 파는일

칠 박　ハク

4급　**손**바닥이 **희도**록 박수를 **치다**

맹수와 사람의 모양(**맹수치.걷는사람인**)

貌

貌形 (모형) 모양
風貌 (풍모) 풍채와 용모

모양 모
얼굴 모　ボウ(かたち)

3급II　**맹수**의 형상을 그린 **흰** 탈을 쓴 **사람**의 **얼굴 모양**이 각색이다

캥거루우가 달려가는 모양 (**갈착. 달릴착**)

迫

丨 ㇒ 白 㓊 迫

迫頭 (박두) 가까이 닥쳐 옴
迫害 (박해) 심하게 굶음

□ 다가올 박
핍박할 박　ハク(せまる)

3급II

희게(창백하게) 질린 얼굴로 **달아날** 수 밖에 없을 정도로 가까이 **다가**와 **핍박하**다.

문 고리의 모양(**고리관**)
숟가락의 모양(**숟가락비**)
지팡이의 모양 (**읍읍. 마을읍**)

鄕

乡 乡 乡 㴐 㴐 鄕　약 郷

鄕愁 (향수) 고향을 그리는 마음
故鄕 (고향) 자기가 태어나고 자란 곳

中 시골 향, 고향 향　キョウ(さと)

문고리 옆에 **흰밥과 숟가락**을 차려 놓고 가족을 기다리는 **마을**이 **시골 고향**이다.

서서입으로 소리친다는 뜻(**소리음**)

響

乡 乡 㴐 鄕 㘽 響

響設 (향설) 잔치를 베풀음
響應 (향응) 지른 소리에 맞추어 그 소리와 같이 울림

□ 소리울릴 향　キョウ(ひびく)

3급II

시골(고향)에서 **소리**치면 산울림이 퍼져 **소리가 울리**다

卽

丶 ㇒ 白 皀 皀 卽　동 即

卽決 (즉결) 일을 곧 처리함
卽席 (즉석) (1)앉은 자리 (2)그 자리

中 곧 즉, 이제 즉　ソク(すなわち)

3급II　흰밥을 숟가락이나 바가지로 **이제 곧** 푸다.

대나무의 이파리 모양을 본뜬 자. (**대죽**)

節

丿 ⺊ ⺮ 笁 笞 節　동 節

節制 (절제) 알맞게 씀
節操 (절조) 절개와 지조

中 마디 절　セツ(ふし)

5급

대나무에 **이제 곧 마디가** 생기다.

卿

丿 ㇄ 卯 卯 卿 卿

卿士 (경사) 수상
卿大夫 (경대부) 벼슬 이름

□ 벼슬 경　キョウ

3급

토끼 머리 같은 관을 **이제 곧** 쓰고 **벼슬아치**가 되다

旣

(속) 既

旣決 (기결) 이미 결정했거나 해결했음

旣成 (기성) 이미 이루어졌음

中 이미 기　キ(すでに)

3급　**흰밥을 숟가락**으로 퍼서 **입에 넣고 이미** 먹어 치우다.

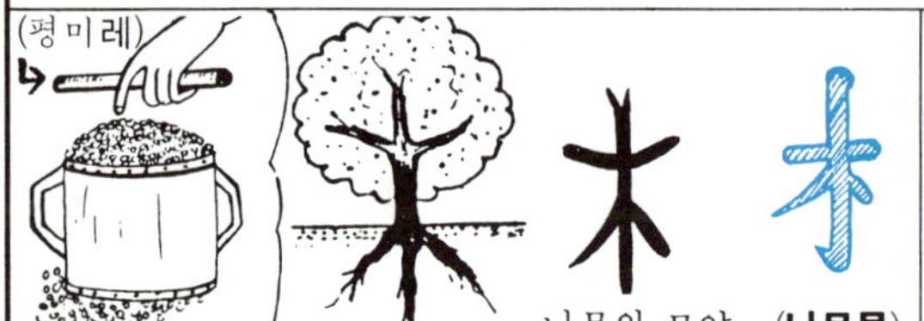

나무의 모양. (**나무목**)

槪

槪見 (개견) 개괄하여 봄

槪念 (개념) 여러 관념속에 공통 요소를 종합한 관념

대개 개
평미레 개　ガイ(おおむね)

3급II　**나무**로 만들어져 **이미**(말통에) 쌓인 곡식을 밀어낼 때 **대개** 쓰이던 게 **평미레**다.

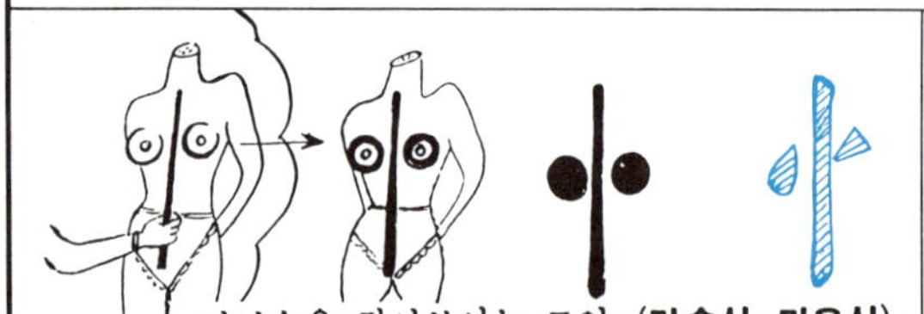

젖가슴을 짚어보이는 모양 (**가슴심·마음심**)

慨

慨然 (개연) 슬퍼 탄식하는 모양

慨限 (개한) 탄식하고 원망함

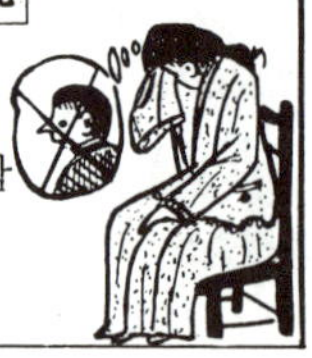

슬플 개　ガイ

3급　**마음**으로 **이미** 때가 지났음을 **슬퍼**하다

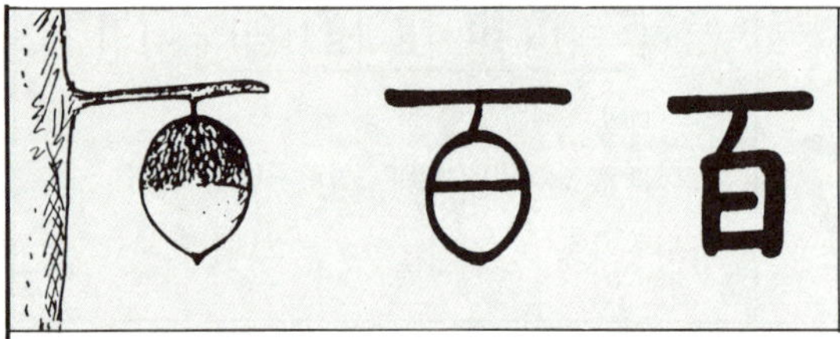

百

百花 (백화) 온갖 꽃

百計 (백계) 여러 가지의 계교

中 일백 백　ヒャク(もも)

나무 가지에 도토리가 달린 모양 도토리가 **수백 개** 달려 있다는 뜻.　7급

사람의 모양 (**사람인**)

宿

宿患 (숙환) 오래된 병

宿命 (숙명) 작정된 운명

中 잘 숙, 머무를 숙　シュク(やど)

5급　**집**에서 **사람**이 **백** 여명 **자다**.

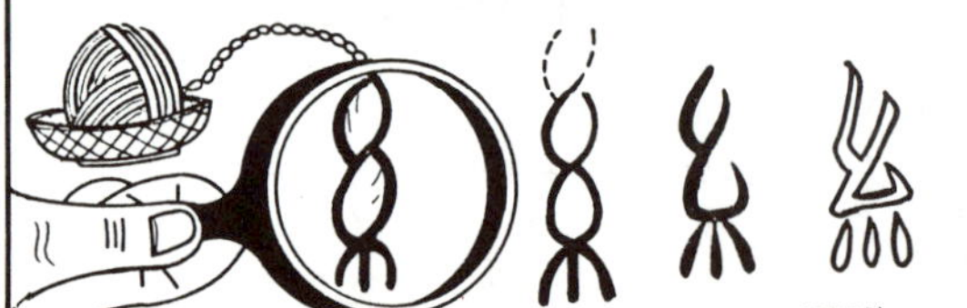

실의 모양. (**실사**)

縮

縮減 (축감) 오그라져 떨림

縮刷 (축쇄) 원형을 줄이어 박음

오그라들 축　シュク(ちぢむ)

4급　**실**을 물에 적시어 하로 **잠재**우면 **오그라든**다

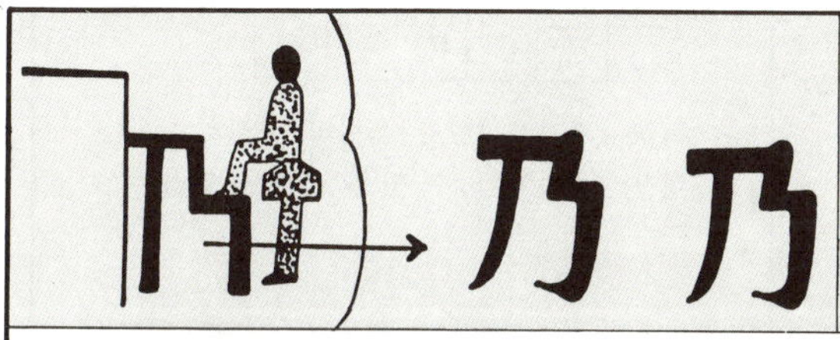

乃

丿	乃				

乃今 (내금) 지금

乃父 (내부) 너의 아버지

中 너 내, 곧 내　ダイ(すなわち)

(**층층대**의 모양을 본뜬자) **층층대**가 **곧 너**의 것이라는 뜻　3급II

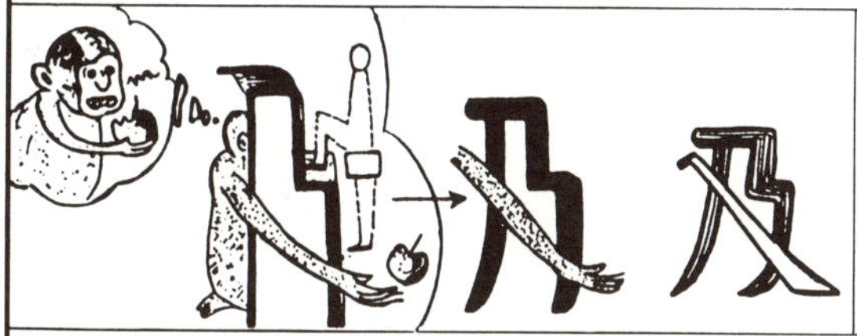

及

丿	乃	乃	及		

及瓜 (급과) 임기가 다 됨

及其也 (급기야) 필경에는

中 미칠 급　キュウ(およぶ)

(과일을 집으려고) **층층대** 쪽으로 **손**을 뻗쳐 **미치게**하는 모양을 본뜬자.　3급II

입의 모양 (**입구**)

吸

丨	口	叩	叨	吸	吸

吸收 (흡수) 빨아 들임

吸煙 (흡연) 담배를 피움

숨들이쉴 흡

마실 흡　キュウ(すう)

4급II　**입**으로 폐에 **미치게** 공기를 **마시다**

실의 모양 (**실사**)

級

𠃋	幺	糸	糹	級	級

級長 (급장) 학급을 맡아 다스리는 학생

等級 (등급) 등수, 급수

차례 급, 등급 급　キュウ(しな)

6급　**실**을 기둥까지 **미치게** 하려고 **차례차례** 잇다.

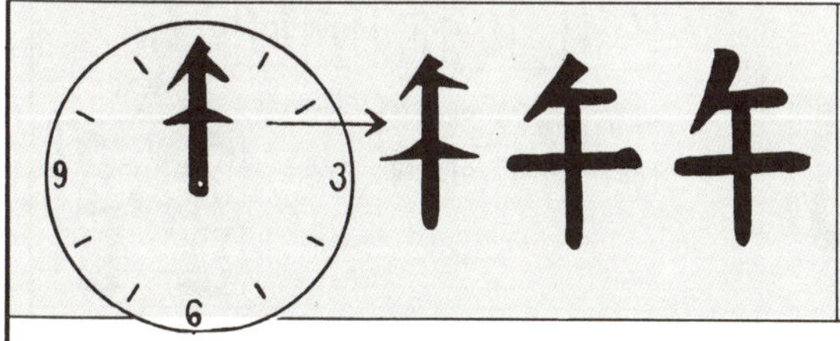

午

丿	𠂉	午			

午方 (오방) 24 방위의 하나, 정남방

午正 (오정) 낮 12 시

中 낮 오　ゴ(うす)

7급　(시침과 분침이 합쳐진 모양) 정오 **낮**을 뜻함.

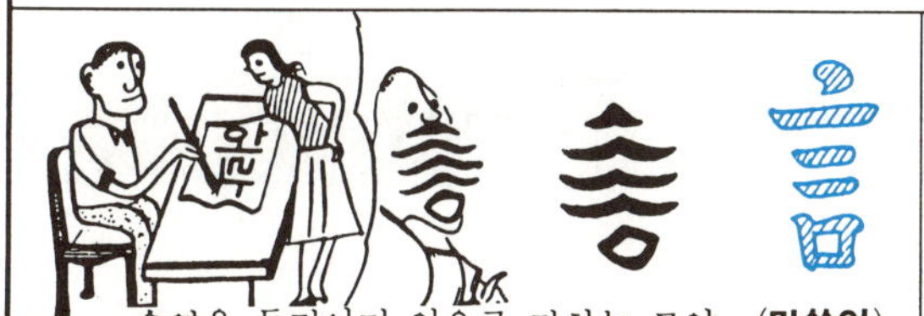

수염을 들먹이며 입으로 말하는 모양. (**말씀언**)

許

亠	言	言	訁	訐	許

許多 (허다) 몹시 많음

許婚 (허혼) 혼인을 허락함

中 허락 허　キョ(ゆるす)

5급　**말**로 **낮**에 **허락하다**.

可

一	丁	亓	可	可	

可決 (가결) 의안을 옳다고 결정함
可能 (가능) 할 수 있음, 될 수 있음

中 옳을 가　カ(よい)

5급　몸을 굽혀 입으로 옳습니다하다.

입을 크게 벌리고 하품하는 모양. (입크게 벌릴흠)

歌

可	可	哥	哥	哥	歌

歌舞 (가무) 노래와 춤
歌手 (가수) 노래를 잘 하는 사람

中 노래 가　カ(うた)

7급　옳치! 옳치! 좋다 하면서 입을 크게 벌리고 노래하다.

물방울이 떨어지는 모양 (물수)

河

丶	冫	氵	汀	河	河

河流 (하류) 강이나 내의 흐름
河雲 (하운) 하늘의 강

中 물 하, 내 하　カ(かわ)

5급　물이 옳은 길로 흘러가는 것이 냇물이다.

지팡이의 모양. ※ (글자 왼쪽에 붙을시) (언덕부)

阿

了	阝	阝	阿	阿	阿

阿保 (아보) 조심해서 잘 키움
阿翁 (아옹) 자기의 아버지

언덕 아, 아첨할 아　ア(おもねる)

3급II　언덕에 오를 때의 자세와 같이 옳다고 하면서 허리 굽혀 아첨하다.

사람이 섰는 모양. (사람인)

何

ノ	亻	仁	仃	何	何

何等 (하등) 아무런, 조금도
何時 (하시) 어느때, 언제

中 어찌 하　カ(なた)

3급II　사람마다 옳다고 하니 어찌 하랴.

(풀초 사람인)

荷

一	艹	艹	芢	荷	荷

荷役 (하역) 짐을 싣고 내리고 하는 일
荷重 (하중) ① 짐의 무게 ② 무거운 소임

질 하
짐 하　カ(に)

3급　풀을 사람이 옳게 묶어 짐 지다

奇

一	大	太	杏	奇	

奇妙 (기묘) 기이하고 신묘함
奇緣 (기연) 기이한 인연

☐ 기이할 **기** キ(くしき)

4급 **큰**자가 **몸을 굽혀 입**으로 **옳습니다**하고 아첨하니 **기이한** 일이다.

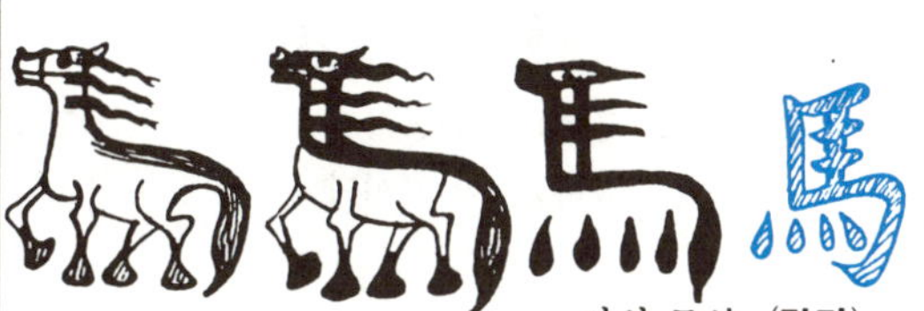

말의 모양 (**말마**)

騎

厂	馬	馬	馯	騎	騎

騎鼓 (기고) 전진에서 쓰는 북
騎士 (기사) ① 기병

☐ 말탈 **기** キ

3급 **말**에 **기이하**게 앉아 **말타**다

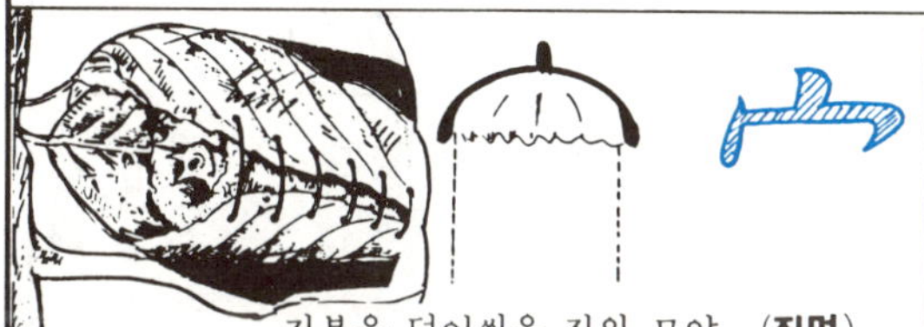

지붕을 덮어씌운 집의 모양. (**집면**)

寄

丶	宀	实	宊	寄	寄

寄生 (기생) 남에게 붙어 삶
寄宿 (기숙) 남의 집에서 기거함

☐ 부칠 **기**
붙여살 **기** キ(よる)

4급 (기생충이) **집**을 **기이하**게 짓고 **붙어살다**

나무의 모양 (**나무목**)

椅

木	木	杙	椊	椅	椅

椅几 (의궤) 조그만 책상
椅子 (의자) 앉는 기구

☐ 교의 **의** イ(こしかけ)

나무를 **기이하**게 굽으려서 만든 것이 **교의**(의자)**다**

凶

ノ	メ	凶	凶		

凶年 (흉년) 농작물이 잘 안된 해
凶暴 (흉폭) 흉악하고 사나움

中 흉할 **흉** キョウ

5급 (금이 간 사발 모양) 금이 간 사발이 보기 **흉하다**는 뜻.

몸통 부분인 갈비뼈의 모양 (**몸육·고기육**)

胸

丿	月	月'	肑	胸	胸

胸中 (흉중) (1)가슴 속 (2)마음, 생각
胸背 (흉배) 가슴과 등

中 가슴 **흉** キョウ(むね)

3급 **몸통**을 굽은 **닭모가지** 같은 뼈로 **흉하게** 싸고 있는 것이 **가슴**이다.

合

丿 人 亼 合 合 合

合力 (합력) 힘을 합함

合資 (합자) 자본을 아울러 냄

中 합할 합　ゴウ(あう)

6급　뚜껑을 그릇에 덮어 **합하다.**

실의 모양. (**실사**)

給

纟 幺 糸 紒 紒 給

給與 (급여) 돈이나 물건을 줌

給次 (급차) 치러 주어야 할 돈

中 줄 급　キュウ(たまう)

5급　**실**을 **합하여** 이어　**주다.**

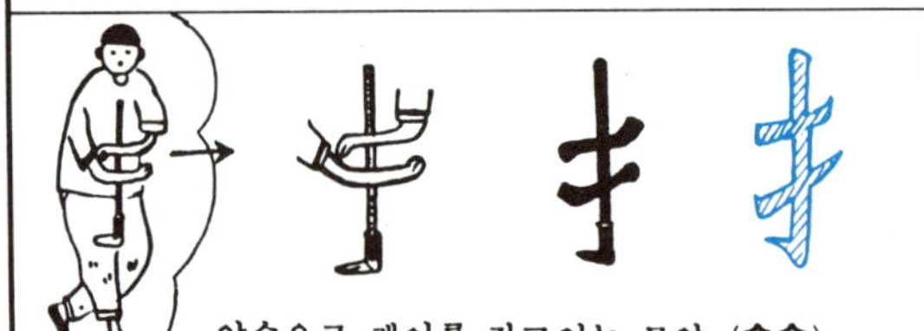

양손으로 괭이를 잡고있는 모양 (**손수**)

拾

一 扌 扌 扒 扲 拾

拾得 (습득) (무엇을) 주워서 얻음

拾集 (습집) 주워 모음

中 열 십, 주울 습　シュウ(ひろう)

3급 II　**손**을 **합하여** 물건을 **줍다.**

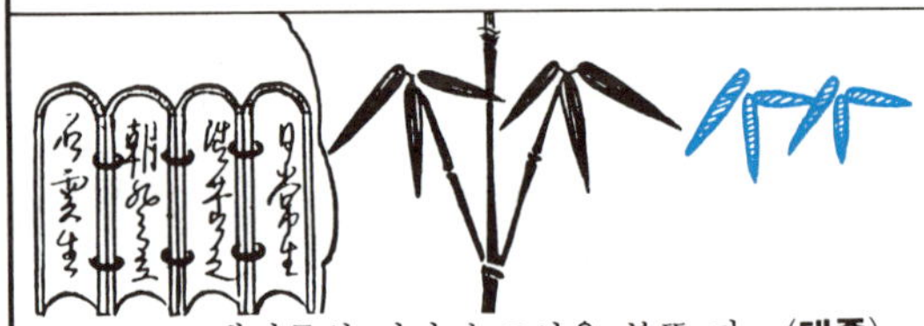

대나무의 이파리 모양을 본뜬 자. (**대죽**)

答

丿 𠂉 竹 笒 笒 答

答信 (답신) 답하는 통신

答狀 (답장) 답례의 편지

中 대답 답　トウ(こたえる)

＊종이가 없던 옛날에는 대나무 조각을 엮어서 거기다 글을 썼음.

대나무를 **합한** 조각에 글을 써서 **대답하다.**　7급

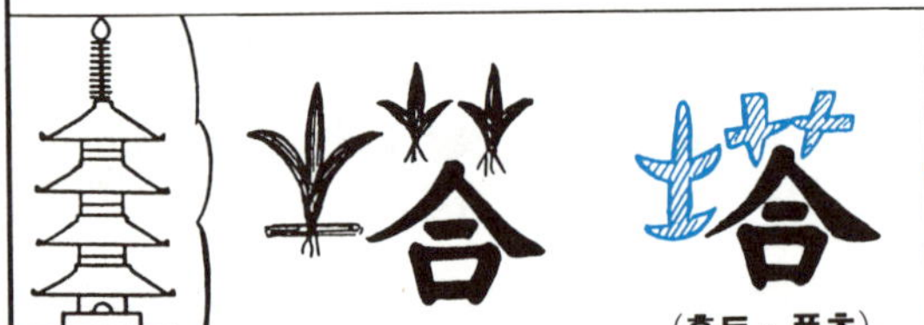

(**흙토 · 풀초**)

塔

土 圹 坩 垯 垯 塔

塔影 (탑영) 탑의 그림자

塔尖 (탑첨) 탑 끝의 뾰족한 곳

탑 탑　トウ

3급 II　**흙** 위에 **초목** 높이 만큼 돌을 **합하여** 쌓은 것이 **탑**이다

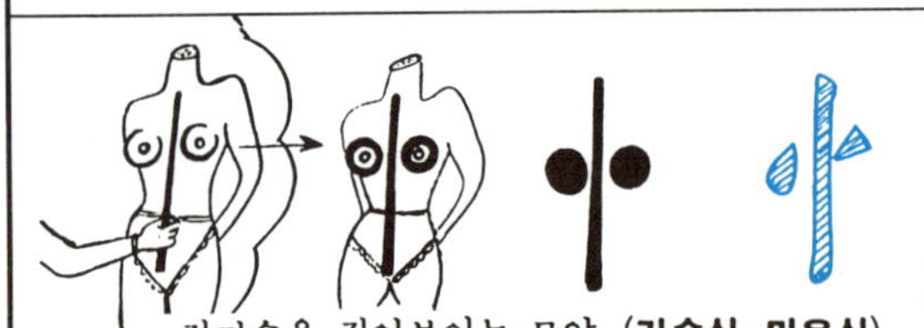

젖가슴을 짚어보이는 모양 (**가슴심·마음심**)

恰

忄 怜 怜 恰 恰

恰宜 (흡의) 꼭 마땅함

恰好 (흡호) 알맞게 좋음

흡족할 흡, 흡사할 흡　コウ(あたかも)

마음이 서로 **합하여** 지니 **흡족하다.**

皿

丨 冂 冂 皿 皿

※뜻만 기억할 것.

□ 그릇 명

그릇의 모양을 본뜬 자

(물수, 입벌릴흠)

盜

丶 冫 氵 氵 浛 盗 (속)盜

盜難 (도난) 도둑을 맞은 재난

盜取 (도취) 훔쳐 가짐

□ 도적 도 / 훔칠 도 トウ(ぬすむ)

4급 침(물)을 **입을 벌리**고 흘리면서 **그릇**의 음식을 **훔쳐** 먹다

孟

乛 了 子 舌 孟

孟冬 (맹동) 첫 겨울

孟仲季 (맹중계) 맏이와 둘째, 세째의 형제 자매의 차례

□ 만 맹 モウ

3급Ⅱ **아들**중 **그릇**에서 목욕을 하는 놈이 **맏**이다

개가 서있는 옆모양. (**개견**)

猛

丿 犭 犭 犭 犭 猛

猛獸 (맹수) 성질이 사나운 짐승

猛將 (맹장) 용맹스러운 장수

□ 날랠 맹 / 사나울 맹

3급Ⅱ **개**중에서 먼저, **맏**으로 난 것이 **사납다**

血

丿 丨 白 血 血 血

血脈 (혈맥) 혈액이 통하는 핏줄

血肉 (혈육) 자기가 낳은 자녀

中 피 혈 ケツ(ち)

4급Ⅱ **피**를 그릇에 받는 모양.

사람이 모여 노는 모양 (**사람모일음**)

衆

丿 白 血 乎 穿 衆

衆生 (중생) 이 세상의 모든 생명

衆寡 (중과) 수의 많음과 적음

中 무리 중 シュウ

4급Ⅱ **피**로 맺어진 많은 **사람의 모임**이 **무리**다.

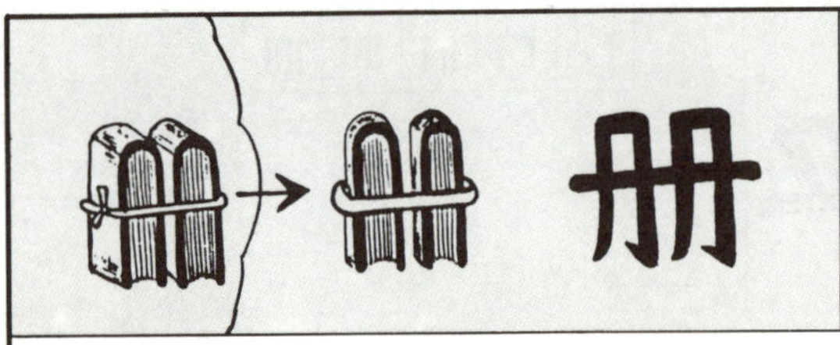

冊

丿 刀 刀 冊 冊 동 册

冊曆 (책력) 일월운행과 절기를 적은 책

冊立 (책립) 조칙으로 왕후나 왕태자를 봉하여 세움

中 책 책 サク

4급 **책**의 모양을 그린 것.

책상의 모양 (**책상기**)

典

丨 冂 冂 曲 曲 典

典故 (전고) 전해오는 예, 고사

典型 (전형) 같은 부류의 특징을 잘 나타낸 형

中 법 전 テン

5급 **책**으로 **책상**에 있는 것이 **법전**이다.

侖

𠆢 亼 亼 侖 侖

※뜻만 기억할 것

뭉치 륜

집안에 책**뭉치**가 있는 모양.

수염을 들먹이며 입으로 말하는 모양 (**말씀언**)

論

亠 言 言 訡 詥 論

論理 (논리) 논증의 이치

論評 (논평) 논의하여 비평함

中 의논할 론 ロン(あげつらう)

4급II (여러 사람의)**말**을 **뭉치**려고 **의논하다.**

사람이 섰는 모양. (**사람인**)

倫

亻 伀 伀 倫 倫 倫

倫理 (윤리) 인륜 도덕의 원리

天倫 (천륜) 부자·형제 사이의 떳떳한 도리

中 인륜 륜 リン(つね)

3급II **사람**이 **뭉쳐**살면서 지켜야 할 것이 **인륜**이다.

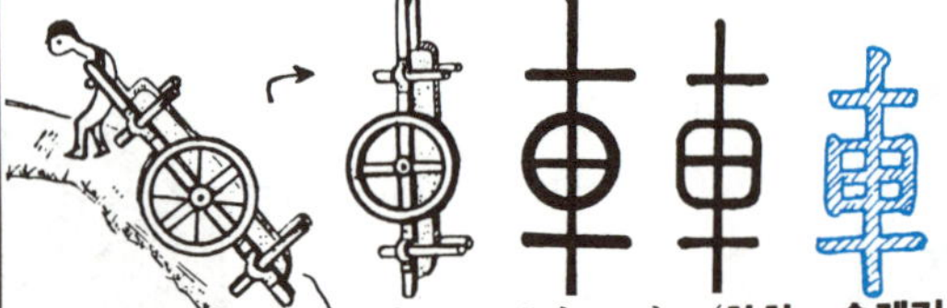

차나 수레의 모양. (**차차 · 수레거**)

輪

一 亓 車 軡 輪 輪

輪禍 (윤화) 교통사고

輪番 (윤번) 차례로 순번을 돌림

바퀴 륜 リン(わ)

4급 **차**에 여러 개의 살이 **뭉쳐**져 있는 것이 **바퀴**다.

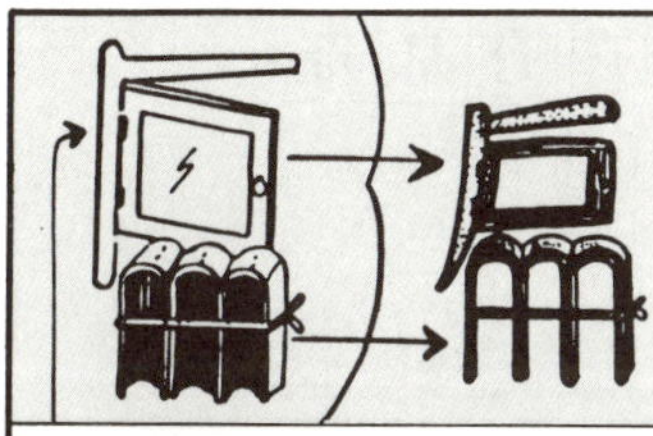

扁 扁

一	厂	戶	肩	扁

※뜻만 기억할 것

□ 작을 편

(지게문호, 집호)
외짝문(지게문)의 모양.

집이 책뭉치 정도로 **작다**는 뜻.

2급

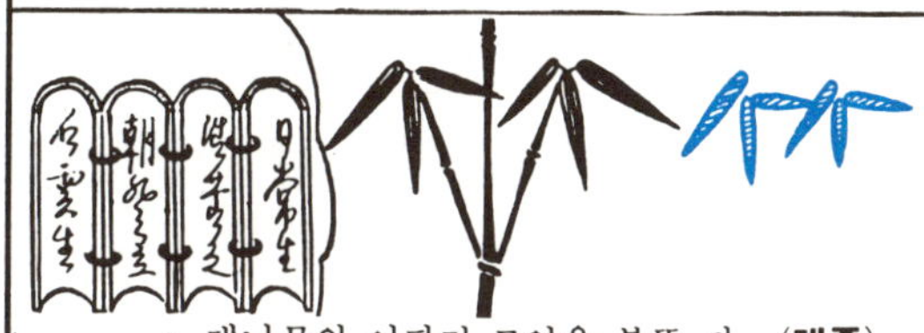

대나무의 이파리 모양을 본뜬 자. (**대죽**)

篇

丿	⺮	𥫗	竺	笆	篇

篇首 (편수) 시나 문장의 첫머리
篇法 (편법) 시문을 만드는 방법

中 책 편 ヘン

＊종이가 없던 옛날에는 대나무 조각을 엮어서 거기다 글을 썼음.

대나무의 **작은** 조각을 엮어 글을 써 놓은 것이 **책**이다.

실의 모양. (**실사**)

編

𠃋	幺	糸	紅	紀	編

編入 (편입) 한 동아리에 끼게 함
編者 (편자) 책을 엮는 사람

□ 엮을 편, 기록할 편 ヘン(あ)

3급

실로 **작게** 갈라 **엮다**.

캥거루우가 달려가는 모양 (**갈착. 달릴착**)

遍

一	厂	戶	肩	扁	遍

遍在 (편재) 널리 퍼져 있음
遍照 (편조) (부처의 빛이) 두루 퍼짐

□ 두루 편 ヘン(あまねく)

3급

작은 것까지 **뛰어 다니며 두루** 보다

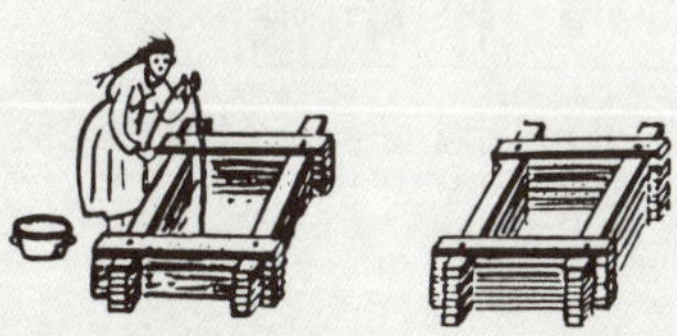

井 井

一	二	井	井		

井水 (정수) 우물의 물
天井 (천정) 반자의 겉면 비 天障

中 우물 정 セイ(い)

3급II

우물의 모양.

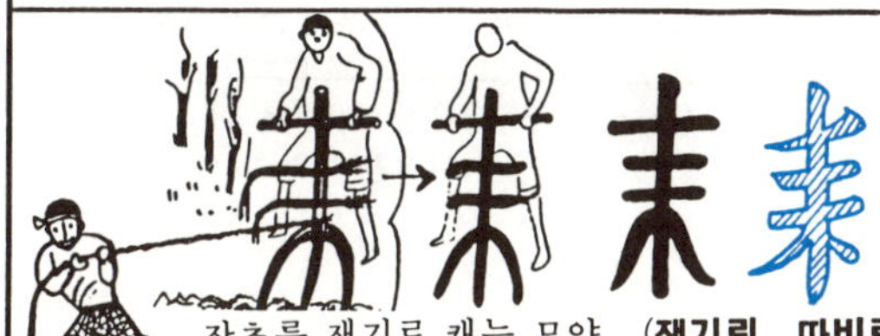

잡초를 쟁기로 캐는 모양. (**쟁기뢰, 따비뢰**)

耕

一	二	三	耒	耒	耕

耕作 (경작) 땅을 갈아서 농작물을 재배 함
耕田 (경전) 논밭을 감

中 밭갈 경 コウ(たがやす)

3급II

쟁기로 **우물**을 파듯 **밭을 갈다**.

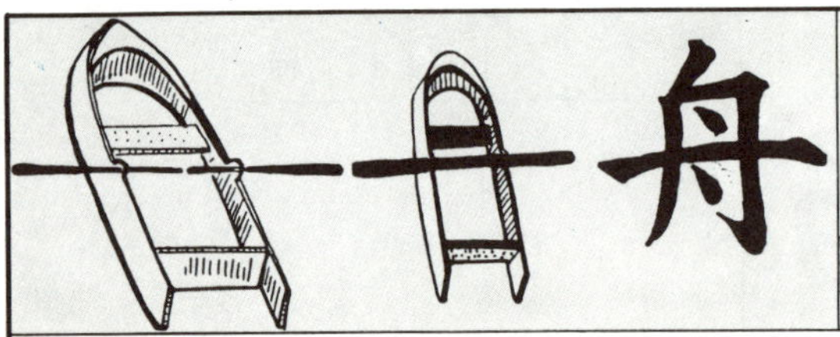

舟

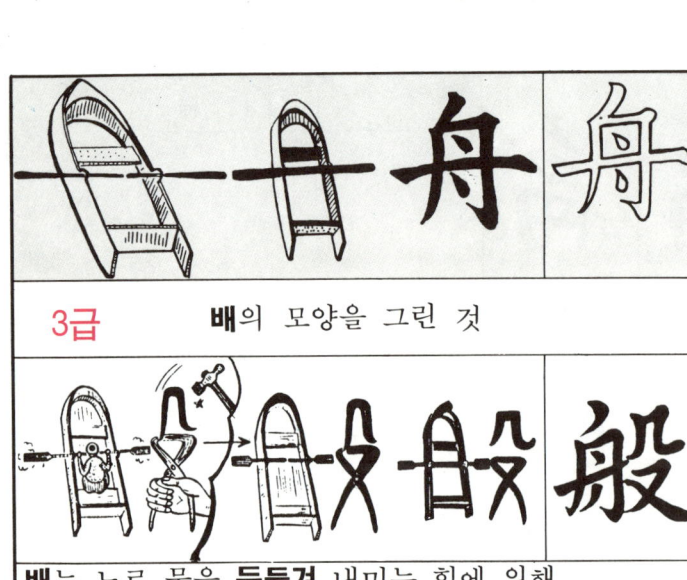

舟人 (주인) 뱃사람, 뱃사공
舟行 (주행) 배를 타고 감

□ 배 주 シュウ(ふね)

3급 **배**의 모양을 그린 것

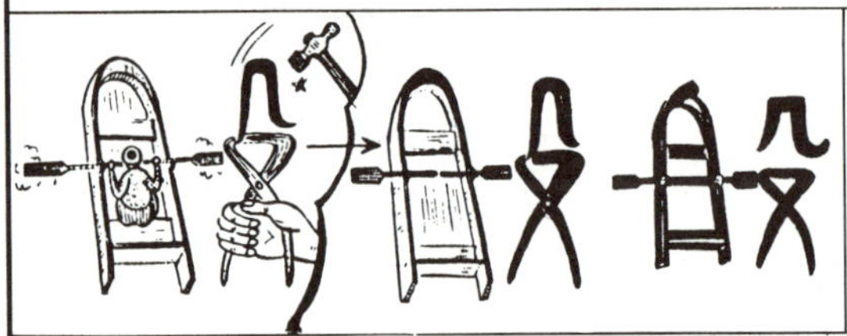

般

萬般 (만반) 여러가지의 전부
全般 (전반) 통틀어 모두

□ 일반 반 / 옮길 반 ハン

배는 노로 물을 **두들겨** 내미는 힘에 의해 **일반적**으로 **움직인다(옮긴다)**

3급

그릇의 모양 (**그릇명**)

盤

盤石 (반석) ① 큰 바위 ② 매우 견고한 것 ③ 안정되어 움직이지 않음
盤坐 (반좌) 책상다리로 편히 앉음

□ 소반 반 バン

3급 (음식물을) **옮기**는 **그릇**이 **소반**이다

兪

※뜻만 기억할 것.

□ 거룻배 유

2급 **거룻배**의 모양

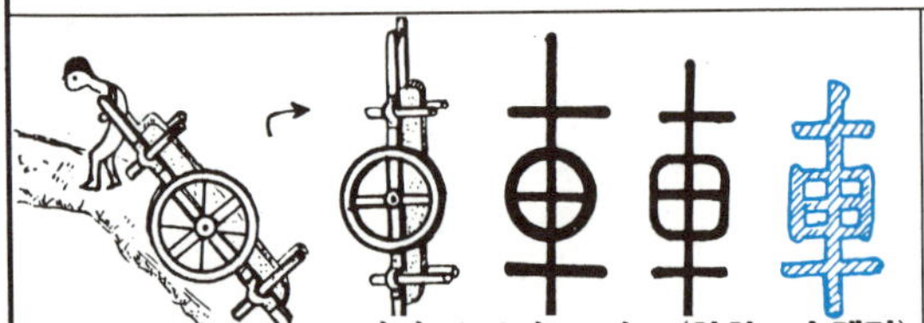

차나 수레의 모양. (**차차 · 수레거**)

輸

輸入 (수입) 외국의 상품을 사들임
輸出 (수출) 외국으로 상품을 팜

□ 보낼 수 ユ

3급II (짐을) **수레**와 **거룻배에 실어 보내**다

가슴의 모양 (**가슴심·마음심**)

愈

愈往愈甚 (유왕유심) 갈수록 더욱 심함
愈愚 (유우) 어리석음을 고침

□ 더욱 유 / 병나을 유 ユ(いよいよ)

3급 **거룻배**를 띄워 보내듯 **마음**속 근심을 떨쳐 버리니 **더욱 병이 낫다**.

젖가슴을 짚어보이는 모양 (**가슴심·마음심**)

愉

丶	忄	忄	忄	愉	愉

愉色 (유색) 기뻐하는 안색
愉逸 (유일) 유쾌하여 안심함

☐ 기뻐할 유　ユ(よろこぶ)

(몸과) **마음**을 **거룻배**에 싣고 **기뻐하**다

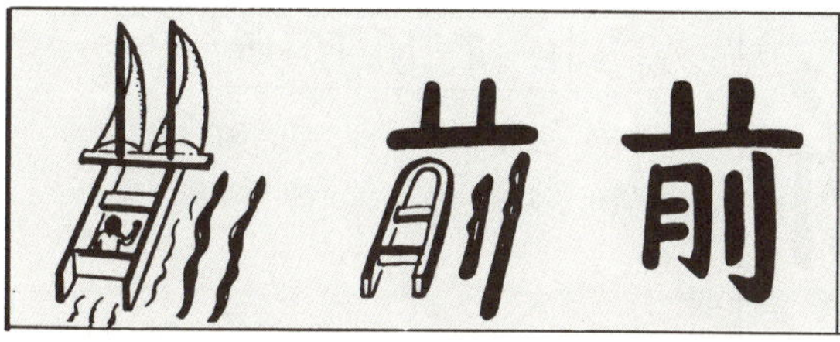

前

丷	䒑	前	前	前	前

前進 (전진) 앞을 보고 나아감
前後 (전후) 앞과 뒤

中 앞 전　ゼン(まえ)

7급　쌍돛대를 단 배가 물줄기를 타고 **앞서다.**

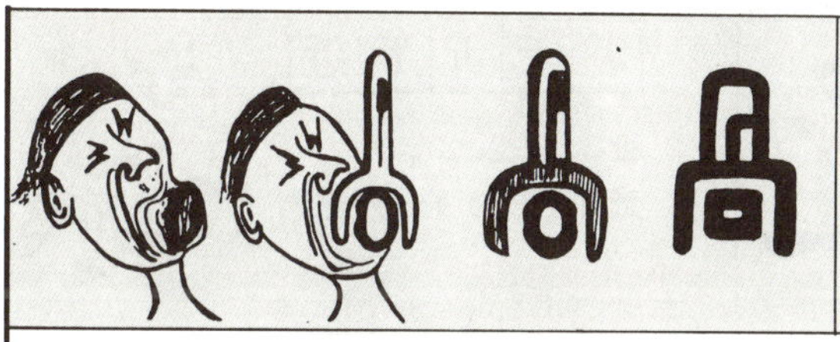

咼

冂	冎	冎	咼

※뜻만 기억할 것

☐ 입비뚤어질 괘

(입을 돌리는 모양) **입이 비뚤어**졌다는 뜻.

캥거루우가 달려가는 모양. (**갈착. 달릴착**)

過

丨	冂	冎	冎	咼	過

過客 (과객) 지나가는 나그네
過去 (과거) 이미 지나간 때

中 허물 과 (※정상을 지나친것이 허물이다)
지날 과,　カ(すぎる)

5급　**입이 비뚤어**져 **가는** 것은 입이 제 자리를 **지나간** 것이다.

제사를 지내니 신이 본다는 뜻 (**보일시·제사시**)

禍

一	亍	礻	礻	禍	禍

禍難 (화난) 재화와 환난
禍根 (화근) 재화의 근원

☐ 재화 화　カ(わざわい)

3급Ⅱ　**제사**를 잘못 지내 **입이 비뚤어**지는 **재화**를 당하다.

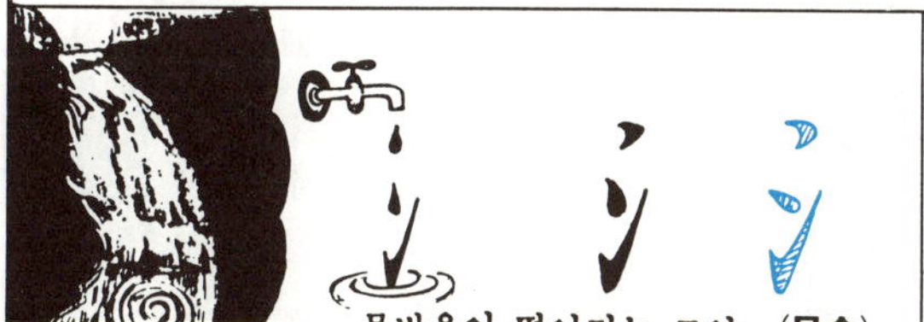

물방울이 떨어지는 모양 (**물수**)

渦

氵	氵	氵	氵	渦	渦

渦中 (와중) 시끄러운 속
渦湧 (와용) 소용돌이

☐ 소용돌이 와　カ(うず)

물이 **입이 비뚤어**진 모양처럼 돌며 **소용돌이**치다

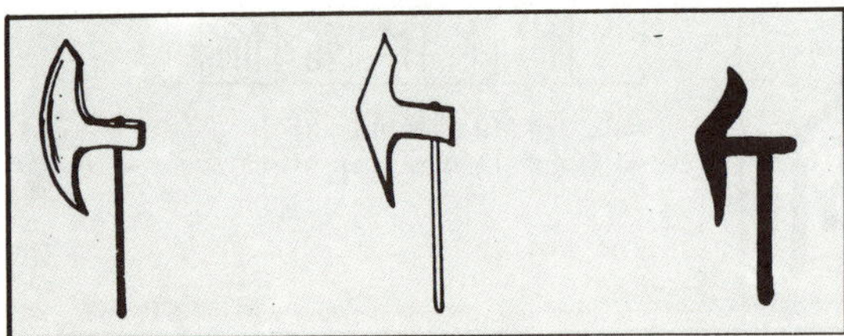

斤

厂 斤 斤

斤兩重 (근량중) 물건의 무게

斤數 (근수) 저울로 단 무게의 수

中 도끼 근 근 근,　キン

3급　반달 **도끼**의 모양.

집에달린, 외짝문(지게문)의 모양. (**지게문호, 집호**)

所

一 厂 戶 所 所 所

所信 (소신) 믿는 바, 믿는 일

所在 (소재) 있는 곳 예 所在地

中 곳 소, 바 소　ショ(ところ)

7급　**집**에서 **도끼**를 안전한 **곳**에 두다.

캥거루우가 달려가는 모양. (**갈착. 달릴착**)

近

厂 斤 斤 沂 近

近日 (근일) 요즈음

近刊 (근간) 곧 발행될 책

中 가까울 근　キン(ちかい)

6급　**도끼**로 **달려가** 찍을 수 있을 만큼 **가까웁다**

(**받쳐들공. 들공**)

두 손으로 들고 있는 모양.

兵

一 厂 斤 斤 丘 兵

兵力 (병력) 군대의 세력 및 수

兵役 (병역) 군무에 복무하는 일

中 군사 병　ヘイ

5급　**도끼**를 **들고** 있는 자가 **군사다**.

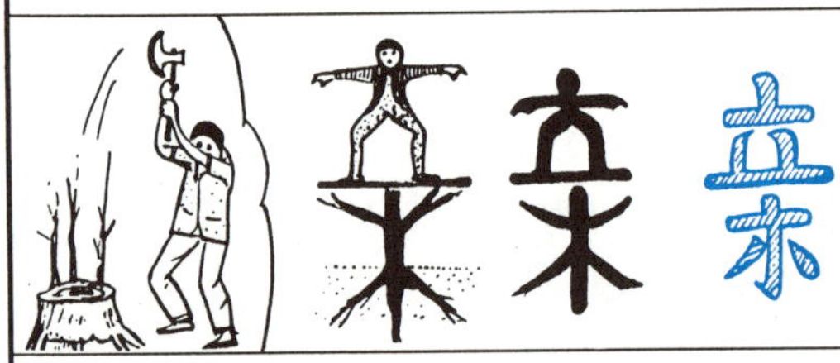

新

亠 立 辛 新 新 新

新年 (신년) 새해

新設 (신설) 새로 설치함

中 새 신　シン(あたらしい)

6급　**서서 나무**를 **도끼**로 자르니 **새** 순이 나온다.

나무의 모양. (**나무목**)

析

一 木 木 机 析 析

析出 (석출) 분석하여 골라냄

分析 (분석) 쪼개어 해석함

쪼갤 석　セキ

3급　**나무**를 **도끼**로 **쪼개**다

신에게 보이려고 잿상을 차려놓은 모양. (**보일시·제사시**)

祈

一	亍	示	礻	祈	祈

祈求 (기구) 빌어 구함
祈祝 (기축) 빌고 바람

☐ 빌 기 キ(いのる)

(무사가 출전하기 전에) **젯상** 앞에서 **도끼**를 들고(무운장구를) **빌다** 3급 II

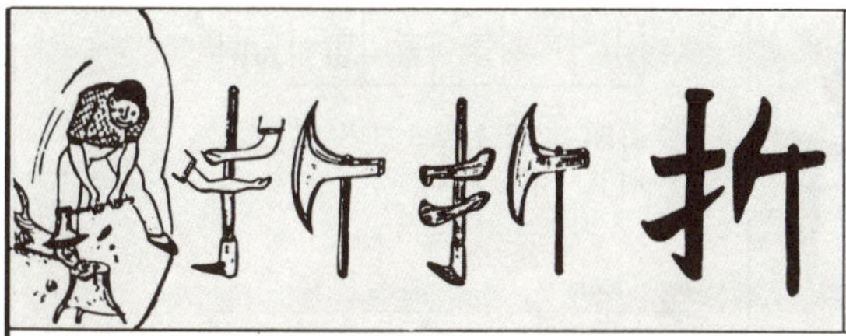

折

一	扌	扌	扩	扩	折

折米 (절미) 싸라기
折衷 (절충) 한편에 치우치지 않고 알맞은 것을 취하는 일

☐ 꺾을 절 セツ(おる)

4급 (나무를) **손**에 든 **도끼**로 **꺾다**

입의 모양 (**입구**)

哲

一	扌	扌	扩	折	哲

哲理 (철리) 철학의 이치
哲人 (철인) 사물의 이치에 밝고 식견이 높은 사람

☐ 밝을 철 / 밝힐 철 テツ

3급 II (잘 잘못을)나무를 **꺾 듯**이 **입**으로 판결하여 **밝히**다

수염을 들먹이며 입으로 말하는 모양 (**말씀언**)

誓

扌	扌	扩	折	誓	誓

誓盟 (서맹) 서약. 맹세. 맹약
誓書 (서서) 서약서

☐ 맹세할 서 セイ(ちかう)

2급 (앞으로 지킬 바를) 나무를 **꺾 듯**이 **말**하며 **맹세하**다

丘

一	厂	F	斤	丘

丘陵 (구릉) 언덕
丘民 (구민) 시골에 사는 평민

☐ 언덕 구 キュウ(おか)

(태초에 조물주가)
3급 **도끼**로 **평지**를 두드려서 만든 것이 **언덕**이다

산의 모양 (**메산**)

岳

厂	F	斤	丘	岳	岳

동 嶽

岳丈 (악장) 아내의 아버지. 장인
岳父 (악부) 장인

☐ 메뿌리 악 / 큰산 악 ガク(たけ)

3급 **언덕**이 **산** 위에 솟아 있으니 **큰 산**이다

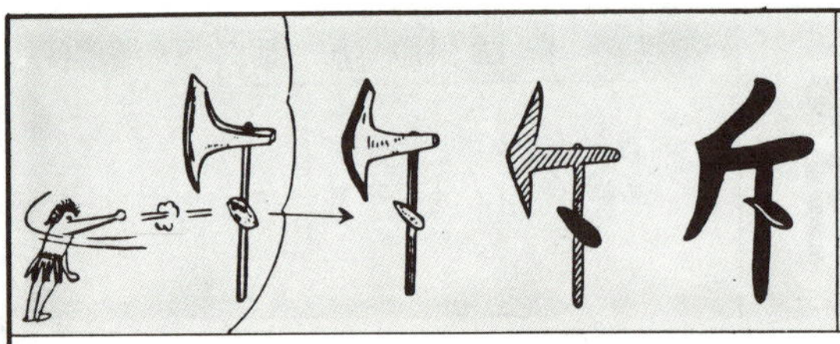

斥

厂 𠂆 斤 斥

斥退 (척퇴) 물리침
斥候 (척후) 몰래 적정을 살핌

☐ 물리칠 척 セキ(しりぞける)

3급 **도끼**와 **돌팔매질**을 하여 적을 **물리치**다

訴

亠 言 言 訂 訢 訴

訴願 (소원) 호소하여 청원함
訴狀 (소장) 고소장

☐ 호소할 소 ソ(うったえる)

3급II **말**로 억울함을 **물리쳐** 달라고 **호소하**다

同

丨 冂 冂 同 同

同居 (동거) 한 집에서 같이 삶
同胞 (동포) 한 국민, 한 겨레

中 같이 동, 한가지 동 ドウ(おなじ)

7급 성문의 모양 · 성문을 **통하여 같이** 다닌다는 뜻.

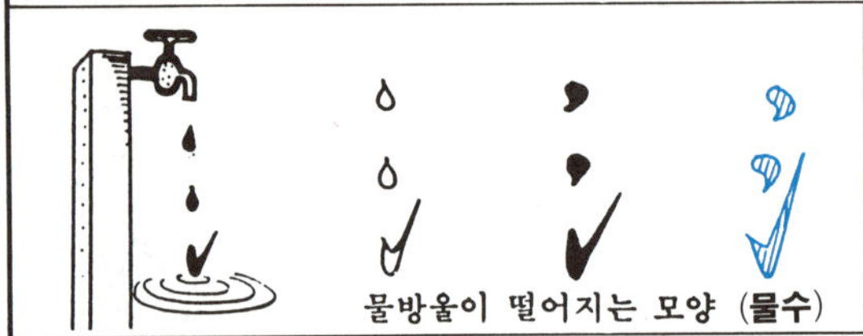

洞

丶 氵 氵 汩 洞 洞

洞察 (통찰) 온통 밝혀서 살핌
洞里 (동리) 마을

中 고을 동, 통할 통 ドウ(ほら)

7급 **물** 있는 곳에 **같이** 모여 사는 곳이 **고을**이다.

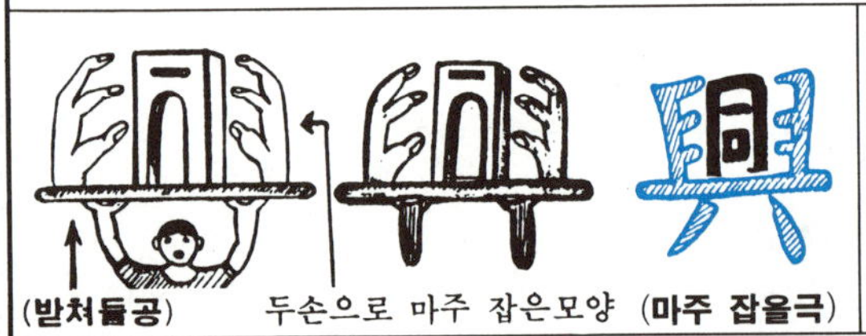

興

亻 丬 fl 胴 䧹 興 약 舆

興味 (흥미) 재미
興盛 (흥성) 매우 성하게 일어남

中 일어날 흥, 일 흥 キョウ(おこる)

4급II **두 손으로 마주잡**아 **같이 받들어** 주니 하는 일마다 **흥하다.**

銅

𠆢 仝 金 釒 銅 銅

銅線 (동선) 구리 철사
銅貨 (동화) 동전. 구리로 만든 돈

☐ 구리 동 ドウ

4급II **쇠**붙이로 **금같은** 빛갈을 띠고 있는 것이 **구리**다.

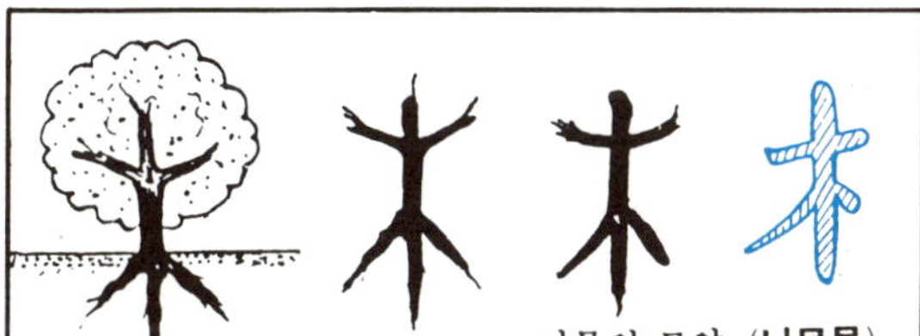

나무의 모양 (**나무목**)

桐

一 木 机 桐 桐 桐

桐油 (동유) 오동의 씨에서 짜낸 기름

梧桐 (오동) 오동나무

오동나무 동 トウ(きり)

3급

나무 줄기에 굴 **같이** 구멍이 난 것이 **오동나무**다.

去

一 十 土 去 去

去來 (거래) 돈이나 물건을 서로 주고 받거나 꾸고 갚는것

去處 (거처) 가는 곳이나 갈 곳

中 갈 거 キョ(さる)

5급

탱크가 **가는** 모양.

물방울이 떨어지는 모양 (**물수**)

法

丶 冫 氵 汁 法 法

法堂 (법당) 부처를 모신 절의 정당

法廷 (법정) 재판하는 곳

中 법 법 ホウ(のっとる)

5급

물이 흘러 **갈 때**와 같이 평평(평등)한 것이 **법**이다.

그릇을 받침대(접시)에 놓은 모양. (**그릇명**)

蓋

一 艹 苎 茔 荖 蓋

蓋世 (개세) 위력이 세상을 뒤엎을 만한 큰 권세

蓋草 (개초) 지붕에 이엉을 덮음

덮을 개 ガイ(おおう)

풀을 들고 **가서** **그릇**을 **덮다**

3급

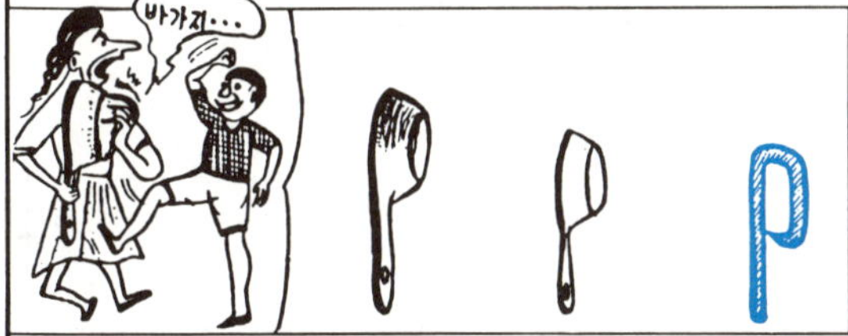

却

一 十 土 去 却 却

賣却 (매각) 물건을 팔아 버림

却步 (각보) 퇴보

물리칠 각 キャク(かえって)

3급

가라하며 **바가지** 긁는 자를 **물리치다.**

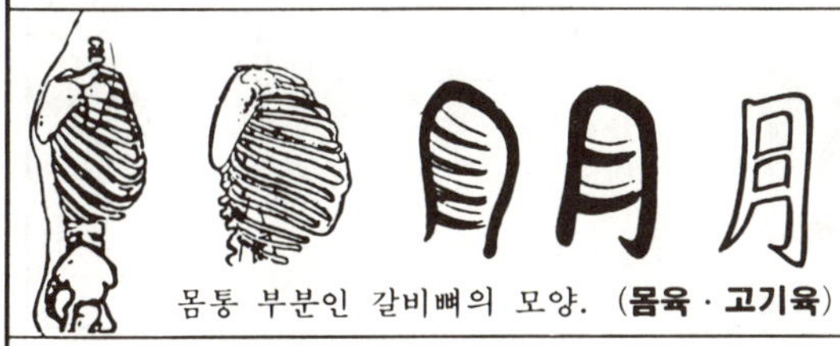

몸통 부분인 갈비뼈의 모양. (**몸육 · 고기육**)

脚

丿 月 肝 肚 胠 脚

脚力 (각력) 다리 힘, 걷는 힘

脚本 (각본) 연극의 무대장치 및 대사 등을 적은 글

中 다리 각 キャク(あし)

3급 II

몸을 **물리치는** 것이(물러나게 하는 것이) **다리**다.

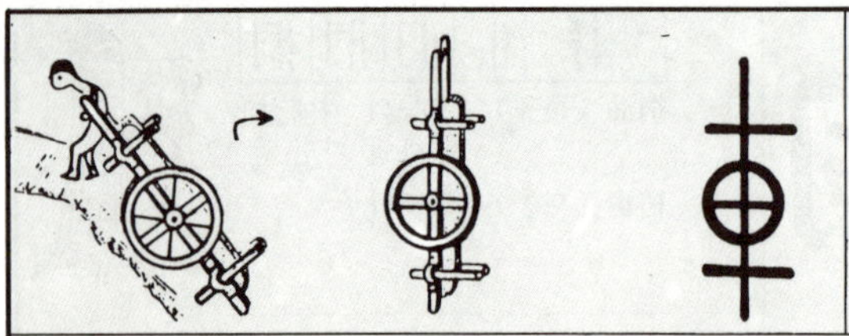

車

一 厂 冂 百 亘 車

車夫 (차부) 차를 부리거나 끄는 사람
車馬 (거마) 수레와 말

中 수레 거 (차) シャ(くるま)

7급

수레.차의 모양.

範

⺮ ⺮ 笪 範 範

範疇 (범주) 분류
範式 (범식) 모범으로 보일만한 양식

모범 범
법 범 ハン(のり)

4급

댓쪽 같은 충성심으로 **수레**에 묶여서 까지도 **구부리**고 간하니 **모범**적인 신하다.

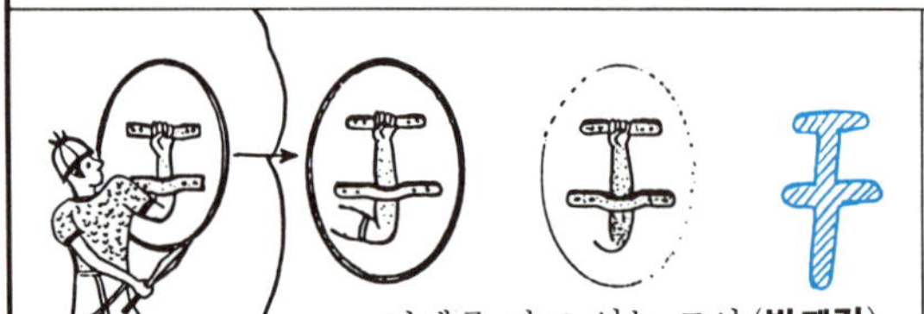

방패를 잡고 있는 모양(**방패간**)

軒

一 冂 百 車 軒 軒

軒燈 (헌등) 처마에 다는 등

추녀끝 헌 ※(초헌의 자루 같이 나온게 추녀다)
초헌 헌 ケン(のき)

3급

수레같이 생기고 **방패**같이 위가 평평한 것이 **초헌**이다

입을 크게 벌리고 하품하는 모양.(**입크게 벌릴흠.하품흠**)

軟

百 亘 車 軟 軟 軟

軟骨 (연골) ① 여린 뼈
軟弱 (연약) 연하고 약함

연할 연
부드러울 연 ナン(やわらかい)

3급II

수레가 **입을 벌리**고 숨 가쁘게 좇아가야 될 만큼 **부드럽**게 구른다.

집의 모양(**집엄**)

庫

亠 广 广 庐 㢆 庫

庫直 (고직) 창고를 지키는 사람
庫房 (고방) 세간을 넣어 두는 곳

곳집 고
창고 고 コ(くら)

4급

집으로 **수레**(또는 **차**)를 두는 곳이 **창고**다

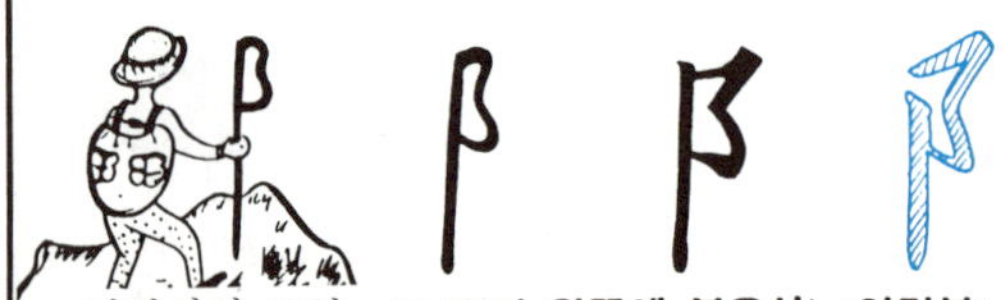

지팡이의 모양. ※(**글자 왼쪽에 붙을시**) (**언덕부**)

陣

阝 阝 阝 阿 陌 陣

陣營 (진영) 진을 친 곳
陣痛 (진통) 출산직전의 복통

진칠 진 ジン(じんどる)

4급

언덕에 **수레**(또는 전**차**)를 배치하고 **진치**다

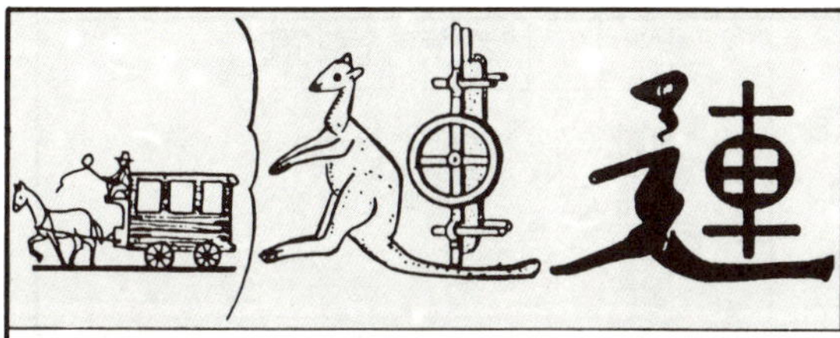

連

一	𠂆	𠂋	亘	車	連

連綿 (연면) 잇닿아 끊이지 않음

連載 (연재) 신문, 잡지 따위에 원고를 매회에 나누어 싣는 것

中 이을 련　レン(つれる)

4급II　**수레**(차)가 **달려가는** 것이 **이어지다**.

풀싹이 돋아 나오는 모양. (**풀초**)

蓮

一	艹	苩	萓	蓮	蓮

蓮根 (연근) 연의 뿌리

蓮花臺 (연화대) 극락세계에 있다는 대

연꽃 련　レン(はす)

3급　**풀**(식물)로 뿌리로 **이어져** 뻗어 나는 것이 **연**이다

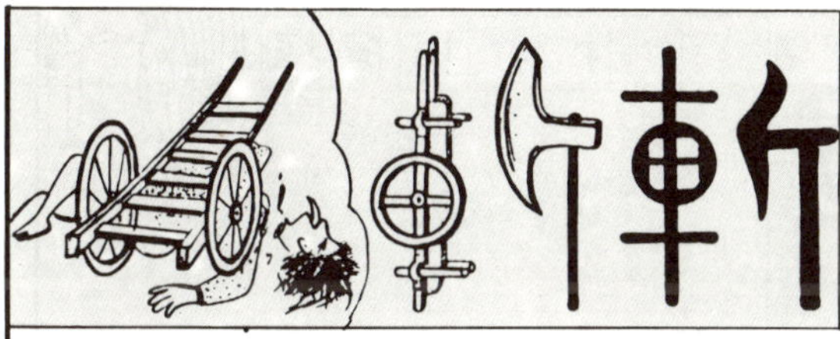

斬

𠂆	亘	車	斬	斬

斬奸 (참간) 악인을 베어 죽임

斬殺 (참살) 목을 베어 죽임

벨 참

죽일 참　ザン(きる)

2급　**수레**나 **도끼**로 **베**어 **죽이**다

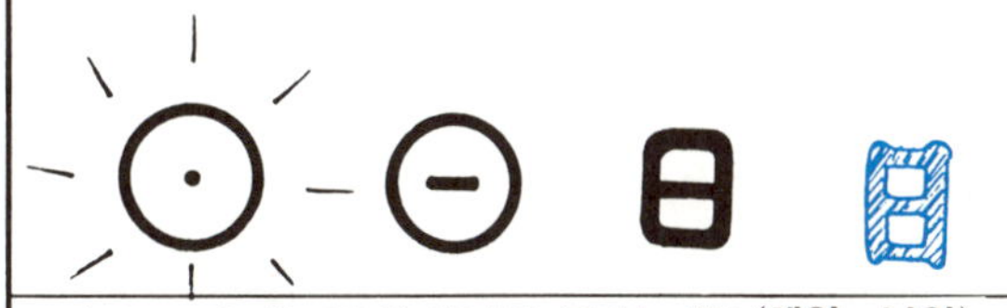

해의 모양 (**해가떠서 새날이 온다는 뜻**) (**해일. 날일**)

暫

一	亘	車	斬	暫	暫

暫間 (잠간) 매우 짧은동안

暫見 (잠견) 잠깐 봄

잠간 잠　ザン(しばらく)

3급II　(사형수에게는) **베어죽이**는 **날자**가 **잠깐** 사이에 닥친다는 뜻

물방울이 떨어지는 모양 (**물수**)

漸

丶	氵	洹	渖	漸	漸

漸滅 (점멸) 차차 없어짐

漸進 (점진) 순서대로 차차 나아감

차차 점

번질 점　ゼン(ようやく)

3급II　(바다) **물**이 육지를 **베듯** **차차**(**번저**) 먹어 들어가다

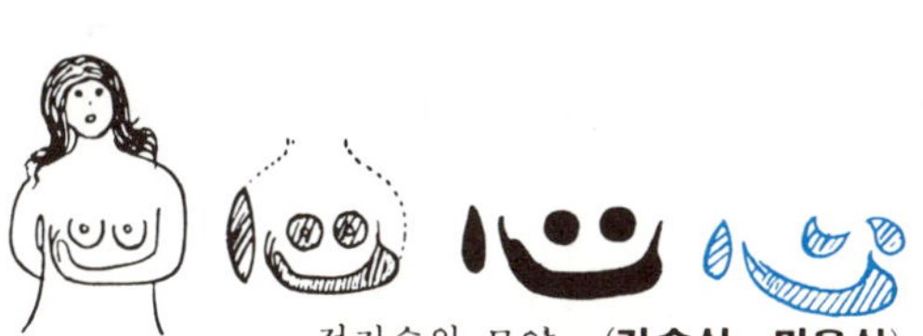

젖가슴의 모양. (**가슴심 · 마음심**)

慙

亘	車	斬	斬	慙	慙

慙愧 (참괴) 썩 부끄럽게 여김

慙悔 (참회) 부끄러워하며 뉘우침

부끄러울 참　ザン

3급　(여자가) **베어**진 것같은 납작한 젖**가슴**을 **부끄러워**하다

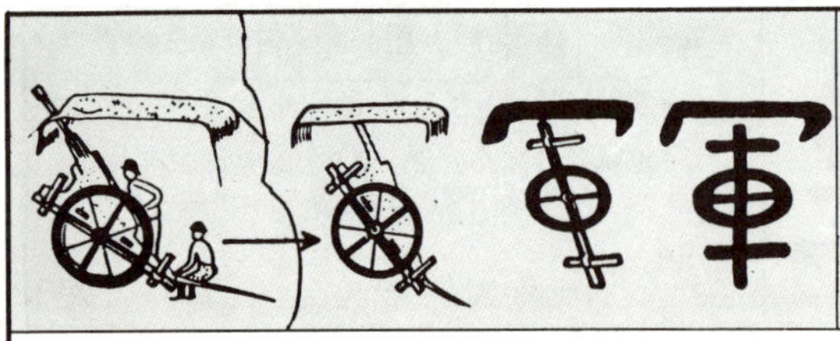

軍

丶 冖 冖 冐 冒 軍

軍紀 (군기) 군대의 규율

軍略 (군략) 군대에 관한 계략

中 군사 군　グン(いくさ)

8급　(위장막을) 덮고 전차포를 쏘는 게 **군사**다.

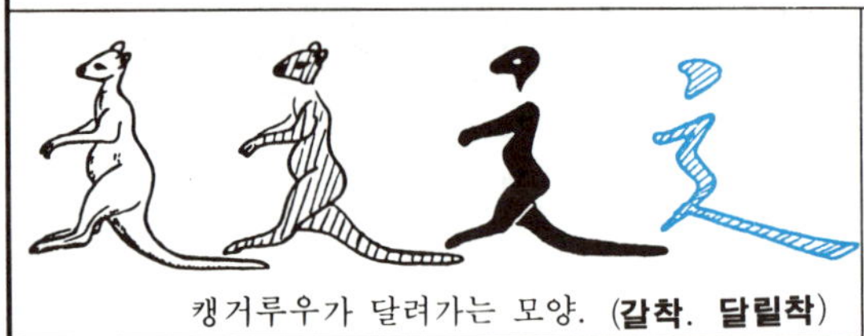

캥거루우가 달려가는 모양. (**갈착. 달릴착**)

運

丶 冖 冖 冐 軍 運

運動 (운동) 여러 가지 경기

運營 (운영) 일을 경영하여 나아감

中 옮길 운　ウン(はこぶ)

6급　**군사**들이 **달리어**서 자리를 **옮기다**.

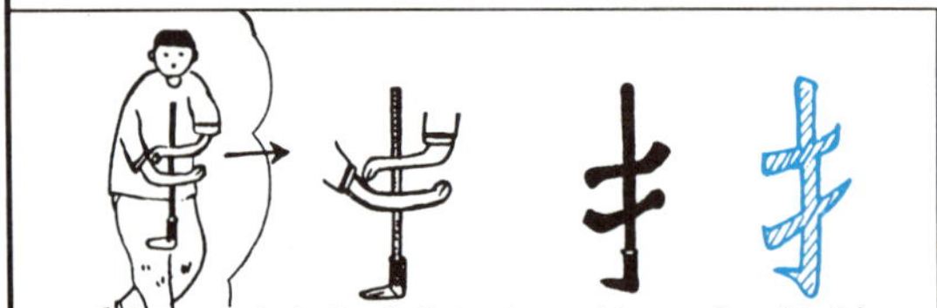

양손으로 괭이를 잡고 있는 모양. (**손수**)

揮

一 扌 扌 扌 揮 揮

揮劍 (휘검) 칼을 휘두름

揮毫 (휘호) 붓을 휘둘러서 글씨를 쓰거나 그림을 그림

지휘할 휘　キ(ふるう)

4급　**손**으로 **군사**들을 **지휘하**다

호롱불이 탁자위에서 빛이는 모양(**빛광**)

輝

丨 ⺌ 业 光 煇 輝

輝映 (휘영) 번쩍번쩍 비침

輝耀 (휘요) 밝게 빛남

中 빛날 휘　キ(かがやく)

3급　(불) **빛**이 **군사**의 진지에서 **빛나**다

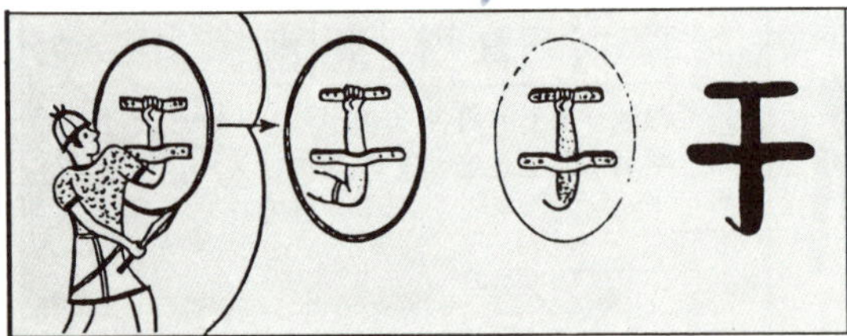

干

一 二 干

干戈 (간과) 방패와 창, 병기의 총칭

干滿 (간만) 간조와 만조

中 방패 간　カン(はす)

4급　**방패**를 잡고 있는 모양.

돌 (**바위**)의 모양 (**돌석**)

硏

一 石 石 石 研 硏　속 研

硏武 (연무) 무술을 닦음

硏修 (연수) 학업을 연구하여 닦음

中 갈 연, 연구할 연　ケン(みがく)

4급II　**돌**을 **방패 두 개**를 붙인 것 같이 평평하게 **갈다**.

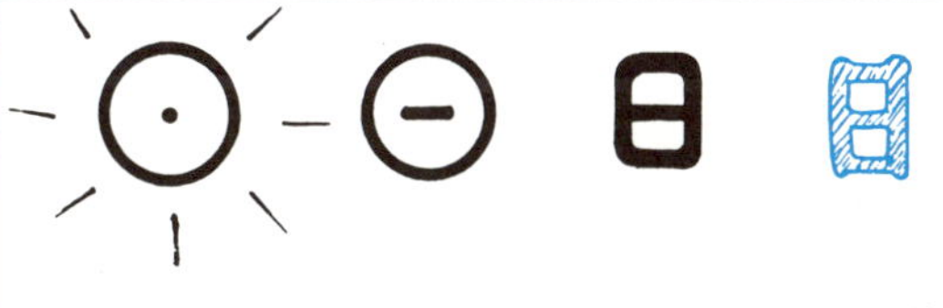

해의 모양(**해가떠서 새날이 온다는 뜻**) (**해일. 날일**)

旱

丨 冂 日 日 旦 旱

旱魃 (한발) 오래도록 비가 오지 않는 날씨
旱災 (한재) 심한 가뭄으로 생기는 재앙

□ 가물 한 カン(ひでり)

3급 **햇볕**에 타 땅이 창맞은 **방패**같이 갈라질 이 만큼 **가물**다.

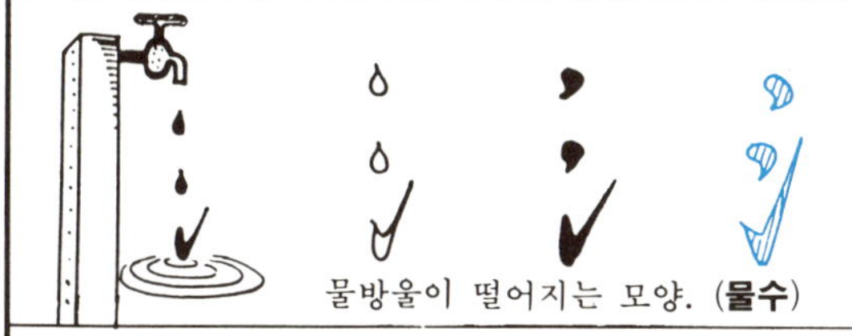

물방울이 떨어지는 모양. (**물수**)

汗

丶 冫 氵 氵 汀 汗

汗蒸 (한증) 특수한 시설로 덥게하여 그 속에서 몸에 땀을 내어 병을 치료하는 행위

□ 땀 한 カン(あせ)

3급 **물**방울이 **방패**같은 살갗을 뚫고나온 것이 **땀**이다

칼을 새워 놓은 모양. (**선칼도. 칼도**)

刊

一 二 干 刊 刊

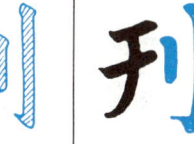

刊行 (간행) 인쇄하여 발행함
旣刊 (기간) 이미 간행된 책 ㊥ 近刊

□ 깎을 간, 새길 간 カン

3급II **방패**같은 널판에 **칼**로 **새기**다.

몸통 부분인 갈비뼈의 모양. (**몸육 · 고기육**)

肝

丿 刀 月 月 肝 肝

肝肺 (간폐) 간장과 폐장
肝銘 (간명) 마음에 새겨 잊지 않음

□ 간 간 カン(きも)

3급II **몸**에서 **방패**같이 병막는 일을 하는 곳이 **간**이다.

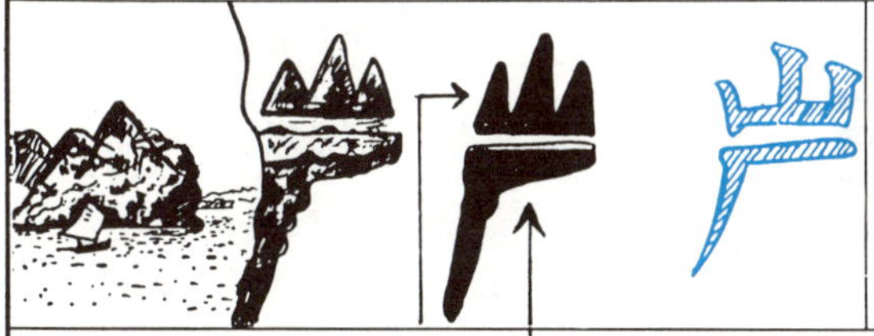

岸

丨 山 山 屵 岸 岸

岸忽 (안홀) 오만하여 남을 깔봄
壁岸 (벽안) 낭떠러지

中 낭떠러지기 안 / 언덕 안 ガン(きし)

산봉우리의 모양. (**메산**)
바위가 옆으로 나온 모양. (**바위엄**)

산밑의 **바위**가 **방패**같이 평평한 것이 **낭떠러지**이다 3급II

여자의 모양. (**계집녀**)

奸

𡿨 女 女 奸 奸 奸

奸計 (간계) 간사한 꾀
奸巧 (간교) 간사하고 교사 (巧詐) 함

□ 간음할 간 カン(みだる)

여자의 **방패**같은 평평한 둔부를 범하여 **간음하**다

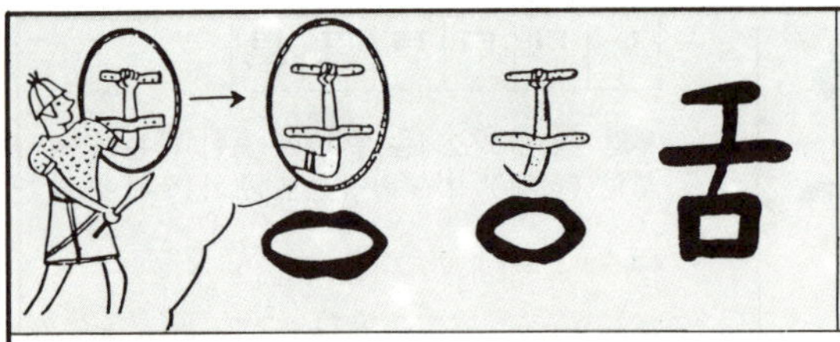

舌

一 二 千 千 舌 舌

舌頭 (설두) 혀끝
舌戰 (설전) 말다툼

혀 설　ゼツ(した)

방패같이(평평하게)생겨 입안에 있는 것이 **혀**라는 뜻　4급

물방울이 떨어지는 모양 (**물수**)

活

丶 氵 氵 氵 汗 活

活路 (활로) 살아나갈 길
活用 (활용) 살려 씀

中 살릴 활, 살 활　カツ(いきる)

7급　**물**이 **혀**같이 **살아**서 움직인다.

수염을 들먹이며 입으로 말하는 모양. (**말씀언**)

話

亠 言 言 訁 訐 話

談話 (담화) 의견이나 태도를 밝히는 말
秘話 (비화) 숨은 이야기

中 이야기 화　ワ(はなす)

7급　**말**이란 **혀**를 통해서 하는 **이야기**다.

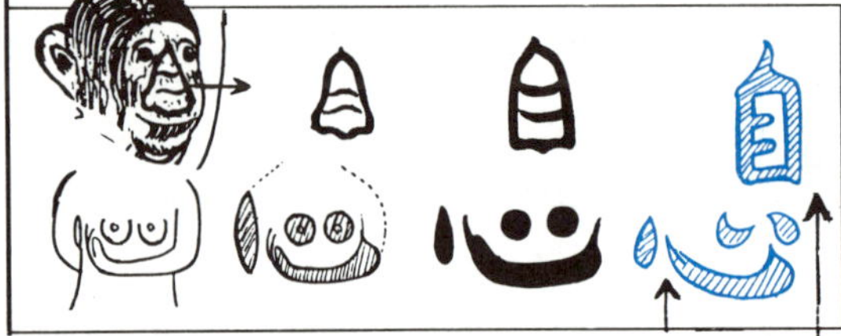

憩

一 千 舌 舌 甜 憩 憩

小憩 (소게) 잠깐 쉼
休憩 (휴게) 잠깐 쉼

쉴 게　ケイ(いこう)

젖가슴의 모양. (**가슴심·마음심**)
스스로 숨을 쉬는 사람 코의 모양. (**스스로자**)

3급　**혀**를 내밀고 **코**와 가슴(**마음**)으로 숨**쉬**다

盾

一 厂 𠂆 𠂆 盾 盾

盾鼻 (순비) 방패의 손잡이
矛盾 (모순) 말의 앞뒤가 서로 맞지 않는 일

방패 순　ジュン(たて)

3급　**방패**를 올리고 방어하는 모양

팔을 흔들며 총총 걸어가는 모양. (**갈척**. **바삐갈척**)

循

丿 彳 彳 彳 循 循

循環 (순환) 쉬지 않고 잇달아 돎
循行 (순행) 여러 곳을 돌아다님

돌 순
좇을 순　ジュン

3급　(적이 있나) **총총걸음**으로 **방패**를 들고 순찰을 **돌**다.

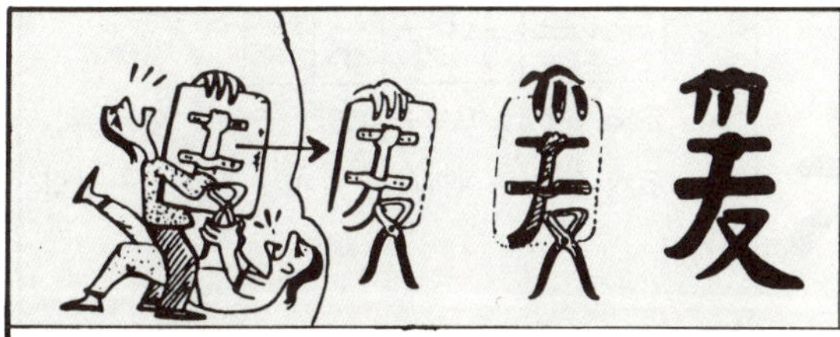

爰

爫 | 𠬪 | 爰

※뜻만 기억할 것

□ 끌어당길 원, 당길 원

손으로 방패를 뺏으려고 잡아 **끌어당기**는 모양.

해 의 모양(**해가떠서 새날이 온다는 뜻**) (**해일. 날일**)

暖

丨 | 日 | 暖

暖房 (난방) 따뜻한 방

暖流 (난류) 해류의 한 가지. 적도 부근에서 근원을 이룸

中 더울 난, 따뜻할 난 ダン(あたたかい)

4급II **햇볕**을 **끌어당기**니 **따뜻하다.**

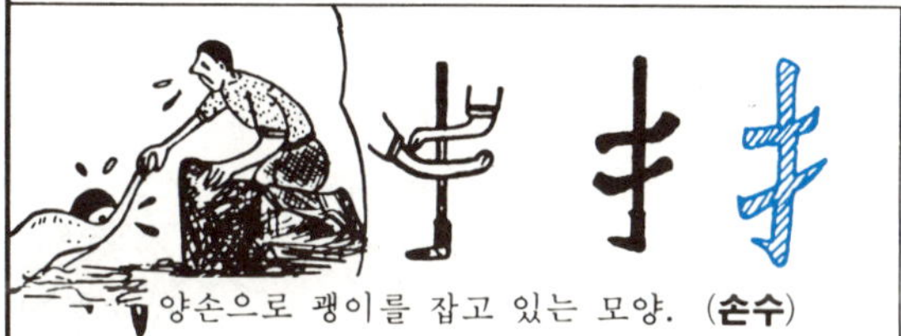

양손으로 괭이를 잡고 있는 모양. (**손수**)

援

扌 | 援

援護 (원호) 구원하여 도와 줌

應援 (응원) 곁들어 도와 줌

□ 도울 원 エン

4급 **손**으로 **끌어당기어** **돕다**(구원하다)

실의 모양. (**실사**)

緩

糸 | 緩

徐緩 (서완) 진행이 느림

緩衝 (완충) 급한 충돌을 완화함

□ 느릴 완 더딜 완 カン(ゆるい)

3급 **실**을 **끌어당기어** **느슨하게** 하다

展

尸 | 展

展望 (전망) 멀리 바라봄

展示 (전시) 여러 사물을 펴보임

中 펼 전 テン(のべる)

5급 **집**에서 **화초**를 **진열대** 위에 **펴놓다.**

喪

一 | 喪

喪失 (상실) 잃어버림

喪妻 (상처) 아내의 죽음을 당함

中 죽을 상, 잃을 상 ソウ(うしなう)

3급II **촛불**과 **음식그릇**이 **진열대** 위에 놓였으니 **초상난** 집이다.

示

一 二 亍 亓 示

示範 (시범) 모범을 보임

示威 (시위) 위력이나 기세를 드러내어 보임

中 보일 시, 젯상 시 ジ(しめす)

5급 신에게 **보일려고** **제사상**을 차린다는 뜻.

宗

丶 宀 宀 宇 宗

宗中 (종중) 한 문중, 한 족속

宗旨 (종지) 중요한 뜻

中 마루 종, 으뜸 종 シュウ(むね)

4급II **집**안에서 **제사상**을 차리는 곳이 **마루**다.

우뚝 솟은 산봉우리의 모양. (**메산**)

崇

丨 山 屵 崇 崇 崇

崇拜 (숭배) 높이 우러러 존경함

崇仰 (숭앙) 숭배하여 우러러 봄

中 높을 숭 スウ(たっとぶ)

4급 산 **마루**(등성이)는 **높다**.

票

一 币 襾 覀 覀 票

傳票 (전표) 금전출납을 적은 작은 쪽지

車票 (차표) 차를 탈 수 있는 표

표 표
쪽지 표 ヒョウ(ふだ)

4급II (고속버스 화물간에) **가방**을 싣고 **제사**를 지내러 가려고(화물에) **쪽지**를 붙인다는 뜻

나무의 모양. (**나무목**)

標

木 杅 栖 標 標 標

標的 (표적) 목적으로 삼는 사물

標準 (표준) 규범이 되는 준칙

中 표할 표 ヒョウ(しるし)

4급 **나무**에 **쪽지**를 붙여 **표하**다

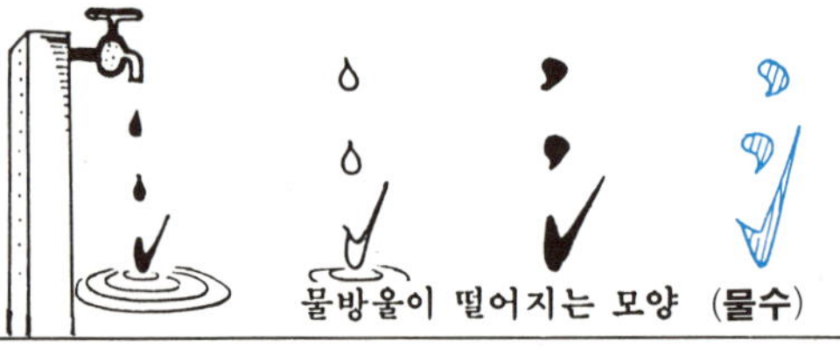

물방울이 떨어지는 모양 (**물수**)

漂

氵 氵 沪 淠 漂 漂

漂淪 (표륜) 말라서 떨어짐

漂白 (표백) 화학약품을 써서 탈색하여 희게 함

뜰 표
떠다닐 표 ヒョウ(ただよう)

3급 **물**에 **쪽지**가 **떠다니**다

尉

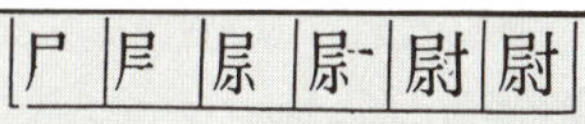

尉官 (위관) 소위 · 중위 · 대위의 총칭
大尉 (대위) 소령과 중위사이의 군대계급

벼슬이름 위
어루만질 위 イ(おさえる)

2급 **집**안에 **젯상**을 차리려고 **손**으로 **어루만지**다

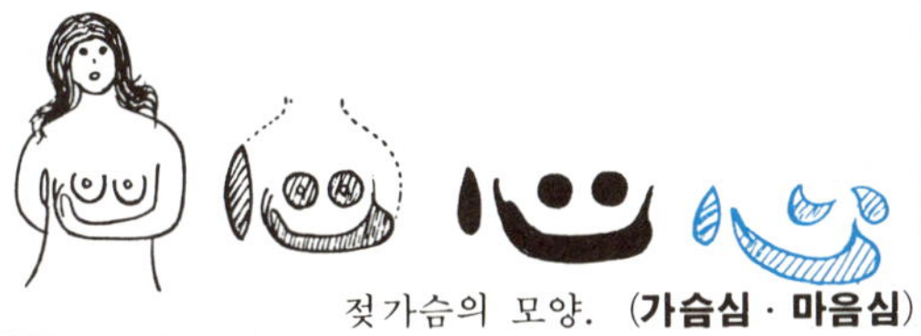

젖가슴의 모양. (**가슴심 · 마음심**)

慰

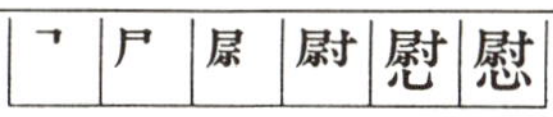

慰安 (위안) 위로하여 마음을 편케 함
慰問 (위문) 위로하기 위하여 문안함

위로할 위 イ(なぐさめる)

4급 (손으로) **어루만**지듯 **마음**을 **위로하**다

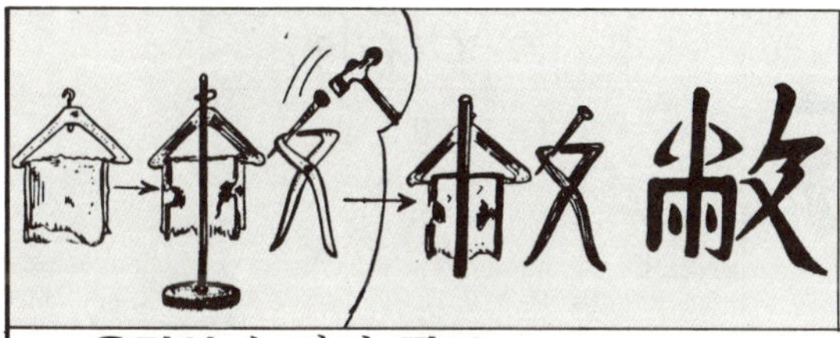

敝

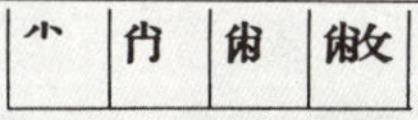

※뜻만 기억할 것

해질 폐
해진옷 폐

옷걸이에 걸린 **찢긴** **천**을 **두들겨** **치**니 더욱 **해어진 옷**이 된다는 뜻

두 손으로 들고 있는 모양. (**받쳐들공**)

弊

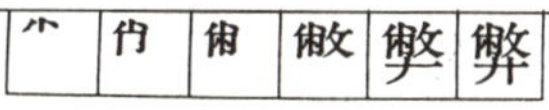

弊習 (폐습) 나쁜 버릇
弊風 (폐풍) 폐해가 있는 풍습

中 폐 폐
곤할 폐 ヘイ(やぶれる)

3급II **해어진 옷**을 살이 안보이게 **받들어** 잡고 있자니 **곤하**다

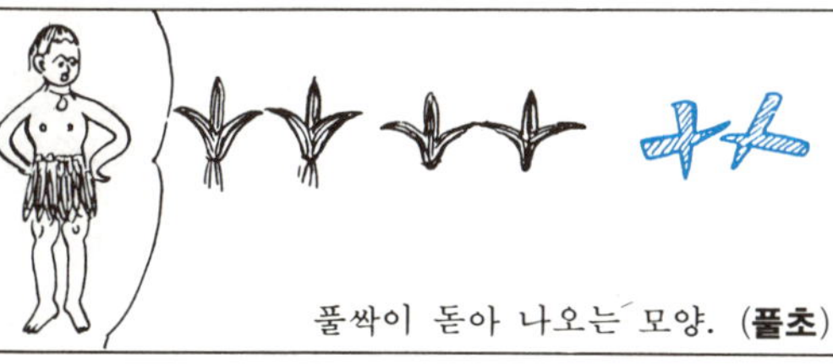

풀싹이 돋아 나오는 모양. (**풀초**)

蔽

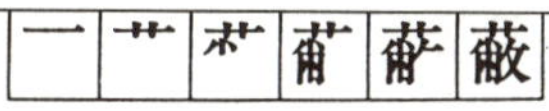

隱蔽 (은폐) 가리어 숨김
蔽塞 (폐색) 가리어 막음

가릴 폐 ヘイ(おおう)

3급 **풀**을 **해어진 옷**같이 엉성히 엮어 앞을 **가리**다

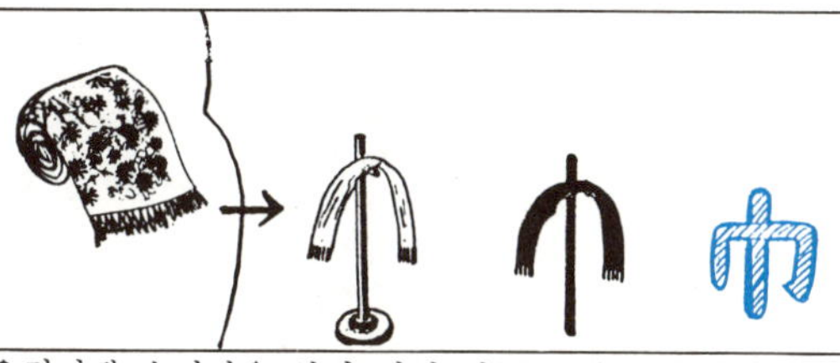

옷걸이에 수건같은 천이 걸려 있는 모양. (**수건건 · 천건**)

幣

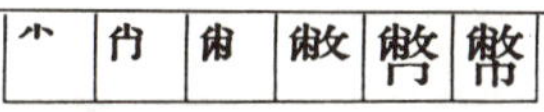

幣帛 (폐백) 일반적인 모든 예물
紙幣 (지폐) 종이에 인쇄하여 만든 화폐

비단 폐
돈 폐 ヘイ(ぬさ)

3급 (쉽사리 잘) **해어지는 천**(수건)이 **비단**이다

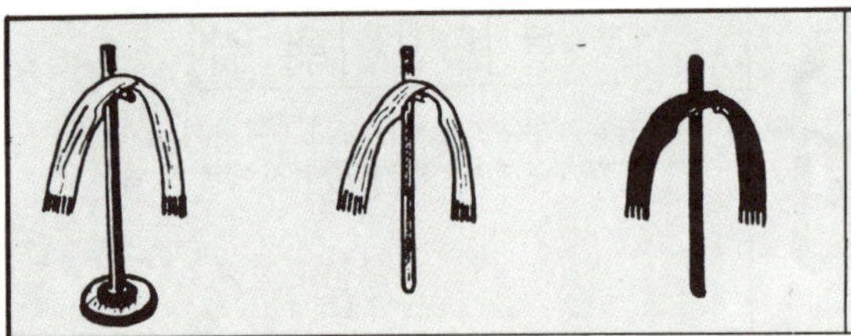

巾

丨 冂 巾

巾幅 (건폭) 종이나 비단 등의 나비
手巾 (수건) 얼굴 등을 닦기 위한 헝겁

수건 건, 천 건 キン(ふきん)

옷걸이에 **수건**같은 **천**이 걸려 있는 모양.

席

亠 广 户 庐 席 席

席上 (석상) 좌상, 어떤 모임의 자리
座席 (좌석) 앉는 자리

中 자리 석, 깔 석 セキ(むしろ)

6급 **집안에 엮은 고기**를 놓으려고 **천**으로 **자리를 깔다.**

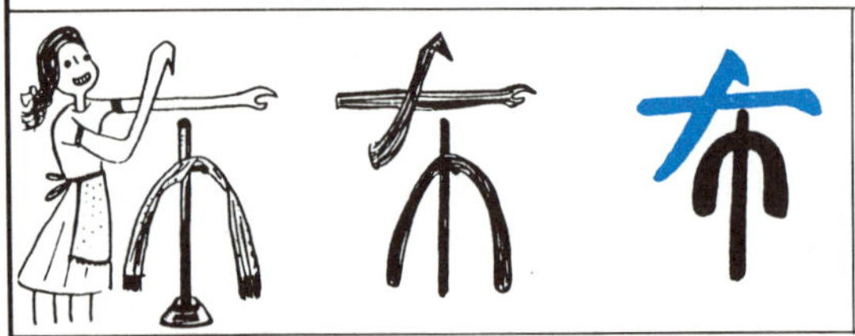

布

一 ナ 𠂇 右 布

布陣 (포진) 진을 침
毛布 (모포) 담요

베 포
펼 포 フ(ぬの)

4급II **양손**에 들고 있는 **천**이 **베**수건이다

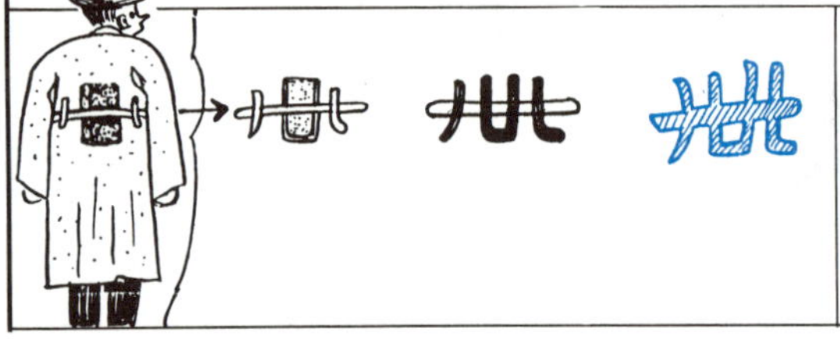

帶

一 卄 卌 𠔉 帯 帶

帶同 (대동) 함께 데리고 감
腰帶 (요대) 허리띠

띠 대 タイ(おび)

4급II **허리**를 **묶으려**고 **천을 겹쳐**서 만든 것이 **띠**다.

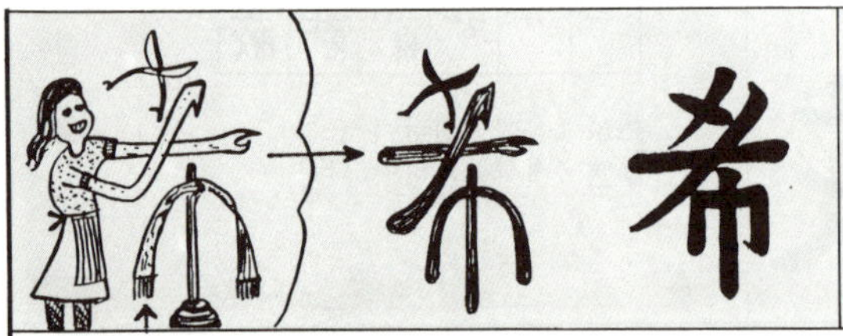

希

ノ ㄨ 𠂢 产 肴 希

希世 (희세) 세상에 드물음
希求 (희구) 원하며 바람

바랄 희 キ(まれ)

(수건건 ·천건)

4급II **가위**를 **손**에 쥐고 **천**을 떠주기를 **바라**다

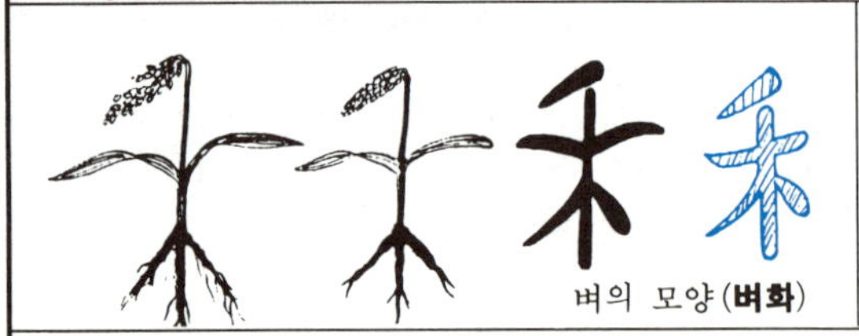

稀

一 千 禾 秆 稀 稀

稀怪 (희괴) 드물고 썩 이상함
稀貴 (희귀) 드물고 귀함

드물 희 キ(まれ)

3급II **벼**를 **바람직**하게 듬성듬성 **드물**게 심다

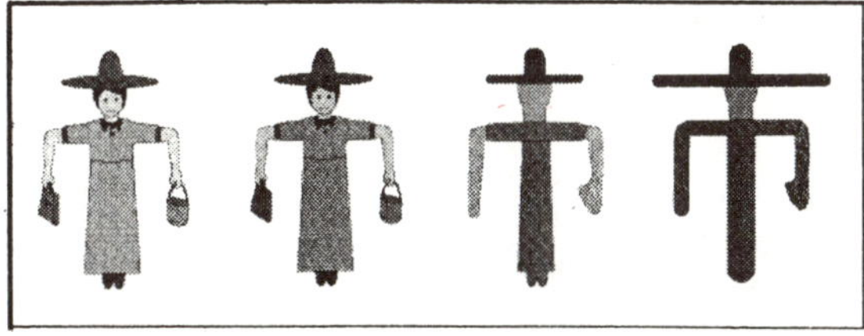

市

丶 亠 亣 巿 市

市街 (시가) 도시의 큰 길거리
市外 (시외) 도시의 밖　㉯ 市內

中 저자 시, 시장 시　ッ(いち)

7급　**장보려**고 **시장**에 가는 모양.

여자의 모양(**계집녀**)

姊

ㄑ 女 女亠 女亣 姉 姊　㊐ 姉

姊兄 (자형) 손윗누이의 남편
長姊 (장자) 맏누이

中 맏누이 자　ッ(あね)

4급　**여자**로 **시장**에서 찬거리를 사오는 자가 **맏누이**다.

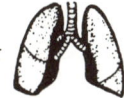

몸통 부분인 갈비뼈의 모양. (**몸육 · 고기육**)

肺

丿 刀 月 月亠 肺 肺

肺病 (폐병) 폐장의 병
肺尖 (폐첨) 폐장 상부의 선단

허파 폐　ハイ

3급 II　※ 허파는 공기가 드나들기 때문에 시장같이 분주하다.　**몸**에서 **시장**처럼 분주한 곳이 **허파**다.

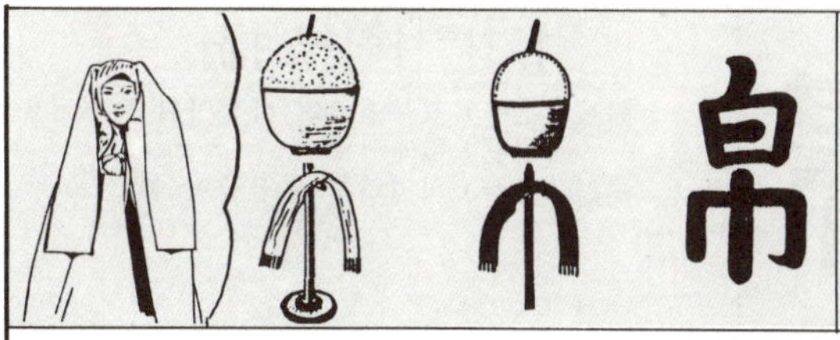

帛

白 白 白 帛

帛書 (백서) 비단에 쓴 글자
幣帛 (폐백) 일반적인 모든 예물

비단 백　ハク(きぬ)

밥같이 **흰수건**이 **비단**이다

쇠를 다루는 대장간의 모양. (**쇠금**)

錦

𠆢 亼 金 金白 錦 錦

錦帳 (금장) 비단 장막
錦地 (금지) 귀지 (貴地)

비단 금　キン(にしき)

3급 II　**금**빛이 나는 **비단**이 참 **비단**이다

실의 모양. (**실사**)

綿

𠃋 幺 糸 糸白 綿 綿

綿絲 (면사) 무명실
綿布 (면포) ① 무명　② 솜과 베

솜 면　メン(わた)

3급 II　**실**이나 **비단**을 만드는 재료가 **솜**이다

帚

ヨ	⺕	帇	帚

※ 뜻만기억할것.

□ 비 추

비를 들고 있는 모양.

결제 서류통에 서류가 많이 쌓인모양 (많이쌓일퇴)

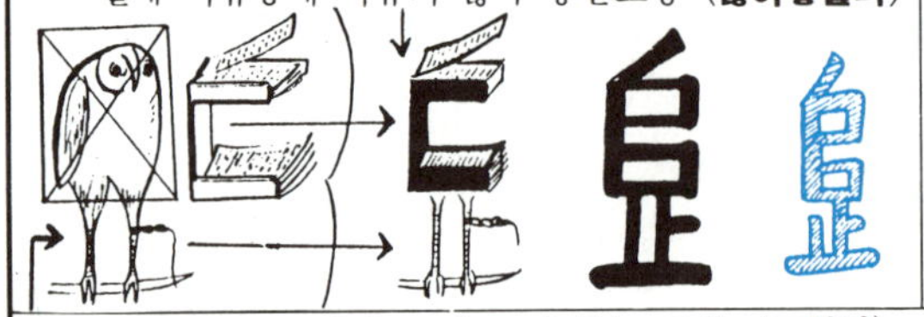

새가 다리가 묶여 날지 못하고 서 있는 모양. (그칠지)

歸

丨	𠂤	𠂤止	歸	歸	歸	약 帰

歸結 (귀결) 끝이 남

歸順 (귀순) 싸우던 마음을 버리고 돌아 옴

中 돌아올 귀 キ(かえる)

4급 많이 쌓여 머물러 있는 오물이 비질하는 청소부에게 돌아온다.

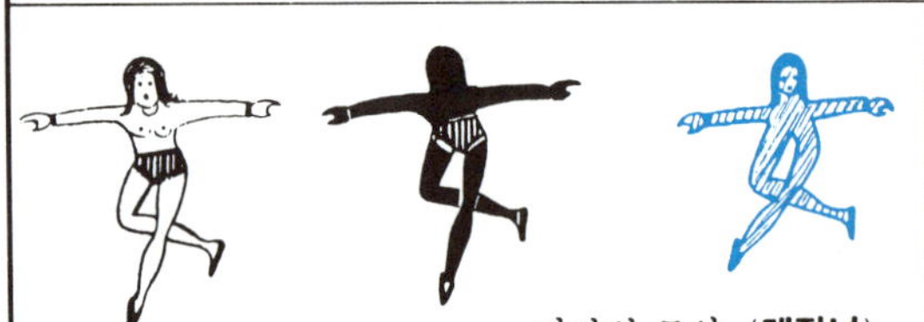

여자의 모양 (계집녀)

婦

ㄑ	女	女ヨ	女⺕	婦	

婦道 (부도) 여자의 도리

新婦 (신부) 갓 결혼한 색시

中 아내 부, 며느리 부 フ

4급II 여자로 비를 들고 있는 자가 아내나 며느리다.

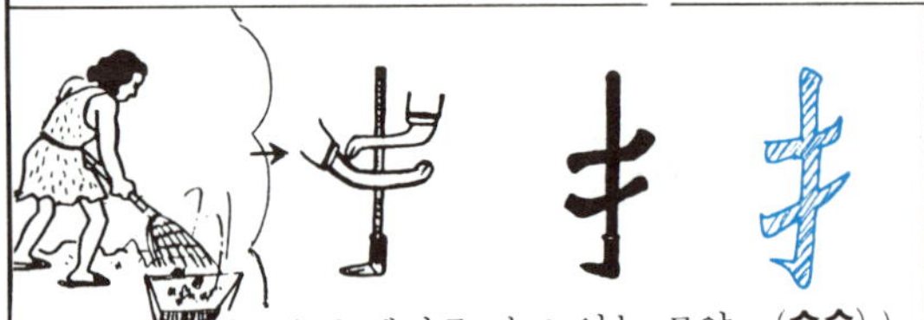

양손으로 괭이를 잡고 있는 모양. (손수))

掃

一	扌	扌ヨ	扌⺕	掃	掃

掃滅 (소멸) (부정적인 사실이나 적대되는 사람을) 없애버림

掃射 (소사) 비질하듯이 휩쓸어 쏨

中 쓸 소 ソウ(はく)

4급II 손에 비를 들고 쓸다

辰

一	厂	尸	尸	𠩄	辰

辰告 (신고) 때때로 알림

日辰 (일진) 하루의 간지 (干支)

中 별 진, 날 신 シン(とき)

3급II 천문대에서 망원경으로 별을 관측하는 모양.

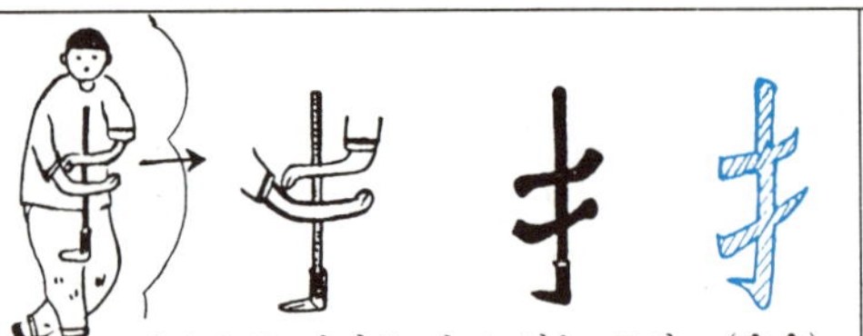

양손으로 괭이를 잡고 있는 모양. (손수)

振

扌	扩	扳	振	振

振興 (진흥) 떨치어 일으킴

振動 (진동) 흔들리어 움직임

□ 떨칠 진
흔들릴 진 シン(ふる)

3급II 손으로 별을 떨치려고 흔들다

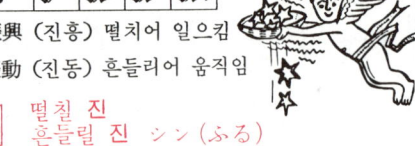

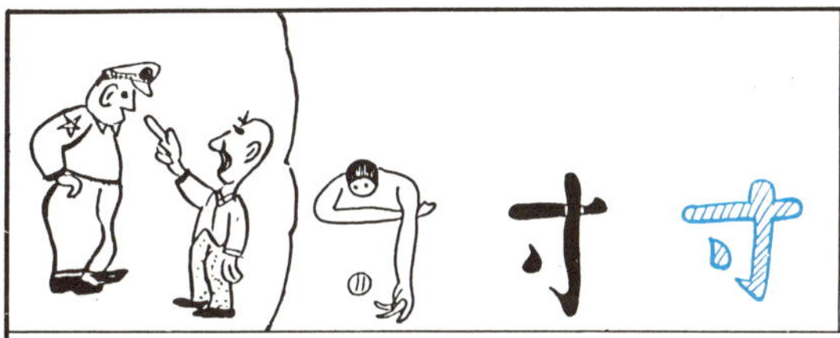

물건을 쥐려고 손 마디를 굽히는 모양. (**손촌 · 마디촌**)

辱

一	厂	尸	尸	辰	辱

屈辱 (굴욕) 남에게 꺾여 업신여김을 받음
恥辱 (치욕) 수치와 모욕

□ 욕될 욕 ジョク(はずかしめる)

별을 **손**가락질하며 **욕되**게 하다 3급II

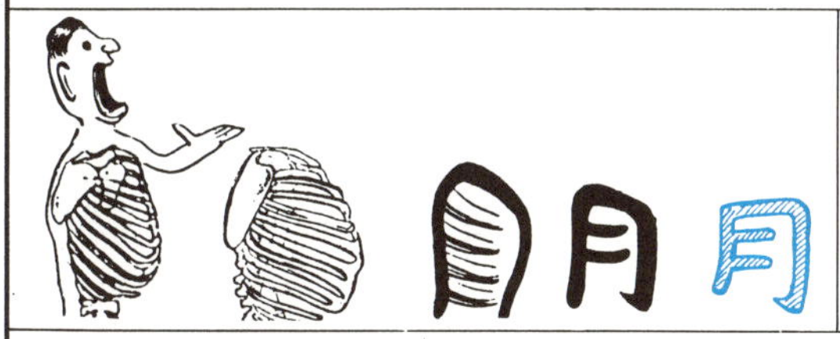

脣

一	厂	尸	辰	脣	脣

脣齒 (순치) 입술과 이
舌脣 (설순) 혀와 입술

□ 입술 순 シン(くちびる)

3급 몸통 부분인 갈비뼈의 모양. (**몸육 · 고기육**)

별같이 **몸**에서 붉은 빛을 내는 게 **입술**이다

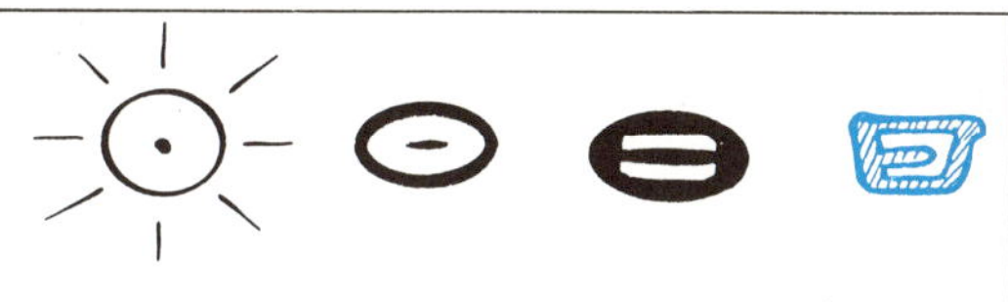

해의 모양.(**해가떠서 새날이 온다는 뜻**) (**해일. 날일**)

晨

丨	日	尸	尸	晨	晨

晨旦 (신단) 아침
晨省 (신성) 이른 아침 부모 침소에 가서 안부를 살피는 일

□ 새벽 신 シン(あかつき)

3급 **해**가 뜨고 **별**빛이 사라질 때가 **새벽**이다

여자의 모양. (**계집녀**)

娠

女	女厂	女尸	女尸	娠	娠

娠母 (신모) 아이 밴 여인
妊娠 (임신) 아이를 뱀

□ 아이밸 신 シン(はらむ)

여자의 배가 **별**처럼 빛나니 **아이**를 밴 것이다.

農

口	曲	曲	芦	農	農

農夫 (농부) 농사를 업으로 하는 사람
農牛 (농우) 농사에 부리는 소

中 농사 농 ソウ

농작물이 **굽을** 정도로 자라도록 **별**자리를 보며 **농사**를 짓다. 7급

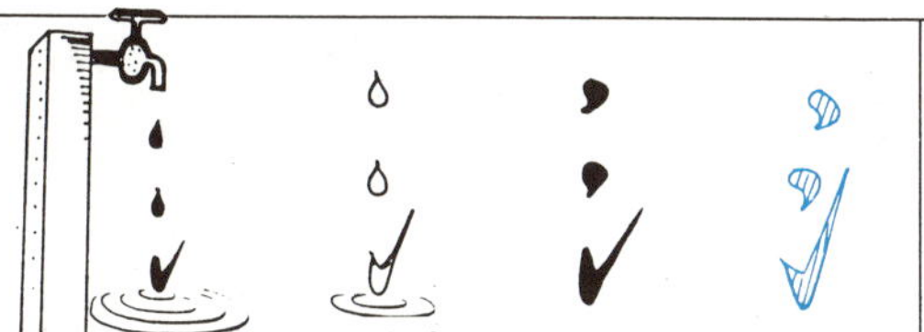

물방울이 떨어지는 모양. (**물수**)

濃

丶	氵	沪	浀	濃	濃

濃淡 (농담) 짙음과 옅음
濃彩 (농채) 짙은 색채

□ 무르녹을 농 / 짙을 농 ノウ(こい)

3급 **물**이 풍부하여 **농사**가 **무르녹게** 잘 되다

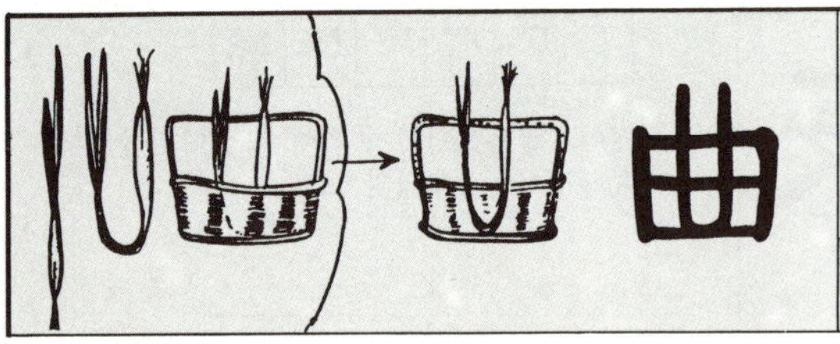

曲

丨 冂 巾 冊 曲 曲

曲境 (곡경) 몹시 어려운 지경
曲直 (곡직) 그름과 바름, 시비

中 굽을 곡, 곡조 곡 キョク(まがる)

5급 광주리에 농작물이 **굽어져** 담겨 있는 모양

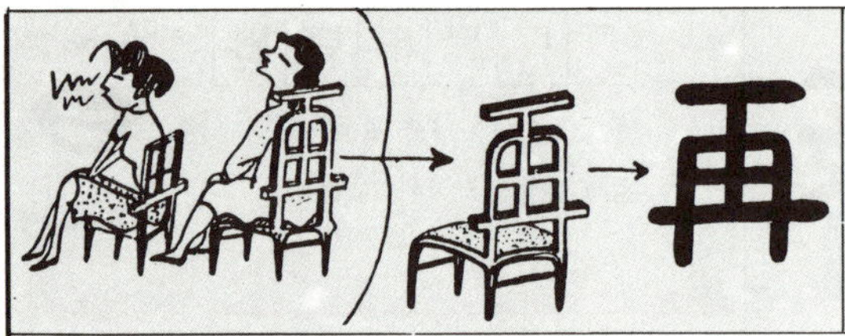

再

一 丁 冂 币 再 再

再考 (재고) 다시 자세하게 생각함
再請 (재청) 두 번 다시 청함

中 거듭 재, 다시 재 サ(ふたたび)

5급 의자의 **등받이**를 **거듭 다시** 올린 모양

稱

一 千 禾 禾ᐟ 稍 稱

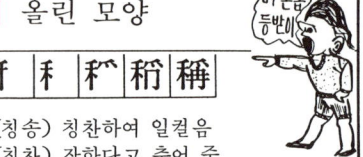

稱頌 (칭송) 칭찬하여 일컬음
稱讚 (칭찬) 잘한다고 추어 줌

일컬을 칭 ショウ(となえる)

4급 **벼, 손톱, 등받이**를 짚으며 이름을 **일컫다**

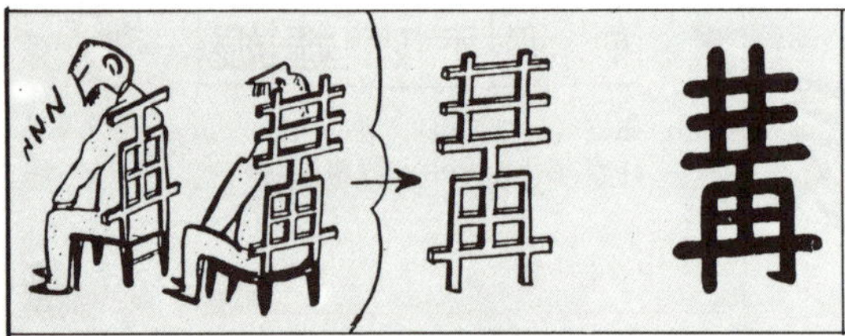

冓

一 艹 卝 冓 冓

※뜻만 기억할 것.

쌓을 구

의자의 등받이를 높게 **쌓아** 올린 모양.

수염을 들먹이며 입으로 말하는 모양. (**말씀언**)

講

一 言 言一 言艹 請 講

講習 (강습) 학예를 배우고 익힘
講和 (강화) 전쟁을 그치고 화의함

中 욀 강, 강론할 강, コウ

4급II **말**을 **쌓아서** 설명하는 것이 **강론**이다.

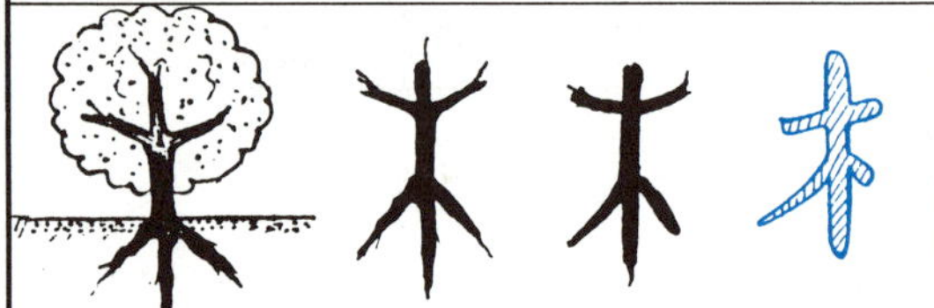
나무의 모양. (**나무목**)

構

木 木一 木艹 木卝 構 構

構成 (구성) 얽어서 만듦
構造 (구조) 꾸미어 만듦. 짜서 맞춤

이룰 구, 얽을 구 コウ(かまう)

4급 **나무**를 **쌓고** **얽어매다**.

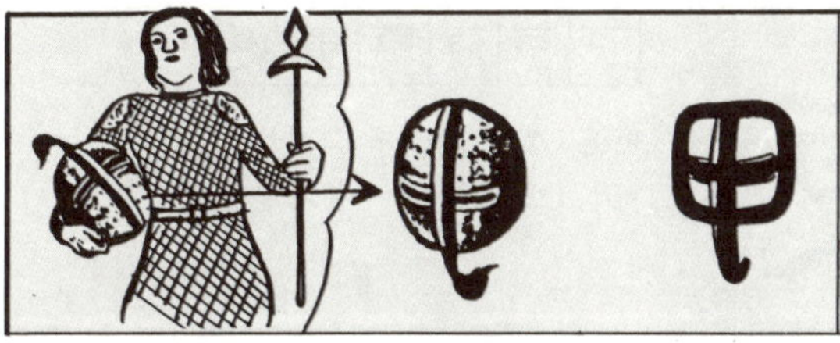

甲

丨 冂 日 日 甲

甲族 (갑족) 훌륭한 집안
還甲 (환갑) 61세의 일컬음

中 갑옷 갑, 첫째 갑 コウ

4급 갑주를 거꾸로 든 모양. **갑옷**은 **첫째**가는 전투복이라는 뜻.

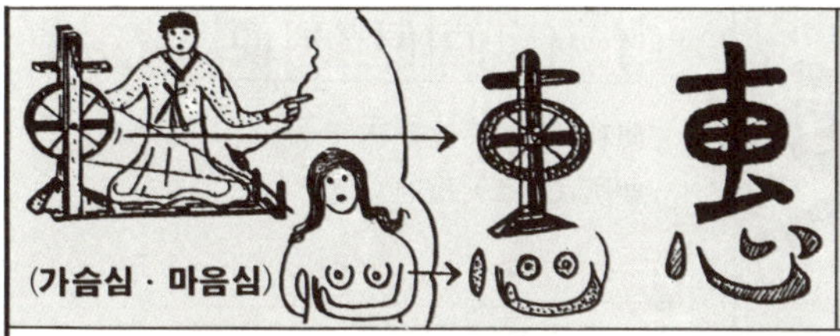

惠

一 亘 亩 叀 恵 惠

惠書 (혜서) 남의 편지의 존칭
惠念 (혜념) 보살펴 주는 생각

中 은혜 혜, 인자할 혜 ケイ(あぐむ)

물레를 세모돌로 눌러 놓고 **마음**을 다해 길쌈하여 **은혜**를 갚다. 4급II

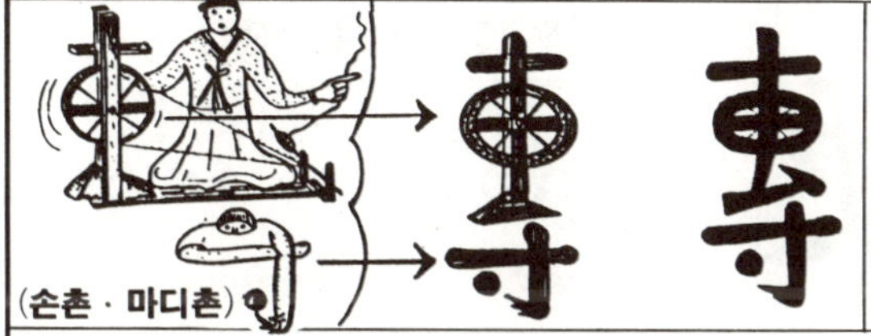

專

一 亘 亩 叀 專 專

專攻 (전공) 전문으로 연구함
專擔 (전담) 혼자서 담당함

오로지 전 セン(もっぱら)

물레를 세모돌로 눌러 놓고 **손**으로 **오로지** 실만 잣고 있다. 4급

사람이 섰는 모양. (**사람인**)

傳

亻 仁 伸 俥 傳 傳 약 伝

傳聞 (전문) 전하여 주는 말을 통하여 들음
傳統 (전통) 계통적으로 전함

中 전할 전 デン(つたえる)

5급 (문화나 소식같은 걸) **사람**만이 **오로지 전할 수** 있다.

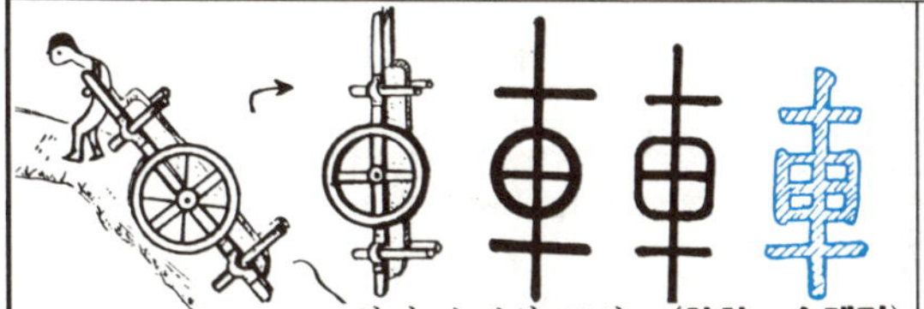
차나 수레의 모양. (**차차 · 수레거**)

轉

一 亓 車 軒 轉 轉 약 転

轉業 (전업) 직업을 바꿈
轉出 (전출) 다른 곳으로 이주하여 감

구를 전
옮길 전 テン(ころぶ)

4급 **차**는 **오로지** 바퀴로만 **구른**다

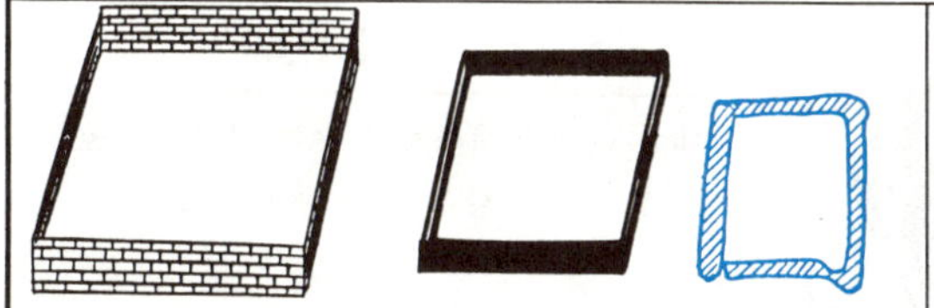
담장같이 사면을 에워싼 모양 (**에울위. 에워쌀위**)

團

丨 冂 冂 囗 團 團 약 团

團結 (단결) 한 덩이로 뭉침
團體 (단체) 동일한 목적을 위한 사람들의 조직체

둥글 단
단체 단 ダン

5급 **에워싸듯**이 **오로지 둥글게** 뭉친 것이 **단체**다

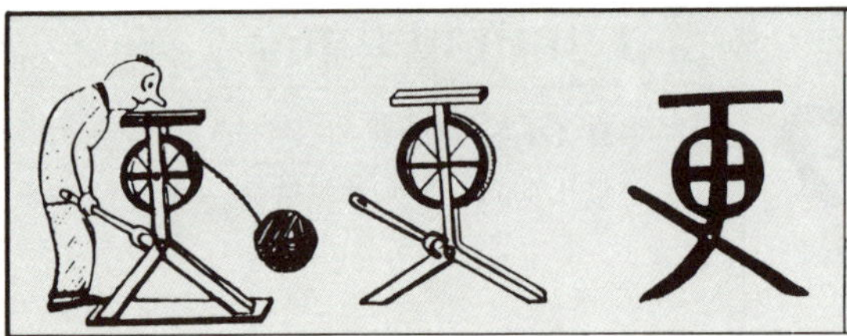

更

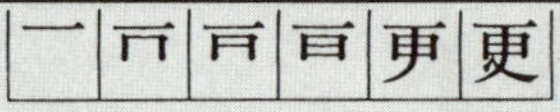

更正 (경정) 바르게 고침
更生 (갱생) 사경에서 되살아남

中 고칠 경, 다시 갱　コウ(さら)

4급　실감개를 죄여서 **다시 고치다**.

사람이 섰는 모양. (**사람인**)

便

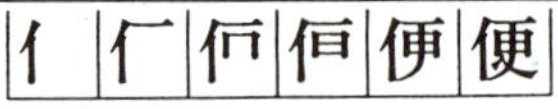

便利 (편리) 편하고 쉬움
便所 (변소) 뒷간

中 편할 편, 똥오줌 변　ビン(たより)

7급　**사람**이 불편한 곳을 **다시 고쳐** 놓으니 **편하다**.

큰바위 밑에 돌덩이(口)가 있는 모양. (**돌석**)

硬

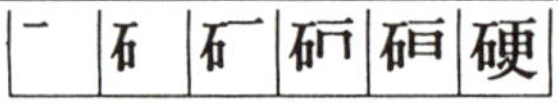

硬化 (경화) 단단하게 굳어짐
强硬 (강경) 굳세게 버티어 굽히지 않음

단단할 경　コウ(かたい)

3급　(용암으로 흘러내린) **돌**이 **다시** 굳어 **단단하**다

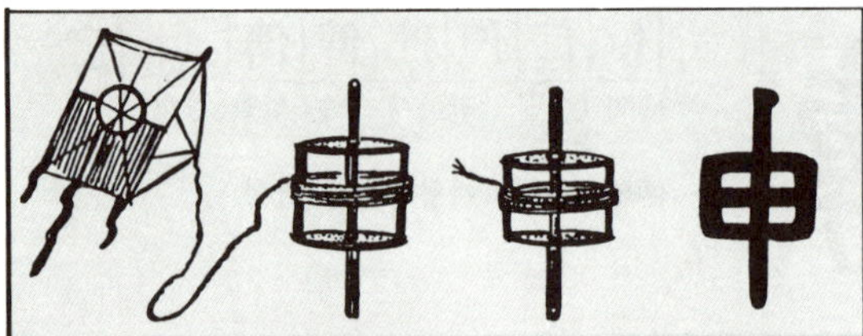

申

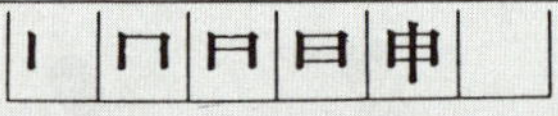

申白 (신백) 자세히 사뢰
申請 (신청) 신고하여 청구함

中 펼 신　シン(もうす)

4급II **실감개의** 모양. 연을 띄우려고 실을 **편다**는 뜻.

신에게 보이려고 잿상을 차려놓은 모양. (**보일시·제사시**)

神

神速 (신속) 신기할 만큼 빠름
神效 (신효) 신기한 효험

中 귀신 신　シン(かみ)

6급　**제사상**을 **펴놓으**니 **귀신**이 오다.

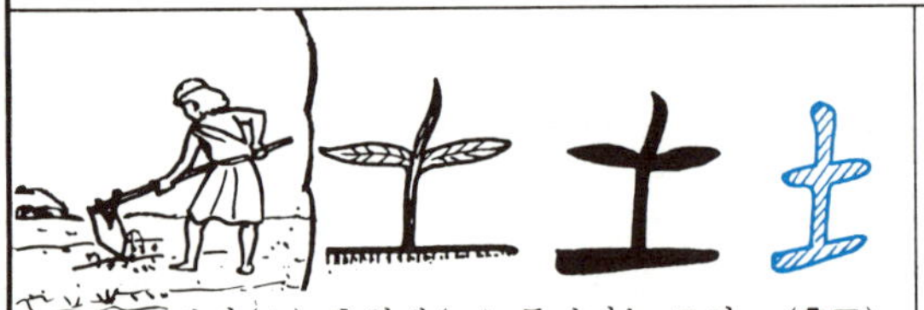

싹이(+) 흙위에(—) 돋아나는 모양. (**흙토**)

坤

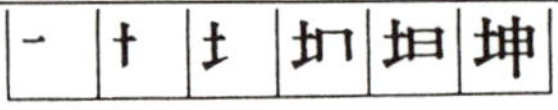

坤命 (곤명) 축원문에 쓰는 여자의 칭호
坤宮 (곤궁) 황후 또는 황후의 처소

中 땅 곤　コン

3급　**흙**을 **펴놓은** 것이 **땅**이다.

사람이 섰는 모양. (**사람인**)

伸

丿 亻 亻 仴 伸 伸

伸張 (신장) 늘리어 넓게 됨
伸縮 (신축) 늘어남과 줄어들음

□ 펼 신
기지개켤 신 シン(のびる)

3급

사람이 몸을 **펴**서 **기지개 켜**다

丨 冂 日 由 由

理由 (이유) 까닭
緣由 (연유) 인연

中 말미암을 유, 까닭 유 ユ(よし)

(감에 꼭지가 달린 모양) 꼭지가 있는 **까닭**에 달려 있다는 뜻.

6급

물방울이 떨어지는 모양 (**물수**)

油

丶 冫 氵 汩 汩 油

油松 (유송) 잣나무
油然 (유연) 여유있고 침착함

中 기름 유 ユウ(あぶら)

6급

물 같은 액체를 짜낸 **까닭**에 **기름**이 있다.

지붕을 덮어씌운 집의 모양. (**집면**)

宙

丶 宀 宀 宙 宙

宇宙 (우주) 천지 사방
宇宙人 (우주인) 우주선을 타고 우주 공간을 돈 사람

中 집 주 チュウ

3급 II

지붕이 있는 **까닭**에 **집**이다.

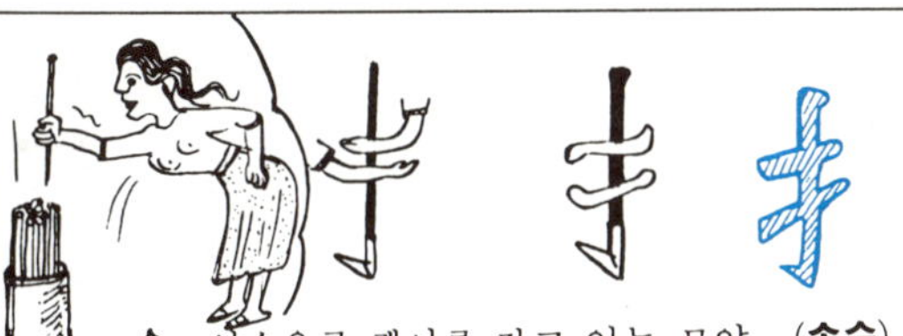

양손으로 괭이를 잡고 있는 모양. (**손수**)

抽

一 扌 扌 扪 抽 抽

抽象 (추상) 구체적으로 사물이나 관념에서 일반적으로 공통된 속성을 추려내 종합하는 일

□ 뽑을 추, 당길 추 チュウ(ぬく)

3급

손이 있는 **까닭**에 **뽑고, 당기다.**

대나무의 이파리 모양을 본뜬 자. (**대죽**)

笛

丿 𠂉 竹 笜 笛 笛

牧笛 (목적) 목동이 부는 저
草笛 (초적) 풀잎 피리

□ 피리 적 テキ(ふえ)

3급 II

대나무가 있는 **까닭**에 **피리**가 있다

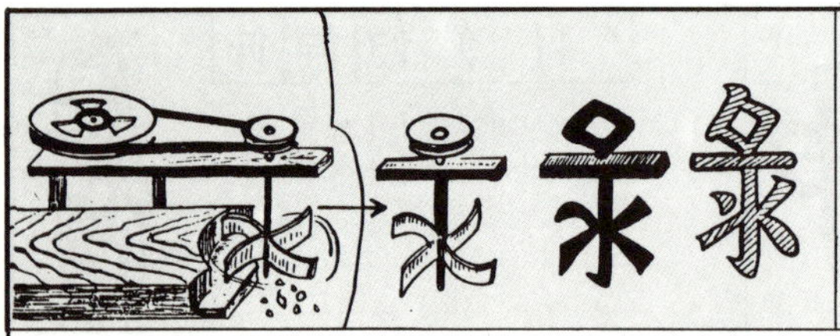

彔

ㄴ	ㅂ	彔

※뜻만 기억할 것.

☐ 나무깎을 록

(기계로) **나무**를 **깎는** 모양을 본뜬 자

신에게 보이려고 젯상을 차려놓은 모양. (**보일시·제사시**)

祿

一	亍	示	礻	祀	祿

貫祿 (관록) 몸에 갖추어진 위엄
國祿 (국록) 나라에서 주는 급료

☐ 복 록
녹봉 록 ロク(さいわい)

3급

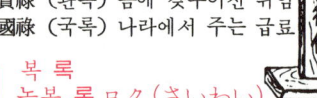

젯상에 **나무**로 **깎은** 위패를 놓고 제 지내니 **복**을 받는다

쇠를 다루는 대장간의 모양. (**쇠금**)

錄

人	厶	金	釒	鈩	錄

錄音 (녹음) 음파의 기록
附錄 (부록) 본문 끝에 덧붙이는 기록

☐ 기록 록
새길 록 ロク

4급II

쇠칼로 **나무**를 **깎아** 글자를 **기록하다**

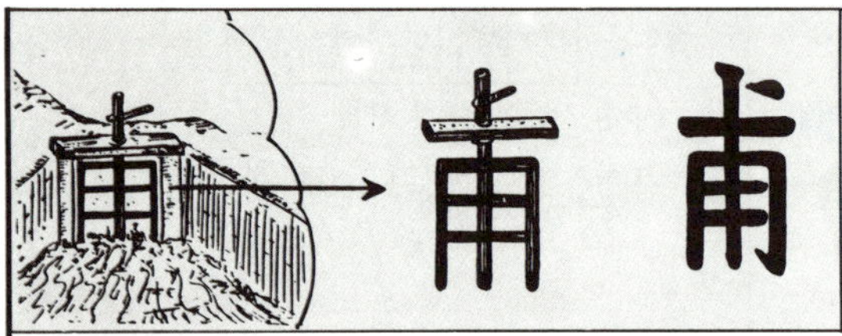

甫

一	冂	再	甫	甫

甫甫 (보보) 큰 모양. 많은 모양
尼甫 (이보) 공자의 미칭

☐ 클 보

2급

큰 수문의 모양을 본뜬자. **크다**는 뜻으로 쓰임

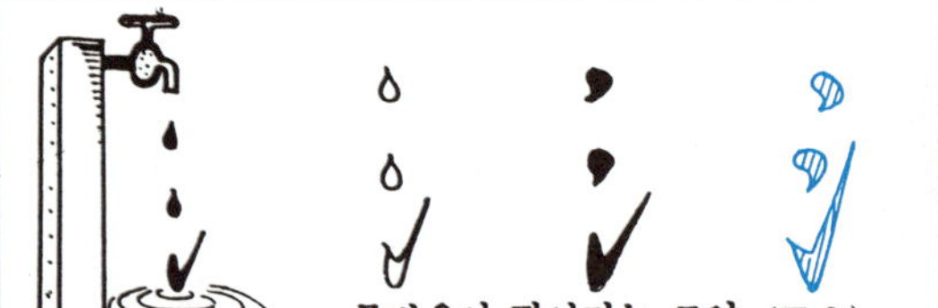

물방울이 떨어지는 모양 (**물수**)

浦

丶	氵	汇	沔	涓	浦

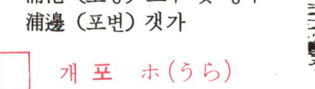

浦港 (포항) 포구 및 항구
浦邊 (포변) 갯가

☐ 개 포 ホ(うら)

3급II

물이 **크게** 드나드는 곳이 **갯가**다

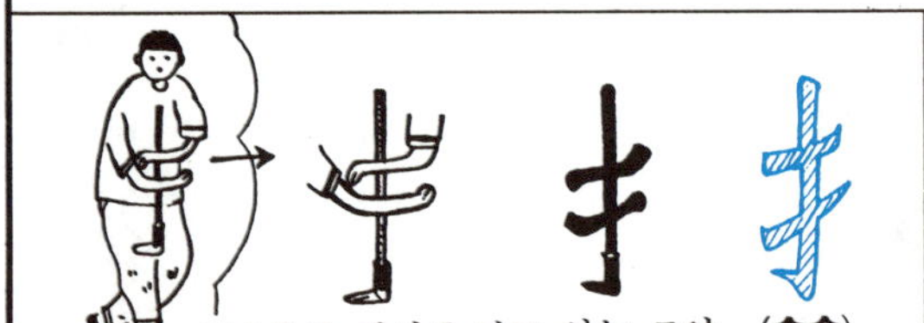

양손으로 괭이를 잡고 있는 모양. (**손수**)

捕

一	扌	扌	扐	捐	捕

捕盜廳 (포도청) 도둑이나 일반 범죄자를 잡아 다스리는 관아
捕獲 (포획) 짐승이나 물고기를 잡음

☐ 잡을 포 ホ(とらえる)

3급

손으로 **큰** 것을 **잡다**

옷의 모양 (옷의)

補

丶 ネ 衤 衤 衤甫 補

補償 (보상) 남의 손해를 갚아줌
補缺 (보결) ① 빈 자리를 채움
② 결점을 보충함

□ 기울 보 ホ(おぎなう)

3급 II

옷에 **큰** 조각을 대어 **깁다**

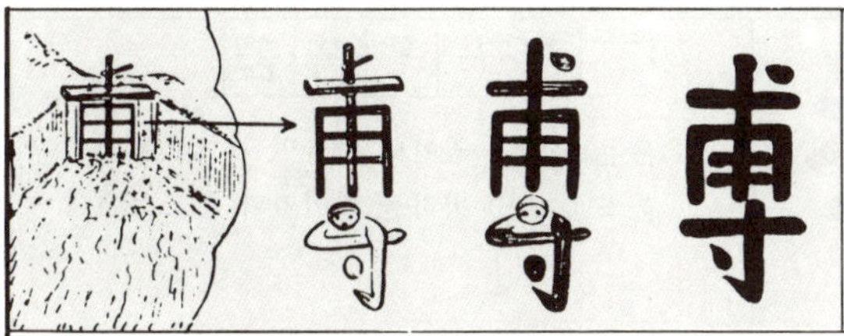

尃

一 甬 甫 尃

※ 뜻만 기억할 것

□ 펼 부

큰 수문을 **손**으로 열어서 (물을) **편다**는 뜻

薄

一 艹 艹 汻 溥 薄

薄情 (박정) 인정이 적음
薄行 (박행) 경박한 행동

□ 얇을 박 ハク(うすい)

3급 II

풀이 **물**속에 **퍼저**서 자랄 수 있는 곳은 (물이) **얇다.**

簿

⺈ ⺮ 箔 箔 簿 簿

簿記 (부기) 장부에 기입함
簿錄 (부록) 장부에 치부함

□ 문서 부
치부 부 ボ

3급 II

대쪽에 먹**물**로 글을 써서 **(펴서)** 놓은 것이 **문서**다

*종이가 없던 옛날에는 대나무 조각을 엮어서 거기다 글을 썼음.

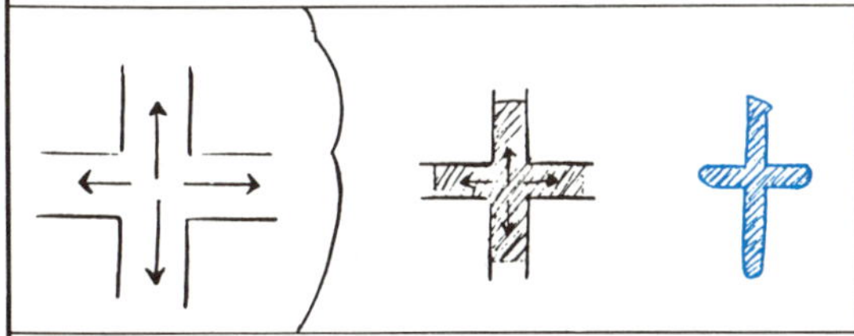

博

一 十 十 忄 博 博

博採 (박채) 널리 채택함
博識 (박식) 아는 것이 많음

□ 넓을 박
학문있을 박 ハク

4급 II

(사거리같이) **사방**으로 **펴진** **넓은** 지식을 가진 자가 **박사**다

사람이 섰는 모양. (사람인)

傅

亻 仁 俌 俌 傅 傅

傅相 (부상) 돌보아 주는 사람
師傅 (사부) 스승

□ 가까울 부
스승 부 フ(もり)

2급

사람에게 지식을 **펴**주는 자가 **스승**이다

古 古

一 十 古 古 古

古代 (고대) 옛시대
古品 (고품) 낡은 물품

中 옛 고, 오렐 고　コ(ふるい)

6급　십자가 비석을 본뜬 자. **옛,오래**의 뜻으로 쓰임.

풀싹이 돋아 나오는 모양. (**풀초**)

苦

一 艹 艹 苹 苦 苦

苦生 (고생) 몸이나 마음이 괴로운 생활
苦學 (고학) 학비를 벌어가며 하는 공부

中 괴로울 고, 쓸 고　ク(くるしい)

6급　**풀**이 **오래** 되면 맛이 **쓰다.**

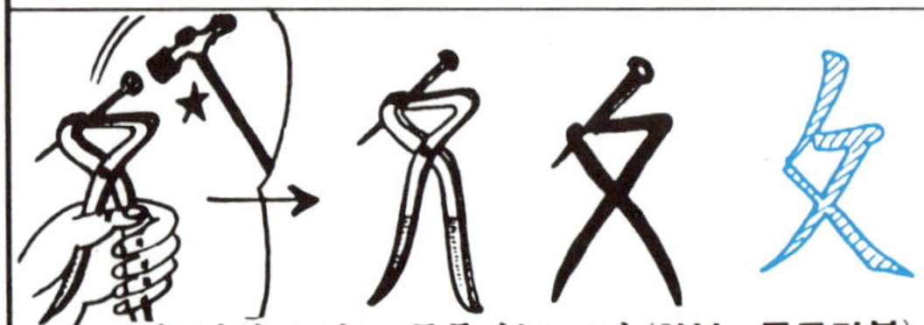

못을 집게로 잡고 두들기는 모양(**칠복. 두들길복**)

故

一 十 古 古 故 故

故國 (고국) 본국, 태어난 나라
故意 (고의) 일부러 하는 마음

中 예 고, 연고 고　コ(ゆえ)

4급 II　**오래** **두들겨**가며 **연고**를 따지다.

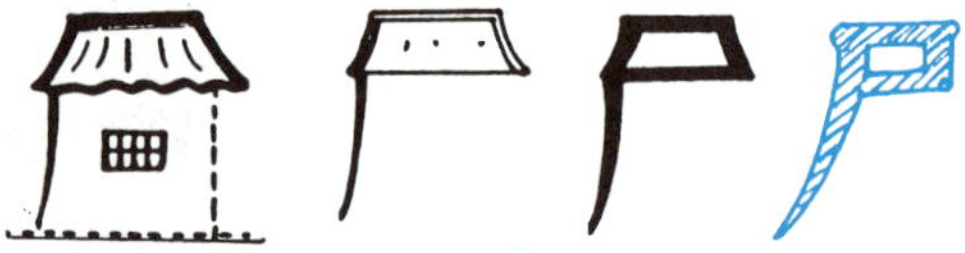

지붕의 모양 (**집시·지붕시**)

居

ㄱ 尸 尸 尸 居 居

居留 (거류) 일시적으로 머물러 삶
居住 (거주) 머물러 삶

中 살 거　キョ(いる)

4급　**집**에 **오래** **살다.**

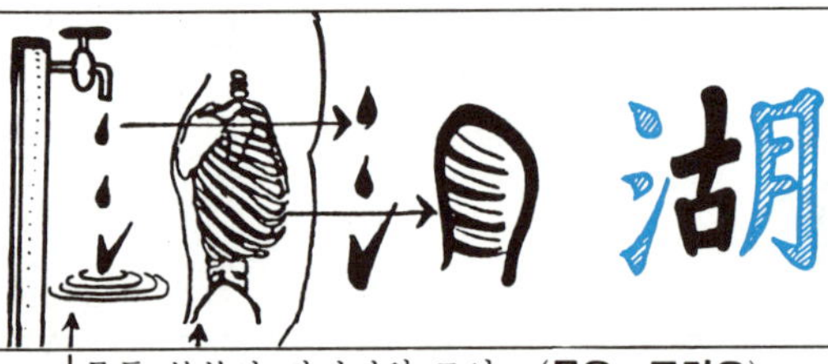

몸통 부분인 갈비뼈의 모양. (**몸육 · 고기육**)
물방울이 떨어지는 모양 (**물수**)

湖

丶 氵 汁 沽 湖 湖

湖水 (호수) 큰 못
湖南 (호남) 전라남 · 북도를 일컬음

中 물 호, 호수 호　コ(みずうみ)

5급　**물**이 **오래** **몸**을 담고 있는 곳이 **호수**다.

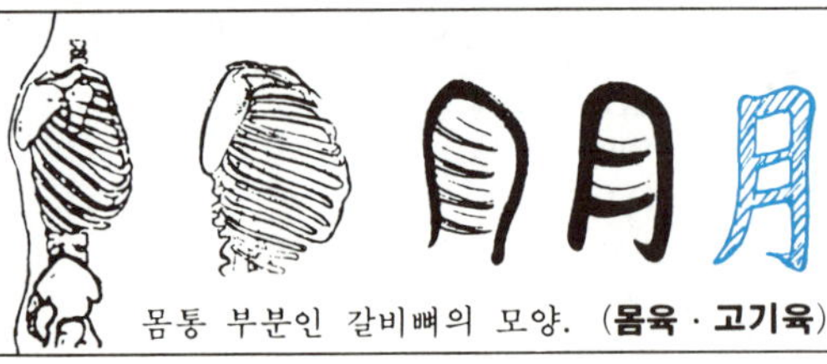

몸통 부분인 갈비뼈의 모양. (**몸육 · 고기육**)

胡

一 十 古 刮 胡 胡

胡麥 (호맥) 호밀
胡船 (호선) 중국 사람의 배

어찌 호
오랑캐 호　コ(えびす)

3급 II　**오래**도록 자기 **몸**만 아끼고 사는 자가 **오랑캐**다

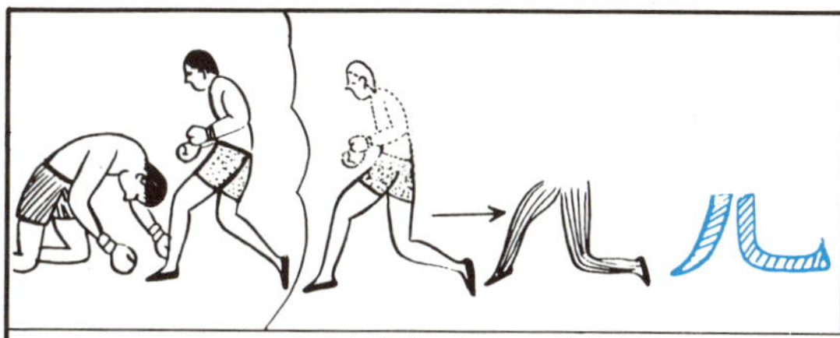
사람의 다리 모양(**걷는 사람인**)

克

一 十 古 古 声 克

克服 (극복) 어려움을 이겨나감
克治 (극치) 사욕을 이겨내어 사념을 다스림

□ 이길 극 コク(かつ)

3급II **오래** 버티는 **사람**이 **이긴**다

나무의 모양 (**나무목**)

枯

一 木 木 朩 枯 枯

枯木 (고목) 마른 나무
枯死 (고사) 시들어 죽음

□ 마를 고 コ(からす)

3급 **나무**를 **오래** 두면 **마른**다

여자의 모양. (**계집녀**)

姑

く 女 女 女 姑 姑

姑舅 (고구) 시아버지와 시어머니
姑息 (고식) 우선은 탈없이 편안함

□ 시어미 고 コ(おば)

3급II **여자**가 **오래** 되면 **시어미**가 된다

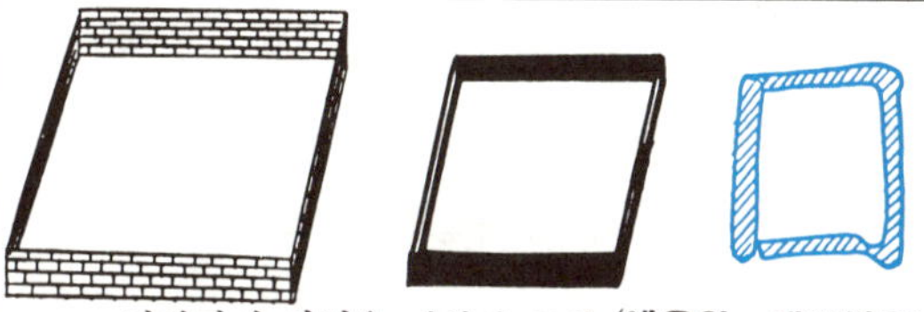
담장같이 사면을 에워싼 모양(**에울위. 에워쌀위**)

固

丨 冂 冂 円 固 固

固執 (고집) 굳이 주장하여 버팀
固有 (고유) 원래부터 있는 것

中 굳을 고 コ(かたまる)

5급 (성벽을) **애워싸**는 데 **오래** 걸린 것일수록 **굳다.**

사람이 섰는 모양. (**사람인**)

個

亻 亻 们 們 個 個

個人 (개인) 하나하나의 사람
個體 (개체) 하나하나의 물체

中 낱 개 コ

4급II **사람**이 구두쇠같이 **굳으면** 친구가 없어 **낱개**(외토리)가 된다.

대나무의 이파리 모양을 본뜬 자. (**대죽**)

箇

丿 𠂉 竹 竹 箇 箇

箇數 (개수) 물건의 수효
箇中 (개중) 여럿이 있는 그 가운데

□ 낱 개 カ(かず)

대나무같이 **굳게** 뭉쳐진 하나하나가 **낱개**다.

耂

一 十 土 耂 耂 老

老練 (노련) 오랫동안 경험을 쌓아 일에 숙련됨

老少 (노소) 노인과 아이

中 늙을 로　ロウ(おいる)

7급　(땅을 지팡이로 짚고) **늙은이가** 일어나는 모양을 본뜬 자.

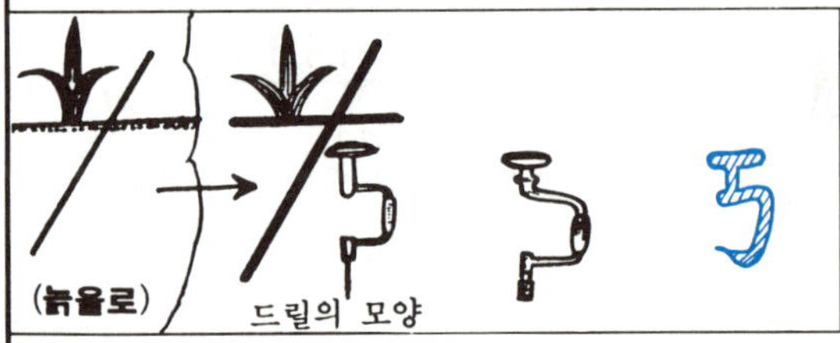

考

一 十 土 耂 耂 考

考案 (고안) 생각하여 의견을 냄

考慮 (고려) 생각하여 봄

中 상고할 고,　コウ(かんがえろ)

5급　(지팡이를 보고) **늙은이**가 **드릴**을 **상고하여 내다.**

어린 아들의 모양. (**아들자**)

孝

十 土 耂 考 孝

孝子 (효자) 효행 있는 아들

孝道 (효도) 부모를 잘 섬기는 일

中 효도 효　コウ

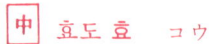

7급　**늙은이**에게 **아들**이 **효도**하다.

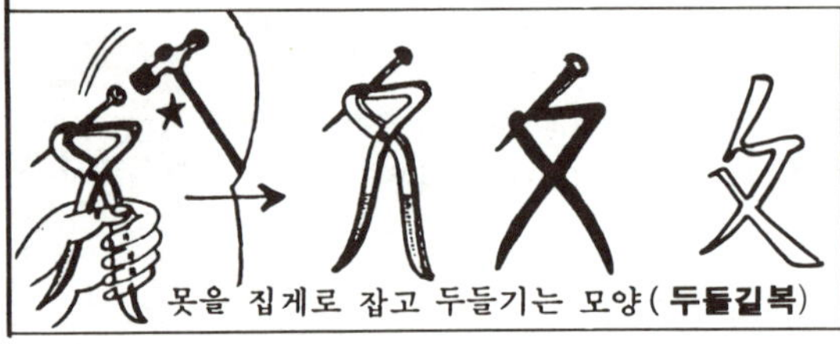

못을 집게로 잡고 두들기는 모양(두들길복)

教

丿 乂 孝 孝 孝 教 동 教

教範 (교범) 교수의 법식

教育 (교육) 가르쳐서 기름

中 가르칠 교　キョウ(おしえる)

8급　**효도**하라고 **두들겨**서 **가르치다.**

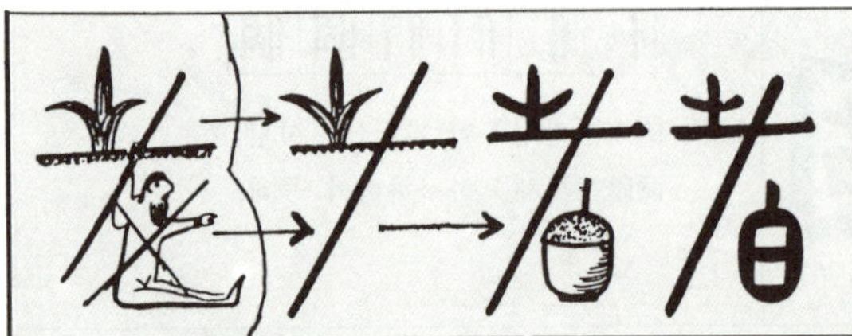

者

一 十 土 耂 者 者

仁者 (인자) 마음이 어진 사람

學者 (학자) 학문을 연구하는 사람

中 놈 자　シャ(もの)

늙은이가 밥같이 흰 수염을 쓰다듬으며 모든 **자**들을 **놈**이라고 부른다는 뜻.　6급

都市 (도시) 도회지

都買 (도매) 물건을 도거리로 사들임

都合 (도합) 전부를 다한 셈

都邑 (도읍) 서울

中 도읍 도, 도회지 도　ト(みやこ)

都

(마을읍)지팡이의 모양 (글자우측에 붙을시)

5급　많은 **자**들이 사는 **마을**이 **도회지**다.

해(날)의 모양 (**해일. 날일**)

暑

丨 日 旦 昇 暑 暑

暑炎 (서염) 타는 듯한 더위

暑退 (서퇴) 더위가 물러감

中 더울 서 ショ (あつい)

3급

별을 쬐는 **자**는 **더웁다.**

수염을 들먹이며 입으로 말하는 모양. (**말씀언**)

諸

亠 言 言 計 諸 諸

諸君 (제군) '여러분'의 뜻

諸賢 (제현) 여러 점잖은 어른들

中 모두 제, 여러 제 ショ (もろ)

3급 II

말로 많은 **자**를 부를 때 **여러분**이라고 한다.

풀싹이 돋아나는 모양 (**풀초**)

著

一 艹 芏 芏 荖 著

著名 (저명) 이름이 세상에 드러남

著作 (저작) 책을 지음

中 저술할 저 チョ (いちじるしい)
나타날 저,

3급 II

풀밭에 많은 **자**들이 **나타나**서 글을 **저술하다.**

실의 모양. (**실사**)

緖

纟 幺 糸 紶 緒 緖

緖論 (서론) 본론에 들어가기 전의 논설

緖戰 (서전) 전쟁의 발단이 되는 싸움

실마리 서 ショ (お)

3급 II

실을 가진 **자**가 **실마리**를 찾다

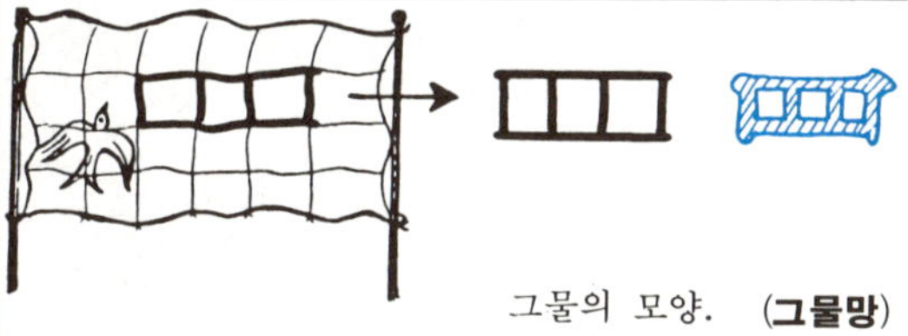

그물의 모양. (**그물망**)

署

丨 冂 罒 罜 罢 署

署理 (서리) 직무를 대리함

署名 (서명) 이름을 손수 씀

쓸 서
관청 서 ショ

3급 II

그물같이 많은 **자**들로 조직된 것이 **관청**이다

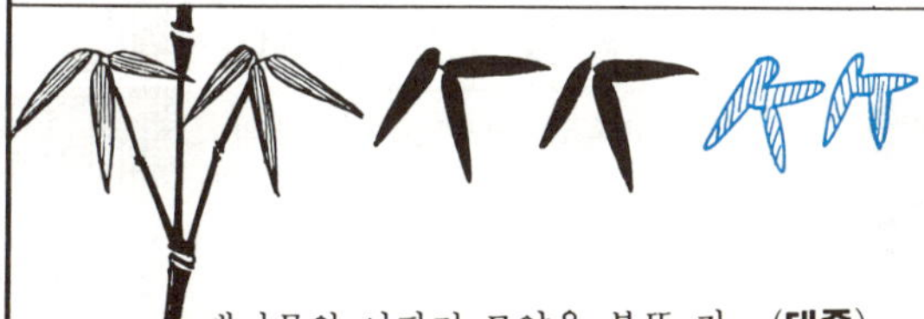

대나무의 이파리 모양을 본뜬 자. (**대죽**)

箸

⺮ ⺮ 笋 箸 箸 箸

竹箸 (죽저) 대로 만든 젓가락

匙箸 (시저) 수저

젓가락 저 チョ (はし)

대나무로 만들어져 많은 **자**들이 쓰고 있는 것이 **젓가락**이다

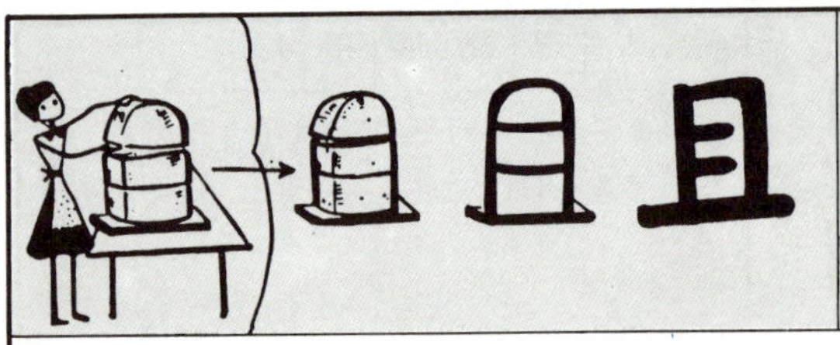

且

丨 冂 月 目 且

且問且答 (차문차답) 한편으로 물으면서 한편으로 대답함

且置勿論 (차치물론) 내버려 두고 논의 대상으로 삼지 않음

中 또 차, 포갤 차 シャ(かつ)

음식물이 도마에 포개어져 있는 모양. **포개**고 **또** 포갠다는 뜻. 3급

철 창살을 팔로 힘을 써 벌리는 모양. (**힘력**)

助

丨 冂 月 目 且 助 助

助役 (조역) 일을 도와 주는 사람

助演 (조연) 연극에서 주역의 연기를 도와 주는 사람

中 도울 조 ジョ(たすける)

4급II

포개진 (많은) **힘**으로 **도움**다.

제 지내니 신이 본다는 뜻 (**보일시 제사시**)

祖

一 丅 示 礻 礻冂 祖

祖先 (조선) 조상, 선조

祖孫 (조손) 할아버지와 손자

中 할아비 조 ソ

7급

제사상에 **포개어**져 있는 신들이 곧 (조상) **할아비**다.

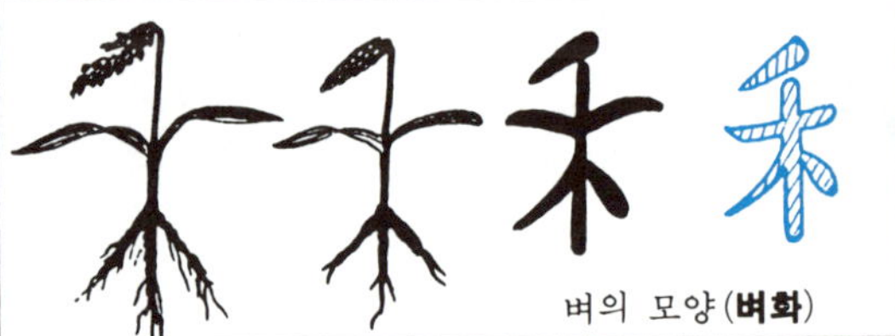

벼의 모양(**벼화**)

租

一 千 禾 和 租 租

租稅 (조세) 세금

租課 (조과) 세금을 부과함

세금 조 ソ

3급

벼섬이 **포개진** 양에 따라 **세금**을 매기다.

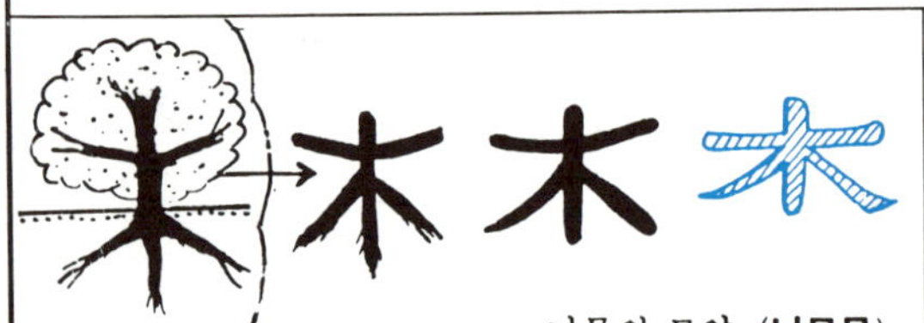

나무의 모양 (**나무목**)

査

一 十 木 杏 杳 査

査受 (사수) 틀림 없게 받음

査正 (사정) 조사하여 그릇된 것을 바로잡음

조사할 사 サ

5급

나무를 **포개여** 놓고(질과 수량을) **조사하다**

실의 모양. (**실사**)

組

幺 糸 糸 糹 糹冂 組

組合 (조합) 지방단체나 특정의 자격이 있는 사람끼리 조직된 단체

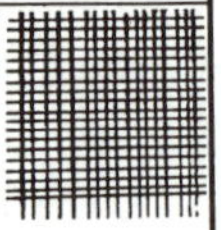

짤 조 ソ(くみ)

4급

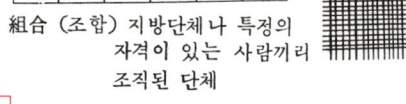

(가로와 세로로) **실**을 **포개여** 베를 **짜다**

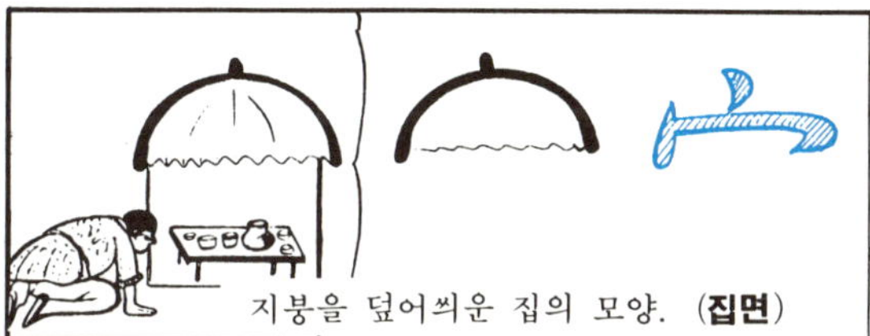

지붕을 덮어씌운 집의 모양. **(집면)**

宜

丶	宀	宀	宀	宜	

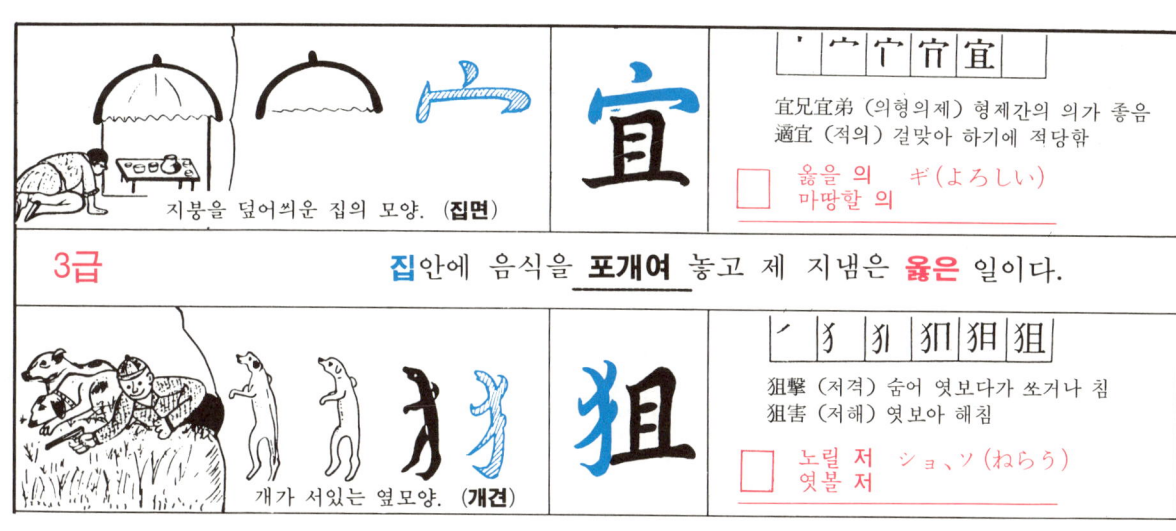

宜兄宜弟 (의형의제) 형제간의 의가 좋음
適宜 (적의) 걸맞아 하기에 적당함

☐ 옳을 의　ギ(よろしい)
마땅할 의

3급　**집**안에 음식을 **포개여** 놓고 제 지냄은 **옳은** 일이다.

개가 서있는 옆모양. **(개견)**

狙

ノ	犭	犭	狈	狙	狙

狙擊 (저격) 숨어 엿보다가 쏘거나 침
狙害 (저해) 엿보아 해침

☐ 노릴 저　ショ、ソ(ねらう)
엿볼 저

개를 **포개여** 놓고(동정을) **엿보다**

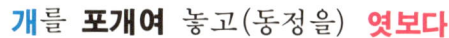

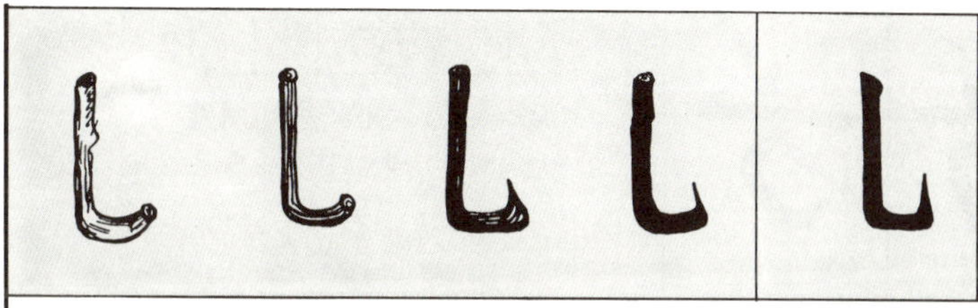

乚

乚

※뜻만 기억할 것

☐ 구부러질 을

구부러저 있는 모양

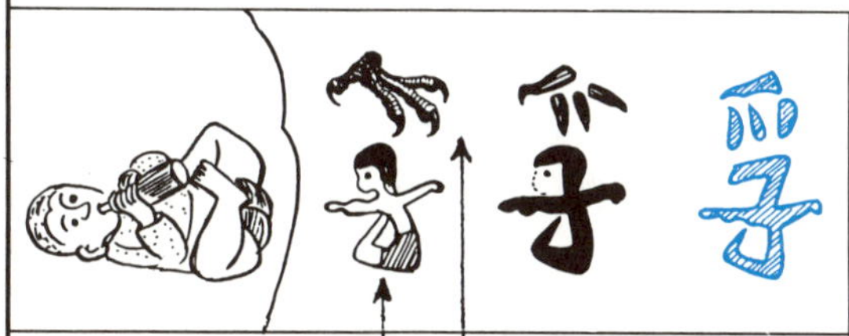

(아들자)
(손조. 손톱조)

乳

一	𠂆	爫	孚	孚	乳

乳頭 (유두) 젖꼭지
乳牛 (유우) 젖소

☐ 젖 유　ニュウ(ちち)

4급　**손**을 **아들**이 **구부리**어 **젖**을 먹다

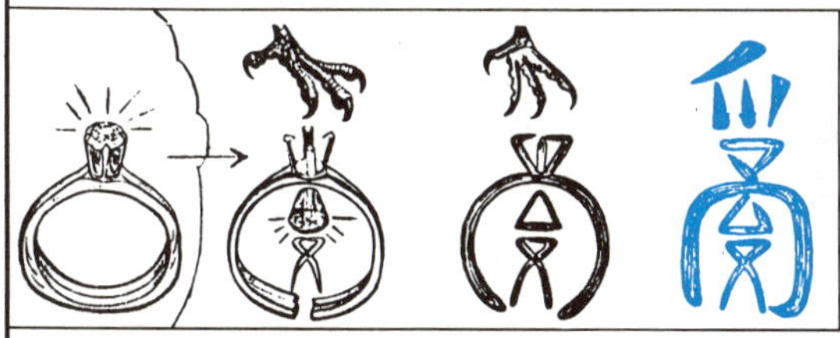

亂

爫	𠬪	𤔔	𤔔	𤔔	亂	약 乱

亂國 (난국) 어수선한 나라
亂逆 (난역) 반역을 꾀함

☐ 어지러울 란
얽힐 란　ラン(みだれる)

4급　**손**으로 **반지**에 박힌 **보석알**을 **집어내려는 굽은**(삐뚤어진) 마음 때문에 세상이 **어지럽다**

어린 아들의 모양. **(아들자)**

孔

了	了	孔			

孔孟 (공맹) 공자와 맹자
孔明 (공명) 대단히

☐ 구멍 공　コウ(あな)

4급　**아들**이 있던 곳이 **구부러**진 **구멍**속이다

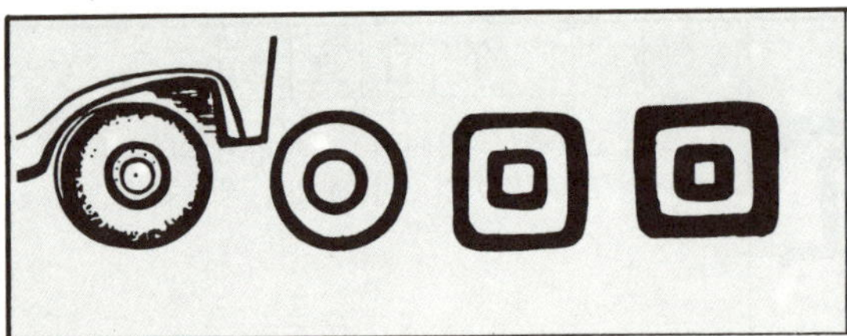

回

丨 冂 冋 回 回 回

回信 (회신) 회답

回轉 (회전) 빙빙 돌아 구르는 일

中 돌아올 회, 돌 회 カイ(まわす)

4급II **돌아**가는 바퀴의 모양.

공룡이 꼬리를 끌고가는 모양(**끌인·갈인**)

廻

冂 冋 回 廻 廻

廻轉 (회전) 빙빙 돎 비 回轉

廻折 (회절) 구부러짐. 휘어 꺾임

돌아올 회 カイ(めぐる)

2급 **돌아가**는 바퀴처럼 걸어서 제자리로 **돌아오다**

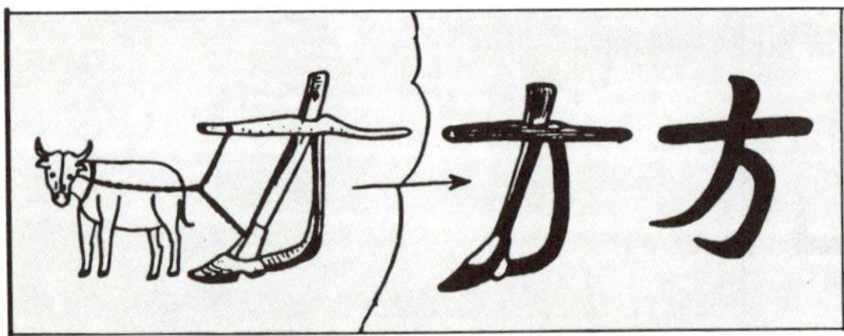

方

丶 亠 亡 方

方國 (방국) 사방의 여러 나라

方圓 (방원) 네모난 것과 둥근 것

中 네모 방 사방 방, ホウ(かた)

7급 쟁기의 모양을 본뜬 자. 쟁기로 **사방**(네모지게) 밭을 간다는 뜻.

집에달린, 외짝문(지게문)의 모양. (**지게문호, 집호**)

房

一 厂 戶 戶 房 房

房門 (방문) 방으로 드나드는 문

房外 (방외) 방의 바깥

中 방 방 ボウ(ふさ)

4급II **집안**의 **사방**을 벽으로 막은 곳이 **방**이다.

지팡이의 모양.

※「글자 왼쪽에 붙을시 언덕을 뜻함」(**언덕부**)

防

阝 阝 阝' 阝亠 防 防

防雪 (방설) 눈을 막음

防止 (방지) 막아서 그치게 함

中 막을 방 ボウ(ふせぐ)

4급II **언덕**을 쌓아 **사방**을 **막다**.

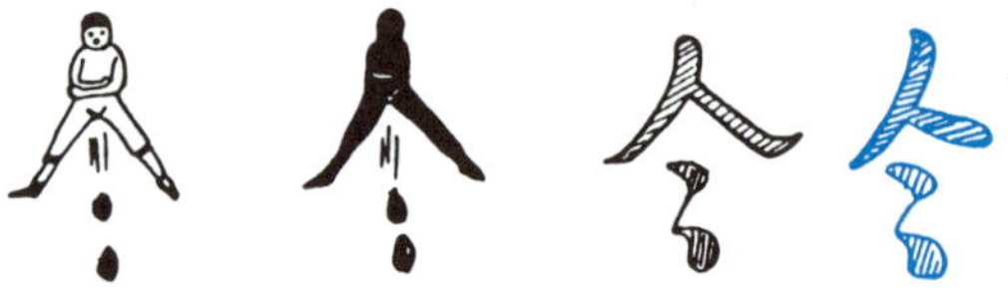

사람이 변을 보는 모양

於

亠 亡 方 方人 於 於

於心 (어심) 마음속

於中間 (어중간) 거의 중간이 되는 곳

中 어조사 어, 탄식할 오 オ(おける)

3급 **사방** 배아픈 **사람이 변을 보면서 오** ! 하고 **탄식하다**.

수염을 들먹이며 입으로 말하는 모양. (**말씀언**)

訪

丶 亠 言 訁 訪 訪

訪問 (방문) 남을 찾아 봄
訪花 (방화) 꽃을 찾아 구경함

中 찾을 **방** ホウ(たずねる)

4급 II — **말**로 **사방** 물어 **찾다.**

여자의 모양. (**계집녀**)

妨

乚 女 女 女' 妨 妨

妨遏 (방알) 막아서 들어오지 못하게 함
妨工害事 (방공해사) 남의 일을 방해함
　　헤살을 놓아 해롭게 함

방해할 **방** ボウ(さまたげる)

4급 — **여자**의 흉을 **사방** 퍼트려 **방해하다**

풀싹이 돋아 나오는 모양. (**풀초**)

芳

一 艹 艹 芏 芳 芳

芳名 (방명) 남의 이름의 존칭
芳氣 (방기) 꽃다운 향기

꽃다울 **방** ボウ(かんばしい)
향내 **방**

3급 — **풀**이 **사방** **향내**를 피우니 **꽃답다**

放

丶 亠 方 方 方' 放

放浪 (방랑) 지향없이 돌아다님
放火 (방화) 불을 놓음

中 내칠 **방**, 놓을 **방** ホウ(はなす)

6급 — 쟁기를 **사방 두들겨** 고치도록 **놓아두다.**

사람의 모양 (**사람인**)

倣

亻 仿 仿 仿' 倣 倣

倣效 (방효) 모서서 본받음
模倣 (모방) ①본받음 ② 흉내를 냄

본받을 **방** ホウ(ならう)

3급 — (멋대로) **사람**을 **놓아두니** 유행을 **본받는다**

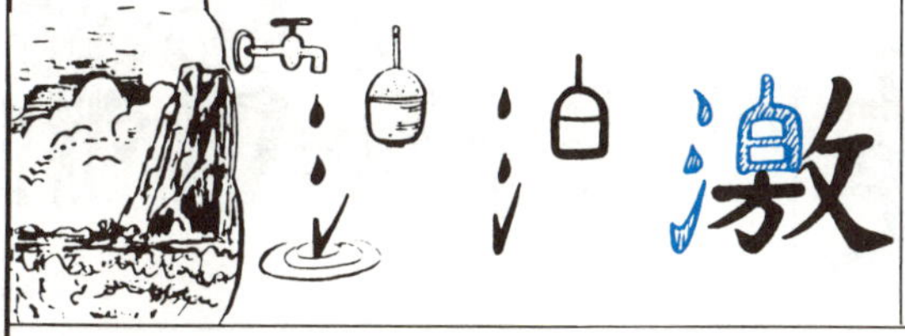

激

丶 氵 氵白 湯 滂' 激

激突 (격돌) 격렬히 부딪침
激動 (격동) 격렬히 움직임

부딪칠 **격** ゲキ(はげしい)

4급 — **물**의 **흰** 파도를 **놓아두**니 벼랑에 와서 **부딪치다**

㫃

亠	方	方	㫃

※뜻만 기억할 것

□ 깃발 언

쟁기에 **깃발**이 꽂혀 있는 모양.

편지가 묶여있는 화살의 모양. (**화살시**)

族

亠	方	方	㫃	族	族

族親 (족친) 촌수가 가까운 겨레붙이

同族 (동족) 같은 겨레

中 겨레 족, 모일 족 ゾク(やから)

6급

깃발 아래 **화살**같이 많은 **겨레가 모이다.**

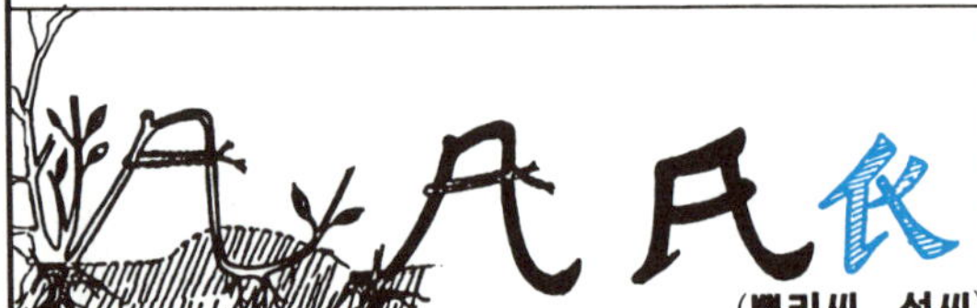

(**뿌리씨, 성씨**)

나무 가지를 휘어묶어 뿌리가 내리게 하는 모양

旅

亠	方	方	㫃	旅	旅

旅券 (여권) 외국을 여행하는 사람에게 주는 정부의 허가증

旅客 (여객) 나그네

中 나그네 려, 여행 려 リョ(たび)

5급

※ (옛날유목 생활을 할때) **깃발**을 앞세우고 **씨족**들이 **나그네같이 여행을 하다.**

낫에 뱀이 감겨있어 이크하고 놀란다는 뜻(**이끼야·뱀야**)

施

亠	方	方	㫃	旃	施

施工 (시공) 공사를 실시함

施賞 (시상) 상품 또는 상금을 줌

中 베풀 시, 펼 시 シ(ほどこす)

4급II

깃발을 **뱀**같이 꿈틀거리게 **펴다.**

遊

'	亠	方	㫃	斿	遊

遊動 (유동) 마음대로 움직임

遊說 (유세) 다니며 주장을 선전함

中 놀 유 ユ(あそぶ)

어린 아들의 모양. (**아들자**)

캥거루우가 달려가는 모양. (**갈착. 달릴착**)

4급

깃발을 **아들**이 들고 **달리**며 **놀다**

손발의 모양(**발소**)

旋

方	㫃	旃	旋	旋

旋風 (선풍) 회오리바람

周旋 (주선) 일이 잘 되도록 힘써서 변통해 주는 일

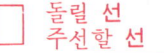

□ 돌릴 선
주선할 선 セン

3급II

(흔드는) **깃발**의 신호에 따라 **발**을 **돌리**다

(술병을 본뜬 자)

酉

一	丆	丙	两	西	酉

酉時 (유시) 오후 5시부터 7시사이
酉月 (유월) 음력 8월

中 닭 유, 술 유 ユウ(とり)

3급 ※술은 닭이 홰에 오른 저녁에 먹는 음식이라는 데서 술과 닭의 뜻을 가짐.

술과 **닭**의 두 가지 뜻을 지님.

물방울이 떨어지는 모양. (**물수**)

酒

`	氵	氵丆	沆	洒	酒

酒食 (주식) 술과 밥
酒家 (주가) 술집

中 술 주 シュ(さけ)

4급 **물** 같으면서 **술**병에 들어 있는 것이 **술**이다.

(**화살시**) 편지가 묶여있는 화살의 모양.

醫

一	矢	医	医ㄴ	殹	醫

약 医

醫院 (의원) 병원
醫員 (의원) 의사

中 의원 의 イ(いやす)

푹 파이게 화살에 찔린 상처나 **두들겨** 맞은 데를 **술**(알콜)로 소독하는 이가 **의원**이다

← 개가 서있는 옆모양. (**개견**)

猶

ノ	犭	犭'	犭𠆢	犭酋	猶

猶父 (유부) 삼촌, 숙부
猶爲不足 (유위부족) 오히려 부족함

中 오히려 유, 망설일 유 ユウ(なお)

3급II **개**가 **잘 익은 술**을 먹을까 말까 **망설이다.**

(**손촌 · 마디촌**)

尊

ノ	八	乂	酋	酋	尊

尊貴 (존귀) 높고 귀함
尊敬 (존경) 받들어 공경함

中 높을 존, 공경할 존 ソン(たっとい)

4급II **덮어 놓아 잘 익은 술**을 **손에** 들고 **높은** 사람에게 올리다.

캥거루우가 달려가는 모양 (**갈착. 달릴착**)

遵

ノ	八	乂	酋	尊	遵

遵法 (준법) 법령을 지키거나 좇음
遵用 (준용) 좇아 씀

좇을 준 ジュン

3급 **높은** 사람의 뒤를 **달리어**서 **좇아가다**

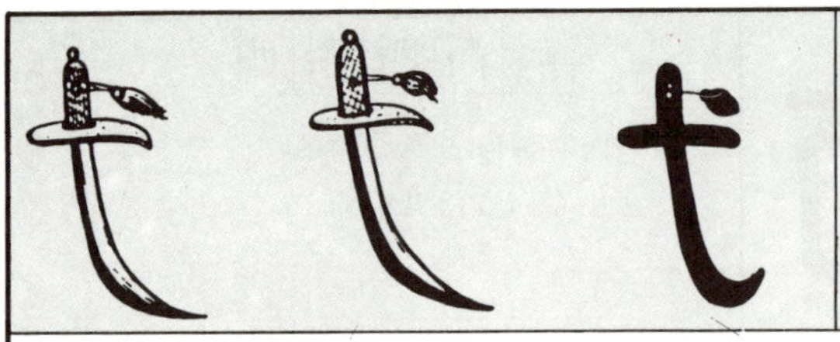

弋

一	七	弋

※뜻만 기억할 것.

□ 주살 익

주살의 모양을 본뜬 자.

사람의 모양 (**사람인**)

代

丿	亻	仁	代	代

代讀 (대독) 대신하여 읽음

代辯 (대변) 대신하여 변명함

中 대신 대, 대 대　タイ(かわる)

6급

사람이 **주살**을 돈

대신 가보로 **대대**로 물리다.

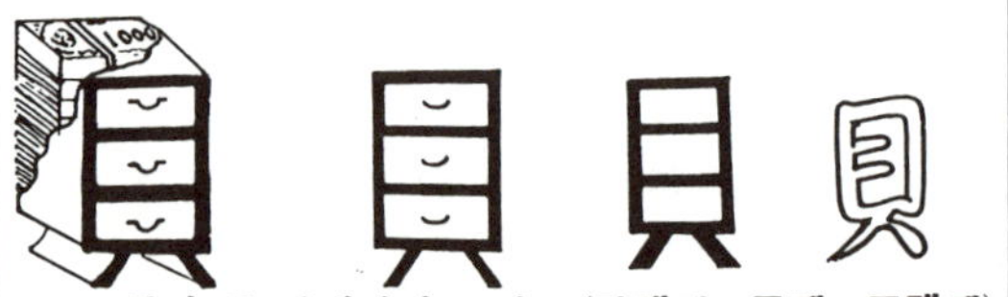

돈이 든 자개장의 모양. (**자개패 · 돈패 · 조개패**)

貸

丿	亻	仁	代	貸	貸

貸金業 (대금업) 돈놀이

貸用 (대용) 꾸어서 씀

□ 빌릴 대　タイ(かす)

3급

대신 **돈**을 **빌리다**(꾸다)

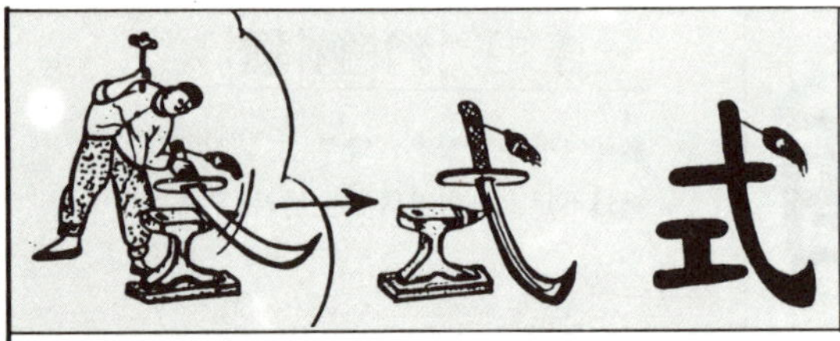

式

一	二	亍	工	式	式

式場 (식장) 의식을 거행하는 장소

樣式 (양식) 일정한 형식

中 법 식　シキ(のり)

6급

주살을 만드는 데도 **법식**이 있다.

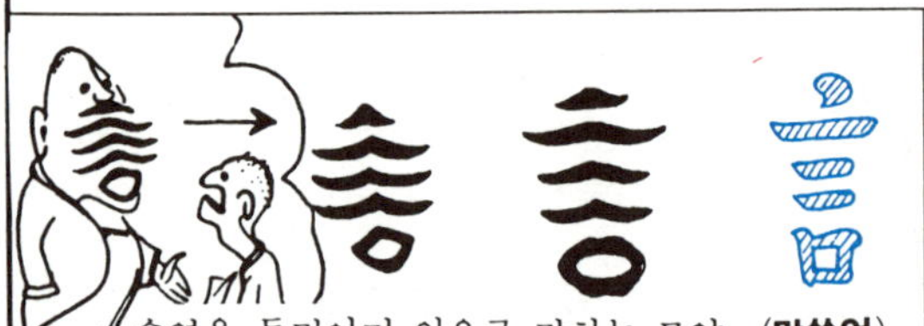

수염을 들먹이며 입으로 말하는 모양. (**말씀언**)

試

亠	亖	言	言	訁	試

試作 (시작) 시험적으로 지어 봄

試驗 (시험) 수준, 정도를 검열하는 일

中 시험할 시　シ(こころみる)

4급II

말로 **법식**을 물어 **시험하다**.

새가 날개를 수평으로 펴서 바르게
앉아 있는 모양. (**바를정**)

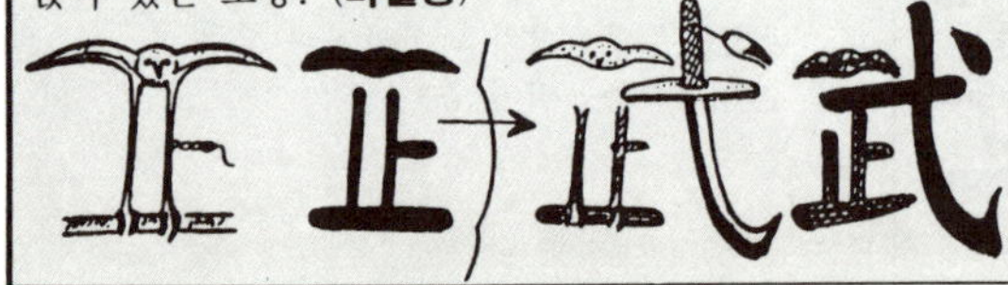

武

一	二	亍	正	武	武

武力 (무력) 군사상의 힘

武器 (무기) 전쟁에 쓰이는 기구

中 건장할 무, 호반 무
군사 무　ブ

4급II　**바르게** **주살**을 들고 있는 자가 **군사**(호반)다.

돈이 든 자개장의 모양. **(자개패 · 돈패 · 조개패)**

賦

丨	冂	目	貝	貶	賦

賦租 (부조) 세금을 매겨 물림. 賦稅

賦役 (부역) 국가가 국민에게 의무적으로 지우는 노역

□ 부과할 부 / 조세 부　フ

3급

돈을 **군사**(호반)에게 줄 때 **부과하**는 것이 **조세**다.

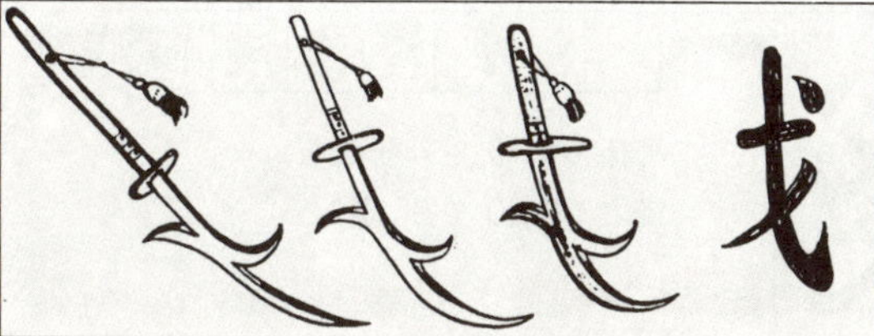

戈

一	七	戈	戈		

兵戈 (병과) 군사에 쓰는 창

干戈 (간과) 방패와 창

□ 창 과　カ(ほこ)

3급

창의 모양을 본뜬 자.

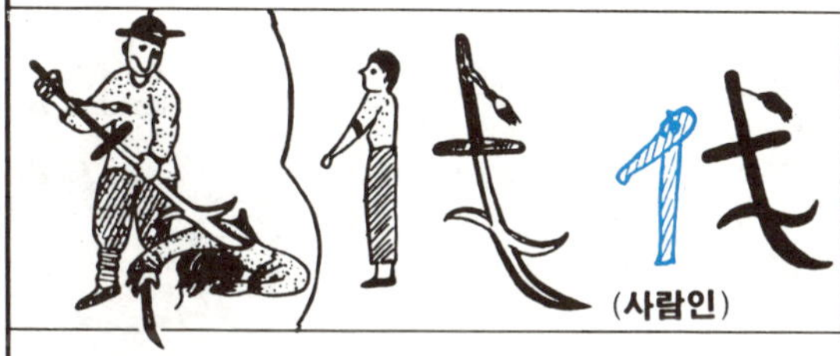

伐

ノ	亻	仁	代	伐	伐

伐草 (벌초) 무덤의 잡초를 베는 일

盜伐 (도벌) 남의 산의 나무를 몰래 벰

中 칠 벌　バツ(うつ)

4급 II

사람을 **창**으로 **치다.**

戊

丿	厂	广	戊	戊	

戊夜 (무야) 오전 4 시경

戊辰 (무진) 육십 갑자의 다섯째

中 무성할 무　ボ(つちのえ)

3급

식물의 **줄기**가 **창**같이 뻗었으니 **무성하다.**

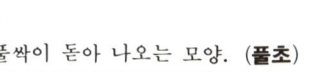

풀싹이 돋아 나오는 모양. **(풀초)**

茂

一	艹	芦	芦	茂	茂

茂林 (무림) 나무가 무성한 숲

茂異 (무이) 재능이 뛰어나서 다른 것과 비교가 안 될 만함

中 우거질 무, 무성할 무　モ(しげる)

3급 II

풀이 **무성하게 우거지다.**

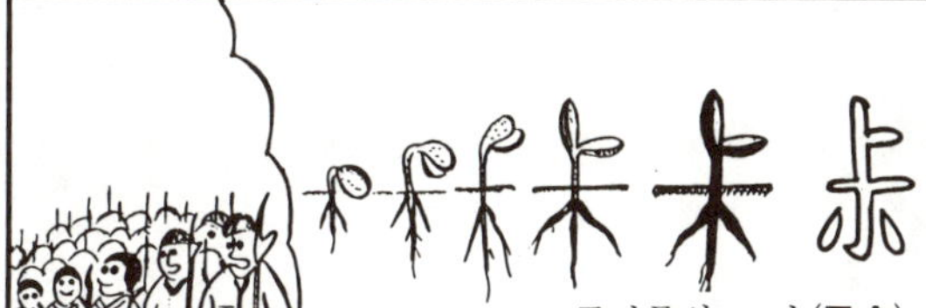

콩나물의 모양 **(콩숙)**

戚

丿	厂	压	床	戚	戚

戚臣 (척신) 임금의 외척이 되는 신하

戚誼 (척의) 인척간의 정의

親戚 (친척) 친족과 외척

□ 겨레 척　セキ

3급 II

무성하게 자란 **콩나물** 시루같이 모인 무리가 **겨레**다.

戔

一 七 戈 戔

※뜻만 기억할 것

☐ 적을 잔, 상할 잔

창과 창으로 찍고 쳐 **적게**하다(상하다).

물방울이 떨어지는 모양. (**물수**)

淺

약 浅

淺謀 (천모) 얄팍한 계략

淺才 (천재) 얕은 재주

中 얕을 천 セン(あさい)

3급 II

물이 **적게** 있으니 **얕다.**

쇠를 다루는 대장간의 모양. (**쇠금**)

錢

약 銭

錢糧 (전량) 돈과 곡식

錢主 (전주) 밑천을 대는 사람

中 돈 전 セン(ぜに)

4급

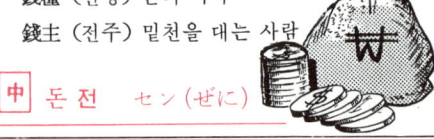

쇠 조각으로 **적게** 만든 것이 **돈**이다.

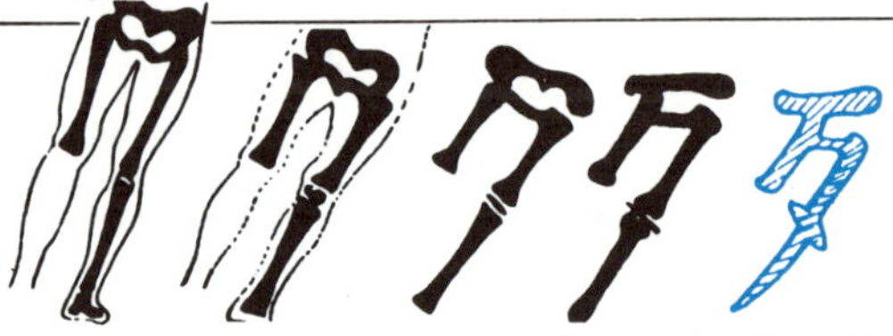

살이 썩어 뼈만 앙상하게 남은 모양. (**죽을사**)

殘

약 残

殘金 (잔금) 나머지 돈

殘忍 (잔인) 인정이 없고 모짊

☐ 쇠잔할 잔, 남을 잔 ザン(のこる)

4급

죽어서 **적은** 뼈가루만 **남기다.**

돈이 든 자개장의 모양. (**자개패 · 돈패 · 조개패**)

賤

賤視 (천시) 천하게 봄

賤見 (천견) 변변치 못한 의견

☐ 천할 천 セン(いやしい)

3급 II

돈을 **적게** 가진 자는 **천하다.**

몸통을 받치고 있는 발의 모양. (**발족**)

踐

약 践

實踐 (실천) 실제로 행함

踐踏 (천답) 짓밟음

☐ 밟을 천 セン(ふむ)

3급 II

발로 **적게**(작게) 부수려고 **밟다.**

成

丿 厂 厅 成 成 成

成果 (성과) 일이 이루어진 결과
成禮 (성례) 혼인 예식을 지냄

中 이룰 성 セイ(なる)

6급 좋은자리를 창으로 찾이하여 뜻을 **이루다**.

싹이(+) 흙위에(—) 돋아나는 모양. (**흙토**)

城

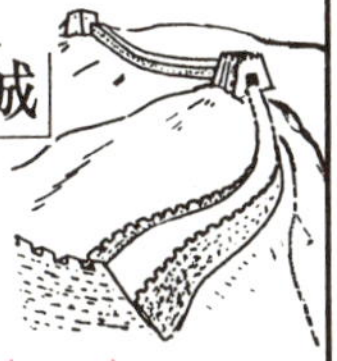

圹 坊 城 城 城 城

城廓 (성곽) 성의 둘레
城主 (성주) 성의 임자

中 재 성, 성 성 ジョウ(しろ)

4급II **흙** 위에 **이루어** 놓은 것이 **성**이다.

수염을 들먹이며 입으로 말하는 모양. (**말씀언**)

誠

言 訁 訂 訪 誠 誠

誠心 (성심) 정성스러운 마음
誠實 (성실) 정성스럽고 참됨

中 정성 성 セイ(まこと)

4급II **말**한 바를 **이루려**고 **정성**을 드리다.

그릇을 받침대(접시)에 놓은 모양. (**그릇명**)

盛

一 厂 厅 成 盛 盛

盛大 (성대) 크고 훌륭함
盛況 (성황) 성대한 상황

성할 성 セイ(さかる)

4급II **이루어**(만들어) 놓은 음식을 **그릇**에 **성하게** 담다.

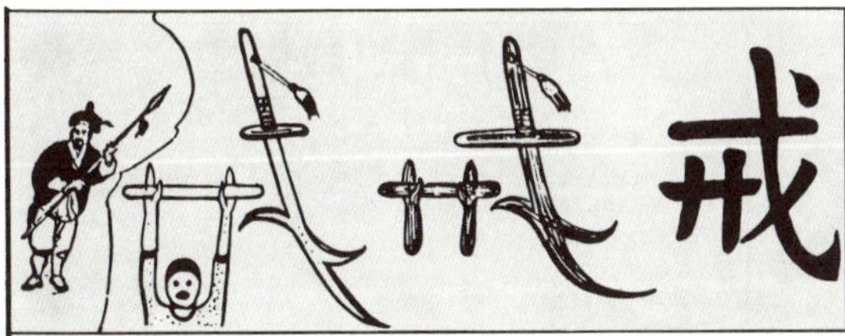

戒

一 二 戶 戒 戒 戒

戒懼 (계구) 삼가고 두려워 함
警戒 (경계) 조심함. 주의함

경계할 계 カイ(いましめる)

4급 **창칼**을 **받쳐들**고 주위를 **경계하**다

나무의 모양. (**나무목**)

械

一 木 朩 栝 械 械

機械 (기계) 동력에 의해 움직여 일정한 작업을 하도록 만들어진 장치 교묘한 구조의 기구

기계 계 カイ(かせ)

3급II **나무**로 만든 것 중에 **경계하**면서 사용할 것이 **기계**다

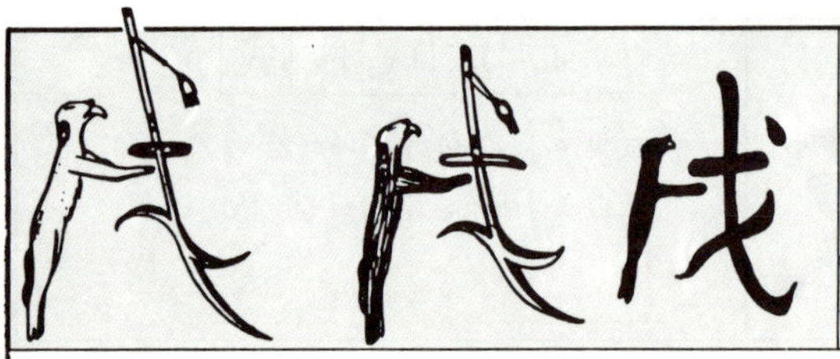

戌

丿 厂 𠂆 戊 戌 戌

戌生 (술생) 술년 (戌年) 에 난 사람
戌日 (술일) 일진의 지지가 술 (戌)인 날

中 개때려잡을 술 ジュツ (いぬ)

3급 개가 쭉 뻗도록 창으로 쳐 **개를 때려잡다**.

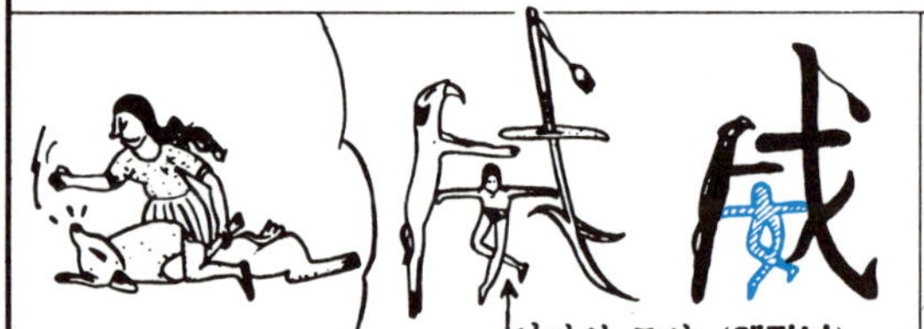

여자의 모양 (**계집녀**)

威

厂 厈 威 威 威

威嚴 (위엄) 의젓하고 엄숙함
威名 (위명) 위력을 떨치는 명성

中 위엄 위 イ (おどす)

4급 **개를 때려잡을 수** 있는 **여자**는 **위엄**이 있다.

사마귀가 발을 휘저으며 걸어가는 모양 (**걸음보**)

歲

⺊ 止 产 歲 歲 歲

歲月 (세월) 흘러가는 시간
歲歲 (세세) 해마다

中 해 세 サイ (とし)

* (옛날 주식이 개고기였을 때 유랑민족이)

5급 **걸어**가면서 **개를 때려잡아** 먹으며 한 **해**를 보내다.

滅

丶 氵 氵 汇 泝 滅

滅殺 (멸살) 죄다 죽임
滅種 (멸종) 종자를 끊어 버림

멸망할 멸
불꺼질 멸 メツ (ほろぼす)

3급II **물**을 **개 때려잡**듯 **불**에 끼언져 **불**을 **꺼지**게 하다(멸하다)

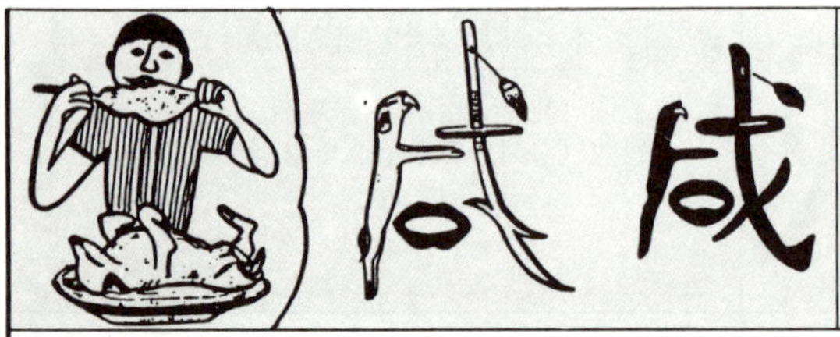

咸

一 厂 后 咸 咸 咸

咸氏 (함씨) 남의 조카의 경칭어
咸池 (함지) 해가 미역감는다는 하늘 위의 못, 곧 해가 지는 곳

다 함 カン

3급 개를 때려잡아 입으로 **다** 먹어 버리다.

물방울이 떨어지는 모양. (**물수**)

減

丶 氵 氵 泝 減 減

減免 (감면) 경감과 면제
減少 (감소) 줄어서 적어짐

中 덜 감 ゲン (へる)

4급II **물**을 **다** 쏟아 무게를 **덜다**.

가슴의 모양 (**가슴심·마음심**)

感

厂 后 咸 咸 感 感

感動 (감동) 깊이 느껴 마음이 움직임
感謝 (감사) 고마움

中 느낄 감　カン

6급

다 같은 **마음**으로 **느끼다.**

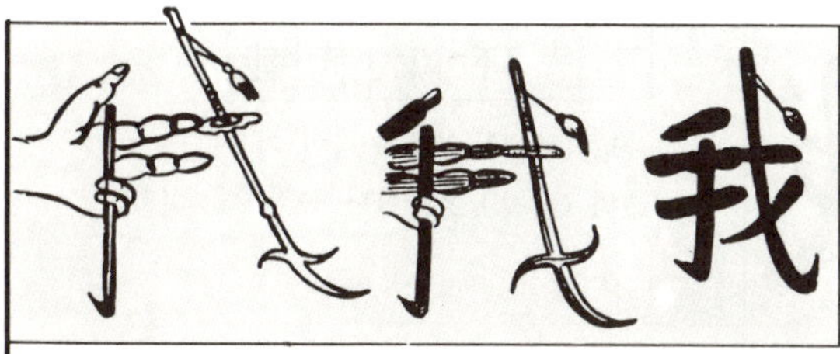

我

一 二 手 我 我 我

我國 (아국) 우리 나라
我軍 (아군) 우리 군사

中 나 아　ガ(われ)

3급 II

손에 창을 잡고 **나**를 지킨다.

밥을 하려고 집에서 양식을 정미기에 찧는 모양 (**밥식**)

餓

人 今 食 食 飠 餓　동 餓

餓死 (아사) 굶어 죽음
餓虎 (아호) 굶은 범

주릴 아　ガ(うえる)

3급

먹을 **밥이 나**에게 없으니 **주리**다

양이, 풀을 먹는 모양. (**양양**)

義

丷 䒑 䒑 羊 羊 義

義擧 (의거) 정의를 위한 거사
義足 (의족) 해 박는 발,

中 옳을 의　ギ

4급 II

양같이 어진 **나의** 행동은 **옳다.**

수염을 들먹이며 입으로 말하는 모양. (**말씀언**)

議

亠 言 言 詳 詳 議

議決 (의결) 의논하여 결정함
議席 (의석) 의원의 자리

中 의논할 의　ギ

4급 II

말로서 **옳은** 방법을 **의논하다.**

사람이 섰는 모양. (**사람인**)

儀

亻 佯 佯 儀 儀 儀

儀節 (의절) 예의의 절차
儀式 (의식) 예의의 정한 방식

모양 의　ギ(のり)
법도 의

4급

사람의 **옳은** 거동이 **법도**다.

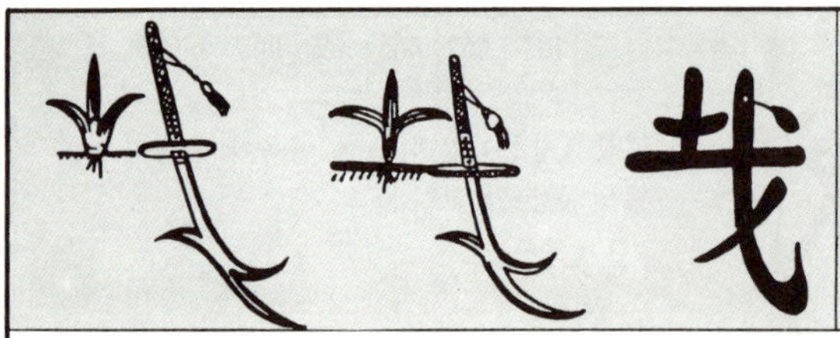

𢦏

※뜻만 기억할 것

자를 재

풀을 창을 휘둘러 **자른다**는 뜻.

나무의 모양 (**나무목**)

栽

栽培 (재배) 초목을 심어 기름

栽植 (재식) 초목이나 농작물을 심음

中 심을 재 サイ(うえる)

3급Ⅱ **자른 나무**를 꺾꽂이 하여 **심다.**

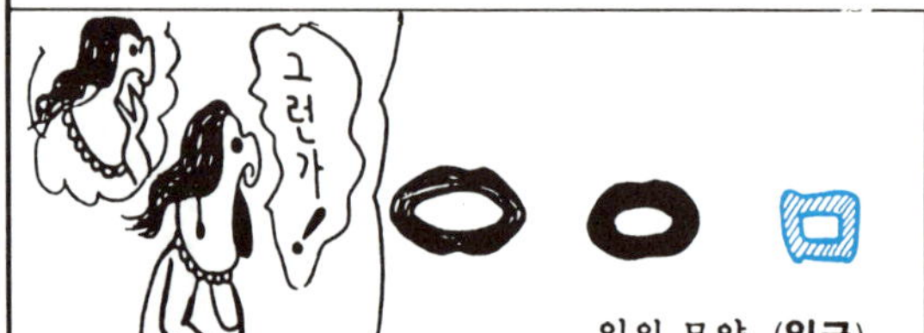

입의 모양 (**입구**)

哉

哉生魄 (재생백) 음력 16일

哀哉 (애재) 「슬프도다」의 뜻

中 비로소 재, 어조사 재 サイ(かな)

3급 침묵을 **자르고**(깨고) **입**을 **비로소** 열다.

차나 수레의 모양. (**차차 · 수레거**)

載

載積 (재적) 실어 쌓음

載籍 (재적) 서적, 도서

실을 재 サイ(のせる)

3급Ⅱ **잘라** 놓은 물건을 **차**에 **싣다.**

옷의 모양(**옷의**)

裁

裁可 (재가) 심사하여 결정함

裁量 (재량) 짐작하여 헤아림

마름질할 재 サイ(たつ)

3급Ⅱ **자른** 천으로 **옷**을 **마름질 하다.**

或

或是 (혹시) 만일에, 어떤 경우에

或如 (혹여) 혹시 (或是)

中 혹 혹 ワク(あるいは)

4급 창을 겨누고 입으로 성벽에서 **혹시** 적인가 하고 암호를 묻는다는 뜻.

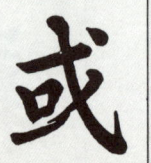

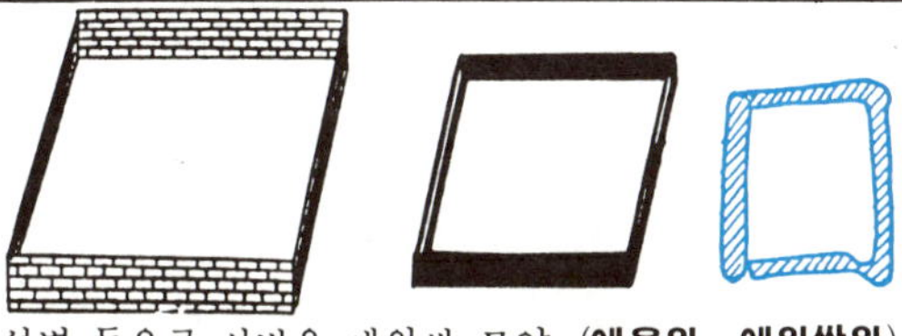

성벽 등으로 사방을 에워싼 모양. (**에울위. 에워쌀위**)

國

丨 囗 回 國 國 國 (속) 玉 王

國論 (국론) 국민 일반의 의견

國是 (국시) 확정되어 있는 한 나라의 방침

中 나라 국　コク(くた)

8급　(국경을) **에워싸고** **혹시** 적이 올까 지키는 것이 **나라**다.

싹이(+) 흙위에(—) 돋아나는 모양. (**흙토**)

域

扌 坧 垣 域 域 域

地域 (지역) 땅의 경계. 또는 그 안의 땅

領域 (영역) 일국의 주권이 미치는 범위

中 지경 역　イキ

4급　**흙**(땅)이 **혹시** 섞일까봐 갈라놓은 것이 **지경**이다

젖가슴의 모양. (**가슴심 · 마음심**)

惑

一 亘 亘 式 惑 惑

惑世 (혹세) 세상을 어지럽게 함

迷惑 (미혹) 마음이 흐려서 무엇에 홀림

미혹할 혹　カン

3급II　**혹시**나 하는 **마음**에서 **미혹당**하다

世

一 十 卄 卄 世

世論 (세론) 세상의 여론

世孫 (세손) 임금의 장손 (長孫)

中 인간 세, 세월 세　セイ(よ)

7급 (지구본의 씨줄과 날줄을 그린 것) **인간 세상**을 뜻함.

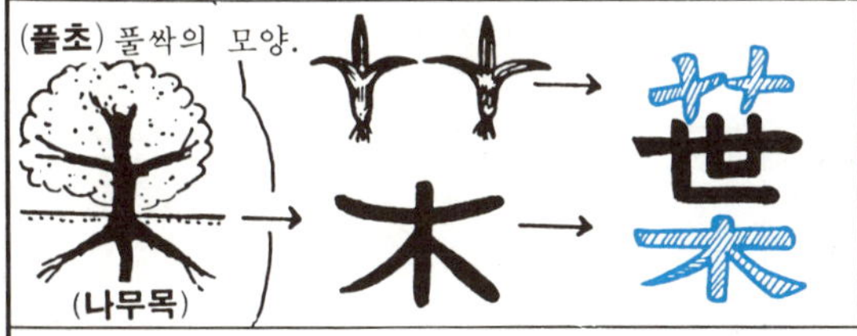

葉

一 艹 艹 苷 華 葉

葉書 (엽서) '우편엽서'의 약자

葉錢 (엽전) 구멍 뚫린 옛날의 돈

中 잎사귀 엽　ヨウ(は)

5급　**풀**같이 **세상**에 나온 **나무**의 싹이 **잎사귀**다.

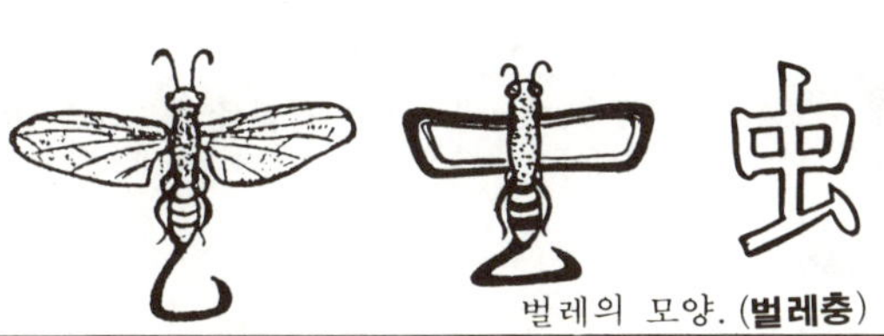

벌레의 모양. (**벌레충**)

蝶

丨 口 虫 虲 蚶 蝶

蝶兒 (접아) 나비

飛蝶 (비접) 나는 나비

나비 접　チョウ

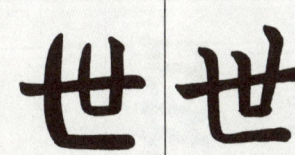

3급　**벌레**에 **잎세**같은 날개가 달린 것이 **나비**다

一 厂 户 戶

戶主 (호주) 한 집안의 주장되는 사람
每戶 (매호) 집집마다

中 집 호, 지게문 호　コ(と)

4급II　방문의 모양. **집**을 뜻함.

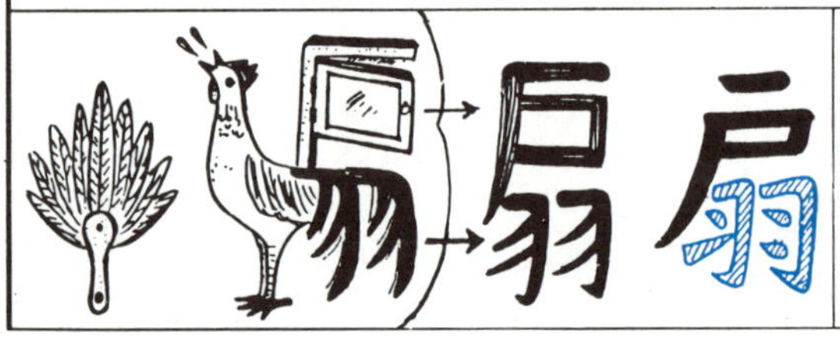

一 厂 戶 肩 扇 扇

扇子 (선자) 부채
扇形 (선형) 부채꼴

□ 부채 선　セン(うちわ)

깃의 모양. (**깃우**)

집에서 쓰려고 **깃**을 엮어 만든 것이 **부채**다.

ㄱ ㅋ 尸 尺

尺度 (척도) 자. 계획의 표준
尺地 (척지) 가까운 땅, 적은 땅

中 자 척　シャク

3급II　**집**의 높이를 **자**로 재는 모양.

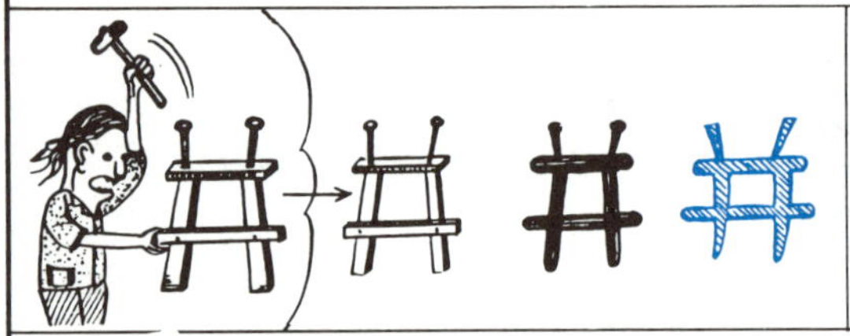

ㅋ 尸 屛 屛 屛 屛 통 屏

屛帳 (병장) 병풍과 장막
屛風 (병풍) 바람이나 무엇을 가리기 위한 장식용의 물건

□ 병풍 병　ヘイ

3급　나무토막을 못질하여 합하는 모양 (**합할병**)

집에서 나무틀에 천을 **합하여**(붙여서) 만든 것이 **병풍**이다

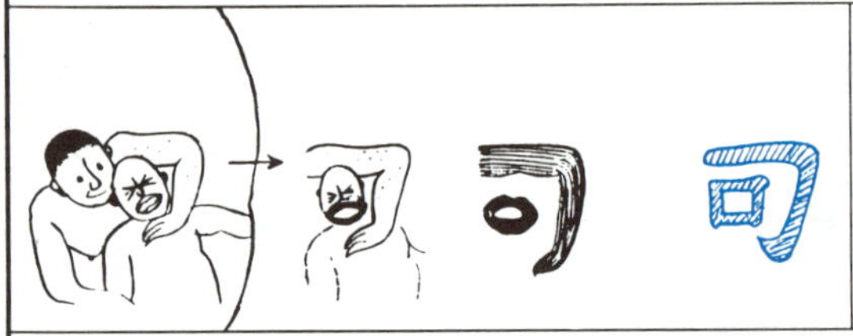

ㄱ 尸 月 局 局 局

局面 (국면) 일이 되어 가는 상태
局限 (국한) 어느 부에 한정함

□ 판 국　キョク(つぼね)

5급　**집**에 가두고 **팔로 입**(목)을 조이니 죽을 **판**이다

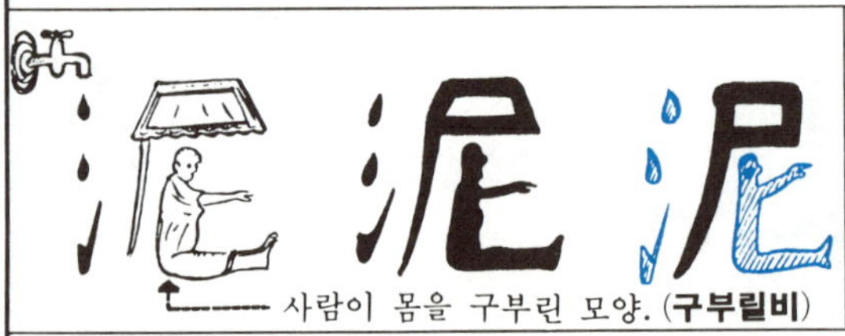

丶 氵 氵 沪 泥 泥

泥醉 (이취) 술이 몹시 취하여 곤드레가 됨
泥海 (이해) 진창 길

□ 진흙 니　デイ(どろ)

3급　**물**이 잠긴 **집**에 **구부리고** 있으니 **진흙** 투성이다

令

丿 | 人 | 亼 | 今 | 令

令愛 (영애) 남의 딸에 대한 존칭
法令 (법령) 법률과 명령

中 하여금 령, 명령할 령　レイ

5급　**집안에** 있는 자에게 **명령하다.**

고드름이 달려있는 모양. (**얼빙. 얼음빙**)

冷

丶 | 冫 | 冫人 | 冫亼 | 冷 | 冷

冷情 (냉정) 쌀쌀하게 대함
冷却 (냉각) 차게 함

中 찰 랭　レイ(ひえる)

5급　**얼음**에게 **명령하여** **차게**하다.

입의 모양. (**입구**)

命

人 | 亼 | 亽 | 合 | 合 | 命

命令 (명령) 분부, 지휘
命脈 (명맥) (1)목숨과 혈맥
(2)살아가는데 요긴한 것

中 목숨 명　メイ(いのち)

7급　(하나님) **입**으로 내린 **명령**에 좌우되는 것이 **목숨**이다.

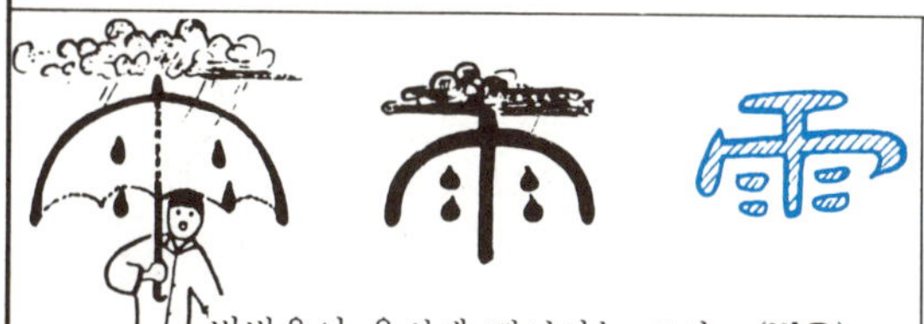

빗방울이 우산에 떨어지는 모양. (**비우**)

零

一 | 冖 | 帀 | 雨 | 雫 | 零

零落 (영락) 세력과 살림이 몰락함
零點 (영점) 득점이 없음

떨어질 령　レイ(こぼす)

3급　**비**가(하늘의) **명령**을 받고 **떨어지다.**

모자를 쓰고 입마개를 한 머리의 모양. (**머리혈**)

領

丿 | 人 | 令 | 令 | 領 | 領

領受 (영수) 돈이나 물품을 받아들임
領土 (영토) 한 나라의 통치권 지역

中 거느릴 령　リョウ

5급　**명령**을 하는 우두**머리**가 부하를 **거느리다.**

우뚝 솟은 산봉우리의 모양. (**메산**)

嶺

山 | 屵 | 岺 | 嶺 | 嶺 | 嶺

嶺底 (영저) 재의 아랫부분
銀嶺 (은령) 눈에 덮인 재나 산

재 령
고개 령　レイ(みね)

3급II　**산**이 **거느리**고 있는 것이 **고개**(재)다

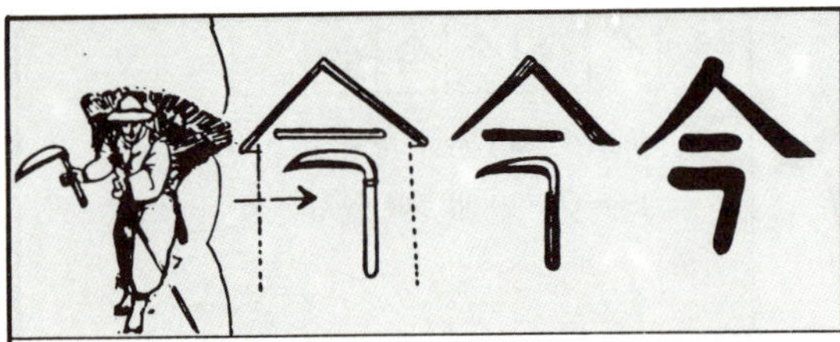

今

丿 人 亼 今

今時 (금시) 이제, 지금
今後 (금후) 이제로부터

中 이제 금 キン(いま)

6급 집에 있는 낫을 들고 **이제 막** 일하러 간다는 뜻

입의 모양. (**입구**)

吟

丨 𠃍 口 口人 口亼 吟

吟味 (음미) 사물의 의미를 잘 새겨서 궁구함
吟病 (음병) 병으로 앓음

中 읊을 음 ギン

3급 **입**으로 **이제 막** 시를 **읊다**.

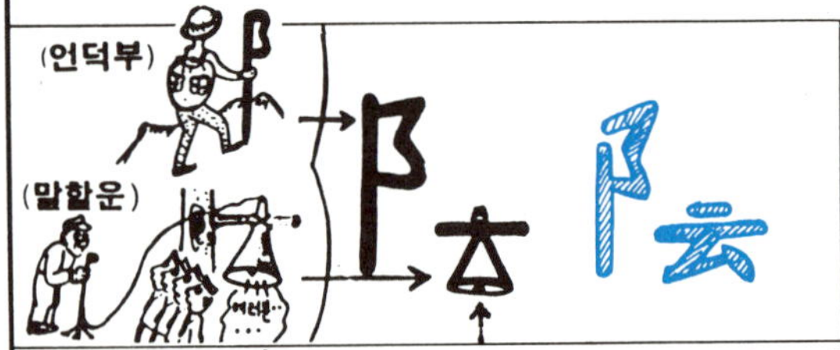

말하는데 쓰는 확성기의 모양. (**말할운**)

陰

阝 阝人 阝亼 阝今 陰 동 隂

陰性 (음성) 소극적인 성질
陰陽 (음양) 음기와 양기

中 그늘 음 イン(かげ)

4급II **언덕**이 **이제 막** 볕을 가린 상태를 **말하여** **그늘**이 졌다고 한다.

가슴의 모양 (**가슴심·마음심**)

念

丿 人 亼 今 念 念

念願 (염원) 원하고 바람
念頭 (염두) (1)생각의 시초
(2)마음속

中 생각할 념 ネン(おまふ)

5급 **이제 막** **마음**으로 **생각하다**.

입의 모양 (**입구**)

含

人 亼 今 含 含 含

含有 (함유) 포함하고 있음
含忍 (함인) 마음에 두고 참음

머금을 함 ガン(ふくむ)

3급II **이제 막** **입**에 넣고 **머금다**

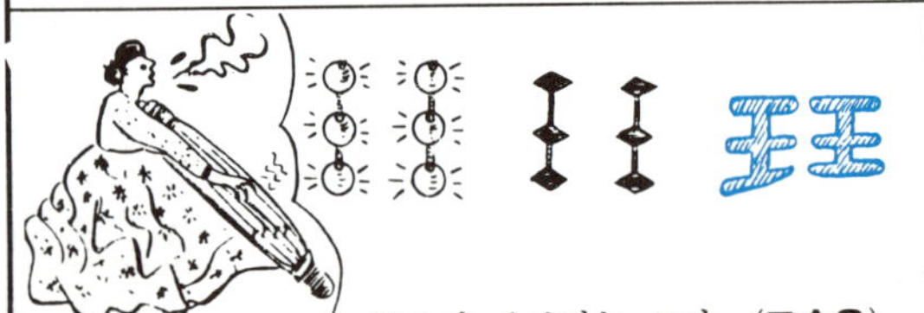

구슬이 꿰어있는 모양. (**구슬옥**)

琴

丅 王 珏 𤤿 琹 琴

琴韻 (금운) 거문고의 소리
琴鶴 (금학) 거문고와 학

거문고 금 キン(こと)

3급II **옥**같이 흰 두손으로 **이제 막** **거문고**를 타다

돈이 든 자개장의 모양. (**자개패 · 돈패 · 조개패**)

貪

丿 人 今 含 貪 貪

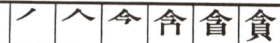

貪色 (탐색) 호색 (好色)
貪心 (탐심) 탐욕하는 마음

□ 탐할 **탐** ドン(おさぼる)

3급

이제 막 돈을 가지고자 **탐하다.**

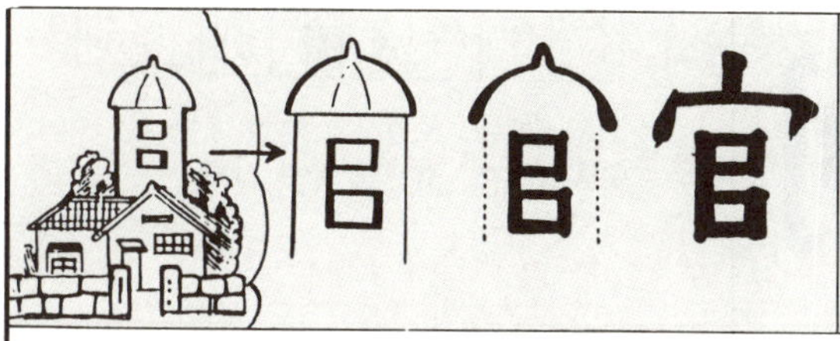

官

丶 宀 宀 官 官

官廳 (관청) 공무를 맡아보는 국가 기관
官力 (관력) 관청의 권력

中 벼슬 관, 관가 관 カン(つかさ)

4급II

관가(관청)의 모양을 본뜬 자.

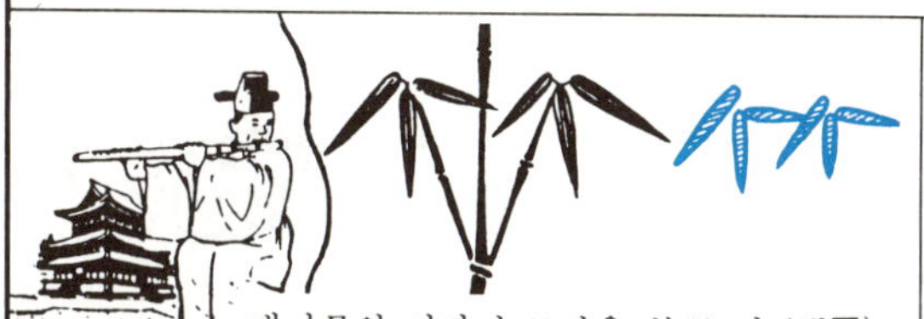

대나무의 이파리 모양을 본뜬 자.(**대죽**)

管

丿 𥫗 𥫗 竺 筸 管

管轄 (관할) 직권으로 맡아 다스림
管財 (관재) 재산을 다스림

□ 주관할 관
맡을 관 カン(くだ)

* 옛날에는 관가에서 피리를 불어 시간을 알리는 일을 맡아 하였음.

대나무 피리를 **관가**에서 **맡아 관리하다.**

4급

밥을 하려고 집에서 양식을 정미기에 찧는 모양.(**밥식**)

館

𠆢 今 食 飠 館 館 館 속 舘

館人 (관인) 객사를 지키고 빈객을 접대하는 사람
旅館 (여관) 나그네가 머무는 집

□ 객사 관
묵을 관 カン(やかた)

3급II

밥을 먹고 **관가** 사람이 **묵던** 곳이 **객사**다

宮

丶 宀 宀 宮 宮

宮女 (궁녀) 궁중의 여관 (女官)
宮室 (궁실) 높고 큰 집. 궁전 안에 있는 방

□ 궁궐 **궁** キュウ(みや)

4급II

궁궐의 모양

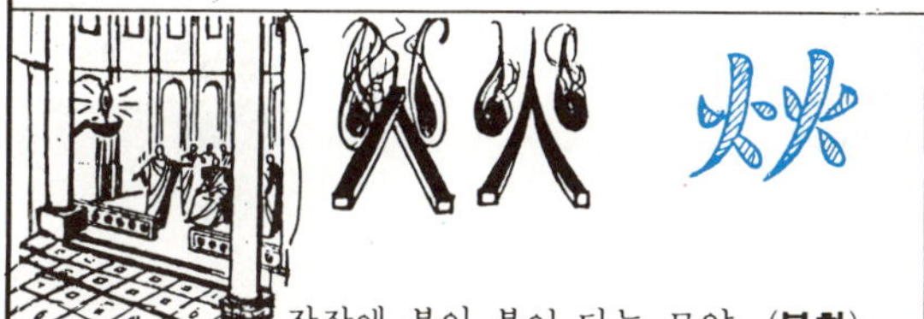

장작에 불이 붙어 타는 모양. (**불화**)

營

丷 火 炏 炏 営 營 약 営

營農 (영농) 농업을 영위함
營利 (영리) 이익을 꾀함

□ 경영할 **영**
다스릴 **영** エイ(いとなむ)

4급

쌍등불을 밝히고 **궁궐**에서 나라를 **다스리**다

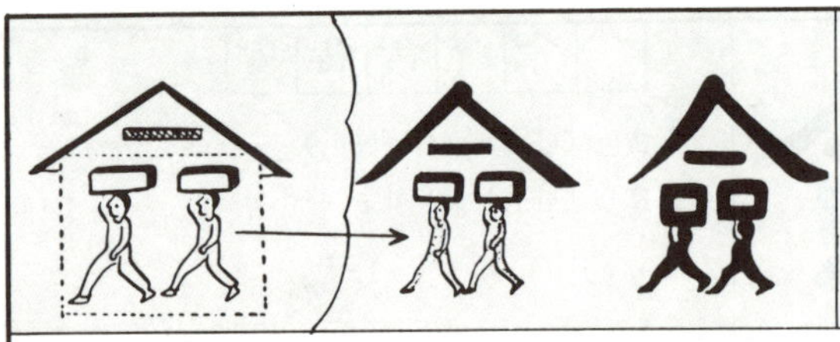

僉

丿 亼 佥 侖 僉

僉使 (첨사) 조선 때의 군직 (軍職) 의 하나
僉意 (첨의) 여럿의 의견

□ 모두 첨
다 첨　セン(みな)

집안의 **세간**을 **모두 다** 이고 간다는 뜻

칼을 새워 놓은 모양. (**선칼도. 칼도**)

劍

丿 亼 佥 侖 僉 劍 동 剣

劍難 (검난) 도검으로 인한 재난
劍客 (검객) 검술에 능한 사람

□ 칼 검　ケン(つるぎ)

3급II

모든 칼은 다 **검**이다

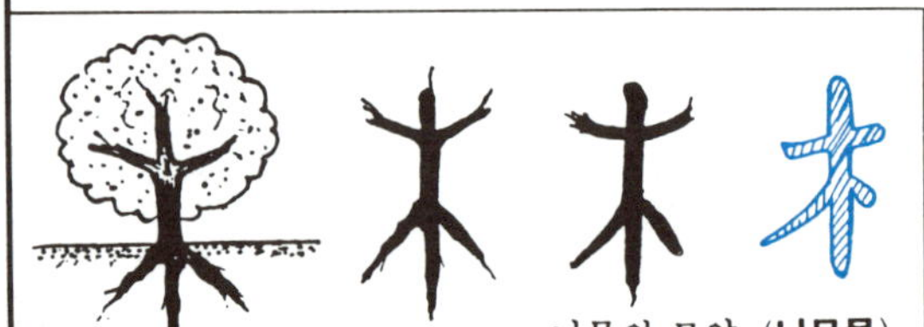

나무의 모양 (**나무목**)

檢

一 木 朩 朩 檢 檢

檢討 (검토) 내용을 조사하면서 따짐

□ 살필 검
조사할 검　ケン(しらべる)

4급II

나무를 **모두 살펴 조사하다.**

사람이 섰는 모양. (**사람인**)

儉

亻 亻 伶 佮 倫 儉

儉德 (검덕) 검소한 덕
儉朴 (검박) 검소하고 질박함

□ 검소할 검　ケン(つづまやか)

4급

사람이 물건을 **모두** 달아빠질 때까지 쓰니 **검소하**다

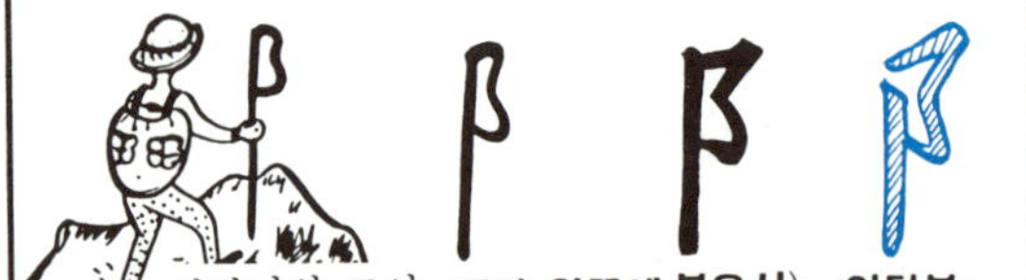

지팡이의 모양. (**글자 왼쪽에 붙을시**) (**언덕부**)

險

阝 阝 阝 阾 陰 險 약 険

險絕 (험절) 매우 험함
險談 (험담) 남의 흠을 찾아내 말함

□ 험할 험　ケン(けわしい)

4급

언덕은 **모두 험하다**

말의 모양. (**말마**)

驗

馬 馬 馬 馿 驗 驗 약 験

驗左 (험좌) 증거. 표지
體驗 (체험) 몸소 경험함

□ 증험할 험 · 시험 험
보람 험　ケン(ためす)

4급II

말을 **모두** 타 보고 **시험하다**

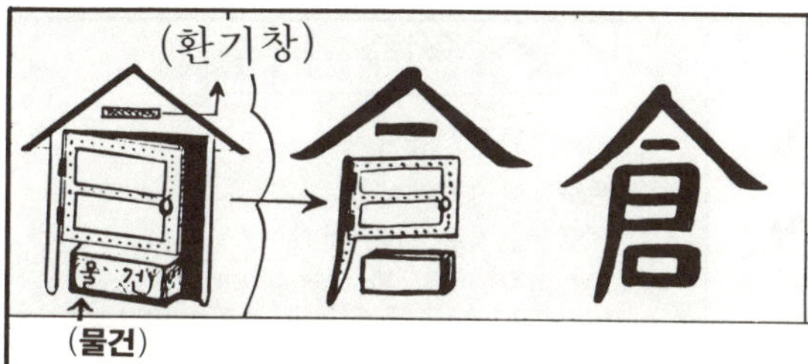

倉

𠆢	亼	今	户	倉	倉

倉穀 (창곡) 곳집에 넣어 둔 곡물
倉卒 (창졸) 급작스러운 모양

□ 곳집 창　ソウ(くら)

3급II

창고의 모양을 본뜬 자

칼을 새워 놓은 모양. (**선칼도. 칼도**)

創

𠆢	今	侖	倉	創	創

創建 (창건) 사업・집 등을 처음으로 세움
創設 (창설) 처음으로 베품

□ 비로소 창
시작할 창　ソウ

4급II

창고를 **칼**로 **비로소** 짓기 **시작하다**

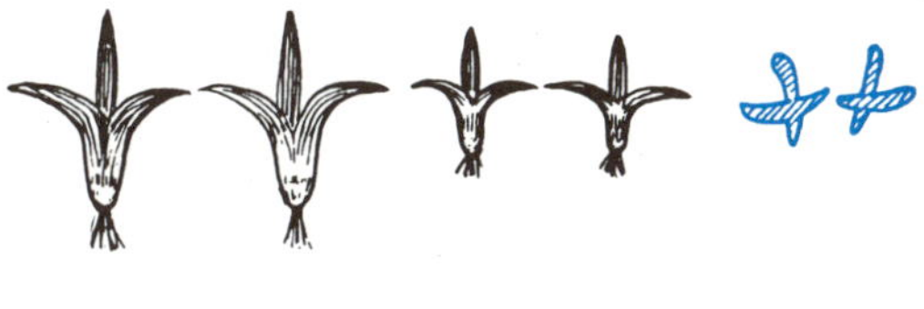

풀싹이 돋아나는 모양 (**풀초**)

蒼

一	艹	苓	荅	蒼	蒼

蒼天 (창천) 창공
蒼生 (창생) 온 나라 백성

□ 푸를 창　ソウ(あおい)
백성 창

3급II

풀 창고는 **푸르다**

물방울이 떨어지는 모양 (**물수**)

滄

丶	氵	汄	沧	淪	滄

滄波 (창파) 넓은 바다의 물결
滄海 (창해) 큰 바다

□ 큰바다 창　ソウ(さむい)

3급

물의 **창고**는 **바다**다.

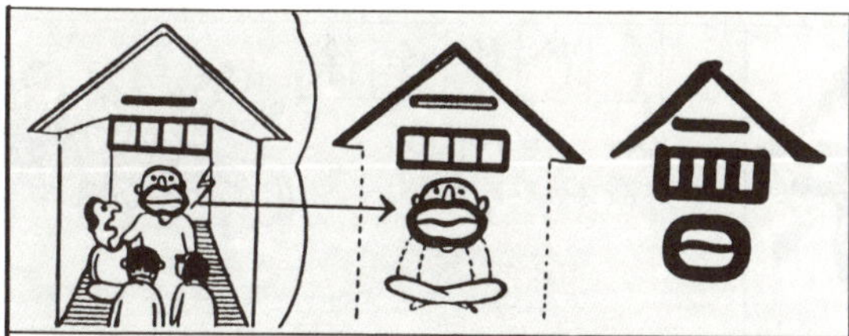

會

丿	𠆢	亼	亼	侖	會

약 会

會見 (회견) 만남
司會 (사회) 회장 등의 집행을 맡아 봄

中 모을 회　カイ(あう)

6급

집의 **창문** 밑에서 **입**을 **모아**서 회의를 하는 모양을 나타낸 자.

실의 모양. (**실사**)

繪

𠃋	糸	糸𠆢	糸亼	繪	繪

圖繪 (도회) 그림과 도안.
繪畫 (회화) 평면상에 그려낸 그림

□ 그림 회
수놓을 회　カイ(えがく)

색**실**을 **모아서** **그림수**를 **놓다**

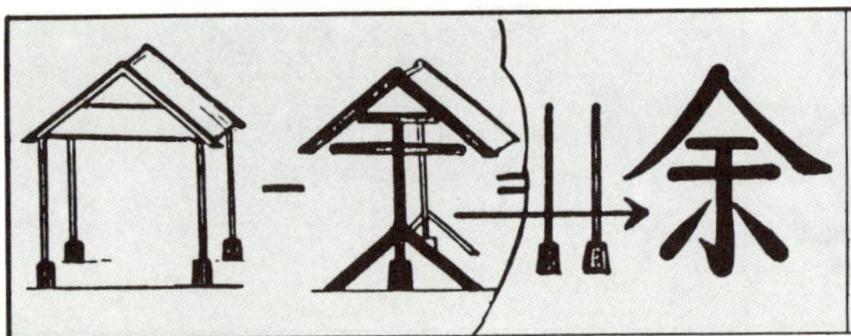

余

丿 人 亼 仐 佘 余

余月 (여월) 음력 四월

余輩 (여배) 우리들

(※남은것은 나의 것이다)

中 남을 여, 나 여　ヨ (あます)

네 기둥집 대신

3급　두 기둥집을 지으면 기둥 두 개가 **남는다**는 뜻.

지팡이의 모양(**글자 왼쪽에 붙을시**) (**언덕부**)

除

阝 阝 阝 阝 阾 除

除隊 (제대) 병사가 복무기간을 마치고 현역에서 해제됨

中 버릴 제　ジョ (のぞく)

4급II　**언덕** 밑으로 **남은** 찌꺼기를 **버리다**(덜다)

밥을 하려고 집에서 양식을 정미기에 찧는 모양 (**밥식**)

餘

𠆢 今 食 飠 飠 餘

餘望 (여망) 미련이 남아 있는 소망

餘生 (여생) 앞으로의 남은 생애

中 남을 여　ヨ (あまる)

4급II　**음식**(밥)을 먹고 **남은 것이 나머지다.**

캥거루우가 달려가는 모양 (**갈착. 달릴착**)

途

丿 人 亼 仐 余 途

途中 (도중) 일을 하고 있는 중

途次 (도차) 가는 길에.

□ 길 도　ト (みち)

3급II　**남아 있는** 후손들이 **달리기** 좋게 만들어 놓은 것이 **길**이다.

팔을 흔들며 총총 걸어가는 모양. (**갈척. 바삐갈척**)

徐

彳 彳 彸 徐 徐

徐行 (서행) 천천히 걸음

徐緩 (서완) 진행이 느림

□ 천천히갈 서　ジョ (おもむろ)

3급II　**총총히** 떠나 보내고 **남아 있다 천천히 가다**

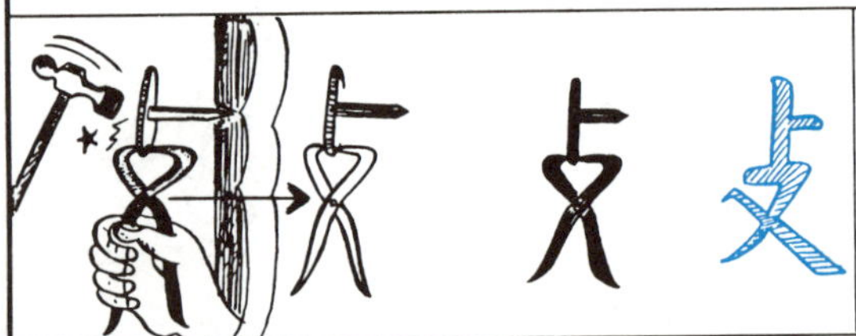

압정을 집게로 잡고 두들기는 모양. (**칠복. 두들길복**)

敍

余 叙 敍 敍

敍述 (서술) 차례를 좇아 진술함

敍情 (서정) 자기의 정서를 그려냄

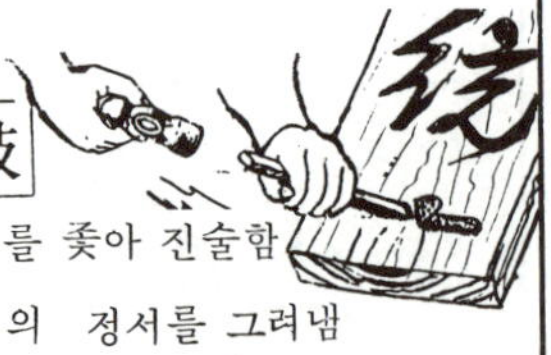

□ 차례 서 / 쓸 서　ジョ (のべる)

속 叙

3급　**남은** 글자를 칼끝을 **두들기**면서 **차례로 쓰다.**

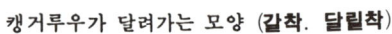

자루가 달린 옛날 말의 모양. (**말두**)

斜

傾斜 (경사) 비스듬히 기울어짐
斜徑 (사경) 비탈길

□ 빗낄 사
기울 사 シャ(ななめ)

3급

(가득 채우고) **남은** 곡식을 **말**통을 **기울여 빗끼다**

半

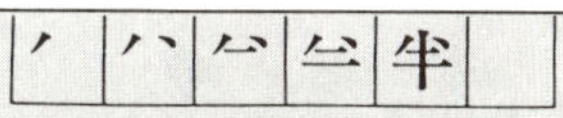

半生 (반생) 한평생의 절반
半徑 (반경) 반지름

中 절반 반 ハン(なかば)

6급

(갈라선 부부가) 집을 **절반**으로 나눈 모양.

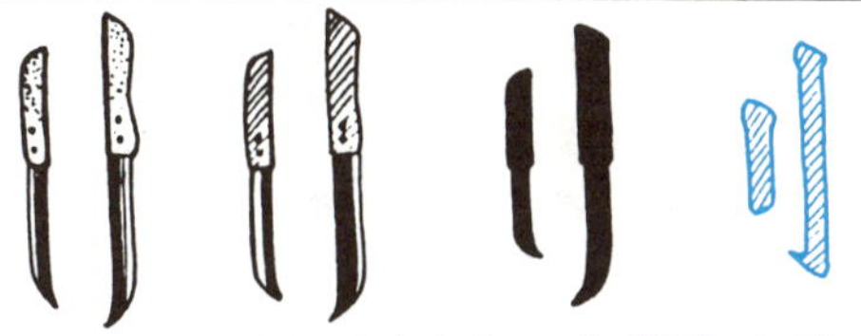

칼을 새워 놓은 모양. (**선칼도**: **칼도**)

判

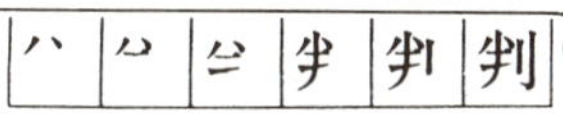

判斷 (판단) 생각해 정하는 일
判明 (판명) 명확히 밝혀냄

中 판단할 판, 쪼갤 판 ハン(わかる)

4급

절반이 되게 **칼**로 **판단하여 쪼개다**.

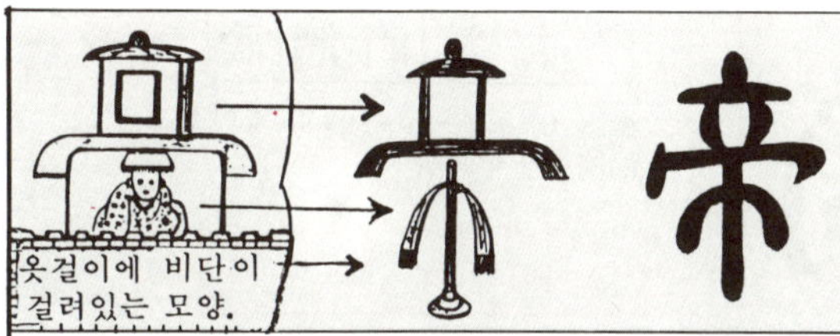

帝

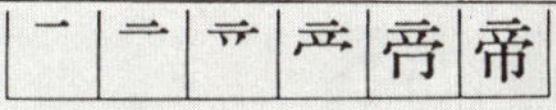

帝國 (제국) 제왕이 다스리는 나라
帝王 (제왕) 황제 또는 국왕의 총칭

中 임금 제 テイ(みかど)

궁중에 살면서 비단천을 두르고 있는 자가 **임금**이다.

4급

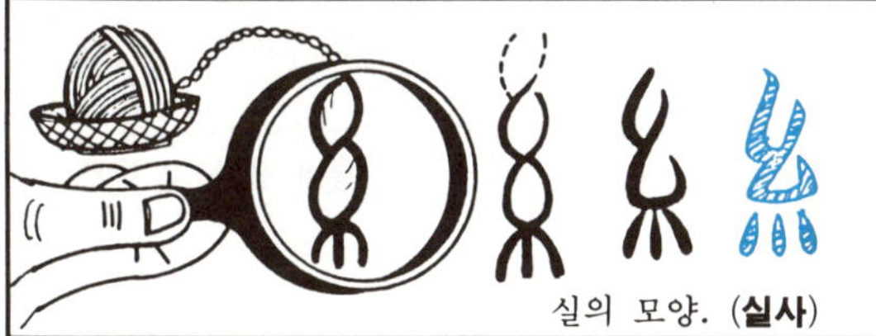

실의 모양. (**실사**)

締

締交 (체교) 교분을 맺음
締盟 (체맹) 동맹을 체결함

□ 맺을 체 テイ(しまる)

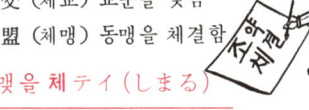

실로 묶듯이 **임금**이 조약을 **맺다**.

2급

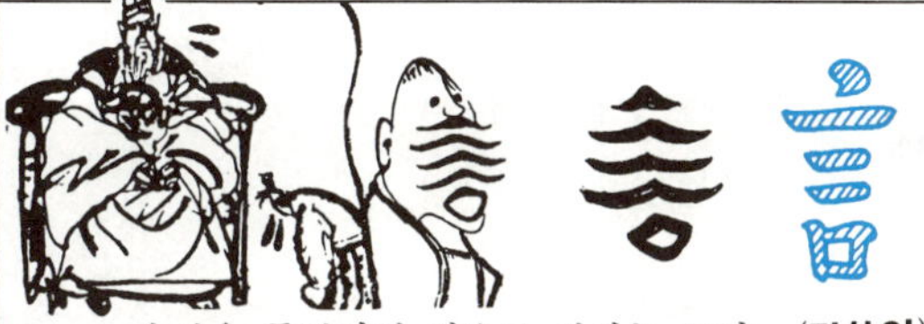

수염을 들먹이며 입으로 말하는 모양. (**말씀언**)

諦

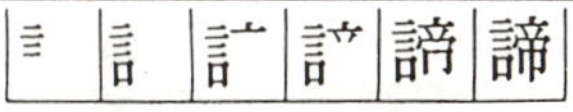

諦念 (체념) 아주 단념함
要諦 (요체) 중요한 점. 중요한 깨달음

□ 살필 체 テイ(あきらか)
잘알 체

(신하가) **말**하는 **임금**의 뜻을 **잘 알아 살피다**

啇

一	二	丙	丙	啇

※뜻만 기억할 것.

□ 뿌리 적

(조상의 신위를 모신 사당의 모양) 곧 씨족의 **뿌리**를 뜻함.

캥거루우가 달려가는 모양 (**갈착. 달릴착**)

適

一	二	丙	丙	啇	適

適任 (적임) 알맞은 임무
適材 (적재) 적당한 인재

中 맞을 적, 마침 적 テキ(かなう)

4급

(비옥한 땅이라) **뿌리**가 뻗어 **가기**에 **알맞다**.

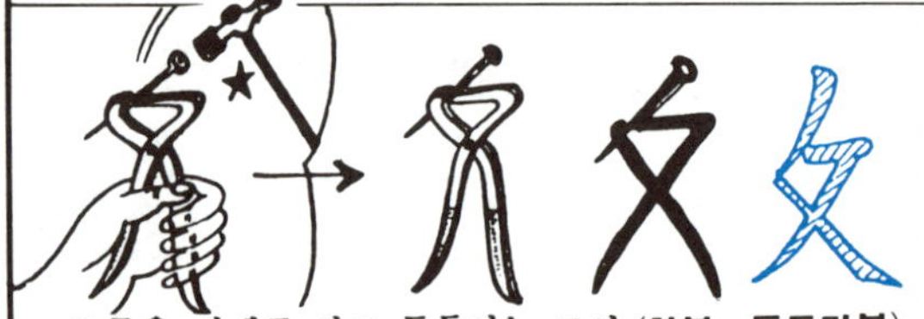

못을 집게로 잡고 두들기는 모양 (**칠복. 두들길복**)

敵

亠	产	啇	啇	啇	敵

敵兵 (적병) 적군의 병사
敵手 (적수) 재주나 힘이 맞서는 사람

中 원수 적, 대적할 적 テキ(かなう)

4급 II

(조상의) **뿌리**를 들추어 가며 **두들기는** 자가 **원수**다.

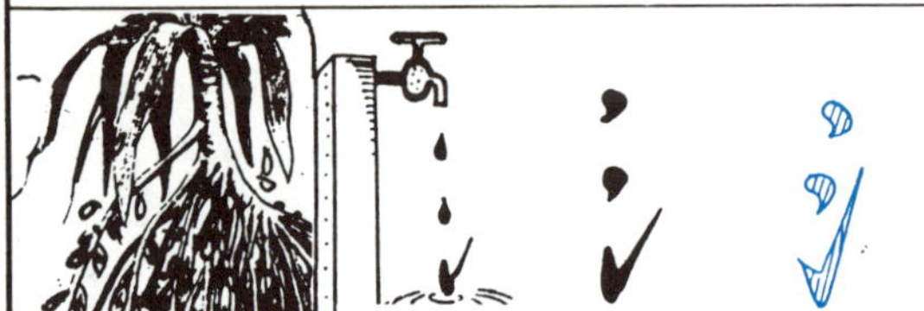

물방울이 떨어지는 모양. (**물수**)

滴

丶	氵	氵	滴	滴	滴

滴露 (적로) 이슬이 맺혀 떨어짐
渴滴 (갈적) 목마름

□ 물방울 적 テキ(しずく)
스며내릴 적

3급

물이 **뿌리**로 **스며내리**어 **물방울** 지다 .

양손으로 괭이를 잡고 있는 모양. (**손수**)

摘

一	扌	扩	摘	摘	摘

摘發 (적발) 숨은 일을 들춰 냄
摘要 (적요) 요점을 뽑아 냄

中 딸 적 テキ(つむ)
들출 적

3급 II

손으로 **뿌리**의 열매를 **들추**어 **따다**

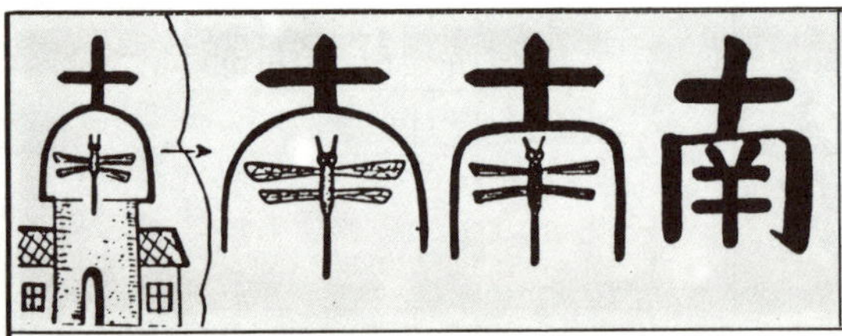

南

一	十	冂	冂	南	南

南極 (남극) 지축의 남쪽 끝
南草 (남초) 담배. 본디 남방에서 수입 되었으므로 붙인 이름

中 남녘 남 ナン(みなみ)

교회안까지 잠자리가 날아드는 곳이 더운 **남쪽** 나라다. 8급

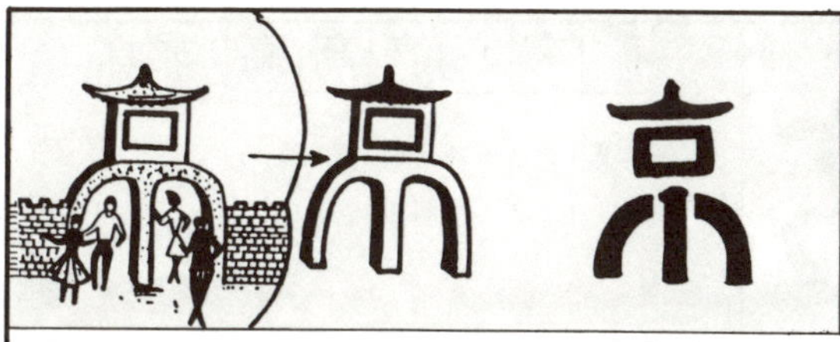

京

丶 亠 亠 亨 亰 京

京江 (경강) 한강 일대의 총칭

京山 (경산) 서울 근처에 있는 산

中 서울 경　キョウ

6급　많은 사람이 왕래하는 **서울**의 성문을 본뜬 자.

물방울이 떨어지는 모양 (**물수**)

涼

丶 氵 氵 氵 涥 涼

清涼 (청량) 맑고 시원함

炎涼 (염량) 더위와 추위

中 서늘할 량　リョウ(すずしい)

3급II　**물**의 **서울**(바다)은 **서늘하다**.

수염을 들먹이며 입으로 말하는 모양. (**말씀언**)

諒

亠 言 言 訁 諒 諒

諒解 (양해) 사정을 참작하여 잘 이해함

恕諒 (서량) 사정을 살피어 용서함

믿을 량
알 량　リョウ

3급　**말**하는 것을 듣고 **서울** 양반인지 **알다**

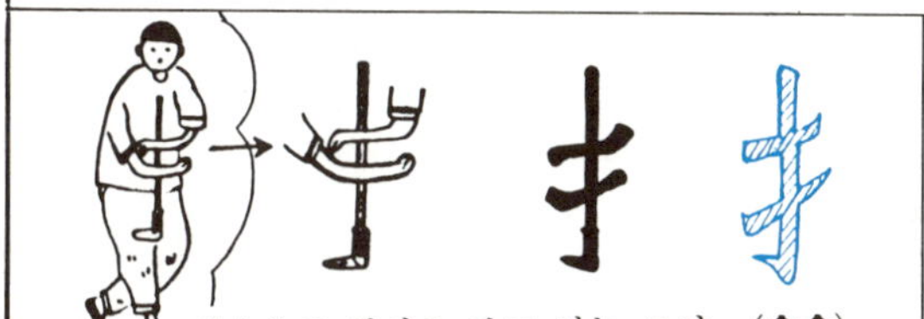

양손으로 괭이를 잡고 있는 모양. (**손수**)

掠

一 扌 扌 扌 掠 掠

掠盜 (약도) 탈취하여 도둑질함

掠治 (약치) 매질하며 죄인을 신문함

노략질할 략　リャク(かすめる)

3급　**손**으로 **서울**에서 **노략질 하다**.

景

丨 日 旦 昌 景 景

景氣 (경기) 물건의 매매나 거래가 잘 이루어지는 형편

絶景 (절경) 아주 좋은 경치

中 경치 경, 볕 경　ケイ(かげ)

5급　**해**가 **서울** 상공에서 **볕**이 나니 **경치**가 좋다.

머리털(터럭)의 모양. (**터럭삼**)

影

日 旦 昌 景 景 影

影響 (영향) 관계를 미치는 것

近影 (근영) 최근에 찍은 사진

그림자 영　エイ(かげ)

3급II　**별**을 가릴 때 **머리결**같이 생기는 게 **그림자**다

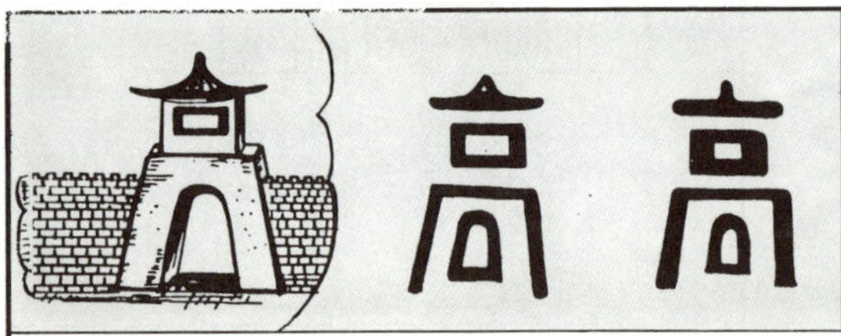

高

高 高 (속) 髙

高級 (고급) 계급이 높음
高貴 (고귀) 품위가 높고 귀함

中 높을 고　コウ (たかい)

6급　　높은 성루를 본뜬 자 **높다**는 뜻으로 쓰임.

벼의 모양(**벼화**)

稿

稿 稿

寄稿 (기고) 신문사 등에 원고를 보냄
脫稿 (탈고) 원고의 집필을 마침

볏짚 고(볏짚단 같이글을 모은게 원고다)
원고 고　コウ

3급II　　**벼**가 **높게** 자란 것이 **볏짚**이다

몸통 부분인 갈비뼈의 모양. (**몸육 · 고기육**)

膏

膏 膏

膏血 (고혈) 기름과 피
膏土 (고토) 기름진 땅

비계 고　コウ (あぶら)
기름 고

높게 **살**점 윗부분에 붙어 있는 게 **비계기름**이다

돼지의 모양(**돼지시**)

豪

豪 豪

豪放 (호방) 의기가 장하여 작은 일에 거리낌이 없음
豪宕 (호탕) 호방

호걸 호　コウ
굳셀 호

3급II　　**높게**(크게) 자란 **돼지**같이(뜻이) **굳세**니 **호걸**이다

꼬리털의 모양(**터럭모**)

毫

毫 毫

毫髮 (호발) ① 가는 털　② 조금도
秋毫 (추호) 가을 짐승의 털. 곧 조금

터럭 호　コウ

3급　　**높게**자란 **털**이 **터럭**이다

어린 아들의 모양. (**아들자**)

享

享 享

享祀 (향사) 제사를 지냄
享年 (향년) 한평생 누린 나이

누릴 향　キョウ

3급　　(벼슬이) **높게** 오른 **아들** 덕에 호강을 **누리**다

喬

一 夭 乔 喬 喬

※ 뜻만 기억할 것.

☐ 높을 교 コウ(たかし)

(이층집의 모양을 본뜬 자) **높다**는 뜻으로 쓰임.

나무의 모양 (**나무목**)

橋

一 木 栎 桥 橋 橋

橋梁 (교량) 다리

橋脚 (교각) 다리 전체를 받치는 기둥의 아랫도리

中 다리 교 キョウ(はし)

5급

나무로 **높게** 걸쳐 놓은 것이 **다리**다.

편지가 묶여있는 화살의 모양. (**화살시**)

矯

𠂉 矢 矫 矫 矯 矯

矯正 (교정) 곧게 바로잡음

矯導 (교도) 바르게 인도함

☐ 바로잡을 교 キョウ(ためる)

3급

화살이 **높아**(길어)서 꾸부러지니 **바로잡다**.

사람이 섰는 모양. (**사람인**)

僑

丿 亻 侨 侨 僑 僑

僑居 (교거) 임시로 삶

僑軍 (교군) 다른 곳에서 온 군대

☐ 붙어살 교 キョウ(かりずまい)

2급

사람이 **높은**자에게 의지하여 **붙어살**다

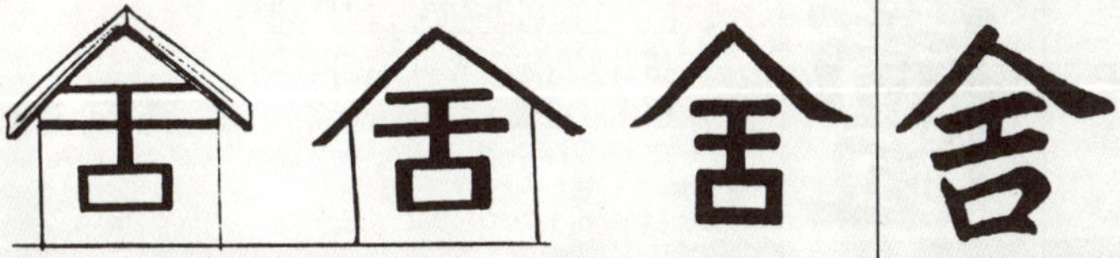

舍

丿 人 亼 今 仐 舍

舍廊 (사랑) 안채와 떨어져 있어 바깥 주인이 거처하는 곳

畜舍 (축사) 가축의 울

中 집 사 シャ

4급II

집의 모양을 그린 것.

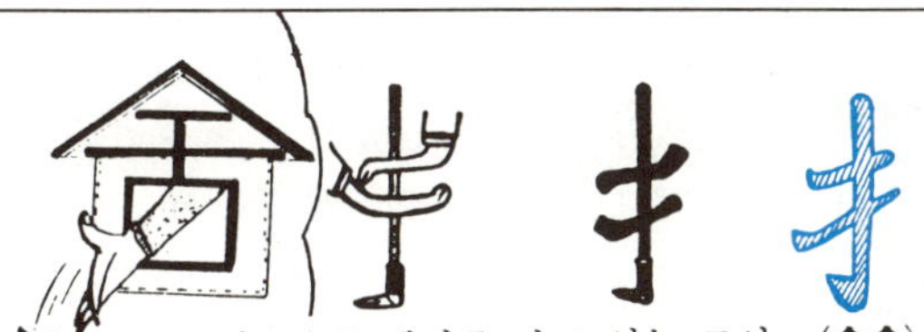

양손으로 괭이를 잡고 있는 모양. (**손수**)

捨

一 扌 扌 拎 拎 捨

取捨 (취사) 취하고 버림

棄捨 (기사) 버림

☐ 버릴 사 シャ(すてる)

3급

손에 든 것을 **집** 밖으로 **버리다**

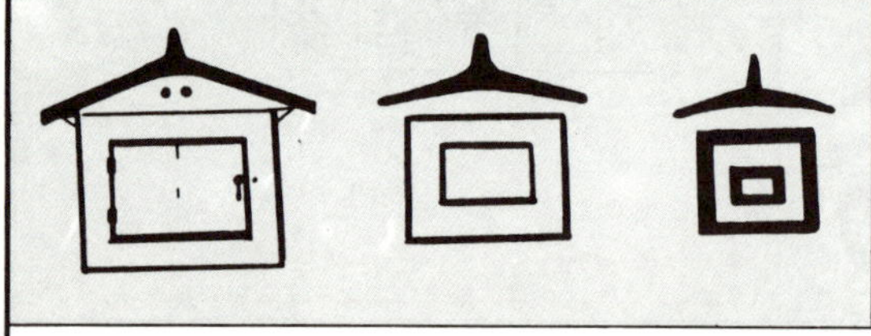

啚

亠	亠	啚

※뜻만 기억할 것

□ 광 름

광의 모양을 본뜬 자. **광**의 뜻으로 쓰임.

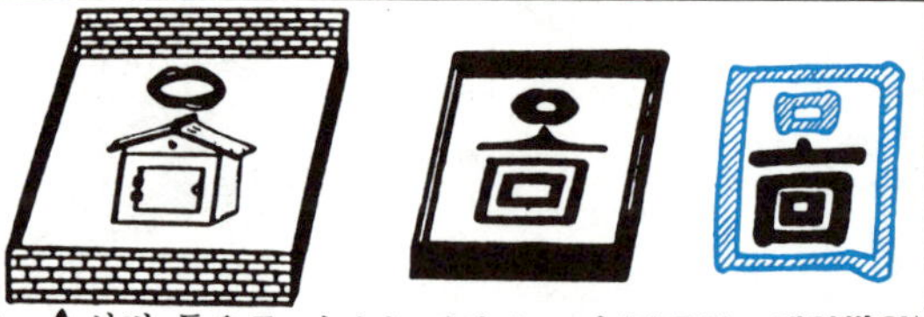

↑성벽 등으로 사방을 에워싼 모양(**에울위. 에워쌀위**)

圖

冂	冂	冋	圖	圖

圖示 (도시) 그림으로 그려 보임

中 그림 도
꾀할 도, ズ(はかる)

6급 **애워싼** 대중에게 **입**을 열고 **광**의 설계도(**그림**)을 **꾀**스뢰 설명하다.

벼의 모양(**벼화**)

稟

亠	亩	亩	稟	稟	稟

稟申 (품신) 상사나 웃어른에게 아룀
天稟 (천품) 나면서부터 타고난 성품

□ 여쭐 품·줄 품 ヒン(うける)
받을 품

광속의 **벼**곡식을 어른께 **여쭈**어 보고 꺼내 **준다.**

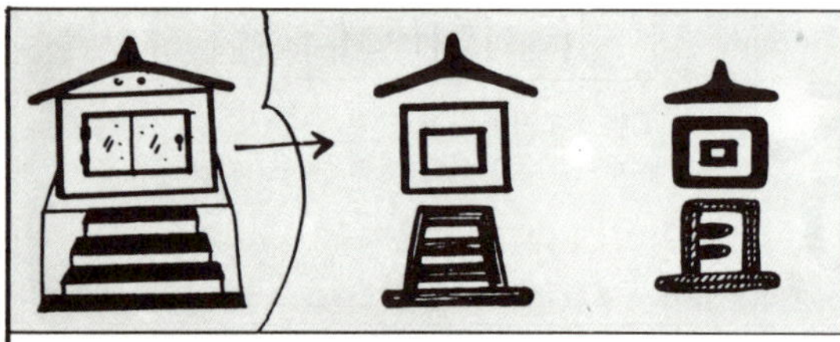

亶

亠	亠	亩	亶	亶

※뜻만 기억할 것

□ 클 단

광과 **층계돌**의 모양을 본뜬자. 곧 **광의 층계돌같이 크**다는 뜻

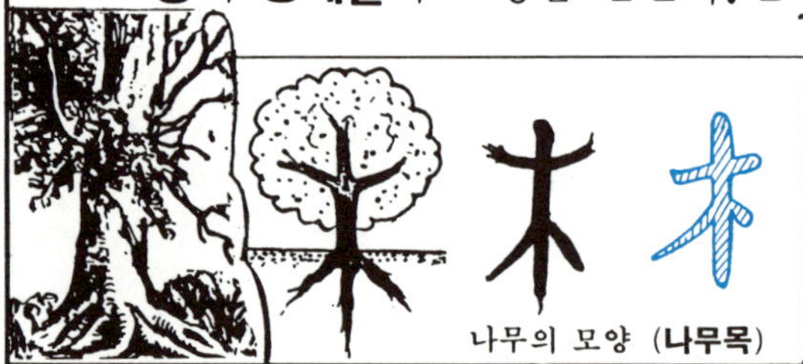

나무의 모양 (**나무목**)

檀

一	木	木	檀	檀	檀

檀君 (단군) 우리 나라의 시조
檀木 (단목) 박달나무

中 박달나무 단 ダン

4급II **나무**중에 **광의 층계돌같이 크게** 단단한 것이 **박달나무다.**

싹이(+) 흙위에(—) 돋아나는 모양. (**흙토**)

壇

土	土	土	壇	壇	壇

教壇 (교단) 교실에서 선생이 강의하는 단
佛壇 (불단) 부처를 모셔 놓은 단

□ 단 단 ダン

5급 **흙**을 **광의 층계돌같이 크게** 쌓올린 것이 **단**이다

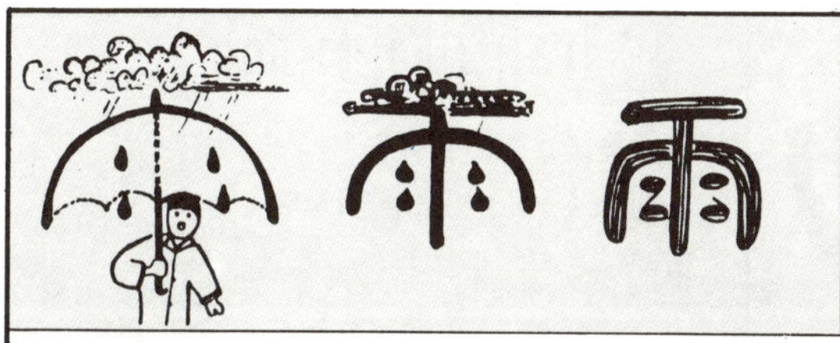

雨

一 厂 丆 帀 雨 雨

雨量 (우량) 비가 오는 분량

雨氣 (우기) 비가 올 듯한 기운

中 비 우　ウ(あめ)

5급　빗방울이 우산에 떨어지는 모양. 비를 뜻함.

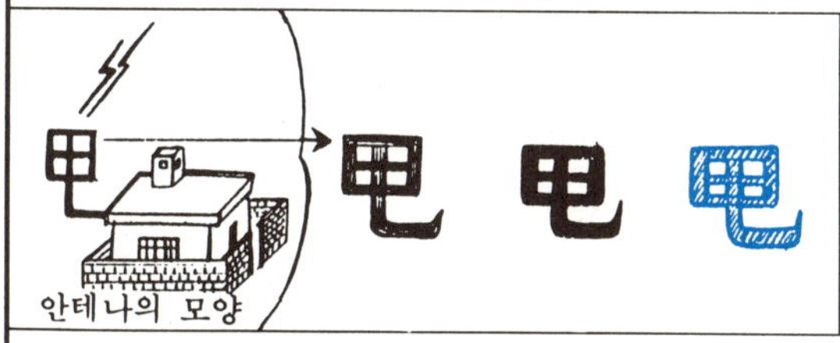

電

一 ⻗ 干 垂 雪 電

電文 (전문) 전문의 사연

電光 (전광) 번갯불

中 번개 전, 전기 전　デン

7급　비올 때 안테나에 번개같이 이는 것이 전기다

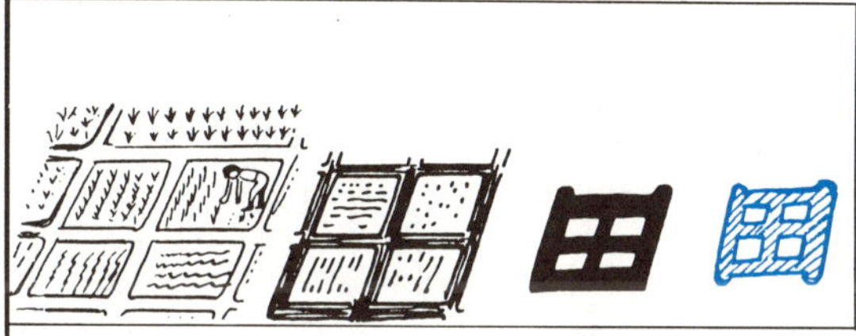

밭의 모양 (발전)

雷

一 ⻗ 干 垂 雫 雷

雷電 (뇌전) 천둥과 번개

地雷 (지뢰) 땅속에 묻는 폭약

☐ 천둥 뢰　ライ(かみなり)

3급　비가 올때 밭가는 소리를 내는것이 천둥이다

漏

丶 氵 氵 沪 漏 漏

漏氣 (누기) 축축하게 새어 나오는 물기

漏落 (누락) 기록에서 빠짐

☐ 샐 루　ロウ(もる)

3급　물이 집안으로 비처럼 새다

兩

一 厂 冂 帀 雨 兩　속 両

兩家 (양가) 두 편의 집

兩立 (양립) 둘이 함께 맞섬

中 두 량　リョウ(ふたつ)

4급II　양산 속에 둘이 들어가 있는 모양.

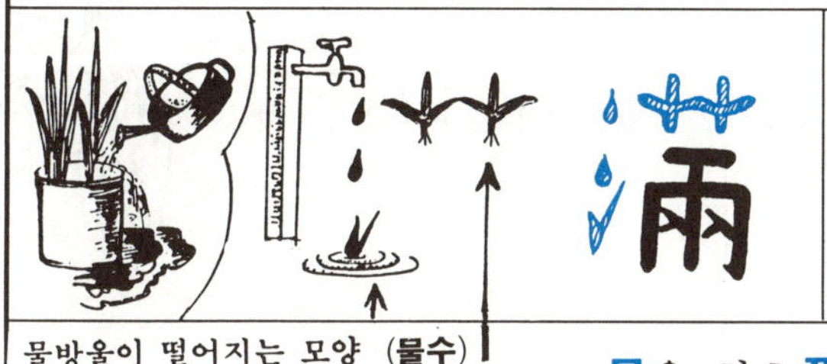

물방울이 떨어지는 모양 (물수)

풀싹이 돋아나오는 모양 (풀초)

滿

氵 氵艹 淋 滿 滿

滿開 (만개) 꽃이 활짝 핌

滿員 (만원) 정원이 다참

中 가득할 만　マン(みつ)

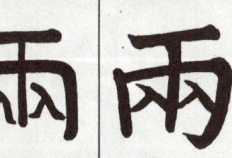

물을 화초풀에 둘이 부어 가득 채우다.　4급II

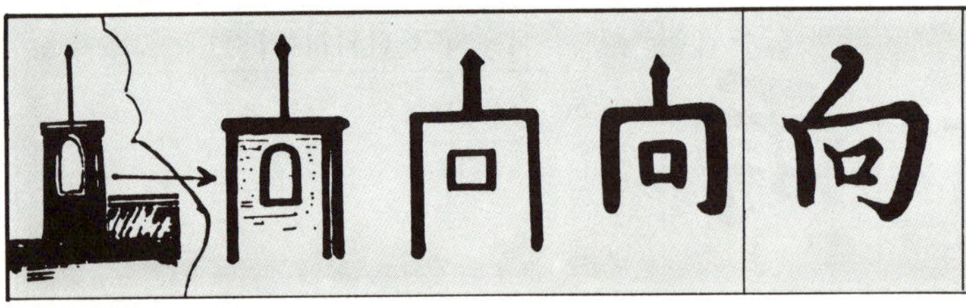

丿 丿 冂 冂 向 向 向

向後 (향후) 이 다음
向念 (향념) 마음을 기울임

中 향할 향 コウ(むく)

6급 안테나를 지붕 위에 세워 위로 **향하게** 한 모양.

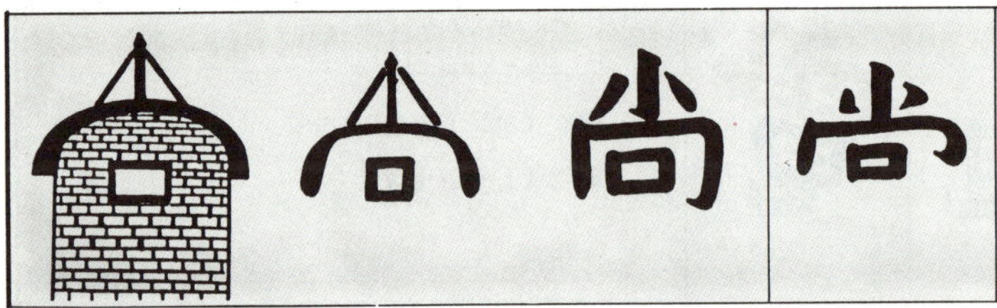

丨 小 尙 尙 尙 尙

尙武 (상무) 무용을 숭상함
尙存 (상존) 아직 존재함

中 오히려 상, 높일 상 ショウ(なお)

안테나를 뾰족한 지붕 위에 세워 **오히려 더 높게**한다는 뜻. 3급II

옷걸이에 수건같은 천이 걸려 있는 모양. (**수건건 · 천건**)

丨 丷 ⺌ 尙 常 常

常綠 (상록) 언제나 나뭇잎이 푸름
常用 (상용) 일상 생활에 늘 씀

中 떳떳할 상, 항상 상 ジョウ(つね)

4급II **높게**(고상하게) 보이려고 **수건**같은 천을 **항상** 몸에 걸치다.

밭의 모양 (**발전**)

丨 丷 ⺌ 尙 當 當 약 当

當面 (당면) 일이 바로 눈앞에 닥침
當然 (당연) 도리로 보아 마땅히 그러함

中 마땅할 당 トウ(あてる)

5급 (지대가) **높은** 곳에 **밭**을 일구는 것은 **마땅하다.**

식물이 흙위에 나오는 모양 (**흙토**)

丨 丷 ⺌ 尙 堂 堂

堂上 (당상) 대청 위
堂叔 (당숙) 아버지의 사촌 형제

中 집 당, 당당할 당 ドウ

6급 **높게** **흙**을 돋우워 **집을 당당하게 짓다.**

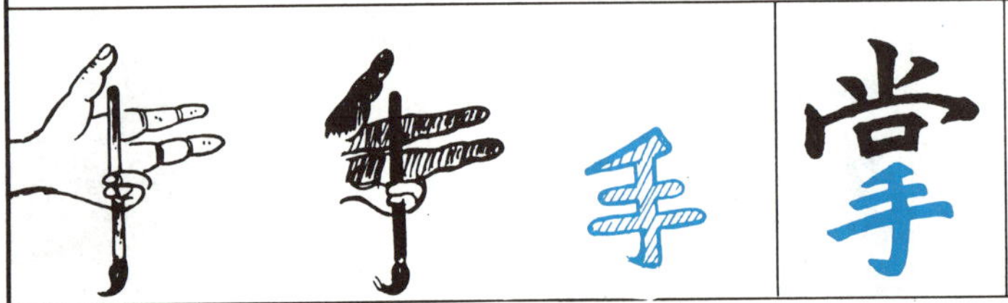

丷 ⺌ 尙 尙 堂 掌

掌管 (장관) 맡아서 주관함
掌握 (장악) 손에 쥠

손바닥 장
맡을 장 ショウ(つかさどる)

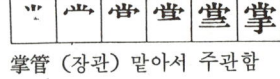

손의 모양. (**손수**)

3급II **높게** **손**을 들어 **손바닥**을 펴고 선서한 후 일을 **맡다**

(숟가락비) (입을벌린모양 가로왈)

嘗

嘗膽 (상담) ① 쓸개를 맛봄 ② 원수를 갚고자 고생을 참고 견딤
嘗禾 (상화) 가을에 신곡을 올려 지내는 제사

□ 맛볼 **상** ショウ(なめる)

3급 — **<u>높게</u>** 떠서 **숟가락**을 **입에** 넣고 **맛보**다

옷의 모양(**옷의**)

裳

紅裳 (홍상) 여자용의 붉은 치마
玆裳 (자상) 이 치마, 이 바지

□ 치마 **상** ショウ(も)

3급II — (인류가) **<u>높게</u>**(고상하게) 보이려고 처음 입었던 **옷**이 **치마다**

돈이 든 자개장의 모양. (**조개패·돈패**)

賞

賞金 (상금) 상으로 주는 돈
賞罰 (상벌) 상과 벌

中 상줄 **상** ショウ

5급 — **<u>높</u>**은 액수의 **돈**으로 **상주**다.

사람이 섰는 모양. (**사람인**)

償

償債 (상채) 빚을 갚음
償還 (상환) 대상 (代償) 으로 돌려줌

□ 갚을 **상** ショウ(つぐなう)

3급 — **사람**에게 **상**을 주어 공을 **갚다**

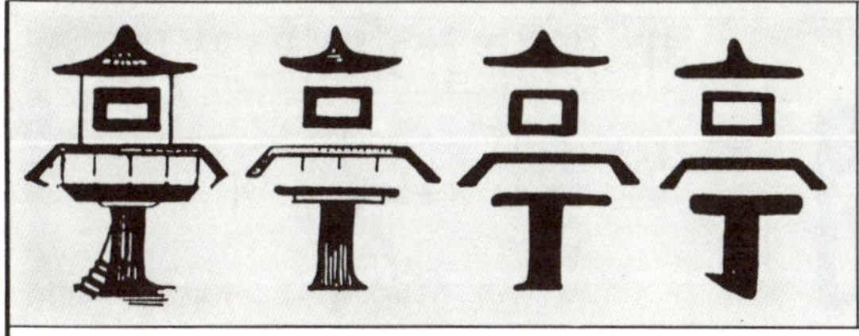

亭

亭然 (정연) 나무가 곧게 서있는 모양
亭子 (정자) 놀기 위해 경치 좋은 곳에 지은 집

□ 정자 **정** テイ

3급II — **<u>정자</u>**의 모양을 본뜬 자.

사람이 섰는 모양. (**사람인**)

停

停止 (정지) 하던 일을 그침
停留 (정류) 수레가 가다가 머무름

中 머무를 **정** テイ(とまる)

5급 — **사람**이 **<u>정자</u>**에 **머무르다**.

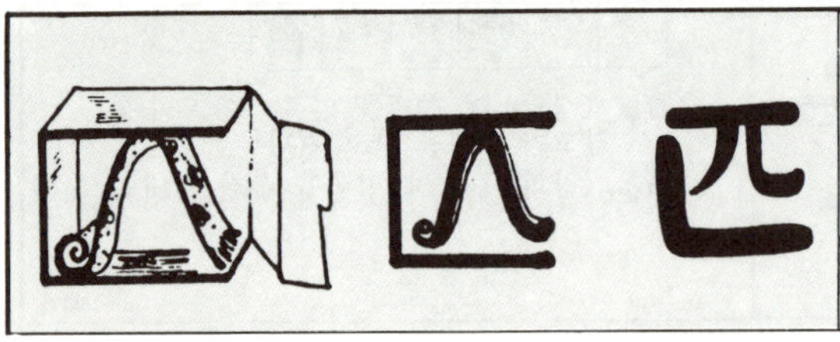

匹

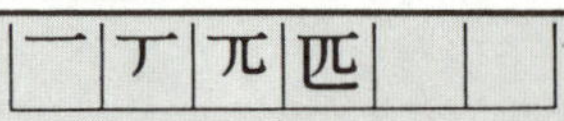

匹馬單騎 (필마단기) 혼자 한 필의 말을 타고 감

匹夫匹婦 (필부필부) 한 사람의 남녀

中 짝 필, 필 필 ヒツ(ひき)

3급

통속에 비단이 **필**로 들어 있는 모양.

豆

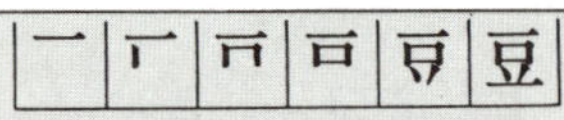

豆油 (두유) 콩기름

豆太 (두태) 팥과 콩

中 콩 두, 제기그릇 두 トウ(まめ)

4급II

콩을 **제기그릇**에 담아 놓은 모양.

모자를 쓰고 입마개를 한 머리의 모양. (**머리혈**)

頭

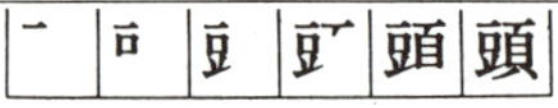

街頭 (가두) 시가의 드러난 길거리

頭領 (두령) 여러 사람을 거느리고 있는 사람

中 머리 두, 우두머리 두 トウ(めたま)

6급

＊곡식알 중에는 콩이 제일 크기 때문에

콩 같은 **머리**(즉 좋은 머리)를 가진 자가 **우두머리**가 된다는 뜻.

편지가 묶여있는 화살의 모양. (**화살시**)

短

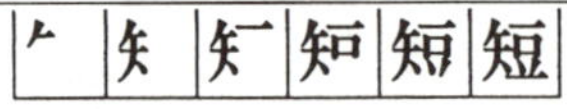

短命 (단명) 명이 짧음

長短 (장단) 길고 짧음

中 짧을 단 タン(みじかい)

6급

화살보다 **콩깍지**가 **짧다.**

鬪

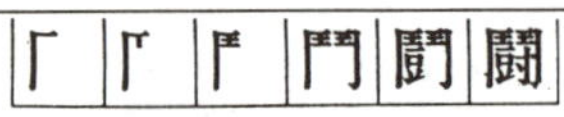

속 閗

鬪士 (투사) 전쟁에 나가 싸우는 사람

鬪志 (투지) 싸우고자 하는 의지

中 싸울 투 トウ(たたかう)

4급

두개의 갈구리 같은 병기를 **콩**볶듯이 부닥드리며 **손**에 잡고 **싸우다.**

산의 모양 (**메산**)

豈

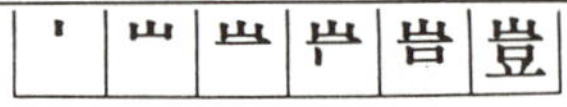

豈不 (기불) 어찌…않으랴

豈弟 (개제) 편안하게 즐기는 것

어찌 기(개) キ(あに)

3급

산에서 총소리가 **콩**볶듯이 나니 **어찌** 된 일인가?

夕

ノ ク 夕

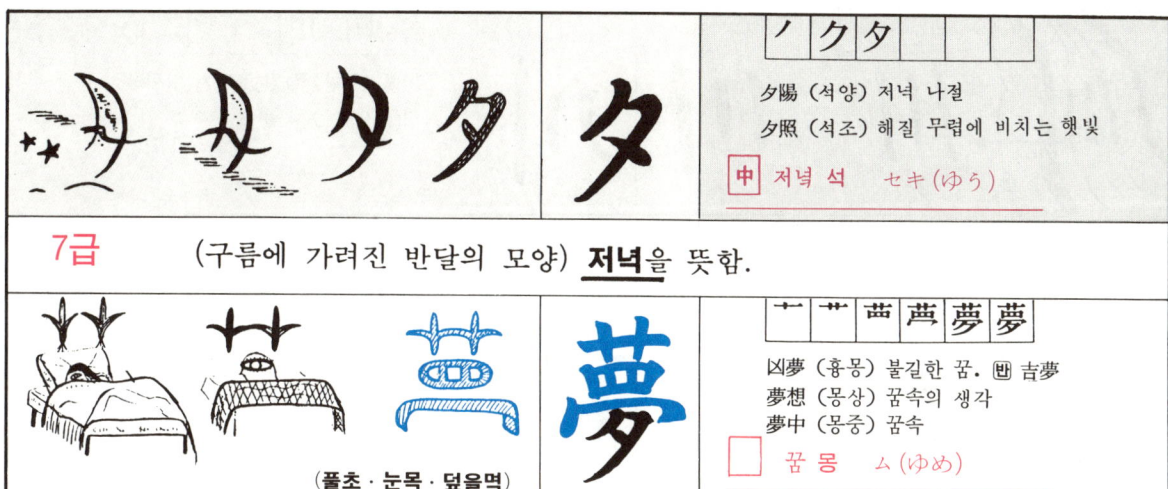

夕陽 (석양) 저녁 나절
夕照 (석조) 해질 무렵에 비치는 햇빛

中 저녁 석　セキ(ゆう)

7급　(구름에 가려진 반달의 모양) **저녁**을 뜻함.

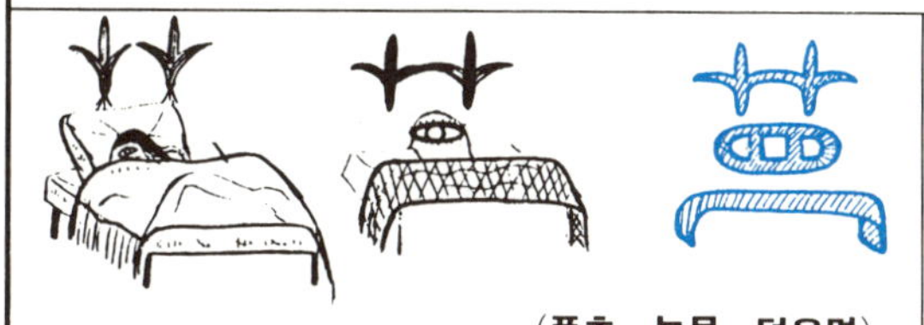
(풀초 · 눈목 · 덮을멱)

夢

艹 艹 苎 苎 夢 夢

凶夢 (흉몽) 불길한 꿈. 반 吉夢
夢想 (몽상) 꿈속의 생각
夢中 (몽중) 꿈속

꿈 몽　ム(ゆめ)

3급II　**풀**속에서 **눈을 덮고**(감고) **저녁**에 잘 때 꾸는 게 **꿈**이다

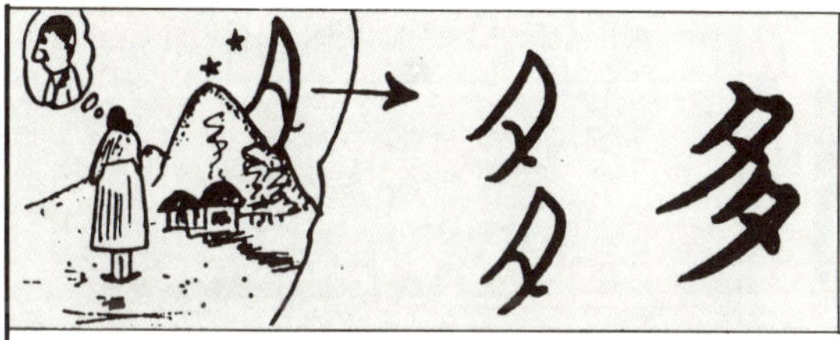

多

ノ ク 夕 多 多 多

多年 (다년) 여러 해
多大 (다대) 많고 큼

中 많을 다　(おおい)

6급　저녁이면 저녁마다 허구 **많은** 세월동안 임을 기다린다.

벼의 모양(**벼화**)

移

一 千 禾 禾' 秒 移

移民 (이민) 자기 나라를 떠나 외국에 옮겨 삶
移秧 (이앙) 모내기

中 옮길 이　イ(うつす)

4급II　**벼**가 **많으니** (모를) **옮겨** 심다.

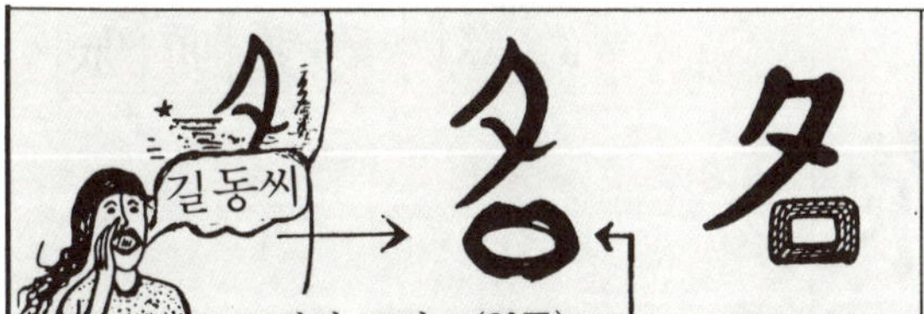

입의 모양. (**입구**)

名

ノ ク 夕 夕 名 名

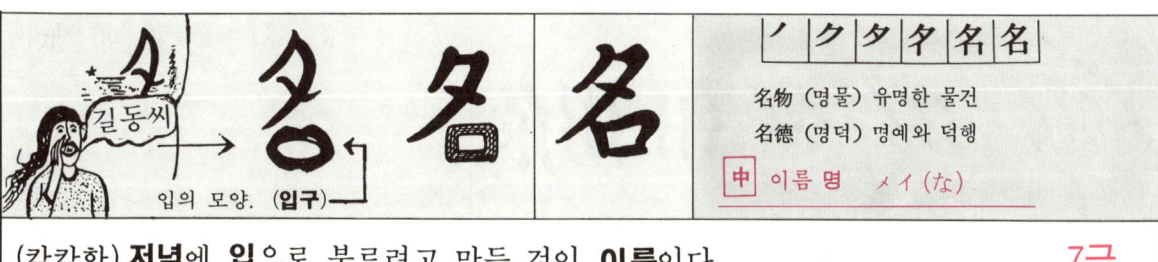

名物 (명물) 유명한 물건
名德 (명덕) 명예와 덕행

中 이름 명　メイ(な)

7급　(캄캄한) **저녁**에 **입**으로 부르려고 만든 것이 **이름**이다.

쇠를 다루는 대장간의 모양. (**쇠금**)

銘

ノ 𠂉 金 釒 鈔 銘

銘記 (명기) 명심하여 기억함
銘心 (명심) 마음 깊이 새겨 둠

새길 명　メイ

3급II　**쇠**판에 **이름**을 **새기**다

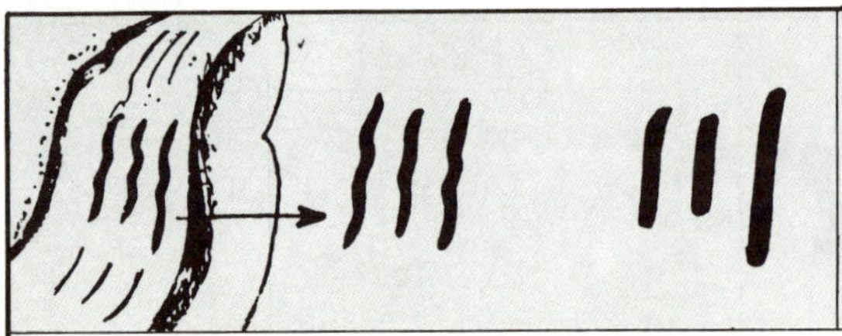

川

丿 川 川

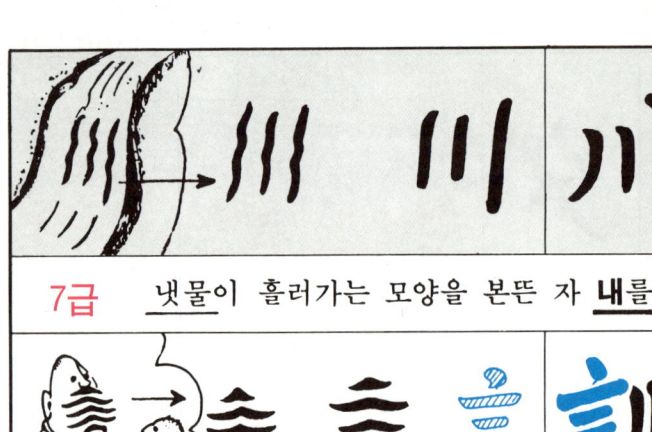

川原 (천원) 하천 유역의 원야
川澤 (천택) 내와 못

中 내 천　セン(かわ)

7급　냇물이 흘러가는 모양을 본뜬 자 **내**를 뜻함.

수염을 들먹이며 입으로 말하는 모양. (**말씀언**)

訓

亠 言 言 訁 訓 訓

訓示 (훈시) 가르쳐 보임
訓話 (훈화) 교육하는 말

中 가르칠 훈　クン(おしえる)

6급　**말**을 **냇물**이 흐르듯 해가며 **가르치다**.

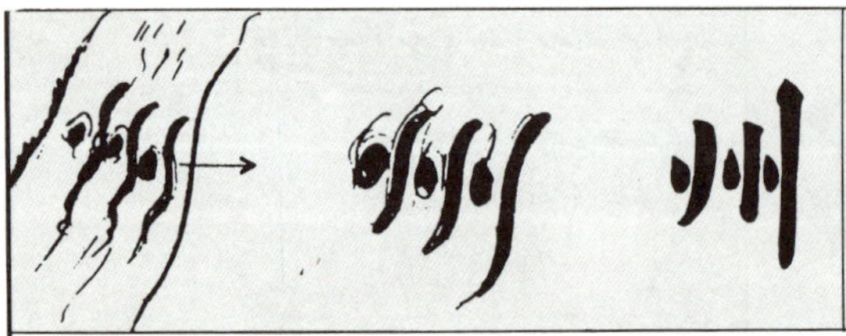

州

丿 丿 𠂊 州 州 州

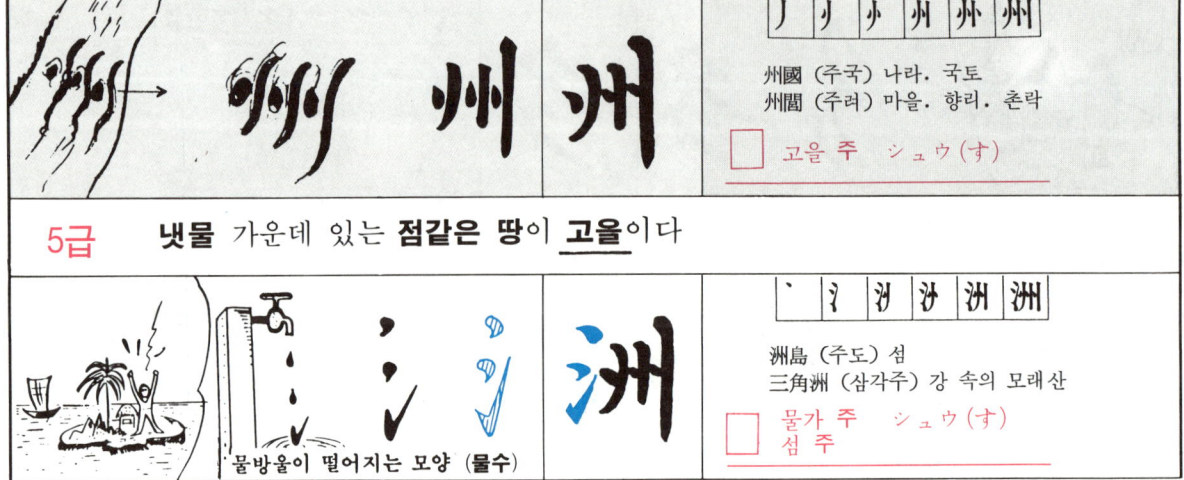

州國 (주국) 나라. 국토
州閭 (주려) 마을. 향리. 촌락

고을 주　シュウ(す)

5급　**냇물** 가운데 있는 **점같은 땅**이 **고을**이다

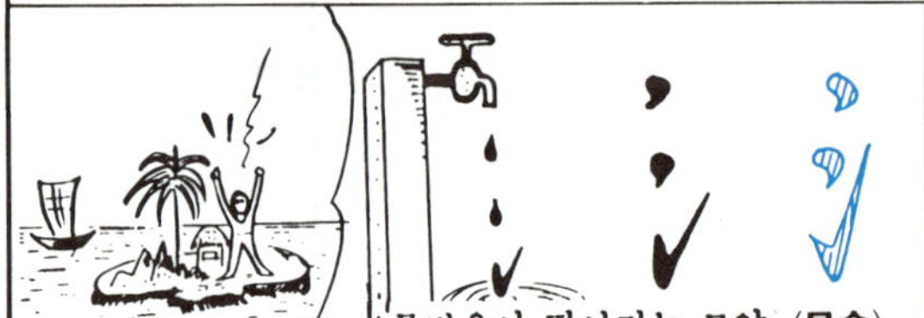

물방울이 떨어지는 모양 (**물수**)

洲

丶 氵 氵 氵 洲 洲

洲島 (주도) 섬
三角洲 (삼각주) 강 속의 모래산

물가 주　シュウ(す)
섬 주

3급II　**물** 가운데 있는 **고을**이 **섬**이다

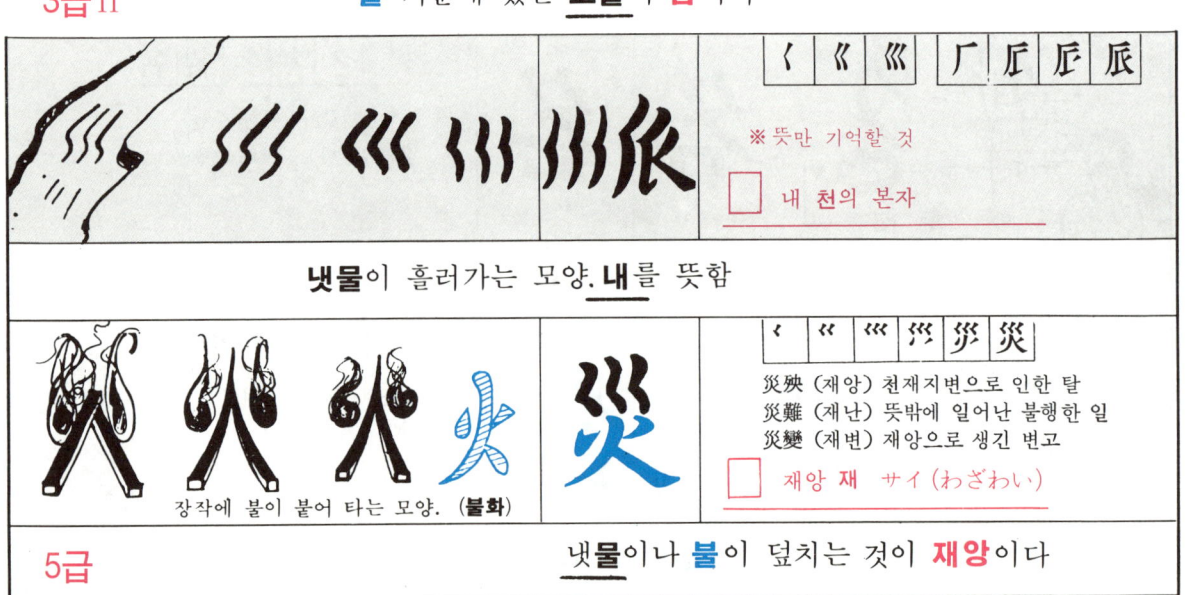

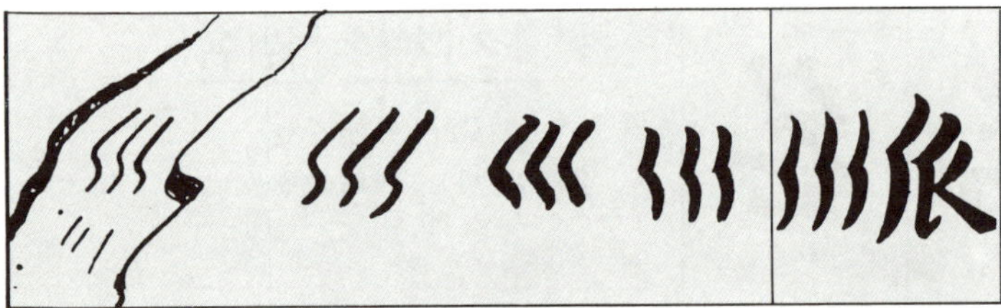

〈 《 巛　厂 𠂆 𠂢 𠂢

※뜻만 기억할 것

내 천의 본자

냇물이 흘러가는 모양. **내**를 뜻함

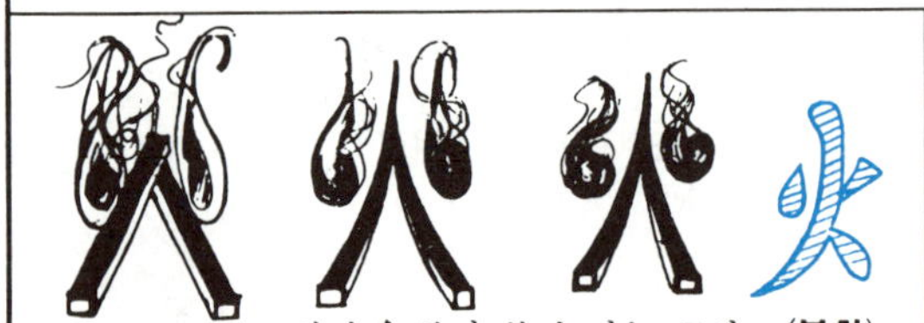

장작에 불이 붙어 타는 모양. (**불화**)

災

〈 《 巛 巛 災 災

災殃 (재앙) 천재지변으로 인한 탈
災難 (재난) 뜻밖에 일어난 불행한 일
災變 (재변) 재앙으로 생긴 변고

재앙 재　サイ(わざわい)

5급　**냇물**이나 **불**이 덮치는 것이 **재앙**이다

캥거루우가 달려가는 모양 (**갈착. 달릴착**)

巡

巛	巛	巛	巛	巛	巡

巡視 (순시) 돌아다니며 시찰함
巡禮 (순례) 여러 성지를 차례로 방문함

□ 순행할 순 / 돌 순　ジュン(めぐる)

3급 II　　**냇물**같이 **달리여 순행하다**(돌다)

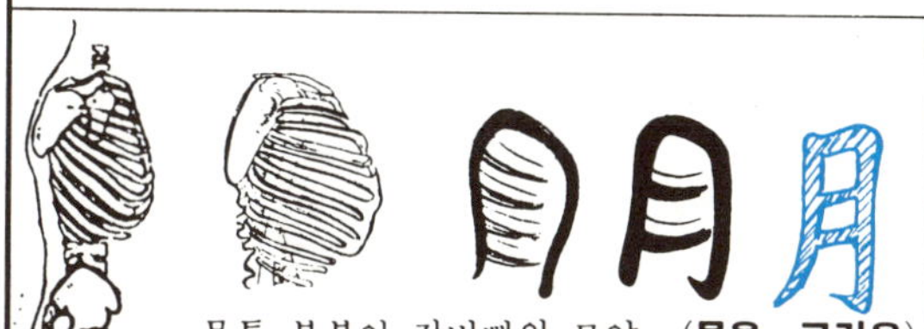

몸통 부분인 갈비뼈의 모양. (**몸육 · 고기육**)

脈

丿	月	月	肵	脈	脈	속 脉

脈絡 (맥락) 사물의 서로 잇닿아 있는 관계
脈脈 (맥맥) 죽 이어져서 끊어지지 않는 모양

□ 맥 맥　ミャク

4급 II　　**몸**속의 **냇물** 즉 피가 흐를 때 뛰는 것이 **맥**이다

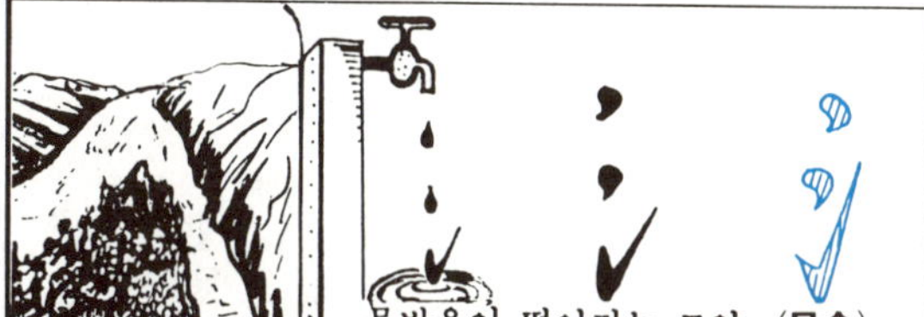

물방울이 떨어지는 모양 (**물수**)

派

丶	氵	汀	沂	派	派

派兵 (파병) 군대를 파견함 예 越南~.
派爭 (파쟁) 당파싸움

□ 물갈래 파 / 보낼 파　ハ(わかれ)

4급　　**물**이 여러 **내**로 갈라진 것이 **물갈래**다

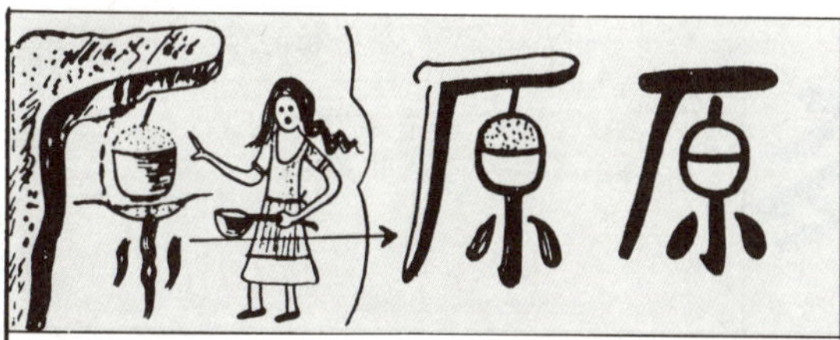

原

一	厂	厂	原	原	原

原油 (원유) 천연으로 산출된 광유
原因 (원인) 일의 말미암은 까닭

中 근원 원　ゲン(はら)

5급　바위에서 솟는 밥같이 흰물이 내의 **근원**이다.

모자를 쓰고 입마개를 한 머리의 모양. (**머리혈**)

願

厂	原	原	原	願	願

願望 (원망) 원하고 바람
願情 (원정) 원하는 마음

中 원할 원　ガン(ねがう)

5급　　(생각의) **근원**이 되는 **머리**로 잘 되기를 **원하다.**

물방울이 떨어지는 모양 (**물수**)

源

丶	氵	汀	沥	源	源

源泉 (원천) ① 물의 흘러나오는 근원 ② 사물의 근원
源流 (원류) ① 물이 흐르는 원천

□ 근원 원 / 샘 원　ゲン(みなもと)

4급　　**물**의 **근원**이 **샘** 이다

氵

丶 冫 氵

□ 물 수

물방울이 떨어지는 모양. **물**을 뜻함.

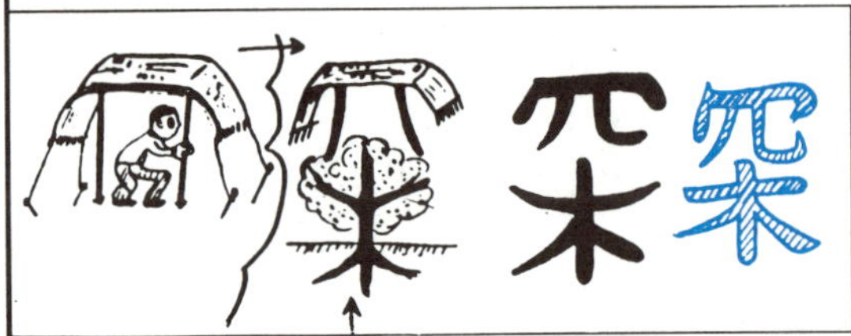

深

丶 冫 氵 氵冖 氵罙 深

深耕 (심경) 땅을 깊이 갊

深奧 (심오) 깊고 오묘함

中 깊을 심 シン(ふかい)

나무의 모양. (**나무목**)

4급II

물이 **천막을 받치는 나무**가 잠길 만큼 **깊다**

潔

丶 冫 氵 氵丰 氵㓞 潔

清潔 (청결) 깨끗이 함

淨潔 (정결) 말숙하고 깨끗함

中 맑을 결 ケツ(いさぎよい)

4급II

물에다 **푸성귀를 칼**로 다듬어 **실**같이 **맑게** 씻다.

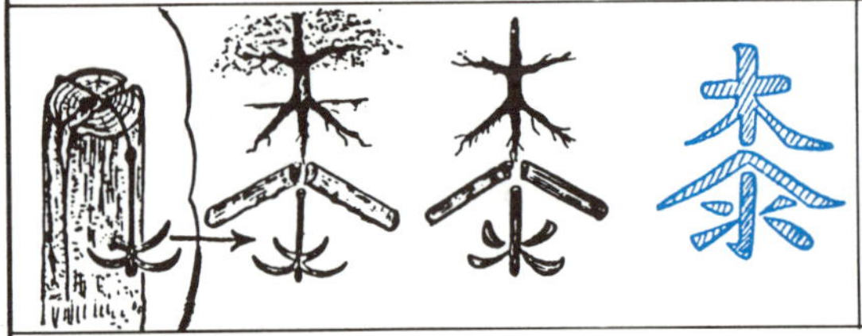

漆

丶 冫 氵 氵木 氵夫 漆

漆夜 (칠야) 아주 캄캄한 밤

漆黑 (칠흑) 옻처럼 검음

□ 옻나무칠 칠
옻나무 칠 シツ(うるし)

3급

물 오른 옻**나무**를 **쪼개거나 찍어** 그 진액을 받아 칠한 것이 **옻나무칠**이다.

실의 모양. (**실사**)

濕

丶 冫 氵 氵曰 氵显 濕

濕泄 (습설) 장마때에 생기는 설사

濕氣 (습기) 축축한 기운

□ 젖을 습 シツ(しめる)

3급

물에 **모자**와 **실타래**가 **젖다.**

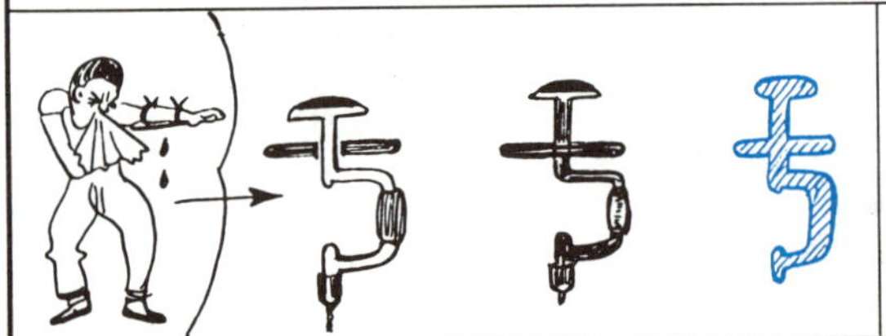

汚

丶 冫 氵 氵一 氵二 汚

汚吏 (오리) 부정을 탐하는 관리

汚辱 (오욕) 더럽고 욕되게 함

□ 더러울 오 オ(きたない)

3급

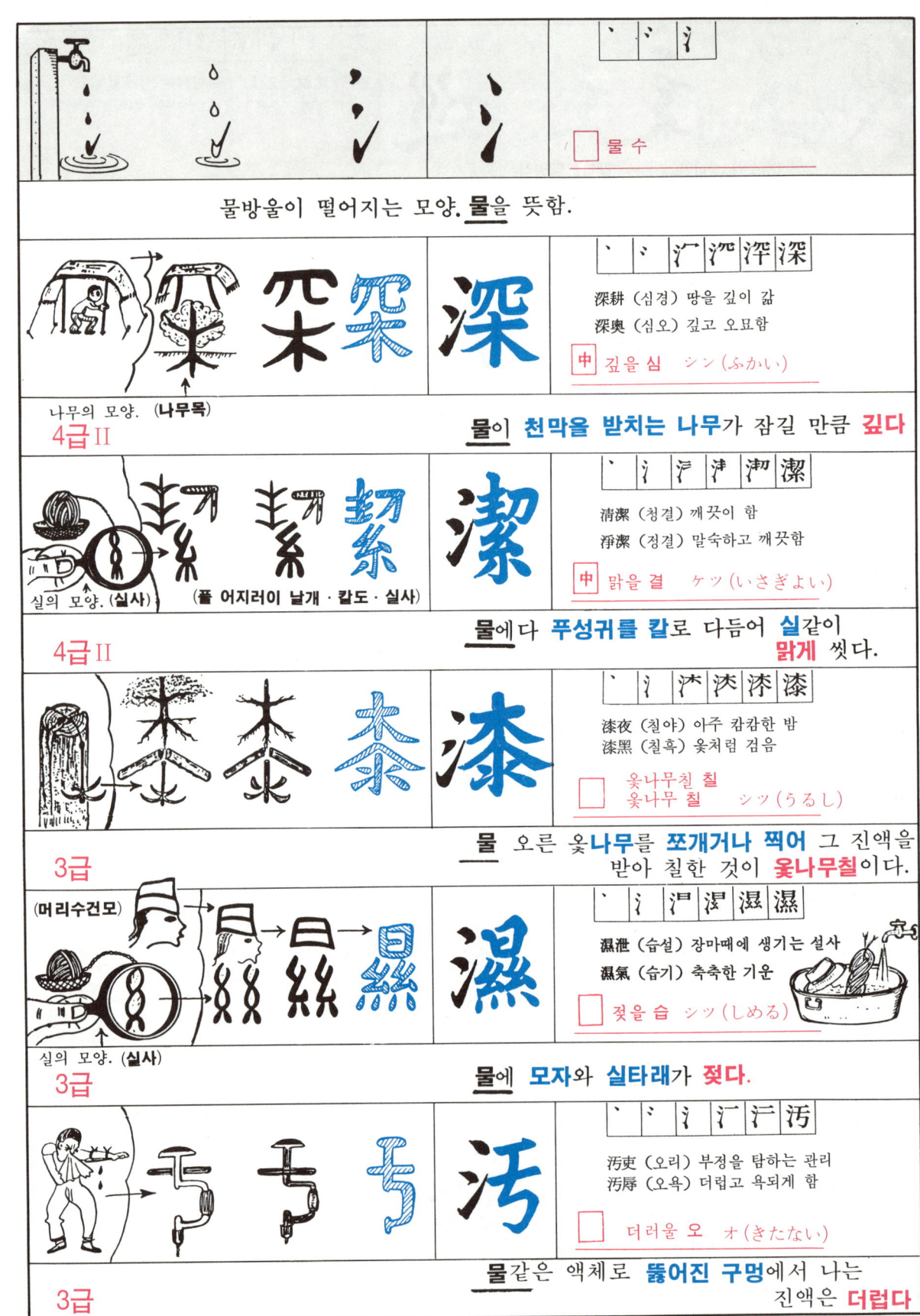

물같은 액체로 **뚫어진 구멍**에서 나는 진액은 **더럽다**

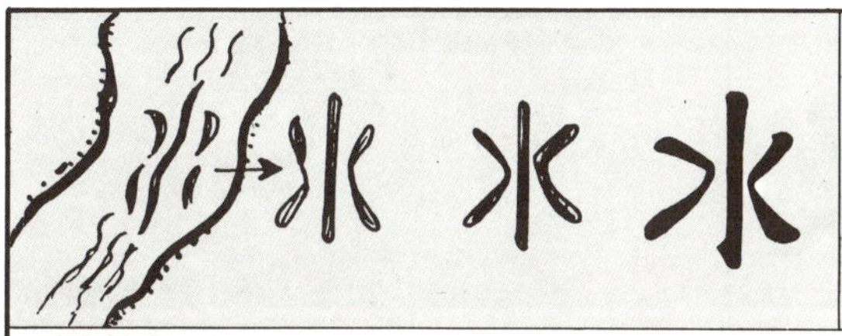

水

亅 水

水軍 (수군) 바다를 지키는 군사
水力 (수력) 물의 힘

中 물 수　スイ(みず)

8급

물이 흘러가는 모양을 그린 자.

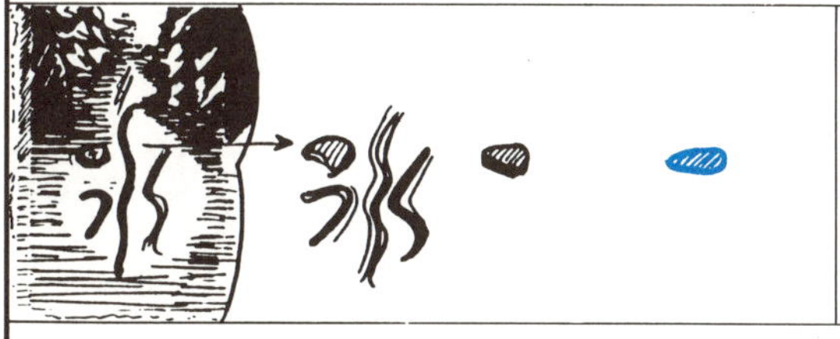

氷

亅 氵 氷

氷結 (빙결) 얼음이 얼음
氷山 (빙산) 얼음의 산

中 얼음 빙　ヒョウ(こおる)

5급

덩어리져서 **물**에 떠 있는 것이 **얼음**이다.

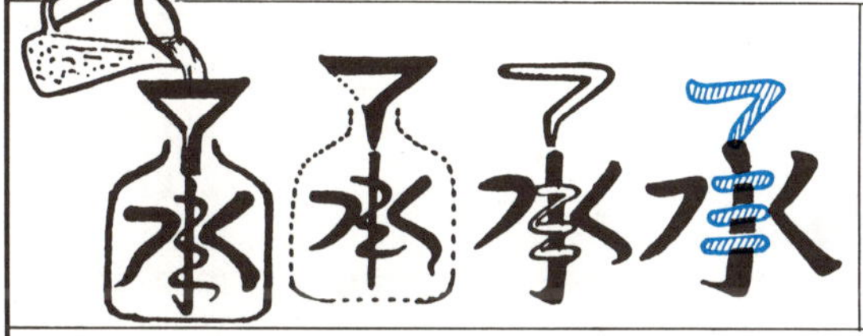

承

了 手 承

承服 (승복) 잘 이해하여 복종함
承認 (승인) 옳다고 인정하여 승낙

中 이을 승　ショウ(うけたまわる)

4급 II

깔때기로 **물**을 **흘러내려**(물이 떨어지지 않게)**이여**주다.

益

益　동 益

共益 (공익) 공동의 이익
有益 (유익) 이로움

中 더할 익　エキ(ます)

(水= 물수자를 옆으로 누인자.)

4급 II

물을 옆으로 기울려 **그릇**에 **더하여** 붓다.

畓

水 畓

水畓 (수답) 무논
田畓 (전답) 밭과 논

논 답　た

3급

물이 담겨 있는 **밭**이 **논**이다

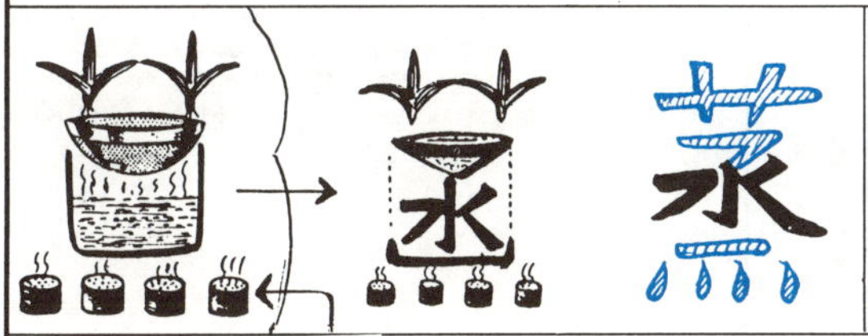

蒸

一 艹 蒸

蒸氣 (증기) 액체가 증발하거나 고체가 승화한 기체
蒸發 (증발) 액체가 기체로 변하는 현상

찔 증　ジョウ(ふかす)

3급 II

풀을 담은 **찜통**을 **물솥** 위에 얹고 **불**을 짚이어 **찌다**

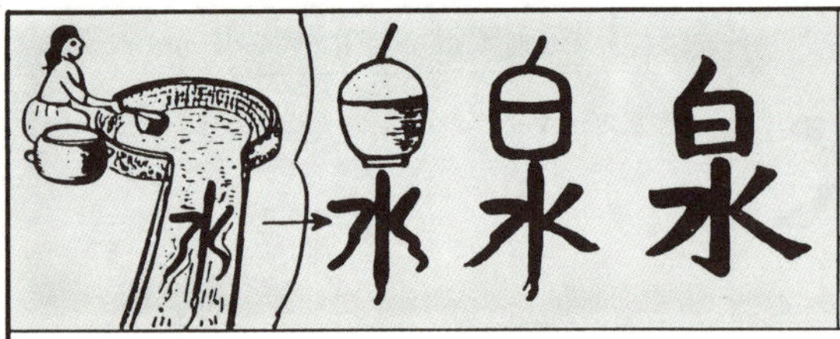

泉

丶	白	白	宇	身	泉

泉水 (천수) 샘물
泉下 (천하) 저승

中 샘 천　　セン(いずみ)

(밥을 지을 수 있는) **흰물**이 솟아나는 곳이 **샘**이다.　　4급

실의 모양. (**실사**)

線

乙	幺	糸	紾	綿	線

線上 (선상) 선 위
線分 (선분) 점 사이의 직선

中 줄 선　　セン

6급　　**실**을 **샘**물줄기같이 길게 느린 것이 **줄**이다.

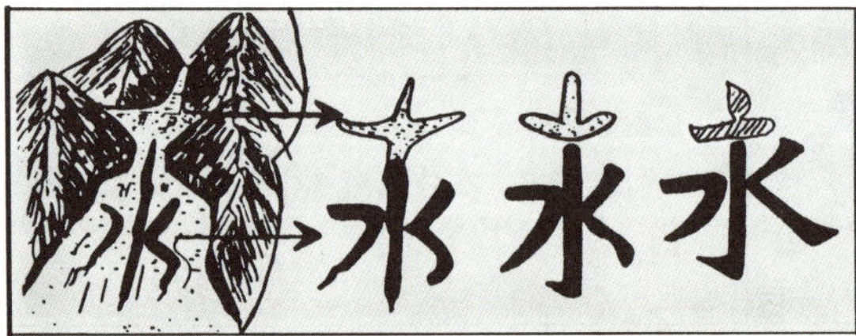

永

丶	亅	才	扌	永

永久 (영구) 길고 오램
永遠 (영원) 영구한 세월

中 길 영　　エイ(ながい)

6급　　여러 갈래의 **물**이 합처져 **길게** 흐르다.

(**나무목 · 양양**)

樣

木	朩	栐	様	樣	樣

樣式 (양식) 일정한 모양과 격식
樣子 (양자) 본보기. 견본

모양 양　　ヨウ(さま)
무늬 양

4급　　**나무**결이 **양**곱창같이 **길**게 여러 **모양**의 **무늬**를 이루다

물방울이 떨어지는 모양. (**물수**)

泳

丶	⺀	氵	汀	汸	泳

競泳 (경영) 수영으로써 속도를 다투는 경기
水泳 (수영) 헤엄
背泳 (배영) 등헤엄

헤엄칠 영　　エイ(およぐ)

3급　　**물**에서 몸을 **길게** 펴서 **헤엄치**다

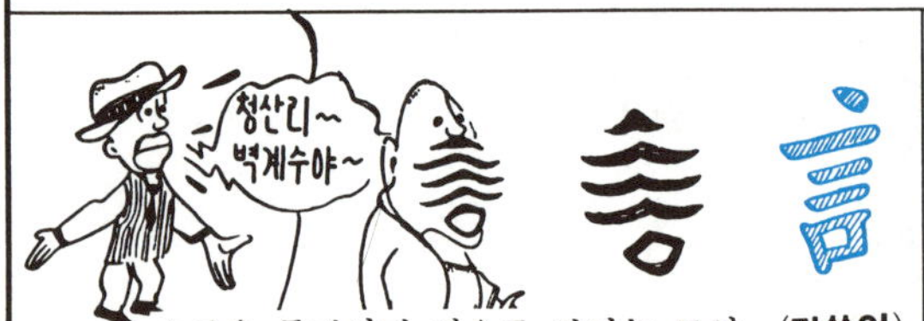

수염을 들먹이며 입으로 말하는 모양. (**말씀언**)

詠

亠	亖	言	訁	訪	詠

詠物 (영물) 조수·초목·자연 그 자체를
주제로 읊은 한시
詠詩 (영시) 시를 읊음

읊을 영　　エイ(うたう)

3급　　**말**소리를 **길**게 하여 (시를) **읊다**

㕣

丿 几 㕣

※뜻만 기억할 것

□ 못 연, 산속늪 연

골짜기에서 물이 흘러 **연못**으로 모여드는 모양.

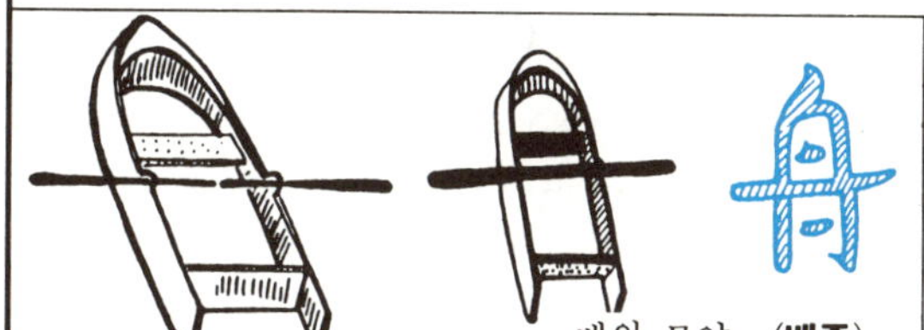

배의 모양. (**배주**)

船

丿 ⺆ 介 舟 舟几 船

船夫 (선부) 뱃사공

船員 (선원) 선박에서 일을하는 근로자

中 배 선　　セン(ふね)

5급

보드같이 생겨 **연못**을 건너는 것이 **배다.**

쇠를 다루는 대장간의 모양. (**쇠금**)

鉛

𠆢 亼 金 金 釒几 鉛

鉛筆 (연필) 글씨 쓰는 것

鉛版 (연판) 납으로 만든 인쇄판

□ 납 연　　エン(なまり)

4급

쇠로 그 빛같이 **연못**의 물빛같이 검푸른 것이 **납**이다.

물방울이 떨어지는 모양 (**물수**)

沿

丶 冫 氵 氵 氵几 沿

沿路 (연로) 한길 가에 있는 땅

沿海 (연해) 바다에 잇달은 육지, 대륙 가까운 곳에 있는 얕은 바다

□ 좇을 연
물따라내려갈 연　エン(そう)

3급II

물이 **연못**을 **따라 흘러 내려가**다

山

丨 山 山

山谷 (산곡) 산골짜기

山林 (산림) 산과 숲

中 메 산　サン(やま)

8급

산의 모양을 그린 것.

사람이 섰는 모양. (**사람인**)

仙

丿 亻 亻 仙 仙

仙家 (선가) 신선 또는 신선의 집

仙女 (선녀) 신선 같은 여자

中 신선 선　セン

5급

사람같이 생겨 **산**에 사는 이가 **신선**이다.

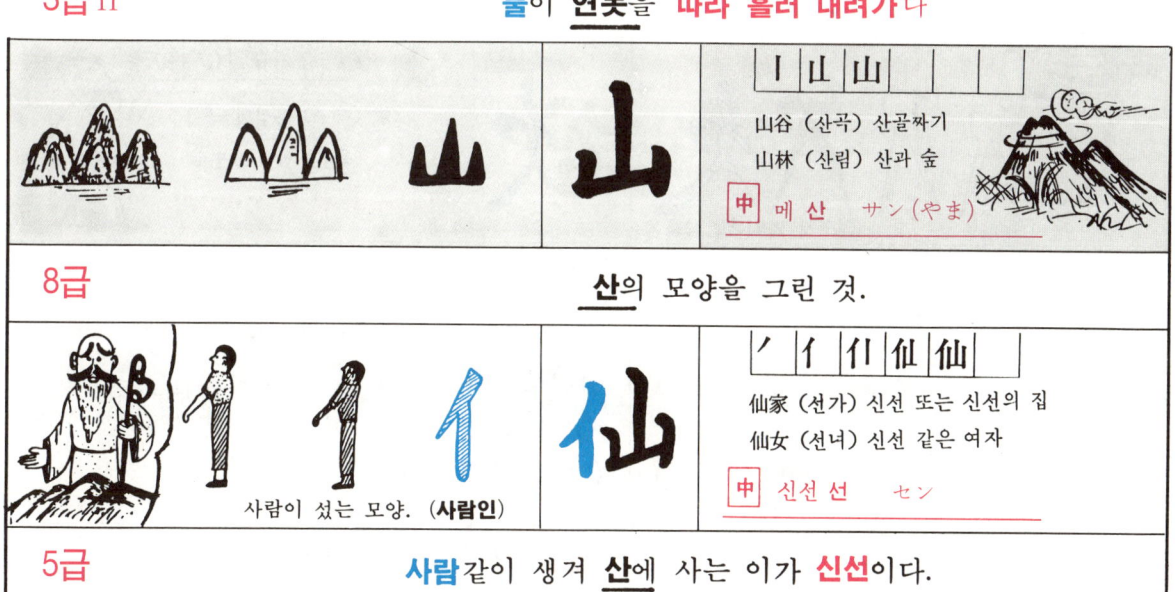

谷

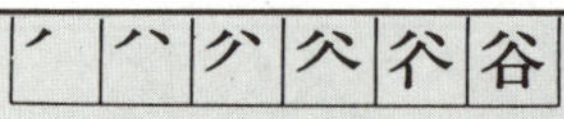

谷風 (곡풍) 골짜기에서 내부는 바람
谷泉 (곡천) 골짜기의 샘

中 골 곡 コク(たに)

3급 II

골짜기의 모양을 본뜬 자.

사람의 모양 (**사람인**)

俗

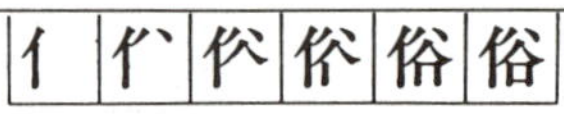

俗流 (속류) 속된 무리
世俗 (세속) (1)속세 (2)속되고 저열함

中 풍속 속 ゾク

4급 II

사람이 **골짜기**에 모여 살면서 생긴 것이 **풍속**이다.

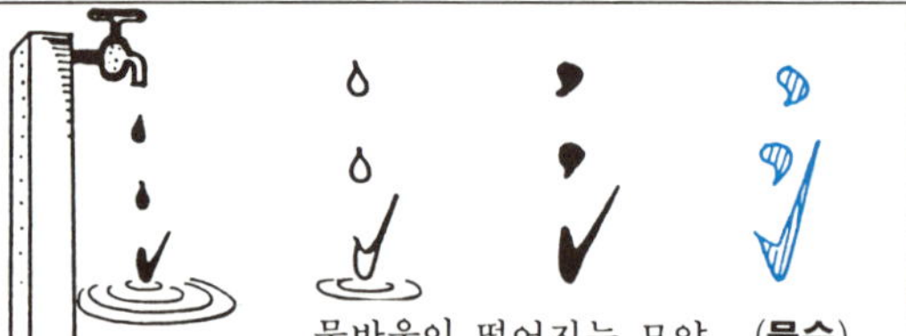

물방울이 떨어지는 모양. (**물수**)

浴

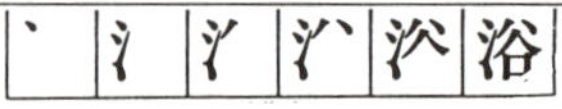

浴客 (욕객) 목욕하는 손님
浴室 (욕실) 목욕탕

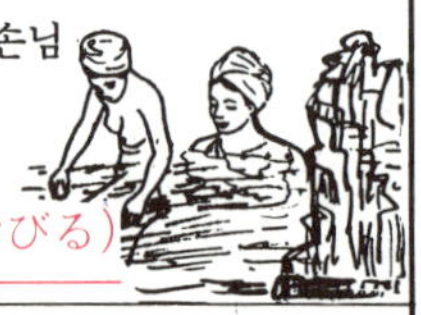

中 목욕할 욕 ヨク(おびる)

5급

물이 있는 **골짜기**에서 **목욕하다.**

옷의 모양(**옷의**)

裕

裕足 (유족) 여유있게 풍족함
餘裕 (여유) 넉넉하여 남음

넉넉할 유 ユウ(ゆたか)

옷이 **골짜기**처럼 골이져 (품이) **넉넉하다**

입을 벌리고 하품하는 모양.(**입크게 벌릴흠. 하품흠**)

欲

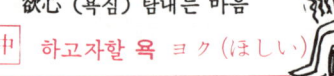

欲求 (욕구) 욕심껏 구함
欲心 (욕심) 탐내는 마음

中 하고자할 욕 ヨク(ほしい)

3급 II

골짜기 같이 꺼진 배를 **입을 벌리고** 채우고**자 하다.**

젖가슴의 모양. (**가슴심 · 마음심**)

慾

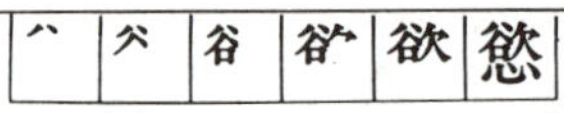

禁慾 (금욕) 욕망을 억제하고 금함
慾望 (욕망) 하고자 하거나 가지려고 바람

욕심 욕 ヨク(ほしい)

3급 II

하고저하는 **마음**이 **욕심**이다

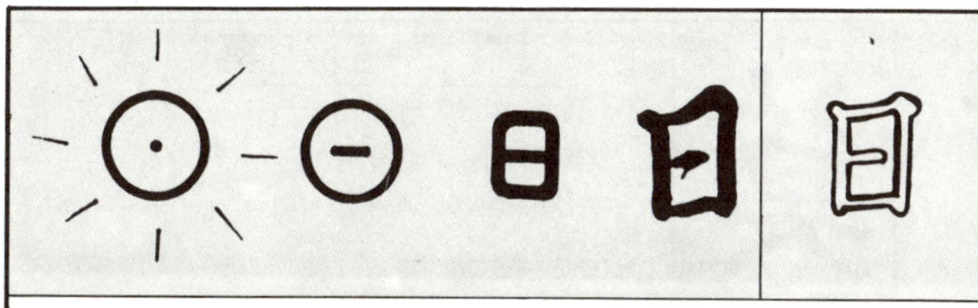

丨 冂 月 日

日程 (일정) 나날이 할 일의 예정
日氣 (일기) 날씨, 그날의 천기

中 날 일 ニチ(ひ)

8급 해의 모양을 그린 것. **날**을 뜻함.

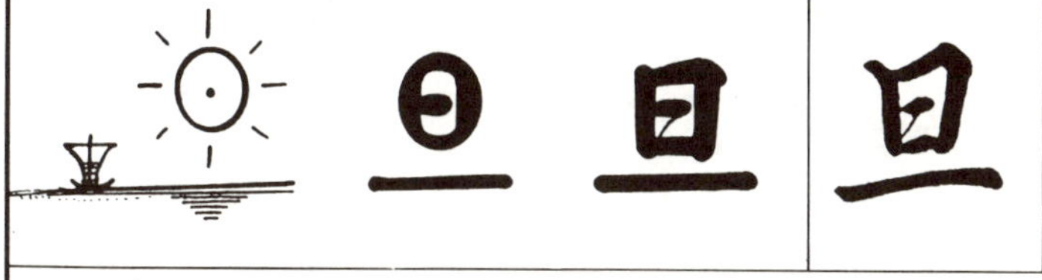

丨 冂 月 日 旦

旦明 (단명) 새벽, 아침
旦暮 (단모) (1)아침과 저녁 (2)언제나

아침 단 タン

3급Ⅱ 해가 수평선 위에 떠오를 때가 **아침**이다.

사람이 섰는 모양. (**사람인**)

丿 亻 亻口 亻日 亻日 但

但書 (단서) 예외를 적은 글
非但 (비단) 그것뿐만 아니라

中 다만 단 タン(ただし)

3급Ⅱ **사람**이 **아침**에 일어날 때는 **다만** 내의 바람이다.

(**갈척. 바삐갈척**) (**손촌·마디촌**)

彳 彳 彳日 彳旦 得 得

得意 (득의) 생각한대로 되어 만족함
得標 (득표) 선거에서 얻은 표

中 얻을 득 トク(える)

4급Ⅱ **바삐 가서 아침**부터 **손**으로 일해서 이익을 **얻다**.

젖가슴을 짚어보이는 모양
(**가슴심·마음심**)

忄 忄 忄一 忄百 忄亘 恒

恒時 (항시) 평상시, 보통 때
恒習 (항습) 언제나 하는 버릇

中 떳떳할 항, 항상 항 コウ(つね)

3급Ⅱ **마음 가득히 아침** 해같은 희망을 **항상** 지니다.

지붕을 덮어씌운 집의 모양. (**집면**)

丶 宀 宀 宣 宣

宣告 (선고) 판사가 판결을 공고함
宣言 (선언) 의견을 널리 언명함

베풀 선
널리펼 선 セン(のる)

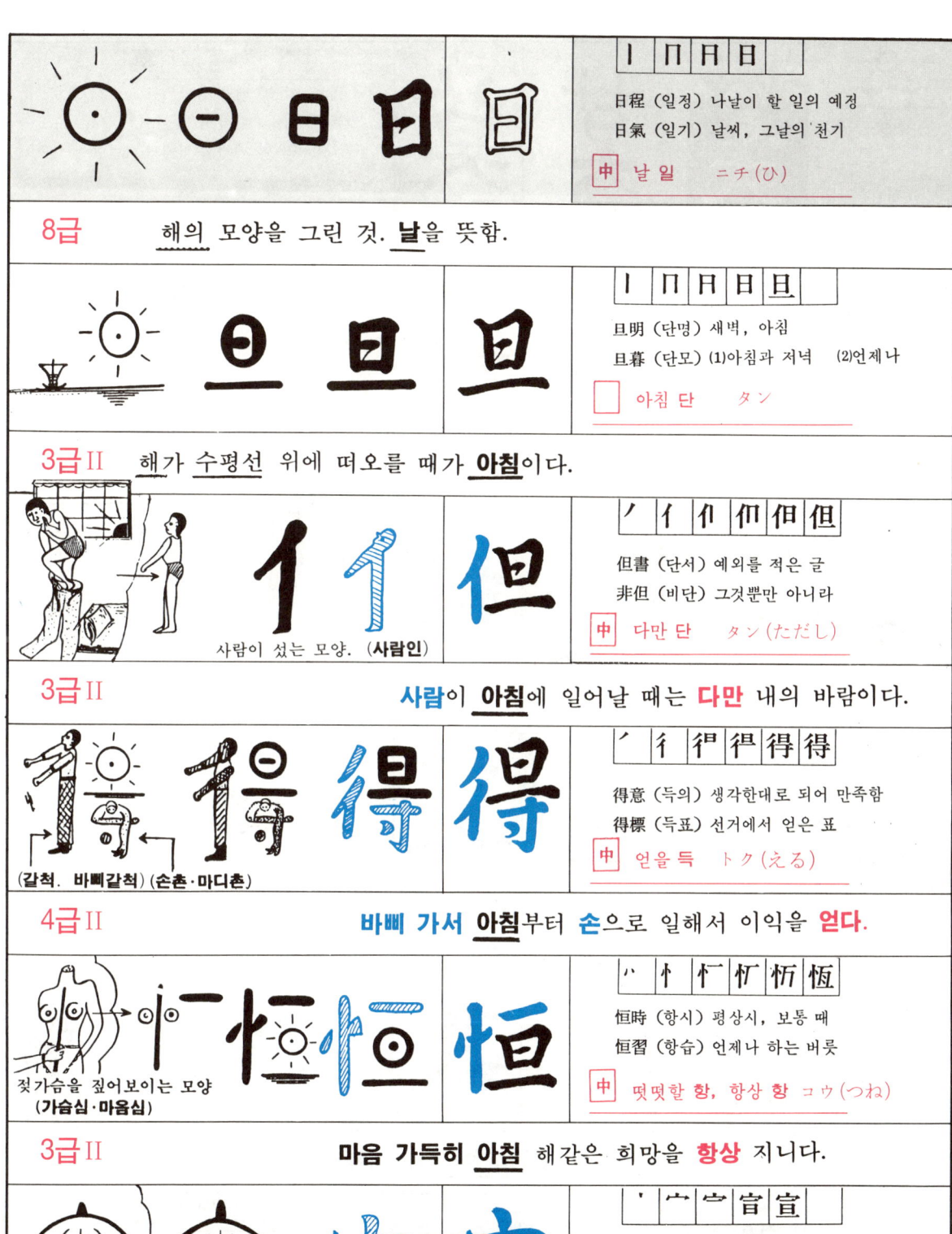

4급 **집**의 **천정** 위로 **아침** 햇살이 **널리 펴**지다

莫

一 | 艹 | 艹 | 苜 | 莫 | 莫

莫重 (막중) 매우 중함

莫大 (막대) 대할 수 없이 큼

말 막 (※해가 없어지니 하던일을 말다)

中 없을 막　バク(ない)

풀이 난 땅 속으로 해가 져 큰 형체가 **없어지다.**　3급II

해의 모양 (해가떠서 새날이 온다는 뜻) (해일. 날일)

暮

艹 | 苜 | 莫 | 莫 | 暮 | 暮

暮春 (모춘) 늦은 봄

暮雲 (모운) 저물어 갈 무렵의 구름

中 저물 모　ボ(くらす)

3급　(빛이) **없어지니** **해**가 **저물다.**

나무의 모양 (나무목)

模

木 | 村 | 杵 | 栉 | 楛 | 模

模擬 (모의) 남의 흉내를 냄

模型 (모형) 똑같은 물건을 만들어 내기 위한 틀

법 모
본뜰 모　モ(かたどる)

4급　**나무**로 **없어**진 물건을 **본뜬다**

철 창살을 팔로 힘을 써 벌리는 모양. (힘력)

募

艹 | 苜 | 莫 | 莫 | 莫 | 募

募集 (모집) 널리 뽑아서 모음

募兵 (모병) 병정을 뽑음

뽑을 모, 모을 모　ボ(つのる)

3급　**없어진** 것을 **힘**써 **모으다.**

慕

一 | 艹 | 苜 | 莫 | 慕 | 慕

慕心 (모심) 사모하는 마음

慕化 (모화) 덕을 사모하여 감화됨

사모할 모　ボ(したう)

3급II　젖가슴의 모양. (가슴심 · 마음심) (가고)**없는**자를 **마음**속으로 **사모하다**

물방울이 떨어지는 모양 (물수)

漠

丶 | 氵 | 氵 | 汁 | 漠 | 漠

沙漠 (사막) 모래만 깔리고 초목이 나지 않는 넓은 들

漠漠 (막막) 아주 넓어 끝이 없는 모양

아득할 막
사막 막　バク

3급II　**물**이 **없는** 곳이 **사막**이다

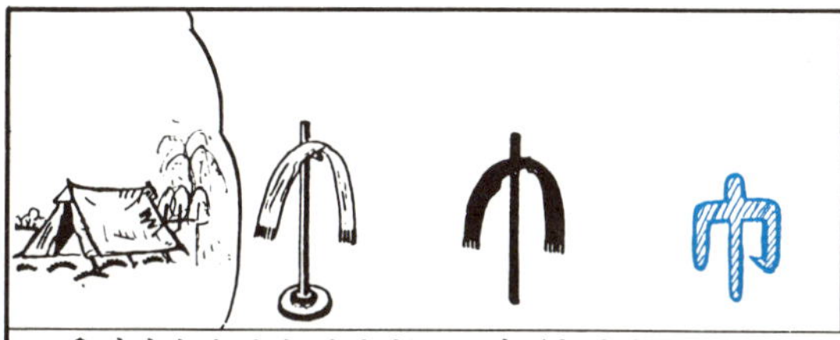

옷걸이에 수건이 걸려있는 모양 (**수건건**)

幕

一 艹 苩 苴 莫 幕

幕間 (막간) 연극의 막과 막 사이
幕舍 (막사) 임시로, 되는대로 허름하게 지은 집

□ 휘장 막
장막 막 マク

3급 II

(물건을) **없는** 것같이 덮는 **천**이 **장막**이다

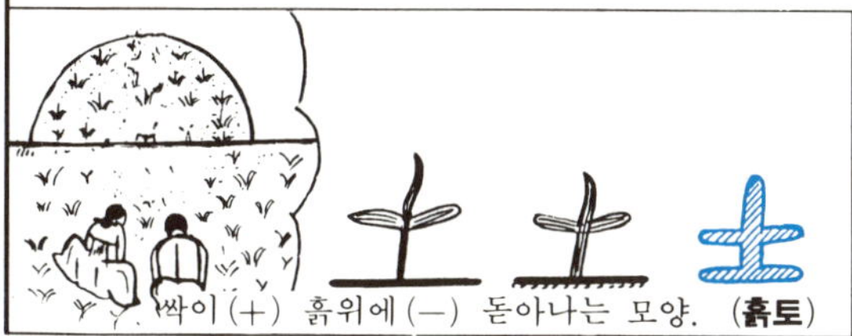

싹이(+) 흙위에(—) 돋아나는 모양. (**흙토**)

墓

艹 苩 苴 莫 莫 墓

墓所 (묘소) 산소
墓地 (묘지) 무덤이 있는 땅

□ 무덤 묘 ボ(はか)

4급

(시체를) **없는** 것같이 **흙**에 묻은 것이 **무덤**이다

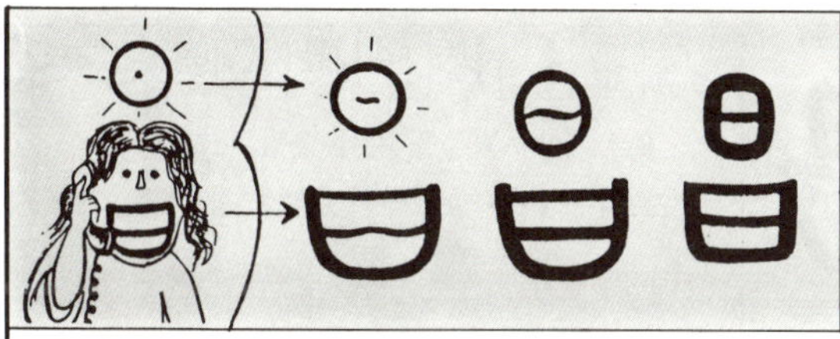

昌

丨 冂 日 昌 昌 昌

昌言 (창언) 도리에 맞는 좋은 말
昌平 (창평) 나라가 번성하고 잘 다스려짐

中 창성할 창 ショウ)

3급 II

해와 같이 빛나게 말하니 **창성하다**.

입의 모양. (**입구**)

唱

丨 口 口' 口″ 口目 唱

唱劇 (창극) 광대노래의 연극
唱道 (창도) 처음으로 말을 꺼냄

中 노래부를 창 ショウ(となえる)

5급

입으로 **창성하게** **노래 부르다**.

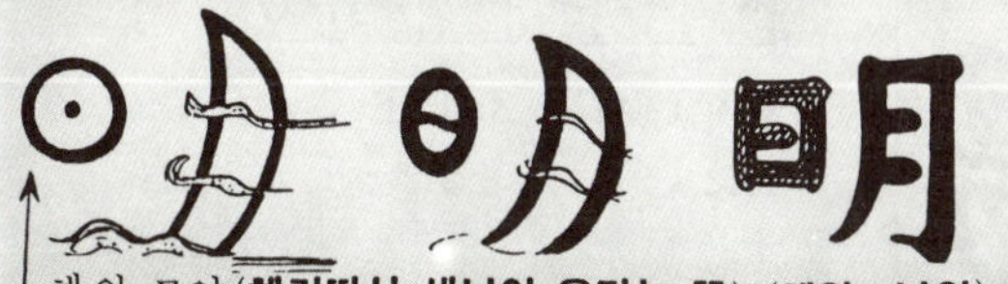

해의 모양(**해가떠서 새날이 온다는 뜻**) (**해일. 날일**)

明

丨 П 日 日) 明 明

明月 (명월) 밝은 달
明確 (명확) 뚜렷하고 확실함

中 밝을 명 ミョウ(あかるい)

6급

해와 **달**빛이 **밝다**.

그릇을 받침대(접시)에 놓은 모양. (**그릇명**)

盟

丨 П 日) 明 朙 盟

盟邦 (맹방) 동맹을 맺은 나라
盟約 (맹약) 굳은 약속

□ 맹세 맹 メイ(ちかう)

3급 II

(천지신명에게) 촛불을 **밝힌** 정한수 **그릇**을 앞에 놓고 부부 되기를 **맹세**하다.

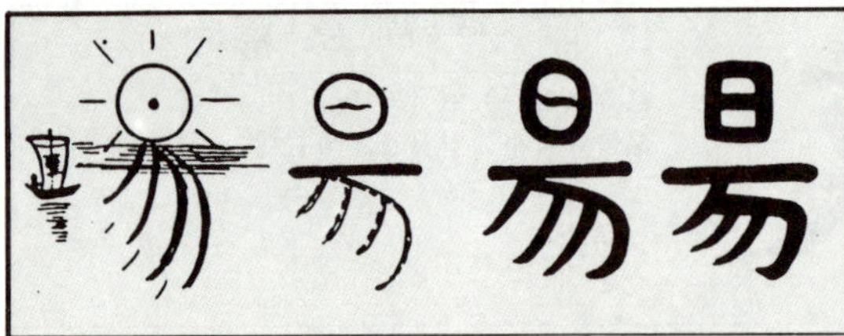

昜

日	旦	昙	昜

※뜻만 기억할 것

□ 햇살퍼질 양, 양지 양

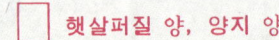

(수평선에) 아침 **햇살이 퍼지는** 모양.

지팡이의 모양(**글자 왼쪽에 붙을시**) (**언덕부**)

陽

阝	阝	阳	阻	陽	陽

陽死 (양사) 죽은 체함
陽春 (양춘) 따뜻한 봄

中 햇볕 양 ヨウ(ひ)

6급 **언덕**에 **햇살이 퍼지니** **양지**가 되다.

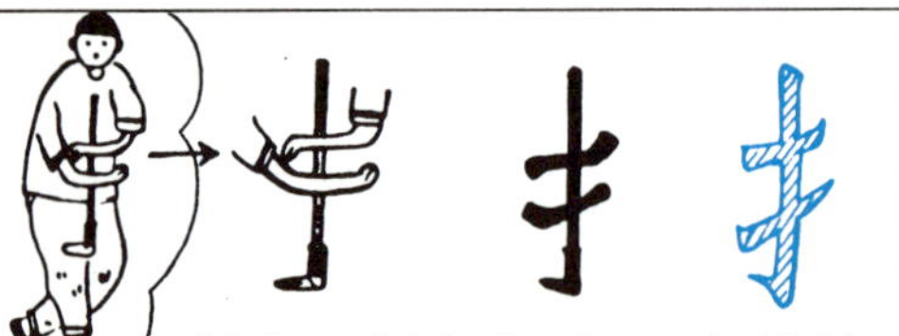

양손으로 괭이를 잡고있는 모양 (**손수**)

揚

一	扌	押	担	揚	揚

揚水 (양수) 물을 자아 올림
揚言 (양언) 공공연하게 말을 함

中 날릴 양 ヨウ(あげる)

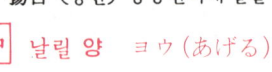

3급II **손**에 든 것을 **햇살이 퍼지듯** **날리다.**

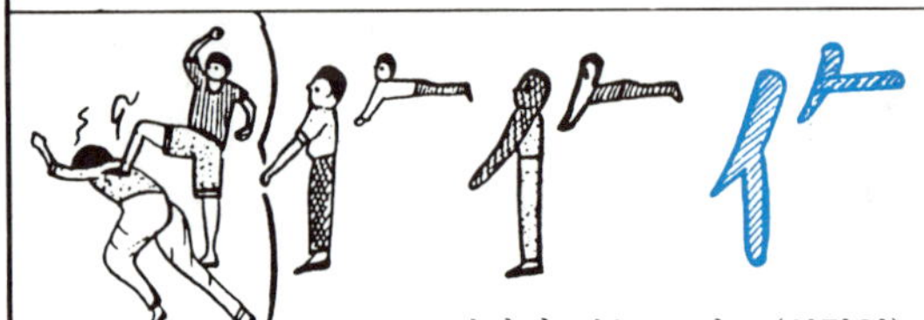

사람이 섰는 모양. (**사람인**)

傷

亻	亻	俚	俚	傷	傷

傷處 (상처) 다친 자리
傷痛 (상통) 마음이 상하고 아픔

中 상할 상 ショウ(きず)

4급 **사람**이 **사람**에게 **햇살이 퍼지듯** 쭉 뻗게 두들겨 맞아 **상하다.**

싹이(+) 흙위에(—) 돋아나는 모양. (**흙토**)

場

土	坦	坦	埸	場	場

場內 (장내) 장소의 안
場長 (장장) '공장장'의 준말

中 마당 장 ジョウ(ば)

7급 **흙**이 **햇살이 퍼지듯** 평평한 곳이 **마당**이다.

물방울이 떨어지는 모양 (**물수**)

湯

丶	氵	汨	泹	湯	湯

湯玉 (탕옥) 목욕탕
湯治 (탕치) 온천에서 목욕을 하여 병을 고치는 것

□ 끓일 탕 トウ(ゆ)

3급 **물**이 **햇살이 퍼지**듯 솟구치며 **끓다**

나무의 모양 (**나무목**)

楊

ㅡ | 木 | 相 | 柦 | 楊 | 楊

楊堤 (양제) 냇버들을 심은 둑
楊枝 (양지) 냇버들 가지

□ 버들 **양** ヨウ

3급 **나무**로 가지가 **햇살이 퍼지**듯 늘어진 것이 **버들**이다

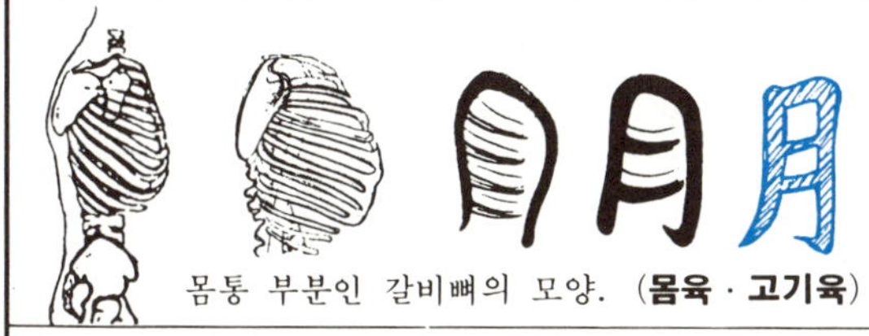

몸통 부분인 갈비뼈의 모양. (**몸육 · 고기육**)

腸

丿 | 月 | 肕 | 胆 | 腭 | 腸

腸炎 (장염) 창자의 점막에 생기는 염증
胃腸 (위장) 위와 장

□ 창자 **장** チョウ(はらわた)

4급 **몸**속에 **햇살이 퍼지**듯 퍼져 있는 것이 **창자**다

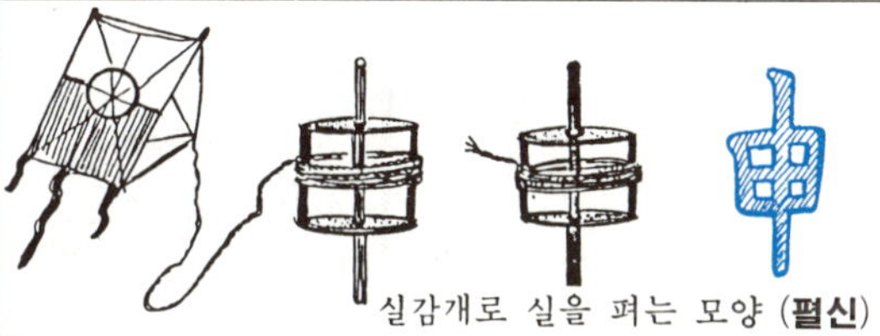

실감개로 실을 펴는 모양 (**펼신**)

暢

丨 | 日 | 申 | 申旦 | 暘 | 暢

暢適 (창적) 유쾌하여 즐거움
和暢 (화창) 날씨나 마음씨가 부드럽고 맑음

□ 화창할 **창** チョウ(のべる)

3급 (실을)**펴**듯 **햇살이 퍼져**(날이) **화창하다**

早

丨 | 冂 | 日 | 旦 | 早

早起 (조기) 아침에 일찍 일어남
早晩間 (조만간) 멀지 않은 시일

中 이를(일찍)조, 새벽 조 ソウ(はやい)

4급II 해가 수평선 위로 막 떠오를 때가 **이른**(일찍) **새벽**이다.

풀싹이 돋아 나오는 모양. (**풀초**)

草

一 | 艹 | 艹 | 芇 | 苩 | 草

草書 (초서) 흘려 쓴 글씨
草案 (초안) 초 잡은 서류

中 풀 초 ソウ(くさ)

7급 **풀싹**이 **일찍**부터 나와 **풀**이 되다.

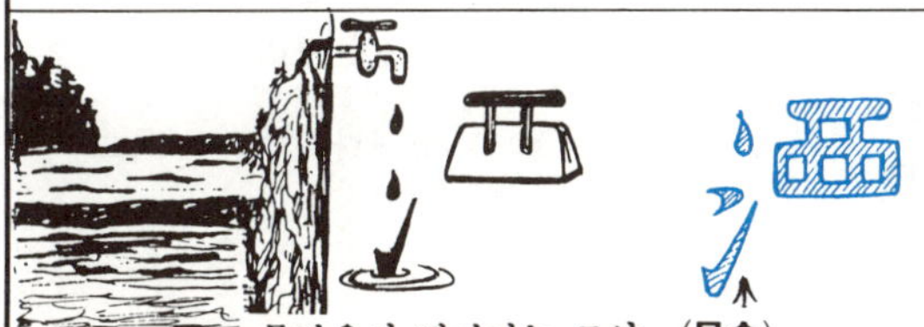

물방울이 떨어지는 모양 (**물수**)

潭

丶 | 氵 | 沔 | 湎 | 潭 | 潭

潭思 (담사) 깊은 생각
潭水 (담수) 못에 있는 물

□ 연못 담
깊을 담 タン(ふかし)

3급 **물**을 담아 두는 **가방** 역할을 하겠금 **일찍** 만들어 놓은 것이 **연못**이다.

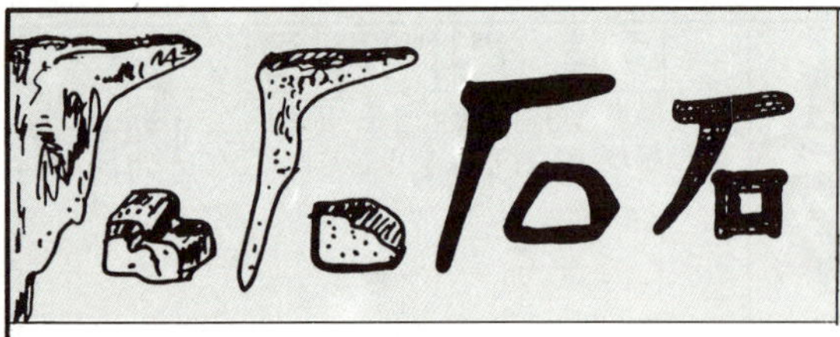

石

一 丆 不 石 石

石築 (석축) 돌로 쌓아 만든 옹벽
石郭 (석곽) 돌로 만든 곽

中 돌 석 セキ(いし)

6급 **돌**(바위)의 모양.

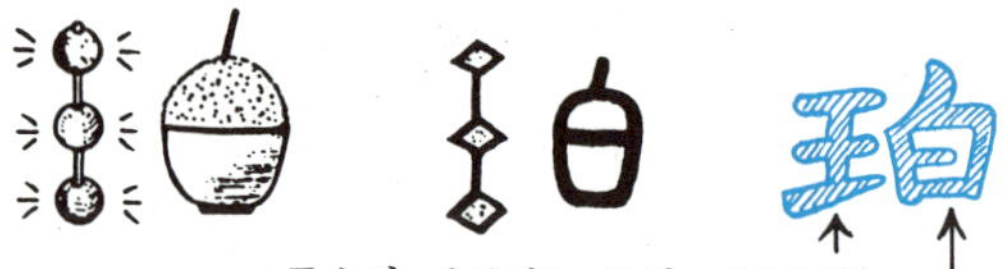

구슬이 꿰어있는 모양. (**구슬옥**)
흰밥이 담긴 사발의 모양(**흰백**)

碧

一 二 王 珀 珀 碧

碧笞 (벽태) 푸른 이끼
碧波 (벽파) 푸른 파도

□ 푸를 벽
옥돌 벽 ヘキ

3급II **구슬**같이 **흰** 빛을 발하는 **돌**이 **옥돌**이다(**옥돌**은 색깔이 **푸르다**)

※ 뜻만 기억할 것

고을이나 마을을 뜻함

□ 고을 읍

阝

(**지팡이** 모양을 본뜬자)
글자 우측에 붙었을 때는 **마을**의 뜻으로 쓰임

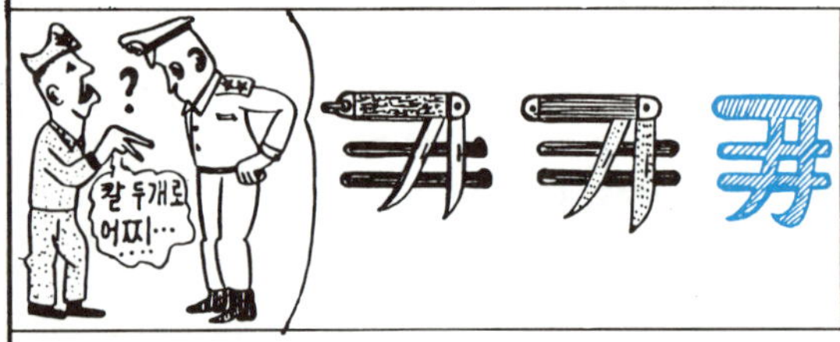

那

丁 ヲ 彐 尹 那 那

那何 (나하) 어찌, 어찌하여
那邊 (나변) 그 곳. 어느 곳

□ 어찌 나 ナ

3급 **칼두개**로 **마을**을 **어찌** 지키란 말이요?

귀의 모양(**귀이**)

耶

一 F F 耳 耶 耶

耶蘇教 (야소교) 예수교
有耶無耶 (유야무야) 있는 듯 없는 듯함

□ 어조사 야
그런가 야 ヤ(や、か)

3급 **귀**로 들은 **마을**에 퍼진 소문이 정말 **그런가**?

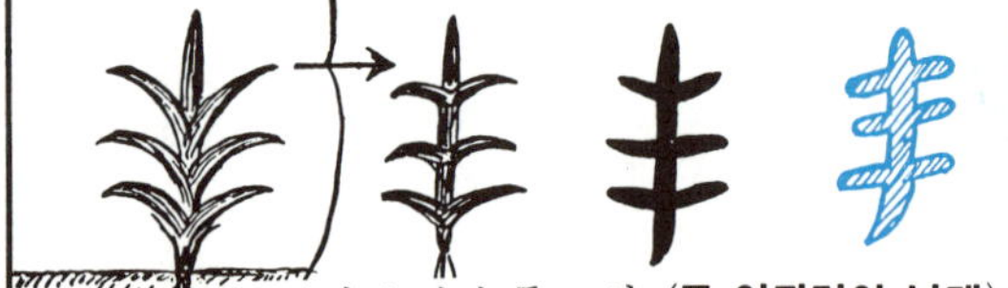

무성하게 자란 풀 모양 (**풀 어지러이 날개**)

邦

一 二 三 丰 邦 邦

邦交 (방교) 나라와 나라와의 교제 국교
邦紀 (방기) 국가의 기강

□ 나라 방 ホウ(くに)

3급 **풀이 무성하게** 자란 **마을**이 모인 것이 **나라**다

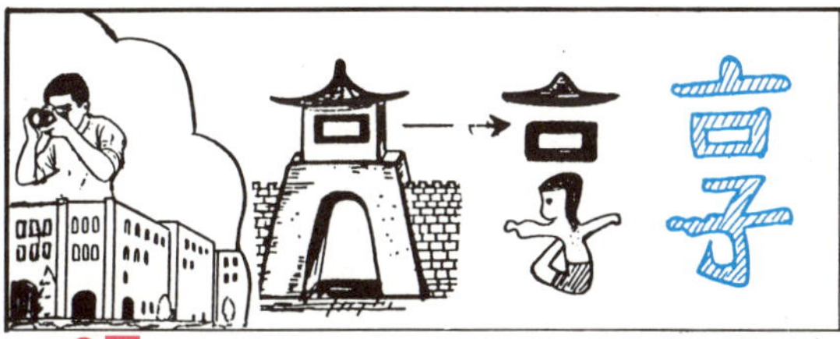

郭

丶 亠 亡 亯 享 郭

外郭 (외곽) 바깥 테두리. 外廓
輪郭 (윤곽) 거죽의 모양

□ 성곽 곽
둘레 곽 カク(くるわ)

3급 (높을고.아들자)

높은 데 올라간 **아들(자)**만이 볼 수 있는 것이 **마을**의 **외곽 둘레**다.

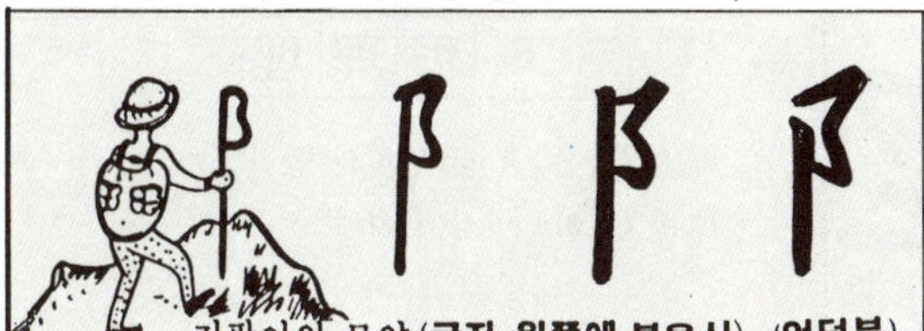

지팡이의 모양 (글자 왼쪽에 붙을시) (언덕부)

阝

了 阝

※ 뜻만 기억할 것.

□ 언덕 부

(지팡이의 모양)글자의 좌측에 붙었을 때는 **언덕**을 뜻함.

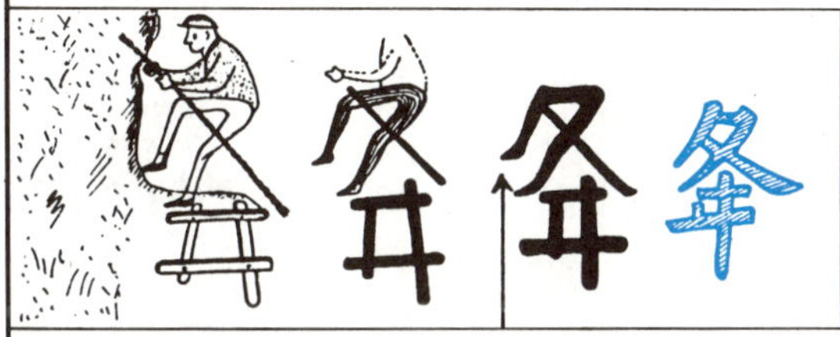

降

了 阝 阝' 阝夂 阝夅 降

降雪 (강설) 눈이 내림
降伏 (항복) 적에게 굴복함

中 내릴 강, 항복 항 コウ(おりる)

발로 천천히 걸어가는 모양. (천천히, 갈치. 뒤져올치)

언덕에서 **천천히 걸어 사다리**를 타고 **내려오다.**

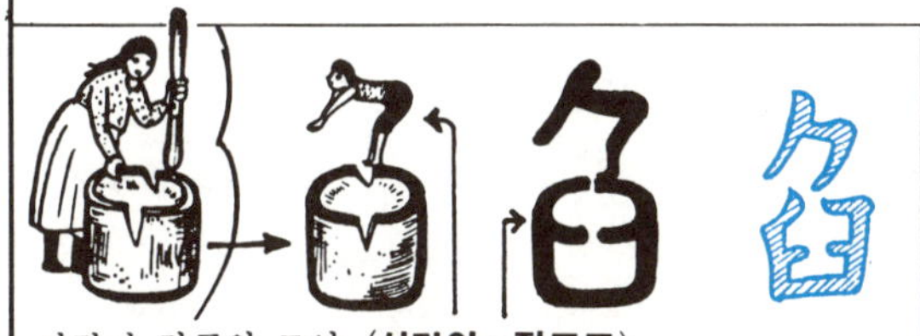

사람과 절구의 모양 (사람인 · 절구구)

陷

了 阝 阝' 阝ク 阝臽 陷

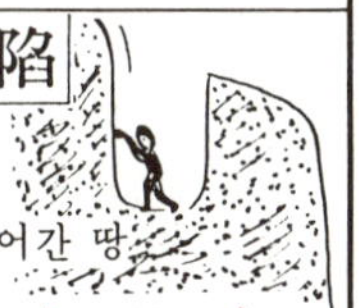

陷入 (함입) 빠져 들어감
陷地 (함지) 움푹 꺼져 들어간 땅

□ 빠질 함, 함정 함 カン(おちいる)

3급 II

언덕에 **사람**이 빠지도록, **절구**같이 파 놓은 것이 **함정**이다.

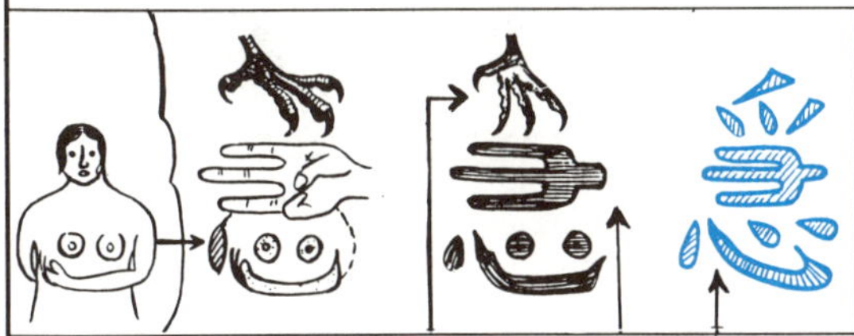

隱

了 阝 阝⺈ 阝爫 阝㥯 隱

隱密 (은밀) 남몰래 행동함
隱閉 (은폐) 숨어서 나오지 않음

□ 숨을 은
가릴 은 イン(かくれる)

4급 (손톱조 · 손우 · 마음심)

언덕에 **손톱**과 **손**으로 가슴(**마음**) 깊이 만큼 구덩이를 파고 **숨다**

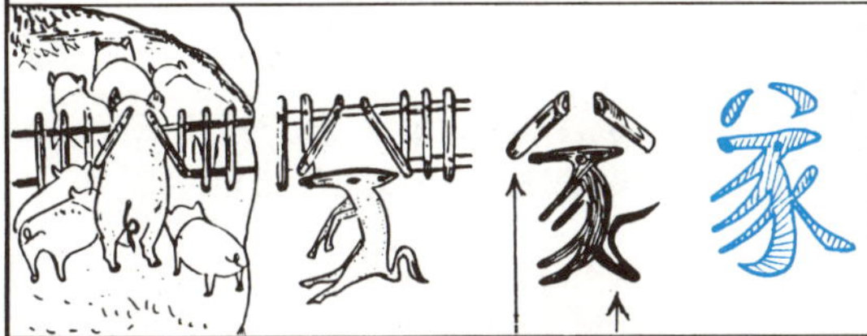

隊

了 阝 阝' 阝ハ 阝豖 隊

隊列 (대열) 대를 지어 늘어선 행렬
隊長 (대장) 한 무리의 우두머리

□ 떼 대 タイ

4급 II (쪼갤팔 · 돼지시)

언덕 위로 울타리를 **가르**고 나온 **돼지**들이 **떼**지어 가다

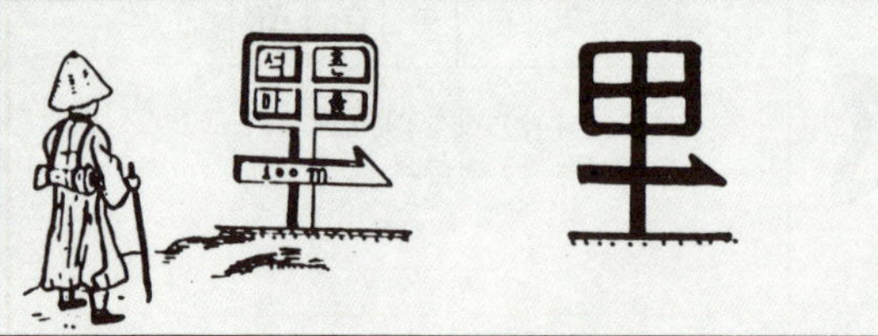

里

丨	冂	日	甲	甲	里

里丁 (이정) 동리 안의 장정

里民 (이민) 동리 사람

中 마을 리　リ(さと)

7급

마을의 방향과 거리를 표시한 이정표의 모양을 본뜬 자.

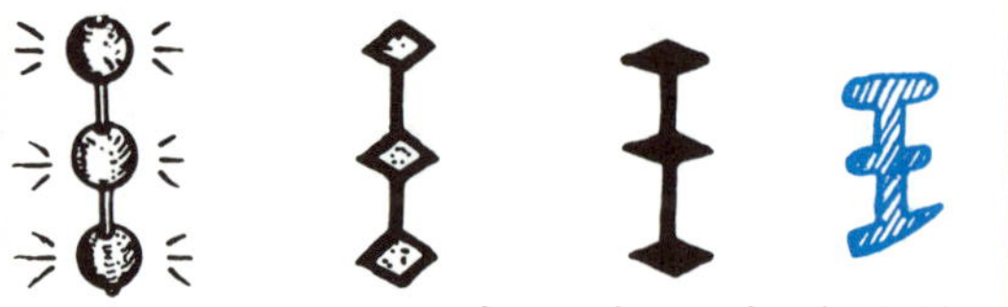

구슬이 꿰어있는 모양. (**구슬옥**)

理

丅	王	玎	玾	玾	理

理論 (이론) 원리 원칙의 논리

理智 (이지) 이성과 지혜

中 다스릴 리, 이치 리　リ(おさめる)

6급

구슬로 **마을**을 **이치**에 맞게 **다스리다.**

끈을 떼어버리고 창을 주는 모양(**줄여**)

野

丨	冂	日	里	野	野

野黨 (야당) 정부에 붙좇지 않고 반대의 자리에 있는 정당

野遊 (야유) 들놀이

中 들 야　ヤ(の)

6급

마을 사람에게 먹을 양식을 **주는** 곳이 **들**이다.

식물이 흙위에 나오는 모양 (**흙토**)

埋

土	圠	圸	坦	埋	埋

埋葬 (매장) 죽은 사람을 땅에 묻음

埋藏 (매장) 광물 같은 것이 땅속에 묻혀 있음

□ 묻을 매　ヌイ(うまる)

3급

흙에 **마을** 사람을 **묻다**

量

丨	冂	日	旦	昌	量

量的 (양적) 분량만을 표준으로 함

假量 (가량) 수량을 대강 짐작함

中 헤아릴 량　リョウ(はかる)

5급

되를 **굴대질** 하여 **마을**에서 곡식량을 **헤아리다.**

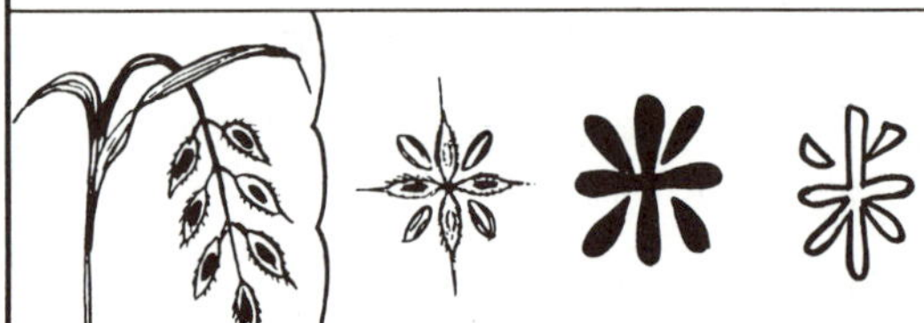

쌀알이 흩어져 있는 모양. (**쌀미**)

糧

丷	半	米	粁	粐	糧

糧食 (양식) 식량

糧政 (양정) 양식에 관한 정책

□ 양식 량　リョウ

4급

(먹을) **쌀**의 양을 **헤아려** **양식**을 준비하다

重

一 亠 亣 亩 重 重

重鎭 (중진) 권리를 잡고 중요한 자리에 있는 사람

重厚 (중후) 태도가 점잖고 침착함

中 무거울 **중** ジュウ(おもい)

7급 곡식을 마을까지 지고 가기가 **무겁다**.

벼의 모양(**벼화**)

種

丿 千 禾 秆 秳 種

種苗 (종묘) 묘목이 될 씨를 심음

種別 (종별) 여러 갈래로 나눔

種子 (종자) 씨

中 종자 **종**, 씨 **종** シュ(たね)

5급 **벼**의 **무거운** 알맹이를 골라 **종자씨**로 쓰다.

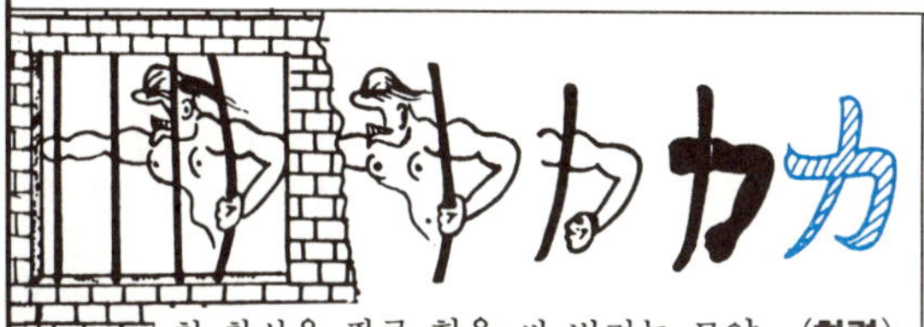

철 창살을 팔로 힘을 써 벌리는 모양. (**힘력**)

動

一 亩 亩 重 動 動

動靜 (동정) 인심·사태·병세 등의 변천하는 생태

動心 (동심) 마음이 움직임

中 움직일 **동** ドウ(うごく)

7급 **무거운** 것을 **힘**써 **움직**이다.

사람들이 많이 다니는 네거리의 모양. (**다닐행**)

衝

丿 彳 彳 衎 衝 衝

衝突 (충돌) 서로 맞질러 부딪침

衝動 (충동) 들쑤셔 움직이게 함

부딪칠 **충** ショウ(つく)

3급II 걸어 **다닐** 때 **무거운** 짐을 지니고 있으면 잘 **부딪친**다

童

丶 亠 立 咅 音 童

童子 (동자) 나이 어린 사내 아이

童話 (동화) 어린이를 위하여 지은 이야기

中 아이 **동** ドウ(わらべ)

6급 **서서** **마을**에서 노는 자가 **아이**들이다.

쇠를 다루는 대장간의 모양. (**쇠금**)

鐘

𠆢 亼 金 鈩 鐘 鐘

鐘銘 (종명) 종에 새긴 글

鐘聲 (종성) 종소리

中 쇠북 **종** ショウ(かね)

4급 **쇠**로 만들어 **아이**들이 즐겨 치는 것이 **종**이다.

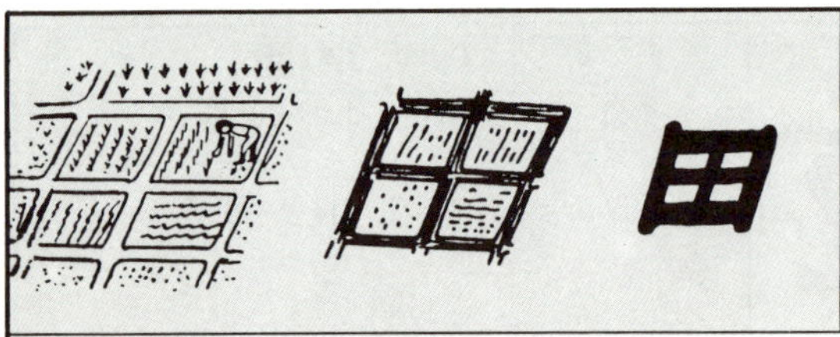

田

丨	冂	冂	用	田	

田畓 (전답) 밭과 논
田穀 (전곡) 밭 곡식

中 밭 전 デン (た)

4급 II

밭의 모양을 그린 것.

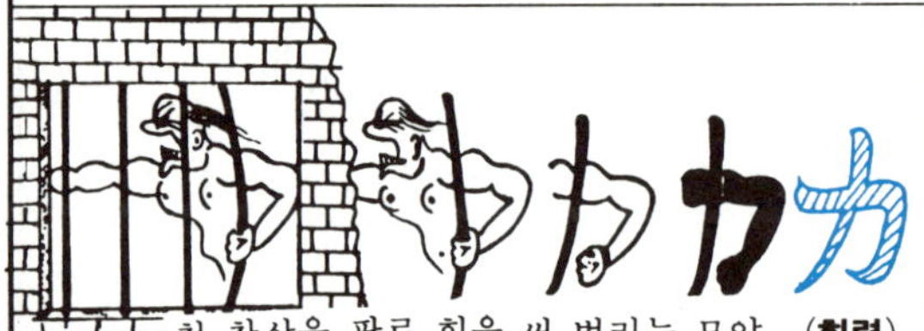

철 창살을 팔로 힘을 써 벌리는 모양. (**힘력**)

男

丨	冂	冂	田	男	男

男女 (남녀) 남자와 여자
生男 (생남) 아들을 낳음

中 사내 남 ダン (おとこ)

7급

밭에서 **힘써** 일하는 이가 **사내**다.

(**큰대 · 새추**)

奮

一	大	夲	奞	奮	奮

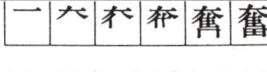

奮起 (분기) 분발하여 일어남
奮發 (분발) 마음을 단단히 먹고 기운을 냄

떨칠 분
힘쓸 분 フン (ふるう)

3급 II

큰 새가 **밭**에서 날아가려고 **힘**을 **떨치다**

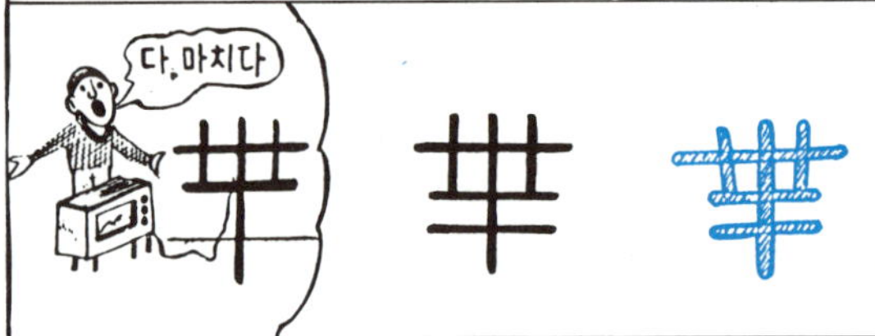

畢

丨	冂	田	旦	畢	畢

畢納 (필납) 납세 또는 납품을 끝냄
畢命 (필명) 목숨을 다하여 일함

마칠 필 ヒツ (おわる)

3급 II

밭에다 **안테나**를 세우는 일을 **마치**다

畏

丨	冂	田	田	畀	畏

畏縮 (외축) 두려워서 몸을 움츠림
畏敬 (외경) 두려워하며 공경함

두려울 외 ガイ (おそれる)

3급

(깊은 산속) **밭** 가운데 놓인 **의자**에 혼자 있기가 **두렵**다

풀싹이 돋아 나오는 모양. (**풀초**)

苗

一	艹	艹	芇	苗	苗

苗木 (묘목) 어린 나무
苗床 (묘상) 못자리

싹 묘 ビョウ (なえ)

3급

풀같이 **밭**에 돋아나는 것이 **싹**이다

丨	冂	罒	田	思	思

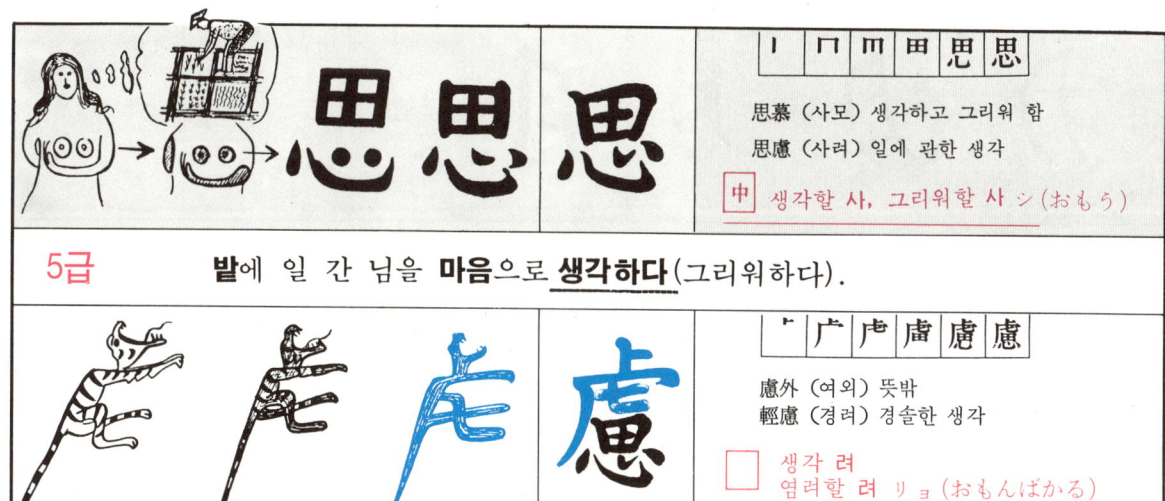

思慕 (사모) 생각하고 그리워 함
思慮 (사려) 일에 관한 생각

中 생각할 사, 그리워할 사 シ(おもう)

5급 **밭**에 일 간 님을 **마음**으로 **생각하다**(그리워하다).

⺊	广	虍	虍	虐	慮

慮外 (여외) 뜻밖
輕慮 (경려) 경솔한 생각

생각 려
염려할 려 リョ(おもんぱかる)

범의 모양. (**범호·범의 문채호**)

범을 **생각하고** 해침을 당할까 **염려하**다 4급

丨	冂	罒	田	胃	胃

胃散 (위산) 위병에 쓰는 가루 약
胃虛 (위허) 위가 허약함

밥통 위 イ

밭에서 나는 음식물을 **몸**속에 넣어두는 곳이 **위**다. 3급

⺊	卢	广	虍	虍	膚

膚學 (부학) 천박한 학문
膚見 (부견) 피상적인 관찰

겉껍질 부·얕을 부
살갗 부 フ(はだ)

3급 범의 모양. (**범호·범의 문채호**)

범의 **위**도 **겉껍질**이 **얕**은 **살갗**으로 되어 있다

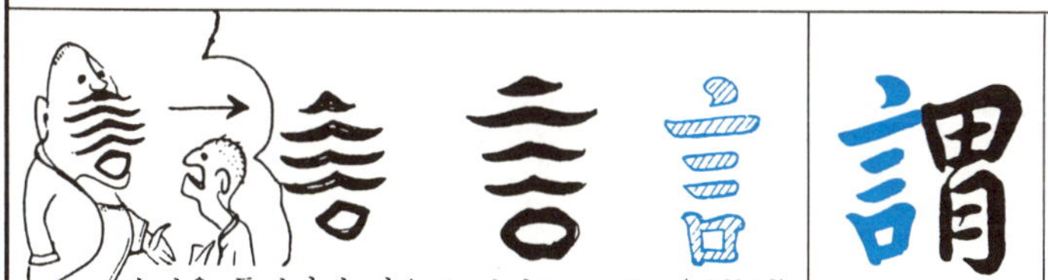

수염을 들먹이며 입으로 말하는 모양. (**말씀언**)

亠	言	言	訁冂	訁罒	謂

所謂 (소위) 이른바
云謂 (운위) 일러 말함

이를 위
고할 위 イ

3급 II **말**할 바를 **위**같이 소화시켜 **고하**다

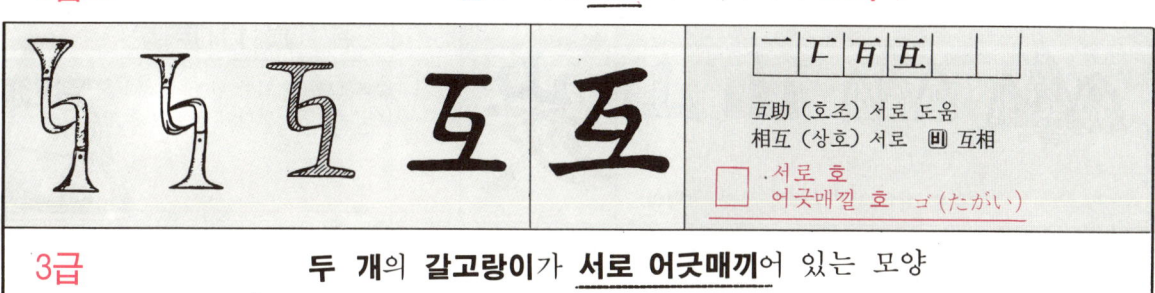

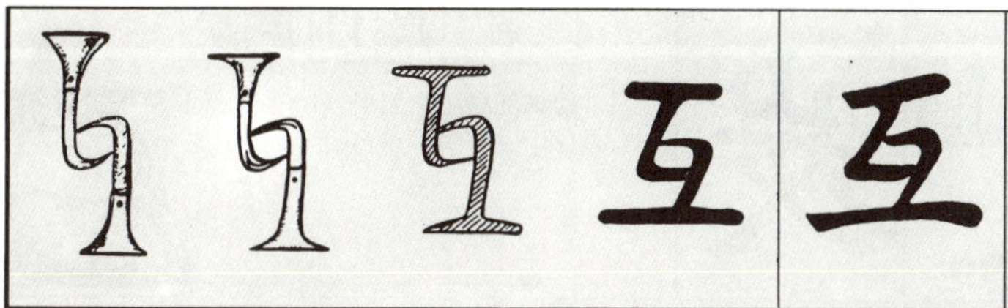

一	丆	互	互		

互助 (호조) 서로 도움
相互 (상호) 서로 同 互相

서로 호
어긋매낄 호 ゴ(たがい)

3급 **두 개**의 **갈고랑이**가 **서로 어긋매끼**어 있는 모양

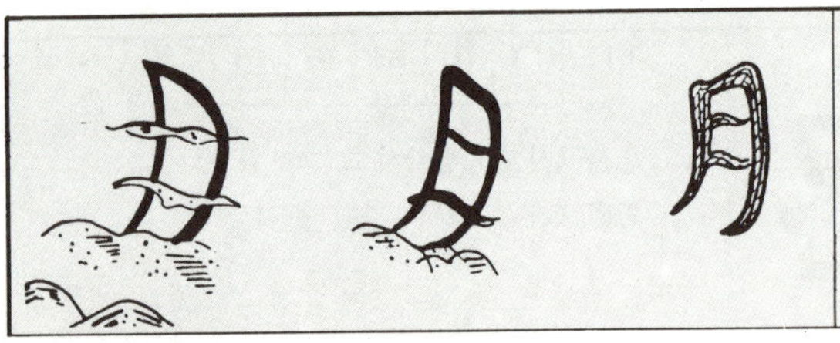

月

丿	冂	月	月		

月波 (월파) 달그림자가 비치는 물결

明月 (명월) 밝은 달, 음력 八월 보름날 밤의 달

中 달 월　　ゲツ(つき)

8급　　**달** 모양을 그린 것.

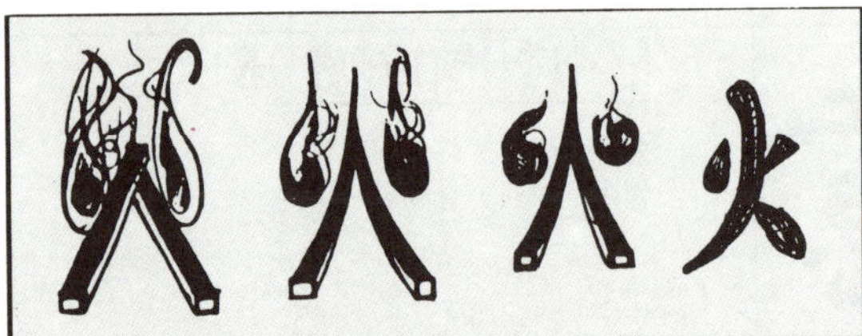

火

丶	丷	火	火		

火急 (화급) 매우 급함

火田 (화전) 불을 지르고 만든 밭

中 불 화　　カ(ひ)

8급　　장작에 **불**이 붙어 타는 모양.

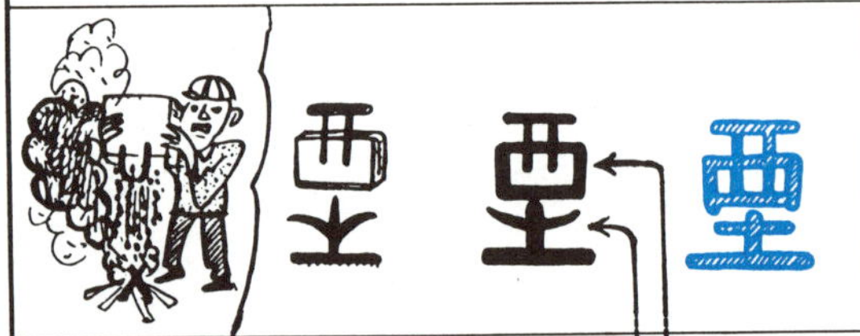

煙

丷	火	火	炳	煙	煙

동 烟

煙突 (연돌) 굴뚝

煙滅 (연멸) 연기같이 사라짐

中 연기 연　　エン(けむり)

싹이(十) 흙위에(一) 돋아나는 모양.(**흙토**)

물건을 덮어싸듯 넣는 가방의 모양. (**덮을아**)

불을 **가방속의 흙**(방화사)으로 끄니 **연기**가 나다.

爐

丷	火	炉	炉	爈	爐

속 炉

爐邊 (노변) 난로가

爐灰 (노회) 화로나 가마에 남은 재

화로 로　　ロ(いろり)

범의 발같은

다리가 달리고 밭같이 넓은 그릇이라는뜻(**큰그릇로**)

불을 담기 위해 만든 **큰 그릇**이 **화로**다

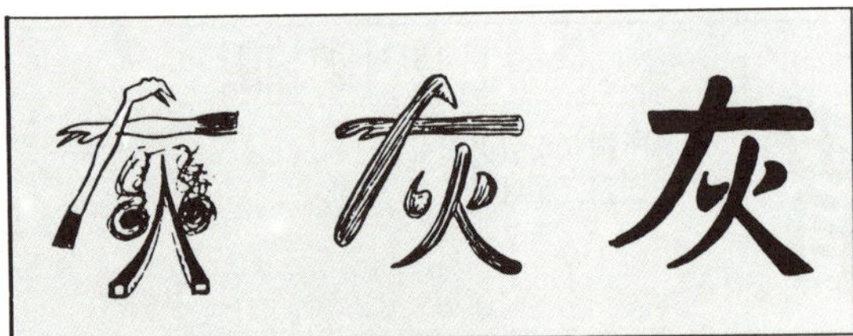

灰

一	𠂇	𠂇	灰	灰	灰

灰分 (회분) 석회질의 성분

灰土 (회토) 재와 흙

재 회　　カイ(はい)

4급　　**손**으로 잡을 수 있는 **불**탄 찌꺼기가 **재**다

炭

丨	山	屵	岸	炭	炭

炭素 (탄소) 화학 원소의 하나

炭田 (탄전) 석탄이 묻혀있는 땅

숯 탄

석탄 탄　　タン(すみ)

우뚝 솟은 산봉우리의 모양. (**메산**)

5급　　**산**에 묻혀 있는 **재**가 **석탄**이다

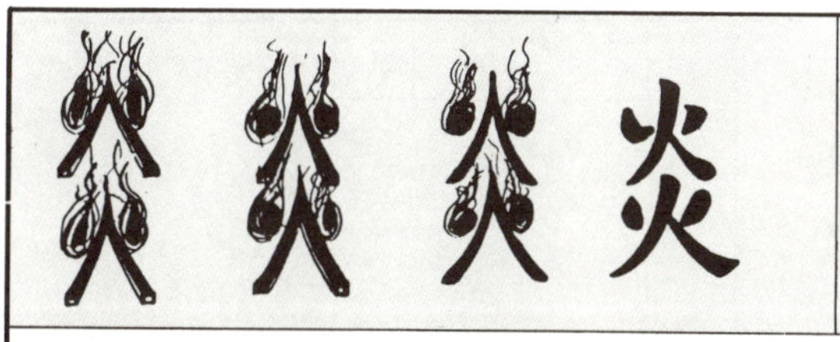

炎

丿 丷 火 火 炏 炎

炎暑 (염서) 여름의 심한 더위
炎天 (염천) 몹시 더운 여름철

中 불꽃 염 エン(ほのお)

3급 불과 불이 합하여 진게 **불꽃**이다.

수염을 들먹이며 입으로 말하는 모양. **(말씀언)**

談

亠 言 言 訁丷 談 談

談笑 (담소) 웃으면서 이야기함
談判 (담판) 시비를 가림

中 말씀 담 ダン(かたる)

5급 **말**을 **불꽃**같이 명백하게 **말씀**드리다.

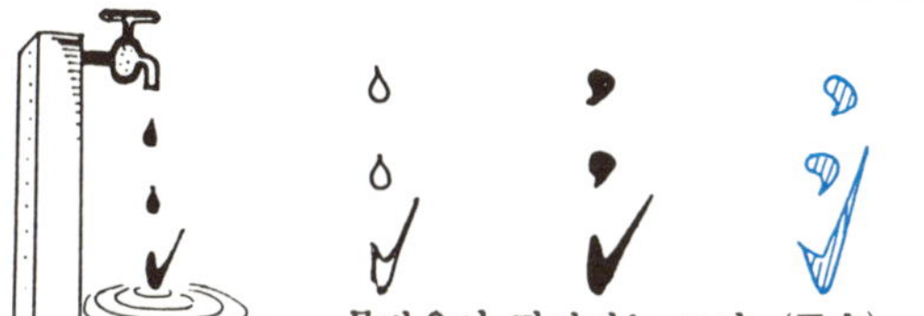

물방울이 떨어지는 모양 **(물수)**

淡

丶 冫 氵 氵丷 淡 淡

淡白 (담백) 욕심이 없고 깨끗함
淡水 (담수) 짜지 않은 맑은 물

물맑을 담
싱거울 담 ダン(あわい)

3급 II **물**을 **불꽃**으로 끓여서 만든 증유수는 **물은 맑**지만 맛은 **싱겁**다

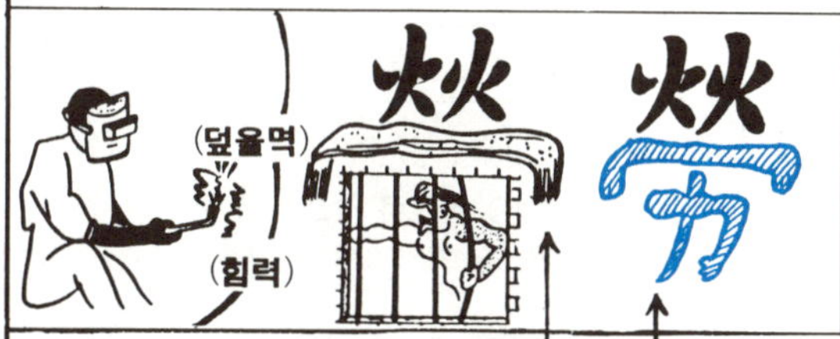

보자기로 물건을 덮은 모양. **(덮을멱)**
철 창살을 팔로 힘을 써 벌리는 모양. **(힘력)**

勞

丶 丷 火 炏 炏 勞 약 労

勞動 (노동) 일을 함
不勞所得 (불로소득) 일하지 않고 얻은 수익

中 위로할 로 (※수고한다고 위로하다)
수고할 로, ロウ(いたわる)

(용접공이) **불꽃** 앞에서 **덮어쓰고 힘써 수고하다.**

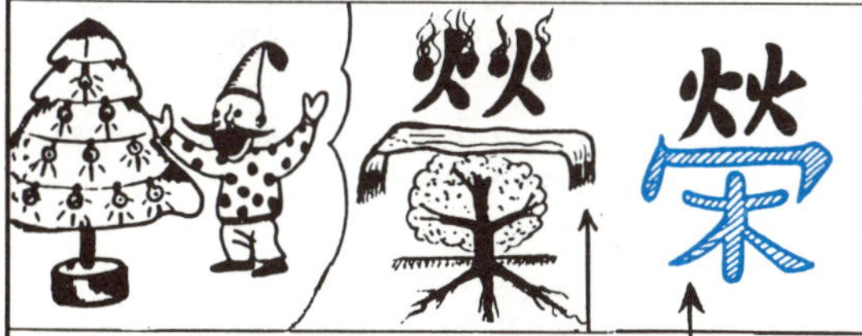

보자기로 물건을 덮은 모양. **(덮을멱)**
나무의 모양. **(나무목)**

榮

丷 火 炏 炏 炏 榮 약 栄

榮光 (영광) 영화스러운 현상
榮華 (영화) 명예스러움

영화 영 エイ(さかえる)

4급 II **불꽃**을 **덮어씌운 나무**(크리스마스 트리) 앞에서 하늘에 **영화**를 돌리다.

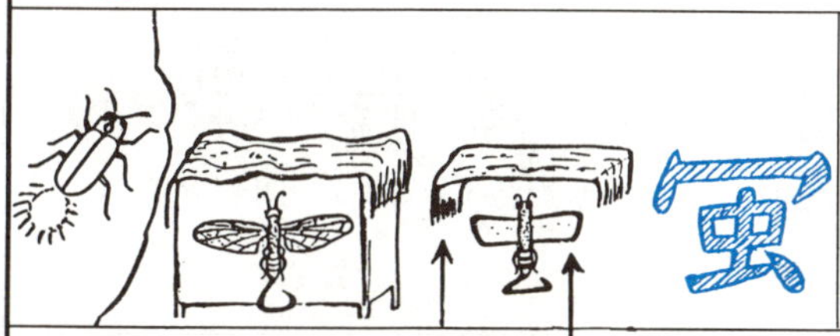

보자기로 물건을 덮은 모양. **(덮을멱)**
벌레의 모양. **(벌레충)**

螢

丷 火 炏 炏 炏 螢 약 蛍

螢案 (형안) 공부하는 책상
螢窓 (형창) 공부하는 방의 창

반딧불 형
개똥벌레 형 ケイ(ほたる)

3급 **불꽃**을 **덮어쓰고** 있는 **벌레**가 **반딧불**이다.

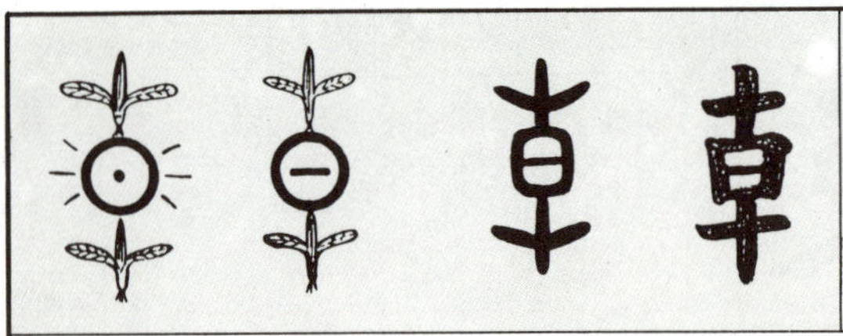

倝

一 | 十 | 𠫓 | 倝

※ 뜻만 기억할 것

☐ 해돋을 간

초원에 **해돋는** 모양을 본뜬자

翰

十 | 𠫓 | 倝 | 倝^ | 翰 | 翰

翰飛 (한비) 하늘 높이 남
翰札 (한찰) 편지 ⓑ 簡札

☐ 편지 한
날개 한　カン(ふみ)

사람이 섰는 모양. (**사람인**)
깃의 모양. (**깃우**)

2급

해돋는 새벽부터 **사람**이 **깃**털로 **편지**를 쓴다.

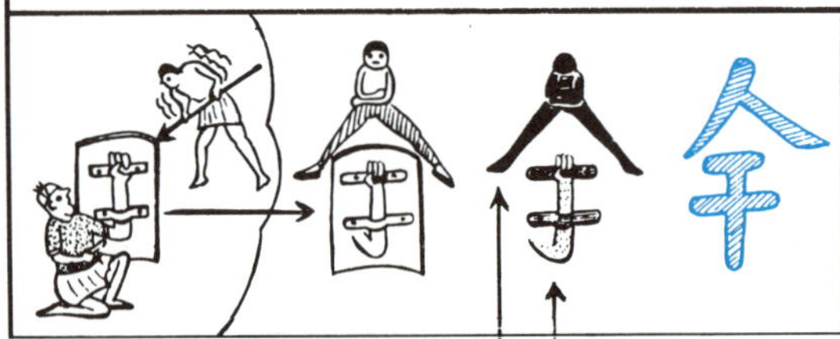

幹

十 | 𠫓 | 倝 | 倝^ | 幹 | 幹

幹略 (간략) 재간과 모략
幹線 (간선) 철도·도로 등의 주요한 선

☐ 재능 간
줄기 간　カン(みき)

사람이 섰는 모양. (**사람인**)
방패를 잡고 있는 모양. (**방패간**)

해돋는 새벽부터 **사람**이 **방패**를 다루는 **재능**을 익힌다.

朝

一 | 十 | 𠫓 | 倝 | 朝 | 朝

朝飯 (조반) 아침 밥
朝刊 (조간) 아침에 나오는 신문

☐ 조정 조 ※ 아침에 신하가 출근하는 곳이 조정이다.
아침 조　チョウ(あさ)

6급 해가 돋고 달이 서쪽으로 기울 때가 **아침**이다.

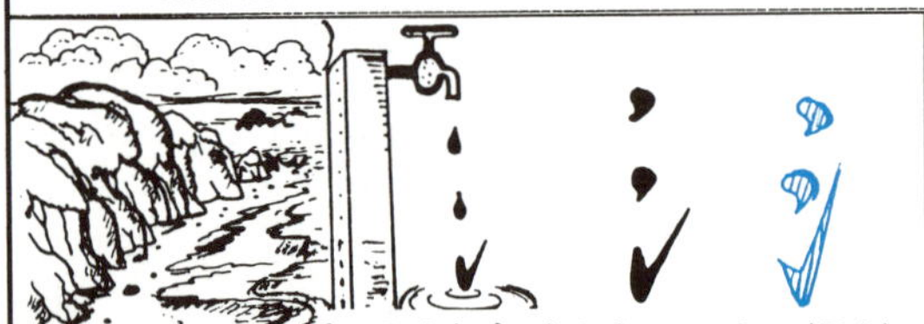

물방울이 떨어지는 모양. (**물수**)

潮

丶 | 氵 | 氵十 | 氵𠫓 | 潮 | 潮

潮水 (조수) ① 해와 달　② 밀물과 썰물
潮流 (조류) 세태의 경향

☐ 밀물 조
조수 조　チョウ(しお)

4급

바닷**물**이 **아침**나절에 드나드는 것이 **조수**다.

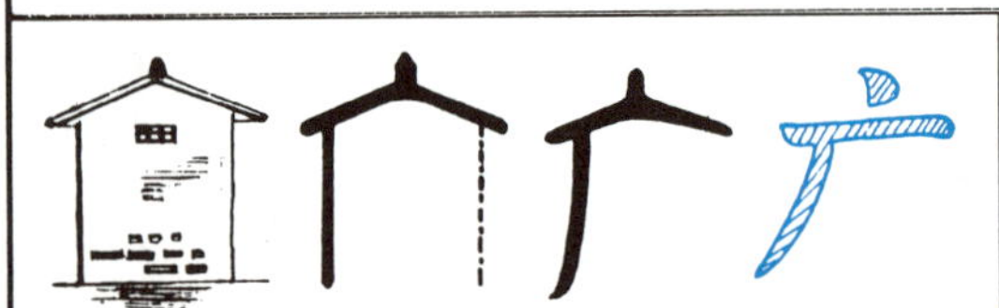

집의 모양(**집엄**)

廟

亠 | 广 | 庐 | 庳 | 廟 | 廟

宗廟 (종묘) 역대 임금의 위패를 모시는 사당
廟堂 (묘당) 나라를 다스리는 조정

☐ 사당 묘　ビョウ(たまや)

3급

집을 짓고 **아침**마다 참배하는 곳이 **사당**이다.

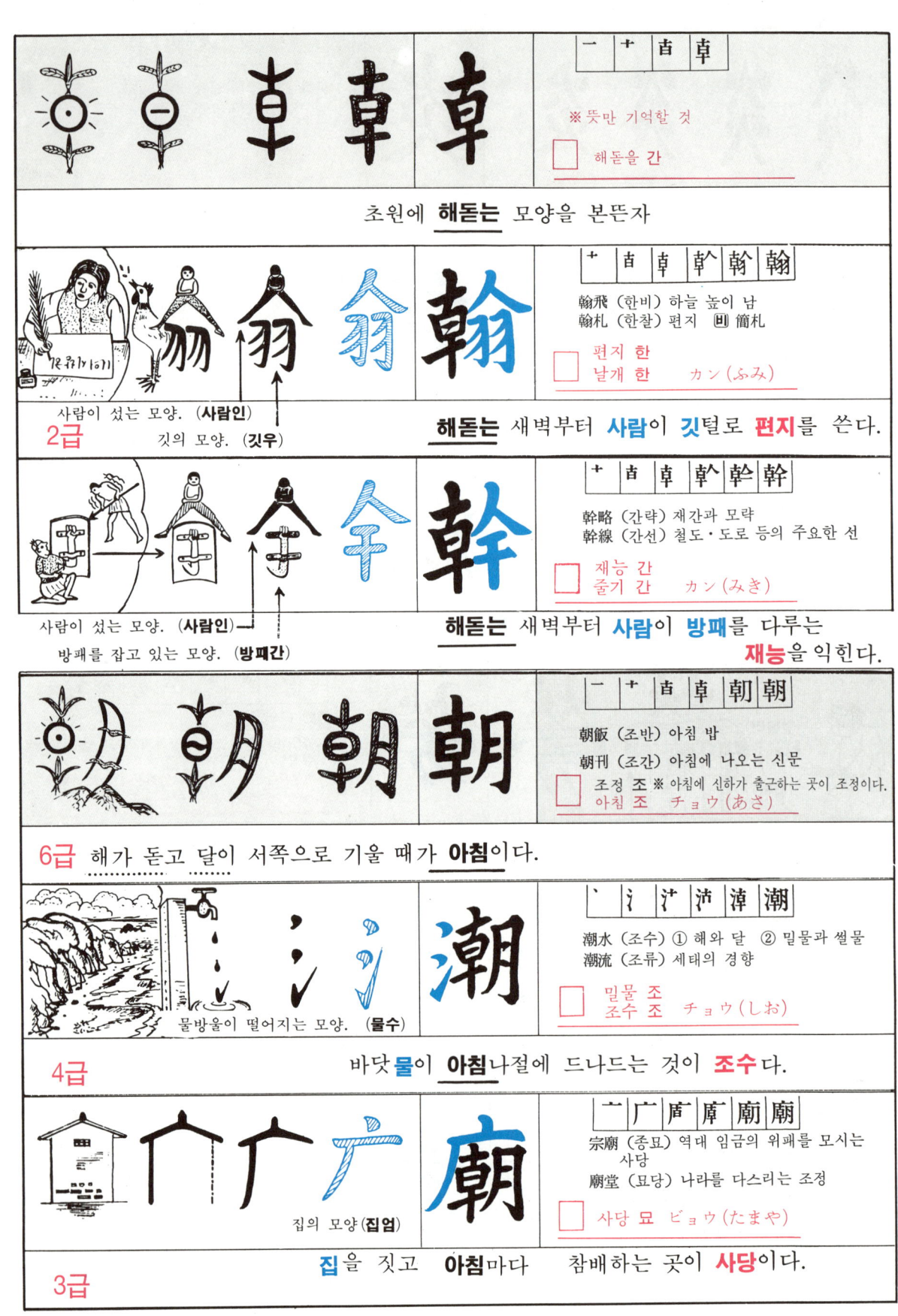

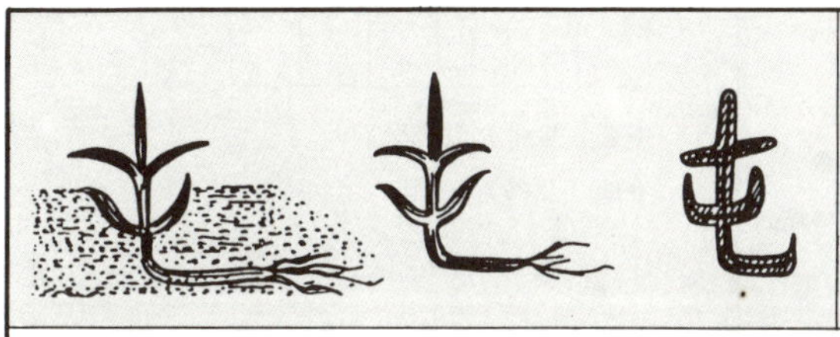

屯

一	口	屯

屯據 (둔거) 머물러 웅거함
屯田 (둔전) 군인이 일선을 지키면서 농사를 짓던 밭

□ 진질 둔
땅뚫고나온새싹 둔 トン(たむろ

2급 **땅을 뚫고 나온 새싹**의 모양을 본뜬 자

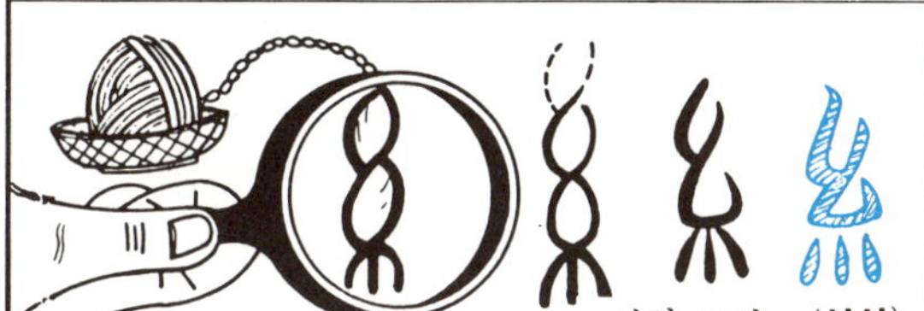

실의 모양. (**실사**)

純

〻	幺	糸	糹	紅	純

純理 (순리) 순수한 학문상의 이론
純眞 (순진) 세속에 더럽혀짐이 없음

中 순진할 순, 순수할 순 ジュン

4급II **실**이 **땅을 뚫고 나온 새싹**같이 **순수하다**.

쇠를 다루는 대장간의 모양. (**쇠금**)

鈍

𠆢	스	釒	釒	鉦	鈍

鈍朴 (둔박) 미련하면서도 순박함
鈍濁 (둔탁) 둔하고 흐리터분함

□ 무딜 둔 ドン(にぶい)

3급 **쇠**가 **땅을 뚫고 나온 새싹**같이 약하니 쉬 **무디**어지다

出

丨	屮	屮	出	出

出張 (출장) 직무를 띠고 길을 떠남
出勤 (출근) 근무하러 나감

中 날 출 シュツ(でる)

7급 (잡초가 땅 위로 나온 모양) 따라서 **나온다**의 뜻이 됨.

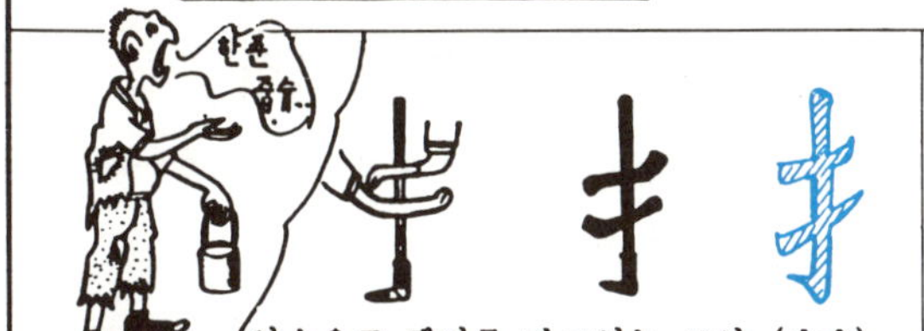

양손으로 괭이를 잡고있는 모양 (**손수**)

拙

一	扌	扎	拙	拙	拙

拙作 (졸작) 졸렬한 작품
拙愚 (졸우) 옹졸하고 어리석음

□ 못날 졸, 졸할 졸 セツ(まずい)

3급 **손**을 쑥 **나오게** 내밀고 구걸하니 **못난이**다.

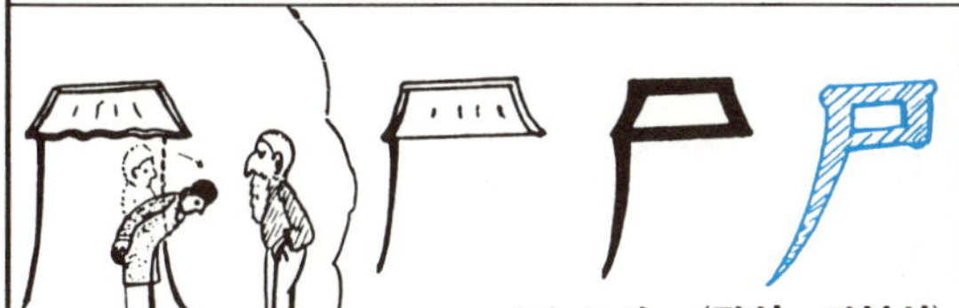

집의 모양. (**집시, 지붕시**)

屈

乛	コ	尸	屄	屈	屈

屈從 (굴종) 제 뜻을 굽혀 복종함
屈身 (굴신) 몸을 굽힘

□ 굽힐 굴 クツ(かがむ)

4급 **집** 밖으로 (머리가) 쑥 **나오게**하여 **굽히**다

土

一 | 十 | 土

土臺 (토대) 밑바탕
土地 (토지) 논 밭

中 흙 토　ト(つち)

8급　　흙 위에 풀이 돋은 모양. 곧 **흙**을 뜻함.

신에게 보이려고 잿상을 차려놓은 모양. (**보일시·제사시**)

社

一 | 亍 | 示 | 示一 | 社 | 社

社說 (사설) 신문이나 잡지의 논설
社會 (사회) 공동생활을 하는 인류의 집단

모일 사, 제사지낼 사　シ(やしろ)

6급　　**제사상**을 차리고 **흙**으로 덮인 무덤앞에 **모여서 제사 지내다.**

입의 모양. (**입구**)

吐

丨 | 口 | 口一 | 叶 | 吐

吐血 (토혈) 피를 토함
吐露 (토로) 속마음을 드러내어 말함
吐絲 (토사) 누에가 실을 뽑아 냄

토할 토　ト(はく)

3급　　**입** 속의 것을 **흙** 위에 **토하다**

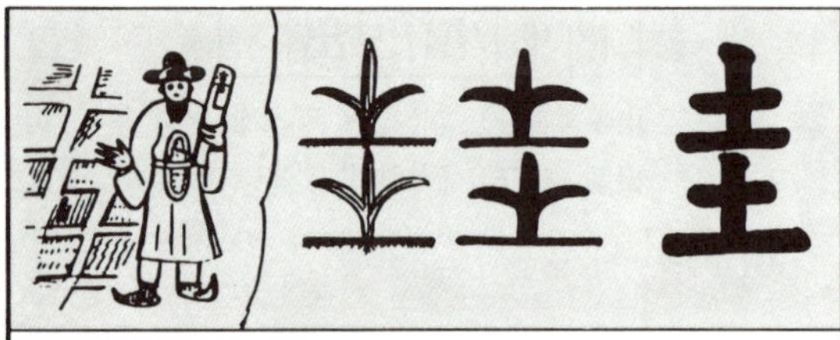

圭

十 | 土 | 圭 | 圭 | 圭

※뜻만 기억할 것.

홀 규　(※영토를 줄때 그 증표로 준것이 홀 이다)

영토 규　ケイ(たま)

2급　　많은 흙과 흙이 모여서 된 것이 **영토**다.

사람이 섰는 모양. (**사람인**)

佳

亻 | 仁 | 仕 | 佳 | 佳 | 佳

佳節 (가절) 좋은 시절
佳姬 (가희) 예쁜 계집

中 아름다울 가　カ(よい)

3급II　　**사람**이 **영토**를 관광하니 **아름답다.**

사람들이 많이 다니는 네거리의 모양. (**다닐행**)

街

丿 | 彳 | 彳 | 彳 | 徍 | 街

街路 (가로) 도시의 넓은 길
街道 (가도) 곧고 넓은 큰 도로

中 거리 가　カイ(まち)

4급II　　(사람이) **다니도록** **영토** 위에 만들어 놓은 것이 **길**이다.

一	木	木一	木十	木土	桂

나무의 모양. **(나무목)**

桂

桂皮 (계피) 계수나무의 얇은 껍질
桂花 (계화) 계수나무 꽃

□ 계수나무 계 ケイ(かつら)

3급 **나무**로 달나라의 **영토**에 있다는 상상의 나무가 **계수나무**다.

丨	𠃍	戶	門	閆	閨

두 짝 문의 모양을 본뜬 자. **(문문)**

閨

閨房 (규방) 안방. 침실
閨範 (규범) 여자가 지켜야 할 본보기

□ 안방 규 ケイ(ねや)

3급 대**문**안의 **영토**(즉마당 집안)를 다스리는 곳이 **안방**이다

丶	氵	氵一	氵厂	氵厓	涯

(물수) **(바위엄)**

涯

涯角 (애각) 궁벽스럽고 먼 땅
涯分 (애분) ① 그 사람의 신분에 알맞는 정도 ② 본분

□ 물가 애 ガイ

3급 **물**에 흙이 쓸려 순 **바위** 땅(**영토**)으로 변한 곳이 **물가**다.

土	圭	圭	圭一	封	封

물건을 쥐려고 손 마디를 굽히는 모양. **(손촌 · 마디촌)**

封

封墳 (봉분) 흙을 올려 덮어서 무덤을 만듦
封侯 (봉후) 제후 (諸侯) 에 봉함

□ 봉할 봉 ホウ(ふさぐ)

3급II (일정한 지역의) **영토**를 **손**으로 다스리도록 제후로 **봉하**다

一	十	土	圭	圭丨	卦

거북등을 부저로 지지어서 점치는 모양 **(점복)**

卦

卦辭 (괘사) 역괘 (易卦) 의 의의를 풀이한 글
卦象 (괘상) 역괘의 길흉의 상 (象)

□ 점괘 괘 ケ(うらかた)

(오랑캐가 타국의) **영토**를 침범하기 전에 **점**을 쳐 **점괘**를 본다.

一	扌	扌十	挂	掛	掛

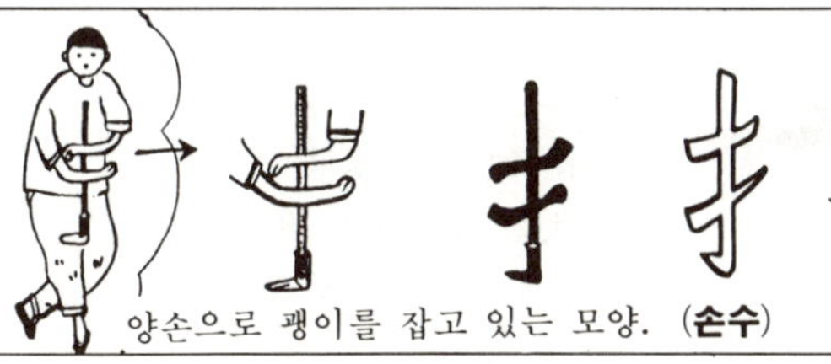
양손으로 괭이를 잡고 있는 모양. **(손수)**

掛

掛念 (괘념) 마음에 두고 잊지 아니함

□ 걸 괘 カイ(かける)

3급 **손**으로 **점괘**를 **걸어** 두다

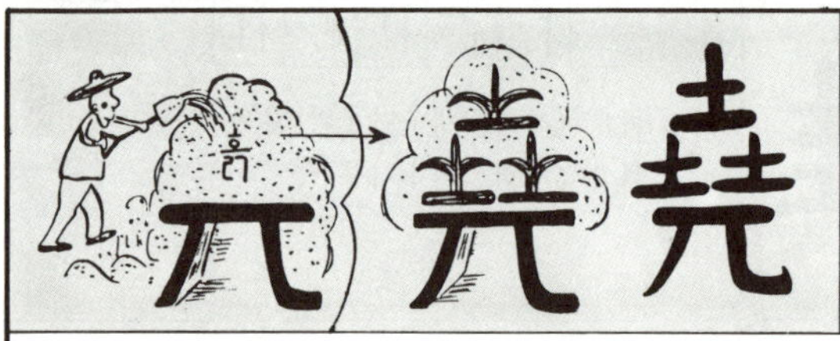

堯

土 … 垚 堯

堯舜 (요순) 요임금과 순임금
堯堯 (요요) 산같은 것이 높은 모양

□ 요임금 요
높을 요 ギョウ(たかい)

2급

흙을 **대피소**위에 **높게** 덮는다는 뜻

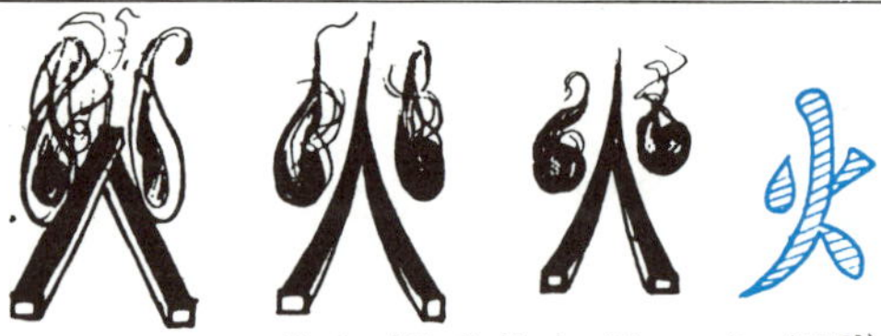

불이 나무에 붙어 타는 모양 (**불화**)

燒

丷 火 … 燒 약 焼

燒失 (소실) 불타 없어짐
燒盡 (소진) 모조리 타버려 없어짐

□ 불사를 소 ショウ(やく)

3급

불길이 **높게**이러 물건을 **불사르**다

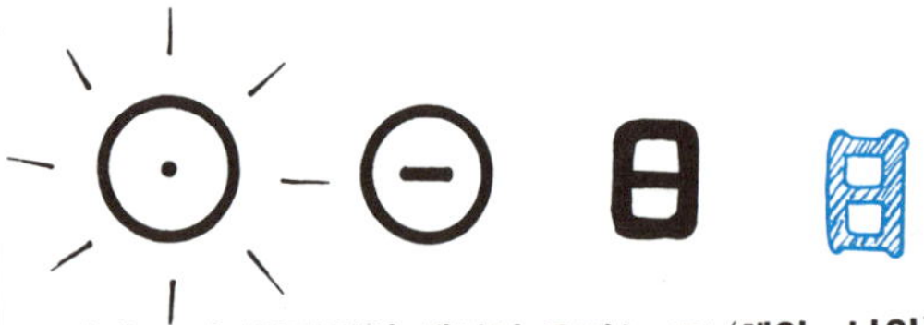

해의 모양 (**해가떠서 새날이 온다는 뜻**)(**해일. 날일**)

曉

丨 日 … 曉

曉得 (효득) 깨달아 알음. 알아챔
曉習 (효습) 깨달아 익숙하게 됨

□ 깨달을 효
새벽 효 ギョウ(あかつき)

3급

해가 **높게** 뜨려고 할 때가 **새벽**이다

艹

一 十 艹

※뜻만 기억할 것

□ 풀 초

풀이 나 있는 모양.

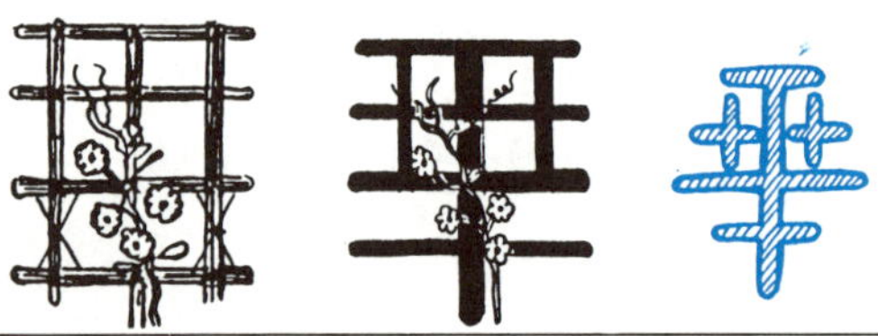

華

艹 … 華

華燭 (화촉) 결혼의 예식
華容 (화용) 꽃과 같이 아름다운 얼굴 모양

中 빛날 화, 화려할 화 カ(はなやか)

4급

풀(꽃)이 **담장을 타고** 피어 **화려하게 빛나다.**

칼을 쓰고 있는 사람의 모양 (**망할망**)

물방울이 떨어지는 모양 (**물수**)

茫

一 艹 … 茫

茫無限 (망무한) 끝없이 막막함
茫茫大海 (망망대해) 끝없는 바다

□ 아득할 망, 물질펀할 망 ボウ

3급

풀이 **물에 망가질**(망하여질) 정도로 **물이 질펀하다.**

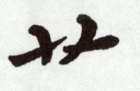

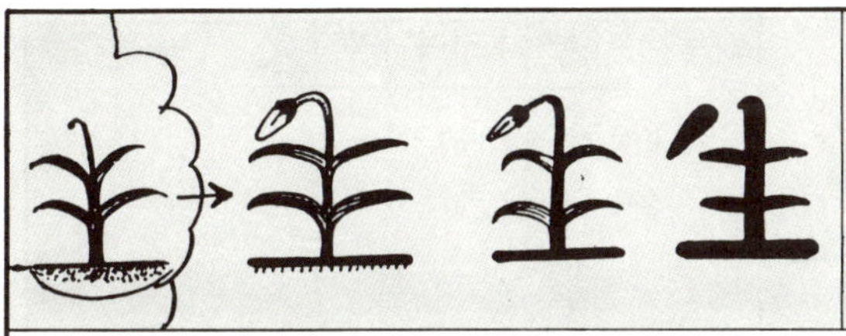

生

丿 𠂉 𠂉 牛 生

生活 (생활) 생계를 유지해 살아 나감
生鮮 (생선) 말리지 않은 물고기

中 날 생　セイ(うまれる)

8급　풀 포기에서 이삭이나 꽃이 **생겨나는** 모양.

무용하는 여자의 모양. (**계집녀**)

姓

𡿨 女 女 女 女 姓

姓名 (성명) 성과 이름
姓氏 (성씨) 성의 존칭

中 성 성　セイ(かばね)

7급　**여자**가 **낳은** 아이에게 **성**을 붙이다.

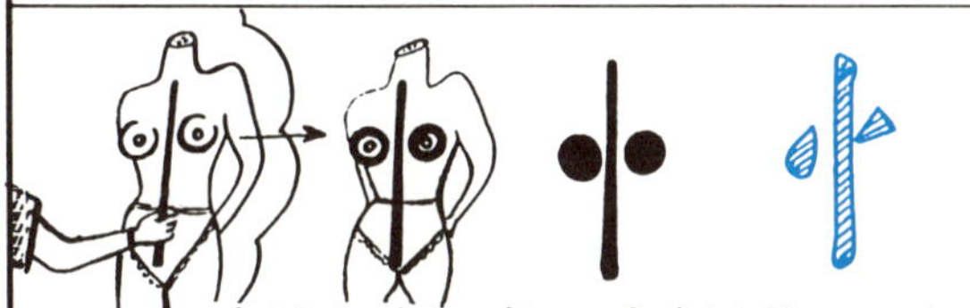

젖가슴을 짚어보이는 모양 (**가슴심·마음심**)

性

丷 忄 忄 忄 性 性

性理 (성리) 본성, 인성과 천리
性別 (성별) 남녀의 구분

中 성품 성　セイ、ショウ(さが)

5급　**가슴**에서 울어 **나는** 것이 **성품**이다.

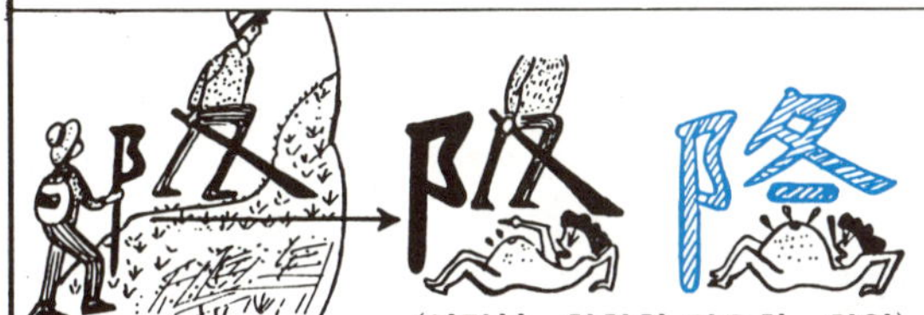

(**언덕부. 천천히 걸을치. 한일**)

隆

阝 阝 阝 阝 阝 隆　동 隆

隆老 (융로) 7,80세 이상이 되는 노인
隆熙 (융희) 대한제국의 마지막 연호

높을 륭　우뚝할 륭　リュウ

3급II　**지팡이로 언덕**을 **걸어** 오르기가
(산모가) **첫** 아이를 **낳기**보다 힘들 정도로 **높다**(**우뚝하다**)

星

丨 冂 日 旦 早 星

星數 (성수) 운수, 운명
星群 (성군) 별의 무리

中 별 성　セイ(ほし)

해처럼 반짝이는 빛이 **생겨나**는 것이 **별**이다.　4급II

※ 술은 닭이 홰에 오른 저녁에 먹는 음식이라는 데서 술과 닭의 뜻을 가짐.

술병의 모양. (**술유. 닭유**)

醒

西 酉 酉 醒 醒 醒

覺醒 (각성) 깨달아 정신을 차림
醒悟 (성오) 깨달음

술깰 성
깨달을 성　セイ(さめる)

술에 취한 자가 **별**같이 반짝 정신이 나 **술이 깨**다(깨달다)

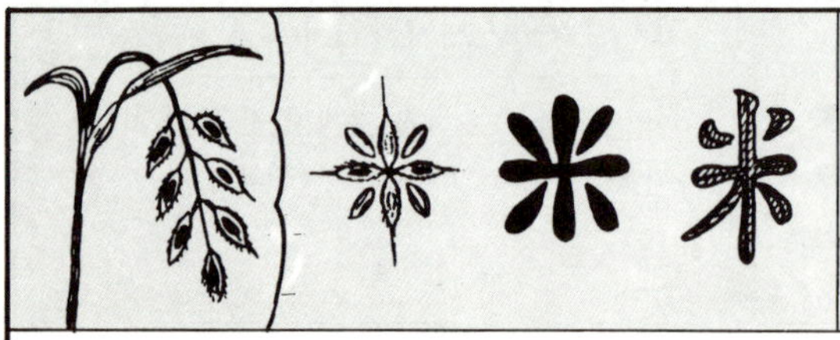

米

丶 丷 䒑 半 米 米

米作 (미작) 벼농사
米壽 (미수) 여든 여덟 살

中 쌀 미　ベイ(こめ)

6급　**쌀**알이 흩어져 있는 모양.

수증기의 모양 (**기운기, 구름기**)

氣

丿 𠂉 气 气 氧 氣

氣象 (기상) 타고난 성정 기질
氣溫 (기온) 대기의 온도

中 기운 기　キ

7급　**수증기**로 **쌀**을 찌니 훈훈한 **기운**이 돌다.

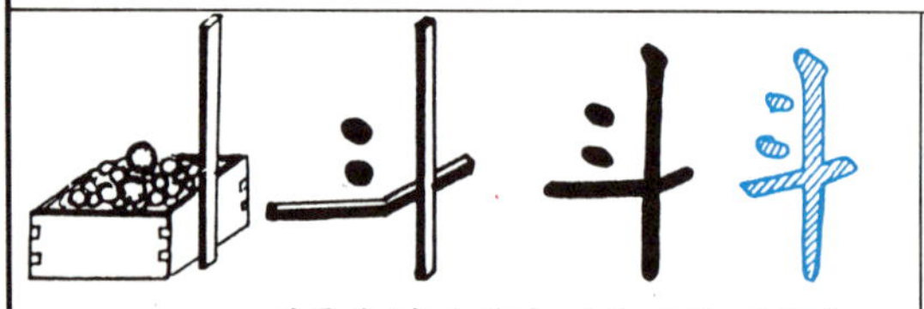

자루가 달린 옛날 말의 모양. (**말두**)

料

丷 半 米 米 料 料

料得 (요득) 헤아려 얻음
料亭 (요정) 요리집

中 헤아릴 료　リョウ(はかる)

5급　**쌀**을 **말**질 하여 양을 **헤아리다**.

캥거루우가 달려가는 모양. (**갈착, 달릴착**)

迷

丶 丷 䒑 半 米 迷

迷宮 (미궁) 사건 같은 것이 얽혀서 쉽게 판단하기 어려운 일
迷路 (미로) 갈피를 잡을 수 없는 길

미혹할 미
헤맬 미　メイ(まよう)

3급　(팔방으로뻗은) **쌀**미자(米)같은 길에서 **달려갈** 곳을 찾아 **헤매**다

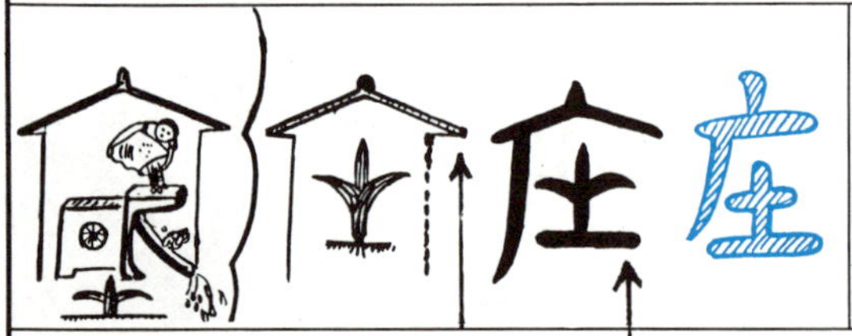

집의 모양(**집엄**)
싹이(+) 흙위에(—) 돋아나는 모양. (**흙토**)

粧

丷 半 米 米 粧 粧

粧面 (장면) 화장한 얼굴
粧飾 (장식) 외양의 꾸밈새

단장할 장　ショウ

3급 II　**쌀**찧는 곳의 **집**과 **흙**바닥이 쌀겨로 덮혀 분바르듯 **단장되다**.

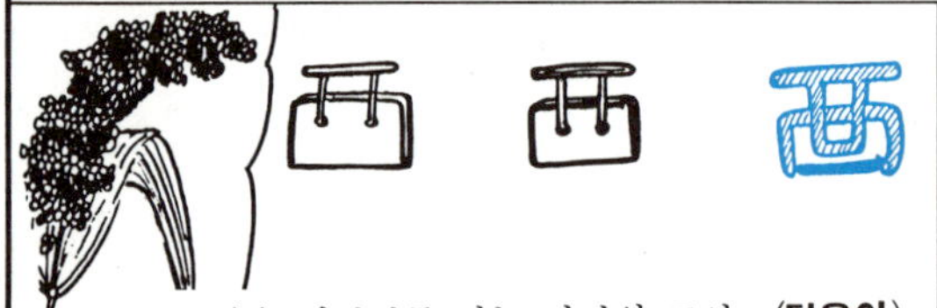

물건을 덮어싸듯 넣는 가방의 모양. (**덮을아**)

粟

一 冖 覀 覀 覀 粟

粟米 (속미) ① 조와 쌀 ② 군량 (軍糧)
粟膚 (속부) 소름이 끼칠 때 좁쌀처럼 나돋는 살결

조 속　ゾク(あわ)

3급　**가방**(자루)같은 데 담아야하는 **쌀**곡식이 **조다**　※ 조는 곡식중에서 알이 제일 작기 때문임.

番

一	丆	亠	平	釆	番

番地 (번지) 번호를 붙여 나눈 땅
番號 (번호) 차례를 표시하는 수자

中 번수 번, 차례 번, バン(つがう)

6급 **티끌**과 **쌀알**을 분별하여 **발**에서 **차례**로 줍다.

지붕을 덮어씌운 집의 모양. (**집면**)

審

宀	宀	宀	宷	寀	審

審問 (심문) 자세히 따져서 물음
審判 (심판) 소송에 있어서 어떤 사건을
심리하여 판단함

살필 심 シン(つまびらか)

3급II **집**일을 **차례**로 **살피**다

새가 날아가는 모양(**날비**)

飜

丆	釆	番	番	飜	飜

飜譯 (번역) 한 나라의 언어로 된것을 다른
나라 말로 옮김
飜案 (번안) 먼저의 안건을 뒤엎음

뒤집힐 번
엎치락뒤치락할 번 ホン

3급 (새가 좌우 양날개를) **차례**로 흔들며 **날려**고 **뒤집다**

양손으로 괭이를 잡고있는 모양 (**손수**)

播

一	扌	扌	抨	採	播

播說 (파설) 말을 퍼뜨림
播種 (파종) 논밭에 씨앗을 뿌림

뿌릴 파 ハ(まく)

3급 **손**으로 씨앗을 **차례**차례 **뿌리**다

麻

丶	亠	广	庁	麻	麻	속 麻

麻絲 (마사) 베실
麻皮 (마피) 삼의 껍질

삼 마 マ(あさ)

3급 **집**앞에 **삼**을 심어 놓은 모양

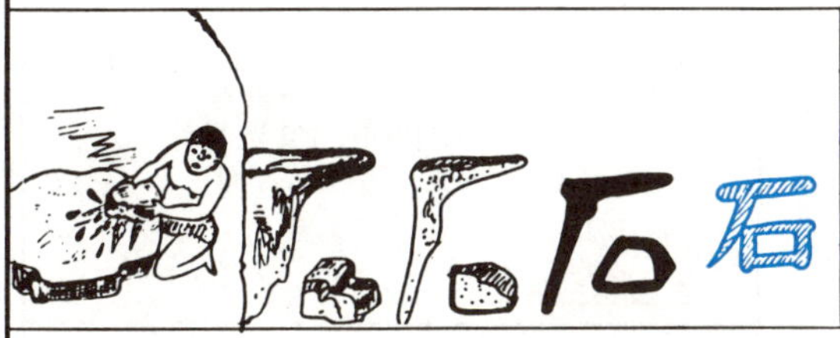

돌 (**바위**)의 모양 (**돌석**)

磨

丶	亠	广	庐	麻	磨

磨滅 (마멸) 갈리어 닳아서 없어짐
磨墨 (마묵) 벼루에 먹을 갈음

갈 마 マ(みがく)

3급 **삼**을 **돌**로 **갈다**

竹

竹針 (죽침) 대바늘

竹杖 (죽장) 대로 만든 지팡이

中 대 죽　チク(たけ)

4급II

대나무의 잎을 본뜬 글자.

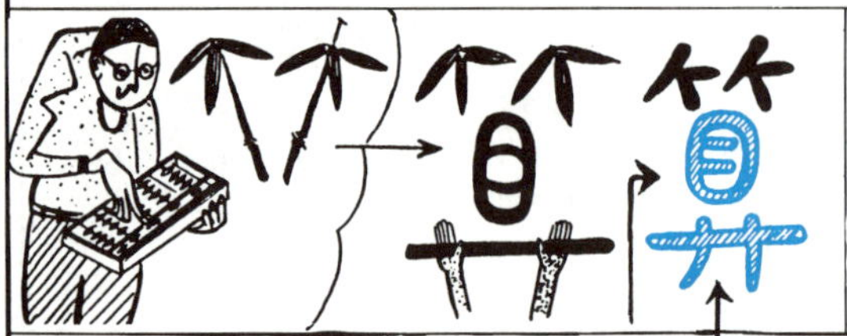

눈의 모양. (**눈목**)

두 손으로 들고 있는 모양. (**받쳐들공. 들공**)

算

算定 (산정) 셈하여 정함

算出 (산출) 셈하여 냄

中 셈할 산　サン

7급

대나무로 만든 수판을 **눈**밑에 **받쳐 들고** **셈하다.**

(**만들공 · 잡을극 · 나무목**)

築

築城 (축성) 성 (城) 을 쌓음

築造 (축조) 쌓아서 만듦

쌓을 축

다질 축　チク(きずく)

4급II

대나무 마디같이 **만든 손잡이**가 달린 **나무**공이로 흙을 **다져**가며 **쌓다**

菐

※뜻만 기억할 것

무성한화초(또는 풀) 복

무성한 화초(또는 풀)의 모양을 그린 것.

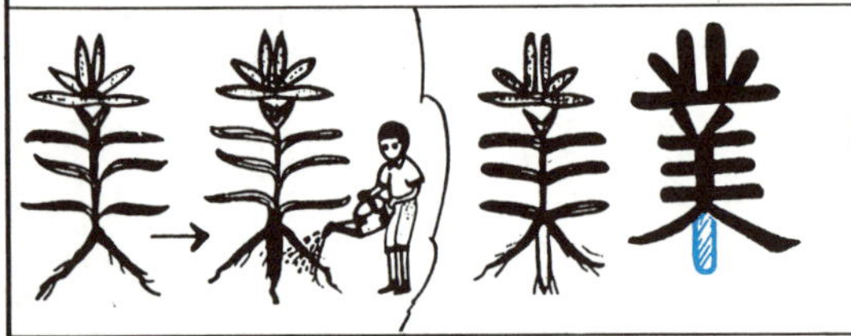

業

業績 (업적) 사업의 성적

業種 (업종) 영업의 종류

中 업 업, 일 업　ギョウ(わざ)

6급

무성하게 화초의 **뿌리**를 잘 키우는 **일도 직업**이다.

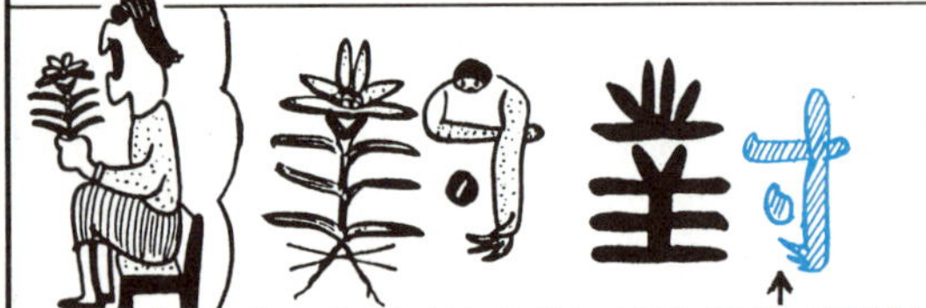

물건을 쥐려고 손 마디를 굽히는 모양. (**손촌·마디촌**)

對

약 対

對局 (대국) (1)장기나 바둑을 둠 (2)어떠한 국면을 당함

對談 (대담) 서로 마주보고 말함

中 마주볼 대, (※마주보며 대답하다)

대답할 대　タイ(こたえる)

6급

(뿌리를 자른) **무성한 화초**를 **손**에 들고 **마주 보다.**

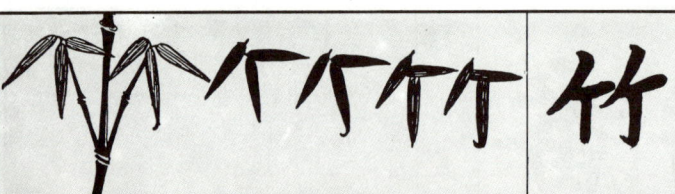

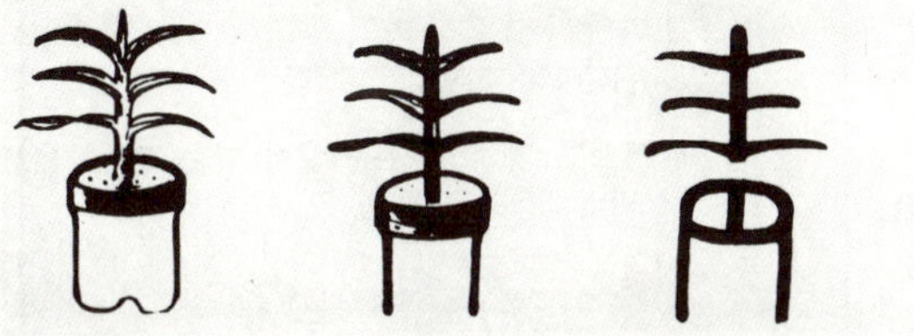

青

一	十	丰	丰	青	青

동 青

青天 (청천) 푸른 하늘.

青雲 (청운) 높은 이상이나, 벼슬을 가리키는 말

中 푸를 청 セイ (あおい)

8급 (화분의 화초를 본뜬 자임.) **푸르다**는 뜻으로 쓰임.

물방울이 떨어지는 모양 (물수)

淸

丶	氵	氵	氵	淸	淸

동 清

淸潔 (청결) 아주 맑고 깨끗함

淸貧 (청빈) 성품이 깨끗하여 살림이 매우 어려움

中 맑을 청 セイ (きよい)

6급 **물**이 **푸르게** 보일 정도로 **맑다.**

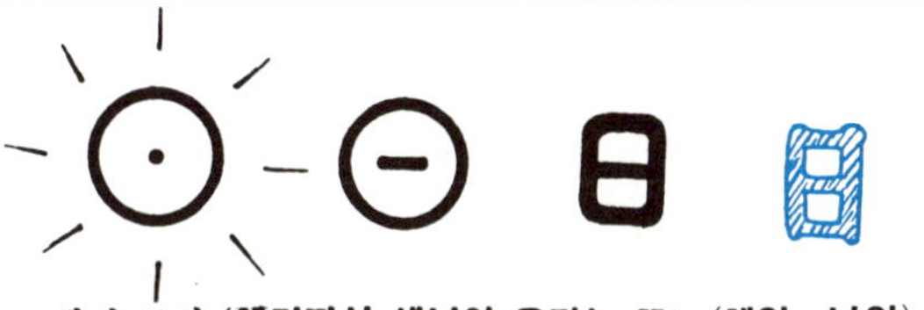

해의 모양 (해가떠서 새날이 온다는 뜻) (해일. 날일)

晴

日	日	日	日	晴	晴

동 晴

晴曇 (청담) 날씨의 맑음과 흐림

晴天 (청천) 맑게 갠 하늘

中 갤 청 セイ (はらす)

3급 **날**씨가 **푸르게** **개다.**

수염을 들먹이며 입으로 말하는 모양. (말씀언)

請

亠	言	言	言	請	請

동 請

請問 (청문) 찾아감

請負 (청부) 도급으로 일을 맡음

中 청할 청 ショウ (うける)

4급II **말**로 **푸른** 걸(싱싱한 걸) 달라고 **청하다.**

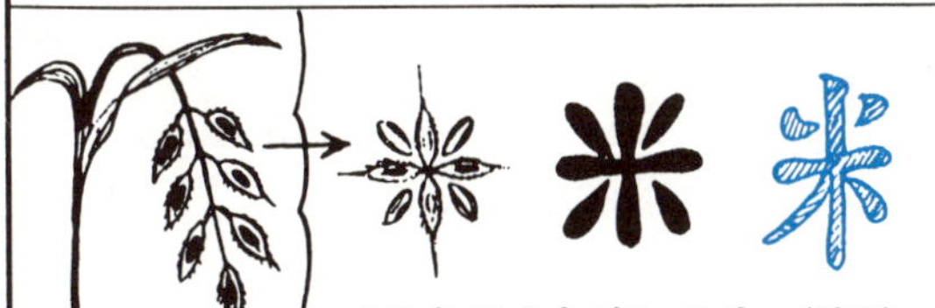

쌀알이 흩어져 있는 모양. (쌀미)

精

丷	米	米	米	精	精

동 精

精氣 (정기) (1)만물이 생성하는 원기

精神 (정신) (1)마음 (2)기력,

中 정신 정 / 대낄 정 ショウ (くわしい)

4급II **쌀**을 **푸른** 색이 날 정도로 **정신**차려 **대끼다.**

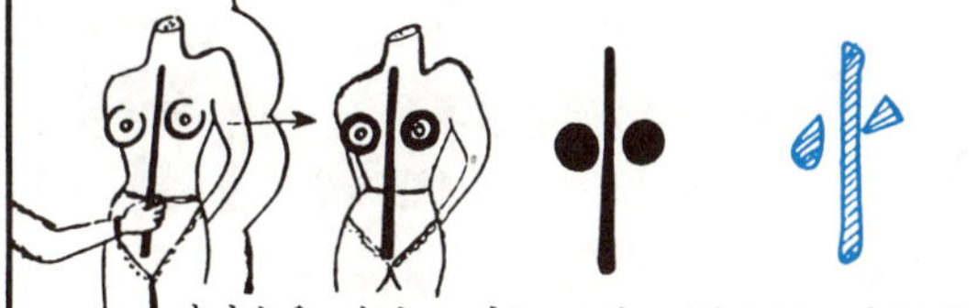

젖가슴을 짚어 보이는 모양. (가슴심 · 마음심)

情

丷	忄	忄	忄	情	情

동 情

情分 (정분) 따뜻한 마음

情狀 (정상) 실제의 사정과 형편

中 뜻 정 ジョウ (なさけ)

5급 **가슴**에 있는 **푸른** 꿈이 **뜻**이다.

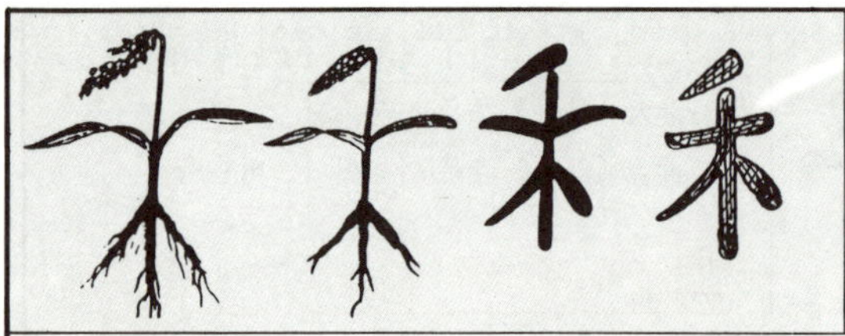

禾

一 二 千 禾 禾

禾穀 (화곡) 벼
禾利 (화리) 땅과 곡식을 같이 파는 경우 곡식만을 일컫는 말

벼 화　カ

3급

벼의 모양을 그린 것.

입의 모양. (**입구**)

和

一 二 千 禾 禾 和

和順 (화순) 온화하고 순량함
和合 (화합) 정답게 모임

中 화목할 화　ワ(やわらぐ)

6급

벼를 **입**으로 같이 먹고 사니 **화목하다.**

어린 아들의 모양. (**아들자**)

季

一 二 禾 季 季

季世 (계세) 말세
季節 (계절) 기후, 절기

中 철 계 / 막내 계　キ

4급

벼의 **아들**(즉 모)을 심는 **철이** 되다.

입을 열고 말하는 모양. (**말할왈. 가로왈**)

香

一 二 千 禾 禾 香

香料 (향료) 향내를 풍기는 물품
香水 (향수) 향내를 풍기는 물

中 향기 향　コウ(かおる)

4급II

벼로 빚은 술을 **입으로** 맛보니 **향기**롭다.

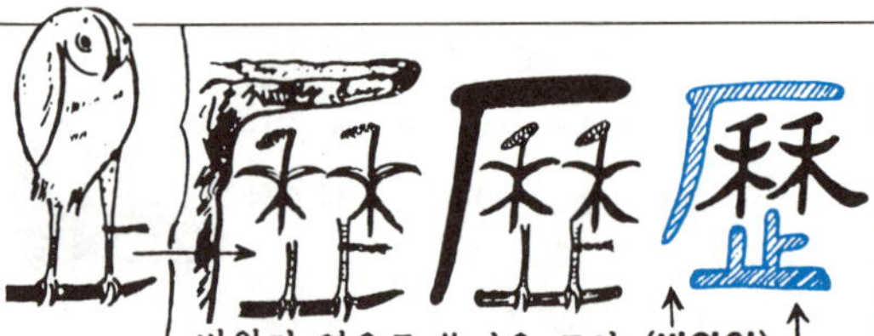

바위가 옆으로 쑥나온 모양 (**바위엄**)

새가 다리가 묶여 날지 못하고 서 있는 모양. (**그칠지**)

歷

一 厂 厈 厤 厤 歷　약 歴

歷訪 (역방) 여러 사람을 차례로 방문함
歷史 (역사) 인류 사회의 변천

中 지낼 력　レキ(へる)

5급

바위 밑에서 **벼** 베기를 **멈추고** 놀며 **지내다.**

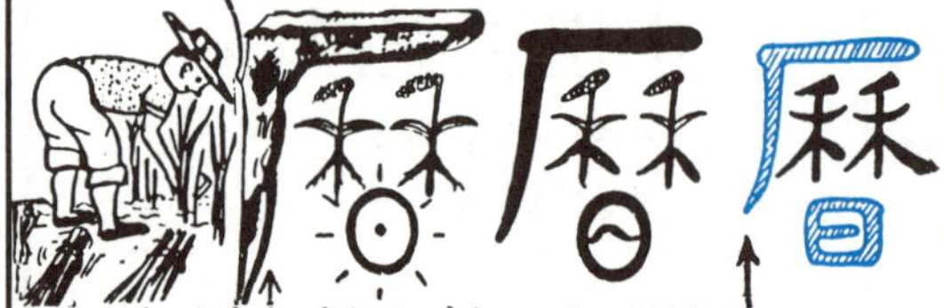

산기슭에 바위가 옆으로 나온 모양. (**바위엄**)

曆

丿 厂 厈 厤 厤 曆

曆數 (역수) 자연의 운수
曆學 (역학) 책력에 관한 학문

책력 력　レキ(こよみ)　약 暦

3급II

바위 밑 논에 **벼** 거두는 **날**을 기록하여 놓은 것이 **책력**이다.

委

一 千 禾 委 委

委託 (위탁) 남에게 맡김

委任 (위임) 사무의 처리를 맡김

맡길 위
숙인벼 위　イ(くわしい)

4급　무용하는 여자의 모양. (**계집녀**)

벼같이 **여자**가 고개를 숙이고 몸을 **맡기다.**

蘇

艹 苎 蓇 蘇 蘇 蘇

蘇復 (소복) 다시 회복함

蘇蘇 (소소) 소란하게 움직이는 모양

깨어날 소　ソ(よみがえる)

풀의 모양 (**풀초**)
물고기의 모양 (**물고기어**)

(환자가) 약**풀**과 **생선**과 **벼**의 곡기를 먹고 **깨어나다.**　3급 II

稻

丿 千 禾 秤 稻 稻

稻作 (도작) 벼농사
稻田 (도전) 벼를 심는 논

벼 도　トウ(いね)

절구의 모양. (**절구구**)
손톱의 모양 (**손조. 손톱조**)

벼이삭을 **손**으로 훑어 **절구**에 넣고 찧는 것이 **벼**다.

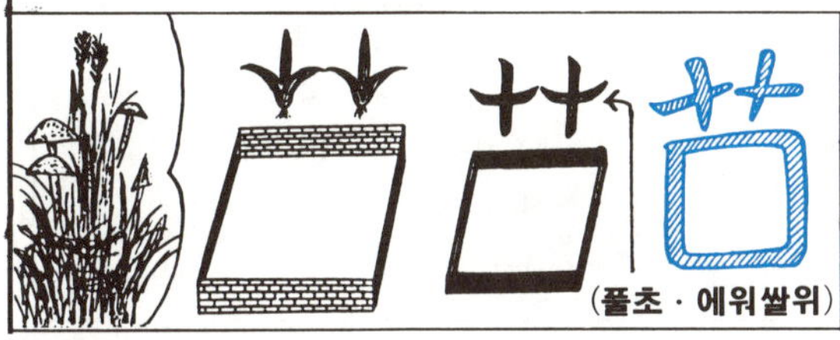

菌

一 艹 芦 芮 菌 菌

菌根 (균근) 공생 작용을 하는 뿌리
菌類 (균류) 버섯, 곰팡이 따위

곰팡이 균
버섯 균　キン(きのこ)

3급　**풀**에 **에워싸**여 있는 **벼**단이 썩어 **곰팡이** 와 **버섯**이 돋다

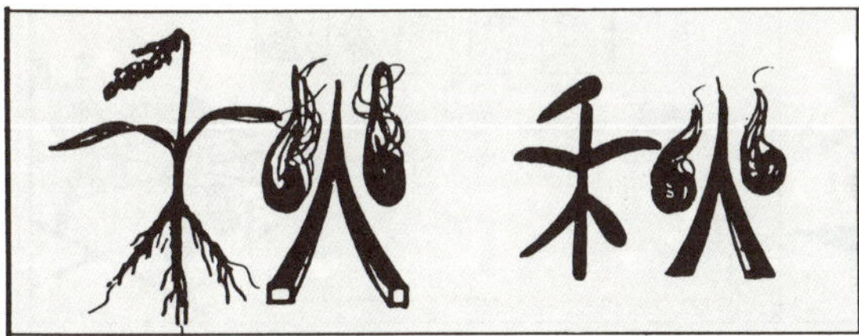

秋

丿 千 禾 禾' 秒 秋

秋涼 (추량) 가을철의 서늘하고 맑은 기운

秋顔 (추안) 늙은 얼굴

中 가을 추　シュウ(あき)

7급　벼가 불에 익은듯 누렇게 될 때가 **가을**이다.

젖가슴의 모양. (**가슴심 · 마음심**)

愁

一 禾 禾' 秋 愁 愁

愁顔 (수안) 근심스러운 얼굴

愁懷 (수회) 근심과 회포

中 근심 수　シュウ(うれい)

3급 II　**가을**같이 **마음**을 누렇게 뜨게 하는 것이 **근심**이다.

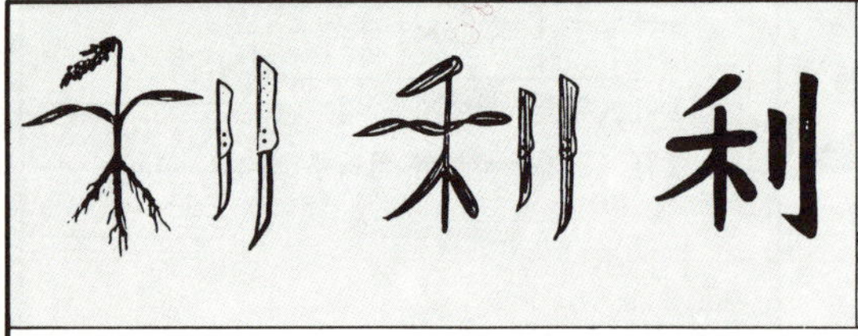

利

一	二	千	禾	利	利

利己 (이기) 자기 이익만 차림
利子 (이자) 원금에서 산출되는 길미

中 이로울 리
날카로울 리 リ(きく)

6급 **벼**를 자르는 **칼**은 **날카로울**수록 **이롭다**.

나무의 모양 (**나무목**)

梨

一	二	禾	和	利	梨

梨落 (이락) 배가 떨어짐
梨木 (이목) 배나무

☐ 배나무 리 り(なし)

※ 배는 갈증이 났을때나 쇠고기를 먹고 체한데 약재로 쓰이기 때문임.

(환자에게) **날카로우리**만큼 **이로움**을 주는 **나무**가 **배나무**다

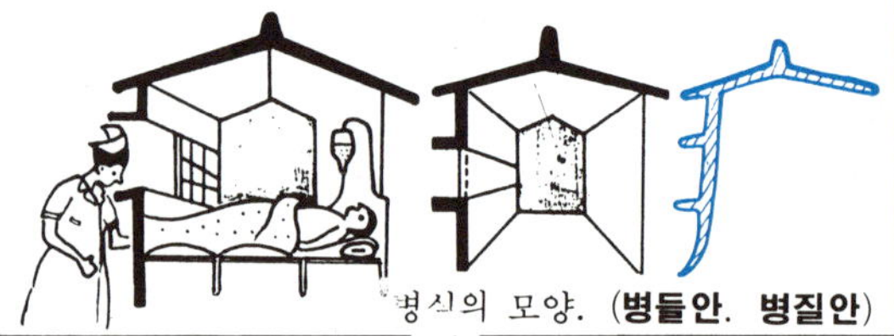

병실의 모양. (**병들안. 병질안**)

痢

广	疒	疒	疒	痢	痢

痢症 (이증) 똥에 곱이 이어 나오면서 뒤가 잦고 당기는 증세
痢疾 (이질) 이증 (痢症)

☐ 곱똥 리
설사 리 リ(はらくだり)

질**병** 중에 배에 **이롭지** 못한 병은 **설사, 이질, 곱똥**이다.

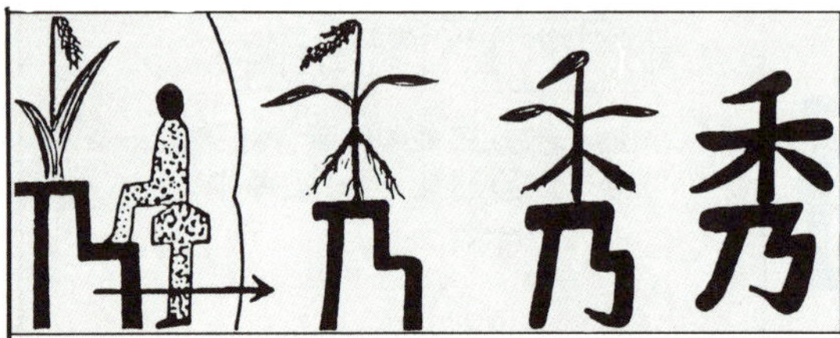

秀

一	二	千	禾	秀	秀

秀麗 (수려) 산수 경치가 빼나게 아름다움
秀才 (수재) 재주가 뛰어난 사람

中 벼이삭패일 수
빼어날 수, シュウ(ひいでる)

4급 **벼**가 **층층게** 위로 쑥 **빼어낸** 듯이 자라다.

캥거루우가 달려가는 모양 (**갈착. 달릴착**)

透

一	二	千	禾	秀	透

透視 (투시) 환히 꿰뚫어 봄
透察 (투찰) 꿰뚫어 짐작함

☐ 통할 투 トウ(とおる)

3급 **빼어나**게 **달리어**(어떤지점을) **통하**다

수염을 들먹이며 입으로 말하는 모양. (**말씀언**)

誘

一	三	言	言	誘	誘

誘說 (유세) 달콤한 말로 꾀임
誘益 (유익) 인도하여 도와줌

☐ 꾈 유 ユウ(さそう)

3급II **말**을 **빼어나게** 잘 해서 **꾀여**내다

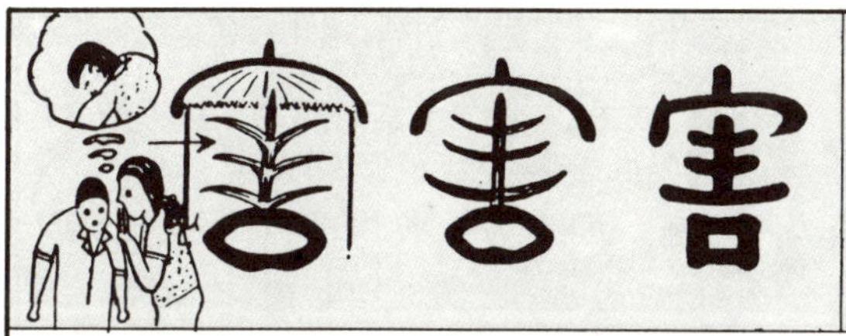

害

丶 宀 宫 宇 害

害蟲 (해충) 해를 끼치는 벌레의 총칭
害鳥 (해조) 해로운 새

中 해할 해
해칠 해 ガイ

5급 집안을 무성한 풀같이 입으로 헐뜯어 **해치**다.

칼을 새워 놓은 모양. (**선칼도**: **칼도**)

割

宀 宫 宰 害 割 割

割去 (할거) 베어 버림. 찢어 버림
割愛 (할애) 아깝게 생각하는 것을 선뜻 내어줌

나눌 할 · 벨 할
할 할 カツ(わる)

3급II **해치**려고 **칼**로 **베다**(나누다)

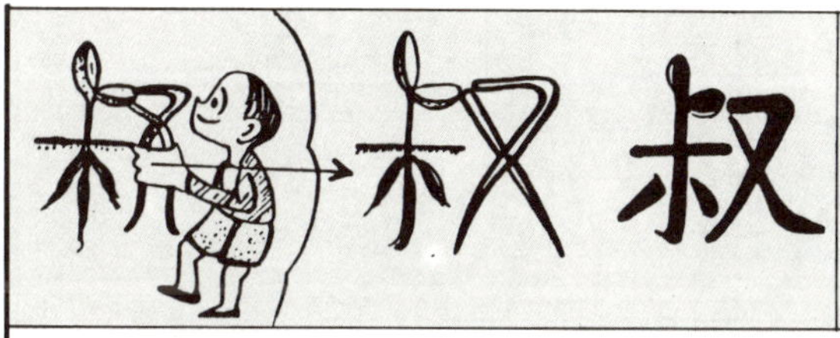

叔

丨 上 于 未 叔 叔

叔父 (숙부) 아버지의 동생
叔行 (숙항) 아저씨 뻘의 항렬

中 어릴 숙
아재비 숙 シュウ

4급 **콩나물**을 **집어내는** 말썽꾸러기가 **어린 아재비**다.

물방울이 떨어지는 모양. (**물수**)

淑

丶 氵 氵 汁 洙 淑

淑德 (숙덕) 숙녀의 덕행, 부인의 미덕
貞淑 (정숙) 여자의 지조가 곧고 얌전함

中 맑을 숙 シュク(しとやか)

3급II **물**에다 **어린 아재비**를 **맑게** 씻기다.

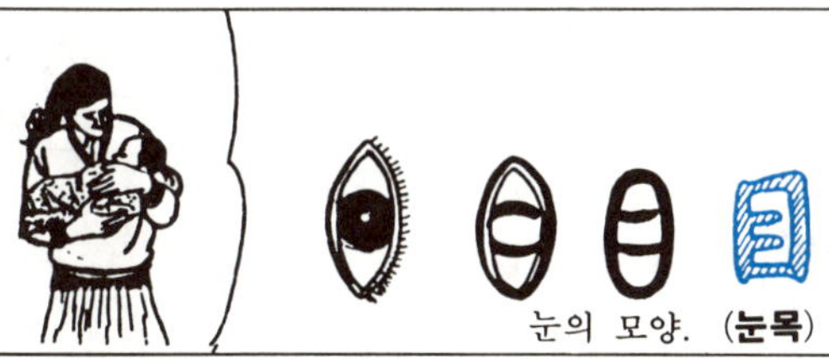

눈의 모양. (**눈목**)

督

上 于 未 叔 督 督

督納 (독납) 세금을 바치도록 독촉함
督戰 (독전) 싸움을 감독함

살필 독
감독할 독 トク

4급II **어린** 아이를 **눈**으로 **살피다**(감독하다)

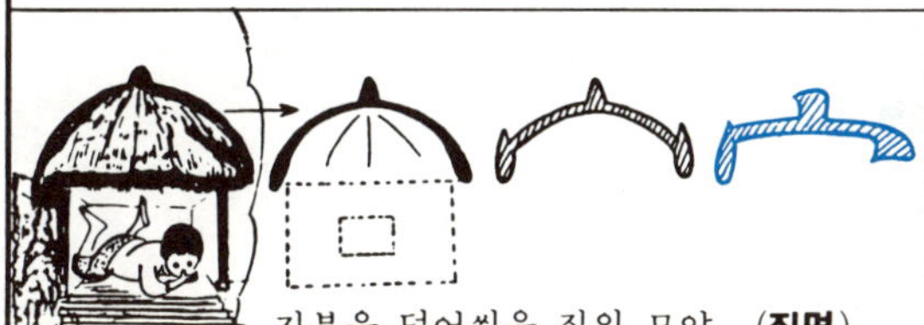

지붕을 덮어씌운 집의 모양. (**집면**)

寂

宀 宀 宇 宇 宗 寂

寂然 (적연) 쓸쓸하고 고요한 모양
寂滅 (적멸) 사라져 없어짐

고요할 적
쓸쓸할 적 ジャク(さびしい)

3급II **집**에 **어린 아재비** 혼자 있으니 **쓸쓸하다**(고요하다)

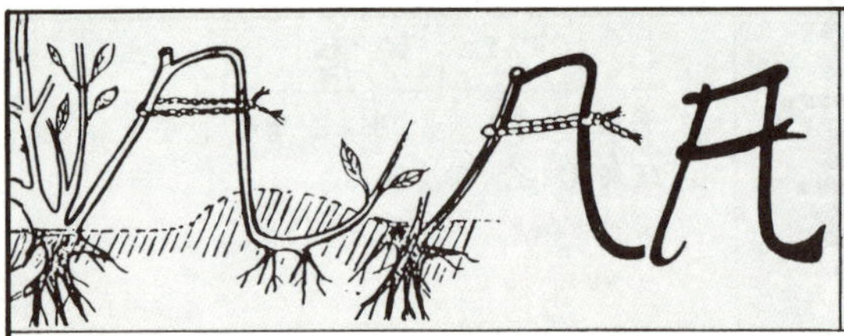

氏

一 𠂆 𠂇 氏

氏閥 (씨벌) 대대로 이어 내려오는집안의지체
妹氏 (매씨) 남의 누이의 존칭
성 씨 (사람의 뿌리가 곧 성이다)

中 뿌리 씨 シ(うじ)

4급 나뭇가지를 휘어 묶어 **뿌리**를 내리게 한 모양.

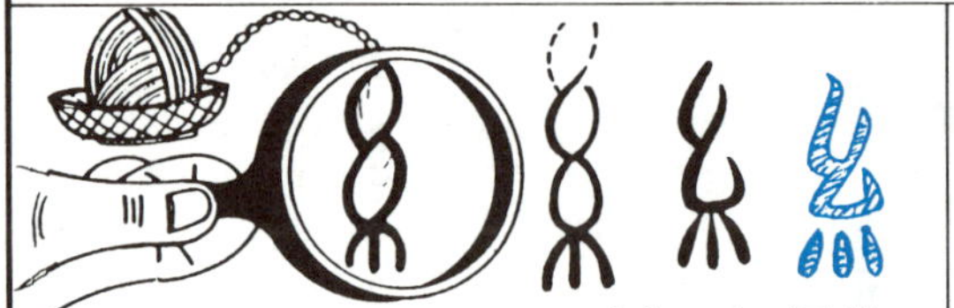

실의 모양. (**물수**)

紙

纟 幺 糸 糸一 紅 紙

紙窓 (지창) 종이로 바른 창
紙筆 (지필) 종이와 붓

巾 종이 지 シ(かみ)

7급 **실**같은 섬유질을 **뿌리**처럼 펴서 만든 것이 문**종이**(창호지)다.

氐

一 𠂆 𠂇 氏 氐

※뜻만 기억할 것.
낮을 저
낮게할 저

(나무에 새 뿌리가 나도록)
가지를 휘어 묶어서 **지면** 밑으로 **낮게** 묻어 놓은 모양

사람이 섰는 모양. (**사람인**)

低

亻 亻一 仾 𠈌 低 低

低俗 (저속) 품격이 낮고 속됨
高低 (고저) 높음과 낮음

낮을 저
숙일 저 テイ(そこ)

4급II **사람**이 몸을 **낮게** **숙이**다

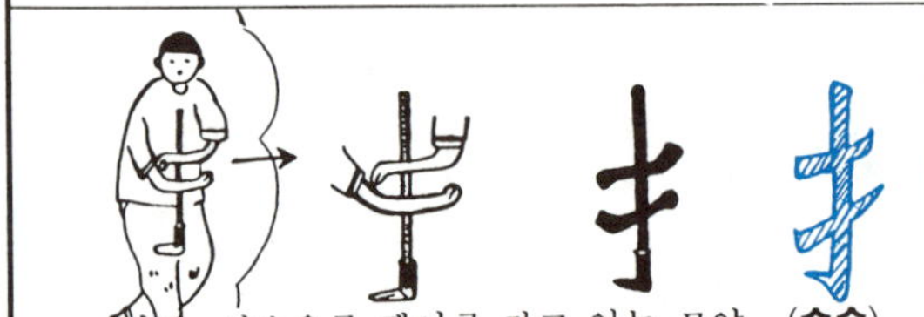

양손으로 괭이를 잡고 있는 모양. (**손수**)

抵

一 扌 扌𠂆 扌𠂇 扺 抵

抵抗 (저항) 서로 상대하여 겨룸
抵當 (저당) 채무 (債務) 의 담보물

막을 저 テイ(あたる)

3급II **손**을 **낮게** 하여 **막다**

집의 모양(**집엄**)

底

亠 广 广𠂆 广𠂇 底 底

底面 (저면) 밑바닥
底止 (저지) 닿아서 멎음

밑 저 テイ(そこ)

4급 **집**에서 **낮은** 부분이 **밑**바닥이다

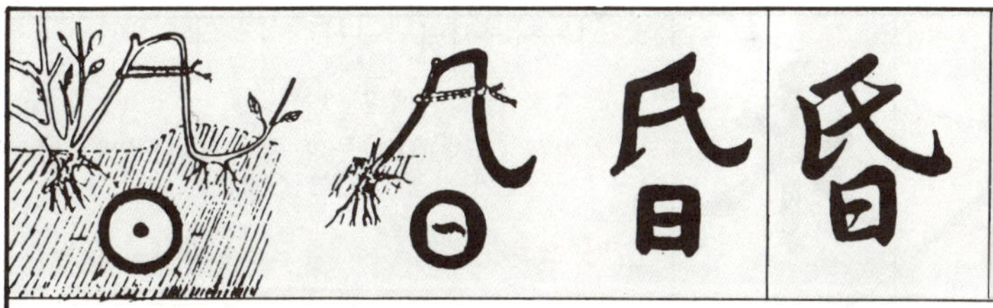

昏

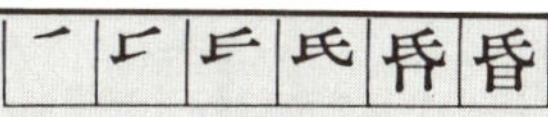

昏迷 (혼미) 어둡고 흐리멍텅함
昏倒 (혼도) 정신이 어지러워 넘어짐

□ 어두울 혼　コン

3급 뿌리가 내린 땅 밑으로 해가 지니 **어둡다**는 뜻

여자의 모양. (**계집녀**)

婚

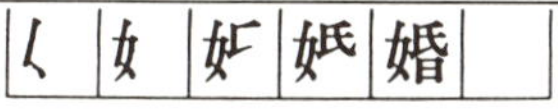

婚期 (혼기) 혼인하기에 적당한 나이
婚約 (혼약) 약혼

中 혼인할 혼　コン

4급 **여자**를 **어두운** 저녁에 맞아 **혼인하다.** *옛날에는 결혼식을 저녁에 올렸음.

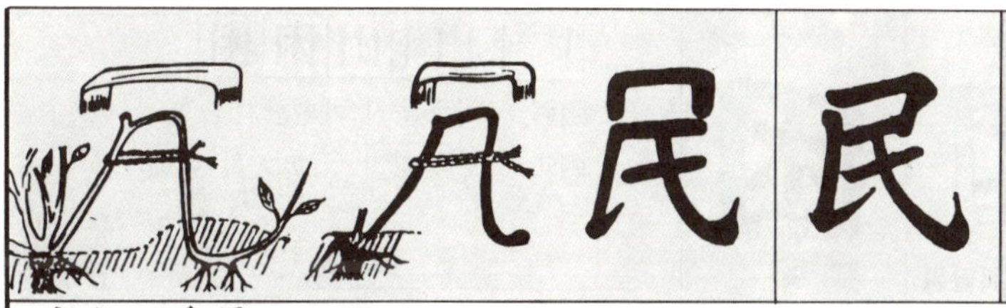

民

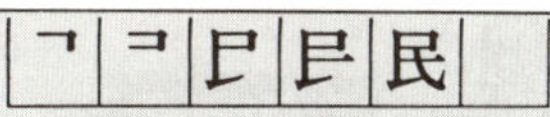

民度 (민도) 백성의 문화 생활 수준
民情 (민정) 국민의 사상과 생활 형편

中 백성 민　ミン(たみ)

덮어 씌우듯
여러 뿌리(성씨)를 뭉쳐 놓은 것이 **백성**이다　8급

눈의 모양. (**눈목**)

眠

睡眠 (수면) 잠 자는 것
安眠 (안면) 편안히 잠

中 잠 면　ミン(おむる)

3급II **눈**을 감고 **백성**이 **자다.**

瓜

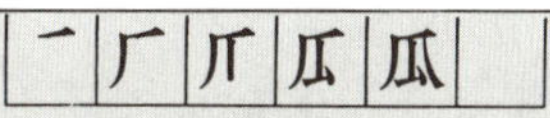

瓜田 (과전) 오이밭
瓜菜 (과채) 오이 나물

□ 오이 과　カ(うり)

3급 **오이**넝쿨의 모양을 본뜬 자.

어린 아들의 모양. (**아들자**)

孤

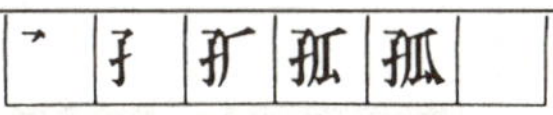

孤屋 (고옥) 외딴집
孤寂 (고적) 외롭고 쓸쓸함

□ 외로울 고　コ

4급 (부모를 여윈) **아들**이 **오이** 넝쿨에 홀로 달린 꼴이 되니 **외롭다**

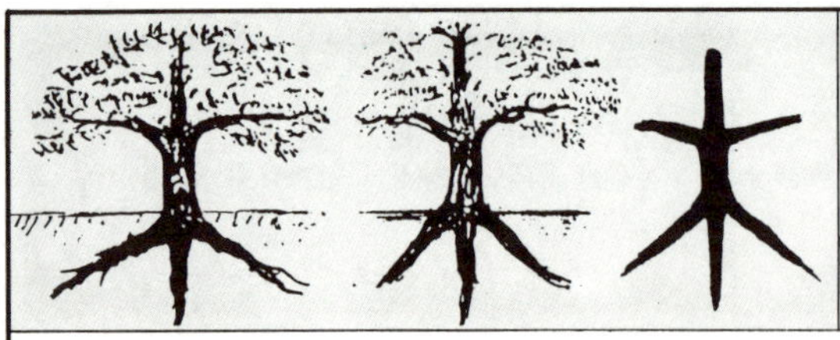

木

一	十	才	木		

木末 (목말) 메밀 가루

木石 (목석) (1)나무와 돌 (2)나무와 돌같이 감정이 없는 사람

中 나무 목 モク(き)

8급 **나무**의 모양.

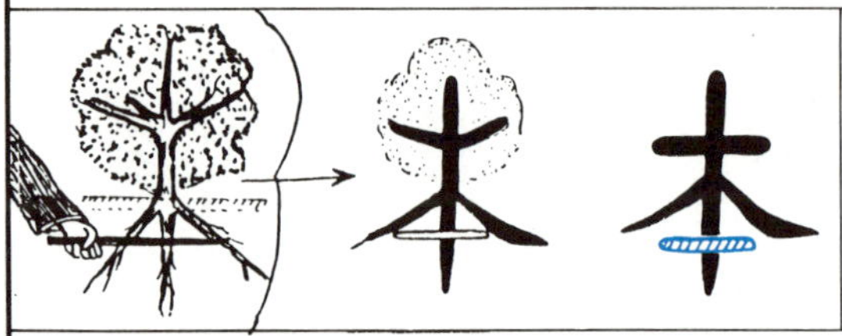

本

一	十	才	木	本	

本能 (본능) 태어날 때부터 지닌 능력

本源 (본원) 주되는 근원

中 근본 본 ホン(もと)

6급 (나무의 뿌리를 짚어 보이는 모양) **나무**의 **뿌리**가 곧 **근본**이다.

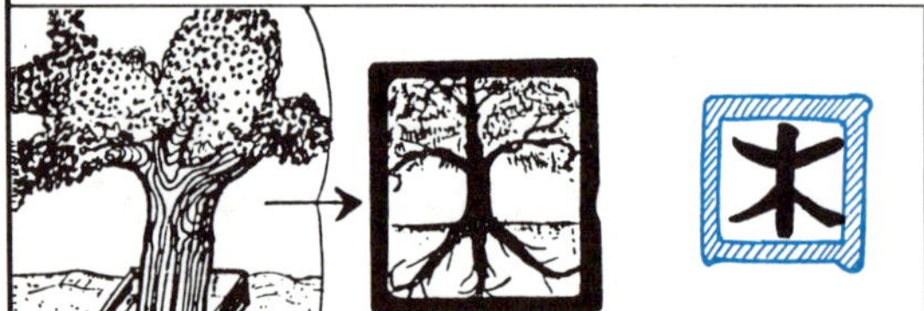
(에울위. 에워쌀위)

困

丨	冂	冃	円	闲	困

困窮 (곤궁) 몹시 가난함

困知 (곤지) 삼지 (三知) 의 하나. 애쓴 뒤에 도 (道) 를 암

中 곤할 곤 コン(こまる)

4급 (장애물에) **에워쌓여** 있는 **나무**는 자라기가 **곤란하다.**

입, 드릴 집게의 모양

極

一	木	朾	朽	柄	極

極難 (극난) 몹시 어려움

極大 (극대) 아주 몹시 큼

中 다할 극 キョク(きわめる)

4급II **나무**가 **입,드릴,집게**에 물리고 뚫리고 집혀서 수명이 **다 하**여지다.

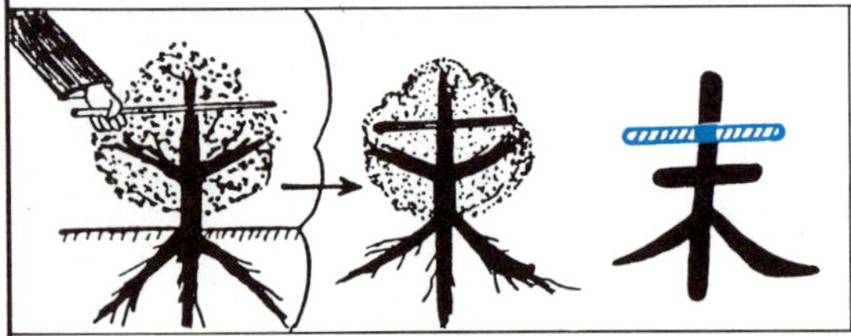

末

一	二	丰	末	末	

末端 (말단) 사물의 끄트머리, 가장 뒤

末職 (말직) 맨 끝자리의 벼슬

中 끝 말 マツ(すえ)

5급 (나무의 끝을 짚어 보이는 모양) **나무**의 **가지**가 곧 **끝**이다.

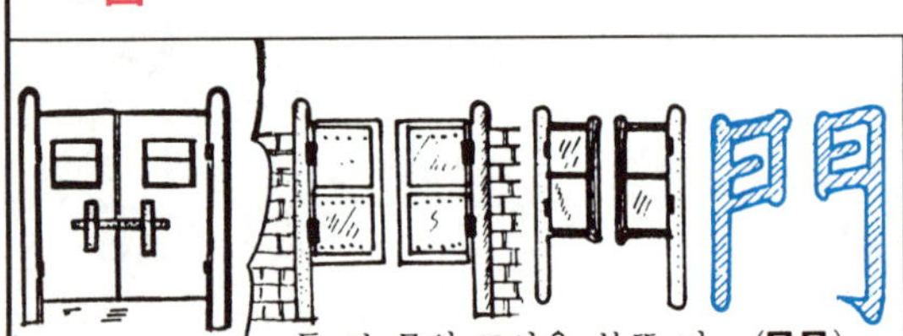
두 짝 문의 모양을 본뜬 자. (문문)

閑

丨	𠂇	户	門	閅	閑	동 閒

閑良 (한량) 돈 잘 쓰고 잘 노는 사람

閑職 (한직) 한가한 직

中 한가할 한 カン

4급 **문**에 **나무** 빗장이 걸려 있으니 **한가하다.**

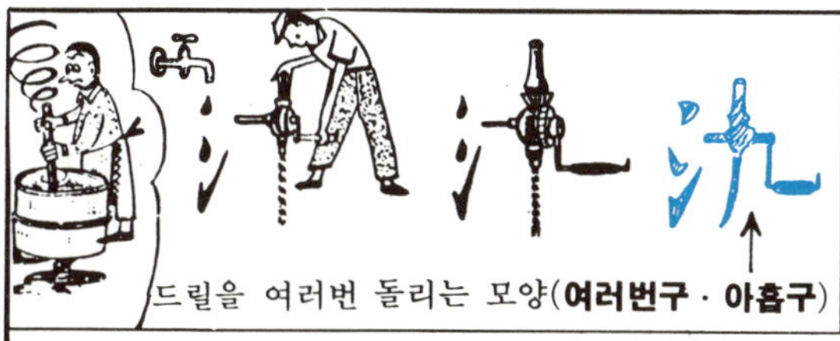
드릴을 여러번 돌리는 모양(**여러번구 · 아홉구**)

染

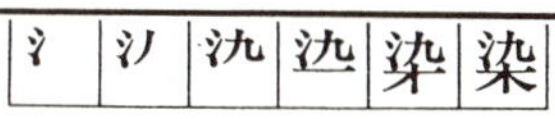

染色 (염색) 물을 들임
染織 (염직) 피륙에 염색함

☐ 물들일 염　セン(そめる)

3급II　**물**감에 넣고 **여러 번** **나무**로 저어서 **물들이**다

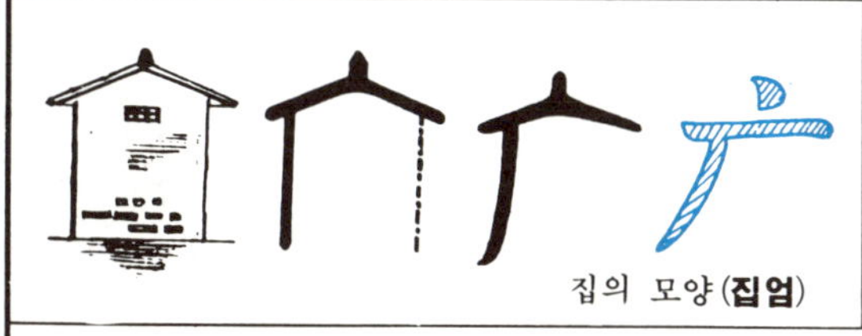
집의 모양(**집엄**)

床

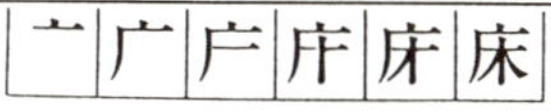

床上 (상상) 자리 위
苗床 (묘상) ① 모종 키우는 자리
② 못자리

☐ 평상 상　ショウ(とこ)

4급II　**집**안에 **나무**를 깔아 놓은 곳이 **평상**(마루)이다

물건을 집게로 또 잡는 모양. (**또우 · 잡을우**)

桑

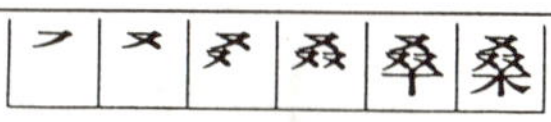

桑稼 (상가) 누에치는 일과 농사짓는 일
桑菌 (상균) 뽕나무 모종

☐ 뽕나무 상　ソウ(くわ)

3급　(잎사귀를) **따**고, **따**고, **또 따**도
누에먹이가 돋는 **나무**가 **뽕나무**다

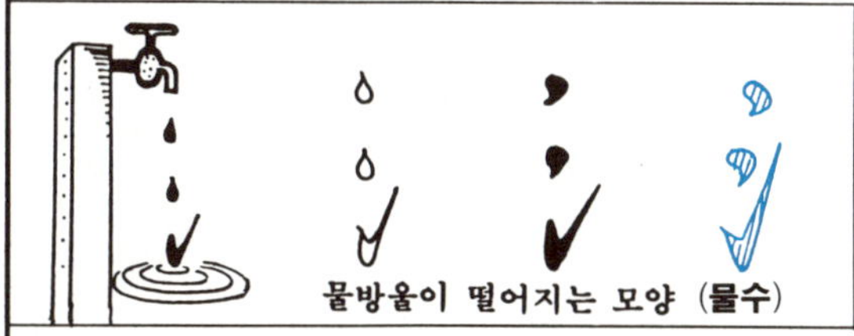
물방울이 떨어지는 모양 (**물수**)

沐

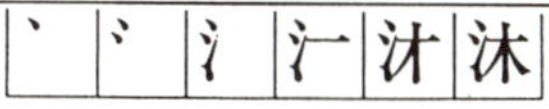

沐間 (목간) 목욕간
沐雨 (목우) 비를 흠뻑 맞음

☐ 머리감을 목　モク

3급　**물**가 **나무** 밑에서 **목욕**하다(머리 감다)

(**풀초 · 사람인**)

茶

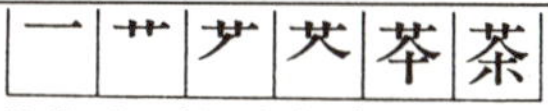

茶菓 (다과) 차와 과자
紅茶 (홍차) 차나무의 잎을
발효시켜 말린 찻감

☐ 차 다(차)　チャ

3급II　**풀** 잎사귀를 **사람**들이 **나무**에서 따서 달여 먹는 것이 **차**다

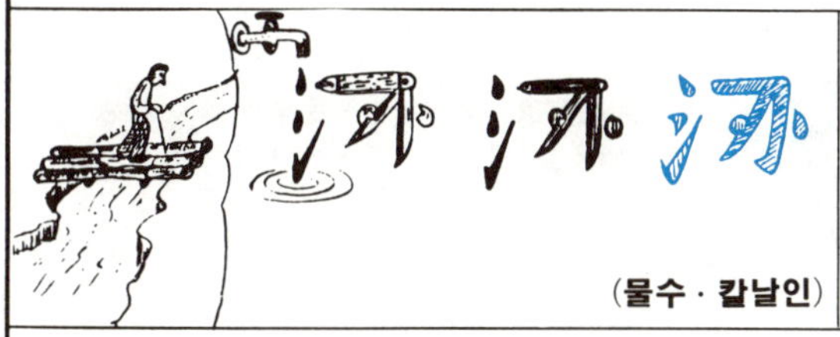
(**물수 · 칼날인**)

梁

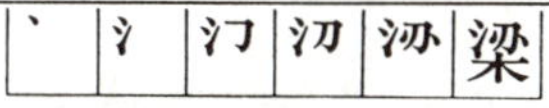

梁上君子 (양상군자) 도둑의 별칭
梁材 (양재) 들보가 될 수 있는 재목

☐ 다리 량　リョウ(はり)

3급　**물**을 건너려고 **칼**로 **나무**를 짤라 걸쳐 놓은 게 **다리**다

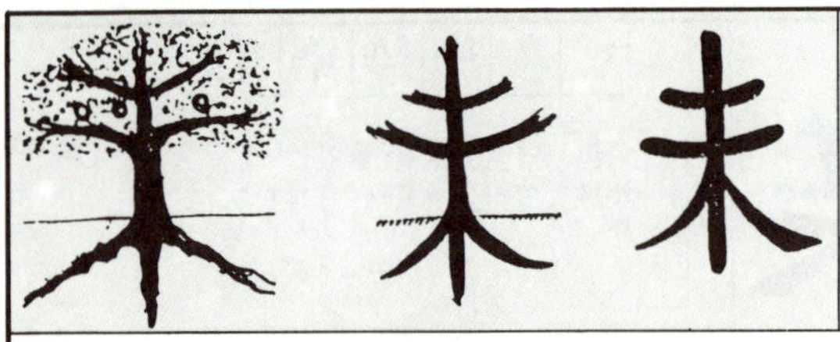

未

一 二 丰 才 未

未決 (미결) 아직 결정하지 못함
未久 (미구) 동안이 오래지 않음

中 아닐 미　ミ(まだ)

4급II　나무에 가지가 무성할 때는 과일이 **아니** 익었을 때다.

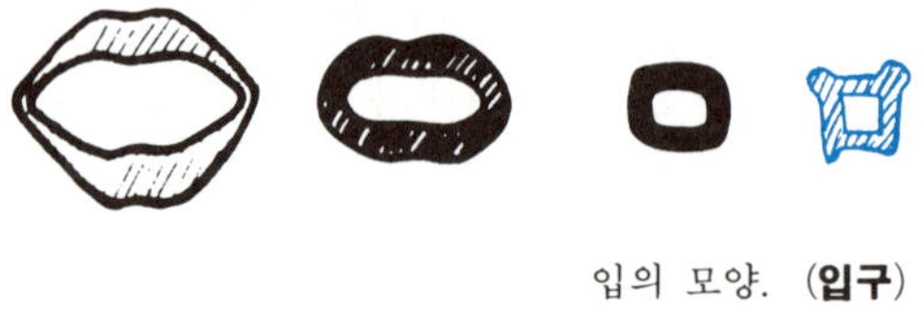

입의 모양. (**입구**)

味

丨 口 口一 叶 味 味

口味 (구미) 입맛
味官 (미관) 미감을 맡은 기관

中 맛 미　ミ(あじ)

4급II　**입**으로 **아니** 익은 과일을 **맛** 보다.

무용하는 여자의 모양. (**계집녀**)

妹

く 女 女 女一 妹 妹

妹氏 (매씨) 남의 누이의 존칭
妹弟 (매제) 손아래 누이의 남편

손아랫누이 매

中 누이 매　マイ(いもうと)

4급　**여자**로 철이 **아니** 든 애가 **손아래 누이**다.

林

一 十 才 木 材 林

林業 (임업) 이득을 목적으로 삼림을 경영하는 사업
林山 (임산) 수림이 있는 산

中 수풀 림　リン(はやし)

7급　**나무**와 **나무**가 모여서 된 것이 **수풀**이다

신에게 보이려고
젯상을 차려놓은 모양. (**보일시·제사시**)

禁

一 木 林 埜 埜 禁

禁界 (금계) 통행을 금한 지역
禁制 (금제) 어떤 행위 또는 일을 못하게 함

中 금할 금　キン

4급II　**수풀**속 **제 지내**는 곳(사당)은 잡인의 출입을 **금한**다.

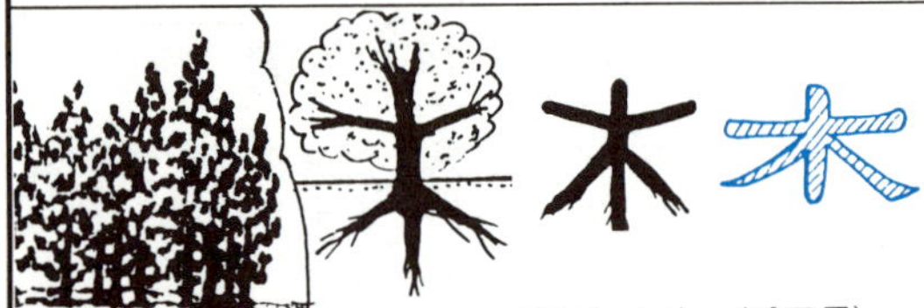

나무의 모양. (**나무목**)

森

一 十 木 木 森 森

森羅萬象 (삼라만상) 우주의 온갖 사물
森嚴 (삼엄) 무시무시하게 엄숙함

나무 삼
나무빽빽할 삼　シン(もり)

3급II　**나무**가 들어선 **수풀**속은 **나무가 빽빽하다**

朱

丿 𠂉 𠂉 牛 牛 朱

朱書 (주서) 주묵 (朱墨) 으로 쓴 글씨
朱黃 (주황) 주색과 황색의 중간 빛

中 붉을 주　シュ (あけ)

4급 **송곳**으로 **나무** 속을 뚫어 보니 속심이 **붉다**.

나무의 모양 (**나무목**)

株

一 木 木 朩 杵 株

株主 (주주) 주권을 가진 사람
株價 (주가) 주식 주권의 가격

뿌리 주
그루 주　(かぶ)

3급 **나무**를 벤 뒤에 **붉은** 부분이 **뿌리**(그루터기)다

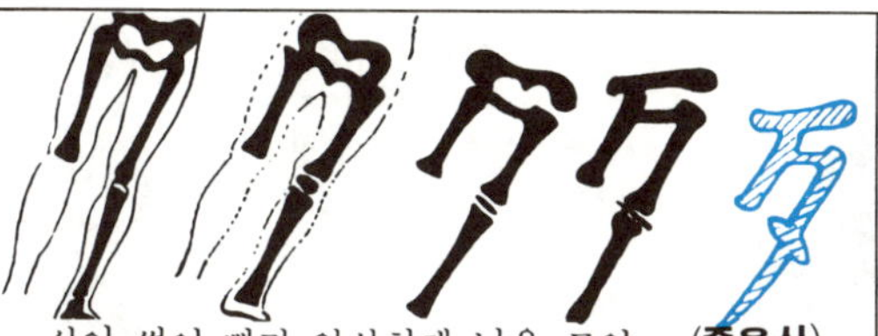

살이 썩어 뼈만 앙상하게 남은 모양. (**죽을사**)

殊

一 ア 歹 歼 歼 殊

殊勳 (수훈) 특별히 뛰어난 공훈
特殊 (특수) 보통보다 특별히 다름

죽을 수
뛰어날 수　シュ (こと)

3급II **죽**을 때까지 **붉**은 피를 흘리며 싸우다 **뛰어나**게 **죽다**

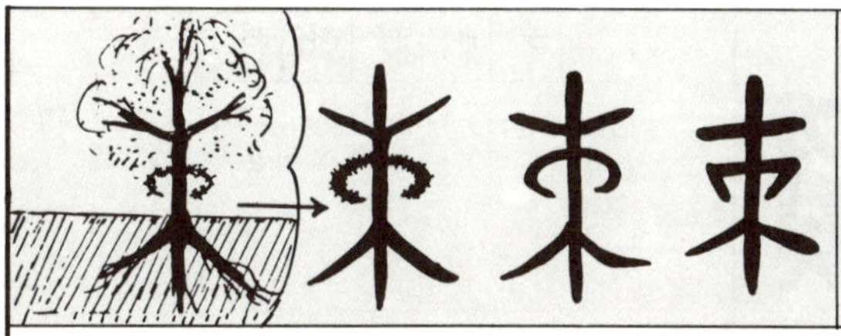

朿

一 冂 市 朿 朿

※ 뜻만 기억할 것

가시 치

나무 줄기에 **가시** 철망이 처져 있는 모양

칼을 세워 놓은 모양. (**선칼도: 칼도**)

刺

一 冂 市 朿 朿 刺

刺刀 (자도) 찔러 죽이는 칼
刺痛 (자통) 찔린듯이 따끔하게 아픔

찌를 자
바늘 자　シ (さす)

3급 **가시**나 **칼**로 **찌르**다

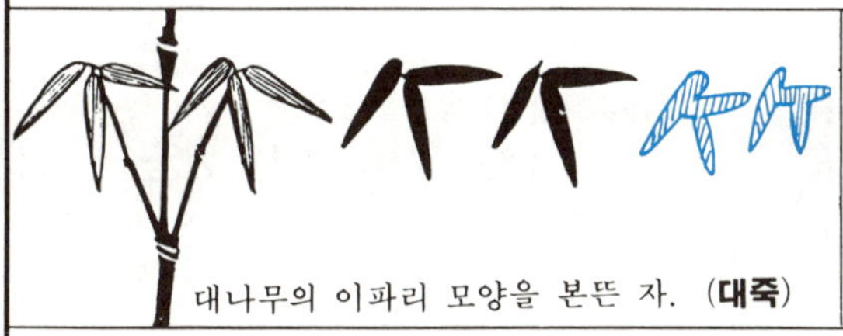

대나무의 이파리 모양을 본뜬 자. (**대죽**)

策

⺈ ⺮ 笁 笧 策

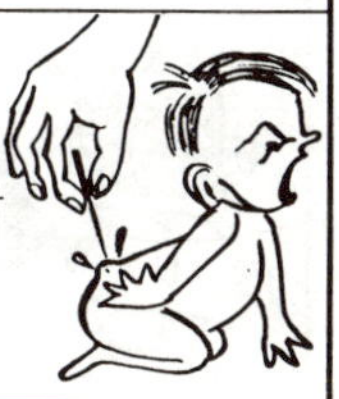

策動 (책동) 남을 선동함
策定 (책정) 계획하여 정함

꾀 책
채찍질할 책　サク

3급II **대나무**를 **가시**같이 깎아 **채찍질 하는** 대신
꾀를 써 따끔 하게 침놓다.

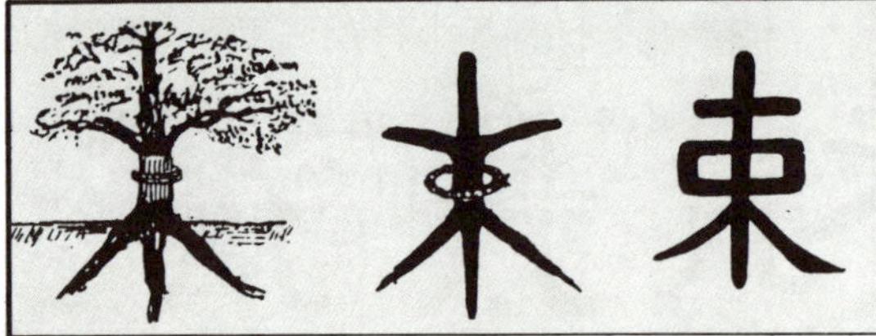

束

一	一	一	申	東	束

束手無策 (속수무책) 어떤 방책이 없어 꼼짝 못함
結束 (결속) 한 덩이가 되게 묶음

묶을 속　ソク(たばねる)

5급　(나무를 묶은 모양) 나무를 **묶다.**

캥거루우가 달려가는 모양. (**갈착. 달릴착**)

速

一	一	申	束	速

速記 (속기) 빨리 적음
迅速 (신속) 매우 빠름

中　빠를 속　ソク(はやい)

6급　(몸을 가뜬하게) **묶고 달리니** 속도가 **빠르다.**

손발의 모양. (**발소. 손발소**)

疎

正	正	疎	疎	疎

疎忽 (소홀) 대수롭지 않고
生疎 (생소) 낯이 섦　예사임
익숙하지 못함

성길 소　ソ(うとい)

3급 II　**발**로 눌러 **묶은** 단은 **성글다**(기계로 묶은 것보다).

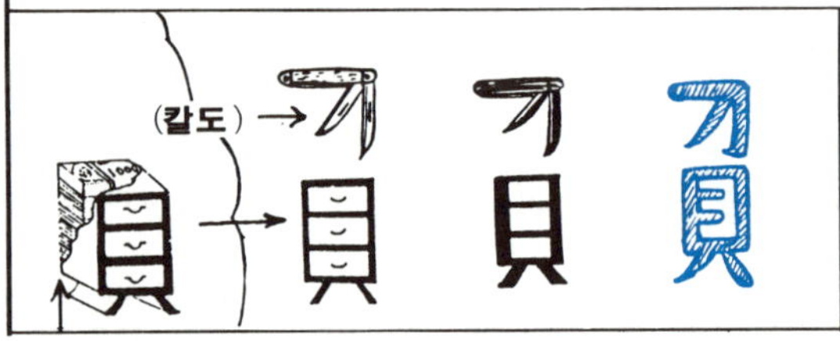

(**자개패 · 돈패 · 조개패**)
돈이 든 자개장의 모양.

賴

一	一	束	剌	賴	賴

信賴 (신뢰) 신용하여 의뢰함. 믿고 의지함
賴德 (뇌덕) 남의 덕을 입음

믿을 뢰
의뢰할 뢰　ライ(たのむ)

(과수원에서 과목을) **묶**는 일을 **칼**과 **돈**에만 **의뢰하다**　3급 II

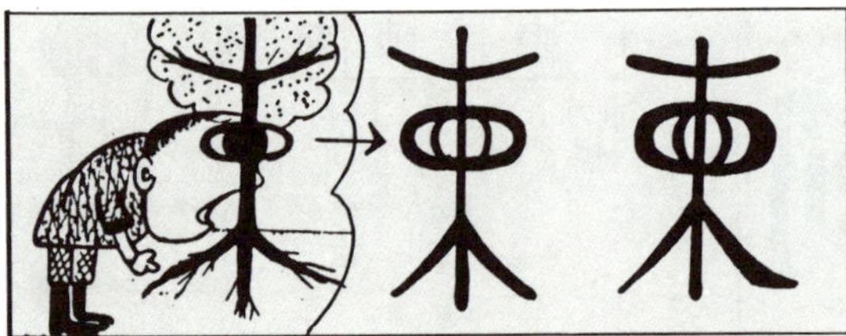

柬

一	一	申	東	柬

※뜻만 기억할 것.

분별할 간

나무를 눈으로 보아서 **분별하다.**

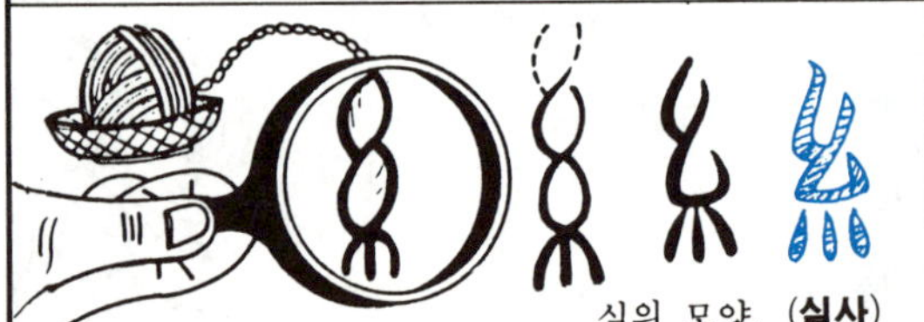

실의 모양. (**실사**)

練

𠃋	幺	糸	糹	絅	練

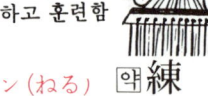

練兵 (연병) 병사를 훈련함
試練 (시련) 시험하고 훈련함

中　익힐 련
가릴 련　レン(ねる)　약 練

5급　**실**을 **분별하**는 일을 **익히다.**

쇠를 다루는 대장간의 모양. (**쇠금**)

鍊

丿 亼 金 金一 鋉 鍊 (속)鍊

鍊武 (연무) 무술을 단련함

修鍊 (수련) 마음과 힘을 닦음

단련할 련

불릴 련　レン(ねる)

3급II

쇠의 성질을 **분별하여** **단련하다.**

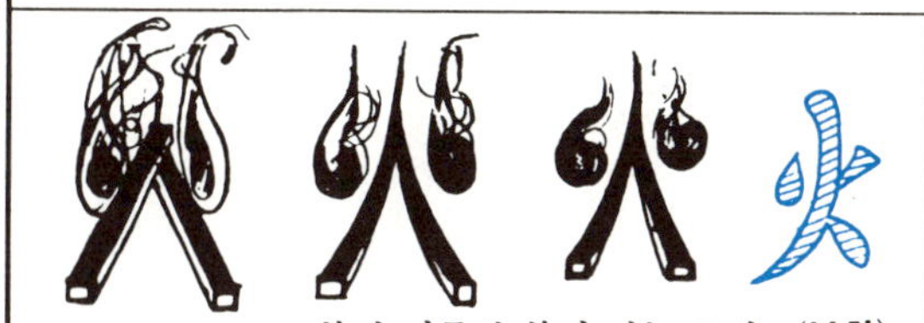

불이 나무에 붙어 타는 모양 (**불화**)

煉

火 火一 炉 焯 煉 煉

煉獄 (연옥) 죄를 지은 사람이 천국에 들어 가기 전에 불에 의해서 죄를 정화한다는 곳

달굴 련　レン(ねる)

2급

불의 도수를 **분별하여** **달구다**

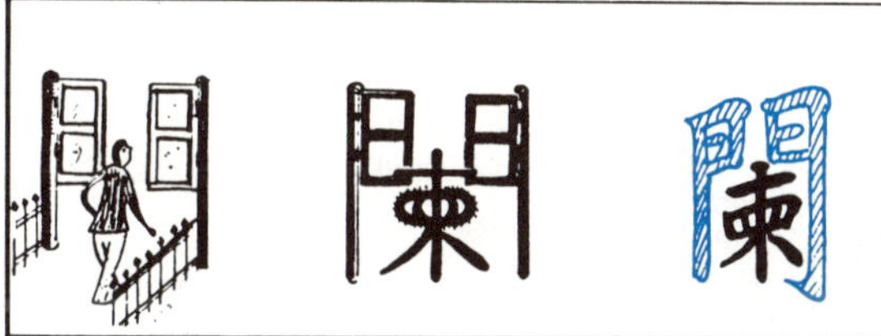

闌

門 門 門 闌 闌

※뜻만 기억할 것

란간 란

문으로 가는 쪽을 **분별 할 수** 있도록 둘러친게 **난간**이다

나무의 모양. (**나무목**)

欄

朩門 朩門 朩闌 欄 欄 (약)欄

欄外 (난외) 난간 밖

欄干 (난간) 누각이나 층계나 다리의 가장 자리를 막은 것

난간 란

테두리 란　ラン

3급II

나무로 **난간**같이 둘러친게 **테두리**다

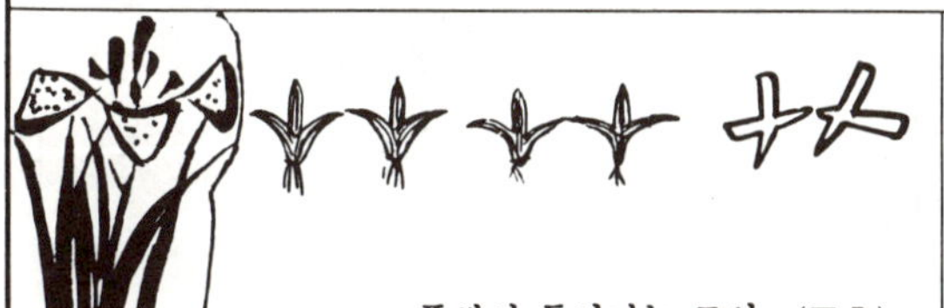

풀싹이 돋아나는 모양 (**풀초**)

蘭

一 艹 艹 艹 蕳 蘭

蘭艾 (난애) 난초와 쑥. 군자와 소인

蘭交 (난교) 뜻이 맞는 친구간의 두터운 교분

中 난초 란　ラン(あららぎ)

3급II

풀잎이 **난간**같이 꽃송이를 싸고 있는 게 **난초**다

장작에 불이 붙어 타는 모양. (**불화**)

爛

丷 火 炉 炉 爛 爛

爛漫 (난만) 꽃이 만발하여 한창인 모양

爛熟 (난숙) 무르익음

빛날 란

밝을 란　ラン(ただれる)

3급

불을 놓아 **난간**을 **밝히**다.

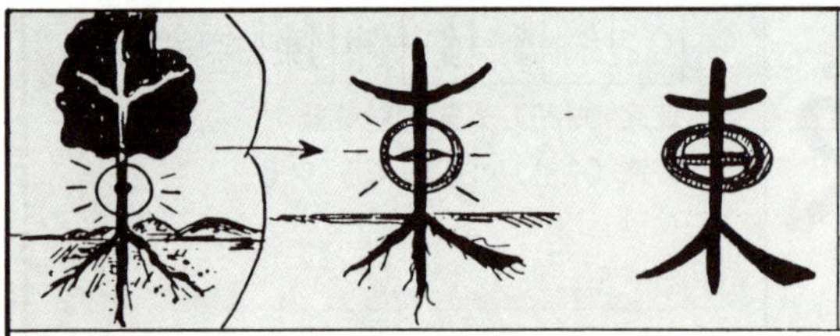

東

一 冂 百 申 東 東

東宮 (동궁) 태자 또는 세자

東床 (동상) 남의 새 사위를 높이어 하는 말

中 걸릴 동 / 동녘 동 トウ(ひがし)

8급 (아침마다) **나무** 뒤로 **해**가 떠 **걸린** 것같이 보이는 쪽이 **동녘**이다

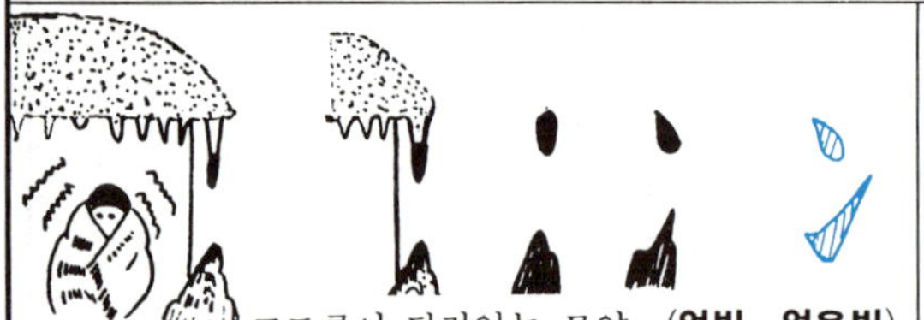

고드름이 달려있는 모양. (**얼빙. 얼음빙**)

凍

冫 冮 洹 凍 凍 凍

凍死 (동사) 얼어서 죽음

凍結 (동결) ① 얼어 붙음 ② 자금등의 유통을 금하는 일

얼 동 トウ(こおる)

3급 (고드름이된) **얼음**이 **걸린** 것같이 꽁꽁 **얼어** 붙다.

지팡이의 모양(**글자 왼쪽에 붙을시**) (**언덕부**)

陳

阝 阝 阝 陌 陣 陳

陳腐 (진부) 묵어서 썩음

陳設 (진설) 제사나 잔치때 벌여놓은 음식

베풀 진 / 늘어놓을 진 チン(のべる)

3급II (물건을) **언덕에 걸려** 있는 것같이 **늘어놓다**

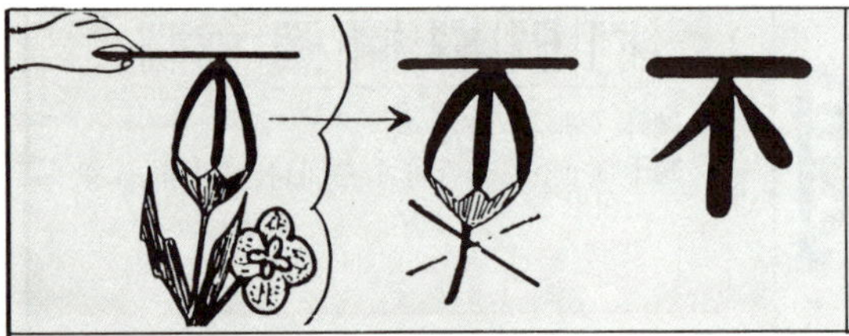

不

一 ア 不 不

不快 (불쾌) 마음이 유쾌하지 않음

不足 (부족) 모자람

中 아니핀꽃봉오리 부 / 아니 불(부) フ

7급 **아니 핀 꽃봉오리**를 짚어 보이는 모양.

나무의 모양 (**나무목**)

杯

一 木 木 杉 杯 杯

杯酒 (배주) 잔에 부은 술

杯池 (배지) 잔과 같이 작은 연못

中 잔 배 ハイ(さかずき)

3급 **나무**로 **아니 핀 꽃봉오리**같이 통통하게 깎아 만든 것이 **잔**이다.

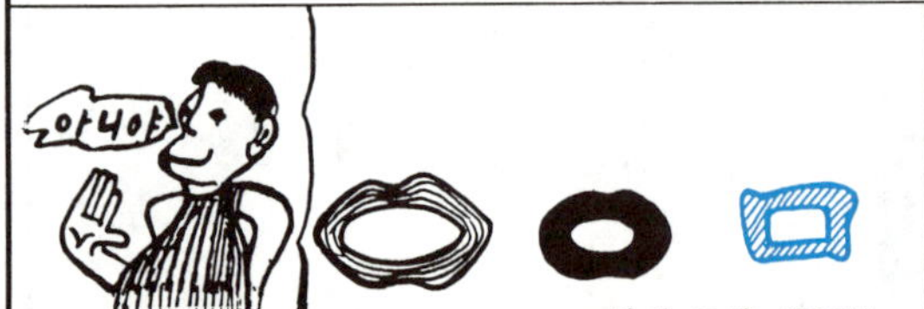

입의 모양 (**입구**)

否

一 ア 不 不 否 否

否認 (부인) 인정하지 아니함

否塞 (비색) 운수가 막힘

中 아니 부, 막힐 비 ヒ(いや)

4급 **아니 핀 꽃봉오리**같이 **입**을 뾰로통하게 내밀고 **아니**라 한다.

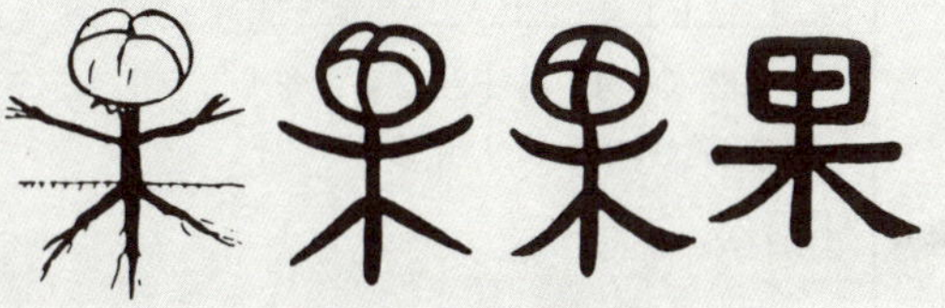

果

丨 冂 日 甲 果 果

果敢 (과감) 결단성이 강함
果樹 (과수) 과실 나무

中 실과 과
열매 과 カ(はたす)

6급 **열매**(실과)가 나무에 달린 모양.

수염을 들먹이며 입으로 말하는 모양 (**말씀언**)

課

一 亖 言 訁口 誀 課

課目 (과목) (1)할당된 항목 (2)학과
課程 (과정) 할당된 일이나 학과

中 공부 과 カ

5급 **말**이 **열매** 맺도록 **공부**하다.

奔

一 大 本 夲 奔

奔忙 (분망) 매우 바쁨
奔走 (분주) 바쁘고 수선스러움

달아날 분
분주할 분 ホン(はしる)

3급II **큰** 사람이 **무수히 난 풀** 위를 **분주하**게 **달아나**는 모양

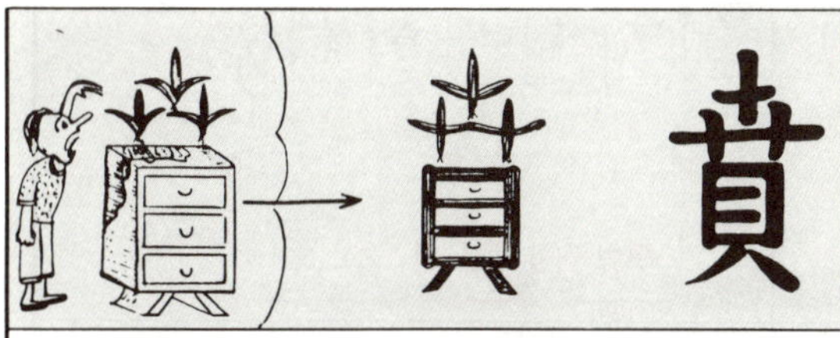

賁

十 土 卉 賁 賁

※뜻만 기억할 것.

클 분

무수히 난 풀이 **돈궤짝**을 덮을 정도로 **크다**는 뜻

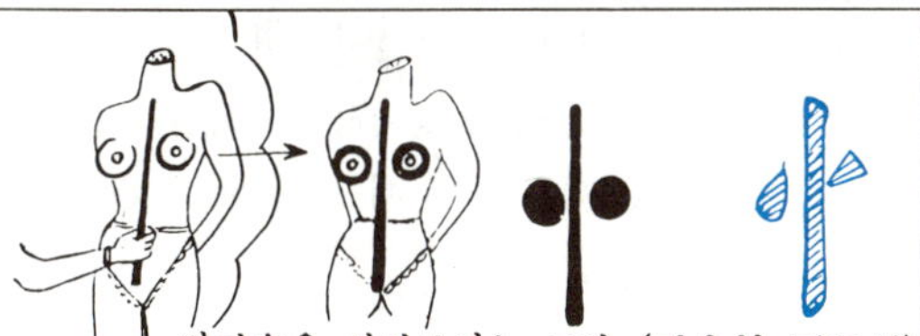

젖가슴을 짚어보이는 모양 (**가슴심·마음심**)

憤

丶 忄 忄十 忄卉 憤 憤

憤事 (분사) 실패한 일
憤敗 (분패) 분하게 짐

분할 분
결낼 분 フン(いきどおる)

4급 **마음**에 화가 **크게** 솟구치니 **분하**다

싹이(+) 흙위에(—) 돋아나는 모양. (**흙토**)

墳

土 圡 圤 堉 墳 墳

墳上 (분상) 무덤의 봉긋한 부분
墳墓 (분묘) 무덤

봉분 분
무덤 분 フン

3급 **흙**을 **크게** 쌓올린 게 **무덤**(**봉분**)이다

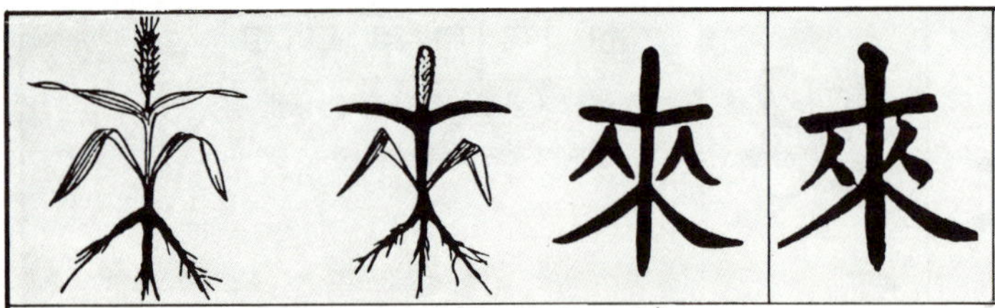

來 속 来

來歷 (내력) 지나온 경력, 유래
來訪 (내방) 찾아와 봄

中 올 래　　ライ(くる)

7급 (보리의 모양을 본뜬 자)
보리는 하늘에서 신선이 가지고 **온** 곡식이라는 뜻

※ (옛날에 사람이 굶어죽게 되었을때 신선이 보리를 가지고 **와**서 인간을 구하여 주었다는 고사에서 유래됨)

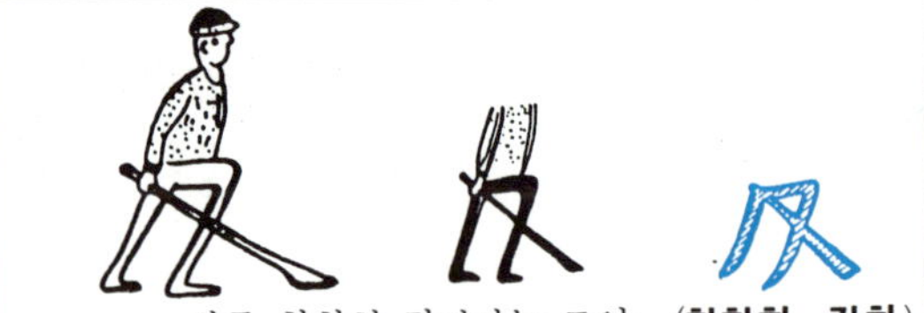

발로 천천히 걸어가는 모양. (**천천히, 갈치**)

麥

麥

麥飯 (맥반) 보리밥
麥秋 (맥추) 보리가 익는 절기

中 보리 맥　　バク(むぎ)

3급 **오며 가며** 마시는 것이 **보리** 술(맥주)이다.

싹이(+) 흙위에(一) 돋아나는 모양. (**흙토**)
돌아가는 바퀴의 모양 (**돌아올회 · 돌회**)

墻 동 牆

墻內 (장내) 담 안
墻壁 (장벽) 담과 벽

담 장　　ショウ(かき)

3급 **흙**을 이겨 가지고 **와서** 사면을 **돌려**친 게 **담**이다.

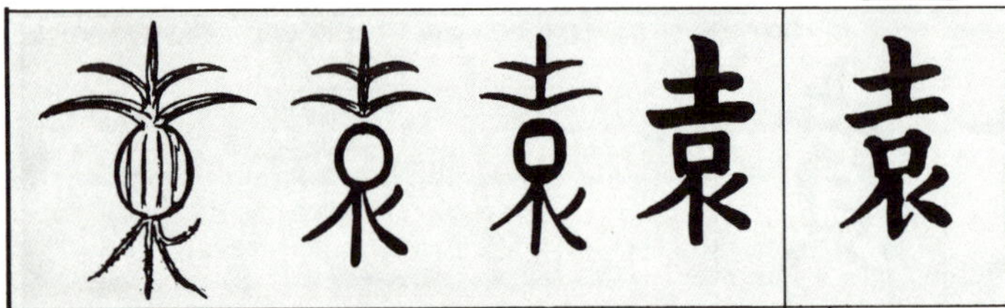

袁

※뜻만 기억할 것

주렁주렁달릴 원

2급 양파에 뿌리가 **주렁주렁 달려** 있는 모양.

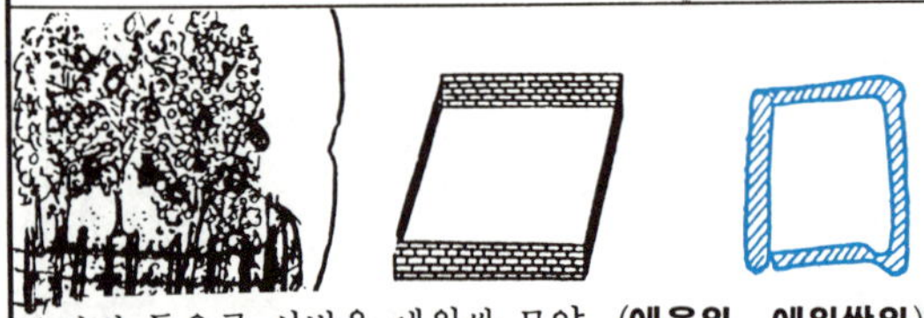

성벽 등으로 사방을 에워싼 모양. (**에울위. 에워쌀위**)

園

園

園丁 (원정) 정원을 맡아 보살피는 사람
公園 (공원) 공중을 위해 시설된 동산

中 동산 원　　エン(その)

6급 (담장으로) **에워싼** 속에 과일이 **주렁주렁 달려** 있는 곳이 **동산**이다.

캥거루우가 달려가는 모양. (**갈착. 달릴착**)

袁 遠

遠路 (원로) 먼 길
遠洋 (원양) 물에서 멀리 떨어진 넓은 바다

中 멀 원　　エン(とおい)

6급 (행장을) **주렁주렁 달**고 **달려가야** 할 만큼 **멀다**

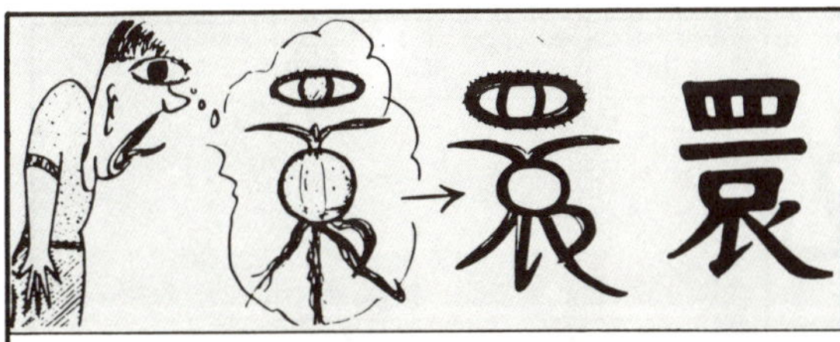

睘

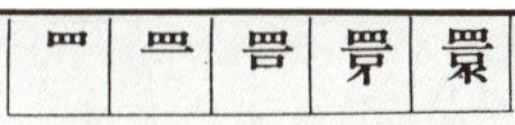

※ 뜻만 기억할 것.

□ 눈둥그렇게뜰 경
눈휘둥그렇게뜰 경

눈을 **양파**같이 **둥그렇게 뜬**다는 뜻으로 쓰임

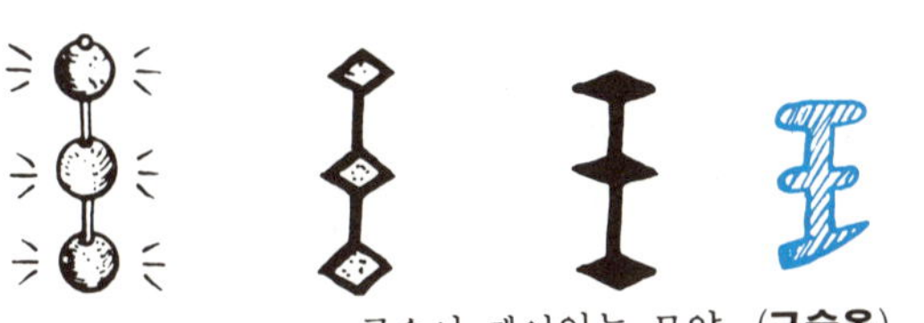

구슬이 꿰어있는 모양. (**구슬옥**)

環

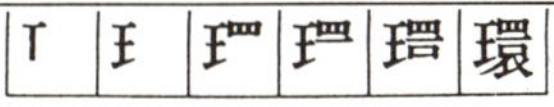

環狀 (환상) 고리처럼 둥글게 생긴 형상
花環 (화환) 꽃다발

□ 옥고리 환
두를 환 カン

4급 **구슬**을 꿰여 **둥그렇게** 만든 게 **옥고리**다

캥거루우가 달려가는 모양 (**갈착. 달릴착**)

還

還送 (환송) 도로 보냄
還元 (환원) 본래의 모습으로 돌아감

□ 돌아올 환 カン(かえる)

3급II (코스를) **둥그렇게 달리**면 다시 제자리로 **돌아온**다

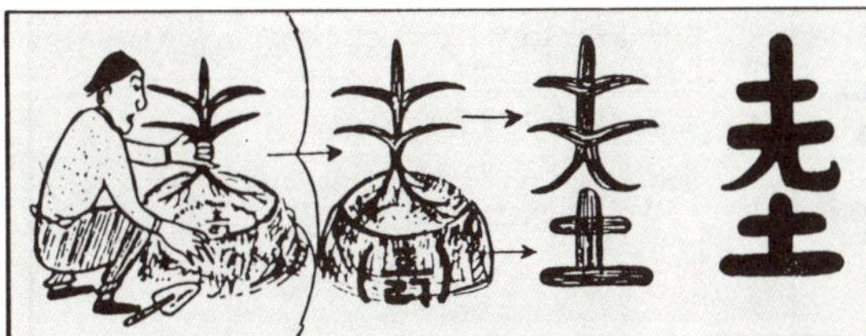

坴

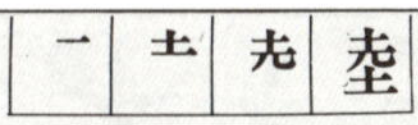

※ 뜻만 기억할 것

□ 높을 륙

모종이 잘 자라게 **흙**을 **높게** 북돋운다는 뜻

지팡이의 모양.(**글자 왼쪽에 붙을시**) (**언덕부**)

陸

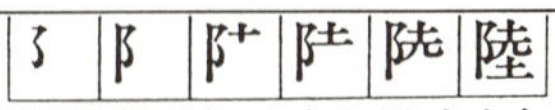

陸續 (육속) 이어서 끊어지지 아니하는 모양
陸地 (육지) 뭍

中 뭍 륙 リク(おか)

5급 **언덕**같이 바다 위로 **높게** 나온 것이 **뭍**이다.

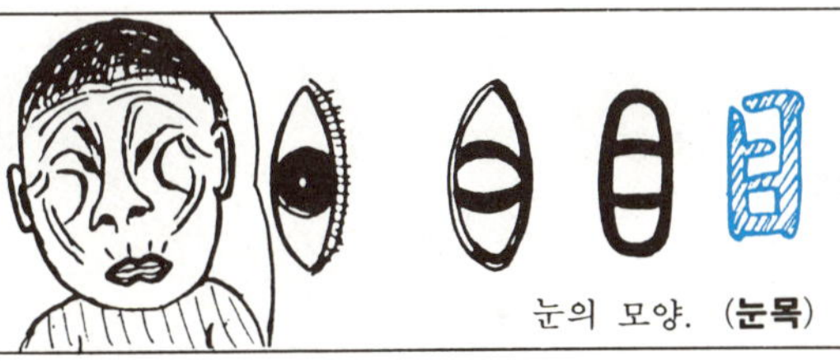

눈의 모양. (**눈목**)

睦

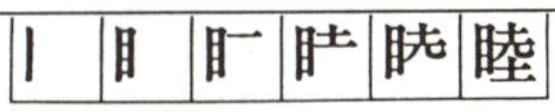

睦親 (목친) 화목하여 즐거워함
和睦 (화목) 서로 뜻이 맞고 정다움

□ 화목 목 ボク(むつまじい)

3급II **눈**두덩을 **높게** 하고 웃으니 **화목하다.**

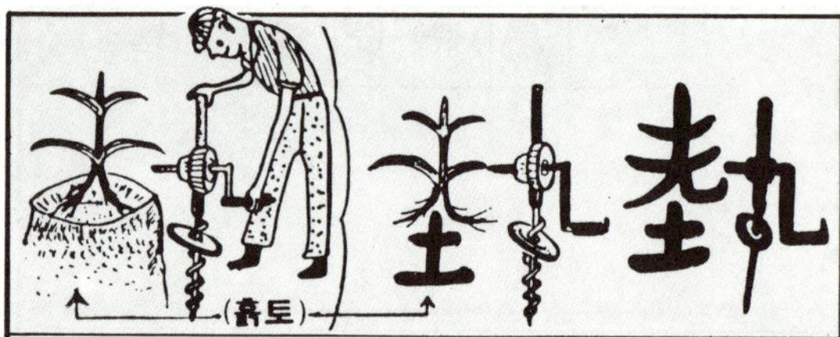

埶

十 土 夫 坴 埶

※뜻만 기억할 것

□ 심을 예

모종은 흙을 둥글게 파고 심는다

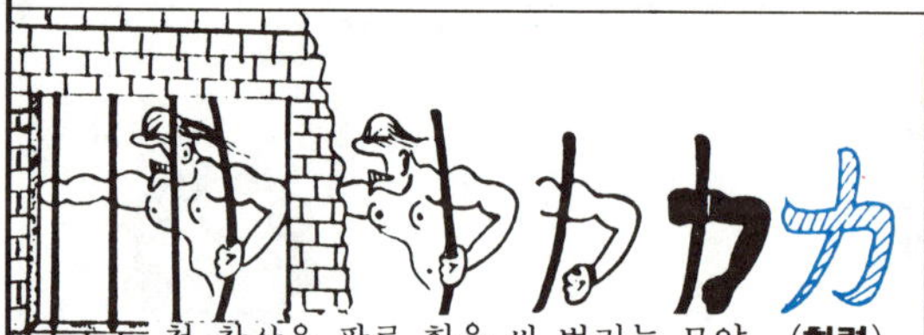

철 창살을 팔로 힘을 써 벌리는 모양. (**힘력**)

勢

土 夫 坴 埶 埶 勢

勢力 (권력) 권세의 힘

勢道 (세도) 정치상의 권세를 장악함

中 형세 세
권세 세 セイ(いきおい)

4급II (자기 편 사람을) **심어**서 **힘**을 얻어 **권세**를 잡다.

연탄불의 모양. (**불화**)

熱

十 土 夫 坴 埶 熱

熱誠 (열성) 열의와 정성

熱情 (열정) 열렬한 애정

中 더울 열 ネツ(あつい)

5급 **심어** 놓은 **불**길이 **덥다**

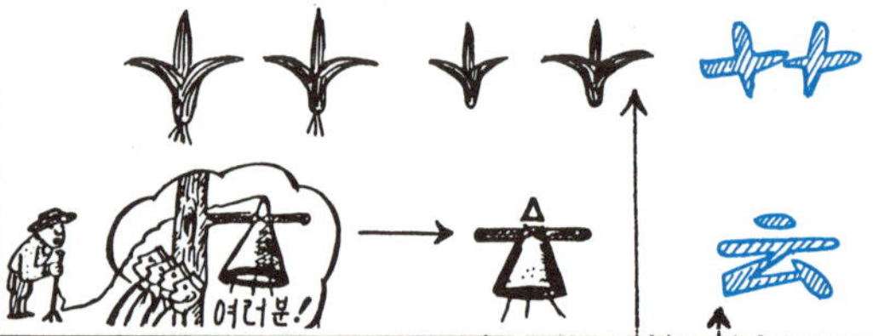

풀싹이 돋아나는 모양 (**풀초**)

말하는데 쓰는 확성기의 모양. (**말할운**)

藝

一 艹 芄 埶 蓺 藝 약 芸

藝能 (예능) 예술과 기능

藝術界 (예술계) 예술가들이 활동하는 분야 또는 그 사회

中 재주 예 ゲイ

풀을 **심는** 것도 **말하자**면 하나의 **재주다**. 4급II

옷의 모양 (**옷의**)

褻

亠 芄 坴 埶 褺 褻

褻服 (설복) 속옷

褻衣 (설의) ① 사복 (私服) ② 속옷

□ 더러울 설 작업복 설
평복 설 セツ(ふだんぎ)

옷중에 모**심을 때** 입는 **작업복**은 쉬 **더럽다**.

千

一 二 千

千古 (천고) 오랜 옛적

千金 (천금) 많은 돈

中 일천 천 セン(ち)

7급 이삭에 **천**여 개의 곡식이 달린 모양.

乇

一	二	乇

※뜻만 기억할 것

□ 의지할 탁, 맡길 탁

이삭이 고개를 숙이고 줄기에 **의지하고** 있는 모양을 본뜬 자.

지붕을 덮어씌운 집의 모양. (**집면**)

宅

'	宀	宀	宀	宅

宅地 (택지) 집터

住宅 (주택) 집

中 집 택　タク

5급

지붕을 덮고 몸을 **의지하는** 곳이 **집**이다.

수염을 들먹이며 입으로 말하는 모양 (**말씀언**)

託

二	言	言	言	言	託

託送 (탁송) 남에게 부탁하여 물건을 부침

寄託 (기탁) 부탁하여 맡겨 둠

□ 부탁할 탁　タク(かこつ)

2급

말로 **의지하려**고 **부탁하다.**

金

人	亼	亼	今	余	金

金絲 (금사) 금실

預金 (예금) 우체국이나 은행 같은데 돈을 맡기는 일

中 쇠 금　キン(かね)

쇠를 다루는 대장간의 모양을 본뜬 자. **쇠**를 뜻함.

8급

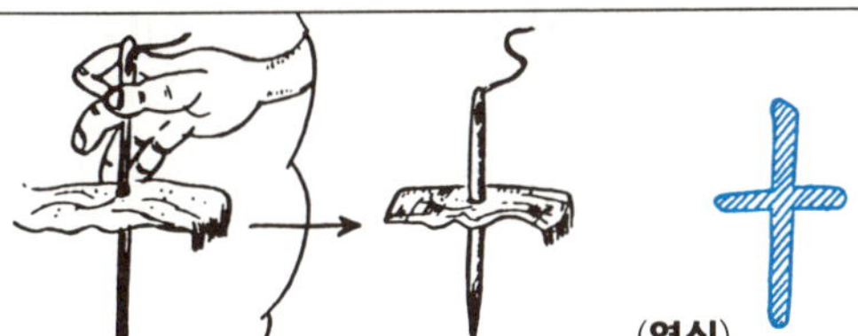

(**열십**)

針

人	亼	今	金	金	針

針工 (침공) 바느질의 기술

針路 (침로) 지남철이 가리키는 방향

中 바늘 침　シン(はり)

4급

쇠로 만들어져 옷감과 **십자**형을 이루면서 꿰매가는 것이 **바늘**이다.

(**작을소**)

鎖

人	亼	金	金	鎖	鎖

鎖甲 (쇄갑) 쇠사슬로 만든 갑옷

連鎖 (연쇄) ① 양편을 연결하는 사슬 ② 연이어 맺음

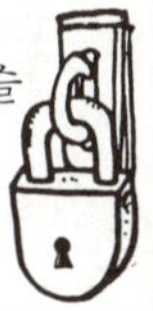

□ 자물쇠 쇄　サ(くさり)
쇠사슬 쇄

(**자개패 · 돈패 · 조개패**)

돈이 든 자개장의 모양.

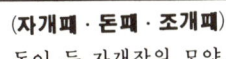

쇠로 **작게** 만들어 **돈**궤를 잠글 때 쓰는 것이 **자물쇠**다

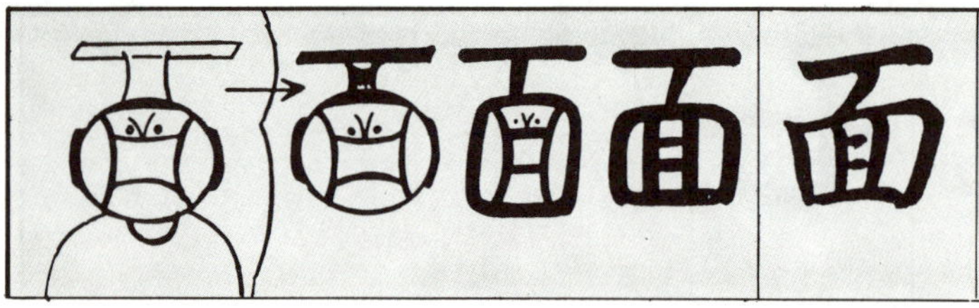

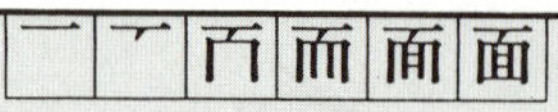

속 靣

面談 (면담) 면대하여 이야기함
面責 (면책) 면대하여 책망함

中 낯 면　メン(おもて)

7급　(마스크를 한) **낯의** 모양.

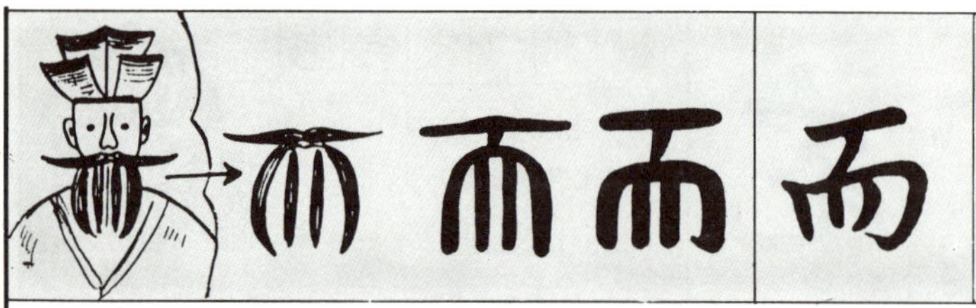

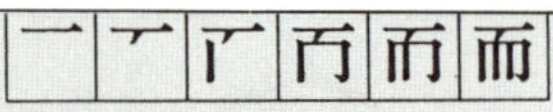

而今以後 (이금이후) 이제부터
而後 (이후) 지금부터

中 수염 이 / 말이을 이　ジ(しかも)

3급　(수염의 모양을 그린 것) **수염**을 흔들며 **말을 이어** 간다는 뜻.

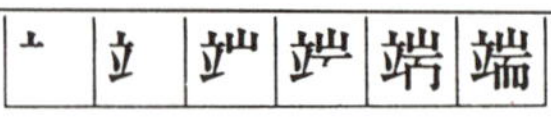

端正 (단정) 얌전하고 바름
端重 (단중) 단정하고 침착함

中 끝 단　タン(はし)

산의 모양 (메산)
엉거주춤 서있는 모양 (설립)　**서** 있어도 **산신령의 수염 끝**은 땅에 닿는다.　4급II

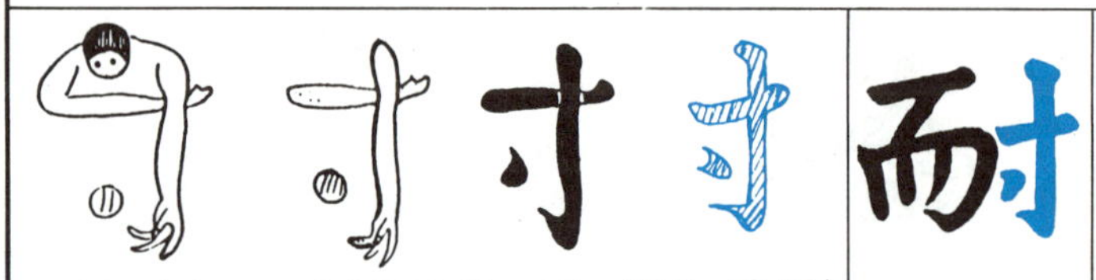

물건을 쥐려고 손 마디를 굽히는 모양. (**손촌 · 마디촌**)

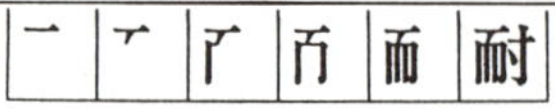

耐寒 (내한) 추위를 견딤 예 耐寒行軍
忍耐 (인내) 참고 견딤 예 忍耐力

견딜 내　タイ(たえる)

3급II　**수염**을 **손**으로 뽑는 곤욕을 **견디다**.

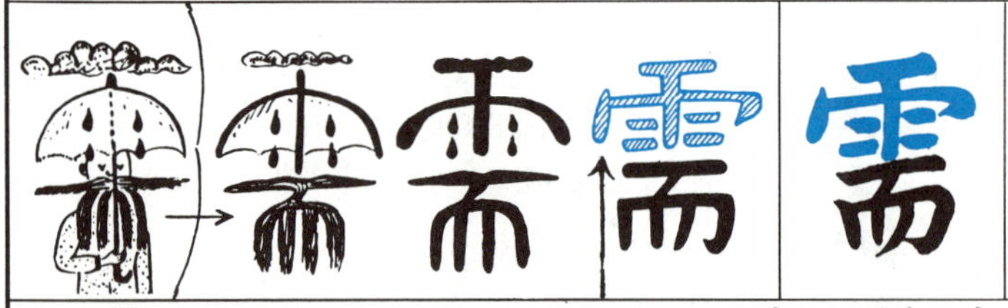

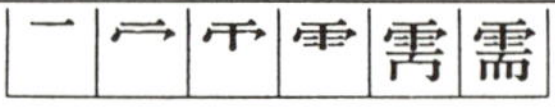

需用 (수용) 구하여 씀.
必需 (필수) 없으면 안 됨

쓸 수 / 머뭇거릴 수　ジュ

빗방울이 우산에 떨어지는 모양. (**비우**)

3급II　**비**에 **수염**을 적시지 않으려고 (우산을) **쓰다 사용**하다.

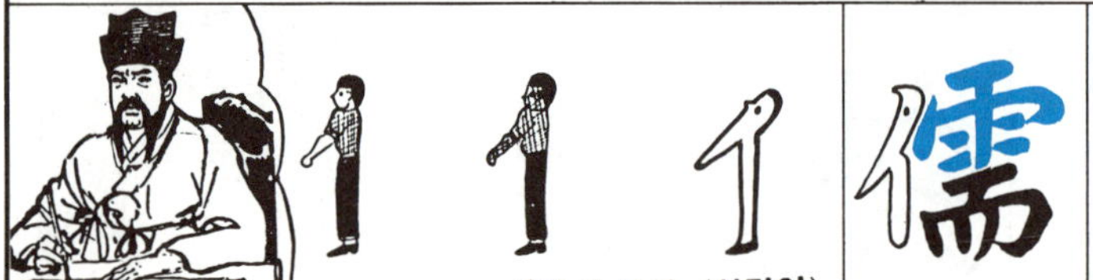

사람의 모양 (**사람인**)

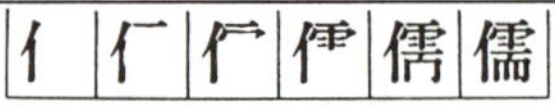

儒學 (유학) 유교를 연구하는 학문
儒鄕 (유향) 선비가 많이 사는 고을

선비 유　ジュ

4급　**사람** 중에 가장 긴히 **쓰**이는 자가 **선비**다

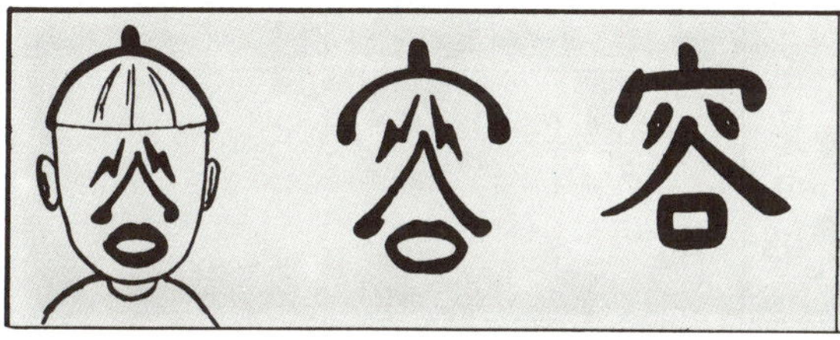

容

丶	宀	宂	穴	容	

容顔 (용안) 얼굴의 모양
容認 (용인) 용납하여 인정함

中 얼굴 용 ヨウ(いれる)

4급II 찡그린 **얼굴** 모양을 그린 것.

夊

ノ	ク	夊

※뜻만 기억할 것.

뒤져올 치, 천천히갈 치

발로 **천천히 걸어가는** 모양.

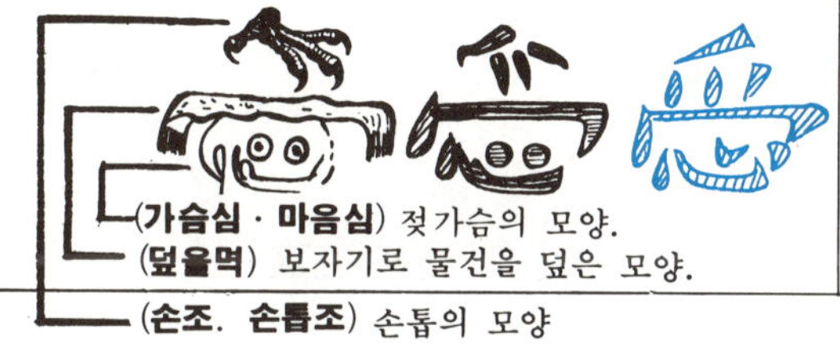

愛

一	爫	㤅	悉	愛	愛

愛國 (애국) 나라를 사랑함
愛慕 (애모) 사랑하고 그리워함

中 사랑 애 アイ(いとしい)

6급 **손**을 **덮어씌운** 젖**가슴** 속으로 **천천히** 넣으며 **사랑**하다.

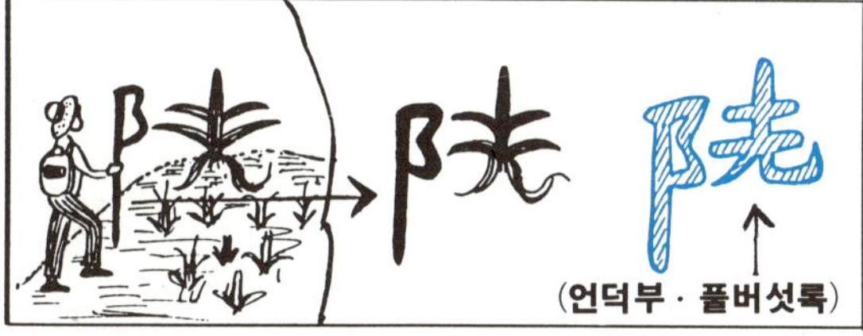

陵

阝	阝	阝	阝	陟	陵

陵辱 (능욕) 업신여겨 욕보임
王陵 (왕릉) 임금의 무덤

능 릉
업신여길 릉 リョウ(みささぎ)

3급II **언덕**같이 생겨 **풀을** 헤치고 **오래 걸어** 오를 만큼 높은 곳이 **왕릉**이다

冬

ノ	ク	夊	冬	冬

冬服 (동복) 겨울옷
冬心 (동심) 겨울철처럼 쓸쓸한 마음

中 겨울 동 トウ(ふゆ)

천천히 가는 발 밑에 **얼음이**(고드름이) 어는 계절이 **겨울**이다. 7급

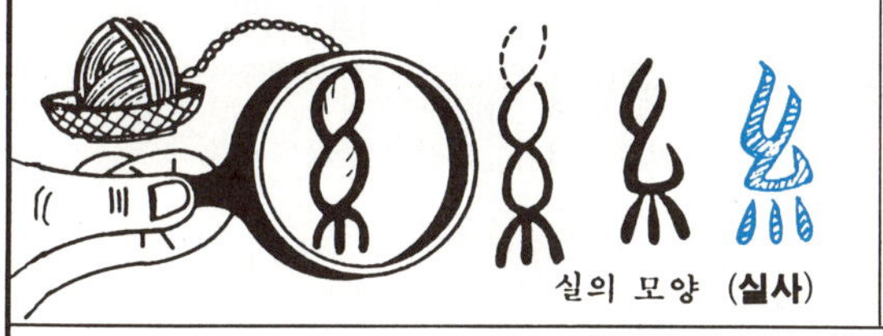

終

纟	幺	糸	糹	終	終

終了 (종료) 일을 끝냄 回 完了
終車 (종차) 그 날의 마지막 차, 막 차

中 마칠 종, 끝낼 종 シュウ(おわる)

5급 **실** 잣는 일을 **겨우내** **끝내다.**

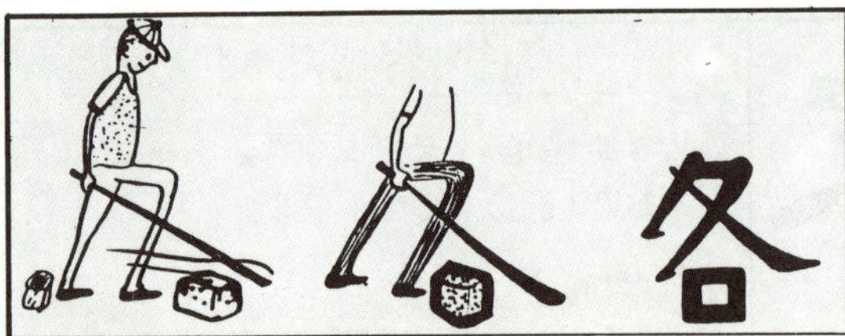

各

ノ ク 夂 夂 各

各界 (각계) 사회의 각 방면
各別 (각별) 각각 다름

中 각각 각 カク(おのおの)

6급 천천히 걸어서 장애물을 **각각** 넘는다는 뜻.

나무의 모양 (**나무목**)

格

一 木 木' 杪 枚 格

人格 (인격) 사람의 품격
格談 (격담) 격에 맞는 말

격식 격 カク
나무뻗을 격

5급 **나무**가 **각각**(종류)의 특성에 맞게 **격식**대로 **뻗어나다.**

실의 모양 (**실사**)

絡

幺 糸 糸 糸' 絘 絡

絡束 (낙속) 묶음
絡緯 (낙위) 귀뚜라미, 여치

이을 락
맥 락 ラク(いと)

3급II **실**을 **각각** **이어 매다.**

밭의 모양 (**발전**)

略

田 田 畋 畋 略 略 동 畧

略圖 (약도) 간략하게 그린 도면
略歷 (약력) 대강의 이력

간략할 략
대강 략 リャク(はぶく)

4급 **밭**을 **각각** **간략하게(대강)** 나누다

두 짝 문의 모양을 본뜬 자. (**문문**)

閣

丨 ㄏ ㄏ 門 閔 閣

閣下 (각하) 신분이 높은 사람의 존칭
閣員 (각원) 내각의 장관

집 각 カク

3급II **문**이 **각각** 달린 게 **큰 집**이다

돈이 든 자개장의 모양. (**자개패 · 돈패 · 조개패**)

賂

目 貝 貝' 貯 貯 賂

賂物 (뇌물) 사사 이익을 위하여 권력자에게 몰래 주는 재물
賂謝 (뇌사) 뇌물의 금품. 뇌물

줄 뢰
선물 뢰 ロ(まいない)

돈을 **각각** 나누어 **주다**

물방울이 떨어지는 모양 (물수)

洛

洛誦 (낙송) 문장을 반복하여 송독함
洛花 (낙화) 「모란」의 별칭

□ 물이름 락
낙수 락 ラク

3급 **물**이 **각각** 떨어지는 게 **낙수**다

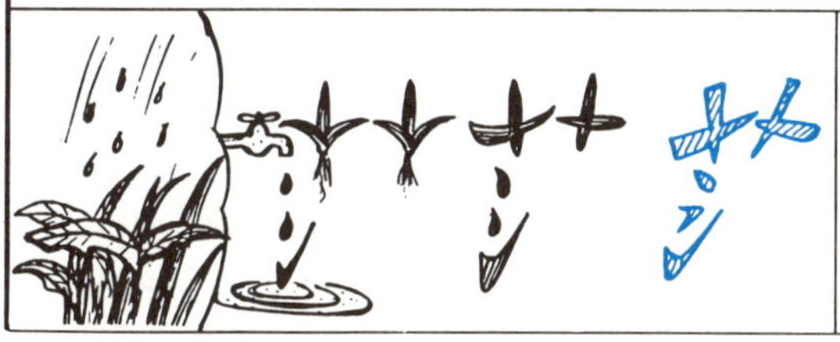

落

落淚 (낙루) 눈물을 흘림
落木 (낙목) 잎이 떨어진 나무

中 떨어질 락 ラク(おちる)

5급 **풀**에 **물**방울이 **각각** **떨어지다**

客

客苦 (객고) 객지에서의 고생
行客 (행객) 나그네

中 나그네 객
손 객, キャク

5급 (여관) 집에 각각 찾아 온 이가 **손님**이다.

모자를 쓰고 입마개를 한 머리의 모양. (머리혈)

額

額字 (액자) 현판에 쓴 글자
定額 (정액) 일정한 액수

中 수효 액
액수 액 ガク(ひたい)

4급 **손님**의 **머리** **수요**에 따라 숙박비의 **액수**를 정하다

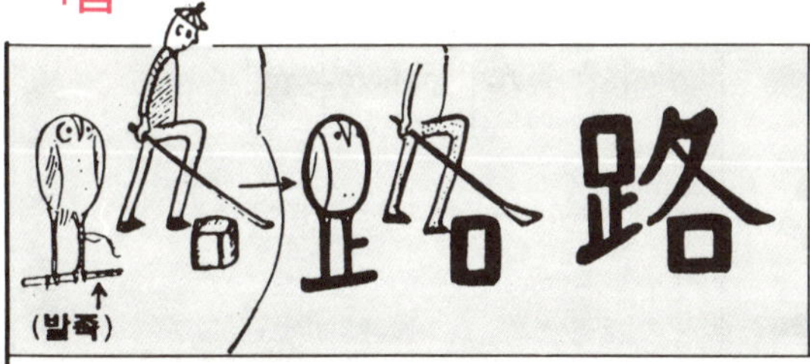

路

路資 (노자) 여행에 드는 돈 비 旅費
小路 (소로) 작은 길 반 大路

中 길 로 ロ(みち)

6급 발로 장애물을 피해 각각 다니는 곳이 **길**이다.

빗방울이 우산에 떨어지는 모양. (비우)

露

露宿 (노숙) 들에서 자는 것
露骨 (노골) 가식이 없이 드러냄

中 이슬 로 ロ(つゆ)

3급II **빗방울** 같이 **길가** 풀잎에 맺힌 것이 **이슬**이다.

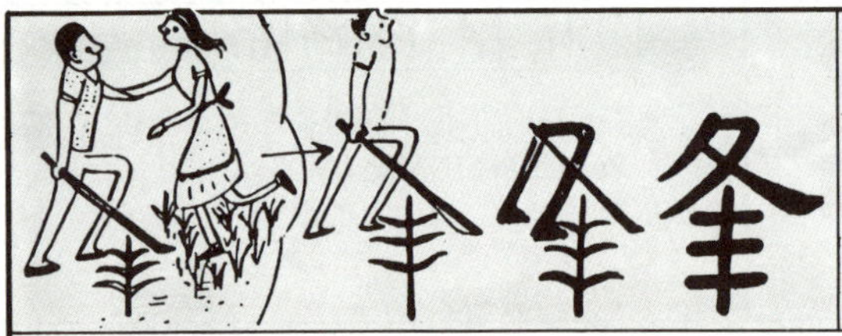

夆

丿	ク	夂	夅	夆

※뜻만 기억할 것

□ 만날 봉,

천천히 걸어 우거진 풀 속에서 님을 **만나다.**

캥거루우가 달려가는 모양 (**갈착. 달릴착**)

逢

丿	ク	夂	夅	夆	逢

逢迎 (봉영) 사람을 맞아 접대함

逢辱 (봉욕) 욕된 일을 당함

中 만날 봉 / 맞이할 복 ホウ(あう)

3급II

만나려고 **달려가 맞이하다.**

우뚝 솟은 산봉우리의 모양. (**메산**)

峰

丨	山	山	山夂	山夅	峰

동 峯

峰雲 (봉운) 산봉우리에 낀 구름

峰勢 (봉세) 봉우리의 형세

□ 봉우리 봉 ホウ(みね)

산에서 **만나** 볼 수 있는 것이 **봉우리다.**

벌레의 모양, (**벌레충**)

蜂

丨	口	虫	虫夂	虫夅	蜂

蜂蜜 (봉밀) 벌의 꿀

蜂巢 (봉소) 벌집

□ 벌 봉 ホウ(はち)

3급

벌레 중에 서로 **만나** 단체생활을 하는 것이 **벌**이다.

夋

厶	允	夋	夋	夋

※뜻만 기억할 것.

□ 갈 준

쟁기질하는 **사람**같이 **천천히 걸어**서 **가다**

술병의 모양. (**술유. 닭유**)

酸

一	丆	酉	酉厶	酉允	酸

酸度 (산도) 산성도

酸類 (산류) 황산, 질산, 주석산 등

□ 실 산 サン(すい)

※ 술은 닭이 해에 오른 저녁에 먹는 음식이라는 데서 술과 닭의 뜻을 가짐.

술맛이 **가니 시다**

3급

사람이 섰는 모양. (**사람인**)

俊

亻 仒 仛 伱 俊 俊

俊傑 (준걸) 재주와 슬기가 뛰어난 사람
俊才 (준재) 뛰어난 재주

☐ 준걸 준
뛰어날 준 シュン

3급 **사람** 중에 앞서**가**는 자가 **뛰어난 준걸**이다

復

𠂉 旨 复 复

※ 뜻만 기억할 것

☐ 돌아갈 복

삿갓에 **도롱이**를 걸치고 **천천히 걸어**서 **돌아가다**

몸통 부분인 갈비뼈의 모양. (**몸육 · 고기육**)

腹

丿 月 月' 肝 腹 腹

腹中 (복중) ① 뱃속 ② 마음속
腹痛 (복통) 배가 아픈 것

☐ 배 복 フク(はら)

3급II (먹은음식물이) **몸**속에서 **돌아가**는 곳이 **배**다

옷의 모양(**옷의**)

複

' 衤 衤 衤' 袹 複

複道 (복도) 건물 안에 다니게 된 긴 통로

☐ 겹옷 복
겹칠 복 フク

4급II **옷**을 한겹더 **돌아가**도록 입는게 **겹옷**이다

(**갈척. 바삐갈척**)
팔을 흔들며 총총 걸어가는 모양.

復

' 彳 彳' 徂 復 復

復歸 (복귀) 본래의 상태로 되돌아감
復興 (부흥) 다시 일으킴

中 다시 부
돌아올 복, フク

바삐 갔던 길을 **돌아서**
다시 돌아오다.

4급

집의 모양. (**집시, 지붕시**)

履

コ 尸 屵 屵 屜 履

履尙 (이상) 품행이 고상함
履聲 (이성) 신발 끄는 소리

☐ 밟을 리
신 리 リ(はく)

3급II **집을** 떠날 때나 **다시 돌아올** 때 신는 게 **신**이다

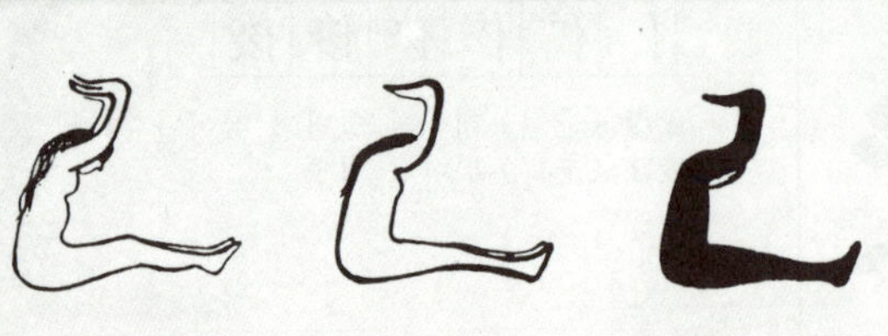

己

ㄱ ㅋ 己

己身 (기신) 자신 (自身)
利己 (이기) 자기의 이익만 꾀함

中 몸 기, キ(おのれ)

5급 사람의 **몸**을 본뜬 자.

사람이 달아나는 모양 (**달아날주**)

起

土 キ 丰 走 走ㄱ 起

起動 (기동) 몸을 일으키어 움직임
起草 (기초) 글의 초안을 잡음

中 일어날 기 キ(おきる)

4급II **몸**으로 **달아나려**고 **일어나다.**

수염을 들먹이며 입으로 말하는 모양. (**말씀언**)

記

一 亠 言 訁ㄱ 訁ㅋ 記

記者 (기자) 신문·잡지 따위에 글을 집필하거나 편집하는 사람
記事 (기사) 신문 등에 기록된 사건

中 기록할 기 キ(しるす)

7급 **말**의 **몸**(말의 내용)을 **기록하다.**

못을 집게로 잡고 두들기는 모양(**칠복. 두들길복**)

改

ㄱ 己 己 己 攺 改

改量 (개량) 질을 좋게 고침
改憲 (개헌) 헌법을 개정함

中 고칠 개 カイ(あらためる)

5급 **몸**을 **쳐서**(매질하여) 잘못을 **고치다.**

여자의 모양. (**계집녀**)

妃

ㄑ 女 女 女ㄱ 妃

妃妾 (비첩) 종으로 첩이 된 계집
妃氏 (비씨) 왕후로 뽑힌 아가씨의 칭호

짝 비
왕비 비 ヒ(きさき)

3급II **여자**로 임금과 한**몸**이 된자가 **왕비**다

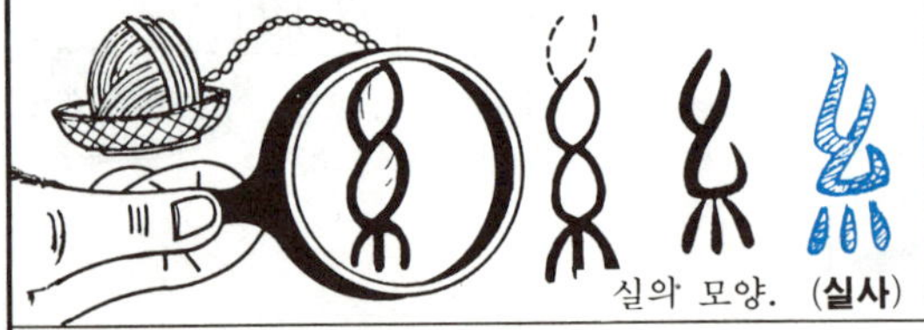

실의 모양. (**실사**)

紀

ㄑ 幺 糸 糸ㄱ 糸ㅋ 紀

紀綱 (기강) 기율과 기강
官紀 (관기) 관부의 규율

벼리 기 실마리 기
법 기 기율 기 キ

※ 그물 밑을 두른 굵은줄이 벼리다.

4급 **실**타래에 매여 있는 하나하나의 **몸**이 **실마리**다.

※ 실마리를 찾아 헝클어진 실을펴듯 질서를 잡는것이 기율(**법**)이다.

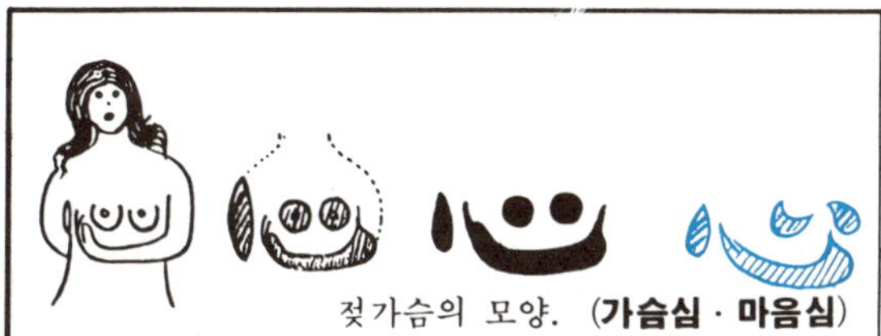

젖가슴의 모양. (**가슴심 · 마음심**)

忌

ㄱ	ㅋ	己	忌	忌	忌

忌避 (기피) 꺼리어 피함
忌中 (기중) 상을 입어 언행 범절을 삼가는 기간

☐ 기일 기
꺼릴 기 キ(いまわしい)

3급

몸과 **마음**으로 **기일**(사람이 죽는 날)이 돌아올까 **꺼리다.**

술병의 모양. (**술유. 닭유**)

配

一	厂	两	酉	酊	配

配定 (배정) 나누어 몫을 정함
配匹 (배필) 배우 (配偶)

☐ 짝 배
노늘 배 ハイ(くばる)

※ 술은 닭이 홰에 오른 저녁에 먹는 음식이라는 데서 술과 닭의 뜻을 가짐.

술을 자기 **몸**과 **짝**이 될자와 **노느다** 4급II

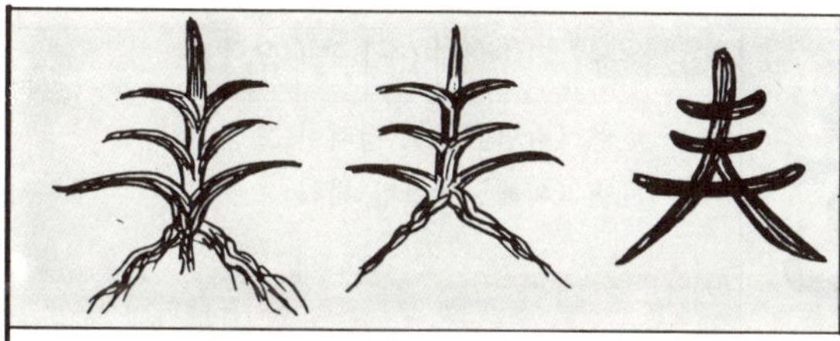

𡗗

一	三	夫	𡗗

※ 뜻만 기억할 것

☐ 무성하다는 뜻

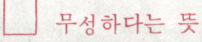

무성하게 자란 풀 모양을 본뜬 자

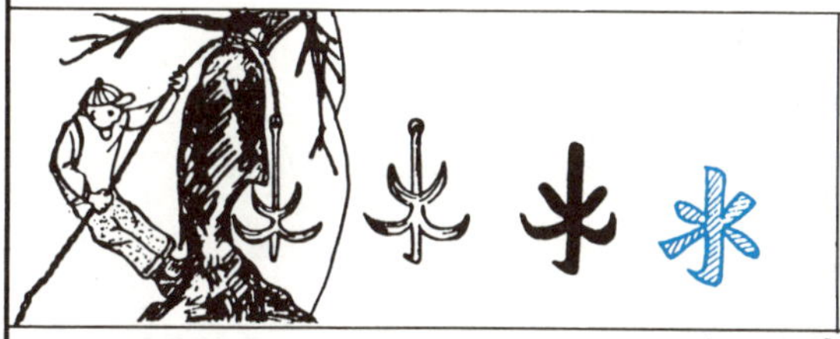

泰

一	三	夫	𡗗	泰	泰

泰山 (태산) 큰 산, 오악 (五岳)의 하나
泰然 (태연) 흔들림 없이 굳건한 모양

中 클 태 タイ(やすい)

3급II

(초목이) **무성하게** 자라 **걸고리**를 잡고 올라가야 될 만큼 **크다.**

해(날)의 모양 (**해일. 날일**)

春

一	三	夫	𡗗	春	春

春眠 (춘면) 봄철의 노곤한 졸음
春雪 (춘설) 봄철에 오는 눈

中 봄 춘 シュン(はる)

7급

무성하게 아지랭이가 **햇볕**속에 아른거리는 계절이 **봄**이다

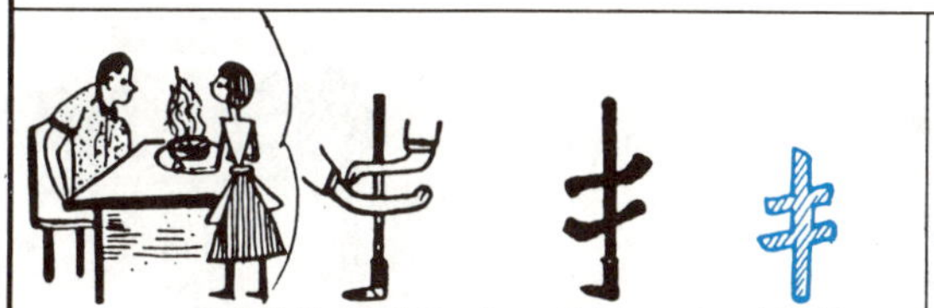

양손으로 괭이를 잡고 있는 모양. (**손수**)

奉

三	夫	𡗗	叁	奉	

奉仕 (봉사) 남을 위하여 일함
奉養 (봉양) 부모나 조부모를 받들어 모심

中 봉양할 봉
받들 봉 ホウ(たてまつる)

5급

무성하게 잘 자란 채소를 **손**에 **받들어** 들고 **봉양하다.**

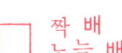

卩

㇆	卩	

※뜻만 기억할 것.

구부릴 절, 마디 절

몸을 **구부리고** 있는 모양.

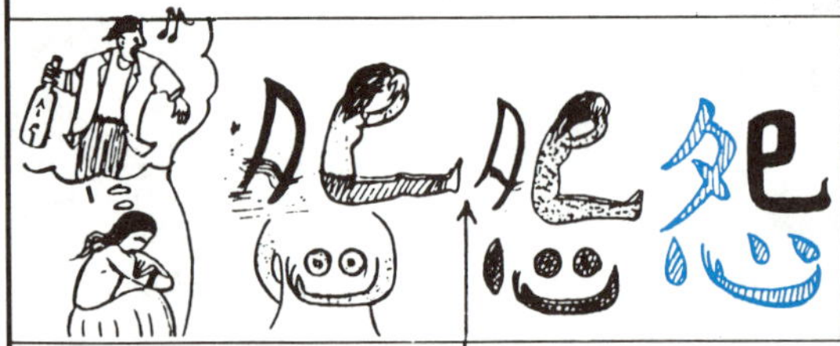

구름에 가려진 반달이 저녁 하늘에 떠 있는 모양(**저녁석**)

怨

丿	夕	夗	夗	怨	怨

怨惡 (원오) 남을 원망하고 미워함
怨望 (원망) 남이 한 일을 못마땅하게 여기고 탓함

中 원망할 원 エン(うらむ)

늦은 **저녁**까지 **구부리고** 앉아 **마음**으로 임을 **원망하다.**

바위의 모양(**바위엄**) 사람이 섰는 모양.(**사람인**)

危

丿	⺈	⺈	产	危	危

危然 (위연) 홀로 정직한 모양
危害 (위해) 위험한 재해

中 위태할 위 キ(あぶない)

4급

사람이 선 **바위** 밑에 **구부리고** 있으면 **위태하다.**

산기슭에 바위가 옆으로 나온 모양. (**바위엄**)

厄

一	厂	厅	厄		

厄難 (액난) 재앙과 어려움
厄禍 (액화) 액으로 말미암은 재앙

재앙 액
액 액 セク

3급

바위 밑에 **구부리**고 있다가 **재앙**을 당하다

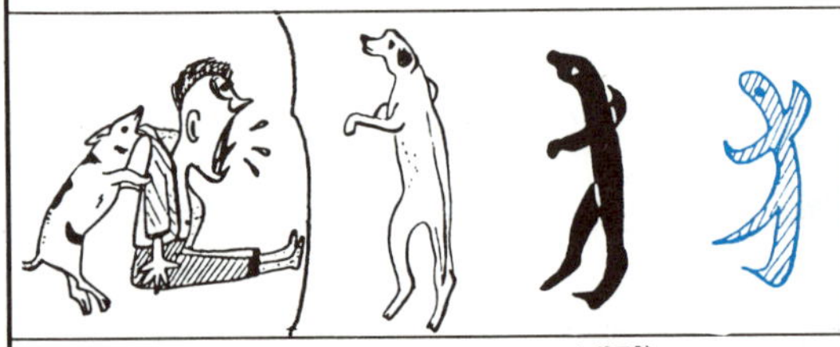

개가 서있는 옆모양. (**개견**)

犯

ノ	丿	犭	犭	犯	

犯法 (범법) 법을 범함
犯人 (범인) 죄를 범한 사람

범할 범 ハン(おかす)

4급

개가 **구부리**고 있는 자를 **범하**다

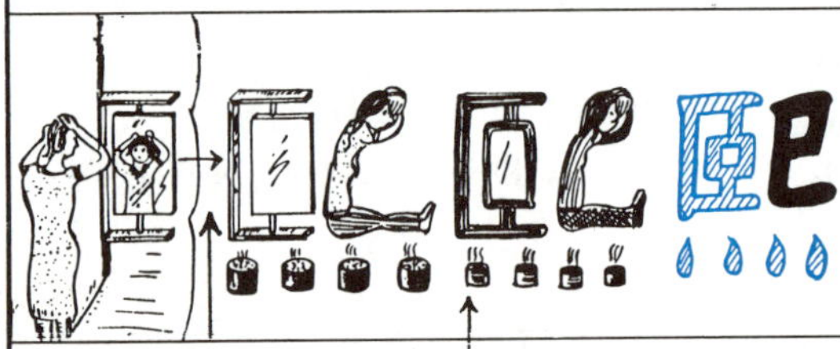

넓은 거울의 모양(**넓을이**)
연탄불의 모양. (**불화**)

熙

𠂆	臣	臣	巸	熙

熙洽 (희흡) 광명과 화합이 겹쳐 태평함

빛날 희 キ(ひかる)

3급

거울의 방향을 **구부려** **불** 쪽으로 돌리니 반사되여 **빛나**다.

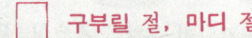

캥거루우가 달려가는 모양. (**갈착. 달릴착**)

遷

一 冖 襾 覀 䙴 遷

遷客 (천객) 귀향살이 하는 이
遷動 (천동) 옮김

□ 옮길 천 セン(うつる)

3급 **가방**에 **큰** 물건을 **구부려** 넣고 **달리며** 짐을 **옮기다.**

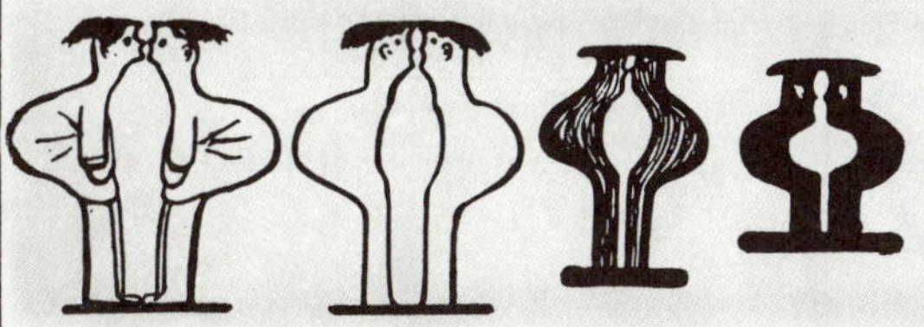

亞

一 丅 亓 亞 亞 亞 속 亜

亞聖 (아성) 성인 다음 가는 현인
亞相 (아상) 재상의 다음이라는 뜻

□ 다음 아 / 버금 아 ア

곱사등이가 마주보고 있는 모양을 본뜬 자 곱사같은 불구자는 늘 보통사람 다음으로 취급 당한다 하여 **다음**의 뜻이 되였음. 3급II

젖가슴의 모양. (**가슴심 · 마음심**)

惡

一 亓 亞 亞 惡 惡 속 悪

惡念 (악념) 나쁜 마음
惡質 (악질) 못되고 나쁜 성질

中 악할 악 (오) アク(わるい)

5급 (선한 마음) **다음**에 붙어 다니는 **마음**이 **악**이다.

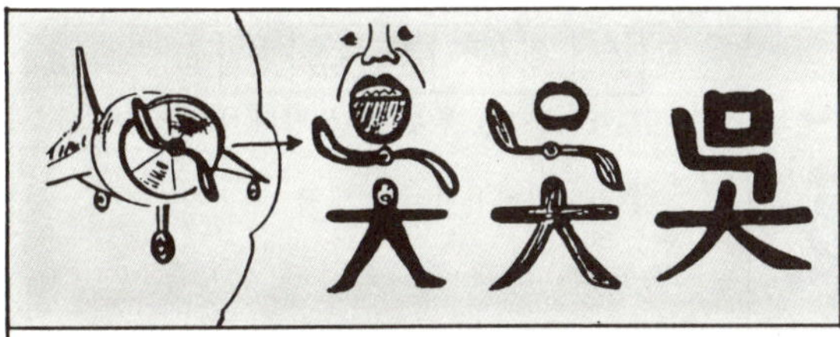

吳

口 口 吕 吴 吳 吳

不吳 (불오) 큰소리치지 않음

□ 큰소리칠 오 / 나라이름 오 ゴ(くれ)

2급 입으로 푸로페라가 도는 것같이 크게 **큰 소리치다.**

수염을 들먹이며 입으로 말하는 모양. (**말씀언**)

誤

一 言 言 訁 誤 誤 약 誤

誤報 (오보) 그릇된 보도
誤判 (오판) 그릇된 판단

中 그르칠 오 ゴ(あやまる)

4급II **말**로만 **큰 소리치**다가 일을 **그르치다.**

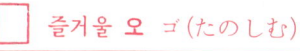

여자의 모양. (**계집녀**)

娛

ㄑ 女 如 娛 娛 동 娯

娛遊 (오유) 즐기어 놈
歡娛 (환오) 기뻐하고 즐거워함

□ 즐거울 오 ゴ(たのしむ)

3급 **여자**를 끼고 **큰 소리치**며 **즐기**다

女

ㄑ 夊 女

女給 (여급) 여자 급사

女息 (여식) 딸

中 계집 녀　ジョ(おんな)

8급　**여자**(계집)의 모양을 그린 것.

어린 아들의 모양. (**아들자**)

好

ㄑ 夊 女 女' 好 好

好機 (호기) 좋은 기회

好生之德 (호생지덕) 죄인의 목숨을 살려 주는 제왕의 덕

中 좋을 호　コウ(このむ)

4급　**여자**가 **아들**을 안고 **좋아** 하다

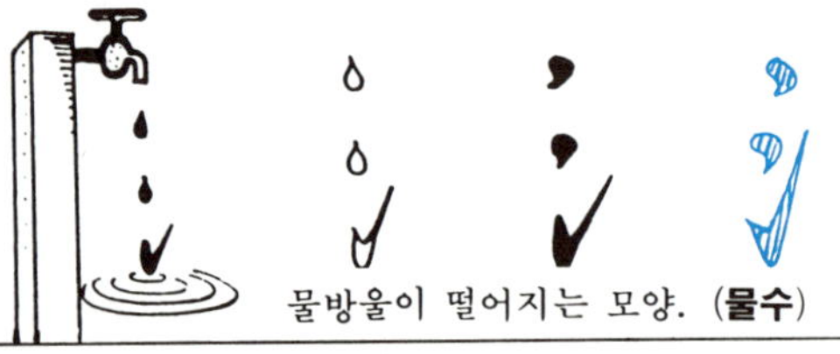

물방울이 떨어지는 모양. (**물수**)

汝

丶 丷 氵 氵 汝 汝

汝曹 (여조) 너희들, 당신들

汝等 (여등) 너희들

中 너 여　(なんじ)

3급　**물**속에 있던 **여자**가 **너**였구나.

姦

ㄑ 夊 女 㚢 姦

姦淫 (간음) 부부 아닌 남녀가 성적관계를 맺음

姦計 (간계) 간사한 계략

간사할 간　カン(かしましい)

3급　**여자**가 **셋이** 모이면 **간사한**짓만 한다

(**집면 · 날일**)

宴

丶 宀 宣 㝠 宴

宴會 (연회) 주연, 축하, 환영 따위를 위하여 베푸는 잔치

잔치 연　エン

3급II　**집**에서 **날**을 잡아 **여자**들이 **잔치**를 열다

要

一 冂 襾 覀 要 要

要談 (요담) 요긴한 말

要請 (요청) 긴요한 청

中 중요할 요　ヨウ(いる)

5급　(핸드백) **가방**은 **여자**에게 **중요한** 거다.

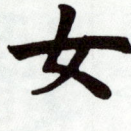

몸통 부분인 갈비뼈의 모양. (**몸육 · 고기육**)

腰

丿	月	月	肝	腰	腰

腰部 (요부) 허리 부분
腰刀 (요도) 허리에 차는 칼

☐ 허리 요　ヨウ(こし)

3급　**몸통**에서 **중요한** 부분이 **허리**다

奴

𡿨	女	女	奴	奴

奴主 (노주) 종과 주인
奴才 (노재) (1)남자 종 (2)열등한 재주 (3)자기의 비칭

☐ 종 노　ド(やつ)

3급II　여자로 전쟁터에서 잡혀 온 자가 **종**이다.

철 창살을 팔로 힘을 써 벌리는 모양. (**힘력**)

努

𡿨	女	女	奴	努	努

努目 (노목) 힘을 써 눈을 부라림
努肉 (노육) 굳은 살

☐ 힘쓸 노
노력할 노　ド(つとめる)

4급II　**종**같이 **힘**을 써 **노력하다.**

젖가슴의 모양. (**가슴심 · 마음심**)

怒

𡿨	女	奴	奴	怒	怒

怒目 (노목) 성난 눈
怒色 (노색) 노여운 얼굴 색

中 성낼 노　ド(おこる)

4급II　**종**사리하는 자의 **마음**같이 (속으로) **성내다.**

如

𡿨	女	女	如	如

如干 (여간) 얼마, 얼마간
如意 (여의) 일이 뜻대로 됨

中 같을 여　ジョ(ごとし)

4급II　여자의 입은 수다스럽기가 다 **같다.**

젖가슴의 모양. (**가슴심 · 마음심**)

恕

𡿨	女	如	如	恕	恕

恕免 (서면) 죄를 용서하여 면함
恕思 (서사) 남을 동정함

☐ 용서할 서　シャ

3급II　(타인의 허물을 자기의 허물) **같이** 여기고 **마음**으로 **용서하다.**

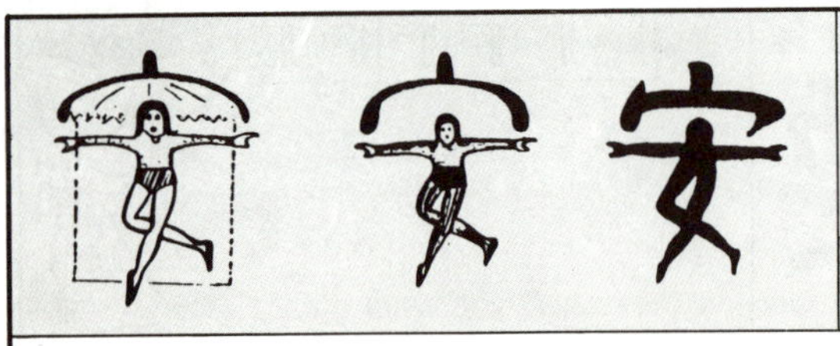

安

丶	宀	宊	安	安

安寧 (안녕) 탈 없이 무사함
安樂 (안락) 편안하고 즐거움

中 편안 안　　アン(やすい)

7급　　집에 있는 여자는 **편안하다.**

나무의 모양. (**나무목**)

案

宀	宊	安	安	案	案

案出 (안출) 연구하여 냄
考案 (고안) 연구하여 만들어 냄

中 생각할 안 (책상에 앉아 생각하다)
책상 안,　アン

5급　　**편안하게** 쓰려고 **나무**로 만든 것이 **책상**이다.

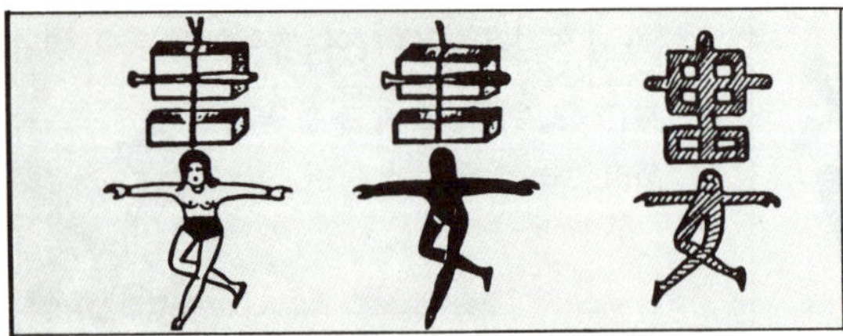

婁

冃	毌	婁	婁

※뜻만 기억할 것

여러개포갤 루

짐을 여자가 **여러 개 포개**어 이고 있는 모양

못을 집게로 잡고 두들기는 모양 (**칠복. 두들길복**)

數

日	毌	婁	婁	數	數

數板 (수판) 주판
數數 (삭삭) 자주 되풀이 함

中 셀 수, 자주 삭 スウ(かず)　약 数

7급　　여러 개 **포개어**진 물건을 **두들기**듯 짚어 가며 수량을 **세다.**

나무의 모양. (**나무목**)

樓

一	木	木	木	樓	樓

약 楼

樓臺 (누대) 높은 집. 이층이상의 대
樓船 (누선) 층층으로 지은 배

다락 루　ロウ(たかどの)

3급II　　**나무**를 **여러 개 포개어** 만든 것이 **다락**이다

집의 모양. (**집시, 지붕시**)

屢

一	尸	尸	屄	屢	屢

약 屡

屢度 (누도) 여러 번
屢朔 (누삭) 여러 달　비 屢月

여러 루　　ル(しばしば)
번잡할 루

3급　　**집**에 **포개** 놓은 가구가 **여러 개** 있다.

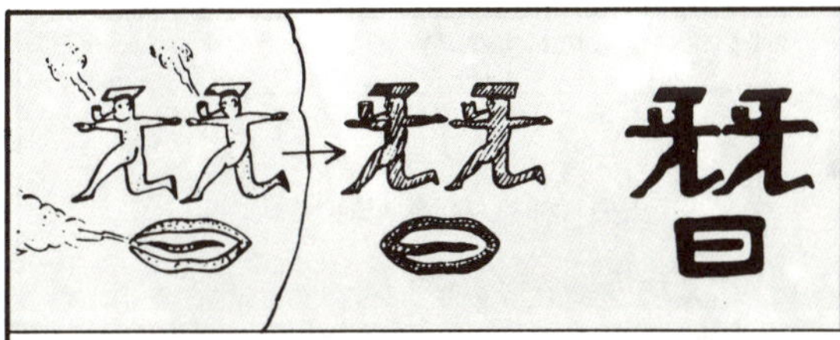

朁

二	旡	兓	朁

※뜻만 기억할 것.

□ 뿜어낼 **참**

담배 파이프를 물고 입으로 연기를 **뿜어낸다**는 뜻

물방울이 떨어지는 모양 (**물수**)

潛

丶	氵	氵	氵	㶉	潛

㉭潜

潛伏 (잠복) 몰래 숨어 나타내지 않음
潛在 (잠재) 겉으로 나타나지 않고 속에 숨어 있음

□ 잠길 **잠**
자맥질할 **잠** セン(ひそむ)

3급II

물에서 숨을 **뿜어내**며 **자맥질하다(잠기다)**

蠶

二	旡	兓	朁	蠶	蠶

㉭蚕

蠶農 (잠농) 누에 농사
蠶桑 (잠상) 누에와 뽕

□ 누에 **잠** サン(かいこ)

3급

벌레의 모양. (**벌레충**)

(입으로 실을) **뿜어내**는 **벌레**가 **누에**다

身

ノ	丨	勹	户	自	身

身數 (신수) 그 사람이 지닌 운수
身體 (신체) 금방 죽은 송장의 존칭

中 몸 신 シン(み)

6급

갑옷을 입고 창을 든 무사의 **몸**을 본뜬 자.

射

ノ	勹	身	身	射	射

射場 (사장) 사격술을 배우는 곳
射殺 (사살) 쏘아 죽임

中 쏠 사 シャ(さす)

(**손촌 · 마디촌**) 물건을 쥐려고 손 마디를 굽히는 모양.

몸을 가누고 **손**으로 **쏘다.**

4급

수염을 들먹이며 입으로 말하는 모양. (**말씀언**)

謝

一	言	言	訂	諍	謝

謝意 (사의) (1)감사의 뜻 (2)사과의 뜻
謝罪 (사죄) 죄를 사과함

中 말씀 사,
사례할 사 シャ(あやまる)

4급II

인사 **말**을 **쏘아** 대듯이 여러 번 반복하면서 **사례하다.**

士

一 十 士

士兵 (사병) 하사관 이하의 군인의 총칭

士夫 (사부) 젊은 남자

中 선비 사 シ(さむらい)

5급

선비의 모양을 본뜬 자.

사람의 모양(**사람인**)

仕

丿 亻 仁 什 仕

仕路 (사로) 벼슬 길

仕版 (사판) 관리의 명부

中 벼슬 사 シ(つかえる)

5급

사람이 **선비**가 되니 **벼슬**을 한다.

(덮을멱 · 제기그릇두)

壹

士 声 声 壱 壹 壹 약 壱

壹是 (일시) 한결같이

壹意 (일의) 한 가지 일에 뜻을 오로지 함

中 한 일 イチ(ひとつ)

3급

선비가 가진 거라곤 **덮어 놓은 재기그릇 하나** 뿐이다.

壯

丨 丩 爿 爿 壯 壯

壯士 (장사) 힘세고 용감한 사나이

壯志 (장지) (1)씩씩한 뜻 (2)포부

中 굳셀 장 / 씩씩할 장 ソウ(さかん)

통나무조각을 **선비가** 한 손으로 거뜬히 드니 **씩씩하다.**

4급

옷의 모양(**옷의**)

裝

丨 丩 爿 壯 裝 裝

裝甲 (장갑) 갑옷을 갖춤 약 装

裝束 (장속) 몸을 꾸미어 차림

꾸밀 장 ショウ(よそおう)

4급

씩씩하게 보이는 **옷**으로 **꾸미다.**

풀싹이 돋아 나오는 모양. (**풀초**)

莊

一 艹 艹 艹 莊 莊

莊嚴 (장엄) 씩씩하고 엄숙함

莊重 (장중) 장엄하고 정중함

별장 장 / 장엄할 장 ショウ

3급II

풀이 **씩씩하**게 자라는 **별장**의 전경이 **장엄하**다

志

一	十	士	士	志	志

志士 (지사) 정의를 위하여 마음을 다 하는 사람

志望 (지망) 뜻하여 바람, 지원 (志願)

中 뜻 지　シ(こころざす)

4급II　선비가 가슴 (마음)에 지닌 것이 **뜻**이다.

수염을 들먹이며 입으로 말하는 모양 (**말씀언**)

誌

亠	言	言	言	計	誌

誌面 (지면) 잡지의 글이나 그림 따위를 싣는 곳

誌上 (지상) 잡지 따위의 기사, 지면

中 기록할 지　シ

4급　**말 뜻**을 **기록하다.**

吉

一	十	士	吉	吉	吉

吉凶 (길흉) 좋은 일과 언짢은 일

吉報 (길보) 좋은 소식

中 길할 길　キチ

5급　선비가 입으로 **길한** 소리만 한다.

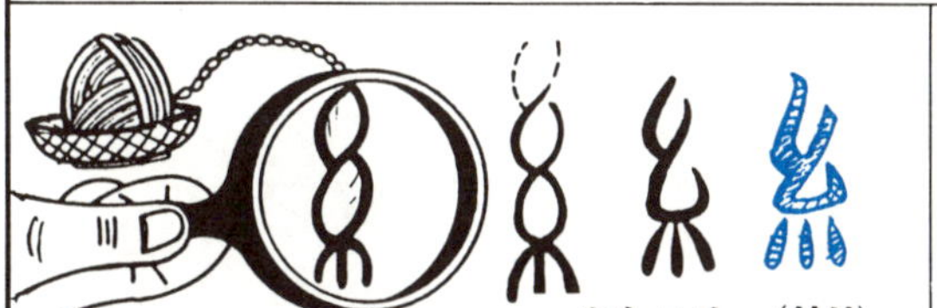
실의 모양. (**실사**)

結

㇀	幺	糸	糸	結	結

結末 (결말) 끝맺음

結婚 (결혼) 시집가고 장가가는 일

中 맺을 결　ケチ(むすぶ)

5급　(청홍색의) **실**을 느리고 **길한** 날을 골라 인연을 **맺다.**

壽

士	圭	壴	壹	壽	壽

약 寿

壽骨 (수골) 오래 살 수 있게 생긴 골격

壽命 (수명) 살아 있는 동안의 목숨

中 오래살 수 / 목숨 수　ジュ(ことぶき)

선비는 **이층**에서 **대장장이**는 **일 층**에서 **입과 손**으로 일해서 **목숨**을 이어가다　3급II

신에게 보이려고 잿상을 차려놓은 모양. (**보일시·제사시**)

禱

亍	示	祀	祷	禱	禱

禱請 (도청) 신불께 소원성취를 빔

默禱 (묵도) 눈 감고 마음속으로 하는 기도

□ 빌 도　トウ(いのる)

젯상 앞에서 **목숨**이 안전하기를 **빌다**

一 厂 𠂆 ⼕ 𦣝 臣

姦臣 (간신) 간사한 신하 ㊐ 奸臣
老臣 (노신) 늙은 신하

中 신하 신 シン(おみ)

5급

신하의 옆모습을 본뜬 자.

사람의 모양 (**사람인**)

一 厂 𠂆 ⾂ 𦣝 臥

臥食 (와식) 일을 않고 놀고 먹음
臥具 (와구) 침구

中 눕 와, 엎드릴 와 ガ(ふす)

3급

(임금 앞에서) **신하**되는 **사람**이 **누운 듯 엎드리다.**

丨 厂 𦣝 臣 臤

※뜻만 기억할 것

굳을 간

(임금이) 신하를 꽉 잡고 정사를 **굳게** 본다는 뜻.

싹이(+) 흙위에(—) 돋아나는 모양. (**흙토**)

丨 厂 𦣝 臣 臤 堅

堅强 (견강) 굳세고 힘이 강함
堅守 (견수) 굳게 지킴

中 강할 견
굳을 견 ケン(かたい)

4급

(흙이 흩어져 있을때는 약하지만) **굳게** 다져진 **흙**은 **강하다.**

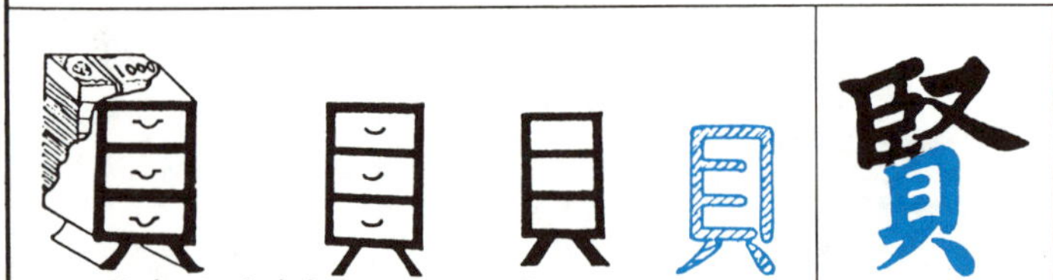

돈이 든 자개장의 모양. (**자개패 · 돈패 · 조개패**)

一 𦣝 臣 臤 賢 賢 약 贒

賢哲 (현철) 지혜가 깊고 사리에 밝음
賢君 (현군) 어진 임금

中 좋을 현 돈많을 현
어질 현 ケン(かしこい)

4급 II

굳게 마음 먹고 **돈**을 **모아 좋은** 일에 쓰니 **어질**다

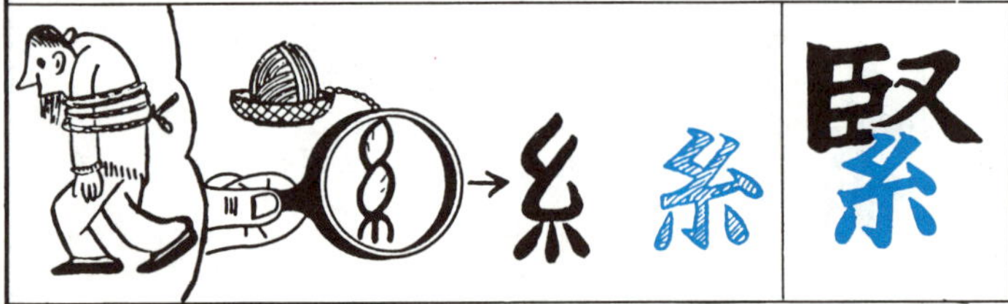

실의 모양 (**실사**)

一 𦣝 臣 臤 竪 緊

緊急 (긴급) 긴요하고 급함
緊要 (긴요) 꼭 소용됨

급할 긴 · 요긴할 긴
친친얽은 긴 キン(しまる)

3급 II

굳게 꼰 **실**로 **급한** 듯 **요긴한** 물건을 **친친얽다**

監

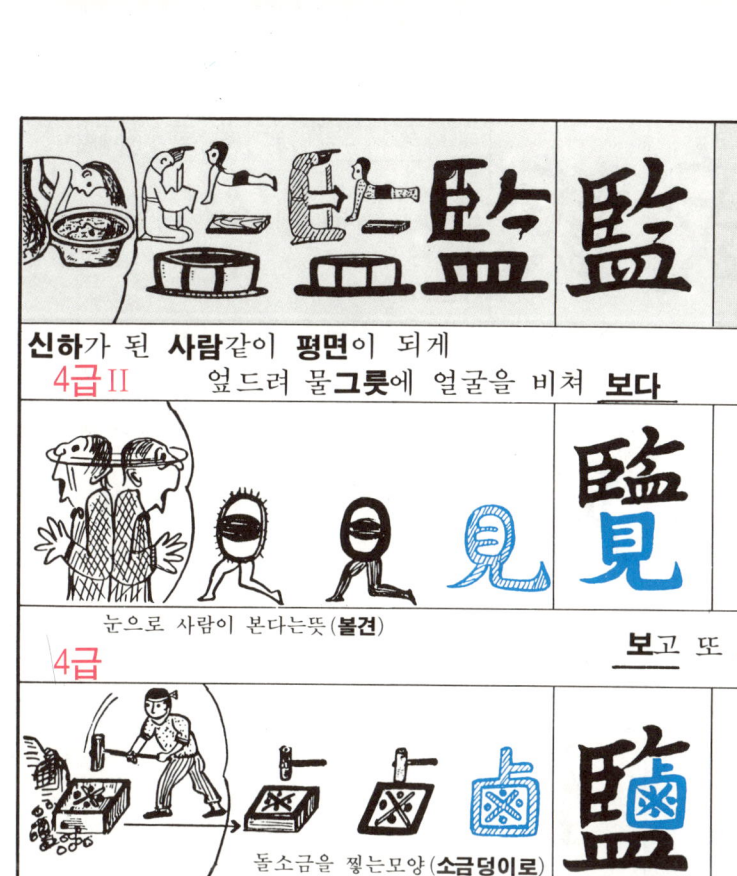

監禁 (감금) 신체의 자유를 구속하여 억지로 가두어 감시함
監視 (감시) 감독하여 단속함

□ 살필 감
볼 감　　カン(みる)

신하가 된 **사람**같이 **평면**이 되게
4급II　엎드려 물**그릇**에 얼굴을 비쳐 **보다**

눈으로 사람이 본다는뜻(**볼견**)

覽

속 覧

展覽 (전람) 여럿을 벌여 놓고 보임
回覽 (회람) 여럿이 차례로 돌려 봄

□ 두루볼 람
살펴볼 람　　ラン(みる)

4급　**보**고 또 **보**면서 **두루 살펴보**다

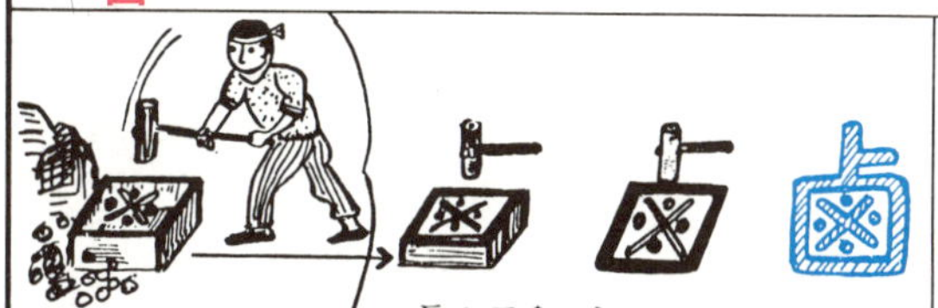

돌소금을 찧는모양(**소금덩이로**)

鹽

동 塩

鹽分 (염분) 소금기, 짠 맛
鹽田 (염전) 바닷물을 이용하여 소금을 만드는 밭

□ 소금 염　　エン(しお)

3급　(차돌같이) **보이**는 **소금덩이를** 찧어 가루로 낸 것이 **소금**이다.

쇠를 다루는 대장간의 모양. (**쇠금**)

鑑

鑑識 (감식) 감정함
鑑賞 (감상) 예술작품의 가치를 음미하고 이해함

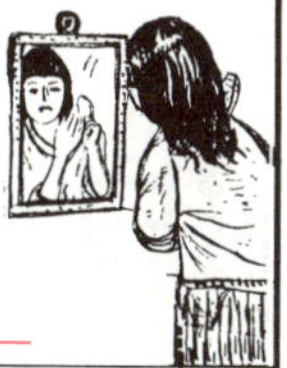

□ 거울 감　　カン(かがみ)

3급II　**금속**면에 얼굴을 비쳐 **보게** 만든 것이 **거울**이다

풀싹이 돋아 나오는 모양. (**풀초**)

藍

藍色 (남색) 남빛. 파랑과 자주의 중간
伽藍 (가람) 절의 집들

□ 남색 람 ※ (해진 풀옷이 남색이라는 뜻)
옷해질 람　ラン(あい)

3급　(원시인이 입은) **풀**옷같이 속살이 **보일** 정도로 옷이 **해지**다

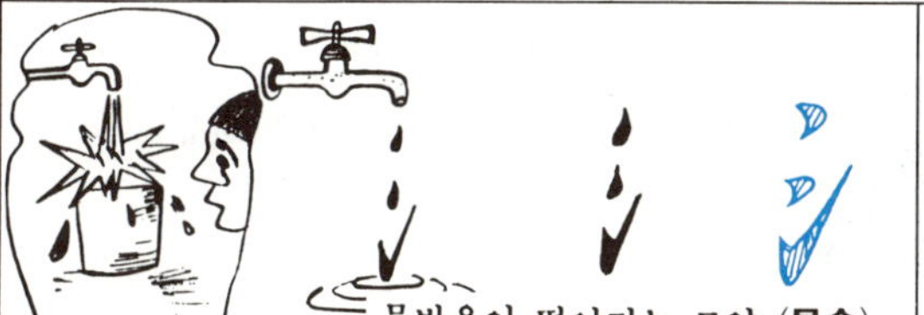

물방울이 떨어지는 모양 (**물수**)

濫

濫發 (남발) ① 함부로 발행함　② 총을 함부로 쏨　③ 말을 함부로 함
濫用 (남용) 함부로 씀

□ 넘칠 람　　ラン(みだり)

3급　(그릇 밖으로) **물**이 **보이**게 **넘치**다

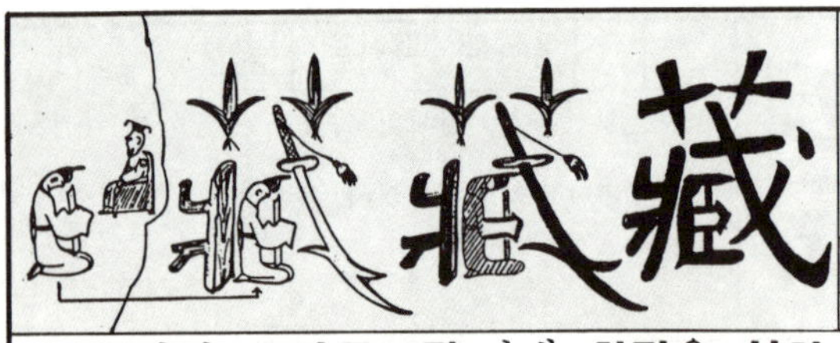

藏

一 | 艹 | 芹 | 茾 | 蒈 | 藏 약 蔵

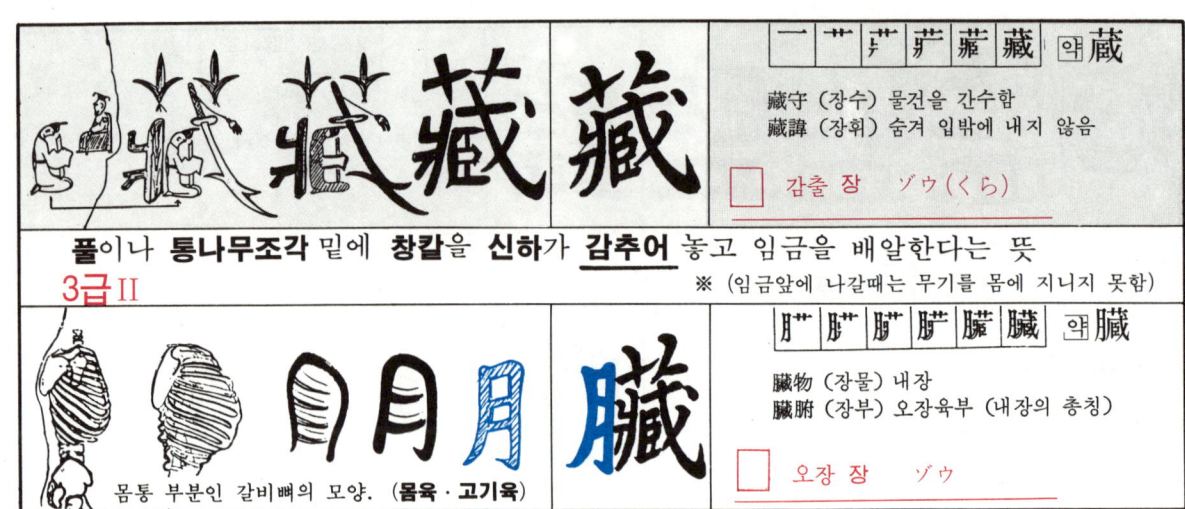

藏守 (장수) 물건을 간수함
藏諱 (장휘) 숨겨 입밖에 내지 않음

☐ 감출 장　ゾウ(くら)

풀이나 **통나무조각** 밑에 **창칼**을 **신하**가 **감추어** 놓고 임금을 배알한다는 뜻

3급II

※ (임금앞에 나갈때는 무기를 몸에 지니지 못함)

몸통 부분인 갈비뼈의 모양. (**몸육 · 고기육**)

臟

月艹 | 肝 | 肝 | 肝 | 臓 | 臟 약 臓

臟物 (장물) 내장
臟腑 (장부) 오장육부 (내장의 총칭)

☐ 오장 장　ゾウ

3급II

몸속에 **감추어**져 있는 것이 **오장**이다

亻

丿 | 亻

☐ 사람인변

사람의 옆 모양을 그린 것.

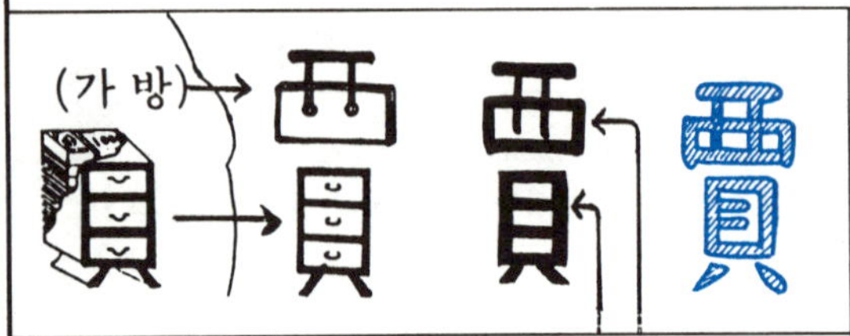

돈이 든 자개장의 모양. (**자개패 · 돈패**)
물건을 덮어싸듯 넣는 가방의 모양. (**덮을아**)

價

亻 | 佇 | 侕 | 價 | 價 | 價 약 価

價額 (가액) 상품의 값
價金 (가금) 팔고 사는 물건의 값

中 값 가　カ(あたい)

사람이 지닌 **가방**과 **돈궤**(자개장)는 **값**진 거다.

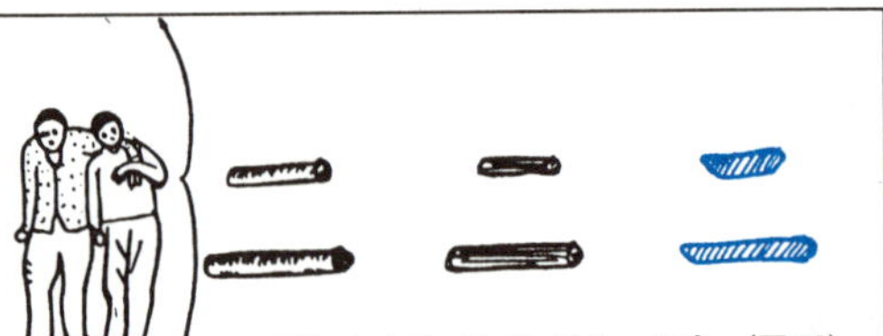

나무토막이 두개 있는 모양 (**두이**)

仁

丿 | 亻 | 仁 | 仁

仁愛 (인애) 어질고 사랑하는 마음
仁政 (인정) 어진 정치

中 어질 인　ジン

4급

사람 둘이 사이좋게 지내니 **어질다.**

옷의 모양 (**옷의**)

依

亻 | 亻 | 仿 | 佗 | 佐 | 依

依舊 (의구) 옛모양과 변함 없음
依存 (의존) 의지하고 있음

中 의지할 의　イ(よる)

4급

사람이 **옷**에 **의지하다.**

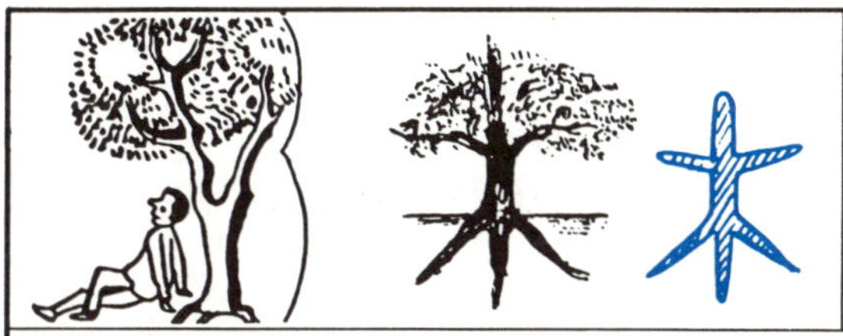

休

丿 亻 仁 什 休 休

休戰 (휴전) 전쟁을 중지함

休暇 (휴가) 직장 등에서 겨를을 냄

中 쉴 휴 キュウ (やすむ)

나무의 모양 (**나무목**)

7급

사람이 **나무** 밑에서 **쉬다.**

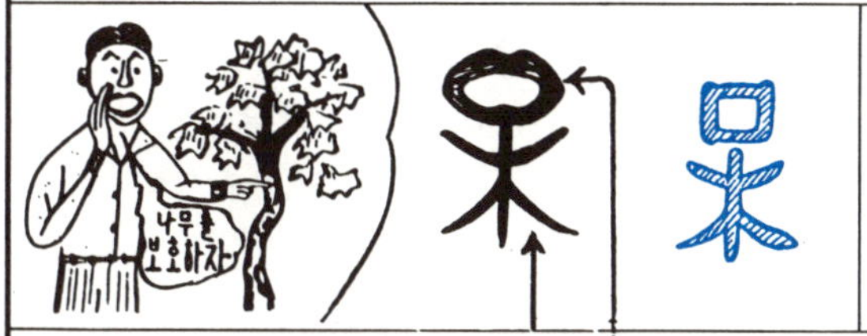

保

亻 仁 伻 佀 保 保

保留 (보류) 무슨 일을 뒤로 미룸

保存 (보존) 잘 지니고 있음

中 보호할 보 ホ (たもつ)

나무의 모양. (**나무목**)

입의 모양. (**입구**)

4급 II

사람이 **입**으로 **나무**를 **보호하자**고 한다.

傑

亻 亻 亻 伬 傑 傑

傑氣 (걸기) 호걸스러운 기상

傑出 (걸출) 썩 뛰어남

뛰어날 걸

호걸 걸 ケツ

반달이 저녁 하늘에 떠 있는 모양(**저녁석**)

나무의 모양. (**나무목**)

4급

사람이 **저녁**때 **사다리**를 타고 **나무**에 잘 오르니 **호걸**이다

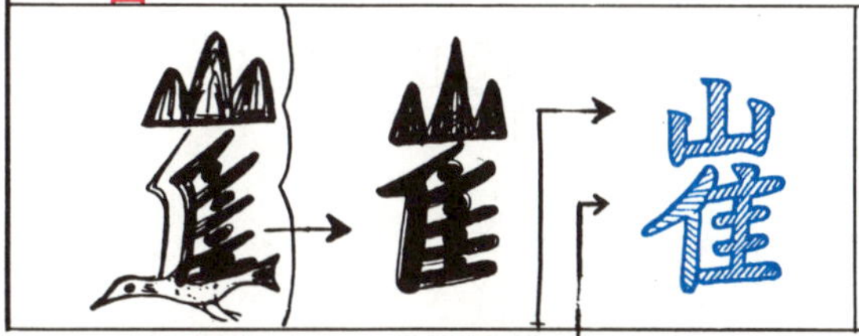

催

亻 仩 㑚 催 催 催

催促 (최촉) 재촉하고 서두름

開催 (개최) 어떤 모임을 주최하여 염

재촉할 최 サイ (もよおす)

우뚝 솟은 산봉우리의 모양. (**메산**)

새의 모양. (**새추**)

3급 II

사람이 **산**을 **새**같이 넘으려고 발걸음을 **재촉하**다

囚

丨 冂 闪 闪 囚

囚人 (수인) 옥에 갇힌 사람

脫獄囚 (탈옥수) 탈옥한 죄수

죄수 수

가둘 수 シュウ (とらえる)

3급 감옥 속에 에워싸여 있는 사람이 **죄수**다.

溫

丶 氵 氵冂 氵囗 溫 溫 속 温

溫情 (온정) 따뜻한 인정

溫泉 (온천) 더운 물이 솟구쳐 나오는 샘

中 따뜻할 온 オン (あたたかい)

6급

물을 **죄수**에게 한 **그릇** 떠주는 것이 **따뜻한** 인정이다.

人

ノ 人

人生 (인생) 사람의 한평생

人倫 (인륜) 사람이 지켜야 할 일

中 사람 인　ジン(ひと)

8급　**사람**의 모양을 그린 자.

介

ノ 𠆢 介 介

介入 (개입) (1)사이에 끼어 들어감

(2)사건에 관계하게 됨

中 소개할 개 / 끼일 개　カイ

3급 II　**사람**이 다리 사이에 **조각**을 **끼고** 있는 모양.

界

丨 冂 田 畀 界 界

界限 (계한) 땅의 경계

世界 (세계) 우주, 온 인류 사회

中 지경 계 · カイ(ちかい)

6급　**밭** 사이에 **끼인** 선이 **지경**이다.

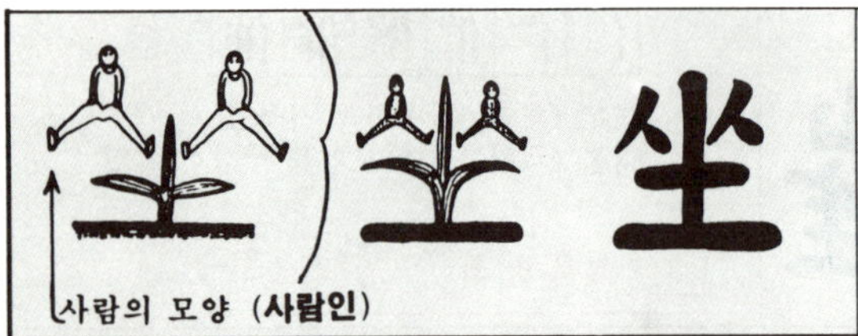

坐

ノ 人 从 丛 坐 坐 동 坐

坐立 (좌립) 앉음과 섬

坐視 (좌시) 간섭하지 않고 가만히 두고 보기만 함

中 앉을 좌　ザ(すわる)

3급 II　**두 사람**이 **흙** 위에 **앉다**.

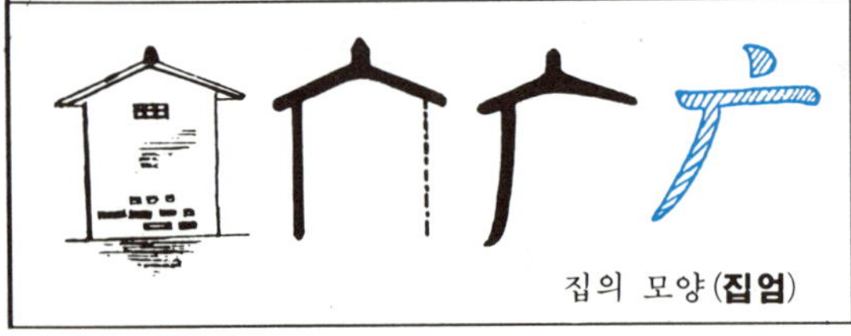

座

亠 广 广 庂 座 座

座席 (좌석) 앉는 자리

座中 (좌중) 여러 사람이 모인 자리

지위 좌 / 자리 좌　ザ(すわる)

4급　**집**에 **앉은** 곳이 곧 **자리**다.

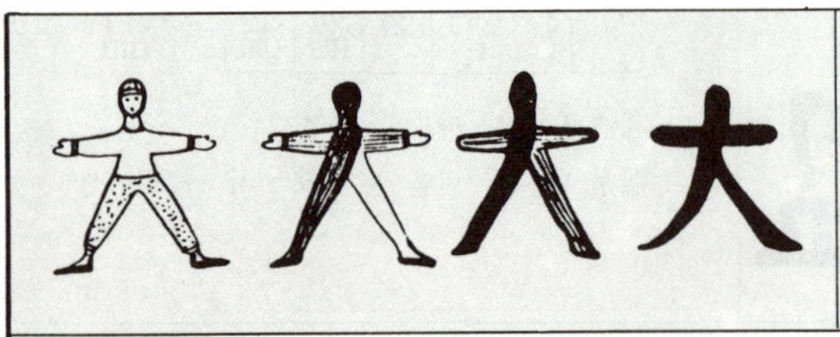

大

一 ナ 大

大名 (대명) 크게 드러난 이름

大小 (대소) 크고 작음

中 클 대　ダイ(おおきい)

8급　사람이 양팔과 다리를 **크게** 벌리고 있는 모양.

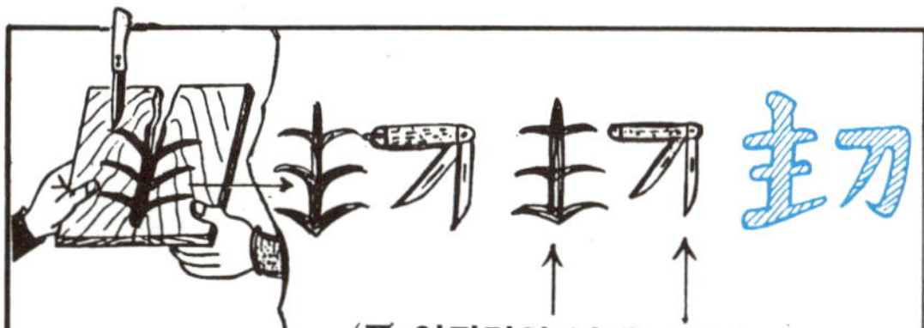

(풀 어지러이 날개 · 칼도)

契

彡	丰	㓞	栔	契	

契機 (계기) 어떠한 일이 일어나거나 결정되는 근거나 기회

契約 (계약) 사람과 사람 사이의 약속

中 계약 계 · 맺을 계
문서 계 ケイ(ちぎる)

(계약서가 없던 옛날에는 쌍방이) **풀** 모양의 그림을 **칼**로 **큰** 조각에 그려 둘로 나누어 가짐으로서 **계약 맺은 문서**로 삼았다는 뜻

3급II

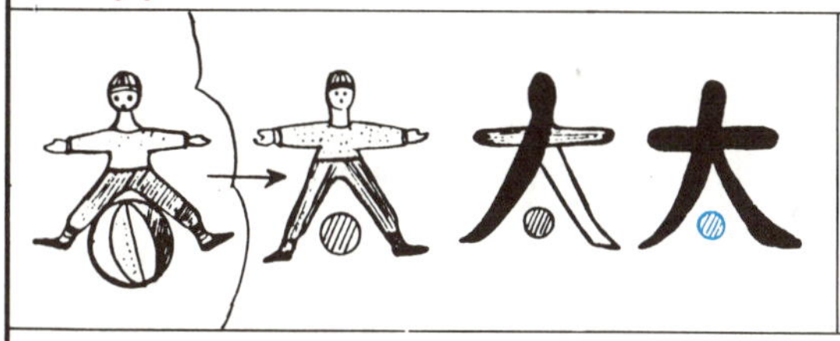

太

一	ナ	大	太		

太陰 (태음) (1)달 (2)순음

太古 (태고) 아주 오랜 옛날

中 클 태 タイ(ふとい)

6급

큰 사람이 **공**을 타고 있으니 더욱 **크다.**

젯상을 차려놓은 모양. (**보일시, 제사시. 젯상시**)

奈

一	ナ	大	太	奈	

奈何 (내하) 어찌함

奈落 (나락) 지옥

어찌 나 タイ、ナイ(いかに)
어찌 내

3급

(가진게 없이) **크게 제**를 **어찌** 올린건가?

因

丨	冂	冃	円	因	因

因果 (인과) 원인과 결과

因習 (인습) 이전부터 전하여 몸에 젖은 풍습

中 인할 인
의지할 인 イン(よる)

5급

사면을 담장으로 크게 싸고 **의지하다.**

젖가슴의 모양. (**가슴심 · 마음심**)

恩

冂	丙	因	因	恩	恩

恩師 (은사) 가르침을 받은 선생

恩怨 (은원) 은혜와 원망

中 은혜 은 オン

4급II

의지하려고 **마음**먹는 자의 청을 들어 주는 것이 **은혜**다.

여자의 모양. (**계집녀**)

姻

人	女	如	姻	姻	

姻親 (인친) 사돈

姻兄 (인형) 처남 매부 사이에 서로 높여 부르는 편지 말

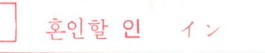

혼인할 인 イン

3급

여자에게 **의지하**려고(남편이) **혼인하**다

壬

一 二 千 壬

壬日 (임일) 일진의 천간이 임인 날
壬方 (임방) 24 방위의 하나

中 천간 임 / 짊어질 임　ジン(みずのえ)

3급II

사람이 물건을 **짊어지고** 있는 모양.

(물수 · 손조)

淫

丶 氵 氵 氵 淫 淫

淫習 (음습) 음탕한 버릇
淫貪 (음탐) 음탕한 것을 탐함

음란할 음　イン(みだら)

3급

(정액) **물**을 쏟는 일을 **손**에 **짊어지**우는 행위(자위)는 **음란하**다

廷

一 二 千 壬 廷 廷

廷爭 (정쟁) 조정 안의 말다툼
廷議 (정의) 조정의 의논

조정 정　テイ

공룡이 꼬리를 끌고가는 모양 (**끌인. 길게걸을인**)

(나라의 일을) **짊어진** 자들이 **천천히 거니**는 곳이 **조정**(법정)이다

집의 모양 (**집엄**) (**끌인·갈인**)

庭

亠 广 广 庄 庭 庭

庭園 (정원) 집안의 꽃밭, 잔디밭 등
庭訓 (정훈) 가정 교육

中 뜰 정　テイ(にわ)

6급

집안으로 짐을 **짊어지**고 **천천히 걸어** 들어오는 곳이 **뜰**이다

任

丿 亻 仁 仁 任 任

任命 (임명) 직무를 맡김
任意 (임의) 마음대로 함

맡길 임 / 일 임　ニン(まかす)

5급

사람에게 **짊어질 일**을 **맡기**다

돈이 든 자개장의 모양. (**자개패 · 돈패 · 조개패**)

賃

丿 亻 仁 任 賃 賃

賃金 (임금) 일에 대한 보수
賃借 (임차) 삯을 주고 빌음

품삯 임　チン

3급

일을 **맡기**고 그 대가로 주는 **돈**이 **품삯**이다

呈

冂 | 口 | 旦 | 早 | 呈 | 呈

呈示 (정시) 나타내 보임
贈呈 (증정) 물건을 선사함

□ 뵐 정
드러낼 정　テイ(しめす)

2급　**물건**을 **짊어지**고 **드러내 뵈다**.

(쇠금) (자틀재)

鐵

𠆢 | 스 | 金 | 釒 | 鐽 | 鐵 | 약 鉄

鐵工 (철공) 쇠그릇등을 만드는 사람
鐵物 (철물) 쇠로 만든 온갖 물건

中 쇠 철　テツ(かなもの)

금속의 일종으로 **풀을 베는 창칼**로 그 모습을 **드러내는** 물질이 **쇠다.**　5급

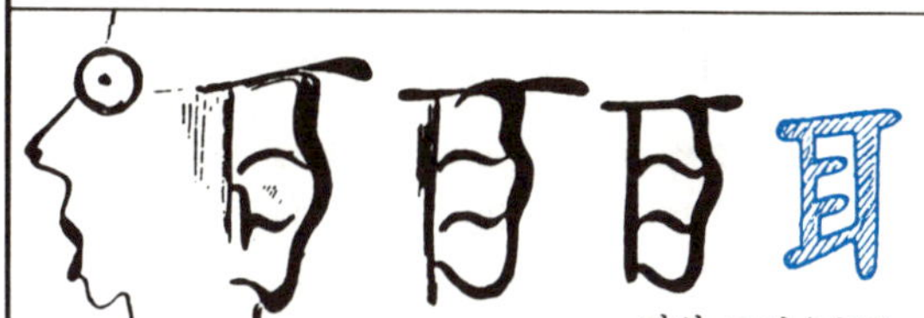
귀의 모양(**귀이**)

聖

工 | 耳 | 耶 | 耶 | 聖 | 聖 | 동 聖

聖經 (성경) 종교의 교리를 적은 책
聖君 (성군) 훌륭한 임금

中 성인 성　セイ(ひじり)

4급II　**귀**를 **드러내** 놓고 들어도 흉이 없는 자가 **성인**이다

벼의 모양(**벼화**)

程

一 | 千 | 禾 | 秄 | 程 | 程

日程 (일정) 그날에 할 일
程度 (정도) 알맞는 한도

□ 과정 정
헤아릴 정　テイ(ほど)

4급II　**벼**를 **드러내 놓**고 **헤아리다**

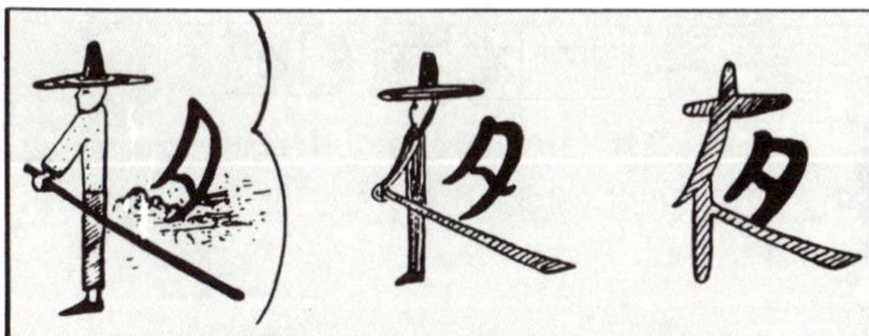

夜

亠 | 疒 | 疒 | 夜 | 夜 | 夜

夜陰 (야음) 밤의 어둠
晝夜 (주야) 낮과 밤

中 밤 야　ヤ(よ)

갓쓴 사람이 **저녁** 때 **지팡이**를 의지해 **밤**길을 가다.　6급

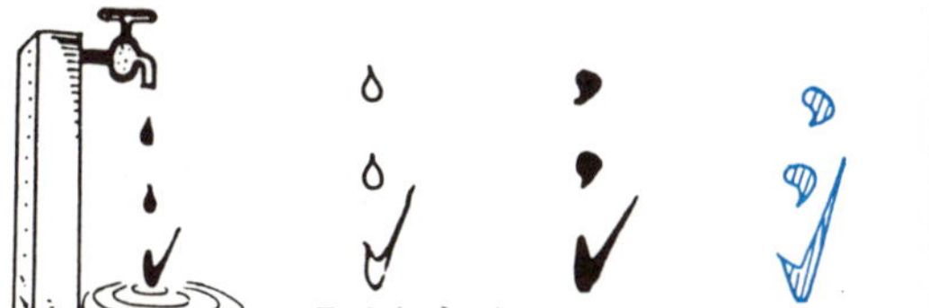
물방울이 떨어지는 모양. (**물수**)

液

汁 | 汴 | 液 | 液 | 液

液化 (액화) 기체나 고체가 액체로 변함

□ 즙 액
진 액　エキ(しる)

4급II　**물**같이 생겨 **밤**같이 컴컴한 덩이 속에서 나오는 게 **즙**이다

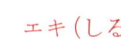

才

一	十	才			

才德 (재덕) 재주와 덕행

才藝 (재예) 재주와 기예

中 재주 재　　サイ

6급　(곡예사가) 그네 위에서 **재주**를 부리는 모양.

나무의 모양. (**나무목**)

材

一	十	才	木	村	材

材能 (재능) 재주와 능력

材略 (재략) 재주가 있는 꾀

中 재목 재　　サイ

5급　**나무**로 **재주**부린 것이 **재목**이다.

돈이 든 자개장의 모양. (**자개패 · 돈패 · 조개패**)

財

丨	冂	貝	貝一	貝丁	財

財物 (재물) 돈이나 사물의 값진 물건

財産 (재산) 개인 · 가정 · 단체가 소유하는 재물

中 재물 재　　サイ

5급　**돈**으로 **재주**부려 **재물**을 모으다.

두 짝 문의 모양을 본뜬 자. (**문문**)

閉

丨	冂	门	門	閂	閉

閉鎖 (폐쇄) 문을 닫고 자물쇠를 채움

閉講 (폐강) 하던 강의를 폐지함

中 닫을 폐　　ヘイ(とじる)

4급　**문**으로 **재주**부리는 것이 **닫는** 것이다.

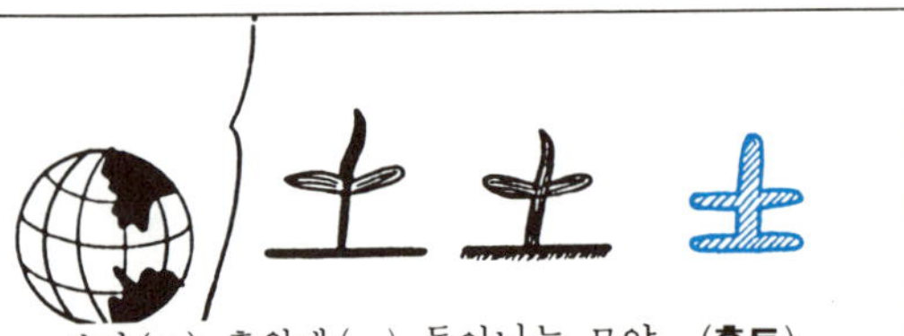

싹이(+) 흙위에(—) 돋아나는 모양. (**흙토**)

在

一	ナ	𠂇	左	存	在

在野 (재야) 관직에 있지 않음

在來 (재래) 전부터 있던 곳

中 있을 재　　ザイ(ある)

6급　(조물주가) **재주**를 부리어 **흙**이 (지구가) **있게** 되다.

어린 아들의 모양. (**아들자**)

存

一	ナ	𠂇	疗	存	

存亡 (존망) 살아 있음과 죽음

存續 (존속) 계속하여 존재함

中 있을 존　　ソン

4급　(부모가) **재주**부린 결과 **아들**이 **있**다

夬

ㄱ ㅋ 夬 夬

※뜻만 기억할 것.

□ 터놓을 쾌

목도리를 큰 사람이 **터놓은** 모양.

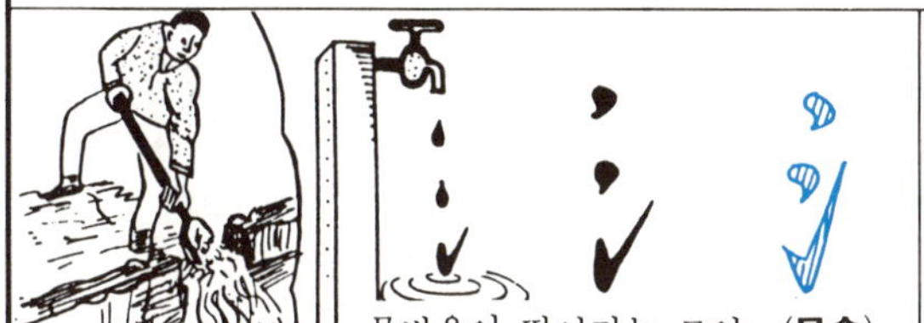

물방울이 떨어지는 모양. (**물수**)

決

丶 冫 氵 氵 汁 決

決心 (결심) 마음을 굳게 다짐

決勝 (결승) 최후의 승부를 정하는 것

中 결정할 결 끊을 결 ケツ(きめる)

5급 **물**을 **터놓아** 뚝을 **끊으려**고 **결정하다.**

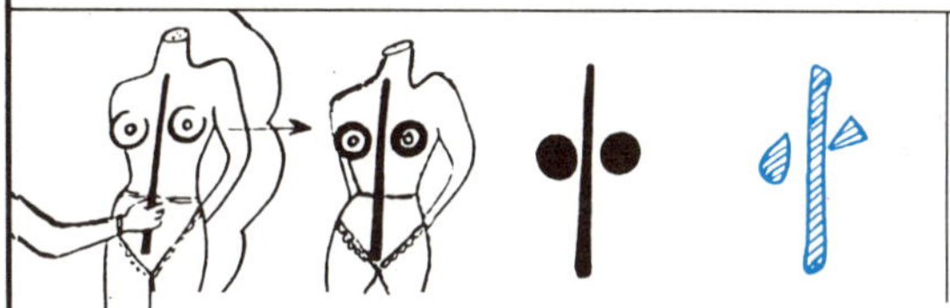

젖가슴을 짚어 보이는 모양. (**가슴심 · 마음심**)

快

丷 忄 忄 忄 快 快

快樂 (쾌락) 유쾌한 감정

快事 (쾌사) 상쾌한 일

中 쾌할 쾌 カイ(こころよい)

4급II **마음**을 **터놓고** 노니 **쾌활**하다.

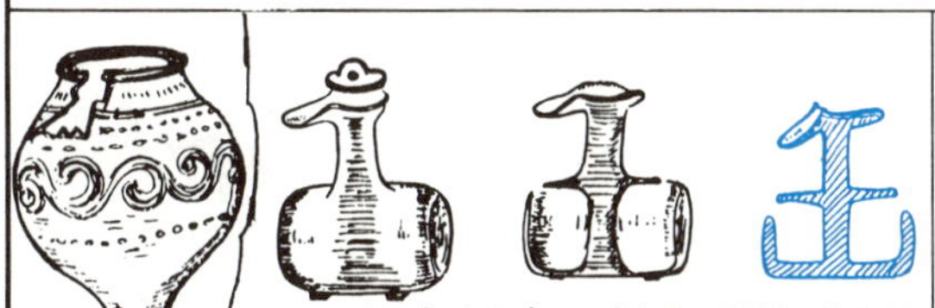

질그릇의 모양(**질그릇부. 장군부**)

缺

丿 𠂉 午 缶 缶 缺

缺點 (결점) 단점. 약점

缺席 (결석) 출석하지 않음

□ 이지러질 결 ケツ(かける)

4급II **질그릇**이 **터저** **이지러지**다.

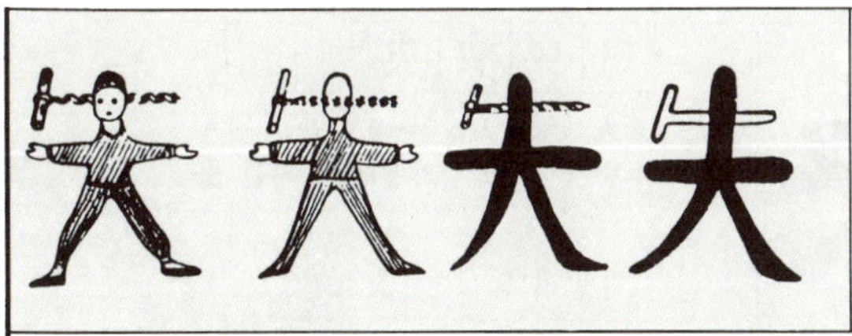

失

丿 𠂉 生 失

失望 (실망) 희망이 끊어짐

失言 (실언) 말을 잘못함

中 잃을 실 シツ(うしなう)

6급 **송곳**에 뚫린 것같이 **큰** 사람이 정신을 **잃다.**

벼의 모양(**벼화**)

秩

一 千 禾 禾 秩 秩

秩高 (질고) 봉록이 높음

秩序 (질서) 사물의 조리나 그 순서

□ 차례 질 チツ

3급II **벼**를 **잃지**(허실되지) 않게 하려고 **차례**로 쌓다

天

一 二 天

天性 (천성) 본래 타고난 성품
天然 (천연) 자연 그대로

中 하늘 천　　テン(そら)

7급　(사람이) 양팔을 벌리고 **하늘**을 쳐다보는 모양을 본뜬 자

캥거루우가 달려가는 모양. (**갈착. 달릴착**)

送

丿 八 ᄊ 夭 关 送

送別 (송별) 떠나는 사람을 보냄
送信 (송신) 다른 곳에 통신을 보냄

中 보낼 송　　ソウ(おくる)

4급II　(임을 공기를) **쪼개**듯이 **하늘을** **달리**는 여객기로 떠나 **보내다.**

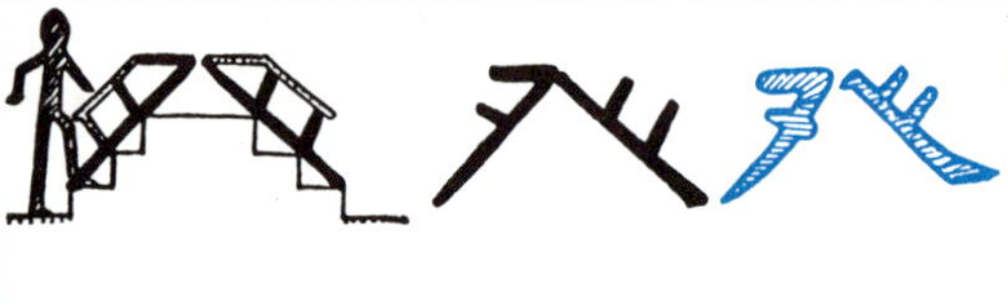

난간대의 모양(**걸어오를발**)

癸

フ ヲ ᄽ 癶 癶 癸

癸水 (계수) 월경 (月經)
癸丑 (계축) 육십 갑자의 쉰째

中 북방 계
열째천간 계　　キ(みづのと)

3급　**난간**에 올라 **하늘**의 **북방**을 살피다.

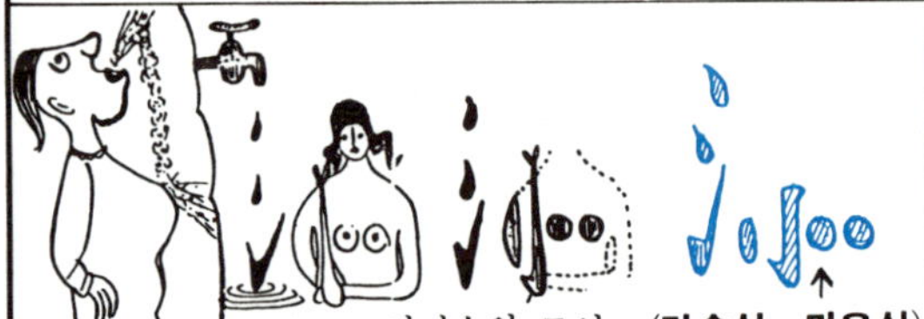

젖가슴의 모양. (**가슴심 · 마음심**)

添

丶 氵 氵 沃 添 添

添附 (첨부) 덧붙임
添入 (첨입) 더 보태어 넣음

더할 첨
보탤 첨　　テン(そえる)

3급　**물**같은 침을 **하늘**로 뱉지만 결국 **가슴**에 **더하여**(떨어)진다

央

冂 口 央 央

央央 (앙앙) 넓고 선명한 모양
中央 (중앙) 한가운데가 되는 곳

中 중앙 앙
가운데 앙　　オウ(なかば)

3급II　목도리로 큰 사람이 목의 **중앙**을 감고 있는 모양.

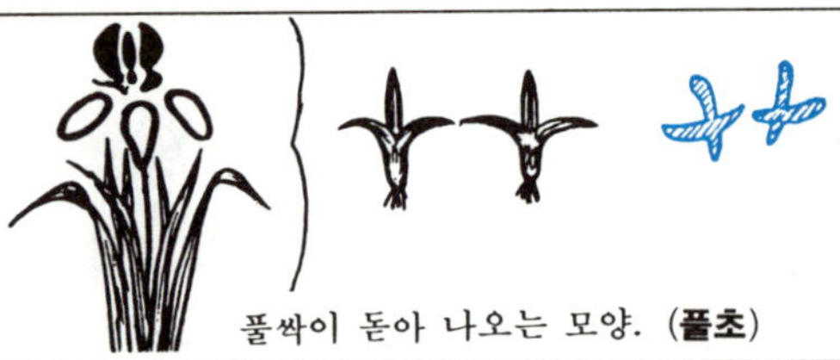

풀싹이 돋아 나오는 모양. (**풀초**)

英

一 艹 艹 芷 英 英

英敏 (영민) 영리하고 민첩함
英雄 (영웅) 재능과 용맹이 뛰어나 대업을 성취한 인물

中 영웅 영
꽃부리 영,　　エイ

6급　**풀** 포기의 **중앙**에 피는 것이 **꽃부리**다.　※ 꽃부리 같이 인생을 꽃피운자가 영웅이다.

(해가떠서 새날이 온다는 뜻)(해일. 날일)

映

丨 日 日冖 日巳 映 映

映畫 (영화) 스크리인에 비치는 사진
映射 (영사) 광선이 반사함
映寫 (영사) 영화나 환등을 상영함

□ 비칠 영　エイ (うつす)

4급　**해**가 하늘 **중앙**에 떠서 **비치**다

살이 썩어 뼈만 앙상하게 남은 모양. (**죽을사**)

殃

一 厂 歹 歹冖 歼 殃

殃及池魚 (앙급지어) "뜻밖의 재난이 닥쳐 옴"을 이르는 말
殃禍 (앙화) 재난

□ 재앙 앙　コウ (あがる)

3급　**죽음**의 **중앙**에 서있는 게 **재앙**이다

冘

丶 冖 ナ 冘

※뜻만 기억할 것

□ 머뭇거릴 임
머물러있을 임

시체가 물속에 **머물러** 있는 모양

나무의 모양. (**나무목**)

枕

一 木 朩 朩冖 朸 枕

枕頭 (침두) 베갯머리
枕席 (침석) ① 베개와 자리
② 자는 자리

□ 베개 침　チン (まくら)

3급　**나무**로(만들어) 머리가 **머무르**는 것이 **베개**다

물방울이 떨어지는 모양 (**물수**)

沈

丶 氵 氵 氵冖 氿 沈

沈着 (침착) 어떠한 일에도 당황하지 않고 마음이 가라앉아 있음
沈沒 (침몰) 물 밑에 가라앉음

□ 잠길 침　シン (しずむ)

3급II　**물**속에 **머물**러 **잠기**다

귀의 모양 (**귀이**)

耽

𠀆 耳 耳 耳冖 耴 耽

耽讀 (탐독) 책을 즐겨 읽음
耽惑 (탐혹) 마음이 빠져 미혹됨

□ 즐길 탐　タン (ふける)

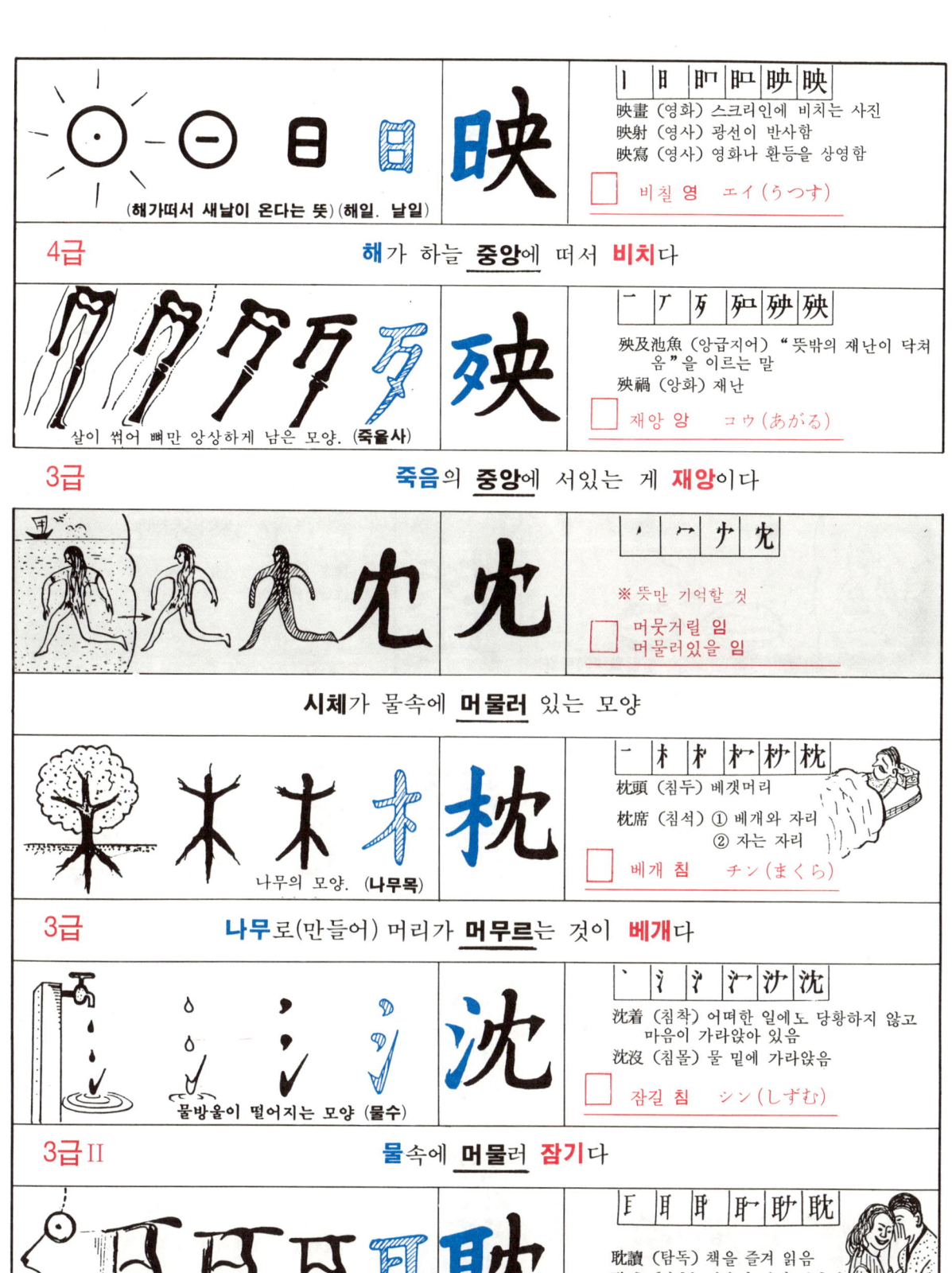

2급　**귀**를 **머물**게 하여(소리를) 듣고 **즐기**다

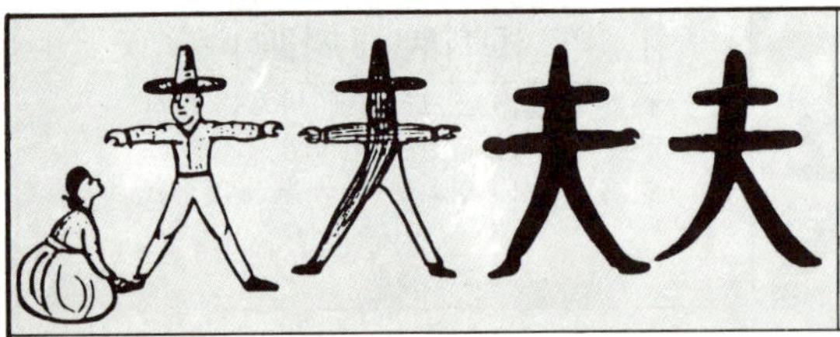

夫

一	二	夫	夫		

夫君 (부군) 아내가 남편을 칭하는 말
夫人 (부인) 남의 아내의 존칭

中 지아비 부　フウ(おすと)

7급　**지아비**의 모양.

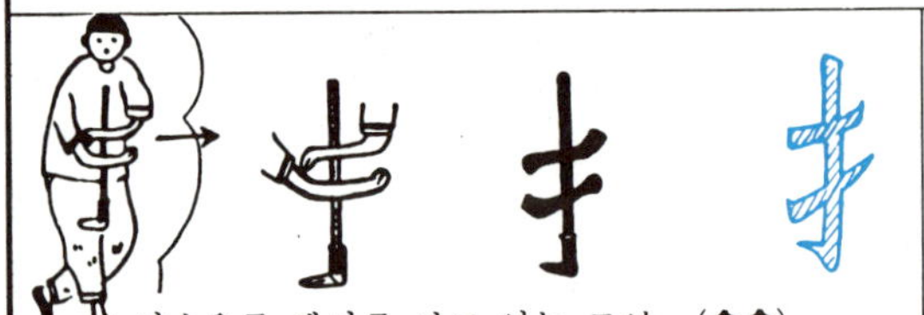

양손으로 괭이를 잡고 있는 모양. (**손수**)

扶

一	十	扌	扌	扶	扶

扶養 (부양) 생활을 도와줌
扶護 (부호) 붙들어 보호함

中 붙들 부　フ(たすける)

3급 II　**손**으로 **지아비**를 **붙들다.**

입을 열고 말하는 모양. (**말할왈. 가로왈**)

替

一	二	夫	夫夫	替	替

替直 (체직) 당번을 서로 갈음
代替 (대체) 다른 것으로 바꿈

바꿀 체　タイ(かえる)

3급　**두 지아비**가 **말**을 **바꾸며** 이야기하다

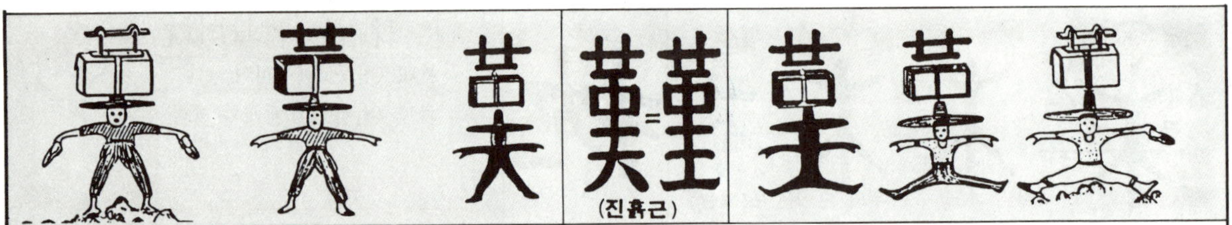

가방을 머리에 이고 지아비가 **진흙** 속을 헤매는 모양을 본뜬 자.

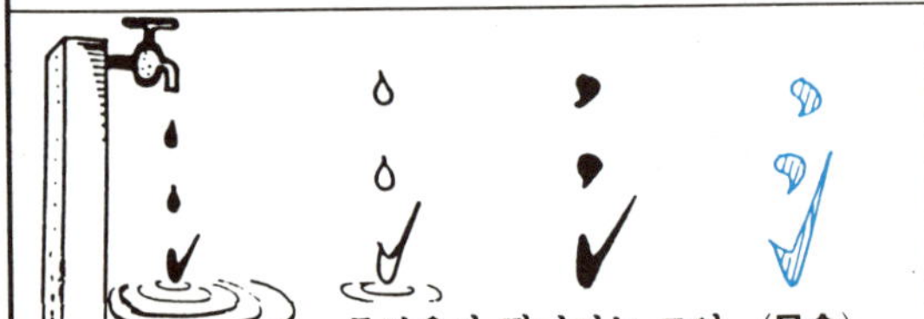

물방울이 떨어지는 모양 (**물수**)

漢

丶	氵	氵	氵廿	漢	漢

漢方 (한방) 중국에서 전래한 의술
漢俗 (한속) 한민족의 풍속

中 한나라 한 / 한수 한　カン

7급　**물**이 많은 양자강 유역의 기름진 **진흙** 평원에 세운 나라가 **한나라**다.

새의 모양. (**새추**)

難

廿	昔	菓	難	難	難

難測 (난측) 헤아려 알기 어려움
難解 (난해) 까다로와 풀기 어려움

中 어려울 난　ナン(むずかしい)

4급 II　**진흙**에 빠진 **새**가 날아 가기가 **어렵다.**

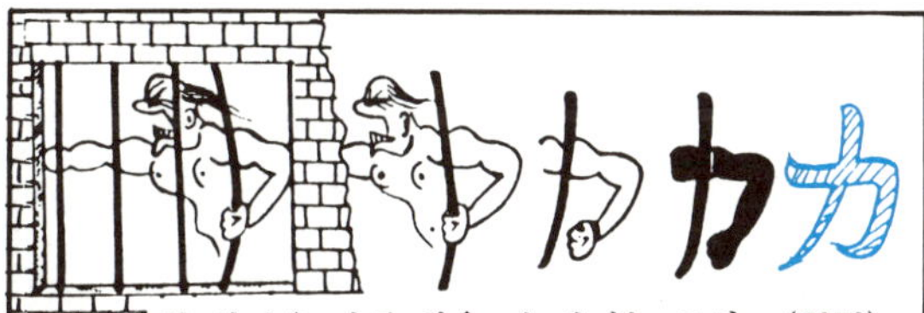

철 창살을 팔로 힘을 써 벌리는 모양. (**힘력**)

勤

艹 䒑 革 堇 堇 勤

勤免 (근면) 부지런히 힘씀

勤學 (근학) 부지런히 학문을 닦음

中 부지런할 근　キン(つとめる)

4급　**진흙** 속에서 **힘**써 일하니 **부지런하다.**

수염을 들먹이며 입으로 말하는 모양. (**말씀언**)

謹

亠 言 訁 訁 謹 謹

謹嚴 (근엄) 깊이 삼가고 엄숙히 함

恭謹 (공근) 공손하고 삼감

삼갈 근　キン(つつしむ)

3급　**말**을 **진흙** 길을 갈 때같이 **삼가**하다.

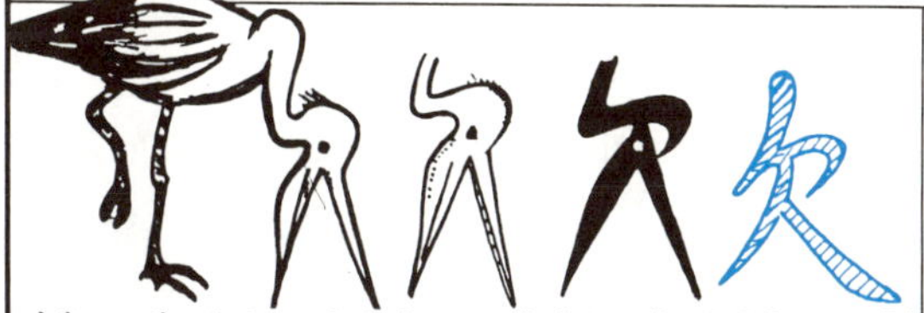

입을 크게 벌리고 하품하는 모양. (**입크게 벌릴흠. 하품흠**)

歎

一 艹 莒 菓 歎 歎

歎聲 (탄성) ① 탄식하는 소리 ② 감탄하는 소리

歎息 (탄식) 한숨 쉬며 한탄함

탄식할 탄　タン(なげく)

4급　**진흙** 속에 빠진 신세를 **입을 크게 벌리**고 **탄식**하다

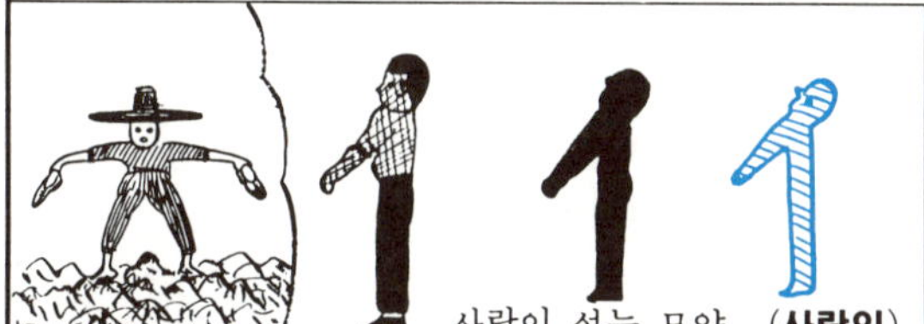

사람이 섰는 모양. (**사람인**)

僅

亻 僅 僅 僅 僅 僅

僅僅 (근근) 겨우

僅少 (근소) 조금. 약간

겨우 근　キン(わずか)

3급　**사람**이 **진흙** 속을 **겨우** 지나가다

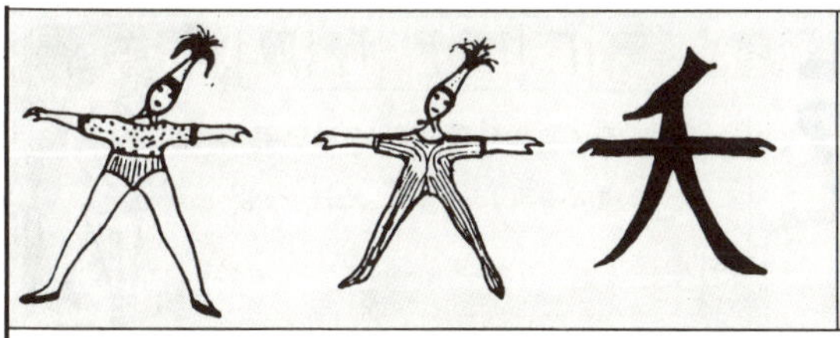

夭

一 二 チ 夭

夭折 (요절) 젊어서 죽음

(고개를 옆으로 떨구고 일찍 죽다)

일찍죽을 요

예쁠 요,　ヨウ(わかじに)

고개를 옆으로 갸우뚱하게 하고 아양 떠니 **예쁘**다.

대나무의 이파리 모양을 본뜬 자. (**대죽**)

笑

ノ ⺈ 𥫗 竺 竺 笑

笑容 (소용) 웃는 얼굴

笑話 (소화) 우스운 이야기

中 웃음 소　ショウ(わらう)

4급 II　**대나무**가 **예쁜 채** 하니 **웃음**이 난다.

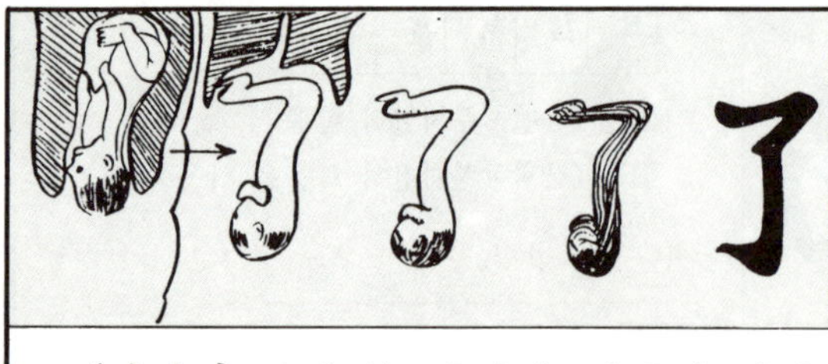

了

一 了

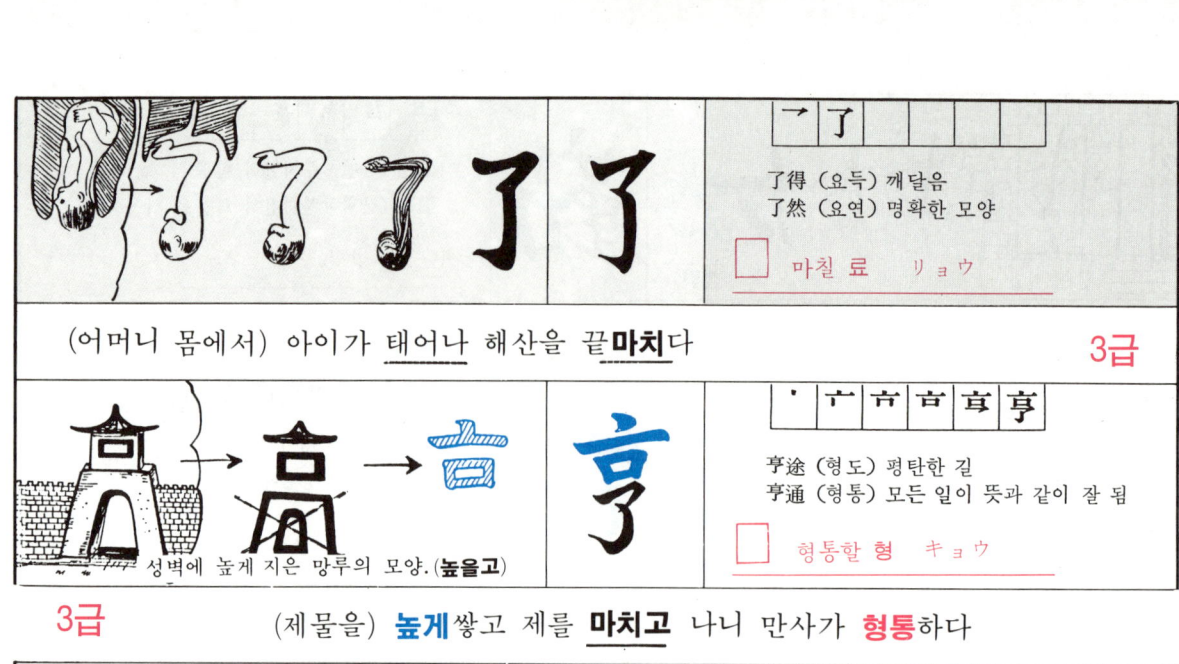

了得 (요득) 깨달음
了然 (요연) 명확한 모양

마칠 료　リョウ

(어머니 몸에서) 아이가 **태어나** 해산을 끝**마치**다　3급

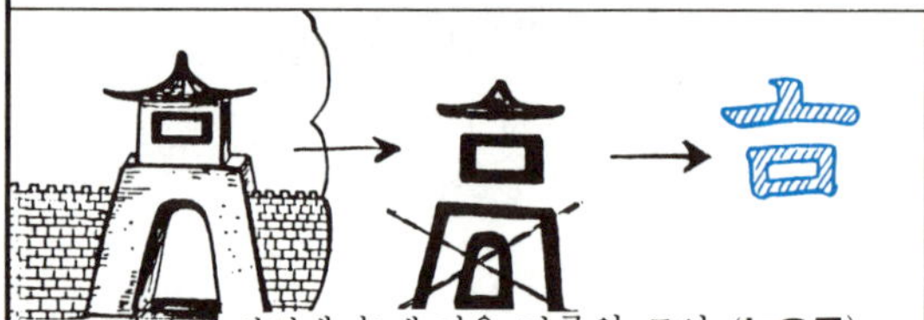

성벽에 높게 지은 망루의 모양. (**높을고**)

亨

亠 亡 古 亨 亨 亨

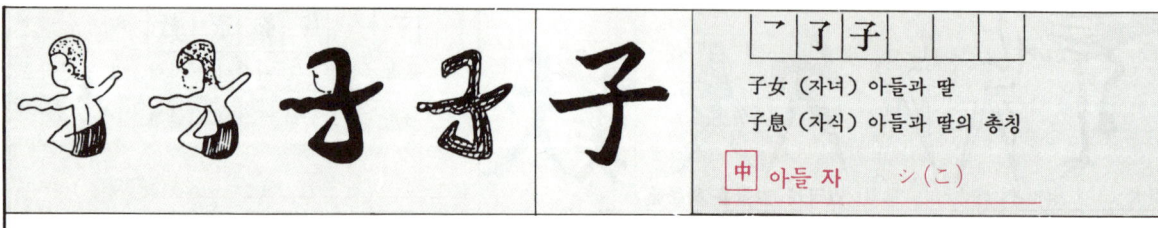

亨途 (형도) 평탄한 길
亨通 (형통) 모든 일이 뜻과 같이 잘 됨

형통할 **형**　キョウ

3급　(제물을) **높게** 쌓고 제를 **마치고** 나니 만사가 **형통**하다

子

一 了 子

子女 (자녀) 아들과 딸
子息 (자식) 아들과 딸의 총칭

中 아들 자　シ(こ)

7급　**아들**의 모양.

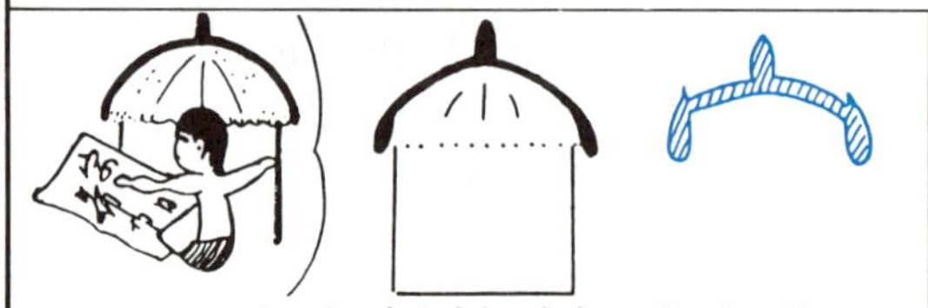

지붕을 덮어씌운 집의 모양. (**집면**)

字

丶 宀 宁 字 字

字句 (자구) 문자의 어귀
字母 (자모) 활자의 근본 자형

中 글자 **자**　ジ(あざ)

7급　**집**에서 **아들**이 **글자**를 익히다.

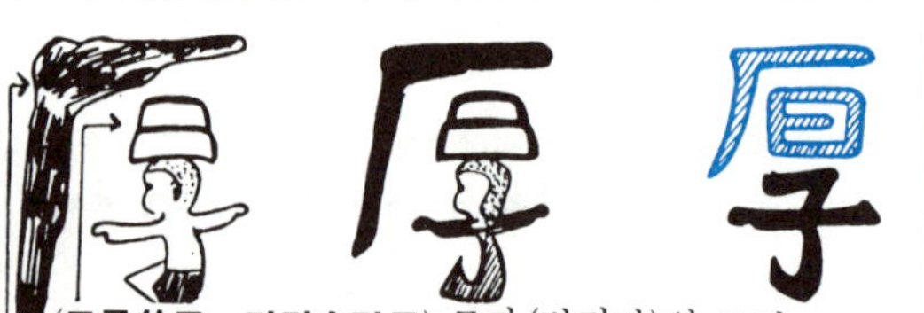

(**무릅쓸모**. **머리수건모**) 모자(벙거지)의 모양.

厚

一 厂 厈 戸 厚 厚

厚恩 (후은) 두터운 은혜, 큰 은혜
厚意 (후의) 두텁게 쓰는 마음

中 두터울 **후**　コウ(あつい)

(**바위엄**) 산기슭에 바위가 옆으로 나온 모양.

4급　**바위** 밑을 거닐려고 **덮어 쓴 아들**의 안전모는 **두텁다**.

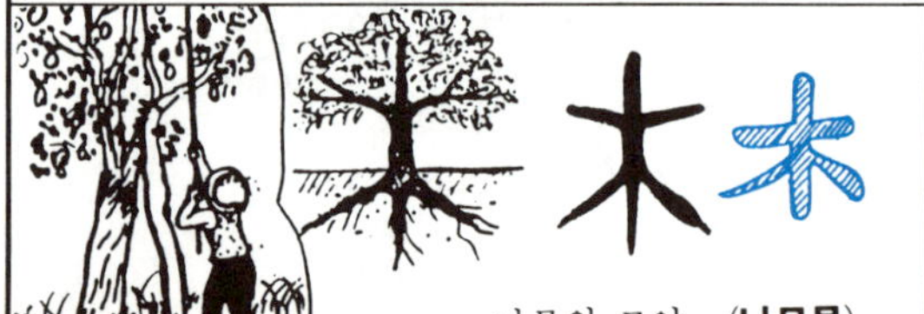

나무의 모양. (**나무목**)

李

一 十 才 木 李 李

李朝 (이조) 이씨 조선의 약어
李花 (이화) 오얏 꽃

오얏 리　り(すもも)

6급　**나무** 밑에서 **아들**이 즐겨 따먹는 과일이 **오얏**이다.

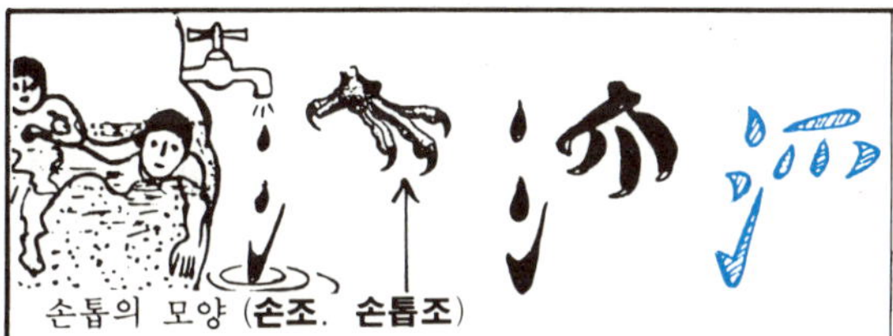
손톱의 모양 (**손조. 손톱조**)

浮

丶 氵 氵 氵爫 浮 浮

浮雲 (부운) 뜬 구름

浮浪 (부랑) 하는일 없이 떠돌아 다님

中 뜰 부 フ(うかぶ)

3급II

물속에서 **손**을 휘저어 **아들**이 **뜨다.**

比

丨 ト 比 比

比等 (비등) 서로 어슷비슷함

比例 (비례) 예를 들어 비교함

中 나란히 비 / 견줄 비 ヒ(くらべる)

5급

(키를) **나란히** 앉아 **견주**다.

(**물수**) (**날일 · 해일**)

混

丶 氵 沪 浘 混 混

混同 (혼동) 섞이어 하나가 됨

混亂 (혼란) 섞이어 어지러움

中 섞일 혼 コン(まぜる)

4급

물가 **햇볕** 아래 **나란히** 앉아 **섞이다.**

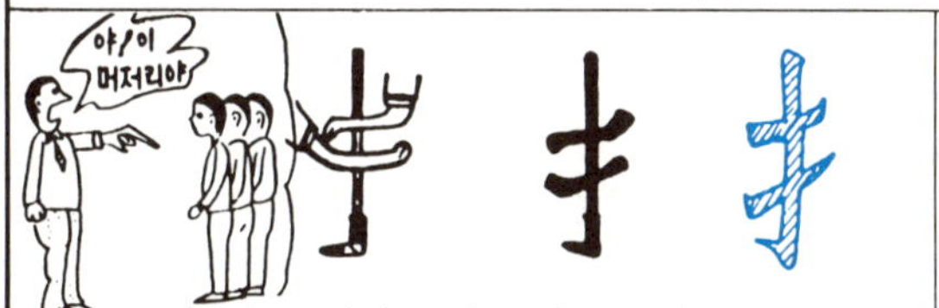

양손으로 괭이를 잡고 있는 모양. (**손수**)

批

一 扌 扗 批 批 批

批判 (비판) 사물의 시비를 판정함

批難 (비난) 남의 험을 들추어 꾸짖음

비평할 비 ヒ

4급

손으로 **나란히** 세워 놓고 **비평하다.**

흰밥이 담긴 사발의 모양 (**흰백**)

皆

一 ト 上 比 比 皆

皆濟 (개제) 다 돌려 주거나 바침

皆骨山 (개골산) 금강산의 겨울 이름

中 다 개 カイ(みんな)

나란히 앉아 **흰** 밥을 **다** 먹어 치우다.

3급

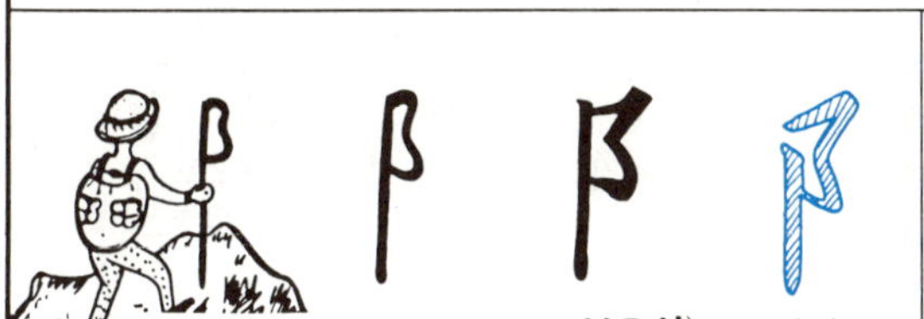
지팡이의 모양. (**글자 왼쪽에 붙을시**) (**언덕부**)

階

阝 阝 阝 阝 阝比 階

階段 (계단) 층층대

階級 (계급) 관위, 신분 등의 등급

섬돌 계 / 층계 계

4급

언덕을 **다**같이 오를 수 있게 만들어 놓은 것이 **섬돌(층계)**다.

化

ノ 亻 亻' 化

化生 (화생) 생물의 기관이 변해 감
化學 (화학) 물질의 변화·법칙을 연구하는 자연 과학

中 화할 화, 변할 화 カ(ばける)

5급 사람이 꼬부라진 몸으로 **변하다**(되다).

풀싹이 돋아 나오는 모양. (**풀초**)

花

一 艹 艹 芢 芲 花

花燭 (화촉) 결혼식때 석상에 켠 촛불
花鳥 (화조) 꽃과 새

中 꽃 화 カ(はな)

7급 **풀**이 **변하여** **꽃**이 되다.

돈이든 자개장의 모양 (**조개패·돈패**)

貨

ノ 亻 亻' 化 貨 貨

貨幣 (화폐) 돈 지불의 수단, 교환의 매개, 가격의 표준의 목적물로 쓰이는 물건

中 재물 화 カ

4급II (팔면) **변하여** **돈**이 되는 것이 **재물**이다.

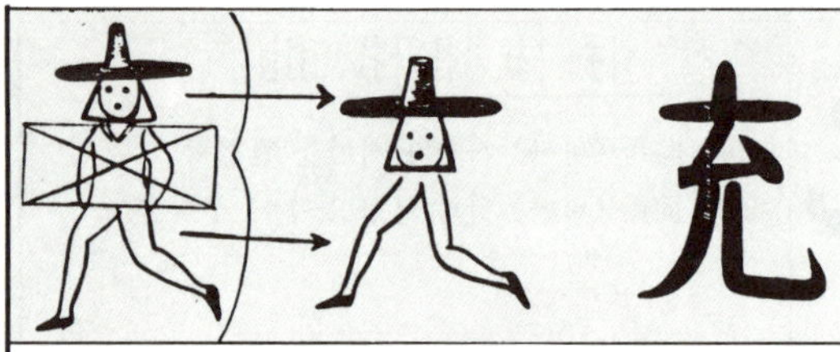

充

一 亠 云 云 产 充

充滿 (충만) 가득함
充分 (충분) 부족함이 없음

中 가득할 충, 채울 충 ジュウ(あてる)

5급 갓을 쓴 사람의 머리에 지식이 **가득차** 있다는 뜻.

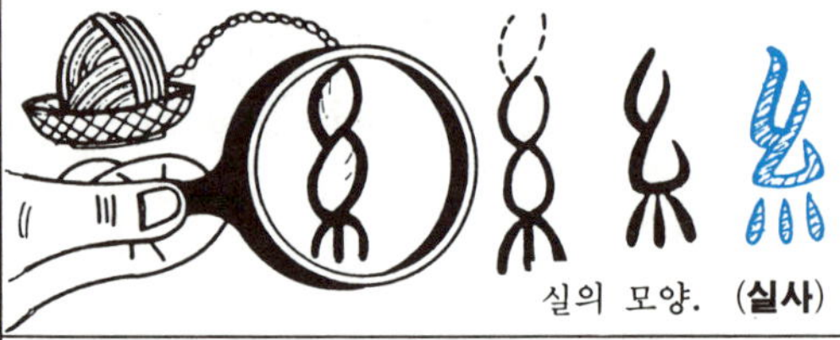

실의 모양. (**실사**)

統

纟 幺 糸 紡 紵 統

統計 (통계) 합하여 계산함
統治 (통치) 도맡아 다스림

中 거느릴 통 トウ(すべる)

4급II (누에가) **실**이 **가득찬** 고치를 만들려고 실을 **거느리다.**

쇠를 다루는 대장간의 모양. (**쇠금**)

銃

ㅅ 今 金 鈡 鈨 銃

銃劍 (총검) 총과 칼
銃殺 (총살) 사형의 한 가지로 총으로 쏘아 죽이는 형벌

총 총 ジュウ(つつ)

4급II **쇠**로 된 실탄이 **가득찬** 것이 **총**이다.

流

亠	𠫓	㐬	㐬

※뜻만 기억할 것.

□ 흘러내려갈 돌

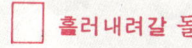

갓을 쓴 자가 다리사이로 오줌을 **흘러내리다.**

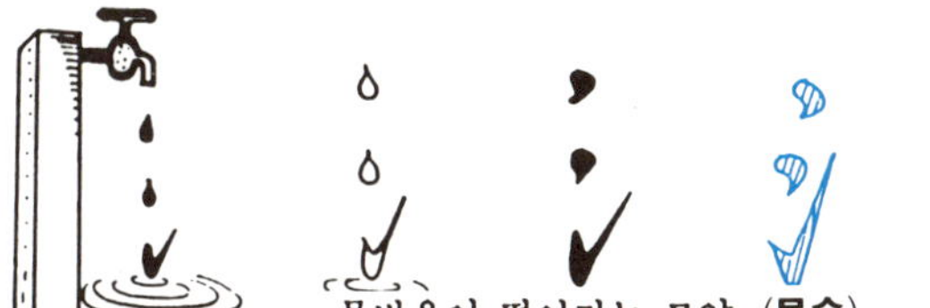

물방울이 떨어지는 모양 (**물수**)

流

`	氵	氵亠	氵𠫓	㳅	流

流配 (유배) 죄인을 귀양 보내는 일

流通 (유통) 사물이 세상에 널리 통용됨

中 흐를 류　リュウ(ながれる)

5급　**물**이 **흘러흘러** 쉬지 않고 **흐르다.**

손발의 모양. (**발소**. **손발소**)

疏

㇀	𤴓	𤴓	𤴓	𤴓	疏

疏漏 (소루) 일이 엉성함

疏通 (소통) 막힘 없이 통함

□ 멀 소

뚫릴 소　ソ(ときあかす)

(양말이) **발**이 **흘러내릴** 정도로

뚫리다

풀싹이 돋아 나오는 모양. (**풀초**)

蔬

一	艹	艹	艹	艹	蔬

蔬飯 (소반) 변변치 못한 음식

蔬食 (소식) 채소로 만든 음식

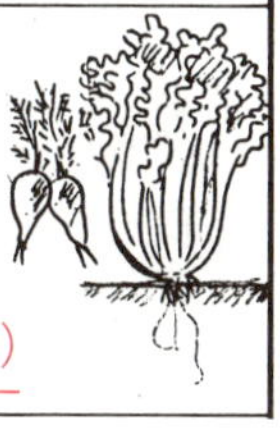

□ 나물 소　ソ(よみがえる)

3급　**풀**같이 땅을 **뚫고** 나온 게 **나물**이다

北

丨	丨	丬	丬	北

北伐 (북벌) 북쪽을 토벌하는 일

敗北 (패배) 싸움에 짐, 져서 도망감

中 패할 배

북녘 북　ホク(きた)

8급 (두 사람이 등을 돌리고 있는 모양) **북녘**을 뜻함.

*집을 지을때 북쪽을 등지게 하고 짓기 때문임.

몸통 부분인 갈비뼈의 모양. (**몸육** · **고기육**)

背

一	丬	丬	北	背	背

背恩 (배은) 은혜를 배반함

背後 (배후) (1)뒷쪽

□ 등 배　ハイ(そむく)

4급II　**북녘북**자 같이 앉을 시 맞대는 **몸**의 부분이 **등**이다.

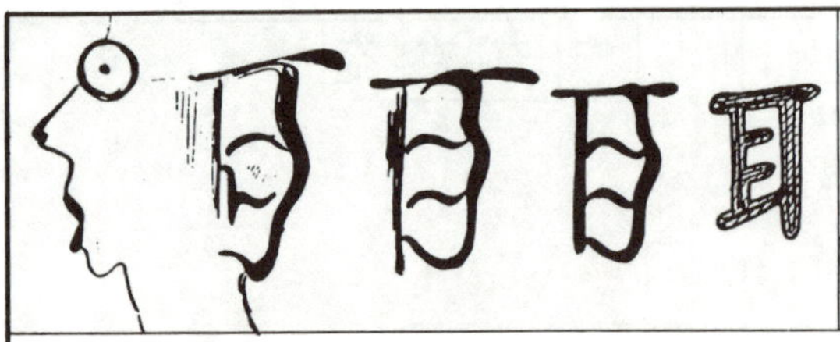

耳

一 丅 下 F E 耳

耳孫 (이손) 자기로부터 8대째 되는 손자

耳根 (이근) 귀뿌리

中 귀 이 ジ(みみ)

5급 **귀**의 모양을 그린 것.

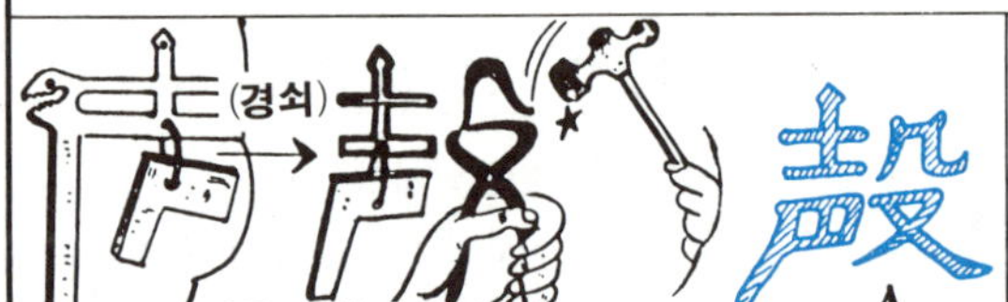

고리를 만들려고 집게로 잡고서 두들겨 치는 모양 (**두들길수. 칠수**)

聲

一 士 声 声 殸 聲 속 声

聲援 (성원) 소리쳐서 사기를 북돋아줌

名聲 (명성) 세상에 떨친 이름

中 소리 성 セイ(こえ)

* 경쇠=돌을 달아매어 두드리는 악기

경쇠를 **두들길** 때 **귀**에 와 닿는 것이 **소리**다. 4급II

젖가슴의 모양. (**가슴심 · 마음심**)

恥

厂 E 耳 耻 耻 恥

恥辱 (치욕) 수치와 모욕

破廉恥 (파렴치) 염치를 모름

부끄럼 치 チ(はずかしい)

3급II (양심에 찔리는 말을) **귀로** 듣고 **마음**으로 **부끄러워 하다**

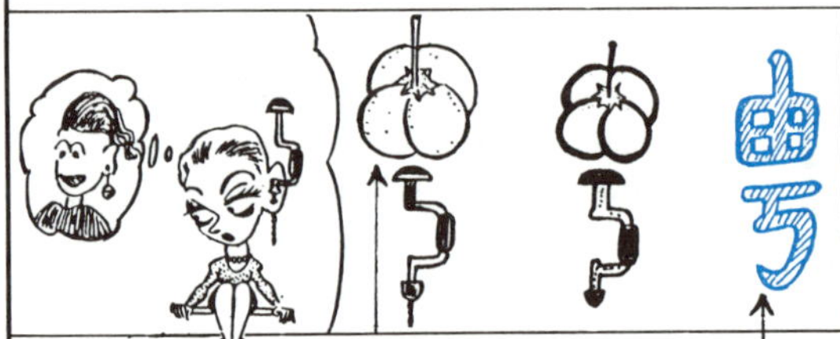
(**까닭유 · 말미암을유**)
막힌구멍을 뚫는 드릴 모양 (**막힐고**)

聘

一 E 耳 耶 聃 聘

聘問 (빙문) 물품을 가지고 방문함

聘丈 (빙장) 아내의 아버지. 장인

장가들 빙
부를 빙 ヘイ(めす)

3급 **귀**가 있는 **까닭에**(귀 걸이를 하려고) 귀**구멍을 뚫을** 자를 **부르다.**

(**고리 꿰여 있을관**)

聯

一 E 耳 聅 聅 聯 속 联

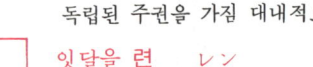

聯邦 (연방) 국가 결합의 하나. 독립된 주권을 가짐 대내적으로

잇달을 련 レン

3급II **귀**에 (귀)**고리**를 **잇달다**

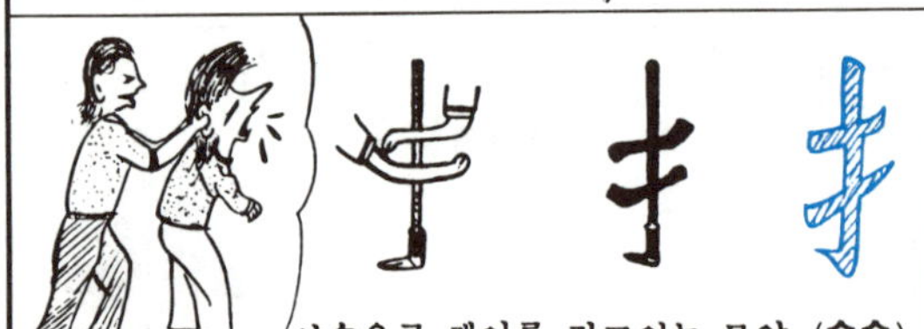
양손으로 괭이를 잡고있는 모양 (**손수**)

攝

扌 扌 扌 扌 揖 攝

攝衣 (섭의) 옷을 단정하게 함

攝取 (섭취) 양분을 빨아 들임

끌 섭
끌어잡을 섭 セツ(とる)

2급 **손**으로 **귀**를 **끌다**

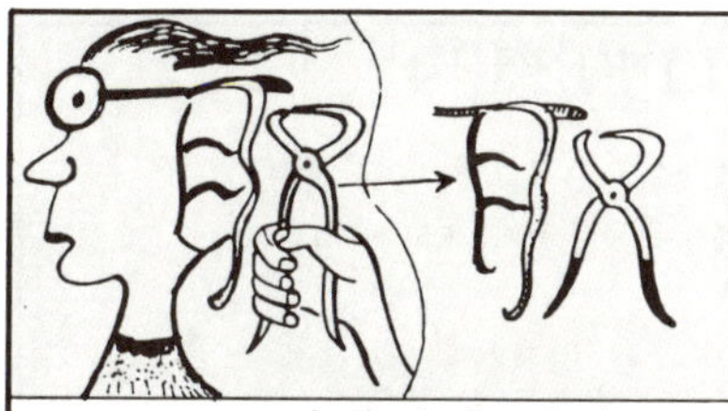

取 取

取得 (취득) 자기의 소유로 만들음
取用 (취용) 남의 것을 가져다 씀

中 가질 취　シュ(とる)

4급II 전쟁터에 나아가
적을 죽이고 증거로 귀를 집어 **가지고** 온다는 데서 생긴 자임.

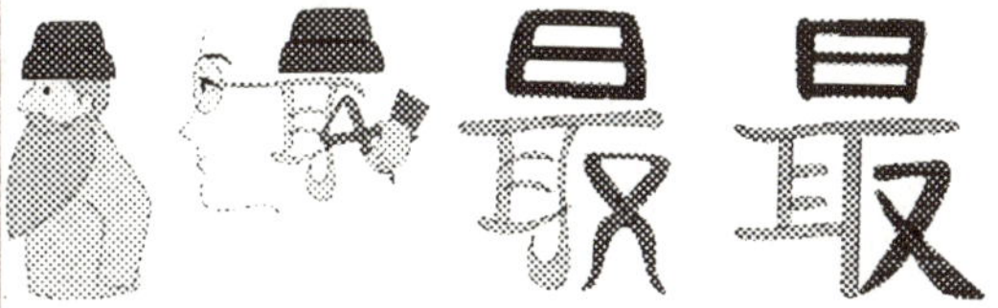

最

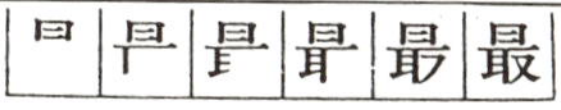

最高 (최고) 가장 높음
最低 (최저) 가장 낮음

中 가장 최　サイ(もっとも)

5급 전쟁터에서 위험을 **무릅쓰고**
적을 죽여 귀를 잘라 **가지고** 옴을 **가장** 큰 무공으로 치다.

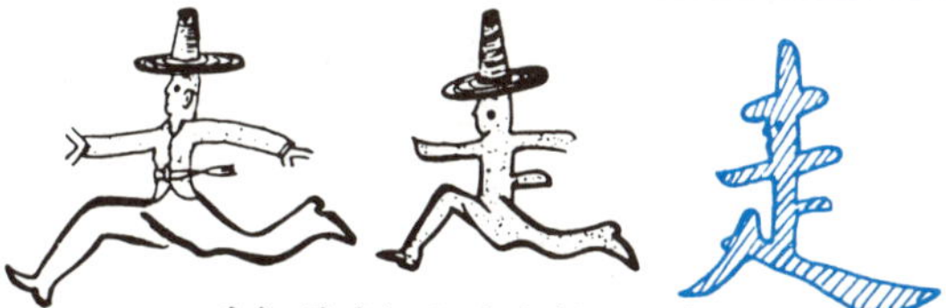

팔을 휘저으며 달아나는 모양. (**달아날주**)

趣

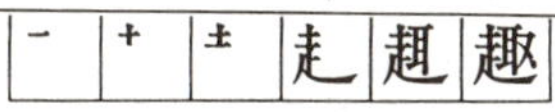

趣向 (취향) 취미의 방향
趣旨 (취지) 근본이 되는 중요한 뜻

취미 취　シュ(おもむき)

4급 (흥미를) **가지**고 늘 그쪽으로 **달려가는** 것이 **취미**다

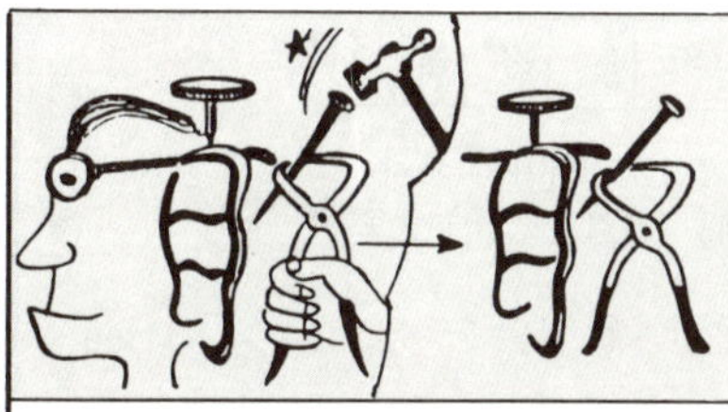

敢 敢

敢死 (감사) 죽기를 두려워하지 않음
敢然 (감연) 용감하게 하는 모양

中 굳셀 감, 감히 감　カン(あえて)

4급 압정을 귀에 못박듯 두들기니 **굳세**다.

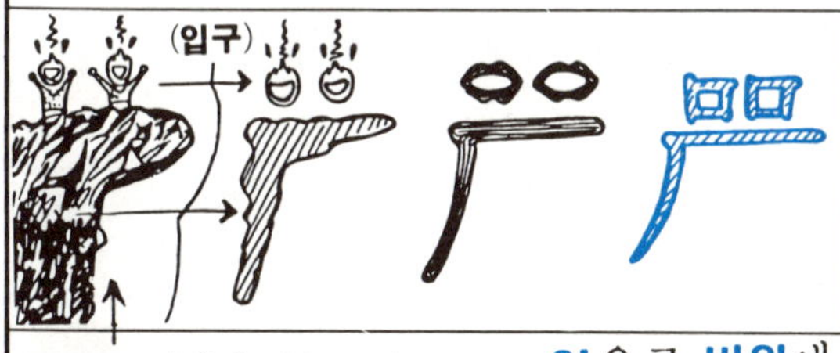

바위가 옆으로 나온 모양.

嚴

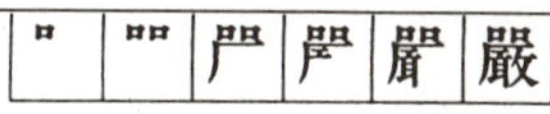

약 厳

嚴戒 (엄계) 엄중하게 경계함
嚴肅 (엄숙) 장엄하고 정숙함

中 엄할 엄　ゲン(きびしい)

4급 **입**으로 **바위**에서 **굳세게** 소리치니
엄하다.

우뚝 솟은 산봉우리의 모양. (**메산**)

巖

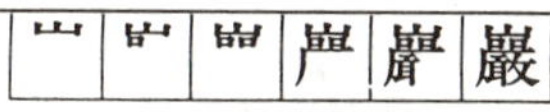

속 岩

巖泉 (암천) 바위 틈에서 솟아나는 샘
巖壁 (암벽) 깎아지른 듯 솟은 바위

中 바위 암　ガン(いわ)

3급II **산**에 **엄하게** 서 있는 것이 **바위**다.

月

丨 冂 内 内 肉

肉食 (육식) 고기를 식료로 삼음
肉重 (육중) 덩치가 크고 무거움

中 몸 육, 고기 육, 살 육　ニク

4급II 갈빗대의 모양을 그린 것. 따라서 **몸, 고기, 살**의 뜻으로 쓰임.

服

丿 月 月⁷ 肌 服 服

服務 (복무) 직무에 힘씀
服裝 (복장) 옷차림

中 입을 복　(복종하려고 옷을 입다)
복종할 복,　フク(はら)

6급　몸을 굽혀 **지팡이**를 **잡고** 다스리는 자에게 **복종하다**.

집에달린, 외짝문(지게문)의 모양. (**지게문호, 집호**)

肩

一 厂 戸 戸 肩 肩

肩頭 (견두) 어깨. 어깨 끝
肩章 (견장) 군인, 관리 등의 제복 어깨에 붙이는 표장

어깨 견　ケン(かた)

3급　**집**의 문처럼 몸에서 벌어진 것이 **어깨**다

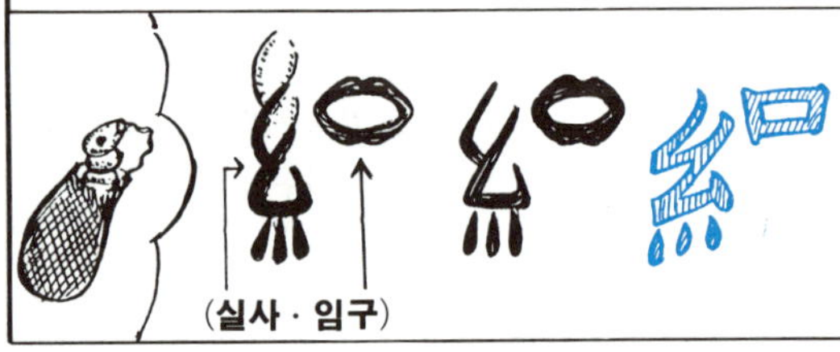

絹

纟 幺 糸 絽 絹 絹

絹毛 (견모) 견사와 모사
絹織物 (견직물) 명주실로 짠 피륙

비단 견　ケン(きぬ)

3급　**실**을(누에의) **입과** 몸에서 뽑아 짠게 **비단**이다

朋

丿 刀 月 肌 朋 朋

朋友 (붕우) 벗, 친구
朋知 (붕지) 벗

中 벗 붕　ホウ(ウも)

몸과 **몸**을 맞대고 다정히 노는 사이가 **벗**이다.　3급

우뚝 솟은 산봉우리의 모양. (**메산**)

崩

丨 山 屵 岸 崩 崩

崩潰 (붕궤) 무너짐
崩落 (붕락) 무너져 떨어짐

무너질 붕　ホウ(くずれる)

3급　**산**밑에 **벗**이 깔릴 정도로 흙이 **무너지**다

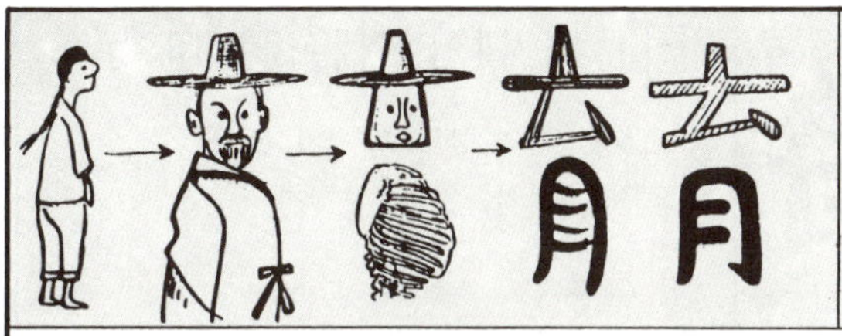

育

丶	亠	𠫓	产	育	育

育英 (육영) 영재를 교육함

體育 (체육) 건강을 위해 하는 운동

中 기를 육　イク(そだつ)

(아이가 성인이 되어) **갓**을 쓸 정도로 **몸**을 **기르다.**

7급

徹

ノ	彳	彳𠫓	彳产	徸	徹

徹頭徹尾 (철두철미) 처음부터 끝까지 철저하게 함

徹夜 (철야) 밤을 꼬박 새움

□ 통할 철　テツ(とおす)

3급II

(아이를) **걸어다닐** 때부터 잘 **기르**려고 **두들기**면 눈치가 빨라져 사리를 **통한**다

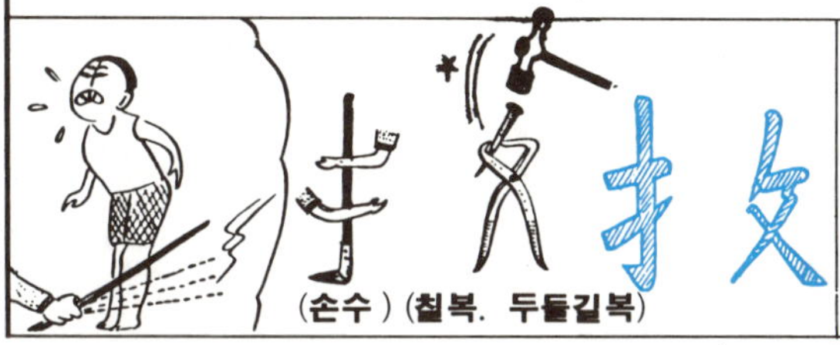

撤

扌	扌𠫓	扌产	揹	撤	撤

撤兵 (철병) 군대를 철수함

撤退 (철퇴) 거두어서 물러감

□ 걷을 철　치울 철　テツ(すてる)

2급

손으로 잘 **기르려**고 종종 **두들겨** 주면 나쁜 버릇을 **걸어 치운**다

龍

亠	立	音	䏍	龍	龍

동 竜

龍馬 (용마) 걸음이 빠른 말. 준마

龍頭 (용두) 용의 머리

中 용 용, 용 룡　リュウ(たつ)

(몸육 · 고기육)

4급

몸체의 형상이 **옆그림**과 같이 생긴 게 **용**이다

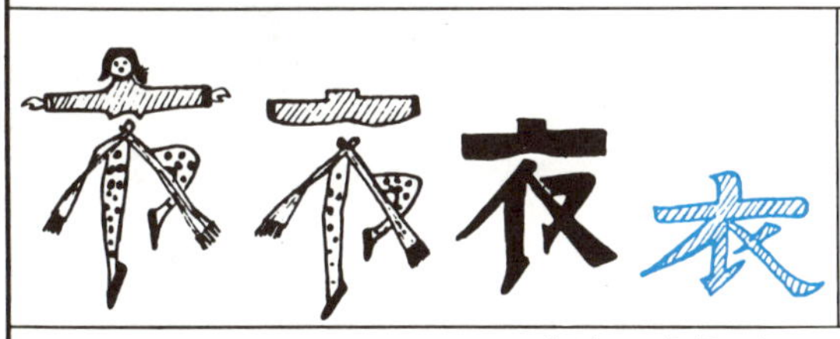

襲

亠	立	音	䏍	龍	襲

襲擊 (습격) 갑자기 적을 침

襲用 (습용) 전대로 사용하는 것

□ 껴입을 습　물려받을 습　シュウ(おそう)

옷의 모양(**옷의**)

3급II

용이 **옷**(구름)에 싸여 승천하듯 시체에 **물려받**은 옷을 **껴입**히다

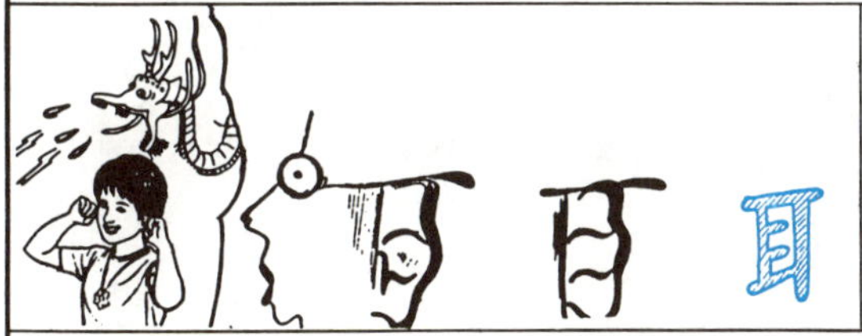

聾

音	䏍	龍	龍	聾	聾

聾盲 (농맹) 귀머거리와 장님

聾啞 (농아) 귀머거리와 벙어리

□ 귀머거리 롱　ロウ(つんぼ)

귀의 모양(**귀이**)

용의 고함소리도 **귀**로 못 듣는 자가 **귀머거리**다

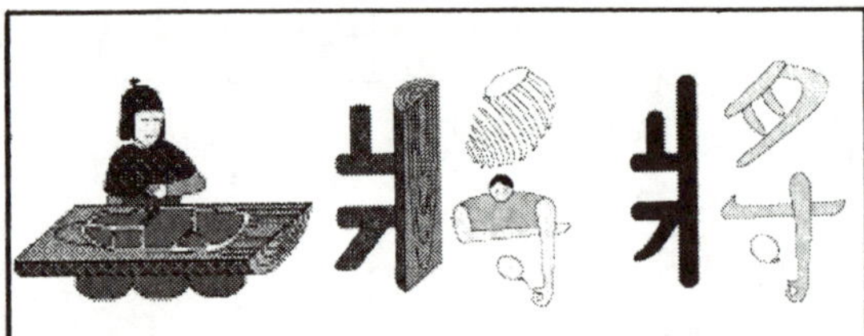

將

丨 爿 𤔌 𤔌 將 將 약 将

將來 (장래) 앞으로 닥쳐 올 때
將次 (장차) 앞으로, 차차

中 장수 장, 장차 장 ショウ(ひきいる)

4급 II 전쟁터에 나가기전에 **통나무**에 **고기**를 **손**으로 올려놓고 제를 지내는 자가 **장수**다.

어른이 양팔을 벌리고 서있는 모양. (**큰대**)

奬

爿 𤔌 將 將 奬 속 奨

奬勵 (장려) 권하여 북돋움
奬學 (장학) 학문을 장려함

권면할 장 ショウ(すすめる)

4급 **장수**같이 **크게** 되라고 **권면하다**

※ 술은 닭이 홰에 오른 저녁에 먹는 음식이라는 데서 술과 닭의 뜻을 가짐.

술병의 모양. (**술유**. **닭유**)

醬

爿 𤔌 𤔌 將 醬 醬

醬肉 (장육) 장조림
醬太 (장태) 장 담그는 콩

식혜 장 ショウ(ひしお)
간장 장

장수 같이 큰 **술병**에 담긴 게 **간장**(**식혜**)다

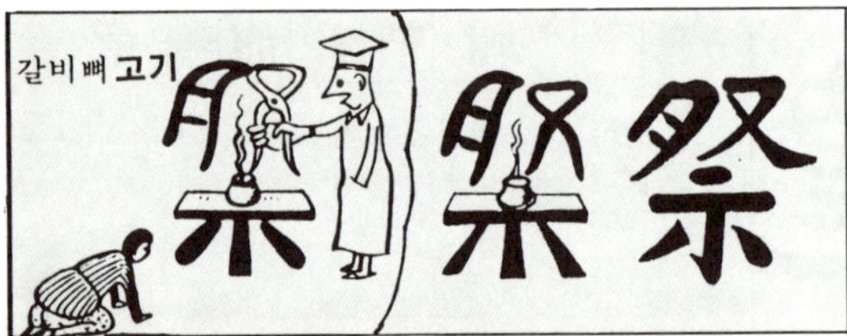

祭

丿 ク 夕 夗 癶 祭

祭禮 (제례) 제사의 절차나 예절
祭祀 (제사) 신령에게 음식을 차려 정성을 다하는 예절

中 제사 제 サイ(まつり)

4급 II 고기를 집어다 제사상을 차리고 **제사**를 지내다.

지붕을 덮어씌운 집의 모양. (**집면**)

察

宀 𡧧 𡧧 𡨦 察 察

察知 (찰지) 명백히 암
省察 (성찰) 시비를 반성하여 살핌

中 살필 찰 サツ

4급 II **집**에서 **제사**를 지내려고 젯상을 **살피다.**

지팡이의 모양. (**글자 왼쪽에 붙을시**) (**언덕부**)

際

阝 阝 阝 阝 阝 際

際涯 (제애) 끝. 한
際遇 (제우) ① 서로 만남 ② 운 좋게 군왕의 신임을 얻음

즈음 제
만날 제 サイ(きわ)

4급 II **언덕**에서 **제사**를 지낼 때를 **즈음**하여 서로 **만나다**

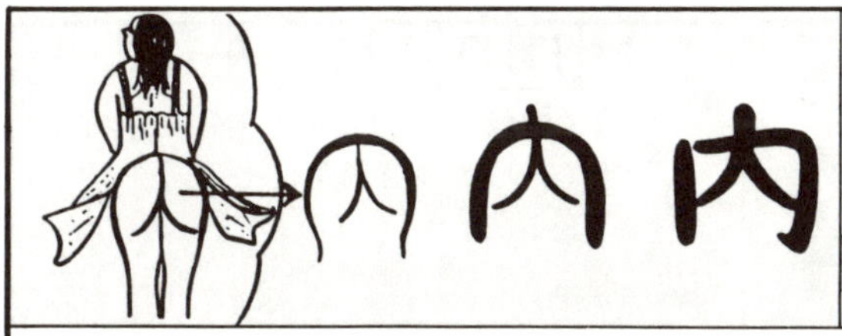

內

丨 冂 内 內

內外 (내외) 안과 밖
內陸 (내륙) 바다에서 떨어진 육지

中 안 내 ナイ(うち)

7급 옷 안에 가려져 있는 궁둥이의 모양.

실의 모양. (실사)

納

幺 糸 糸 紉 納

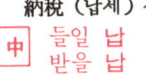

納得 (납득) ① 이해함 ② 일의 내용을 잘
納稅 (납세) 세금을 바침

中 들일 납 받을 납 ノウ(おさまる)

4급 실(주머니) 안에 돈을 받아들이다

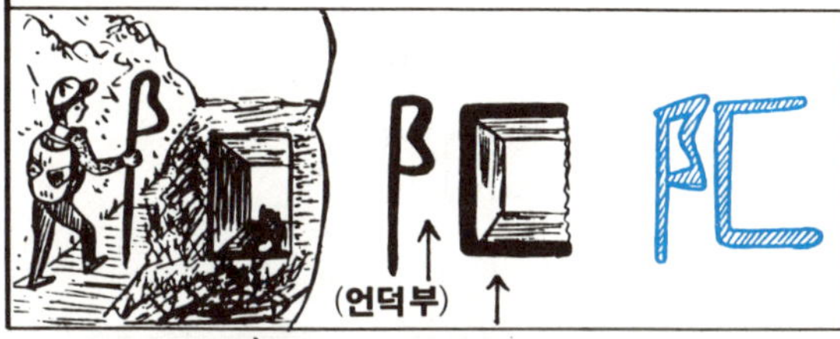

하수구의 모양(감출혜)

陋

阝 阝 阝一 阝丙 阝丙 陋

陋名 (누명) 억울하게 뒤집어 쓴 불명예
陋醜 (누추) 더럽고 추함

더러울 루 좁을 루 ロウ(いやしい)

언덕 밑 하수도 통 안은 좁고 더럽다

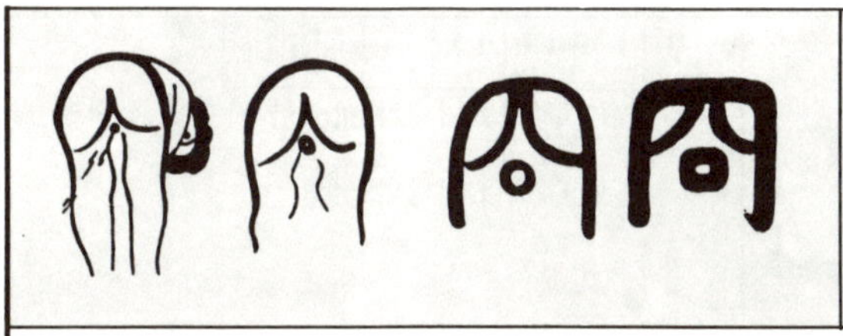

㕯

冂 冂 㕯

※뜻만 기억할 것

살짝소리 열, 살짝 열

궁둥이의 입(즉 항문)으로 살짝 방기를 끼다.

어른이 양팔을 벌리고 서있는 모양. (큰대)

商

丶 亠 亠 产 产 商

商街 (상가) 상점이 많이 모인 시가
商品 (상품) 팔고 사는 물건

中 장사 상 ショウ(あきなう)

5급 큰 이익을 살짝 붙여 파는 것이 장사다.

옷의 모양(옷의)

裔

衣 衣 裔 裔 裔

末裔 (말예) 먼 후손
後裔 (후예) 대수가 먼 후손

후손 예 エイ(すえ)

옷(기저귀)으로 살짝 아래만 가린 아이가 후손이다.

口

丨 ⺆ 口

口快 (구쾌) 입이 가벼움

口惠 (구혜) 말로만 베푸는 은혜

中 입 구　ク(くち)

7급　**입**의 모양을 그린 것.

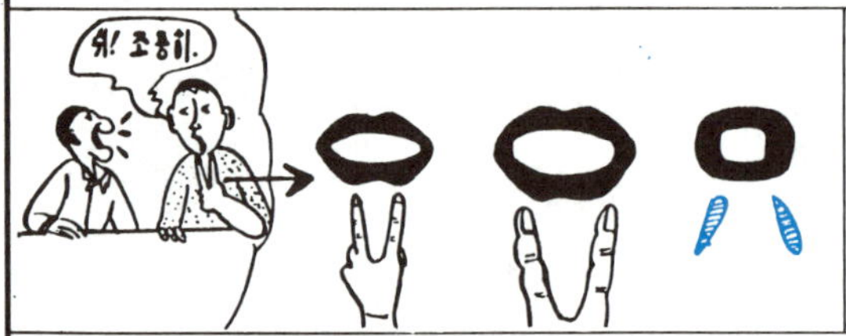

只

丨 ⺆ 口 口 只

只管 (지관) 오직 이것뿐

只今 (지금) 이제, 현재

中 다만 지　シ(ただ)

3급　**입**을 **두 손가락**으로 가리고 **다만** 말을 못하게 하다.

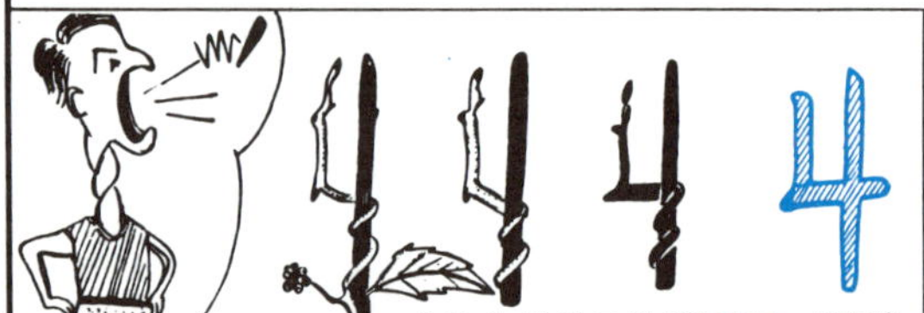

덩굴이 얽힌모양(**얽힐규 · 꼴규**)

叫

丨 ⺆ 口 叫 叫

叫苦 (규고) 괴로와 부르짖음

叫聲 (규성) 외치는 소리

부르짖을 규　キョウ(さけぶ)

3급　**입**을 벌리고 목을 **꼬며** **부르짖다**

兄

丨 ⺆ 口 口 兄

兄丈 (형장) 나이가 비슷한 사이에 상대를 존칭하는 말

兄夫 (형부) 언니의 남편

中 만 형　キョウ(あに)

(동생에게) 입으로 좋게 타이르는 사람이 **형**이다.　8급

신에게 보이려고 잿상을 차려놓은 모양. (**보일시, 제사시. 젯상시**)

祝

一 亍 礻 祀 祀 祝

祝願 (축원) 잘 되기를 빎

祝賀 (축하) 기쁜 일을 빌고 치하함

中 빌 축　シュウ(いわう)

5급　**제사 상**에서 **형**이 복을 **빌다.**

사람이 엉거주춤하게 땅위에 서 있는 모양. (**설립**)

競

亠 立 音 竟 竞 競

競技 (경기) 재주를 비교함

競爭 (경쟁) 서로 겨누어 다툼

中 다툴 경　キョウ(きそう)

5급　**서**서 **형** 둘이 **다투다.**

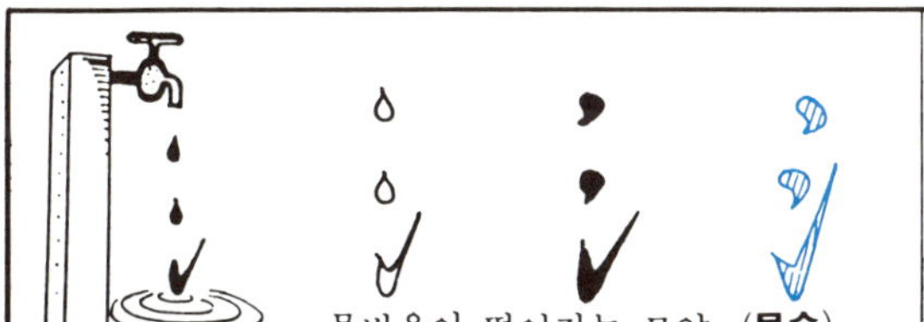

물방울이 떨어지는 모양. (**물수**)

況

丶 氵 沪 況 況

況且(황차)하물며
近況(근황)요사이의 형편

□ 상황 **황** · 형편 **황** · 불어날 **황**
하물며 **황**　　キョウ(いわんや)

4급

물에서 **형**이(아이가)노는 **형편**(**상황**)에 따라 물이 **불어나** 넘치다.

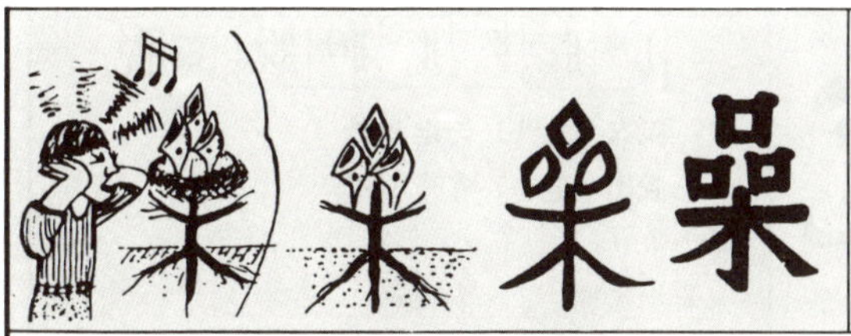

巢

口 㗊 品 巢

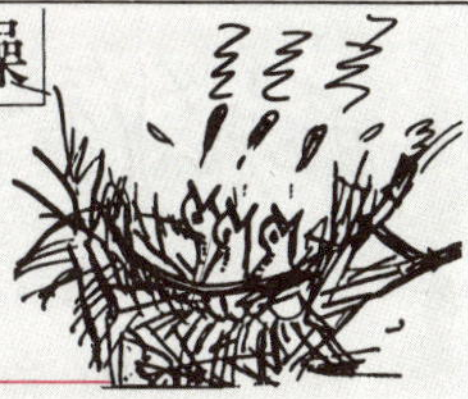

※뜻만 기억할 것

□ 떠들 소

(새 새끼들이) **입들**을 벌리고 **나무**에서 **떠들다**

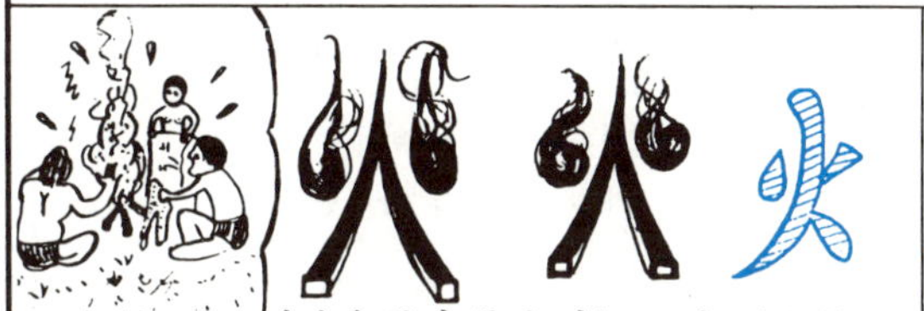

장작에 불이 붙어 타는 모양. (**불화**)

燥

丶 火 炉 炉 燥 燥

燥濕 (조습) 매마름과 축축함
燥渴 (조갈) 목이 타는듯이 마름

□ 마를 조　　ソウ

3급II

불 앞에서 **떠들**며 **말리다**

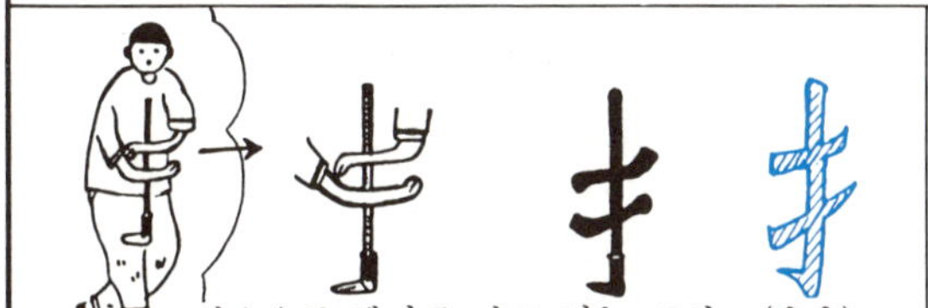

양손으로 괭이를 잡고 있는 모양. (**손수**)

操

一 扌 扣 扣 搡 操

操心 (조심) 마음을 삼가함
操行 (조행) 몸가짐. 품행

□ 지조 조
조련할 조　　ソウ(みさお)

5급

손찌검을 해 **떠드**는 놈을 **지조**를 지키도록 **조련하**다

입의 모양. (**입구**)

司

丁 刁 司 司 司

司令 (사령) 군대나 함대를 통솔하는 직책의 한 가지
司法 (사법) 국가 삼권분립의 하나

□ 맡을 사　　シ(つかさどる)

3급II

팔로 **하나의 입**(즉 한사람)을 **맡아** 조이다

수염을 들먹이며 입으로 말하는 모양. (**말씀언**)

詞

亠 言 言 訂 訂 詞

詞命 (사명) 임금의 말과 명령
詞訟 (사송) 민사의 소송

□ 말 사　　シ(ことば)

3급II

말로 **맡은** 바 일을 **말하**다

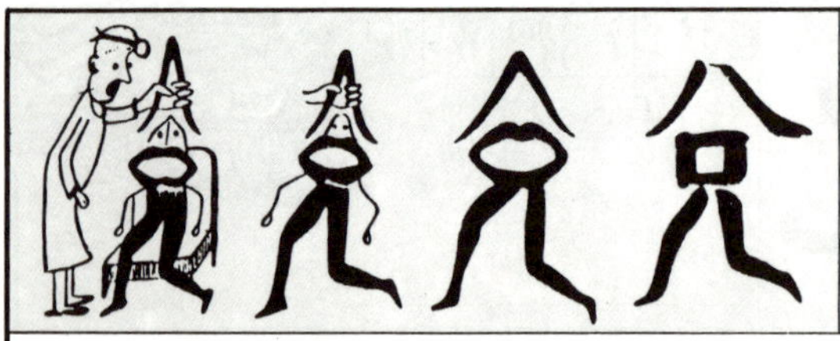

兌

ノ 八 㕣 台 兌

※뜻만 기억할 것

□ 바꿀 태 빼여낼 태

집게로 입에서 충치를 뽑은 사람이 이를 **바꾸다.** 3급

몸통 부분인 갈비뼈의 모양. (**몸육 · 고기육**)

脫

丿 月 肜 肸 胎 脫 ⓢ脱

脫衣 (탈의) 옷을 벗음

脫出 (탈출) 빠져 나감

中 벗을 탈 タツ(ぬぐ)

2급 (곤충이)**몸**의 껍질을 **바꾸려고** 허물을 **벗다.**

벼의 모양(**벼화**)

稅

㇀ 千 禾 秎 秴 稅

稅金 (세금) 조세로 바치는 돈

稅率 (세율) 세금을 바치는 비율

中 부세 세, 세납 세 ゼイ

4급II **벼**를 돈으로 **바꾸어**(즉 팔아) **세금**을 내다.

수염을 들먹이며 입으로 말하는 모양. (**말씀언**)

說

亠 言 言 訡 詥 說

遊說 (유세) 각처로 나가 선전하는 일

小說 (소설) 작가의 구상을 현실화시켜 그린 문학적 이야기

中 말씀 설 (세) セツ(とく)

2급 **말**을 존대말로 **바꾼 것이** **말씀**이다.

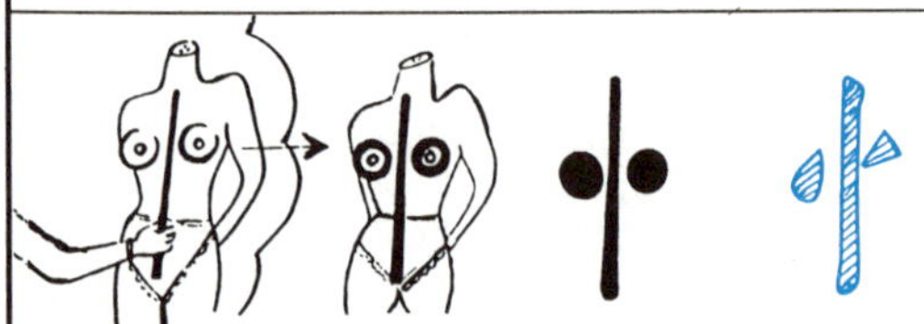

양손으로 괭이를 잡고 있는 모양. (**손수**)

悅

丷 忄 忄 恰 恱 悅

悅慕 (열모) 기뻐 사모함

悅親 (열친) 부모의 마음을 기쁘게 함

中 기쁠 열 エツ(よろこぶ)

4급II 슬픈 **마음**을 **바꾸니** **기쁘다.**

쇠를 다루는 대장간의 모양. (**쇠금**)

銳

𠆢 亼 金 鈖 鉛 銳

銳鈍 (예둔) 날카로움과 둔함

銳敏 (예민) 날쌔고 민첩함

□ 날카로울 예 エイ(するどい)

3급II (무딘) **쇠**끝의 모양을 **바꾸어** **날카롭게** 하다

丨 冂 冃 曰

曰可曰否 (왈가왈부) 어떤 일에 좋거니 좋지 않거니 하고 말함

曰是曰非 (왈시왈비) 어떠한 일에 대하여 잘하고 잘못함을 따져 시비를 가림

中 가로 왈, 말낼 왈 エツ(いわく)

(입을 열고 말하는 모양) 입을 열고 **말하다.** 2급

一 匕 𠤎 旨 旨 旨

趣旨 (취지) 근본 되는 뜻

本旨 (본지) 근본 되는 취지

뜻 지, 맛 지 シ(むね)

4급 **숟가락**으로 떠서 **입을 열**고 **맛**보다.

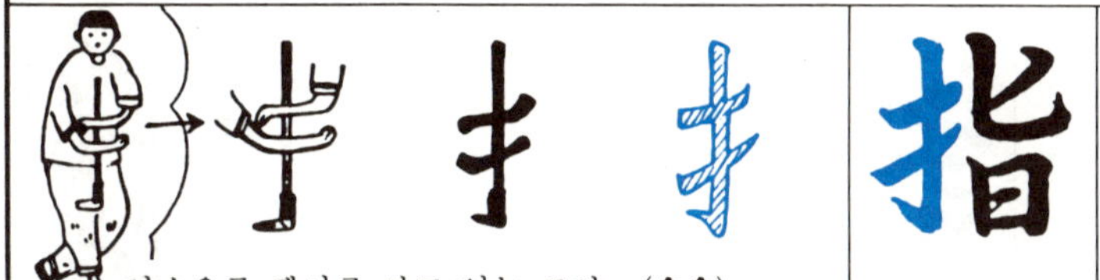

양손으로 괭이를 잡고 있는 모양. (**손수**)

一 扌 扌 扌 指 指

指導 (지도) 가르쳐 인도함

指名 (지명) 인명을 정함

中 손가락 지, 가리킬 지 (손가락으로 가리키다) シ(ゆび)

4급II **손**으로 찍어 **맛** 볼때 쓰는 것이 **손가락**이다.

몸통 부분인 갈비뼈의 모양. (**몸육 · 고기육**)

丿 月 月 月 脂 脂

油脂 (유지) 동식물에서 채취한 기름

脂肉 (지육) 기름기와 살코기

中 기름 지, 비계 지 シ(あぶら)

5급 **고기** 중에서 **맛**있는 곳이 **기름진 비계** 부분이다.

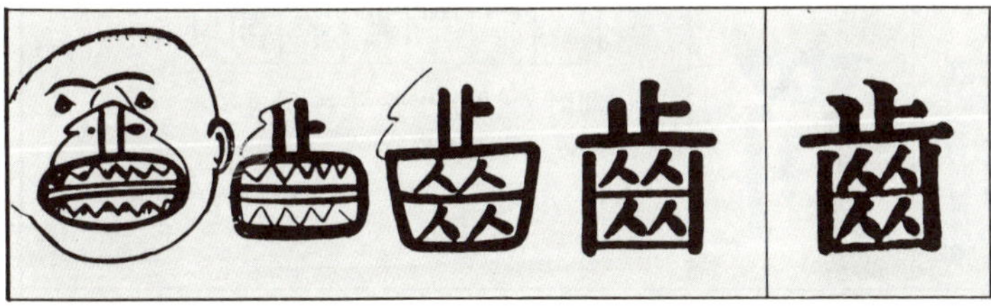

⺊ 𠫓 𠫓 𠫓 𠫓 齒 약 歯

齒牙 (치아) 이

齒序 (치서) 나이 순서

中 이 치, 나이 치 シ(は)

3급II **이**의 모양을 그린 것.

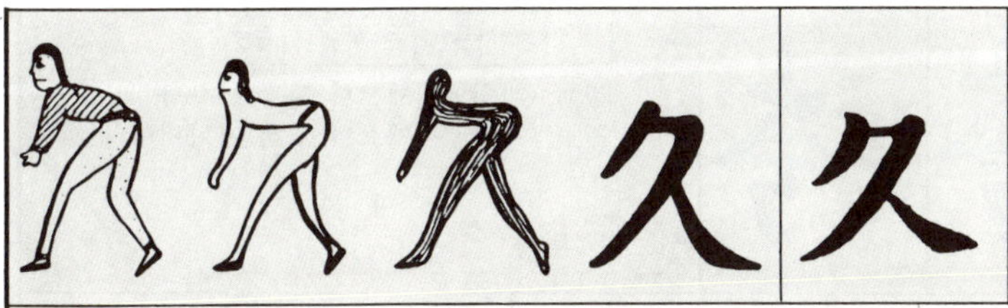

ノ ク 久

久遠 (구원) 몹시 오래 됨

久懷 (구회) 오래 된 회포

中 오랠 구 キュウ(ひさしい)

3급 사람이 등이 굽었으니 **오래** 산 자이다.

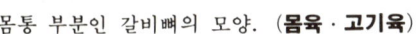

言

一	二	三	亖	言	言

言及 (언급) 어떤 문제에 대하여 말함
甘言 (감언) 달콤한 말

中 말씀 언 ゲン(いう)

6급 수염과 입을 들먹이며 **말씀**하다.

사람이 섰는 모양. (**사람인**)

信

亻	仁	仨	信	信	信

信仰 (신앙) 종교를 받들어 믿음
信義 (신의) 믿음과 의리

中 믿을 신 シン(まこと)

6급 **사람**이 한 **말**을 **믿다.**

(**칠수, 두들길수**)

고리를 만들려고 집게로 잡고서 두들겨 치는 모양

設

一	亖	言	言	訉	設

設立 (설립) 베풀어 세움
設定 (설정) 베풀어 정함

中 세울 설 / 베풀 설 セツ(もうける)

4급II **말**로 말뚝을 **두들겨 박도**록 하여 **세우다.**

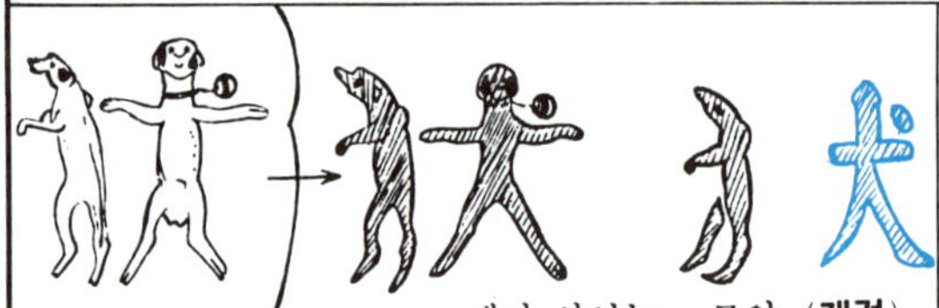

개가 서있는 모양 (**개견**)

獄

丿	犭	犭	犭言	獄	獄

獄死 (옥사) 옥에서 죽음
獄中 (옥중) 감옥의 안 예 ~日記.

감옥 옥 ゴク(ひとや)

3급II **좌우**에 **개**를 풀어 놓고 **말**소리 까지 감시하는 곳이 **감옥**이다

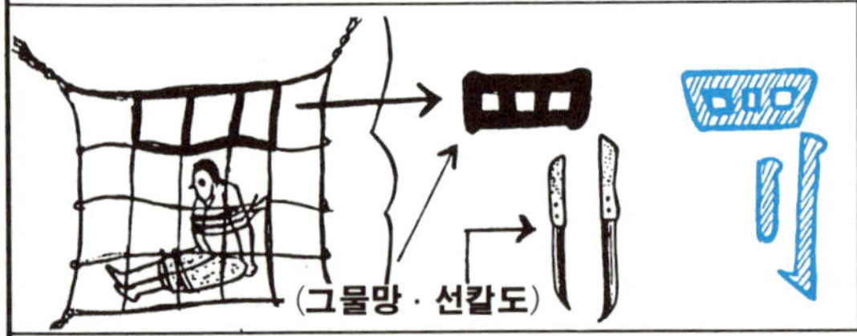

(**그물망 · 선칼도**)

罰

丨	冂	罒	罒	詈	罰

罰則 (벌칙) 벌을 주는 규정
罰罪 (벌죄) 벌과 죄

벌줄 벌 バツ

4급II **그물**(법망)에 걸린 자를 **말**로 꾸짖고 **칼**로 다스려 **벌주다**

誇

一	亖	言	訂	誇	誇

誇稱 (과칭) 실제보다 과장해 부름
誇張 (과장) 실제보다 크게 나타내어 말함

中 자랑할 과 コ(ほこる)

어른이 양팔을 벌리고 서있는 모양(**큰대**) (바늘만한 사건을) **말**로 **크게** 불려 **하나**의 **드릴**만 하게 뻥튀겨 **자랑하다.**

3급II

死

一 丆 万 歹 歺 死

死守 (사수) 목숨을 걸고 지킴
決死 (결사) 죽음을 각오함

中 죽을 사　シ(しぬ)

6급　**앙상하게 뼈만 남기고 고꾸라져 죽다.**

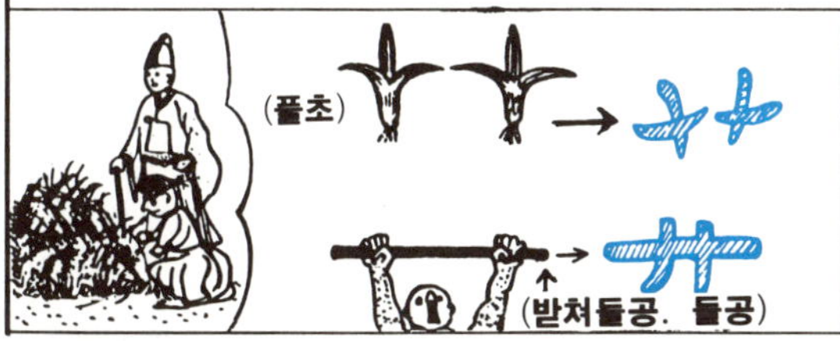

葬

一 艹 艹 茾 葬 葬

葬地 (장지) 장사할 땅
葬送 (장송) 송장을 장지로 보냄

장사지낼 장　ソウ(ほうむる)

*옛날에는 사람이 죽으면 땅에 묻지 않고 풀로 덮어 장사 지냈음.

풀로 덮어 죽은 자를 받들어 장사지내다.　3급II

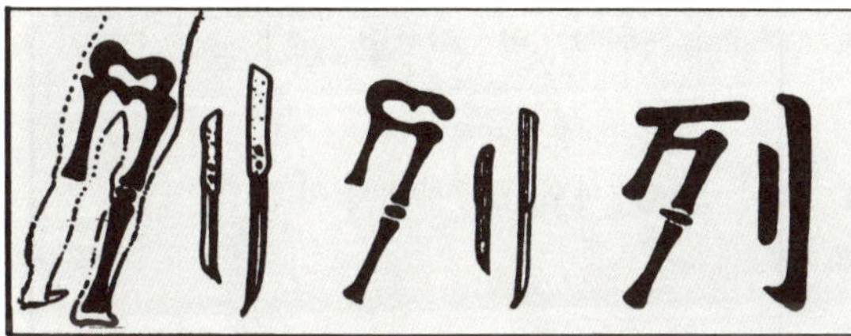

列

一 丆 万 歹 歹 列

列擧 (열거) 모조리 들어 말함
列名 (열명) 여러 사람의 이름을 나란히 벌려 적음

中 벌릴 렬　レツ(ならべる)

4급II　**앙상하게 뼈를 칼로 발라서 벌리어 놓다.**

例

亻 亻 亻 伢 例 例

例事 (예사) 항상 있는 일
例外 (예외) 일반적인 것에서 벗어남

中 견줄 례　レイ(たとえ)

6급　**사람들을 벌리어 세워 놓고 견주다.**

烈

一 丆 万 歹 列 烈

烈士 (열사) 절의를 굳게 지키는 사람
烈火 (열화) 맹렬히 타오르는 불

中 매울 렬, 사나울 렬　レツ(はげしい)

4급　**벌려진 불길이 사납다**

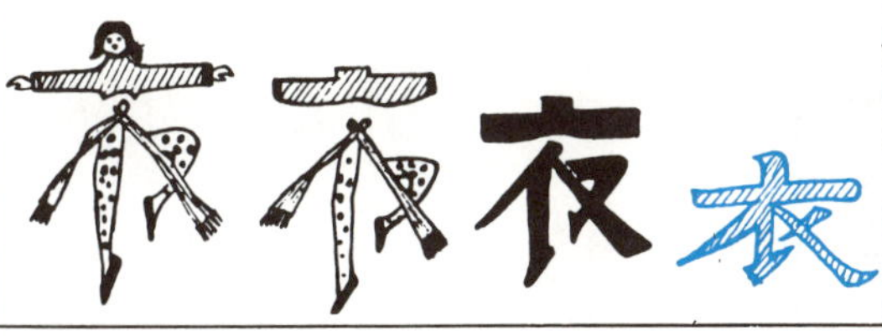

옷의 모양(옷의)

裂

一 歹 列 列 裂 裂

炸裂 (작렬) 화약에 의하여 탄환이 폭발함

찢을 렬
찢어질 렬　レツ(さく)

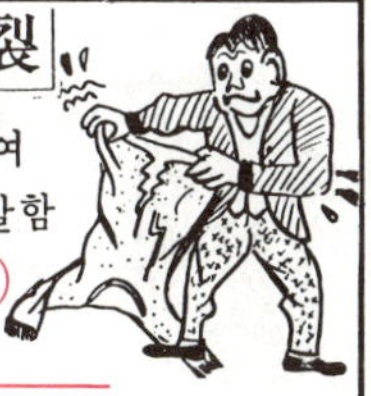

3급　**벌려지게 옷자락을 당기어 찢다**

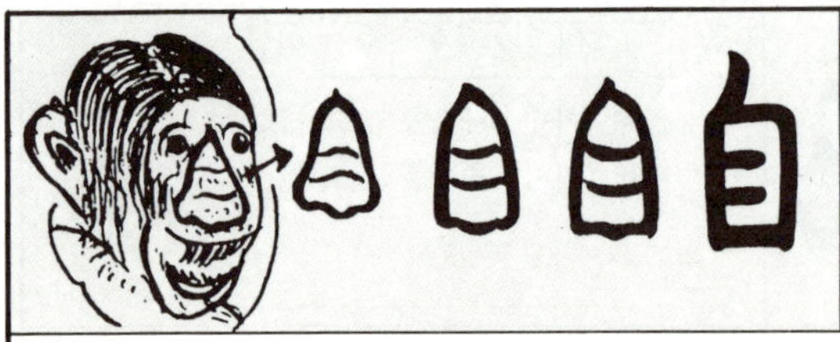

自

′	丨	冂	冃	月	自

自己 (자기) 저, 제 몸

自手 (자수) 자기 혼자의 노력

中 스스로 자, 코 자 シ(みずから)

7급 일반적인 코 모양을 본뜬 자 **스스로** 코로 숨쉰다는 뜻.

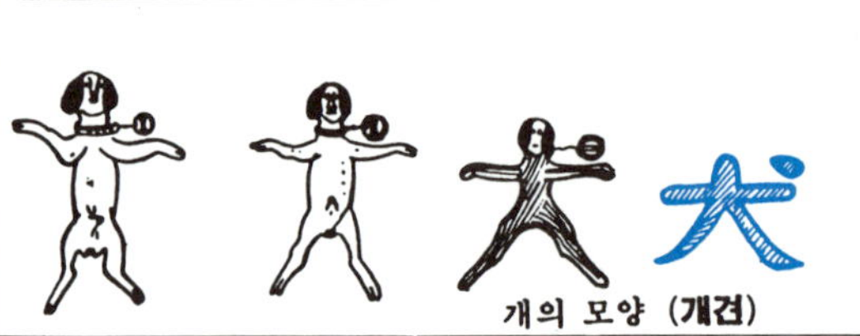

臭

′	冂	自	𦤎	臬	臭

臭味 (취미) 나쁜 냄새

臭蟲 (취충) 빈대

中 냄새 취 シュウ(くさい)

3급 **스스로** **개**가 코로 **냄새**를 맡다.

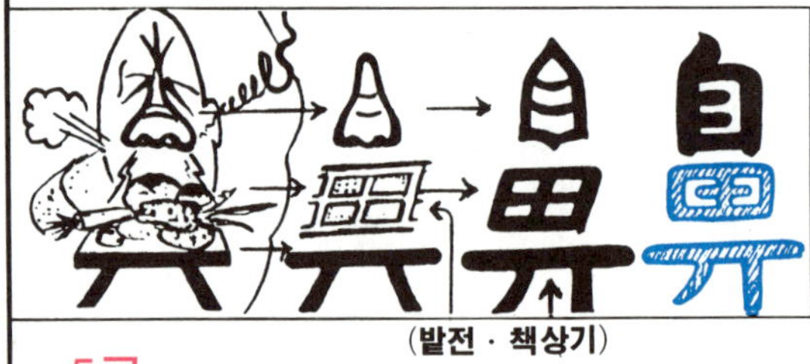

鼻

′	冂	自	𦣻	畠	鼻

鼻笑 (비소) 코웃음

鼻毛 (비모) 콧구멍에 난 털

中 코 비 ビ(はな)

5급 **스스로** 상한 **발** 작물을 **책상**에서 분별할 수 있는 것이 **코**다.

息

′	冂	自	自	息	息

息土 (식토) 비옥한 토지

息禍 (비화) 재화를 없앰

쉴 식

숨쉴 식 ソク(いき)

4급II **스스로** 코와 **가슴**으로 **숨쉬다.**

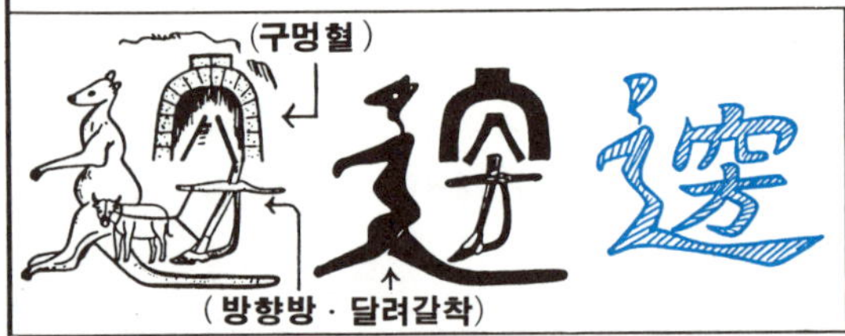

邊

′	冂	自	臱	臱	邊	약 辺

邊患 (변환) 외적이 국경을 침범하는 근심

海邊 (해변) 바닷가

가 변 ヘン(あたり)

모퉁이 변

4급II **스스로** **굴**안으로 **쟁기**를 들고 **달려가** **모퉁이(가)**에 이르다

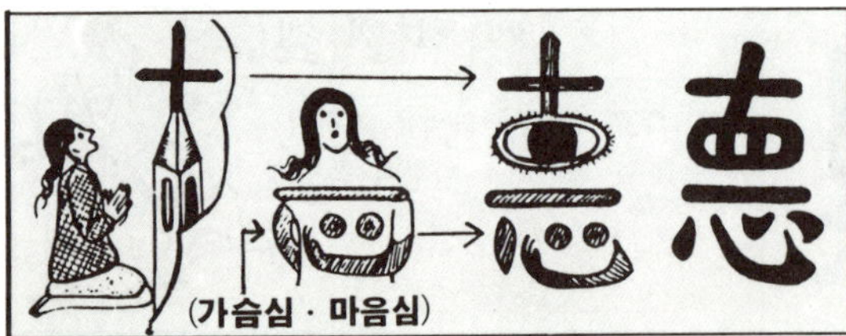

悳

十	㐫	直	悳

※뜻만 기억할 것

큰 덕

십자가만 눈으로 바라보며 한결같은 마음으로 생활하는 것이 **덕**이다.

팔을 흔들며 총총 걸어가는 모양. (**갈척. 바삐갈척**)

德

丿	彳	彳十	彳+	德	德

약 徳 동 悳

德望 (덕망) 어진 명망

德分 (덕분) 좋은 일을 베푸는 것

中 큰 덕, 은혜 덕 トク

5급 **바삐 살아가면**서 **덕**을 쌓아 만인에게 **큰 은혜**를 베풀다.

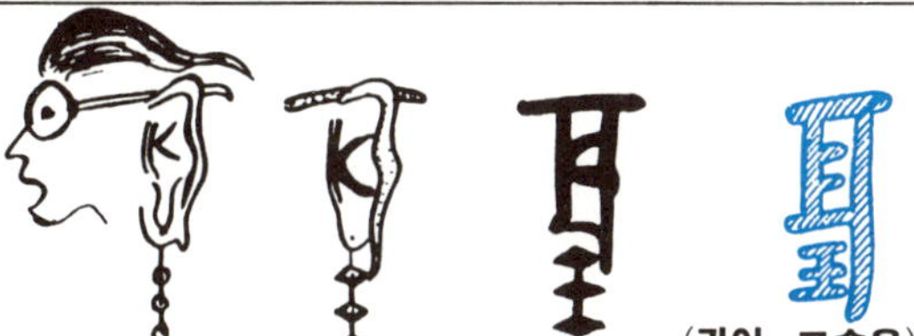

(**귀이 · 구슬옥**)

聽

耳	耳	𦔮	聽	聽	聽

聽覺 (청각) 듣는 감각

聽講 (청강) 강의를 들음

中 들을 청 チョウ(きく)

4급 **귀**에 **구슬**같은 선을 느리고 **덕**이 될만한 말을 **듣는다.**

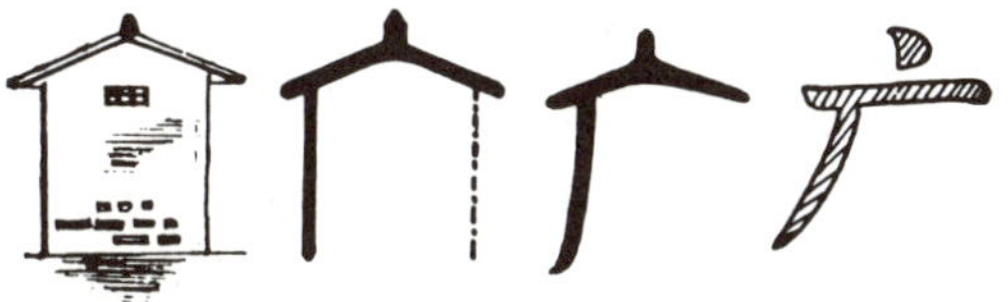

집의 모양(**집엄**)

廳

亠	广	庐	廳	廳	廳

약 庁

廳堂 (청당) 관청. 정사당

廳事 (청사) 정사를 맡아보는 곳

대청 청

관청 청 チョウ

4급 **집**으로 시민의 소리(민원)를 **듣**고 처리하는 곳이 **관청**이다

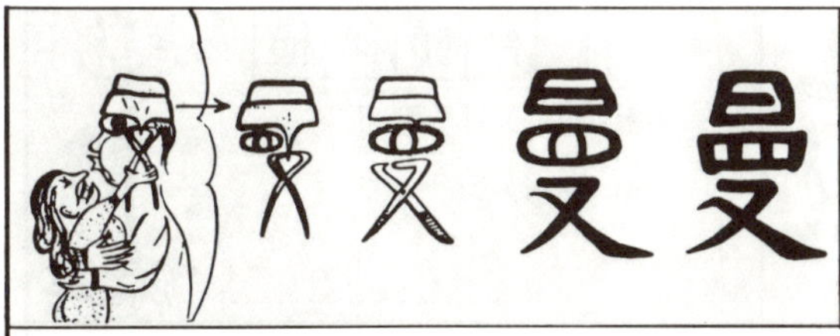

曼

冂	日	𣍘	曼

※ 뜻만 기억할 것.

펴질 만

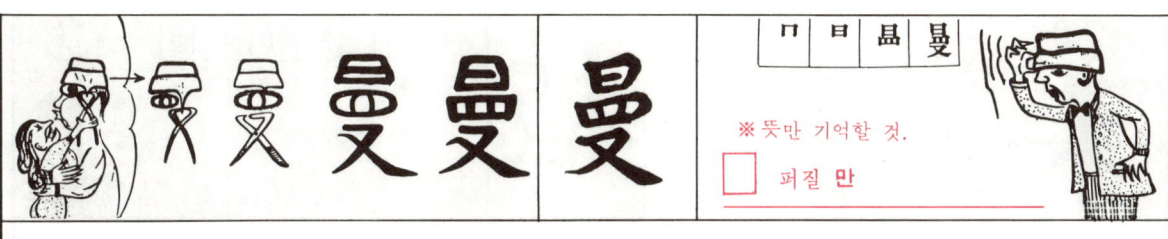

벙거지모자를 **눈**까지 내려오게 **집어당기어 펴지게** 쓰고 있는 모양

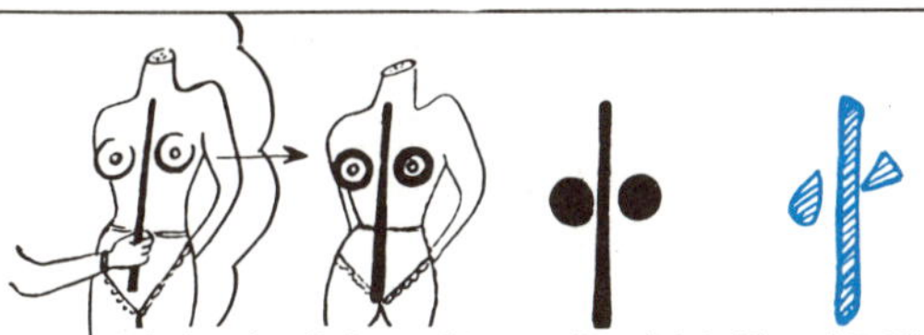

젖가슴을 짚어 보이는 모양. (**가슴심 · 마음심**)

慢

丷	忄	忄冂	悍	慢	慢

怠慢 (태만) 게으르고 느림

傲慢 (오만) 거만함

게으를 만

거만할 만 マン(おこたる)

3급 **마음**이 (느슨하게) **펴지**니 **게으르**다

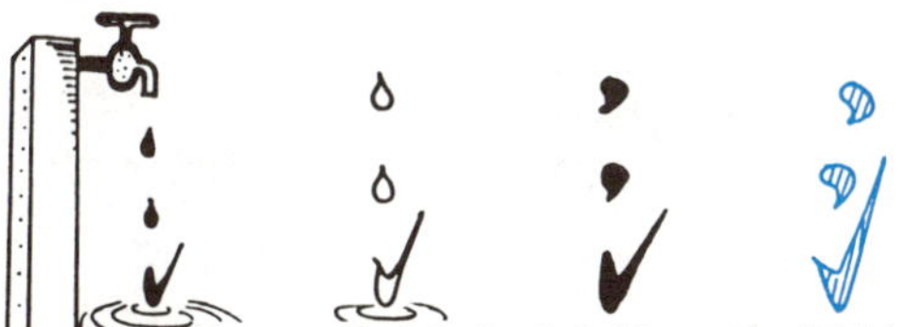

물방울이 떨어지는 모양 (**물수**)

漫

丶	氵	沪	浔	漫	漫

漫談 (만담) 재미있고 우스운 말로 세상과 인정을 비판, 풍자하는 이야기

漫評 (만평) 생각나는 대로 하는 비평

물질펀할 만

부질없을 만 マン(そぞろ)

3급 **물**이 **펴지**니 바닥이 **질펀하다**

目

丨 冂 月 月 目

目禮 (목례) 눈짓으로 인사함

目的 (목적) 무엇을 하려는 목표

□ 눈 목　モク(め)

6급　눈의 모양을 본뜬 자. 눈을 나타냄.

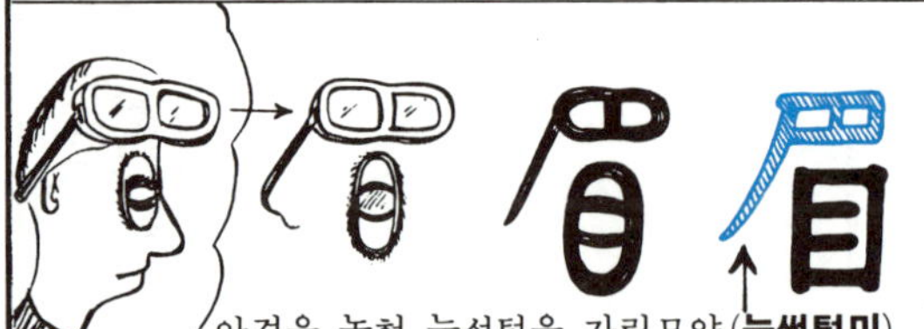

안경을 높혀 눈섭털을 가린모양(**눈썹털미**)

眉

ㄱ ㅋ 尸 尸 屑 眉

眉間 (미간) 양미간. 두 눈썹사이

眉目 (미목) ①눈썹과 눈 ② 얼굴 모양을 가리키는 말

□ 눈썹 미　ビ(まゆ)

3급　**안경**을 눈위로 올려 **눈썹**을 가린 모양

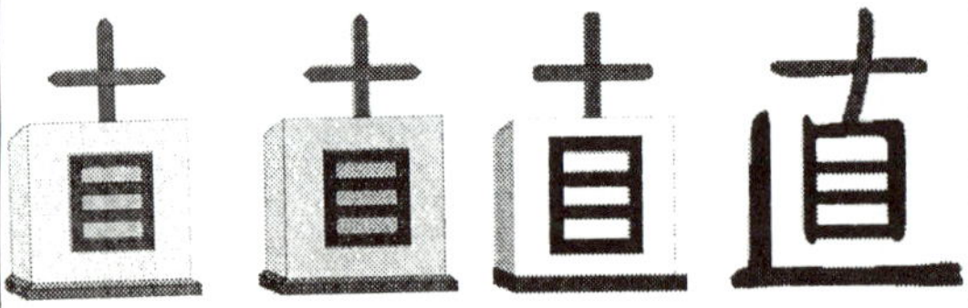

直

一 十 亣 有 首 直　속 直

直告 (직고) 바른 대로 고해 바침

直徑 (직경) 곧게 뻗은 선

直系 (직계) 직접으로 핏줄을 이어 받은 혈족

中 곧을 직　チョク(なおす)

7급　**십자가**가 **교회**에 **곧게** 선 모양.

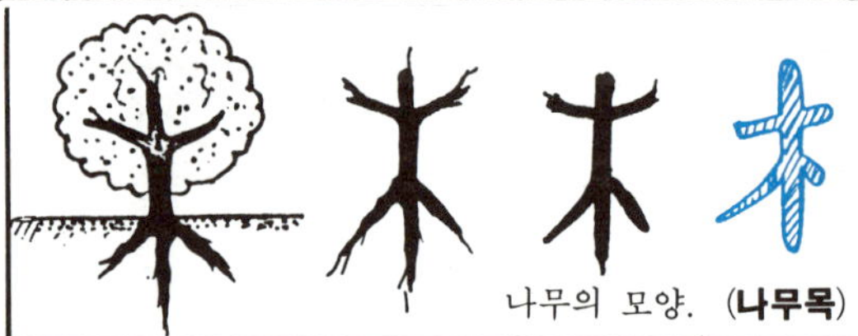

나무의 모양. (**나무목**)

植

一 木 朩 杧 植 植

植木 (식목) 나무를 심음

移植 (이식) 옮겨 심음

中 심을 식　ショク(うわる)

7급　**나무**를 **곧게** **심다**.

사람이 섰는 모양. (**사람인**)

値

亻 仁 仕 伂 値 値

數値 (수치) 계산해 얻은 값

價値 (가치) 값. 값어치

値遇 (치우) 우연히 만남. 뜻밖에 서로 만남

□ 값 치
만날 치　チ(ね)

3급Ⅱ　**사람**이 **곧게** 행동하니 (사람다운) **가치**가 있다

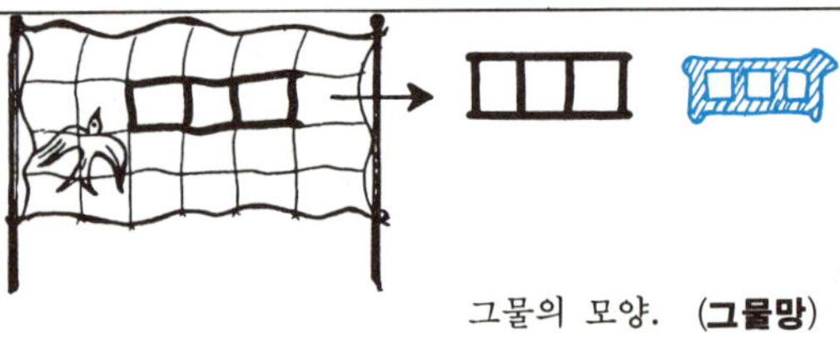

그물의 모양. (**그물망**)

置

丶 冖 罒 罕 罟 置

置重 (치중) 중요하게 여김

置身 (치신) 몸을 한 곳에 둠

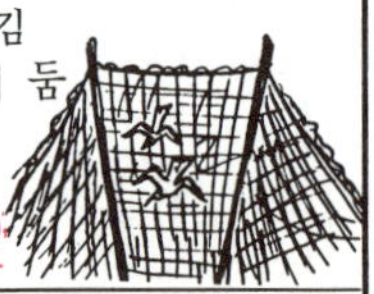

□ 둘 치
놓을 치　チ(おく)

4급Ⅱ　(새잡는) **그물**을 **곧게** 쳐 **두다**

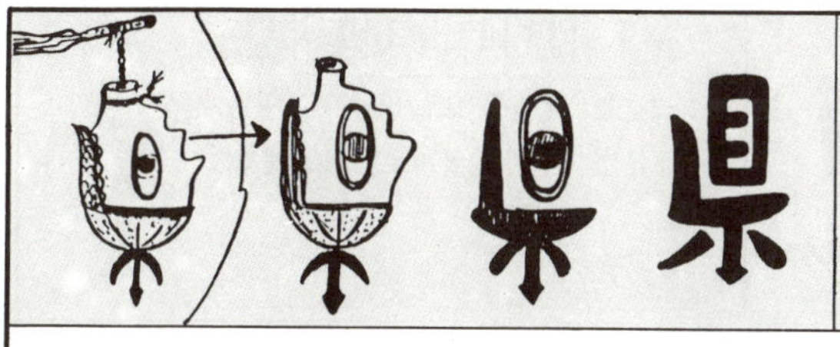

県

冂	目	且	県

※뜻만 기억할 것.

□ 목벨 교

(무사의) **목을 베어** 거꾸로 달아 놓은 모양

이여매여 있는 모양(**이을계 맬계**)

縣

目	県	県	県	縣	縣

縣傳 (현전) 현에서 묶고 있으면서 대기하고 있는 역마

□ 고을 현 ケン(あがた)

※ (옛날에는 큰 죄를 범한 죄인이 생기면 백성의 경계심을 고취시킬 목적에서 목을 베어 종종 고을 어귀에 매달아 두었음)

(죄인을) **목을베어** **매달**아 두었던 곳이 **고을** 어귀다

3급

젖가슴의 모양. (**가슴심 · 마음심**)

懸

目	県	縣	縣	懸	懸

懸隔 (현격) 썩 동떨어짐

懸案 (현안) 아직 결정하지 못한 안건

□ 달 현 걸 현 ケン(かける)

3급II

(백성의 생사가) **고을** 원의 **마음** 먹기에 **달렸다**

眞

一	匕	旨	旨	直	眞

眞理 (진리) 참된 도리

眞味 (진미) 참된 맛, 진정한 취미

中 참 진, 참말 진 シン(ま)

숟가락에 떠서

4급II **머리를 두 갈래로** 땋은 환자에게 **참말**로 약을 먹인다는 뜻.

쇠를 다루는 대장간의 모양. (**쇠금**)

鎭

人	亼	金	金	金	鎭

鎭壓 (진압) 눌러 진정 시킴

鎭痛 (진통) 아픈 것을 진정시킴

□ 진정할 진 누를 진 チン(しずめる)

3급II

쇠덩이로 **참말**로 몸을 **눌러서 진정하다.**

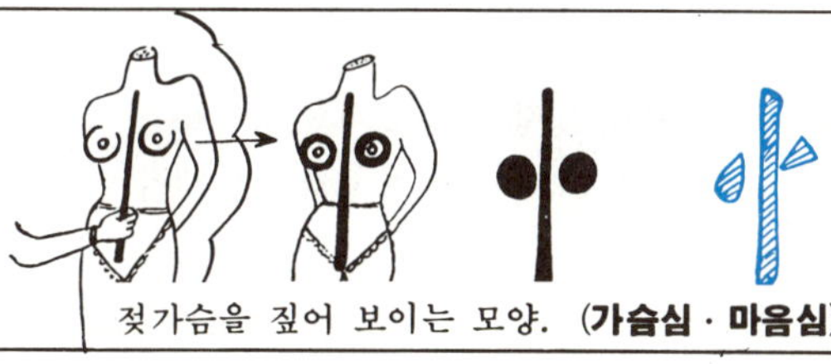

젖가슴을 짚어 보이는 모양. (**가슴심 · 마음심**)

愼

丷	忄	忄	忄	愼	愼

愼色 (신색) 여색을 삼감

愼重 (신중) 삼가서 경솔하지 않음

□ 삼갈 신 シン(つつましい)

3급II

마음을 **참**되게 먹고 행동을 **삼가다**

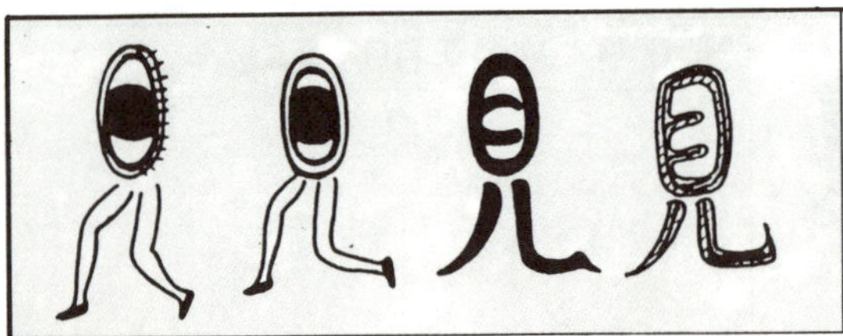

見

丨 冂 冃 目 貝 見

見聞 (견문) 보고 들어서 아는 지식

見學 (견학) 실지로 보고 배움

中 볼 견 (현) ケン(みる)

5급 눈으로 사람이 **본다**는 뜻.

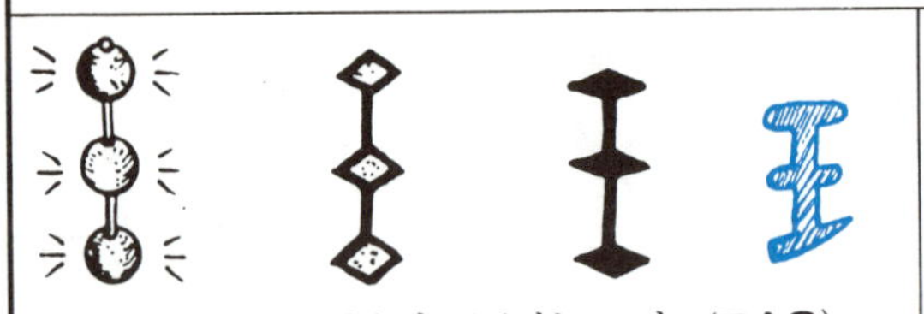

구슬이 꿰어있는 모양. (**구슬옥**)

現

T 王 玑 珇 玥 現

現在 (현재) 지금

現況 (현황) 현재의 형편

中 나타날 현 ゲン(あらわす)

6급 땅 속에서 **구슬**이 **보이니** **나타난** **것**이다.

신에게 보이려고 잿상을 차려놓은 모양. (**보일시·제사시**)

視

亠 亍 示 初 祖 視

視事 (시사) 임금이 정사를 봄

視野 (시야) (1)시계 (2)사물을 관찰하여 판단할 수 있는 범위

中 볼 시, 견줄 시 シ(みる)

4급II **제사상**을 살펴 **보고** 또 **본다.**

큰바위 밑에 돌덩이(口)가 있는 모양. (**돌석**)

硯

一 石 矶 砠 砚 硯

硯池 (연지) 벼룻물을 담아두는 곳

硯石 (연석) 벼룻돌

中 벼루 연 ケン(すずり)

3급 **돌** 중에 글 쓰는 것을 늘 **보**는 것이 **벼루돌**이다.

(**설립 · 나무목**)

親

亠 立 亲 新 親 親

親知 (친지) 썩 가깝게 지내는 사람

親喪 (친상) 부모의 상사

中 친할 친 シン(おや)

6급 **서서 나무** 곁에서 **보며** **친하다.**

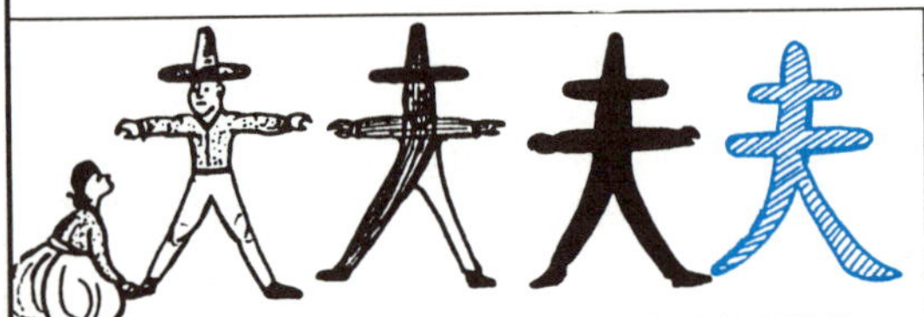

지아비의 모양 (**지아비부**)

規

一 二 夫 知 規 規

規格 (규격) 일정한 표준

規則 (규칙) 지키고 따라야 할 법칙

법 규 キ(のり)

5급 (여자가)**지아비**를 **볼**(맞을) 때도 **법규**를 따른다.

寬

宀	宀	寛	寛	寬	寬

寬恕 (관서) 너그럽게 용서함
寬弘 (관홍) 너그럽고도 넓고 큼

□ 넓을 관 / 너그러울 관　　カン(ゆるせか)

집안이 온갖 **풀**을 **한점**도 빼놓지 않고 **볼 수** 있으리 만큼 **넓다**　　3급II

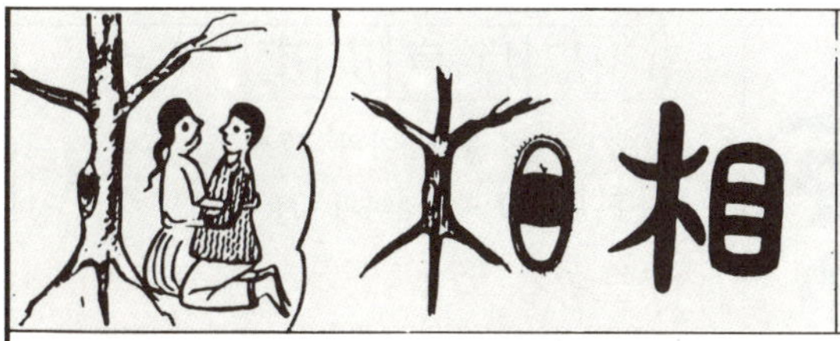

相

一	十	木	相	相	相

相思(상사) 남녀가 서로 사모함.
相對 (상대) 서로 맞섬

中 볼 상 / 서로 상　　ソウ(あい)

5급　　나무 곁에서 눈으로 **서로** 보다

젖가슴의 모양. (가슴심 · 마음심)

想

一	木	木	相	想	想

想念 (상념) 마음에 떠오르는 생각
想像 (상상) 미루어 생각함

中 생각 상　　ソウ(おもう)

4급II　　**서로 마음**으로 **생각하다.**

대나무의 이파리 모양을 본뜬 자. (대죽)

箱

⺮	竹	箱	箱	箱	箱

箱房 (상방) 관청 좌우의 건물
暗箱 (암상) 광선을 차단한 상자

□ 상자 상　　ショウ(はこ)

2급　　**대나무**를 **서로** 엮어 짠 게 **상자**다

빗방울이 우산에 떨어지는 모양. (비우)

霜

一	冖	雨	雨	霜	霜

霜草 (상초) 서리맞은 풀
霜月 (상월) 음력 7월을 일컬음

中 서리 상　　ソウ(しも)

3급II　　**비**가 **서로** 얼어붙은 것이 **서리**다.

(계집녀)

孀

女	女	妒	孀	孀	孀

靑孀寡婦 (청상과부) 나이가 젊었을때 남편을 여윈 여자. 곧 아주 젊었을때 부터의 과부

□ 과부 상　ソウ(やもめ)

여자로 **서리**맞은 신세가 된 게 **과부**다

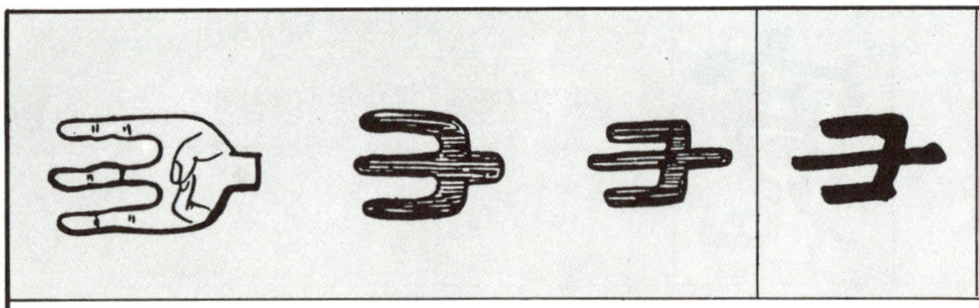

ㄱ ㅋ ヨ

※뜻만 기억할 것

□ 손 우

손의 모양을 그린 것.

亠 广 庐 庐 庚 庚

庚戌 (경술) 육십갑자의 47째

庚子 (경자) 육십갑자의 37째

中 고칠 경, 일곱째천간 경　コウ(かのえ)

3급

집에서 **손**을 써 **사람**을 **고치다.**

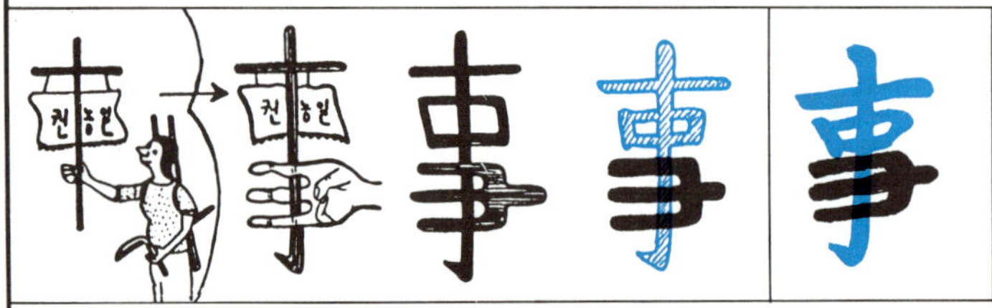

一 冖 ヨ 亊 事

事端 (사단) 사건의 단서

事態 (사태) 일이 되어 가는 형편

中 일 사　ジ(こと)

7급

깃발을 **손**에 들고 **일**하러 가다.

ノ ク ⺈ 刍 急 急

急報 (급보) 급한 보고

急變 (급변) 갑자기 일어난 사고

中 급할 급　キュウ(いそぐ)

6급

(아픈) **사람**에게 **손**을 쓰려니 **마음**만 **급하다.**

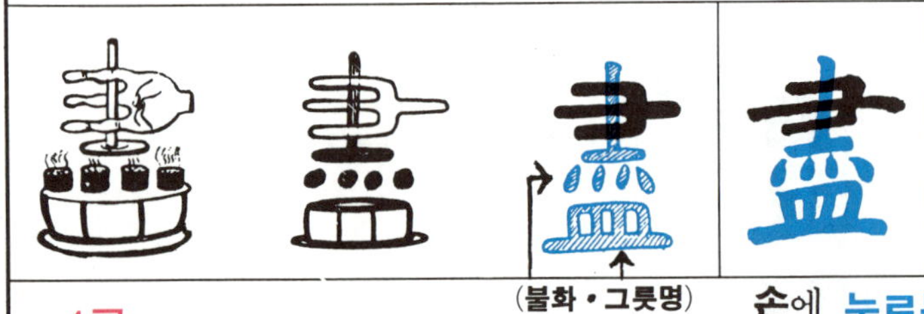

ㄱ ヨ 聿 肀 書 盡 [속] 尽

盡心 (진심) 마음을 다 기울임

盡日 (진일) 온종일

中 다할 진, 죽을 진　ジン(つくす)

4급

손에 **누르는** 것을 들고 **불 그릇**을 누르면 불기가 **다 하여 죽다.**

一 冖 帀 雨 雫 雪

春雪 (춘설) 봄눈

雪山 (설산) 눈이 쌓여 있는 산

中 눈 설　セツ(ゆき)

6급

비같이 생겨 **손**으로 잡을 수 있는 것이 **눈**이다.

肅 (속) 肃

肅然 (숙연) 매사를 신중히 삼가하여 두려워 하는 모양
肅整 (숙정) 행동 거지가 단정함

엄숙할 숙　シュク(つつしむ)

4급

손에 **바늘**을 들고 **수틀** 앞에 **엄숙하게** 앉아 있다

康

康健 (강건) 기력이 튼튼함
康保 (강보) 편안히 보존함

편안할 강　コウ(からだ)

4급 II

집세를 **손**으로 **걸어당기어**(받아) 생활하는 자는 **편안하**다

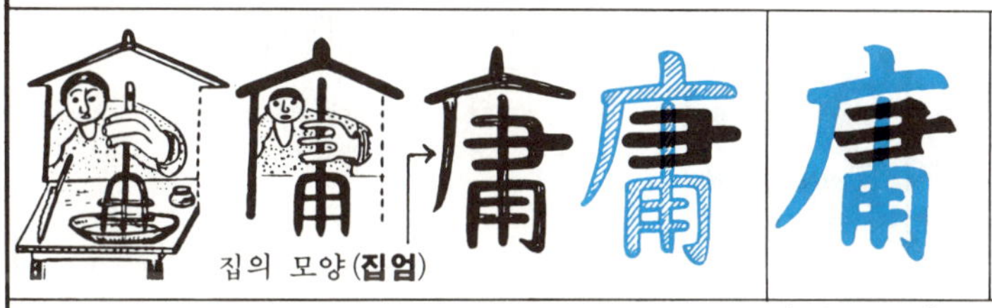

庸

庸人 (용인) 보통 사람. 평범한 사람
庸才 (용재) 평범하고 용렬한 재주

떳떳할 용·어리석을 용
쓸 용　ヨウ

3급

집에서 **손**에 **포크**를 잡고 **어리석**은 자도 **떳떳**하게 **쓰**다

캥거루우가 달려가는 모양. (갈착. 달릴착)

逮

逮捕 (체포) 죄인을 쫓아가서 붙듬

잡을 체　タイ(およぶ)

2급

손으로 **걸어당기**어 **달아나**는 자를 **잡다**

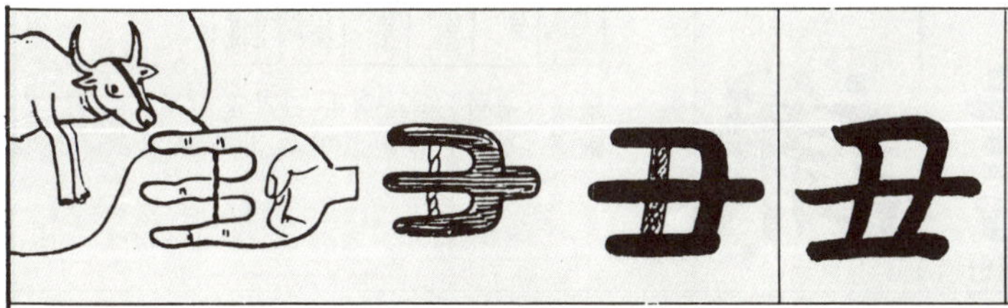

丑

丑年 (축년) 태세의 지지가 축인 해
丑月 (축월) 음력 섣달

中 소 축　チュウ(うし)

3급

손에 **고삐**를 잡고 **소**를 모는 모양

羞

羞恥 (수치) 부끄러움
珍羞 (진수) 진귀한 음식. 좋은 음식

부끄러울 수　シュウ(はじる)
음식 수

양과 **소**를 잡아 제사 **음식**을 못차리니 **부끄럽**다

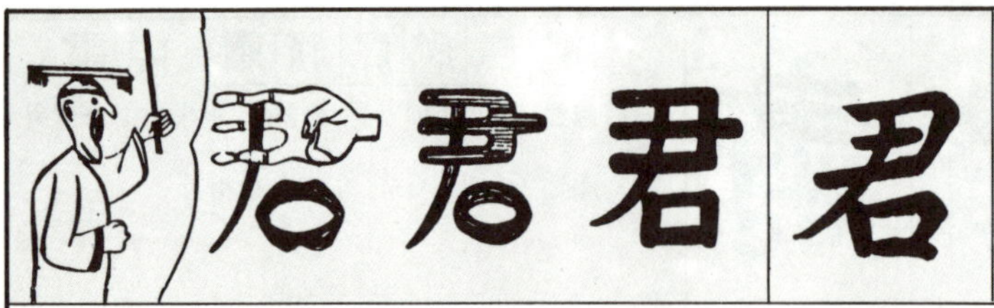

ㄱ ㅋ 尹 尹 君 君

君子 (군자) 학식과 덕망이 높은 사람
君長 (군장) 군주, 우두머리

中 임금 군　クン(きみ)

손에 지휘봉을 들고 입으로 명령하는 자가 **임금**이다.　4급

郡廳 (군청) 한 군의 행정을 맡아 보는 관청
郡守 (군수) 군의 우두머리
郡勢 (군세) 고을의 형세

中 고을 군　ゲン(こおり)

지팡이의 모양.(**글자우측에 붙을시 (읍읍 · 마을읍)**)

6급　**임금**이 다스리는 **마을**이 **고을**이다.

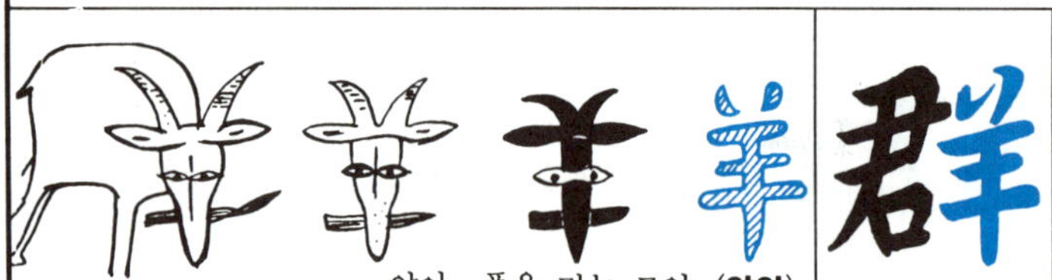

양이, 풀을 먹는 모양. (**양양**)

ㄱ ㅋ 尹 君' 君' 群

群議 (군의) 많은 사람들의 의논
群像 (군상) 많은 사람들의 상

무리 군　グン(むら)
모을 군

4급　**임금**에게 **양**때같은 백성의 **무리**가 **모이**다

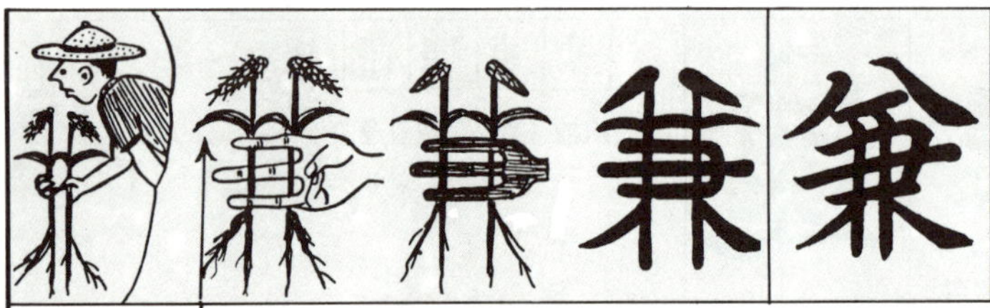

八 ⺈ 슥 兯 兼 兼

兼備 (겸비) 여러가지가 갖추어 있음
兼床 (겸상) 두 사람이 마주 앉게 차린 상

겸할 겸　겹칠 겸　ケン(かねる)

벼의 모양(**벼화**)

3급II　**벼** **두** **포**기를 **손**으로 **겹쳐**(**겹하여**) 잡고 있는 모양을 본뜬 자

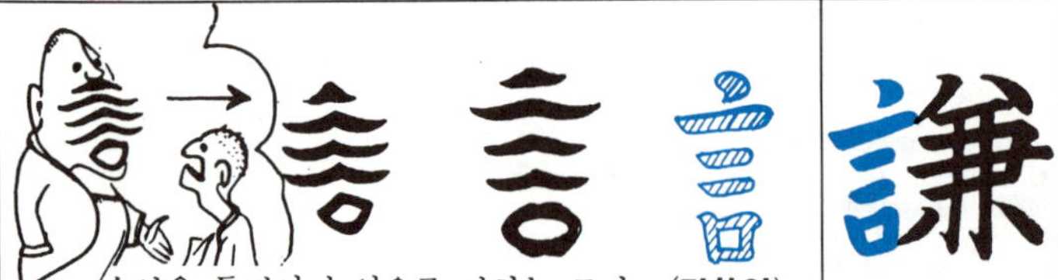

수염을 들먹이며 입으로 말하는 모양. (**말씀언**)

ˉ 亖 言 言' 謙 謙

謙虛 (겸허) 겸손하게 자기를 낮춤
謙遜 (겸손) 남을 높이고 자기를 낮춤

겸손할 겸　ケン(へりくだる)

3급II　**말**끝마다 인사말을 **겹쳐**하니 **공손하**다.

집의 모양(**집엄**)

亠 广 广 庠 廉 廉

廉探 (염탐) 남몰래 사정을 조사함
淸廉 (청렴) 깨끗하고 물욕이 없음

청렴할 렴 (싼물건만 사용하니 청렴하다)
값쌀 렴　レン(かど)

3급　(여러 세대가) 한**집**에서 **겹쳐** 세사니 방**값이 싸**게 먹힌다.

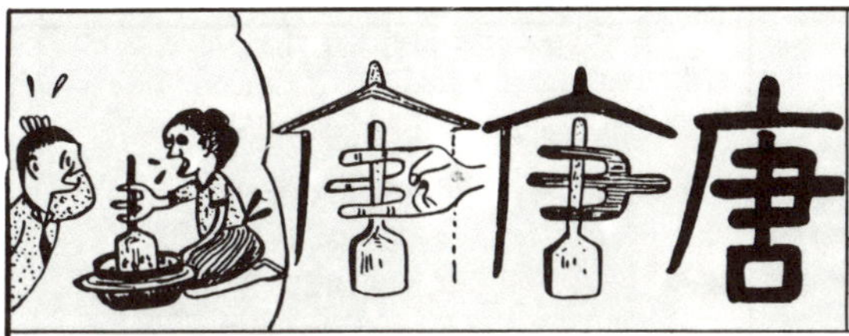

唐

丶 亠 广 户 庐 唐

唐墨 (당묵) 중국에서 만든 먹
唐詩 (당시) 당나라 때의 시

□ 당나라 당
큰소리칠 당 トウ(から)

집안에서 **손**에 **주걱**을 들고 있는 주부가 **큰소리 친**다. ※(대국이라고 큰소리치던 나라가 당나라다)

쌀알이 흩어져 있는 모양. **(쌀미)**

糖

丬 米 粁 粐 糖

糖米 (당미) 수수쌀
糖分 (당분) 당류의 성분

□ 엿 당
사탕 당 トウ

3급

쌀로 **큰소리 치**며 우는 아이를 달래려고 만든 게 **엿**(사탕)이다.

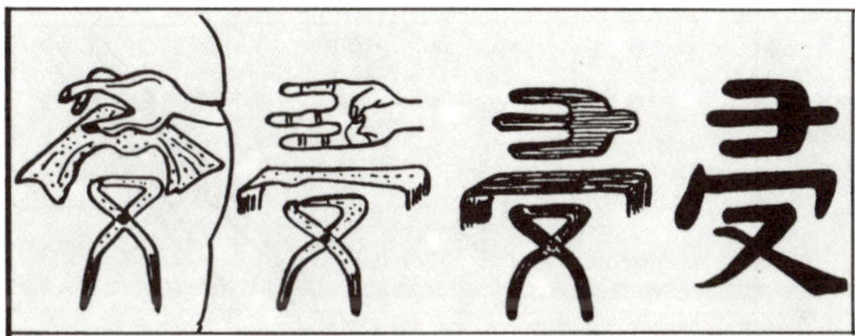

𠬶

ㄱ ⺕ ⺕ 寻 𠬶

※뜻만 기억할 것

□ 덮어쓰다 (씌우다)

손에 잡은 **덮게**로 **집게**를 **덮어씌운**다는 뜻

물방울이 떨어지는 모양 (물수)

浸

丶 氵 氵 浐 浔 浸

浸沒 (침몰) 물에 빠져 잠기어 버림
浸透 (침투) 스미고 젖어들어 속속들이 배어듦

□ 잠길 침 シン(ひたす)

3급

물을 **덮어**쓰고 물속에 **잠기**다.

사람이 섰는 모양. **(사람인)**

侵

亻 仁 伊 侣 侵 侵

侵入 (침입) 침범하여 들어옴
侵犯 (침범) 남의 권리·영토 따위를 침노 하여 범함

□ 침노할 침
습격할 침 セン(おかす)

4급II

사람이 복면을 **덮어쓰**고 **침노하다.**

(집면 · 조각널장)

寢

宀 疒 疒 疒 寑 寢

寢具 (침구) 이부자리
寢室 (침실) 사람이 자는 방

□ 잘 침 シン(ねる)

4급

집안 **침상**에서(이불을) **덮어쓰**고 **자다.**

妻

一	⺕	𠂤	妻	妻

妻弟 (처제) 아내의 손아래 여동생

妻族 (처족) 아내의 집안붙이

中 아내 처　サイ (つま)

(남편을 도와)
풀을 손으로 뜯는(김을 매는) **여자**가 **아내**다.

3급II

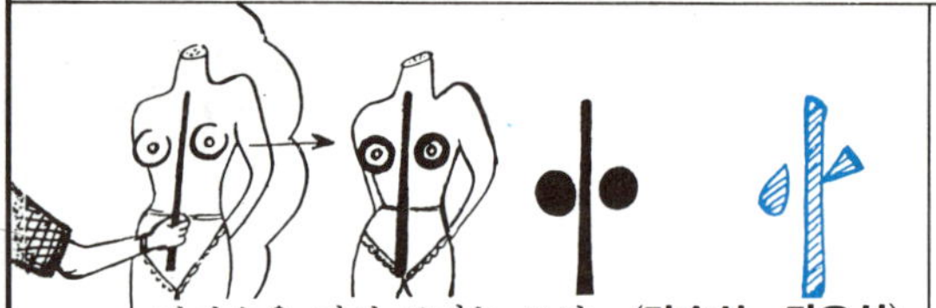

젖가슴을 짚어 보이는 모양. (**가슴심 · 마음심**)

悽

丷	忄	忄一	忄⺕	悽	悽

悽傷 (처상) 마음이 몹시 구슬픔

悽絶 (처절) 더 할나위 없이 애처로움

슬플 처　セイ

3급

마음으로 **아내**의 죽음을 **슬퍼**하다.

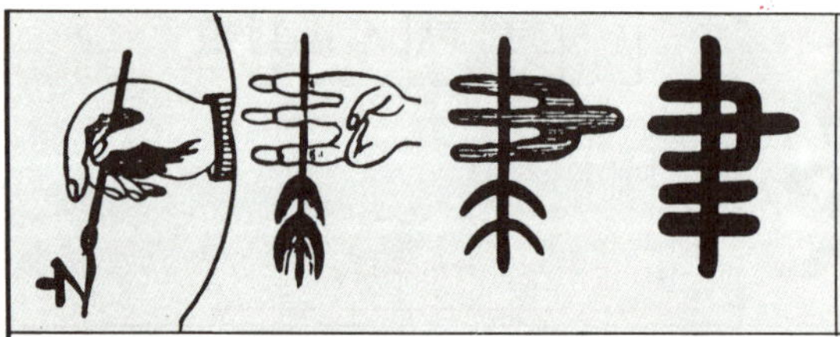

聿

乛	⺕	肀	聿

※ 뜻만 기억할 것.

붓 율

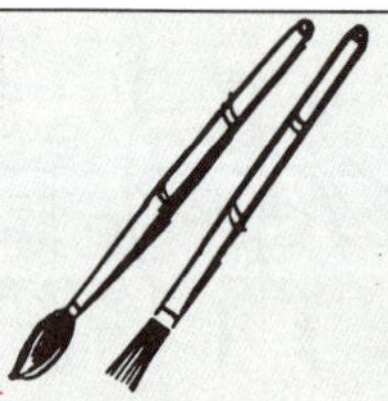

손에 붓을 들고 있는 모양. 곧 **붓**을 뜻함.

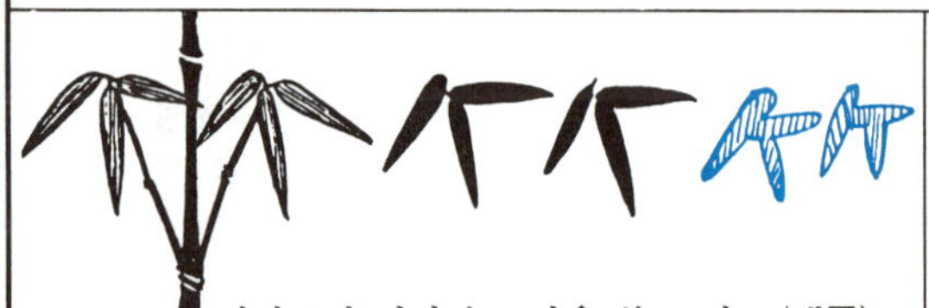

대나무의 이파리 모양을 본뜬 자. (**대죽**)

筆

ノ	𠂉	⺮	笁	笔	筆

筆法 (필법) 글씨를 쓰는 법칙

筆談 (필담) 글로 써서 의사를 통함

中 붓 필　ヒツ (ふで)

5급

대나무로 붓대롱을 한 **붓**이 좋은 **붓**이다.

팔을 흔들며 총총 걸어가는 모양. (**갈척. 바삐갈척**)

律

ノ	彳	彳⺕	彳⺕	彳聿	律

律法 (율법) 법도, 법률

規律 (규율) 행동의 준칙이 되는 본보기

中 법 률　リツ

4급II

(인간이) **걸어갈** 바를 **붓**으로 써 놓은 것이 **법**이다.

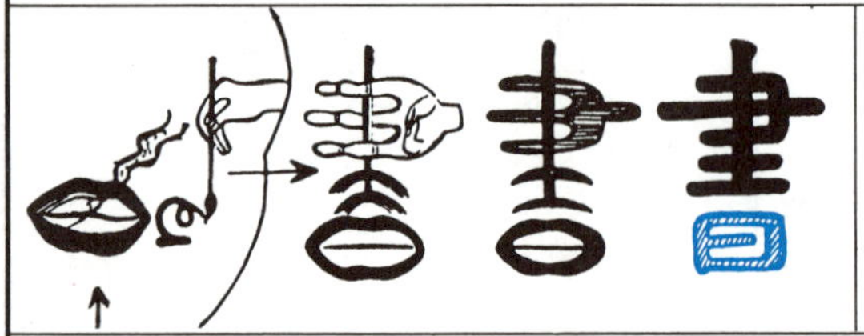

(**말할왈. 가로왈**) 입을 열고 말하는 모양.

書

乛	⺕	肀	聿	書	書

書記 (서기) 기록을 맡아 보는 사람

書信 (서신) 편지, 편지에 의한 소식

中 글 서　ショ (かく)

붓으로 **말한 바**를 적은 것이 **글**이다. 6급

해를 하나 그린것(**날일 · 한일**)

晝

ㄱ ㅋ 聿 肀 書 晝　약 昼

晝間 (주간) 낮 동안

晝學 (주학) 낮에 배워서 공부함

中 낮 주　チュウ(ひる)

6급　**붓**으로 **해를 하나** 그린 것이 **낮**을 뜻한다.

물방울이 떨어지는 모양. (**물수**)

津

氵 汀 沪 浐 浔 津

津船 (진선) 나룻배

津液 (진액) 생물체 내에서 생겨나는 액체 물질의 진국

나루 진

진액 진　シン(わたいば)

2급　(강) **물**이 **붓**으로 그린 선같이 좁게 흐르는 곳이 **나루**다

밭을 하나 그린것(**발전 · 한일**)

畫

ㄱ ㅋ ㅋ 聿 書 畫　약 画

畫數 (획수) 글씨 획의 수효

畫策 (획책) 일을 계획하는 꾀

中 그림 화 (획)　ガ

6급　**붓**으로 **밭을 하나** 그린 것이 **그림**이다.

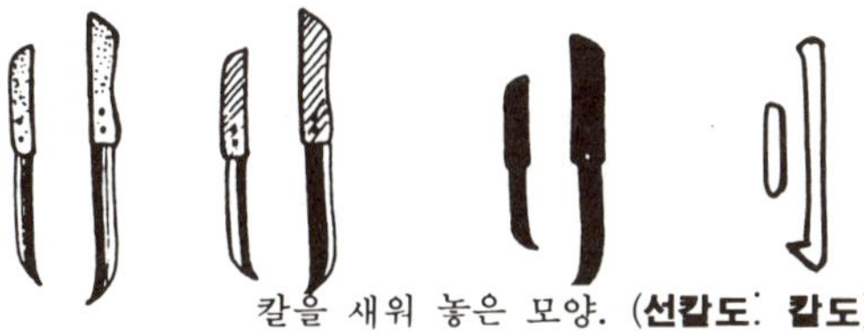

칼을 세워 놓은 모양. (**선칼도: 칼도**)

劃

ㅋ 聿 書 書 畫 劃

劃地 (획지) 도시의 건축용 땅을 나누는 단위가 되는 땅

劃出 (획출) 꾀를 생각해 냄

그을 획

계획할 획　カク

3급II　**그림**의 가장자리를 **칼**로 짜르려고 **계획하**여 선을 **긋다**

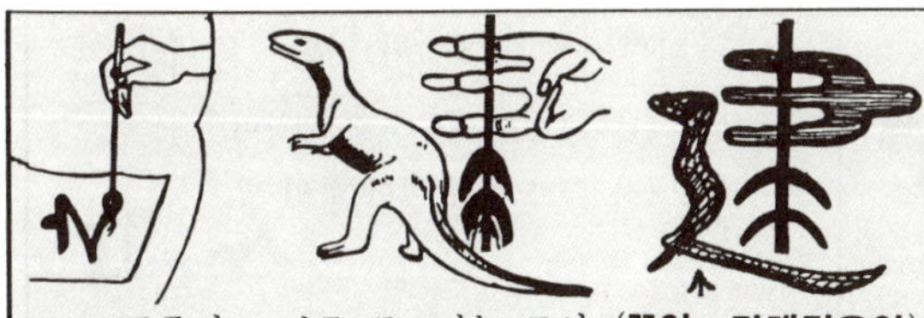

공룡이 꼬리를 끌고가는 모양 (**끌인. 길게걸을인**)

建

ㄱ ㅋ 킈 聿 建 建

建國 (건국) 나라를 세움

建議 (건의) 의견을 내어 말함

中 세울 건　ケン(たつ)

5급　**붓**으로 써 **갈 때**는 붓대를 **세우게** 된다.

사람이 섰는 모양. (**사람인**)

健

亻 伊 侓 侓 倢 健

健康 (건강) 몸이 튼튼하고 무병함

健鬪 (건투) 용감하게 싸움

굳셀 건

건강할 건　ケン(すこやか)

5급　(늙은) **사람**이 몸을 곧게 **세우**고 다니니 **굳세**다(건강하다)

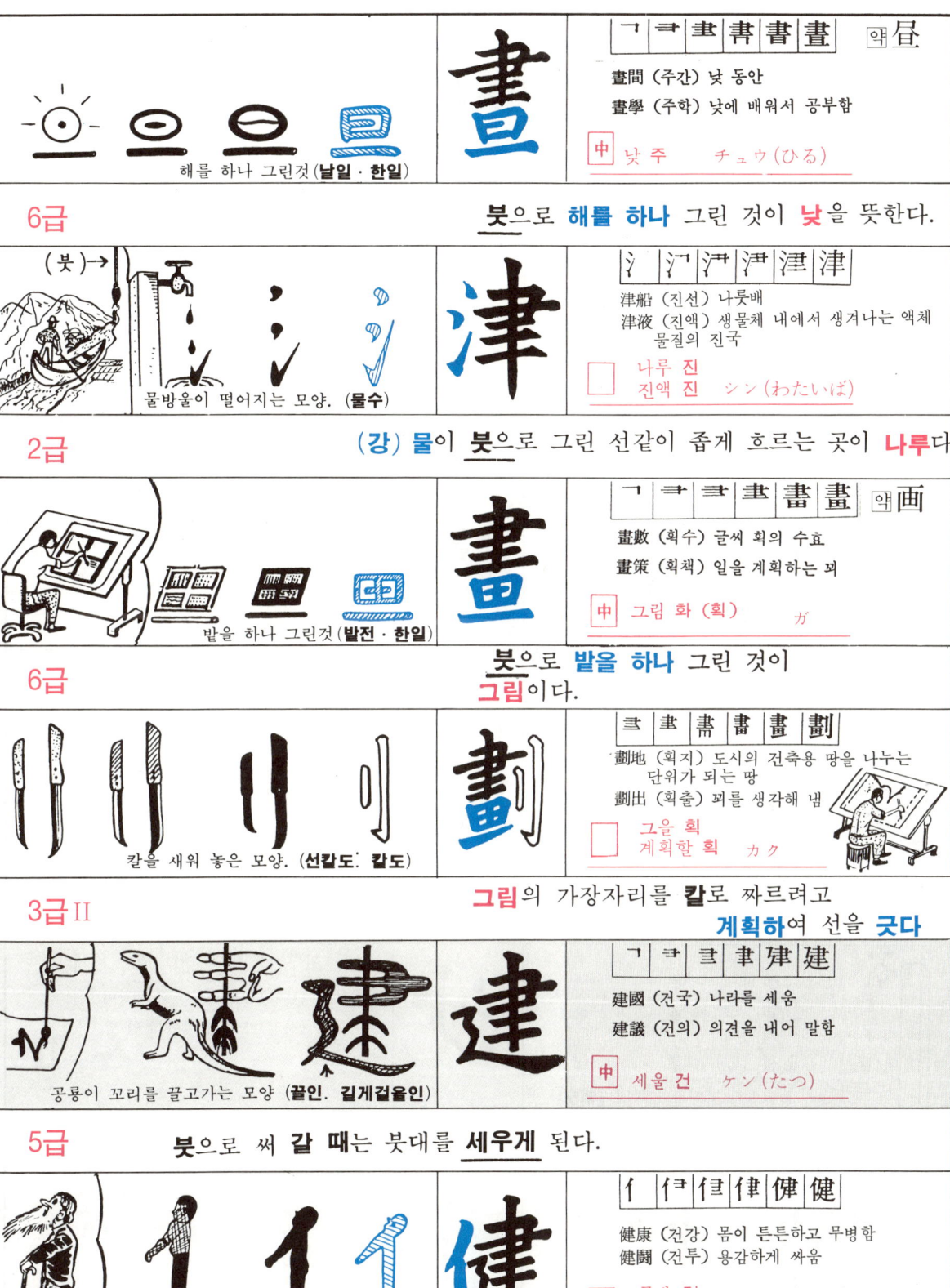

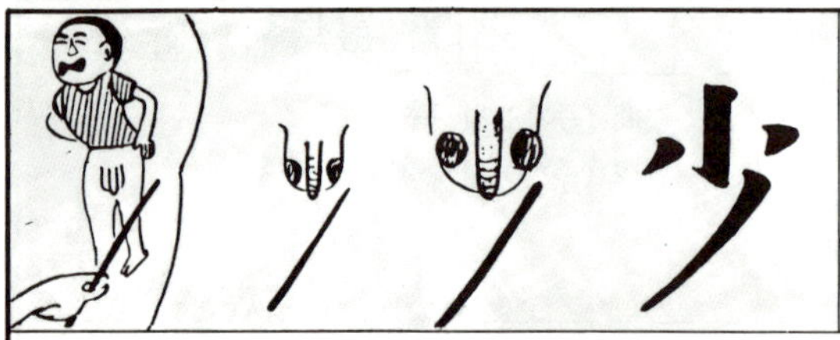

少

亅	小	小	少		

少數 (소수) 적은 수효
老少 (노소) 노인과 젊은이

中 젊을 소
적을 소　ショウ(すくない)

작은 걸 내놓고 다니며 **매맞을** 짓을 할 만큼 **적다.**　7급

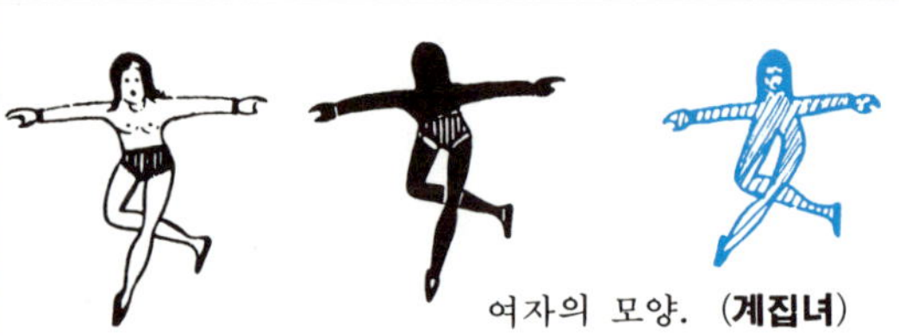

여자의 모양. (**계집녀**)

妙

𠃋	女	女	如	妙	妙

妙技 (묘기) 기묘한 기술
妙案 (묘안) 썩 잘된 생각

中 묘할 묘, 예쁠 묘 ミョウ(たえ)

4급

여자는 **적을 때**(젊을 때) **예쁘다**(묘하다)

눈의 모양. (**눈목**)

省

亅	小	小	少	省	省

省墓 (성묘) 조상의 산소를 살펴 봄
省略 (생략) 간단하게 덜어서 줄임

中 살필 성 (생) セイ(かえりみる)

6급

적은 것까지 **눈**으로 **살피다.**

3급 철 창살을 팔로 힘을 써 벌리는 모양. (**힘력**)

劣

亅	小	小	少	劣	劣

劣勢 (열세) 세력이나 힘이 줄어듬
劣才 (열재) 용렬한 재능

용렬할 렬
힘이모자랄 렬 レツ(おとる)

적은 힘밖에 쓰지 못하니 **용렬하**다

물방울이 떨어지는 모양 (**물수**)

沙

丶	冫	氵	氵	沙	沙

동 砂

沙漁 (사어) (1)모래무지　(2)상어
沙田 (사전) 모래가 많이 섞인 밭

모래 사　サ(すな)

3급 II

물에 **적게** 깎인 돌이 **모래**다.

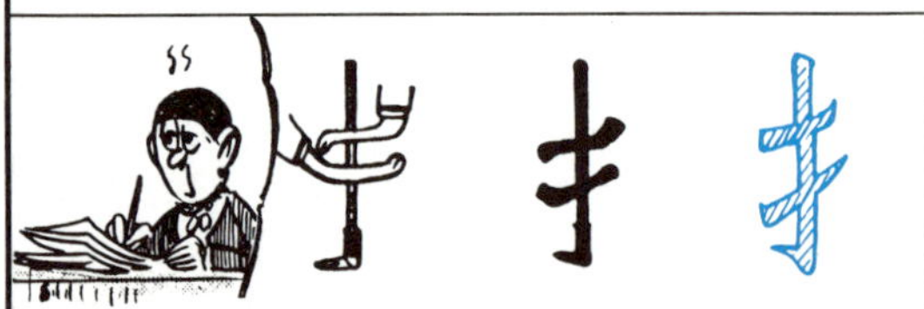

양손으로 괭이를 잡고 있는 모양. (**손수**)

抄

一	扌	扌	扌	抄	抄

抄冊 (초책) 요점만 가려 뽑아 쓴 책
抄出 (초출) 빼냄

베낄 초, 가려뽑을 초　ショウ

3급

손으로 **적은 것**까지 **가려뽑아 베끼다.**

벼의 모양(**벼화**)

秒

千 禾 利 利 秒 秒

秒速 (초속) 1초 동안의 속도
秒忽 (초홀) 썩 적은 것

☐ 초침 초 (벼 까끄락 같이생긴게 **초침이다**)
벼까락 묘 ビョウ(のぎ)

2급

벼에 있어서 **적**은 부분이 **벼까끄락**이다

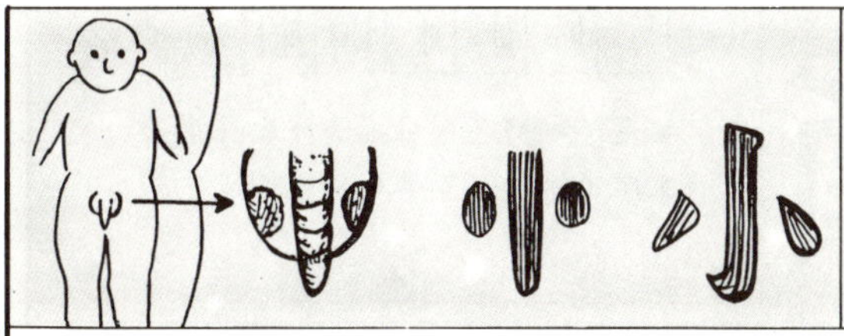

小

亅 小 小

小國 (소국) 작은 나라
小說 (소설) 문장으로 나타낸 이야기

中 작을 소 ショウ(ちいさい)

8급 아이가 달고 있는 고추의 모양 **작다**는 뜻으로 쓰임.

어른이 양팔을 벌리고 서있는 모양. (**큰대**)

尖

亅 小 小 尖 尖 尖

尖銳 (첨예) 뾰족하고 날카로움
尖端 (첨단) ① 물건의 뾰족하게 모난 끝
② 유행의 시초

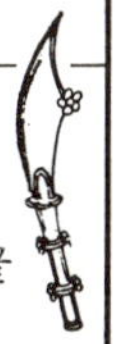

☐ 뾰족할 첨 セン(とがる)

3급

위는 **작**고 밑으로 갈수록 **커지**니(크니) **뾰족하**다

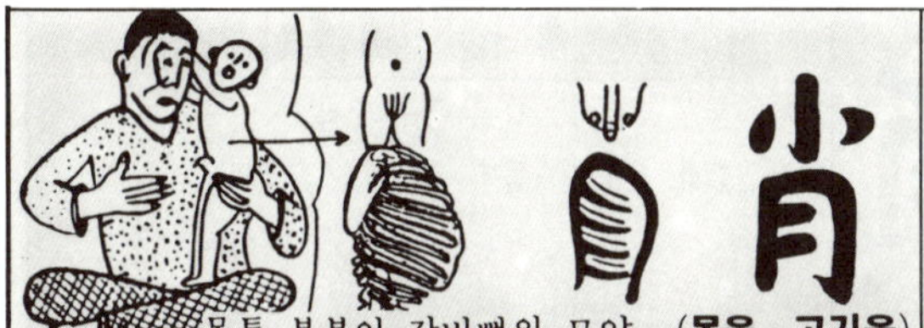
몸통 부분인 갈비뼈의 모양. (**몸육 · 고기육**)

肖

丨 小 个 肖 肖 肖 동 肖

肖似 (초사) 매우 닮음, 또는 비슷함
肖像 (초상) 얼굴 모양을 그림으로
그리거나 조각으로 새김

☐ 같을 초, 닮을 초 ショウ(あやかる)

작은 고추를 달고 나온 **몸**이 아버지를 **닮다**. 3급II

물방울이 떨어지는 모양. (**물수**)

消

丶 氵 氵 氵 消 消

消燈 (소등) 등불을 끔
消火 (소화) 불을 끔

中 사라질 소 ショウ(きえる)

6급

물이 수증기를 **닮으려**고 증발해서 **사라지다.**

칼을 세워 놓은 모양. (**선칼도: 칼도**)

削

丨 小 肖 肖 削 削

削髮 (삭발) 머리를 깎음
削奪 (삭탈) 깎아 내려 빼앗아 버림

☐ 깎을 삭 サク(けずる)

3급

(형체를) **닮**게 **칼**로 **깎다**

頁

一	丆	百	頁

※뜻만 기억할 것

□ 머리 혈

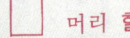

모자를 쓰고 **입마개**를 한 **머리**의 모양을 본뜬 자

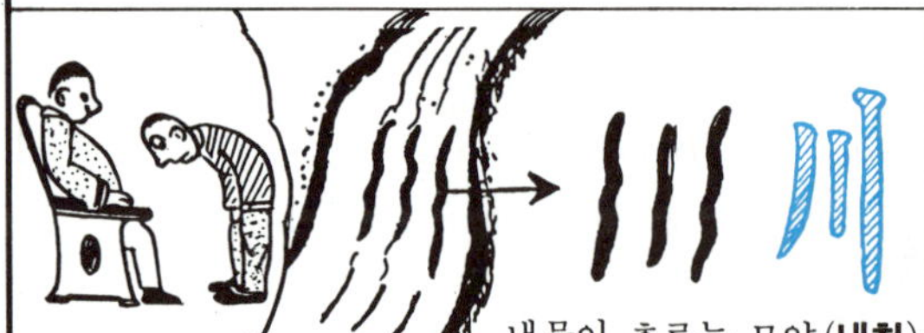

順

丿	川	川	川	順	順

順良 (순량) 성질이 유순하고 착함

順序 (순서) 정하여져 있는 차례

中 순할 순, 좇을 순 ジュン

5급

냇물이 흐르듯 **머리**로 지시를 **순하게 좇다.**

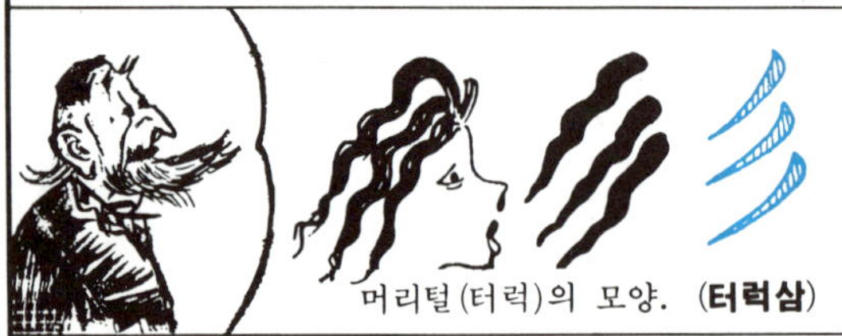

須

丿	彡	彡	須	須	須

須要 (수요) 없어서는 안 될 일

(※수염은 잠깐사이에도 자라니 면도를 모름지기 하여야 한다)

中 수염 수, 잠깐 수
모름지기 수 シュ(まつ)

3급

터럭으로 **머리**에서 자라는 것이 **수염**이다.

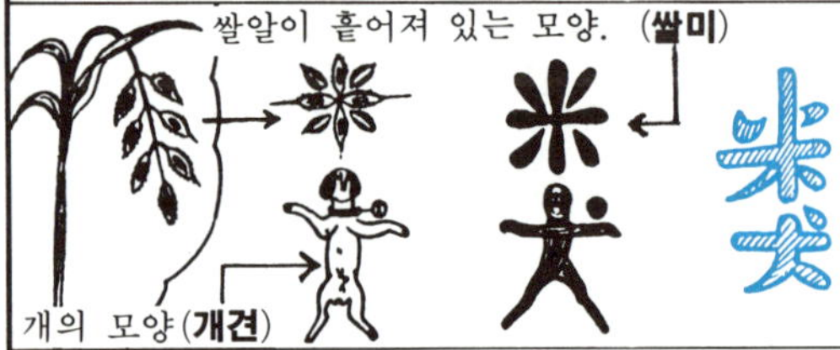

類

丷	米	类	类	類	類

類語 (유어) 같은 종류의 말

類化 (유화) 동화

中 같을 류, 비슷할 류 ルイ(たぐう)

5급

쌀겨를 뒤집어 쓴 **개**의 **머리**통이 서로 **비슷하다**(같다).

夏

一	丆	百	頁	夏	夏

夏節 (하절) 여름철

初夏 (초하) 초여름

中 여름 하 カ(なつ)

천천히 걸어가는 모양. (**천천히, 갈치**)

(더워서)**머리**를 떨구고 **천천히 걸어가**는 계절이 **여름**이다.

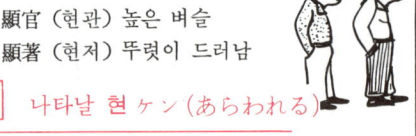

顯

日	㬎	㬎	㬎	顯	顯

顯官 (현관) 높은 벼슬

顯著 (현저) 뚜렷이 드러남

□ 나타날 현 ケン(あらわれる)

4급

모자나 **실타래** 같은 것을 **머리**에 쓰고 **나타나다.**

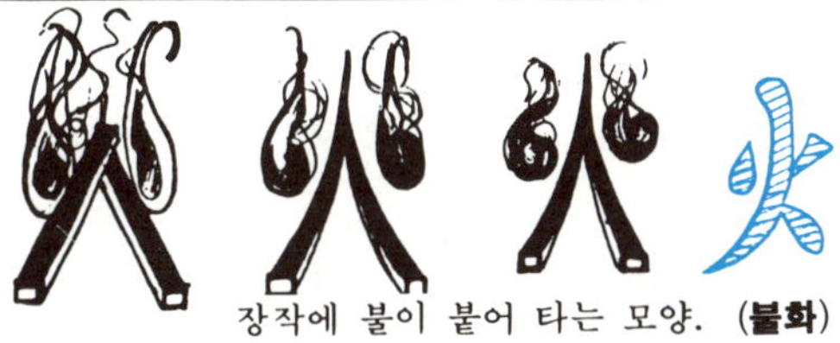

장작에 불이 붙어 타는 모양. (**불화**)

煩

丷	火	火一	炘	煩	煩

煩悶 (번민) 답답하여 괴로와 함
煩熱 (번열) 가슴이 답답하여 나는 신열

☐ 번거로울 번 ハン(わずらう)

3급 **불**같은 화가 **머리**에 이니 **번거롭**다

(**집호 · 새추**)

顧

一	戸	雇	雇一	顧	顧

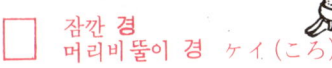

顧問 (고문) 의견을 물음
顧視 (고시) 돌아다 봄

☐ 돌아볼 고
돌릴 고 コ(かえりみる)

3급 **집**(새장)에 갇힌 **새**가 **머리**를 **돌리**고(주위를) **돌아보**다

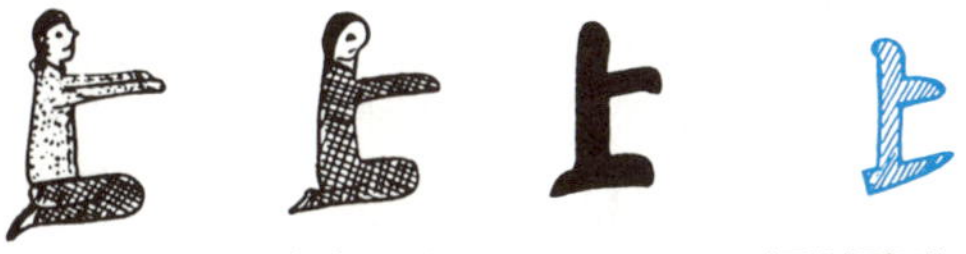

사람이 몸을 구부린 모양. (**구부릴비**)

頃

乚	匕	匕一	匕丆	頃	頃

頃刻 (경각) 극히 짧은 시간
頃年 (경년) 근년 (近年)

☐ 잠깐 경
머리비뚤이 경 ケイ(ころ)

3급II **구부리**고 앉을 시에는 **머리**를 **잠깐 비트**는 동작을 취하게 된다.

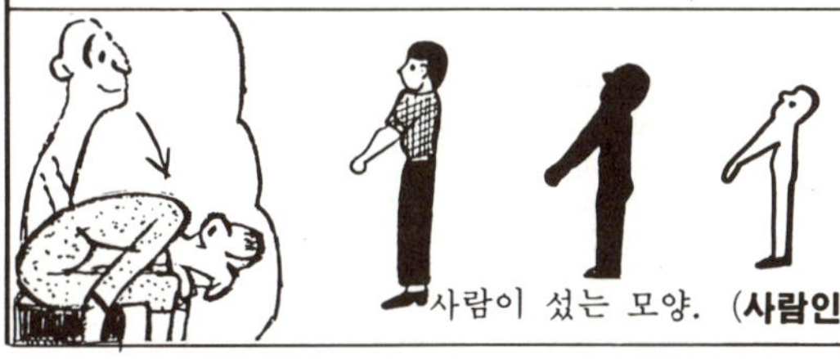

사람이 섰는 모양. (**사람인**)

傾

亻	化	化一	傾	傾	傾

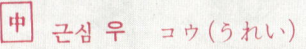

傾度 (경도) 경사를 나타내는 도수
傾月 (경월) 지는 달 비 落月

☐ 기울 경
기울어질 경 ケイ(かたむく)

4급 **사람**이 몸을 **잠깐** **기울**이다

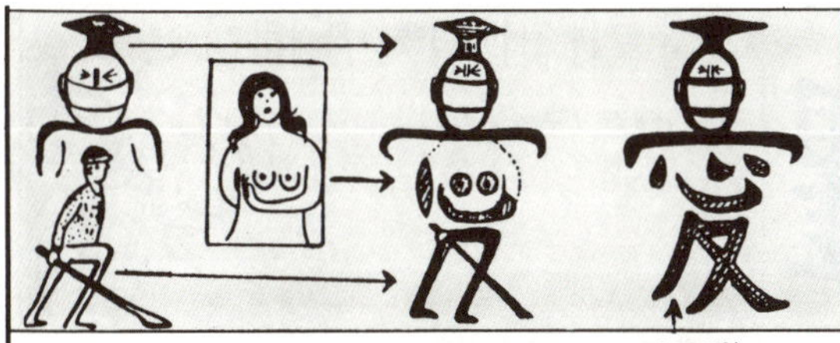

천천히 걸어가는 모양. (**천천히, 갈치, 뒤져올치**)

憂

一	百	直	恴	憂	憂

憂患 (우환) 근심
杞憂 (기우) 쓸데 없는 걱정

中 근심 우 コウ(うれい)

머리를 파묻고 **마음** 무겁게 **걸어가며** **근심하다.** 3급II

사람이 섰는 모양. (**사람인**)

優

亻	亻一	佰	佰	優	優

優待 (우대) 특별히 잘 대우함
優勢 (우세) 세력등이 남보다 나음

☐ 넉넉할 우
배우 우 ユウ(すぐれる)

4급 **사람**의 **근심**을 잊도록 웃기는 자가 **배우**다(배우는 **넉넉하다**)

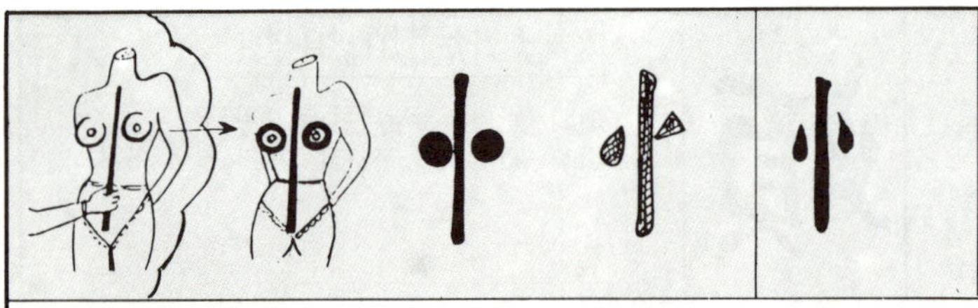

忄

丶 丷 忄

※ 뜻만 기억할 것

☐ 가슴 심
마음 심

<u>지휘봉</u>으로 <u>가슴</u>을 짚어 보이는 상형 곧 **<u>마음</u>**을 뜻함

(망할망)

忙

丶 丷 忄 忄' 忙 忙

奔忙 (분망) 몹시 바쁨
忙中閑 (망중한) 바쁜 가운데도 한가한 짬이 있음

☐ 바쁠 **망**　ボウ(いそがしい)

3급

<u>마음</u>(정신)을 잃을(**망할**)정도로 **바쁘**다.

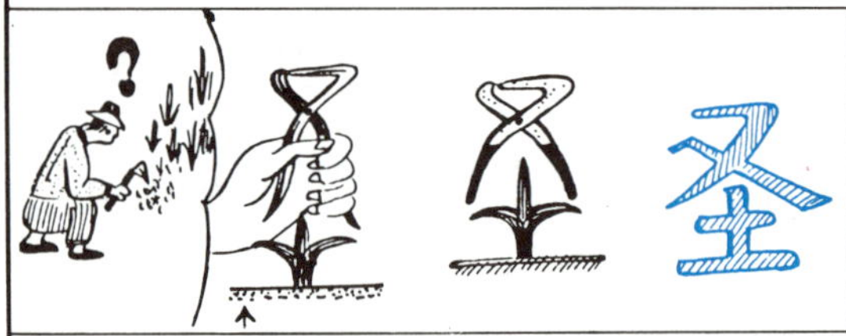

(**흙토**) 싹이(+) 흙위에(一) 돋아나는 모양.

怪

丷 忄 忆 怿 怪 怪

怪物 (괴물) 괴상한 물건
怪狀 (괴상) 기괴한 모양

☐ 괴이할 **괴**　カイ(あやしい)

3급 II

<u>마음</u>을 **잡**고 **흙**일을 하였는데도 농사가 않되니 **괴이하**다

날개를 편 새의모양(**새추**)

惟

丷 忄 忄 忙 惟 惟

惟獨 (유독) 유달리. 홀로
惟日不足 (유일부족) 시간이 모자람

☐ 오직 **유**
생각할 **유**　イ(これ)

3급

<u>마음</u>이 **새**같이 좁아 **오직** 꾀부릴 **생각만 한다**.

새의 모양. (**새추**)
눈의 모양. (**눈목**)

懼

丷 忄 忄 惧 惧 懼

懼意 (구의) 두려운 마음
畏懼 (외구) 무섭고 두려움

☐ 두려울 **구**　ク

3급

<u>마음</u>이 놀라 **두 눈**을 동그랗게 뜬 **새** 같이 하여 **두려워**하다

(**민망할민 · 근심할민**)

문간에서 조문의 글을 익기가 민망하다는 뜻

憫

丷 忄 忄 忄 憫 憫

憫笑 (민소) 가엾이 여겨 웃음
憫恤 (민휼) 불쌍한 사람을 도와줌

☐ 딱할 **민**
불쌍할 **민**　ビン(あわれむ)

3급

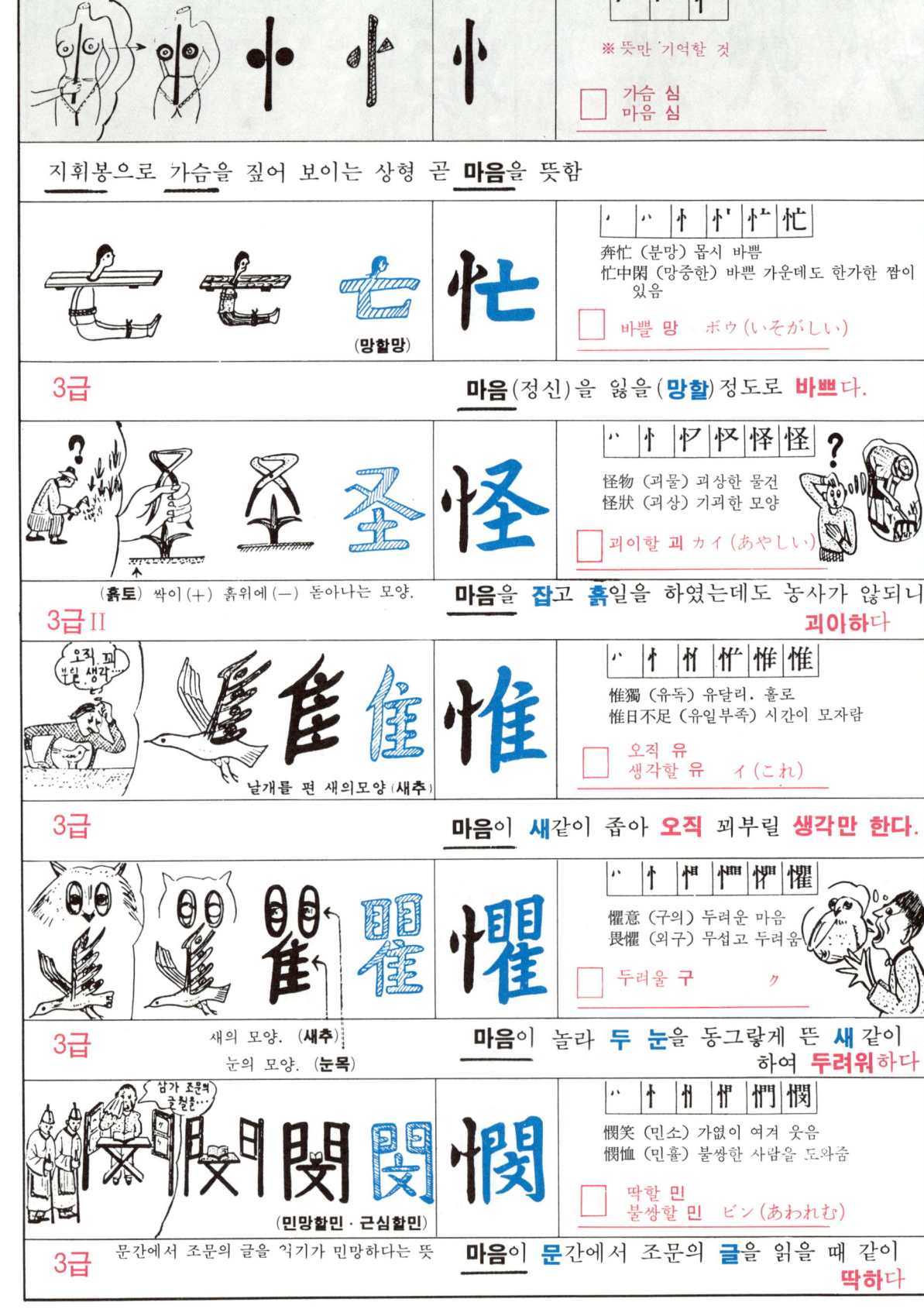

<u>마음</u>이 **문**간에서 조문의 **글**을 읽을 때 같이 **딱하**다

心

丿	心	心	心		

心思 (심사) 마음, 심정
心志 (심지) 마음과 뜻

中 마음 심 シン(こころ)

7급 가슴의 모양을 그린 것, **마음**을 뜻함.

꼬창이에 꿰여있는 모양 (꼬창이로 꿸관)

患

丨	口	吕	串	患	患

患難 (환난) 재앙의 근심 걱정
患苦 (환고) 근심때문에 생기는 고통

中 근심 환 カン(わずらう)

5급 (두 사람에게 연정을) **꿰고** 있으니 **마음**에 **근심**이 생긴다.

應

亠	广	庀	府	雁	應

약 応

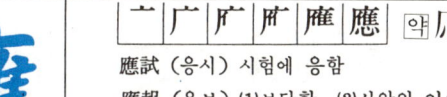

應試 (응시) 시험에 응함
應報 (응보) ⑴보답함 ⑵선악의 인연에 응하여 받는 과보(佛)

中 응당 응, 응할 응 オウ(こたえる)

4급II **집**에서 **사람**이 키운 **매새**가 주인 **마음**에 **응하다**(응하여 사냥하다).

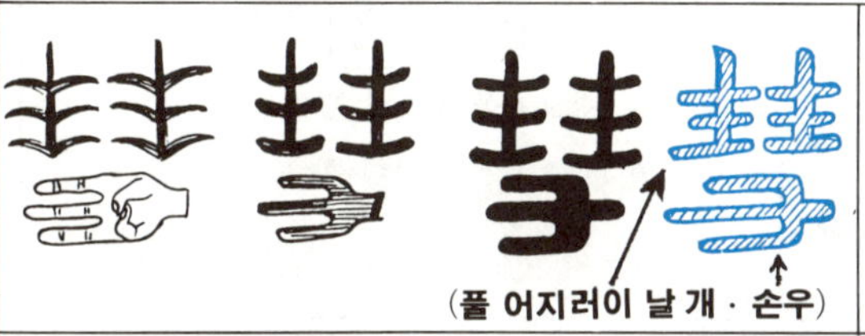

慧

彐	丰	丰丰	彗	彗	慧

慧心 (혜심) 슬기로운 마음
慧知 (혜지) 총명한 슬기

밝을 혜
슬기 혜 エ

3급II **잡초같이 어지러운** 송사를 **손**수 양심(**마음**)껏 해결하는 것이 **슬기**다.

憲

宀	宝	宔	害	憲	憲

憲兵 (헌병) 군사 경찰을 맡아보는 군인
憲章 (헌장) 법적으로 규정한 규범

법 헌 ケン(のり)

집안에 **잡초같이 어지러운** 송사를 **눈**으로 보듯 양심(**마음**)껏 해결해 주는 것이 **법**이다. 4급

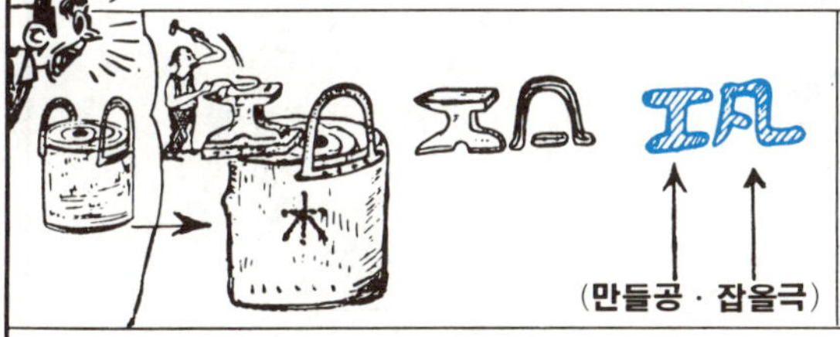

恐

一	工	丮	巩	恐	恐

恐縮 (공축) 두려워 몸을 움츠림
恐脅 (공협) 무섭게 을러댐

두려울 공 キョウ(おそれる)

3급II **만들어** 붙인 **손잡이**가 빠질가 바 **마음**속으로 **두려워 하다**

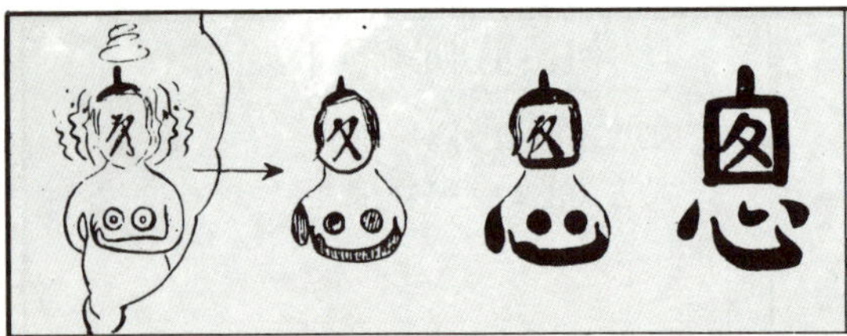

悤

丿 ⺈ 囪 悤

※뜻만 기억할 것

☐ 바쁠 총

상투를 한 자가 안면이 **일그러**질 정도로 **마음**이 **바쁘**다는 뜻

실의 모양. (**실사**)

總

幺 糸 糹 紒 總 總

總計 (총계) 전체를 한데 모아 셈함

總販 (총판) 모두 판매함

☐ 다 총·묶을 총
거느릴 총 ソウ(すべる)

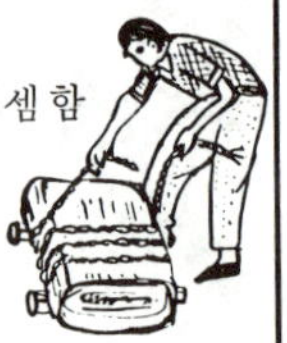

4급 II

실끈을 **바쁘게** 돌려 (**거느리어**) 하나로 **다 묶다.**

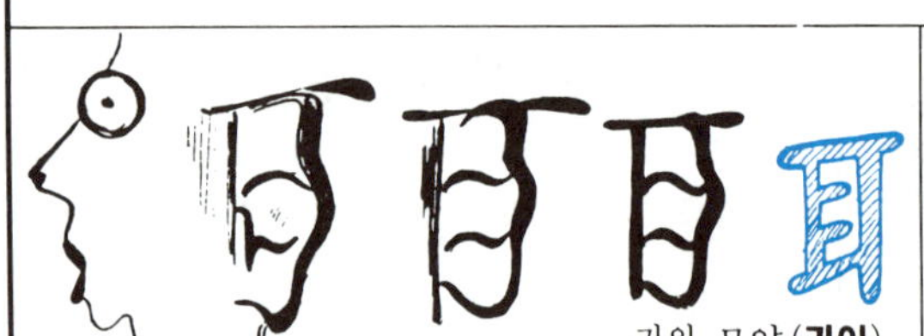

귀의 모양 (**귀이**)

聰

一 F 耳 耵 聰 聰

聰氣 (총기) 총명한 기운

聰俊 (총준) 총명하고 준수함

☐ 귀밝을 총 ソウ(さとい)

3급

귀로 **바쁘**게 하는 말을 다들을 만큼 **귀가 밝**다

必

丶 丿 必 必 必

必要 (필요) 꼭 소용이 됨

必讀 (필독) 꼭 읽어야 함

中 반드시 필 ヒツ(かならず)

5급

가슴은 천으로 **반드시** 가리어야 한다.

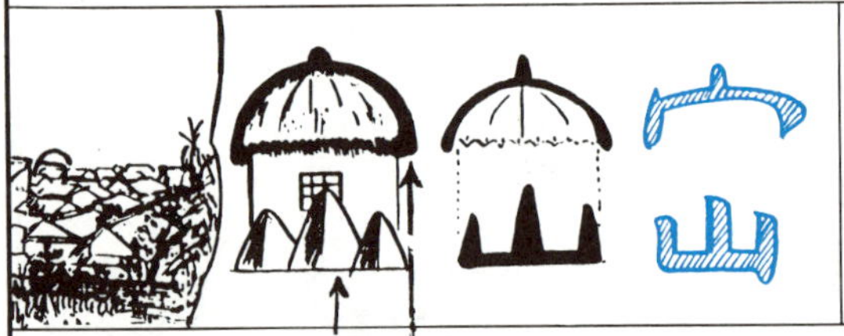

산봉우리의 모양. (**메산**)

지붕을 덮어씌운 집의 모양.(**집면**)

密

丶 宀 宓 宓 密 密

密林 (밀림) 빽빽하게 들어선 수풀

密約 (밀약) 비밀의 약속

中 빽빽할 밀 ミツ(ひそか)

집을 **반드시** **산**에 지어야 할 정도로 **빽빽하다.**

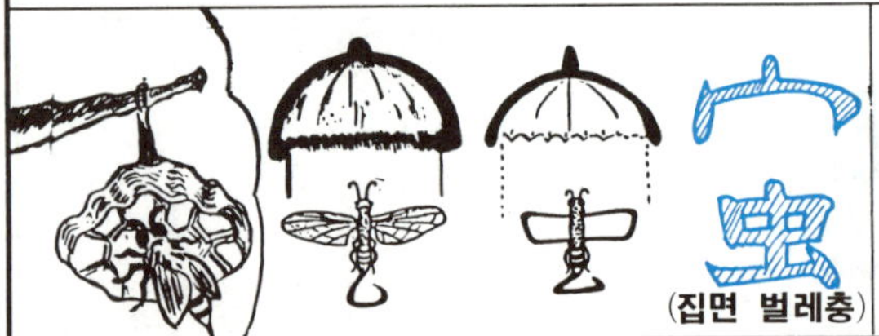

(**집면 벌레충**)

蜜

丶 宀 宓 宓 蜜 蜜

蜜語 (밀어) 남녀간의 달콤한 말

蜜月 (밀월) 결혼초의 달콤한 동안

☐ 꿀 밀 ミツ

3급

집을 **반드시** 짓고 사는 **벌레**가(벌이) 만들어 낸 것이 **꿀**이다

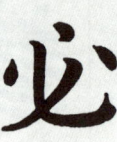

벼의 모양(**벼화**)

秘

一 丆 禾 利 秘 秘 秘 속 秘

秘方 (비방) 비밀한 방법
秘傳 (비전) 비밀히 전하여 내려옴

□ 숨길 비
비밀 비 ヒ(ひめる)

4급

벼를 거두어 **반드시** **비밀**스러운 곳에 **숨기**다

公

丿 八 公 公

公告 (공고) 널리 세상에 알림
公私 (공사) 공공의 일과 사사의 일

中 귀인 공, 공변될 공 コウ(おおやけ)

6급

귀인과 **귀공자**의 모양을 그린 것.

나무의 모양. (**나무목**)

松

一 木 木 朳 松 松

松林 (송림) 소나무 숲
松板 (송판) 소나무로 켠 널판지

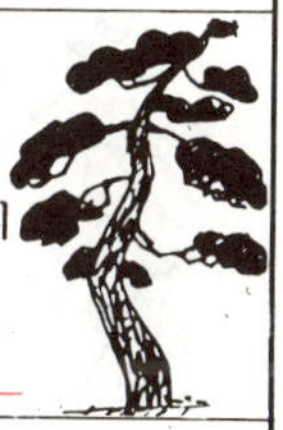

中 솔 송 ショウ(まつ)

4급

나무 중에 **귀공자**가 **솔**(소나무)이다. *솔은 절개가 굳어 사시에 푸르기 때문임.

모자를 쓰고 입마개를 한 머리의 모양. (**머리혈**)

頌

丿 八 公 公 頌 頌

頌功 (송공) 공덕을 칭송함
頌德 (송덕) 공적이나 인덕을 오래도록 길이 찬양함

□ 칭송할 송 ショウ

4급

귀공자 같은 우두**머리**라고 **칭송하다**.

수염을 들먹이며 입으로 말하는 모양. (**말씀언**)

訟

言 言 言 訟 訟

訟事 (송사) 재판
訟庭 (송정) 송사를 처리하는 곳

□ 송사할 송 ショウ(うったえる)

3급

말로 **귀공자** 앞에서 **송사하다**(송사를 가리다).

깃의 모양(**깃우**)

翁

丿 八 公 公 翁 翁

翁姑 (옹고) 시아버지와 시어머니
翁主 (옹주) (1) 한 나라 제후의 딸
(2) 이조 때의 왕의 서녀 (庶女)

□ 늙은이 옹 オウ(おきな)

3급

귀공자 같은 **깃털** (수염) 이 난자가 **늙은**이다

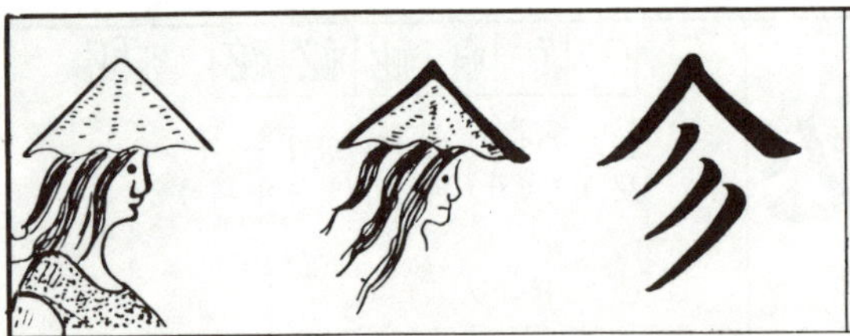

㐱

丿 人 亽 㐱

※뜻만 기억할 것

□ 머리결 진

갓을 쓴 **머리결**의 모양

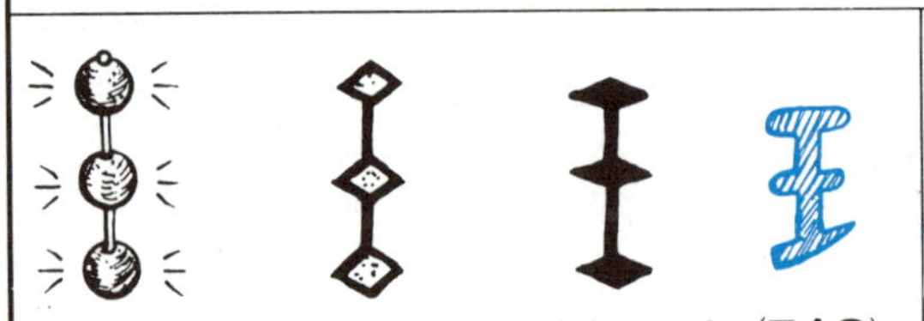

구슬이 꿰어있는 모양 (**구슬옥**)

珍

一 丅 王 𤣩 𤣩 珍

珍客 (진객) 귀한 손님
珍貴 (진귀) 보배롭고 귀중함

□ 보배 **진**
진귀할 **진** チン(あずらしい)

4급

구슬안에 **머리결**같은 무늬가 이는 게 **진기한 보배**다

參

厶 厽 厽 厽 奂 參

參考 (참고) 살펴서 생각함
參萬 (삼만) 만(萬)의 세 배

中 참여할 **참 (삼)** サン(まいる)

5급

꽃을 꽂은 삿갓을 **머리결** 위에 쓰고 식에 **참여하다.**

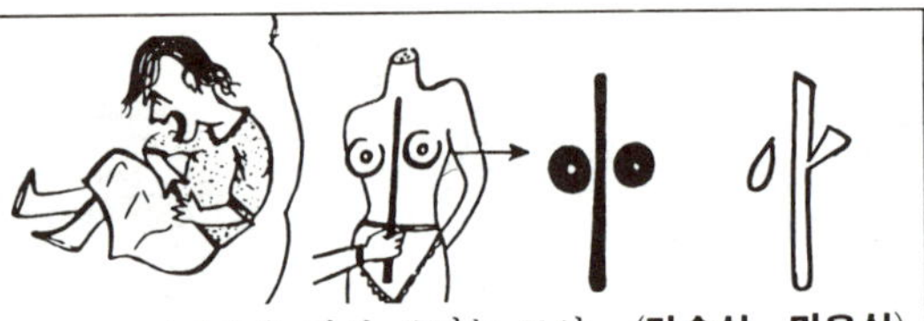

젖가슴을 짚어 보이는 모양. (**가슴심 · 마음심**)

慘

忄 忄 忄 忄 忄 慘

慘敗 (참패) 비참하게 실패함
慘禍 (참화) 비참한 재화

□ 슬플 **참** サン(すごい)

3급

마음에 근심이 **참여하니 슬프다.**

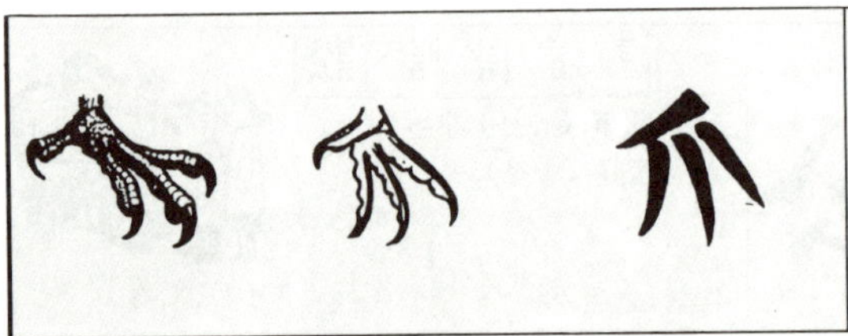

爪

一 厂 爪 爪

爪角 (조각) 짐승의 발톱과 뿔
爪傷 (조상) 손톱으로 할퀸 상채기

□ 손발톱 **조** ソウ(つめ)

발톱(손톱)의 모양.

印

一 ㄏ F E 印 印

印刷 (인쇄) 글이나 그림을 박아냄
印鑑 (인감) 인감 장부에 찍힌 도장

中 찍을 **인**
도장 **인**, イン(しるし)

4급II

손(손톱)으로 **바가지**에 (상표) **도장을 찍다.**

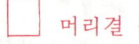

여자의 모양. (**계집녀**)

妥

一 爫 爫 爫 妥 妥

妥當 (타당) 사리에 마땅하고 온당함
妥議 (타의) 온당하게 서로 의논함

타협할 타, 온당할 타　ダ

3급

손톱을 **여자**들이 **타협하여** 기르는 건 **온당하다.**

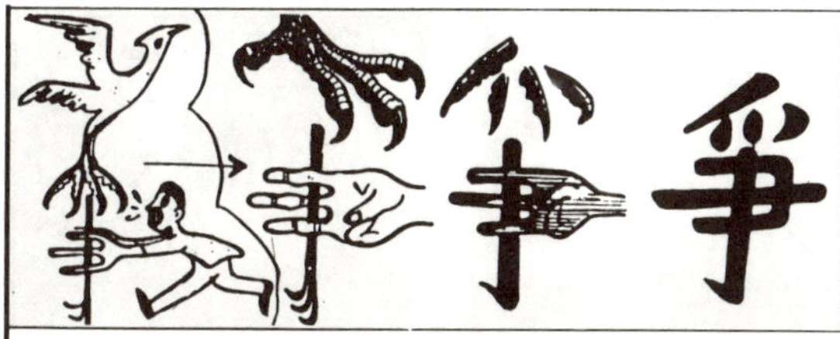

爭

一 爫 爫 爫 爫 爭

爭取 (쟁취) 싸워서 빼앗아 가짐
爭論 (쟁론) 서로 다투며 논박함

中 다툴 쟁　ソウ(あらそう)

손톱과 **손**으로 **갈퀴**를 서로 가지려고 **다투다.**　5급

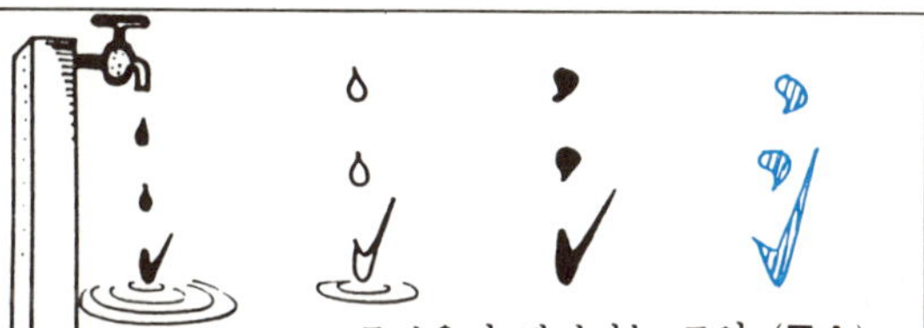

물방울이 떨어지는 모양 (**물수**)

淨

丶 氵 氵 氵 淨 淨

淨水 (정수) 깨끗한 물
淨書 (정서) 깨끗하게 씀

中 깨끗할 정　ジョウ(きよめる)

3급II

(먹을) **물**을 **다투어** **깨끗하게** 하다.

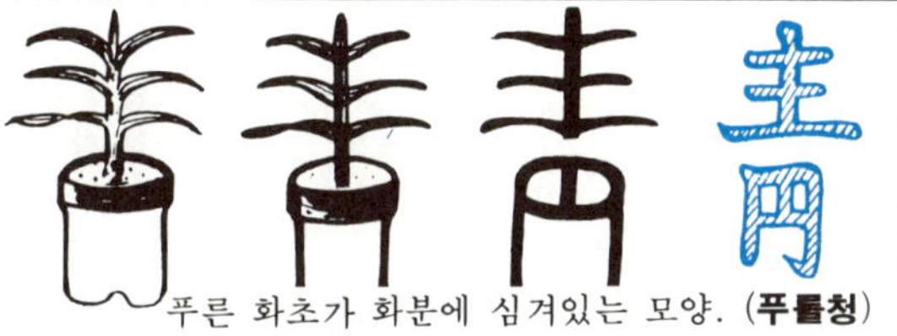

푸른 화초가 화분에 심겨있는 모양. (**푸를청**)

靜

一 龶 靑 靑 靑 靜

靜寂 (정적) 쓸쓸할 정도로 고요함
靜夜 (정야) 고요한 밤

中 고요할 정　ジョウ(しずか)

4급

푸른 숲속을 **다투어** 찾아드니 **고요하다.**

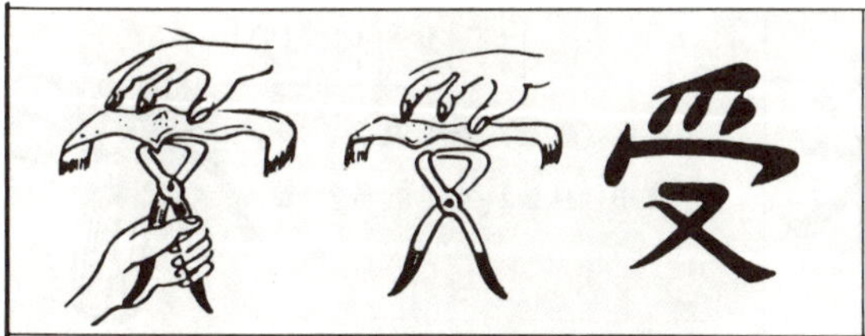

受

一 爫 爫 爫 受 受

受賞 (수상) 상을 받음
受驗 (수험) 시험을 치름

中 받을 수　ジュ(うける)

4급II

손으로 **덮개**와 **집게**를 **받다.**

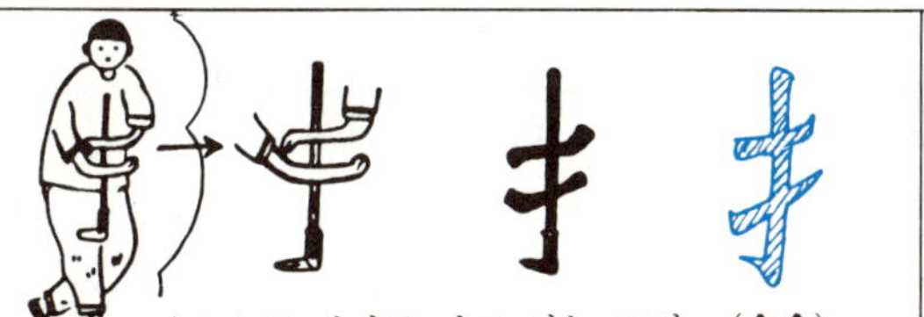

양손으로 괭이를 잡고 있는 모양. (**손수**)

授

一 扌 扌 扌 扌 授

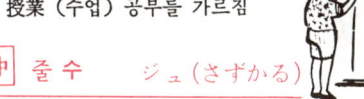

授與 (수여) 훈장이나 상장을 줌
授業 (수업) 공부를 가르침

中 줄 수　ジュ(さずかる)

4급II

손으로 **받도록** **주다.**

奚

一	爫	𡗕	𡗕	奚

※뜻만 기억할 것.

☐ 큰배 해
배큰 계집종 해

손에 조롱박을 들고 배가 크도록 마시어 **큰 배**가 되다. 3급

새의 모양. (**새조**)

鷄

爫	𡗕	奚	奚⺈	鷄	鷄

鷄卵 (계란) 달걀
鷄舍 (계사) 닭장

中 닭 계 ケイ(にわとり)

4급 (몸에 비하여) **큰 배**를 가진 **새**가 **닭**이다.

물방울이 떨어지는 모양. (**물수**)

溪

丶	氵	氵⺈	氵爫	𣴎	溪

溪流 (계류) 산골짜기에서 흐르는 물
溪泉 (계천) 개울의 샘

中 시내 계 ケイ

3급II **물**을 **큰 배**속에 가득 넣고 있는 것이 **시내**다.

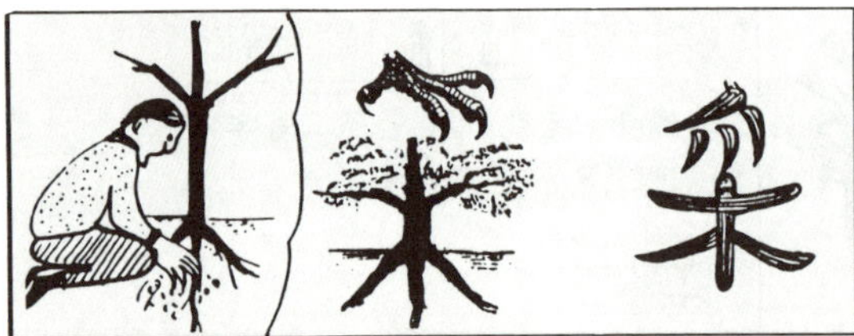

采

一	爫	爫	乎	采	采

采緞 (채단) 신랑 집에서 신부 집으로 미리 보내는 청홍색의 치마·저고리 감
采飾 (채식) 색색이 꾸밈

☐ 캘 채, 채색 채 サイ(とる)

2급 손톱으로 나무를 **캐다**.

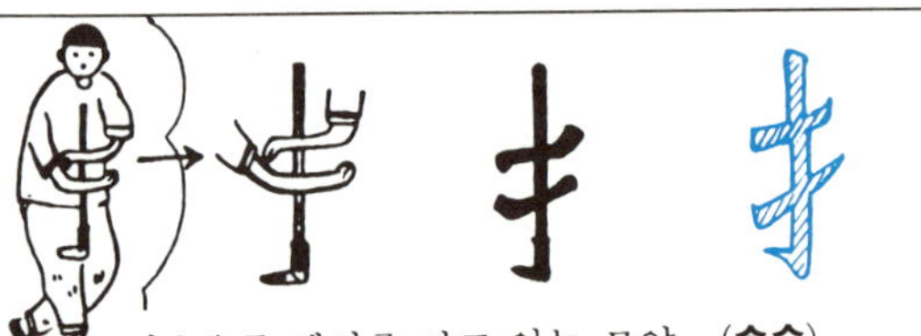

양손으로 괭이를 잡고 있는 모양. (**손수**)

採

一	扌	扌⺈	扌爫	抨	採

採集 (채집) 끌어 모음
採用 (채용) 사람을 뽑아 씀

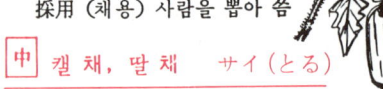

中 캘 채, 딸 채 サイ(とる)

4급 **손**으로 **캐**듯이 **따다**.

풀싹이 돋아나오는 모양 (**풀초**)

菜

一	艹	艹	苂	苹	菜

菜園 (채원) 규모가 쓴 채소밭
菜農 (채농) 채소가 주업인 농사

中 나물 채 サイ(な)

3급II (먹을 수 있는) **풀**을 **캔 것**이 **나물**이다.

머리털(터럭)의 모양. (**터럭삼**)

彩

一 ⺤ 爫 采 采 彩

彩墨(채묵) 채색을 뭉친 조각.
彩器(채기) 그림 그릴 때 채색을 풀어 쓰는 그릇.

□ 채색 채 / 무늬 채　サイ(いろどる)

3급II　　**캐**온 것을 머리결 같은 **털**붓으로 **채색**하다

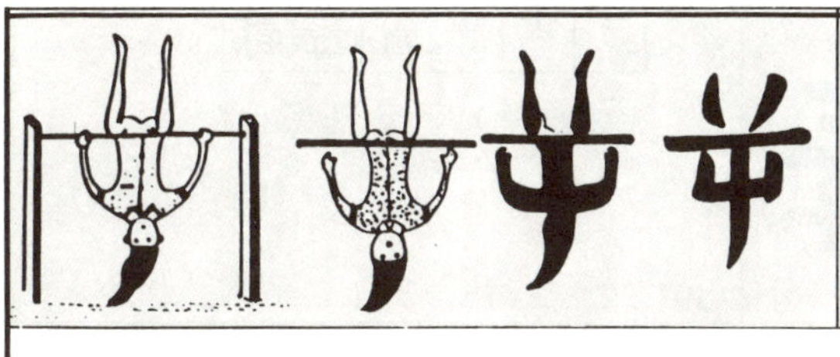

屰

丷 丬 屰 屰

※ 뜻만 기억할 것.

□ 거꾸로 역

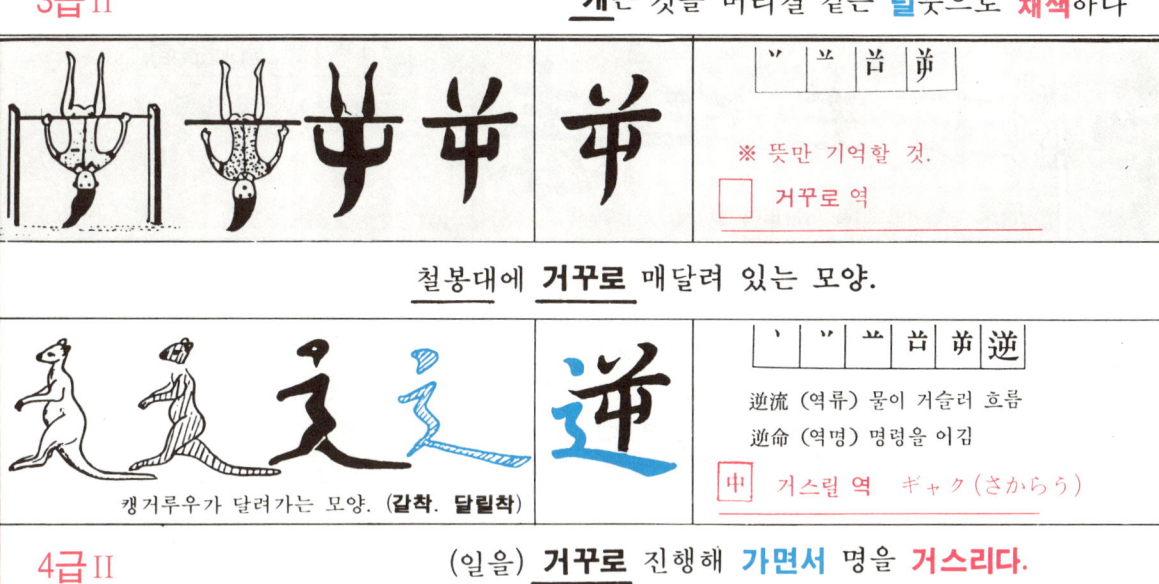

철봉대에 **거꾸로** 매달려 있는 모양.

캥거루우가 달려가는 모양. (**갈착. 달릴착**)

逆

丶 丷 丬 屰 屰 逆

逆流 (역류) 물이 거슬러 흐름
逆命 (역명) 명령을 어김

中 거스릴 역　ギャク(さからう)

4급II　　(일을) **거꾸로** 진행해 **가면서** 명을 **거스리다.**

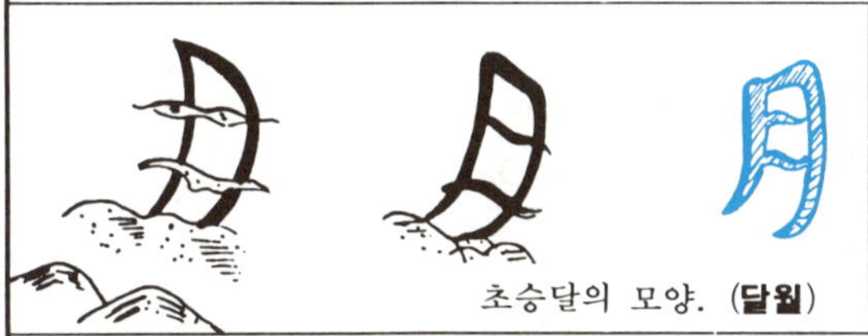
초승달의 모양. (**달월**)

朔

丷 丬 屰 屰 朔 朔

朔方 (삭방) 북쪽, 북방
朔風 (삭풍) 겨울철의 북풍

□ 초하루 삭　サク(ついたち)

3급　　**거꾸로 달**이 섰을 때가 **초하루다.**

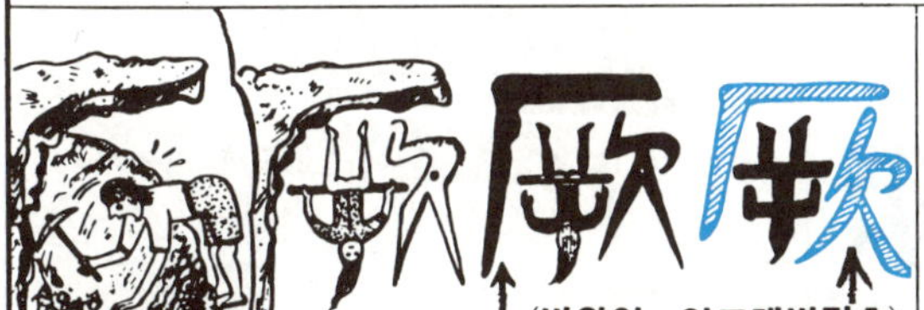
(**바위엄 · 입크게벌릴흠**)

厥

一 厂 厂 厈 厥 厥

厥女 (궐녀) 그 여자
厥明 (궐명) 내일

□ 그 궐 / 돌파낼 궐　ケツ(その)

3급　　**바위** 밑에 **거꾸로** 달린 듯한 자세로 **입을 크게 벌리**고 **그 바위를 파다**
※ (숨이 가빠서)

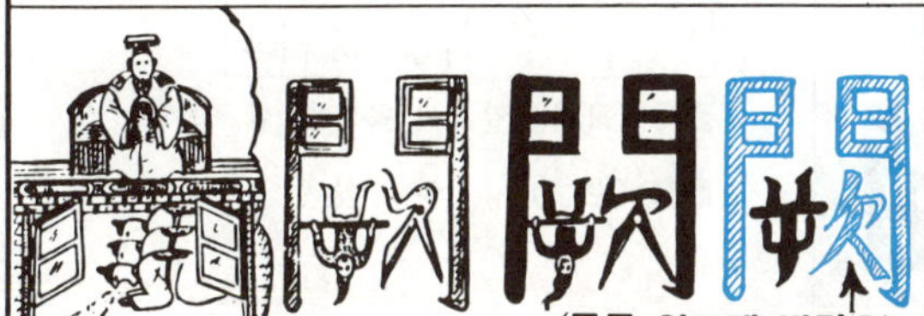
(**문문, 입크게 벌릴흠**)

闕

𠂆 𠁣 門 門 闕 闕

闕席 (궐석) 결석(缺席)
宮闕 (궁궐) 임금이 거처하는 집

□ 텅빌 궐 ※ 대궐은 넓어서 텅빈것 같음. / 대궐 궐　ケツ(もん)

2급　　**문**안에 **거꾸로** 달린 듯한 자세로 **입을 크게 벌리**고 엎드리는 곳이 **대궐**이다
※ (입을 벌리는 이유는 숨소리를 죽이기 위하여서임)

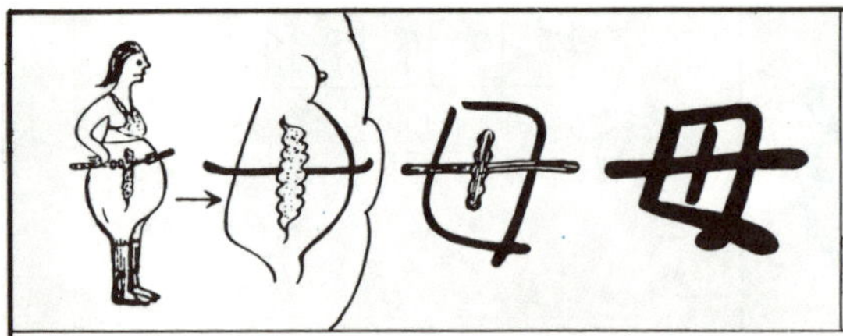

毋

ㄴ 口 毌 毋

毋寧 (무녕) 편한 날이 없음
毋論 (무론) 말할 것도 없음. 勿論

☐ 없을 무 ブ、ム;なかれ

여자의 배속에 창자만 있고(아이가) **없다**는 뜻

毒

十 丰 龶 青 毒 毒

毒蟲 (독충) 독기를 품은 벌레
毒草 (독초) 독이 있는 풀

☐ 독 독
해로울 독 ドク

4급II **무성하게 자란 풀**도 녹아 **없어질** 정도로 **독하다**

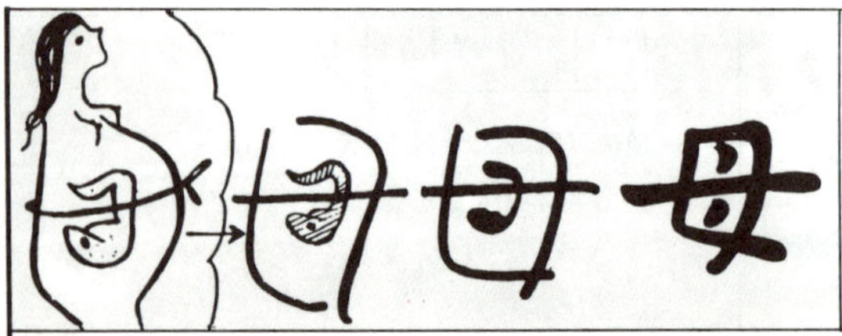

母

ㄴ 口 母 母 母

母親 (모친) 어머니
母酒 (모주) 밑술

中 어미 모 ボ(はは)

8급 아이를 밴 **어머니**의 배를 그린 자.

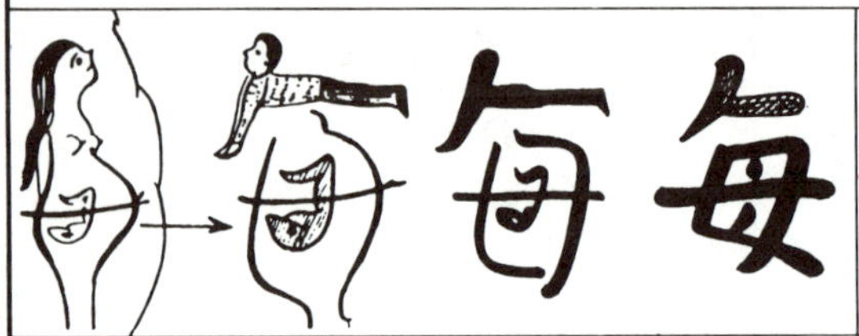

每

丿 𠂉 仁 每 每 每 약 每

每場 (매장) 장날마다
每日 (매일) 날마다

中 매양 매 マイ(こと)

7급 **사람**은 **어머니**를 **매양**(늘) 그리워한다.

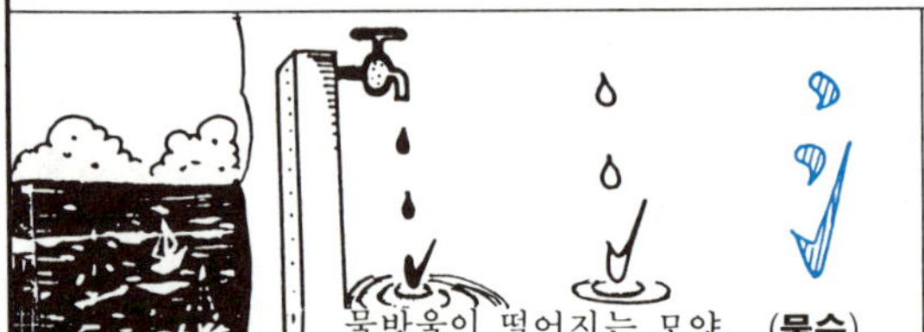
물방울이 떨어지는 모양. **(물수)**

海

丶 氵 氵 海 海 海

海陸 (해륙) 바다와 육지
海拔 (해발) 해면을 기준으로 한 육지와 산 높이

中 바다 해 カイ(うみ)

7급 **물**이 **매양**(늘) 흘러가는 곳이 **바다**다.

사람이 섰는 모양. **(사람인)**

侮

丿 亻 仁 佑 侮 侮

侮辱 (모욕) 깔보아 욕되게 함
侮蔑 (모멸) 멸시하고 낮봄

☐ 업신여길 모 ブ;(あなどる)

2급 **사람**이 **매양** 초라하니 **업신여기다**.

나무의 모양. (**나무목**)

梅

木 朩 栴 梅 梅

梅實 (매실) 매화 나무의 열매
梅毒 (매독) 성병의 한 종류

□ 매화 매　バイ(うめ)

3급II　**나무**중에 **매양**(늘) 사군자로 칭송되는 것이 **매화**다

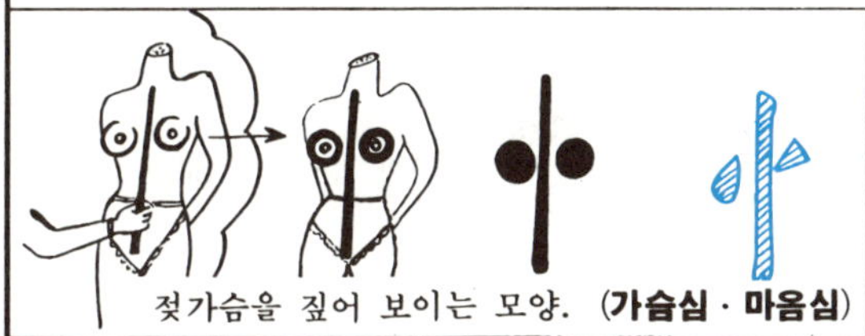

젖가슴을 짚어 보이는 모양. (**가슴심 · 마음심**)

悔

忄 忄 忙 恠 悔 悔

悔悟 (회오) 잘못을 뉘우쳐 깨달음
悔心 (회심) 뉘우치는 마음

□ 뉘우칠 회　カイ(くやむ)

3급II　**마음**으로 **매양**(늘) **뉘우치다**

못을 집게로 잡고 두들기는 모양 (**칠복**. **두들길복**)

敏

𠂉 㐄 每 敏 敏 敏

敏感 (민감) 감각이 예민함
敏腕 (민완) 민첩한 수완

□ 민첩할 민　ビン

3급　**매양**(늘) **두들겨** 맞고 자란 자는 동작이 **민첩하**다

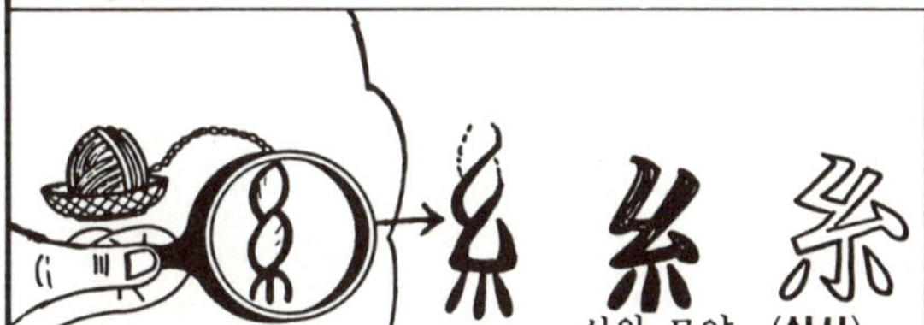

실의 모양. (**실사**)

繁

𠂉 㐄 每 敏 繁 繁

繁榮 (번영) 일이 잘 되어 영화로움
繁昌 (번창) 나라나 집안이 번영함

□ 번성할 번 / 많을 번　ハン(しげる)

3급II　(매사에) **민첩하**고 **실** 같이 꾸준하면 일마다 **번성한**다

上

丨 卜 上

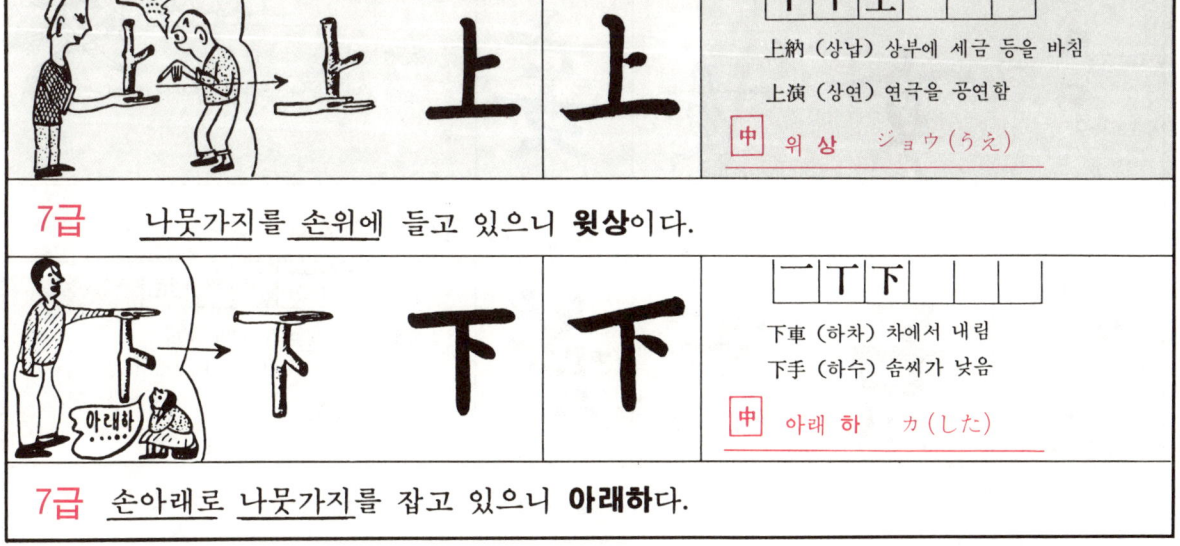

上納 (상납) 상부에 세금 등을 바침
上演 (상연) 연극을 공연함

中 위 상　ジョウ(うえ)

7급　나뭇가지를 손위에 들고 있으니 **윗상**이다.

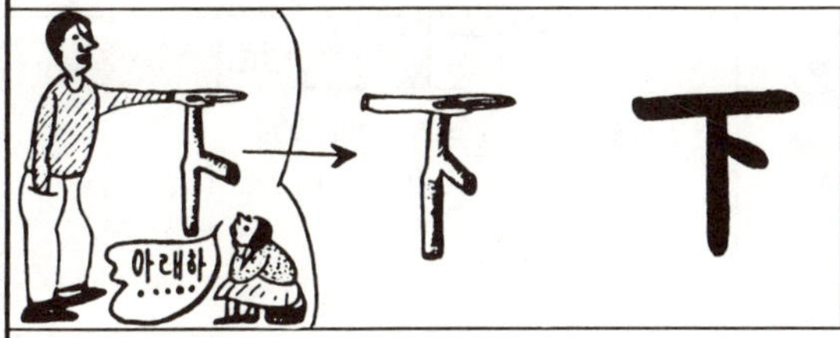

下

一 丅 下

下車 (하차) 차에서 내림
下手 (하수) 솜씨가 낮음

中 아래 하　カ(した)

7급　손아래로 나뭇가지를 잡고 있으니 **아래하**다.

亡

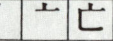

亡失 (망실) 없어짐
亡子 (망자) 죽은 자식

中 망할 망, 잃을 망　ボウ(ない)

칼을 쓰고 옥에 갇히니 모든 걸 다 **잃어버리고 망한**거다.　5급

젖가슴의 모양. (**가슴심 · 마음심**)

忘

忘失 (망실) 잊어버림
忘我 (망아) (1)자기 자신을 잊음
(2)어떤 일에 열중함

中 잊을 망　ボウ(わすれる)

3급　(지난 일을) **잃어버린** 상태가된 **마음**이 곧 **잊은** 것이다.

반달의 모양 (**달월**)
임금의 모양 (**임금왕**)

望

望月 (망월) 보름달
望鄕 (망향) 고향을 그리워 함

中 바랄 망, 보름달 망　ボウ(のぞむ)

(나라를) **잃고** **달**밤에 **왕**이 **보름달**을 하염없이 **바라보다.**

눈의 모양. (**눈목**)

盲

盲人 (맹인) 장님
盲從 (맹종) 옳고 그름을 가리지 않고 덮어 놓고 남을 따름

소경 맹　モウ(めくら)

3급II　(제기능을) **잃어버린** **눈**을 가진 자가 **소경**이다

무용하는 여자의 모양. (**계집녀**)

妄

妄動 (망동) 경솔한 행동
妄悖 (망패) 허망하고 상리에 벗어남

망령될 망　モウ(みだり)

3급II　(정신을) **잃어버린** **여자**가 **망령되**게 굴다.

(**내천 냇물천**)

풀의 모양 (**풀초**)

荒

荒野 (황야) 아득히 먼 모양
荒忽 (황홀) 정신이 흐리멍덩한 모양

거칠 황
황폐할 황　コウ(あらい)

3급　(풀이난 대 평원이) **풀**을 **잃어버릴** 정도로 **물**이(땅을) 할퀴고가 **거칠**다

亢

'	亠	亣	亢

※ 뜻만 기억할 것.

□ 높을 **항**

2급 — 모자를 목덜미 위에 **높게** 올려쓴 모양

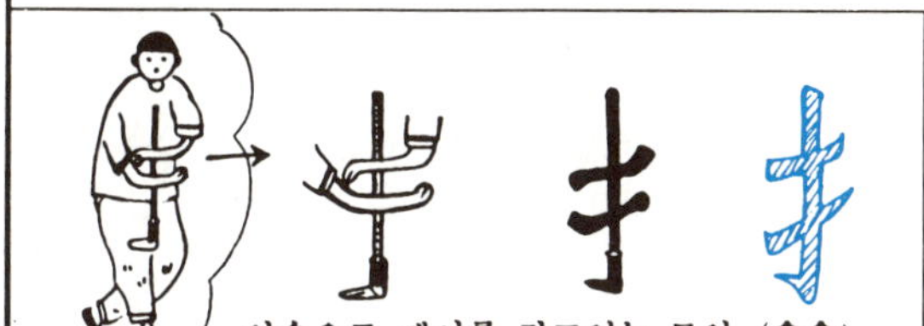

양손으로 괭이를 잡고있는 모양 (**손수**)

抗

一	扌	扌'	扌亠	扩	抗

抗拒 (항거) 항변하며 거절함
抗力 (항력) 저항하는 힘

□ 겨룰 **항**　　コウ

4급 — **손**을 **높게** 올려 **막다**

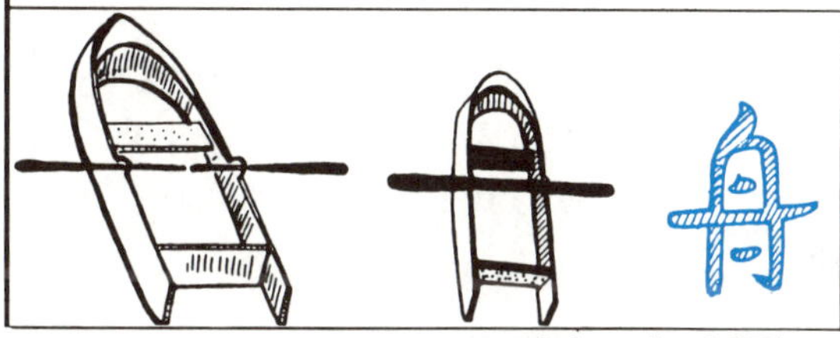

배의 모양. (**배주**)

航

'	𠂆	月	舟	舟亠	航

航空 (항공) 비행기로 공중을 날음
航運 (항운) 배로 짐을 실어 나름

□ 배 **항**
건널 **항**　　コウ

4급II — **배**에 돛을 **높게** 달고(물길을) **건너**가다.

首

丶	丷	䒑	𫝀	䒑自	首

首席 (수석) 맨 윗 자리
首勳 (수훈) 첫째 가는 큰 공훈

中 머리 **수**　　シュ(くび)

5급 — 깃을 단 모자를 쓰고 마스크를 한 **머리**의 모양을 본뜬 자.

캥거루우가 달려가는 모양. (**갈착. 달릴착**)

道

丷	䒑	𫝀	䒑自	首	道

道德 (도덕) 행실의 표준
道具 (도구) 연장

中 길 **도**　　ドウ(みち)

7급 — **머리**를 써서 **달려가기** 좋게 만들어 놓은 것이 **길**이다

물건을 쥐려고 손 마디를 굽히는 모양. (**손촌 · 마디촌**)

導

丷	䒑	首	道	導	導

先導 (선도) 앞에 서서 인도(引導) 함
指導 (지도) 가리키어 이끎

□ 가르칠 **도**
인도할 **도**　　ドウ(みちびく)

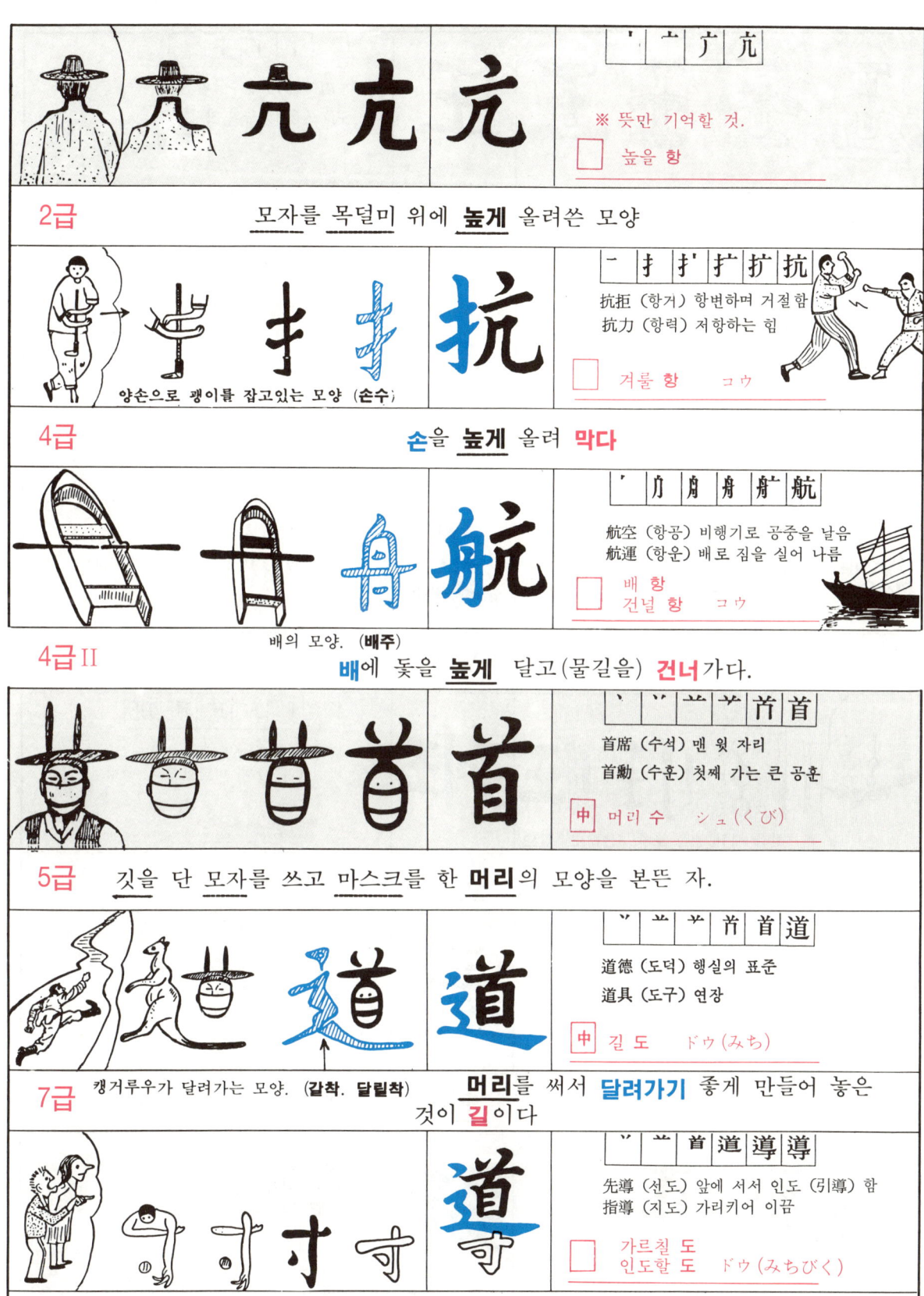

4급II — **길**을 **손**으로 **인도하**다

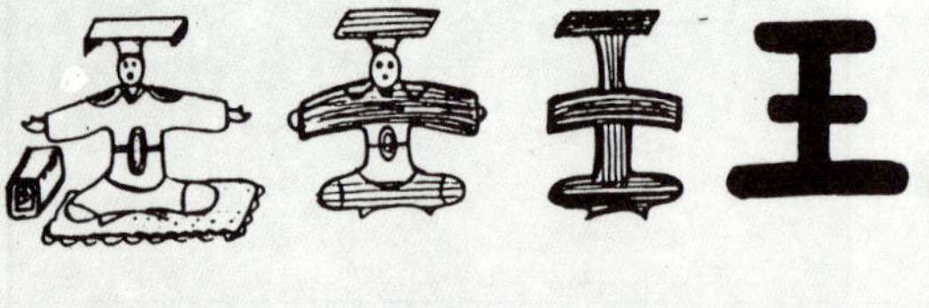

王

一 丅 干 王

王國 (왕국) 군주국의 속칭
王位 (왕위) 왕의 자리

中 임금 왕 オウ(きみ)

8급 **임금**이 앉아 있는 모양을 본뜬 자.

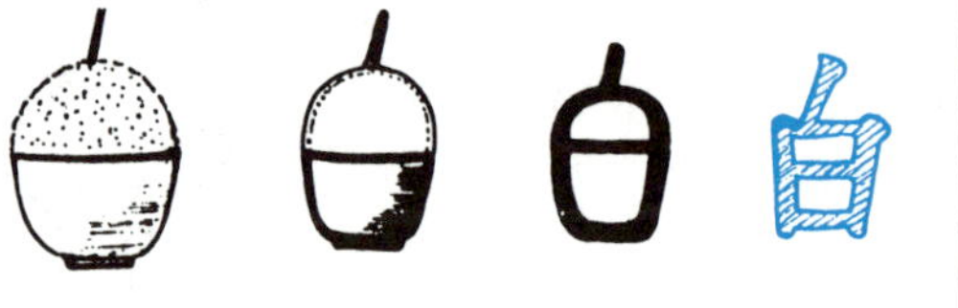

흰밥이 담긴 사발의 모양(**흰백**)

皇

丶 丨 白 自 皁 皇

皇命 (황명) 황제가 내리는 명령
皇天 (황천) (1)하늘의 경칭 (2)하느님

中 천자 황, 황제 황 コウ

3급II (밥같이) **흰** 백금관을 쓴 **임금**이 **황제**(천자)다.

玉

一 丅 干 王 玉

玉堂 (옥당) 아름다운 집
玉石 (옥석) (1)옥과 돌 (2)좋음과 나쁨

中 구슬 옥 ギョク(たま)

4급II **임금**이 허리에 **차고 있는** 것이 **구슬**이다. 딴자와 합하여 쓰일때에는 점(·)을 떼고 쓰임.

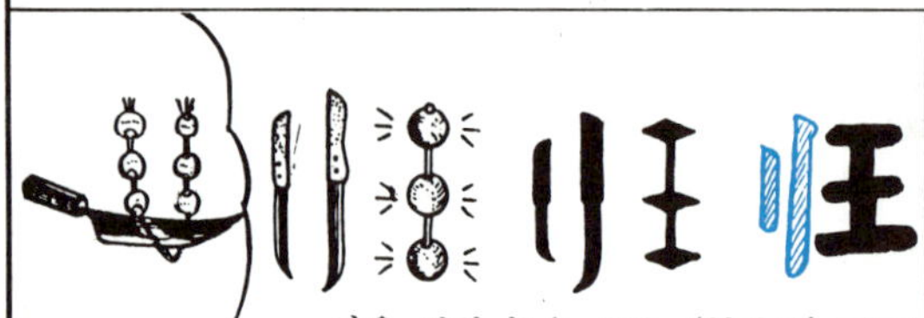

칼을 새워 놓은 모양. (**선칼도: 칼도**)

班

一 丅 王 玎 玡 班

班常 (반상) 양반과 상사람
班白 (반백) 흰 머리털이 많이 섞임

나눌 반 ハン

6급 **구슬**을 **칼**로 쪼개어 **나누다**

弄

一 丅 王 王 弄 弄

弄具 (농구) 노리개. 완구
弄瓦 (농와) 딸을 낳음

희롱할 롱 ロウ(もてあそぶ)

3급II 두 손으로 들고 있는 모양. (**들공. 받쳐들공**) **구슬**을 두 손에 **받쳐들**고 **희롱하다**

돼지의 발을 얽어놓은 모양(**발얽은 돼지축**)

琢

丅 王 玎 玎 琢 琢

琢木 (탁목) 비파의 비곡(秘曲)의 한가지
琢器 (탁기) 쪼아서 고르게 만든 그릇

쫄 탁
옥다듬을 탁 タク

3급 **구슬**을 **발묶인 돼지**가 버둥대듯 탁탁 **쪼아**서 **옥을 다듬다**

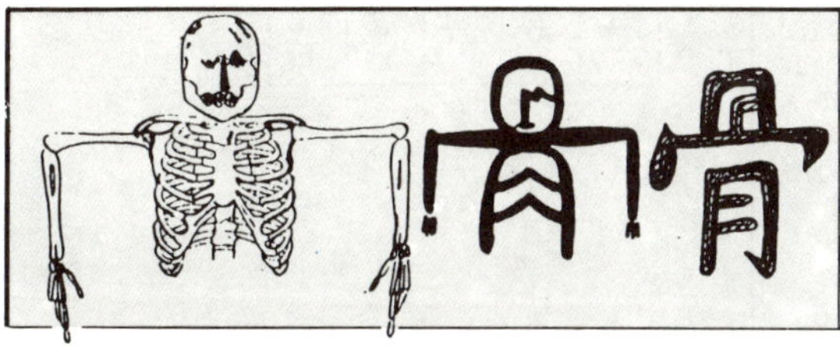

骨

丨 冂 冎 咼 骨 骨

骨格 (골격) 뼈대

骨品 (골품) 신라 때 있었던 혈통상의 계급적 등급

中 뼈 골 コツ(ほね)

4급 **뼈**를 그린 모양.

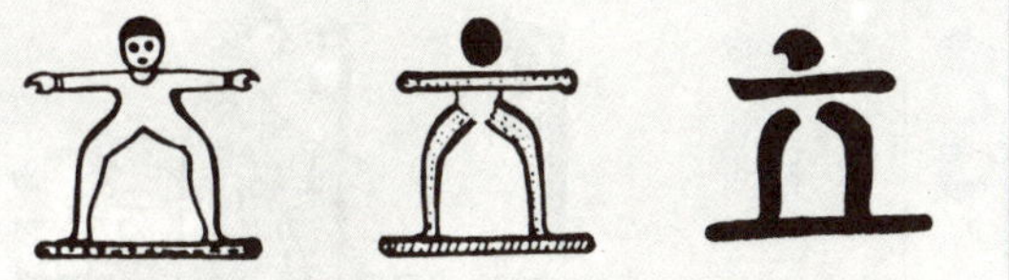

立

丶 亠 亣 立 立

立法 (입법) 법률을 만들음

立會 (입회) 현장에 나가서 참석함

中 설 립 リツ(たつ)

7급 사람이 **서** 있는 모양.

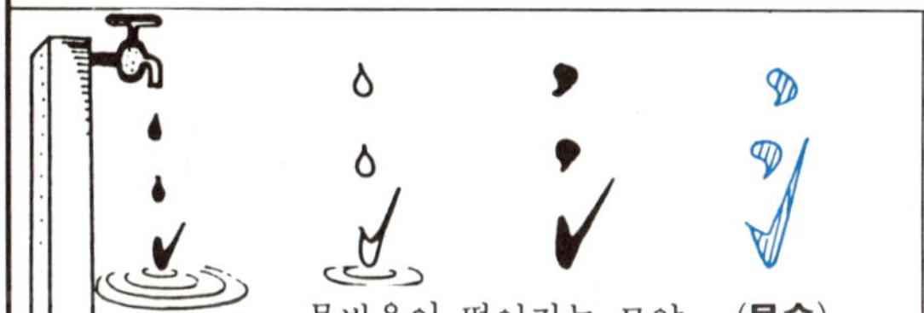

물방울이 떨어지는 모양. (**물수**)

泣

丶 冫 氵 汴 泣 泣

泣請 (읍청) 울면서 청함

泣顔 (읍안) 우는 얼굴

中 울 읍 キュウ(なく)

3급 **물방울**같은 걸 떨어뜨리며 **서**서 **울다**.

사람이 섰는 모양. (**사람인**)

位

丿 亻 亻 仁 位 位

位望 (위망) 지위가 좋은 평판

位次 (위차) 벼슬의 순서

中 벼슬 위 イ(くらい)

5급 (임금앞에서 조회할 때)**사람**들이 **서** 있는 자리가 **벼슬** 등급이다.

妾

亠 产 妾 妾 妾

妾子 (첩자) 서자

妾婦 (첩부) 첩

첩 첩 ショウ(めかけ)

3급 (늘 남편곁에) 서서 아양떠는 여자가 **첩**이다.

양손으로 괭이를 잡고 있는 모양. (**손수**)

接

一 扌 扩 抷 接 接

接近 (접근) 서로 바싹 다붙음

接受 (접수) 서류를 받아 들이는 일

中 접속할 접, 접할 접 セツ(つぐ)

4급II **손**으로 **첩**을 안아 자기몸에 **접하다**.

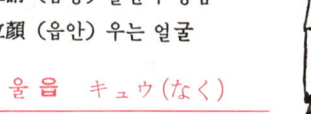

音

亠	立	立	音	音

※ 뜻만 기억할 것

☐ 가를 부

서서 입으로 다투며 **갈라진다**는 뜻

部隊 (부대) 한 부분의 군대
部門 (부문) 구별한 부류
部類 (부류) 구별한 종류

中 거느릴 **부**, 마을 **부** ブ

部

지팡이의 모양. (**고을읍 마을읍**)

6급 (나라의 행정구역을) **갈라**서 **마을** 단위로 하여 **거느리다.**

칼을 새워 놓은 모양. (**선칼도: 칼도**)

剖

亠	立	立	音	咅	剖

剖折 (부절) 쪼개어 나눔
解剖 (해부) 생물의 몸을 쪼개어 내부를 조사함

☐ 쪼갤 **부**, 가를 **부** フ(わる)

갈라지게 칼로 **쪼개다.**

사람이 섰는 모양. (**사람인**)

倍

亻	亻	亻	亻	倍	倍

倍數 (배수) 갑절이 되는 수
倍額 (배액) 갑절의 금액

☐ 곱 배
갑절 배 バイ

5급 (한무리의) **사람**들이 두패로 **갈라**져 무리수가 **갑절(곱)**이되다

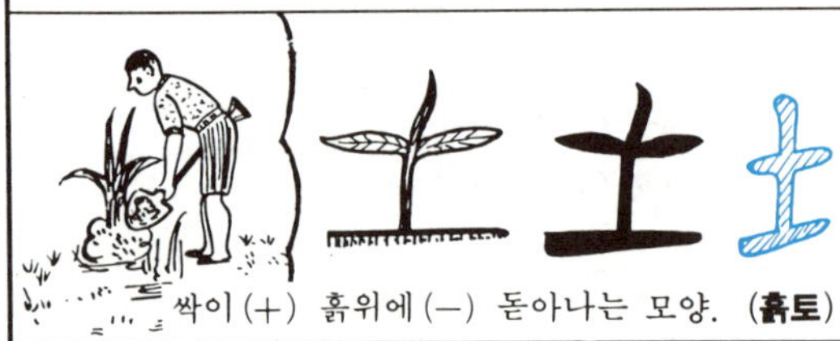

싹이(+) 흙위에(—) 돋아나는 모양. (**흙토**)

培

一	土	圹	圹	垃	培

培養 (배양) ① 식물을 북돋아 기름
② 인재를 길러냄
培根 (배근) 뿌리를 북돋아 줌

☐ 북돋울 배 バイ(つちかう)

3급II **흙**을 파고 **갈라 북돋우다**

돈이 든 자개장의 모양. (**자개패 · 돈패 · 조개패**)

賠

目	貝	貝	貝	貝	賠

賠款 (배관) 손해를 무는 약속의 조목
賠償 (배상) 남에게 끼친 손해를 갚아줌

☐ 물어줄 배 バイ(つぐなう)

2급 (가지고 있던) **돈**을 **갈라**서 **물어주다**

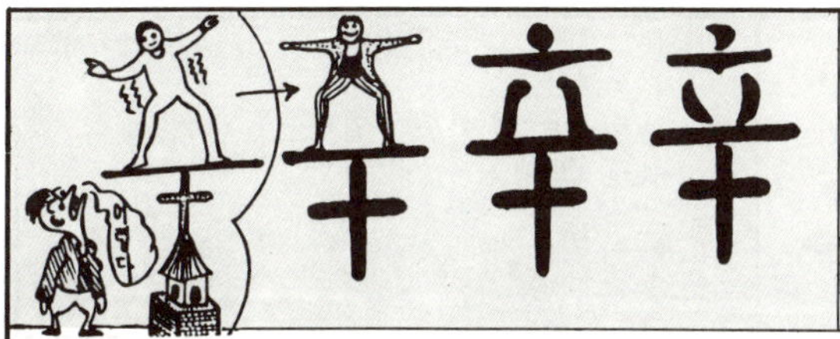

辛

丶 亠 亣 立 立 辛

辛勤 (신근) 심히 애써서 근로함
辛味 (신미) 매운 맛

中 메울 신, 어려울 신 シン(からい)

정의의 편에 서서 십자가 정신으로 살기란 **어려운** 일이다. 3급

칼을 새워 놓은 모양. (**선칼도: 칼도**)

辨

辨理 (변리) 판별하여 처리함
辨說 (변설) 일의 잘못을 가려 말함

분별할 변, 나눌 변 ベン(わきまえる)

3급 **어렵고 어려운** 사건을 **칼**로 **나누듯 분별하다.**

辭

약속 辞

辭免 (사면) 직임을 내놓고 물러남
辭讓 (사양) 겸손하여 양보함

말씀 사 ジ(ことば)

4급 **손톱**으로 **반지**의 **보석알**을 **집어내**기란 **어려운**일이라고 **말씀**드리다.

수염을 들먹이며 입으로 말하는 모양. (**말씀언**)

辯

辯論 (변론) 변명하여 논함
辯明 (변명) 죄가 없음을 밝힘

말잘할 변
따질 변 ベン

4급 **어렵**고 **어려**운 사건을 **말**로 **따지**다

캥거루우가 달려가는 모양 (**갈착. 달릴착**)

避

避難 (피난) 재난을 피함
避廻 (피회) 몸을 피하여 만나지 않음

中 피할 피
숨을 피 ヒ(さける)

4급 **집의 창문**으로 **어렵게 달려나**와 **피하다**

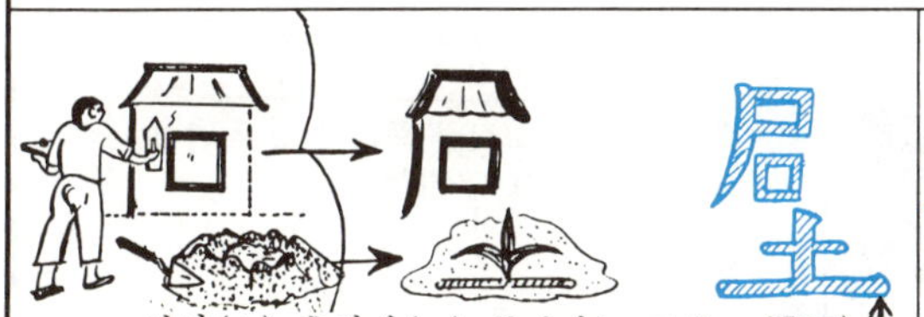

싹이(+) 흙위에(ㅡ) 돋아나는 모양. (**흙토**)

壁

壁紙 (벽지) 벽을 도배하는 종이
壁畫 (벽화) 벽에 그린 그림

바람벽 벽 ヘキ(かべ)

4급II **집의 창문** 주위를 **어렵게 흙**으로 바른 것이 **벽**이다

並

丷	䒑	並	並

並稱 (병칭) 아울러 일컬음
並行 (병행) 아울러 행함

□ 아우를 병
나란히설 병　ヘイ (ならべる)

3급

둘이 함께 **나란히 서** 있는 모양을 본뜬 자

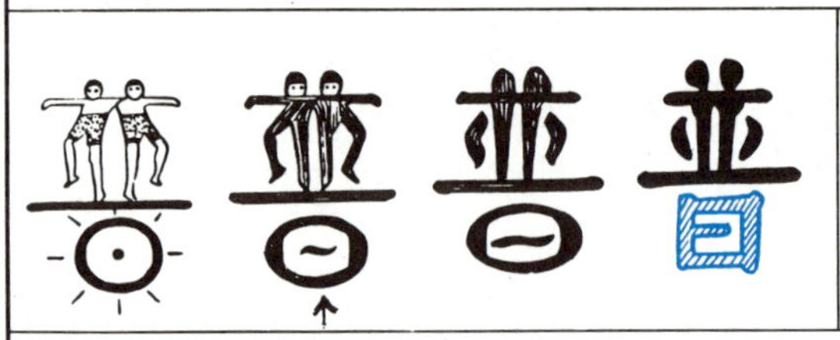

해(날)의 모양 (**해일. 날일**)

普

䒑	並	並	普	普

普選 (보선) 보통 선거
普世 (보세) 온 세상

□ 넓을 보　フ (あまねく)

4급

나란히 퍼진 **햇살**이
넓게빛히다

수염을 들먹이며 입으로 말하는 모양. (**말씀언**)

譜

亠	言	言	言	譜	譜

譜學 (보학) 족보 계통에 관한 학문
音譜 (음보) 음악의 고저 장단을 기록한 악보

□ 족보 보
적을 보　フ

3급

말을 **넓게 적어** 놓은게 **족보**(문서)다

音

亠	亠	立	产	音	音

音律 (음률) 소리, 음악의 가락
音聲 (음성) 목소리

中 소리 음　イン (おと)

6급

서서 입을 여니 **소리**가 난다.

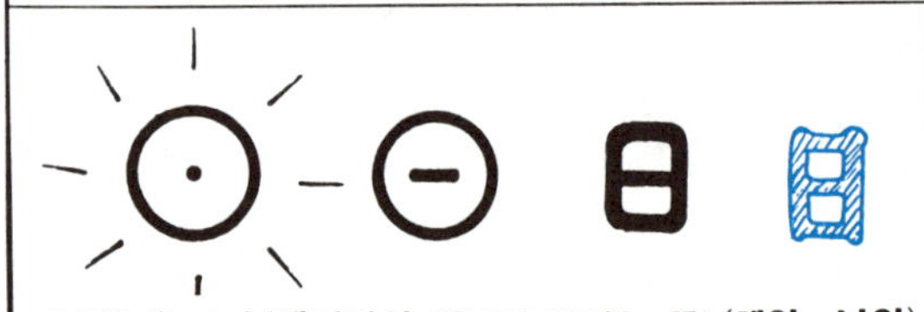

해(날)의 모양(**해가떠서 새날이 온다는 뜻**)(**해일. 날일**)

暗

丨	日	日	日	暗	暗

暗誦 (암송) 책을 보지 않고 글을 외움
暗黑 (암흑) 아주 캄캄함

中 어두울 암　アン (くらい)

4급II

해가지니 **소리**로(사람을) 분간하리 만큼 **어둡다.**

돈이 든 자개장의 모양. (**자개패 · 돈패 · 조개패**)

韻

亠	立	音	音	韻	韻

韻致 (운치) 고아한 품위가 있는 기상
韻響 (운향) ① 울리는 소리
② 시의 신비스러운 흥취

□ 운 운
운치 운　イン

3급II

소리치며 **입**으로 **돈**을 세는 목소리가
운치가 있다

章

亠	亠	立	产	音	章

章程 (장정) 규칙. 법률
肩章 (견장) 제복 어깨에 붙여서 계급 따위를 나타내는 표지

中 문채 장 / 글 장 ショウ(あや)

서서 **입**으로 한 말을 **열개**(여러 개) 모아쓴 게 **글**이라는 뜻 6급

지팡이의 모양. ※ (**글자 왼쪽에 붙을시**) (**언덕부**)

障

阝	阝	阝亠	阝立	陪	障

障惱 (장뇌) 고민. 고뇌
障壁 (장벽) 서로 격한 벽

막을 장 ショウ(さわる)

4급II

언덕에다 **글**을 써 붙이고 길을 **막다**

머리털(터럭)의 모양. (**터럭삼**)

彰

立	产	音	章	彰

彰善 (창선) 남의 착한 행실을 드러냄
彰顯 (창현) 널리 알려서 나타냄

밝을 창 / 드러낼 창 ショウ(あきらか)

2급

글을 **머리결**같이 휘갈겨써서 실력을 **밝**게 **드러내다**

竟

亠	亠	立	产	音	竟

竟夕 (경석) 밤 새도록. 하룻밤 동안
竟夜 (경야) 밤 새도록

마칠 경 / 끝 경 キョウ(おわる)

서서 **입**으로 노래하던 **사람**이 노래를 **끝 마친**다는 뜻 3급

싹이(+) 흙위에(—) 돋아나는 모양. (**흙토**)

境

土	圹	垃	培	墇	境

境內 (경내) 구역 안
境遇 (경우) 환경. 일신상의 처지

지경 경 / 경계 경 キョウ(さかい)

4급II

(나라의) **땅** **끝**이 **경계**다

쇠를 다루는 대장간의 모양. (**쇠금**)

鏡

人	스	金	鉈	鐠	鏡

鏡臺 (경대) 화장대의 한 가지
鏡面 (경면) 거울의 비치는 면

거울 경 / 비출 경 キョウ(かがみ)

4급

금속의 표면 **끝**에 얼굴을 **비추어** 보도록 만든게 **거울**이다

意

一	亠	立	音	意	意

意思 (의사) 마음먹은 생각
意慾 (의욕) 하고자 하는 열떤 마음

中 뜻 의 イ

서서 입을 열고 마음 먹은 바를 나타내는 게 뜻이다. 6급

사람이 섰는 모양. (**사람인**)

億

亻	亻亠	亻立	倍	億	億

億萬 (억만) 아주 많은 수효
億兆 (억조) 많은 수

中 억 억 オク

5급 **사람**의 **뜻**은 수 **억**가지다.

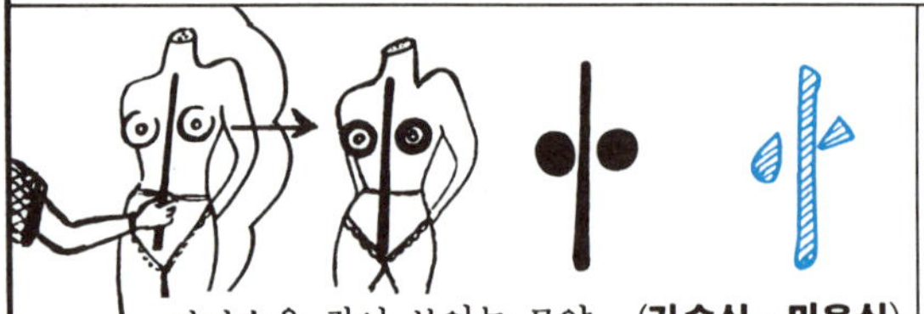

젖가슴을 짚어 보이는 모양. (**가슴심 · 마음심**)

憶

丷	忄	忄亠	忄立	憶	憶

憶起 (억기) 지난 일을 생각해 냄
憶念 (억념) 잊지 않고 생각해 냄

中 기억할 억 オワ(おもふ)

3급II **마음** 먹은 바 **뜻**을 늘 **기억하다.**

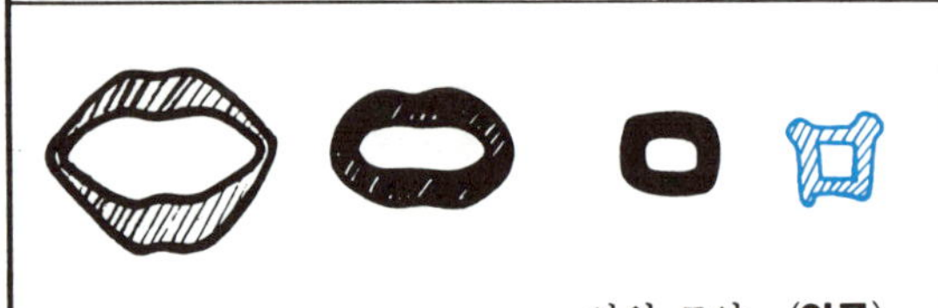

입의 모양. (**입구**)

噫

口	口亠	口立	噫	噫	噫

噫氣 (애기) ① 내뿜는 입김 ② 트림
噫欠 (애흠) 트림과 하품

□ 슬플 회 트림할 애
탄식할 회 イ(ああ)

3급 **입**으로 **뜻**대로 되지 않아 **탄식하**다

戠

亠	立	立	音	戠

※ 뜻만 기억할 것.

□ 소리와 창의 뜻으로 쓰임

소리음자와 **창**과 자를 합하여 놓은자. **소리**와 **창**의 뜻을 지님

수염을 들먹이며 입으로 말하는 모양. (**말씀언**)

識

一	言	言	諳	諳	識

識者 (식자) 식견이 많은 사람
標識 (표지) 사물을 표하기 위한 기록

中 알 식(지) シキ

5급 **말**할때마다 **소리**를 **창칼**같이 날카롭게 질러 뜻을 **알리다.**

실의 모양. (**실사**)

織

幺	糸	紟	緧	織

織造 (직조) 피륙같은 것을 기계로 짜는 것

☐ 짤 직 シキ(おる)

4급

실잣는 베틀 **소리**를 **창칼**이 부딪치듯 철꺽철꺽 내며 베를 **짜**다

귀의 모양 (**귀이**)

職

耳	耳	聍	聕	職

職位 (직위) 직책상의 지위

職分 (직분) 마땅히 해야 할 본분

☐ 벼슬 직 · 맡을 직 일 직 ショク

※ (옛날에는 후세에 전하기 위하여 들은바 소리를 창칼로 새겨두는 벼슬직이 있었음)

귀로 들은바 **소리**를 **창칼**로 새기는 **일**(**벼슬**)을 **맡다** 4급II

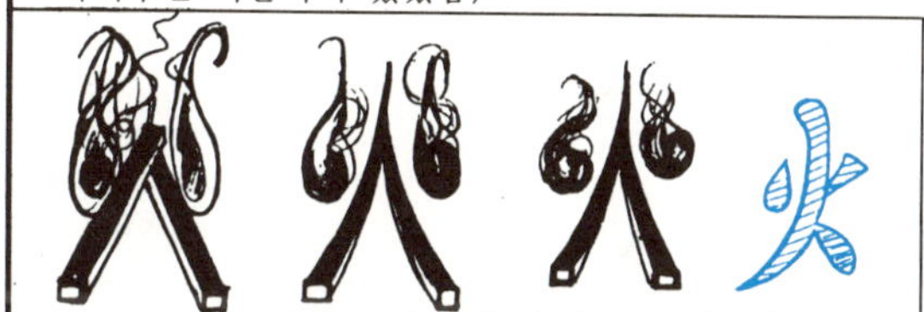

장작에 불이 붙어 타는 모양. (**불화**)

熾

丶	丷	火	炸	熇	熾

熾盛 (치성) 불길같이 성하게 일어남

熾熱 (치열) 매우 뜨거움

☐ 불활활붙을 치 シ(さかん)

불타는 **소리**가 **창칼**에서 불똥이 튀듯(탁탁거리며) **활활타**다

走

一	十	土	丰	千	走

走馬燈 (주마등) (1)등의 한 가지 (2)사물이 덧없이 빨리 변하여 돌아감의 비유

中 달아날 주 ソウ(はしる)

4급II

사람이 **달아나는** 모양.

팔을 흔들며 총총 걸어가는 모양. (**갈척. 바삐갈척**)

徒

ノ	彳	彳+	往	徍	徒

徒步 (도보) 걸어서 감

徒死 (도사) 무익한 죽음, 개죽음

中 무리 도, 걸어다닐 도 ド(いたずら)

4급

바쁜 걸음으로 **달아나듯** 많은 **무리가 거닐다.**

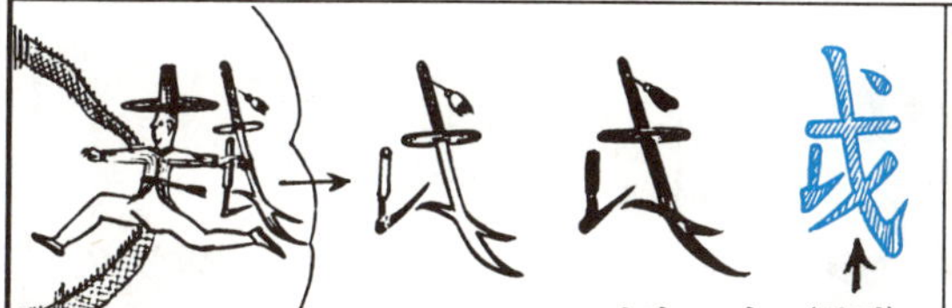

창의 모양. (**창과**)

越

一	十	土	走	赱	越

越權 (월권) 자기 권한밖의 일을 함

越川 (월천) 내를 건넘

☐ 넘을 월 뛰어날 월 エツ(こえる)

3급II

갈구리와 **창**을 들고 **달려가**서 **뛰어넘다**

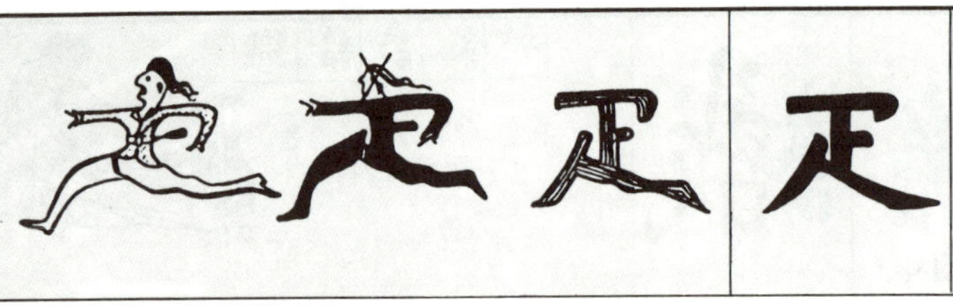

疋

발 소, 손발 소

발(또는 손발)의 모양.

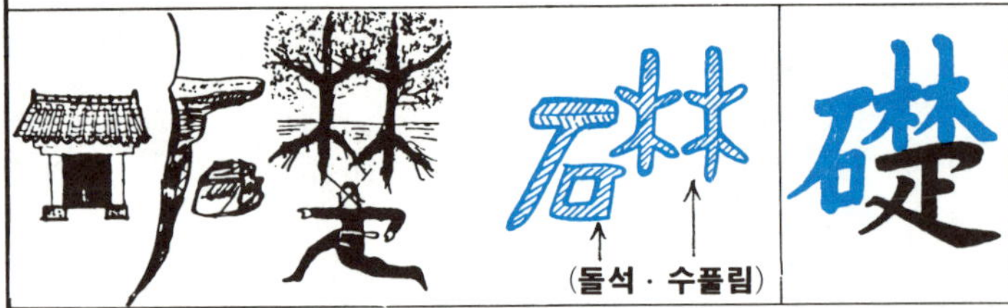

礎

礎石 (초석) 주춧돌
礎材 (초재) 토대의 재료로 쓰이는 돌과 나무 따위

주춧돌 초　ソ(いずえ)

3급II　**돌**로 **나무**(숲)기둥의 **발**노릇을 하는 것이 **주춧돌**이다

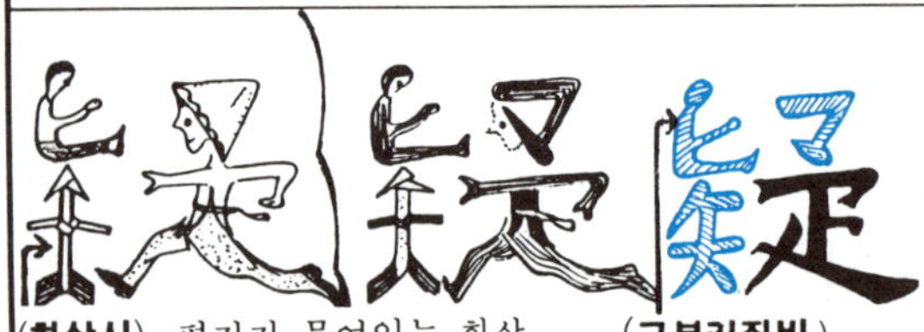

疑

疑症 (의증) 의심을 잘하는 성질
疑似 (의사) 비슷해 가려내기 어려움

의심 의　ギ(うたがう)

4급　**거꾸러**지게 **화살**을 퍼붓는 속을 **보자기**를 쓰고 맨**발**로 달린다니 **의심**스럽다

定

定規 (정규) 정해진 규칙
定義 (정의) 어떤 사물의 개념의 범위를 명백히 설명함

中 정할 정
고정시킬 정 テイ(さだめる)

6급　**집**에 **발**(즉기둥)을 **고정시키**다

從

從業 (종업) 업무에 종사함
從今 (종금) 이제로부터

中 좇을 종　ジュウ(したがう)

(갈척. 바쁜갈척) 팔을 흔들며 총총 걸어가는 모양.

4급　**바쁜 걸음**으로 **두 사람이 발**로 **좇다**

縱

縱横 (종횡) 세로와 가로
縱線 (종선) 세로로 그은 줄

세로 종　ジュウ(たて)

3급II　**실**이(꼬리에 꼬리를 물고) 앞실을 **좇아** 늘어져 있는 상태가 **세로**다

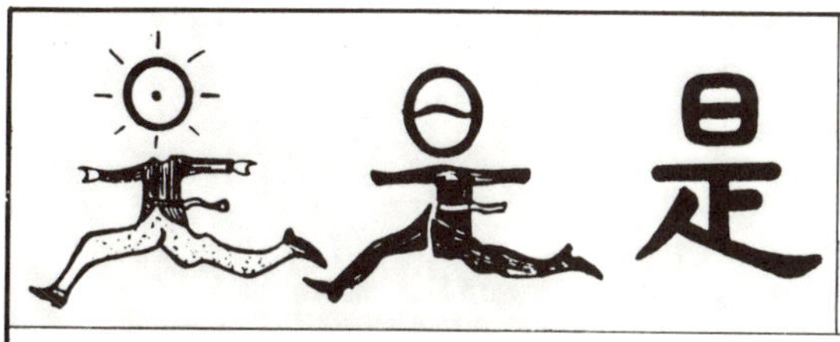

是

丨	冂	日	早	昇	是

是認 (시인) 옳다고 인정함
是正 (시정) 잘못된 것을 고침

中 이 시, 바를 시, 옳을 시 ゼ(この)

4급II 해의 손발(즉 햇볕) 같이 **바르게** 나간다.

모자를 쓰고 입마개를 한 머리의 모양. (**머리혈**)

題

丨	日	是	是̄	題	題

題材 (제재) 제목과 재료
題詞 (제사) 책머리에 적는 글

中 제목 제 ダイ

6급 (글의 첫) **머리**에 **바르게** 내놓은 것이 **제목**이다.

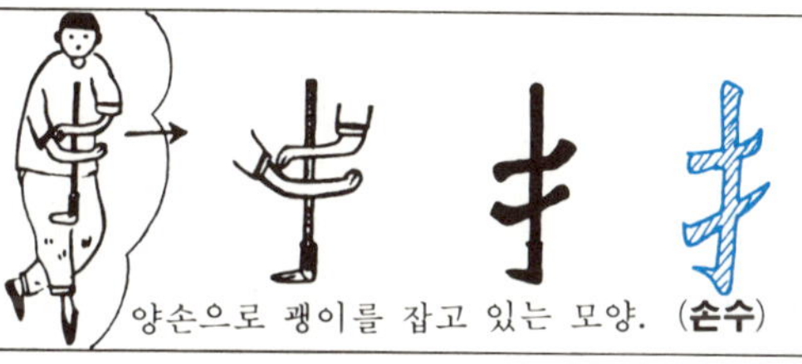

양손으로 괭이를 잡고 있는 모양. (**손수**)

提

一	扌	扫	担	捍	提

提供 (제공) ① 제출함 ② 공급함
提示 (제시) 어떤 안건이나 의사를 드러내어 보임

□ 끌을 제, 들 제 テイ(さげる)

4급II **손**으로 **바르**게 **들다**

싹이(+) 흙위에(—) 돋아나는 모양. (**흙토**)

堤

𠀋	坦	垾	垾	堤	堤

堤防 (제방) 둑. 방죽
防波堤 (방파제) 거센 파도를 막기 위하여 항만에 쌓은 둑

□ 막을 제, 둑 제 テイ(つつみ)

3급 **흙**을 **바르**게 쌓아 **둑**을 **막다**

寒

宀	宀	宑	寉	寒	寒

寒冷 (한랭) 춥고 참
寒心 (한심) 기가 막힘

中 찰 한 カン(さむい)

집안이 **거적**을 두른 **사람** 밑에도 **얼음**이 얼 만큼 **차**다. 5급

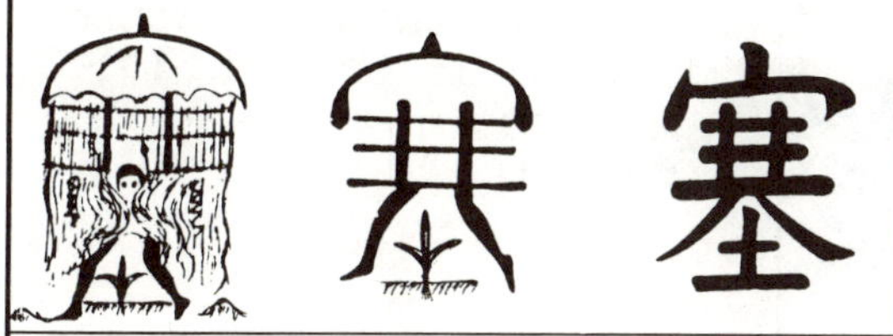

塞

'	宀	宑	寉	寒	塞

塞淵 (새연) 사려가 깊고 착실한 모양
塞翁之馬 (새옹지마) 인생에 있어 길흉화복은 변화가 많다는 것을 비유하는 말

□ 변방 새, 요새 새 サイ(ふさぐ)

집(초소막)에 **거적**을 치고 **사람**이 **땅**을 지키는 곳이 **변방**(**요새**)이다 3급

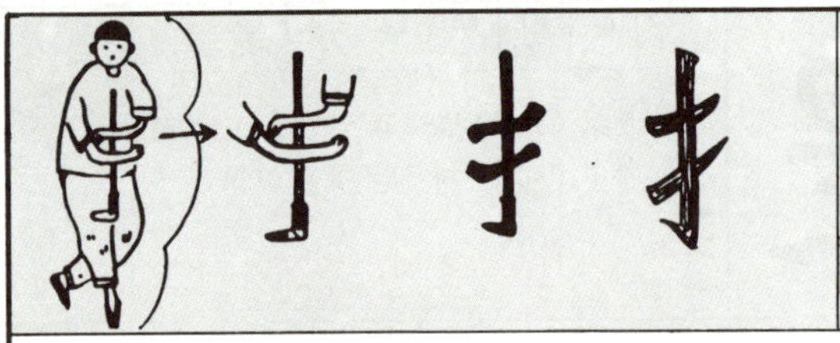

扌

一 | 十 | 扌

※뜻만 기억할 것.

□ 손 수

손으로 괭이를 안고 있는 모양 손을 뜻함.

나무의 모양. (**나무목**)

探

一 | 扌 | 扩 | 护 | 挕 | 探

探聞 (탐문) 수소문하여 물음

探求 (탐구) 더듬어 연구함

中 찾을 **탐**, 더듬을 **탐** タン(さぐる)

4급

손으로 **천막을 받칠 나무**를 **찾다**.

(**두들길수, 칠수**) 고리를 만들려고 집게로 잡고서 두들겨 치는 모양

投

一 | 扌 | 扌 | 扌几 | 投 | 投

投機 (투기) 요행을 바라는 행위

投降 (투항) 적에게 항복함

中 던질 **투** トウ(なげる)

4급

손으로 **두들겨** 부수려고 **던지다**.

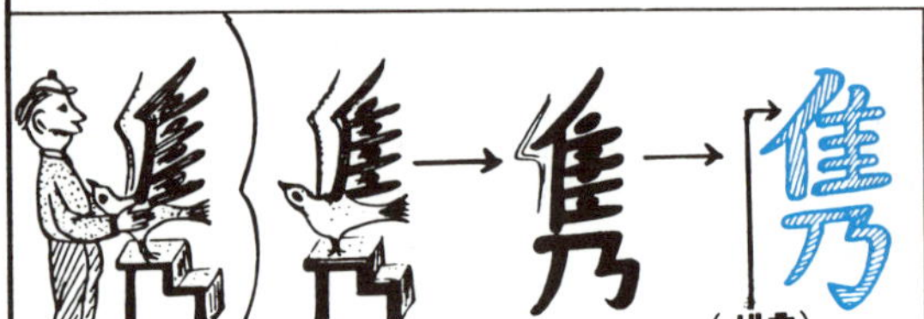

(**새추**)

携

一 | 扌 | 扌 | 推 | 推 | 携

携手 (휴수) 함께 감. 데리고 감

携抱 (휴포) 끌어 안음

□ 들 **휴** / 가질 **지** ケイ(たずさえる)

3급

손으로 **새**를 **층대**위에서 **들**다(가지다)

개목에 줄이 달려있는 모양 (**개달아날 발**)

拔

扌 | 扌 | 扌 | 抜 | 拔

拔本 (발본) 근원을 뽑음

拔出 (발출) 빼어남

□ **뺄 발** / 가릴 **발** バツ(ぬく)

3급

손에 잡은줄이 **개가 달아나**니 **빼어지**다

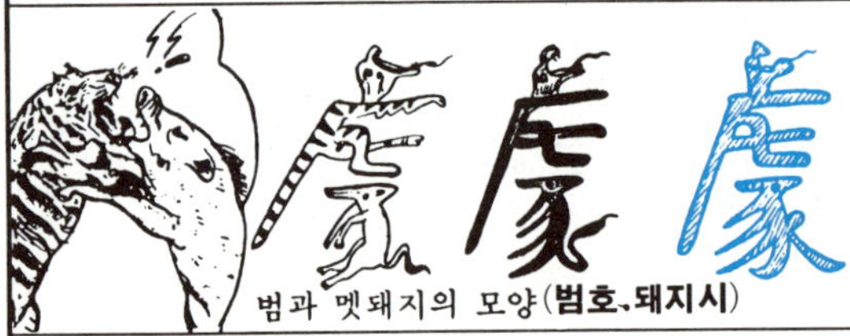

범과 멧돼지의 모양(**범호、돼지시**)

據

一 | 扌 | 扩 | 护 | 揚 | 據 | 속 拠

據點 (거점) 의거하여 지키는 곳

根據 (근거) 사물의 토대

□ 웅거할 **거**·짚을 **거** / 누를 **거** キョ(よる)

4급

(싸울때) **손**(앞발)으로 **호랑이**와 **산돼지**가 상대를 **짚**고 **눌**러 **웅거하려** 하다

(클환 · 엉덩이클환)

換

一	扌	扌'	扌''	扌''	換

換言 (환언) 바꾸어 말함
換形 (환형) 모양이 전과 달라짐

가릴 환
바꿀 환　　カン(かえる)

머리를 히프까지 느린 큰 아씨의 엉덩이가 크다는뜻

손으로 큰 것을 가리어 바꾸다　3급II

사람이 바위위에서서 확성기를
써서 말소리가 커지도록 보탠다는 뜻 (보탤담)

擔

一	扌	扌'	扌'	扌'	擔

擔保 (담보) 맡아서 보장함
擔當 (담당) 일을 맡아 함

멜 담　　タン(になう)　약 担

손으로 짐을 보태여(어깨에) 메다　4급II

돌 (바위)의 모양 (돌석)

拓

一	扌	扌	扌	扌	拓

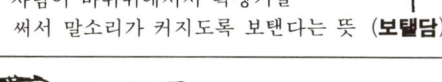

拓地 (척지) 토지를 개척함
拓本 (탁본) 금석에 새긴 글씨나 그림을 그대로 종이에 박아냄

밀칠 탁
넓힐 척　　タク(ひらく)

3급II

손으로 돌을 밀치어 내여(땅을) 넓히다.

十

一	十				

十惡 (십악) 사람의 열 가지 중죄
十寸 (십촌) 같은 5대의 자손

中 열 십　　ジュウ(とお)

8급　교차시킨 양팔의 손가락 수가 열개다.

수염을 들먹이며 입으로 말하는 모양. (말씀언)

計

一	二	三	言	言一	計

計算 (계산) 수량을 헤아림
計量 (계량) 분량을 계산함

中 셈할 계　　ケイ(はかる)

6급　말로 열까지 셈하다.

(물수 · 새추)

準

丶	氵	氵'	氵'	淮	準

標準 (표준) 알맞는 목표 또는 방식
準備 (준비) 미리 마련하여 갖춤

법 준 (모든자에게 평평한게 법이다)
평평할 준　　ジュン(なぞらえる)

4급II　물 새가 열십자 형으로 가로 세로로 줄지어 평평하게 날다

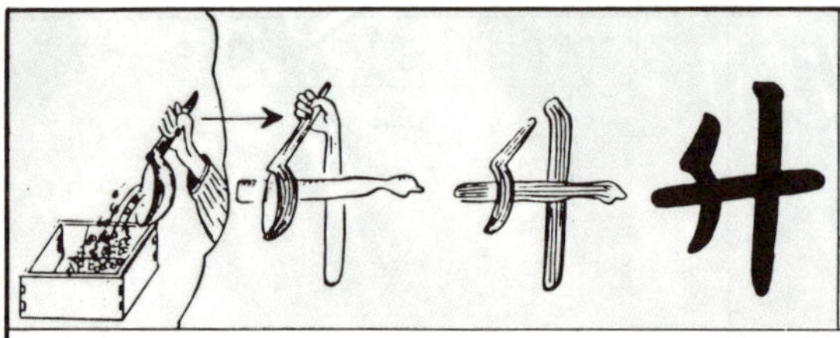

升

一	二	于	升		

升降 (승강) 오름과 내림
五升 (오승) 닷되

□ 되 승
올릴 승　　ショウ(ます)

3급

홉으로 **열** 번을 퍼**올린** 것이 한 **되**다

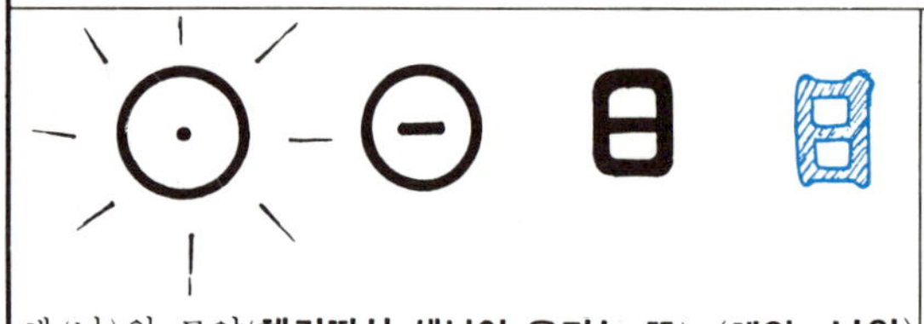

해(날)의 모양(**해가떠서 새날이 온다는 뜻**) (**해일. 날일**)

昇

丨	冂	日	旦	昇	昇

昇降 (승강) 오르고 내림
昇級 (승급) 등급이 오름

□ 오를 승
돋을 승　　ショウ(のぼる)

3급 II

해가 떠**올라**서 **돋다**

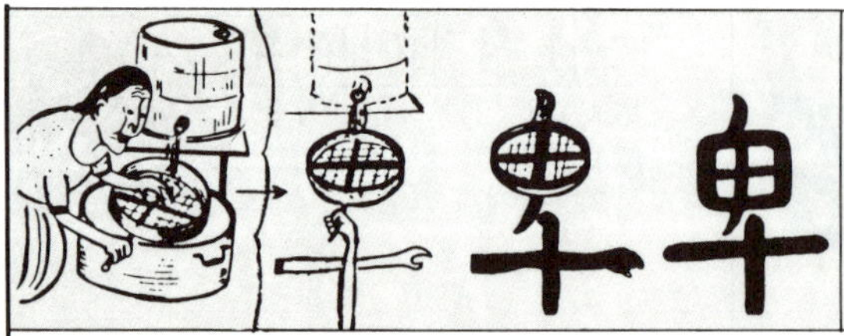

卑

′	白	白	甶	甶	卑

卑屈 (비굴) 용기가 없고 비겁함
卑俗 (비속) 천하고 속됨

□ 낮을 비　　ヒ(いやしい)

체를 손에 잡고 술을 거르는 자는 신분이 **낮은** 자다.　3급 II

여자의 모양. (**계집녀**)

婢

𡿨	女	婢	婢	婢	

婢夫 (비부) 여자 종의 남편
婢妾 (비첩) 종으로 첩이 된 계집

□ 계집종 비　ヒ(はしため)

3급 II

여자로 신분이 **낮은** 자가 **계집종**이다.

돌 (**바위**)의 모양 (**돌석**)

碑

一	石	石	矿	碑	碑

碑文 (비문) 비석에 새긴 글
碑石 (비석) 빗돌

□ 비석 비 ヒ(いしぶみ)

4급

돌로 **낮게** 깎아 만든 것이 **비석**이다

통나무를 쪼갠모양(**조각편**)

牌

丿	片	片	牌	牌	牌

牌木 (패목) 패를 한 나무 조각
賞牌 (상패) 상으로 주는 패

□ 간판 패　　ハイ(ふだ)
패 패

나무 조각으로 **낮게** 깎아 만든 것이 **패다**

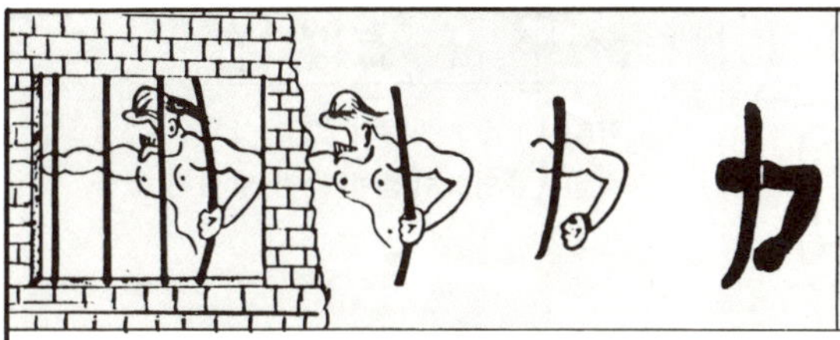

力

ㄱ	力				

力說 (역설) 힘써 설명함
力士 (역사) 뛰어나게 힘이 센 사람

中 힘 력　リョク(ちから)

7급　팔로 철창살을 **힘**을 써 벌리는 모양

두 팔을 엇걸어 손가락으로 「열」을 나타낸 모양. (**열십**)

協

一	十	忄	忄	協	協

協力 (협력) 힘을 합하여 서로 도움
協商 (협상) 협의하여 계획함

中 도울 협　キョウ(かなう)

4급 II　**열** 사람이 **힘과 힘과 힘**을 내어 **도웁다.**

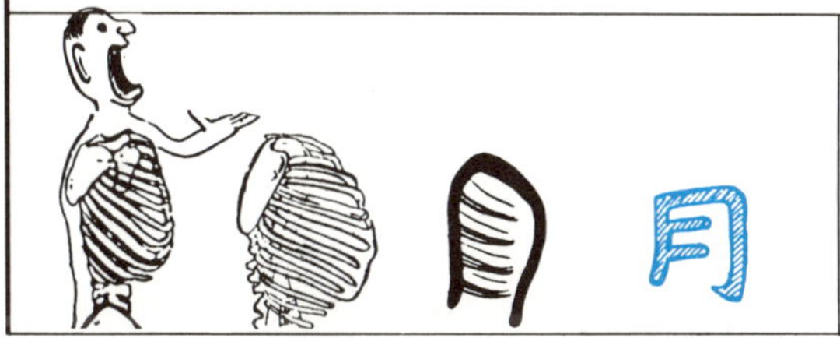

몸통 부분인 갈비뼈의 모양. (**몸육 · 고기육**)

脅

ㄱ	力	劦	劦	脅	脅

脅迫 (협박) 공포에 떨게 할 목적으로 위협함
脅奪 (협탈) 을러 대어 빼앗음

갈비 협
으를 협　キョウ(おびやかす)

3급 II　**힘**과 **힘**과 **힘**을 써 **몸통**을 싸고 있는 게 **갈비대**다

加

ㄱ	力	加	加	加	

加重 (가중) 더 무거워 짐
加害 (가해) 남에게 해를 끼침

中 더할 가　カ(くわえる)

힘을 내라고 **입**으로 응원하여 사기를 **더하다.**　5급

돈이 든 자개장의 모양. (**자개패 · 돈패 · 조개패**)

賀

ㄱ	力	加	賀	賀	賀

賀客 (하객) 축하하러 온 손님
賀正 (하정) 새해를 축하함

中 하례 하　ガ

3급 II　**더하여** 쓰라고 **돈**을 내면서 **하례하다.**

나무의 모양. (**나무목**)

架

丿	力	加	加	架	架

架空 (가공) ① 공중에 가로 건너지름
② 사실이 아닌 거짓
架橋 (가교) 다리를 놓음

시렁 가　カ(かける)

3급　(벽에) **더하여 나무**를 걸쳐 놓은 게 **시렁**이다

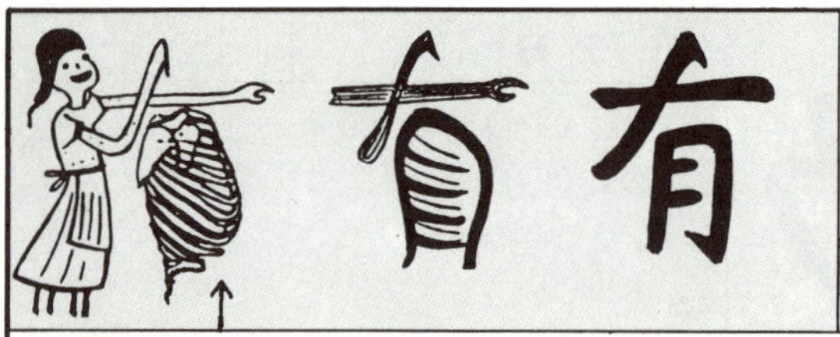

有

ノ ナ 才 冇 有 有

有能 (유능) 재능이 있는 사람
有名 (유명) 이름이 널리 알려져 있음

中 있을 유　ウ(ある)

(몸육 · 고기육)
갈비뼈의 모양.

양손에 **고기**를 **가지고 있다.**

7급

丈

一 ナ 丈

丈夫 (장부) 장성한 남자. 대장부
丈席 (장석) 학문과 덕망이 높은 사람

어른 장　ジョウ(たけ)

3급II　**손**에 늘 **채찍**을 들고 있는 자가 **어른**이다

杖

十 才 木 木 杖 杖

短杖 (단장) 짧은 지팡이
錫杖 (석장) 중이 짚고 다니는 지팡이

지팡이 장　ジョウ(つえ)

나무로 **어른**이 짚고 다니는 것이 **지팡**이다

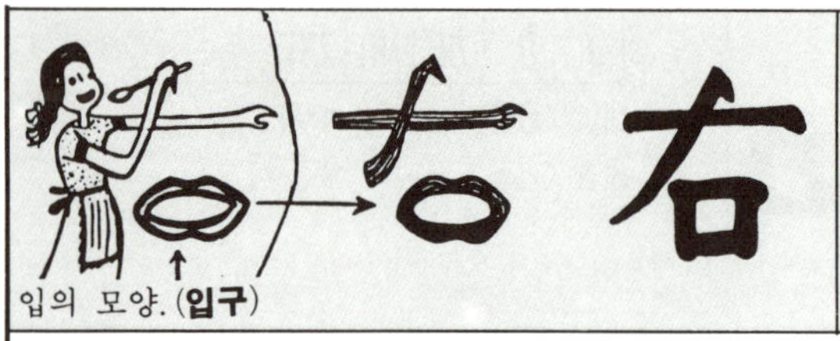

右

ノ ナ 才 右 右

右序 (우서) 도와서 질서를 세움
右方 (우방) 오른 편

中 오른쪽 우　ユウ(みぎ)

7급　양손 중 입에 수저질 하는 손이 **오른쪽** 손이다.

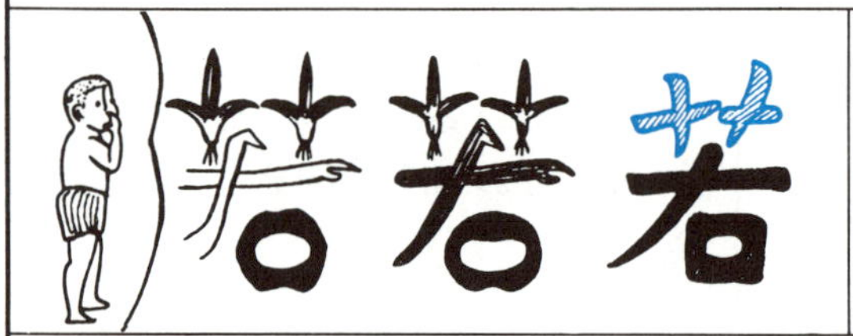

若

一 艹 艹 芳 若 若

若年 (약년) 소년, 청년
傍若無人 (방약무인) 아무도 없는 것 같이 언행에 기탄이 없음

中 같을 약, 어릴 약　ジャク(わかい)

3급II　**풀**이나 **오른쪽** 손을 **어린**아이 **같이** 빨다.

諾

丶 言 言 訁 詳 諾

諾從 (낙종) 응낙하여 좇음
諾否 (낙부) 승낙함과 승낙지 아니함

허락 낙(락)　ダク(うべなう)

3급II　**말**로 **어린**자의 청을 **허락하**다

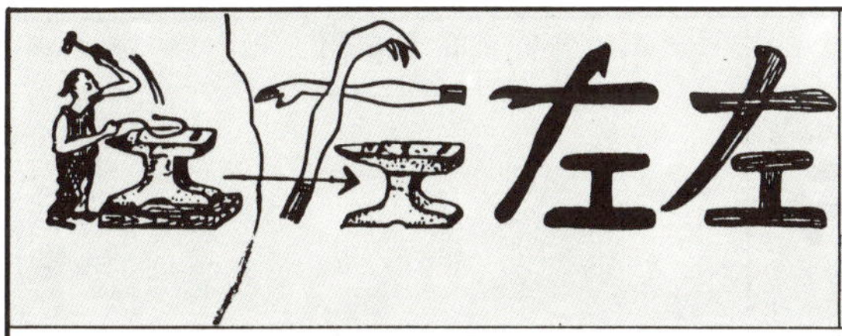

左

一	ナ	𠂇	左	左

左道 (좌도) 바르지 못한 도
左便 (좌편) 왼 편

中 왼 좌 サ(ひだり)

두 손 중에 **만드는** 데(일할 때)쓰는 손이 **왼쪽** 손이다 *옛날에는 오른손으로 글씨만 쓰고 일할 때는 왼손을 사용하였음. 7급

佐

ノ	亻	仁	仛	佐	佐

補佐 (보좌) 상관을 도와 일을 처리함
佐理 (좌리) 정치를 돌보아 나라를 다스림

도울 좌 サ(たすける)

3급 **사람**의 **왼쪽**에 서서 **돕다.**

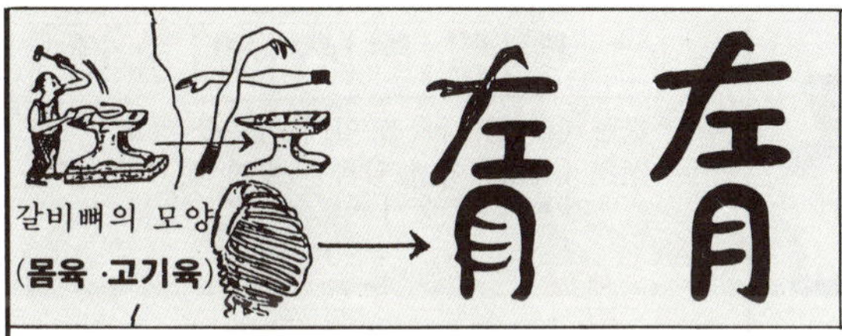

隋

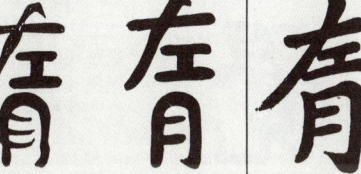

옛날에는 글씨를 잘 쓰려고 왼손으로만 일을 하였기 때문에 왼쪽의 살점이 더 발달하여 축 늘어졌다는데서 생긴 뜻임.

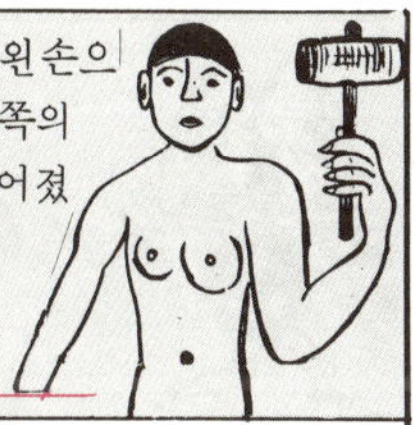

축늘어질 타

왼쪽(左) **살점**(月)같이 **축늘어졌다**는 뜻

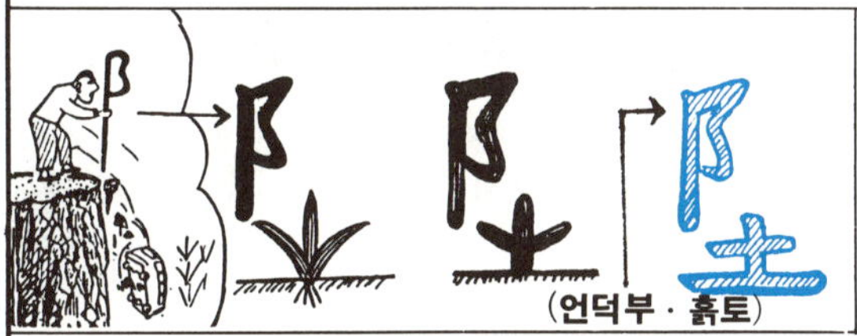

墮

丨	阝	阝𠂉	阝𠂇	隋	墮

墮胎 (타태) 인공적으로 유산시킴
墮淚 (타루) 눈물을 흘림. 同 落淚

떨어질 타 ダ(おちる)

3급 **언덕**에서 **축늘어지**며 **흙**이 **떨어지다**

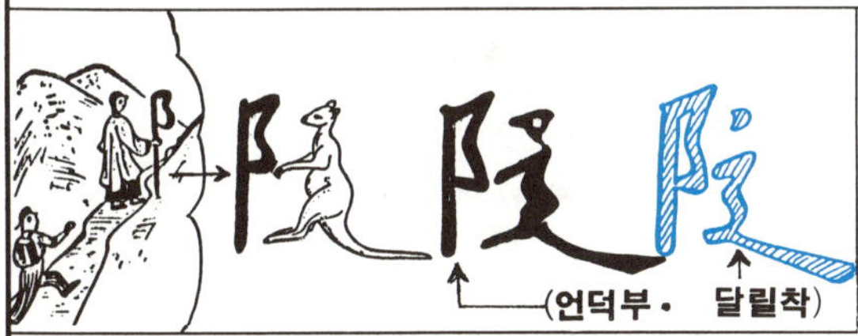

隨

阝	阝	阝𠂉	阝𠂇	隋	隨

속 随

隨筆 (수필) 생각나는 대로 써 나가는 산문
隨伴 (수반) 붙어 따름
隨時 (수시) 그때그때

따를 수 ズイ(したがう)

3급II **언덕**에서 **축늘어**진(축처진)자가 **달리**어 앞선자를 **따르다**

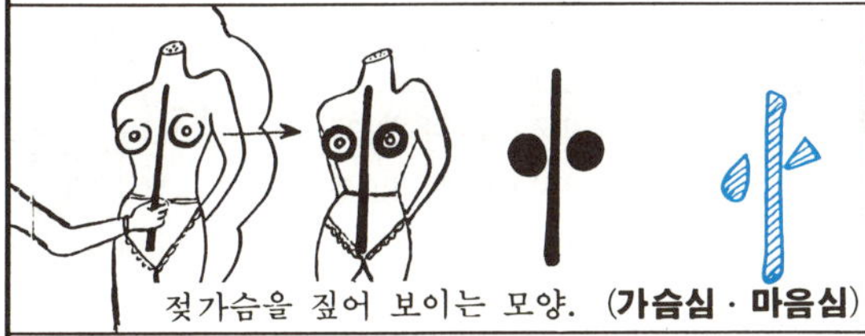

惰

丷	忄	忄𠂉	忄𠂇	惰	惰

惰性 (타성) 오래되어 굳어진 버릇
惰怠 (타태) 게으름

게으를 타 ダ(おこたる)

마음이 **축늘어지**니 **게으르**다

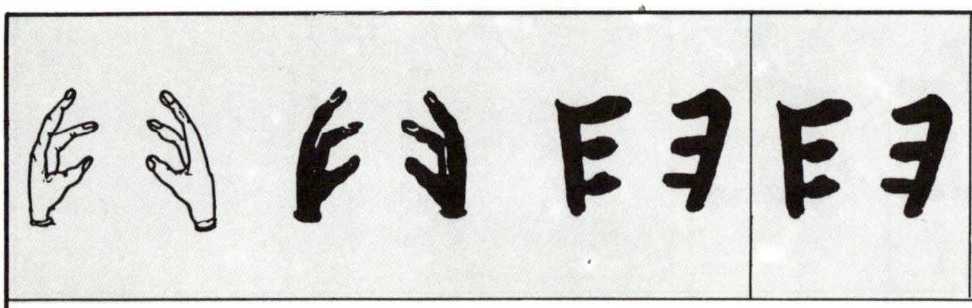

※뜻만 기억할 것

□ 양손 국
양손잡을 국

양손의 모양을 본뜬 자

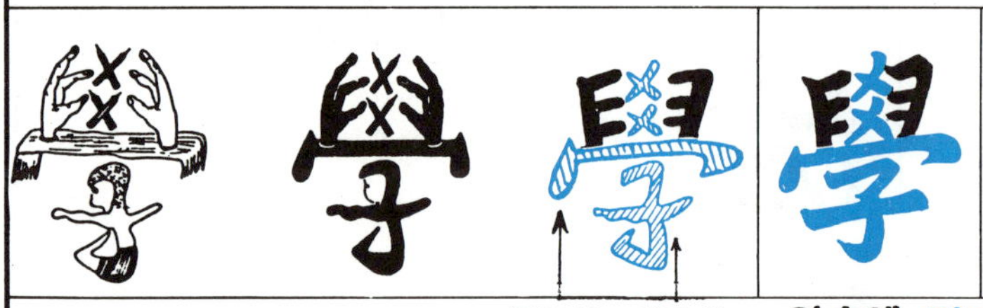

學 약 学

學歷 (학력) 공부한 이력

學窓 (학창) 학문을 닦는 곳, 학교

中 배울 **학** ガク(まなぶ)

8급 (덮을멱 · 아들자) **양손에** **필기구**를 들고 무식으로 **뒤덮인** **아들**이 학문을 **배우다.**

覺 약 覚

覺悟 (각오) 닥쳐올 일에 마음을 정함

覺書 (각서) 어떤 약속을 잊지 않기 위하여 기록해 둔 문서

□ 깨달을 **각** カク(おぼえる)

눈으로 사람을 본다는 뜻 (**볼견**)
보자기로 물건을 덮은 모양(**덮을멱**)

양손에 **필기구**를 들고 무식으로 **뒤덮인**자가 사물을 **보고** **깨닫다.**

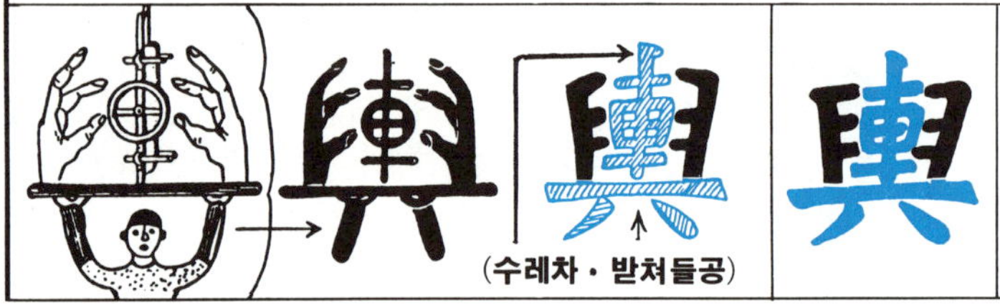

輿

輿駕 (여가) 임금이 타는 물건

輿望 (여망) 여러 사람의 기대

□ 수레 **여**
가마 **여** ヨ(こし)

3급 **양손**으로 **차**같이 생겨 **들도록** 만든 것이 **가마다**

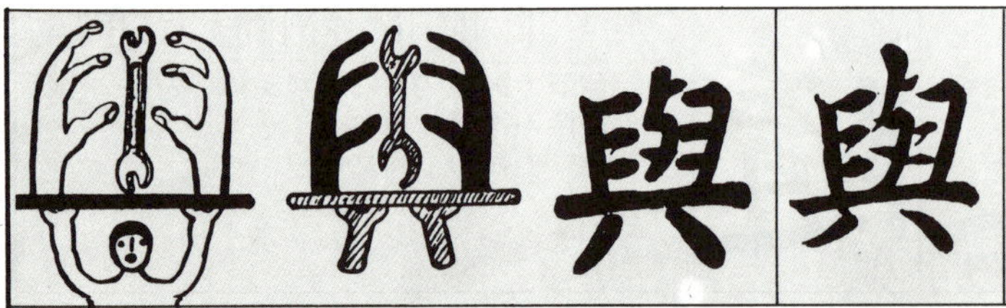

與 동 与

與黨 (여당) 정부 편을 드는 정당

與野 (여야) 여당과 야당

中 더불 **여**, 참여할 **여** ヨ(あたえる)

4급 **양손에** **스패너**를 **받쳐들고** 타인과 **더불어** 정비에 **참여하다.**

擧

擧國 (거국) 온 나라 모두

擧事 (거사) 일을 일으킴

中 들 **거** キョ(あがる)

5급 (양팔을) **더불어** 모으고 **손**으로 **들다.**

수염을 들먹이며 입으로 말하는 모양. (**말씀언**)

譽

與 譽 약 誉

譽聲 (예성) 명예와 명성
譽聞 (예문) 좋은 평판. 훌륭한 명예

기릴 예
칭찬할 예 ヨ(ほめる)

3급II (타인과) **더불어** **말**로 **칭찬하(기리)**다

우뚝 솟은 산봉우리의 모양. (**메산**)

嶼

山 … 嶼

連嶼 (연서) 올망졸망한 섬들
島嶼 (도서) 섬 (島는 큰 섬, 嶼는 작은 섬)

섬 서
작은섬 서 ショ(しま)

(바다에) **산**과 **더불**어 솟아있는 게 **작은 섬**이다

手

一 二 三 手

手足 (수족) 손과 발
手當 (수당) 급료 외에 주는 보수

中 손 수 シュ(て)

7급 손에 붓을 들고있는 모양. 곧 손을 뜻함.

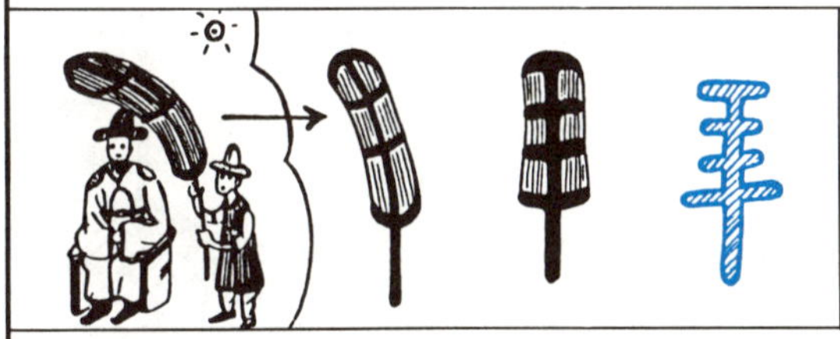

拜

一 二 三 手 … 拜

拜見 (배견) 삼가 뵘
拜上 (배상) 절하고 올림

中 절 배, 공경할 배 ハイ(おがむ)

4급II **손**에 **파초선**을 들고 **절**하다.

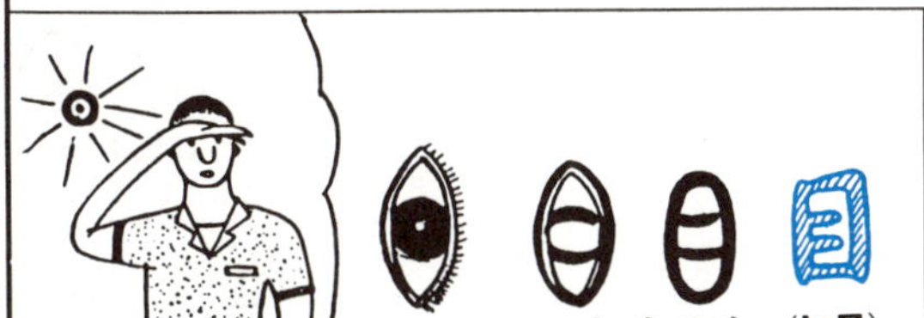

눈의 모양. (**눈목**)

看

一 二 三 手 看 看

看過 (간과) 대충보아 넘기다 빠뜨림
看破 (간파) 보아서 확실히 앎

볼 간 カン(みる)

4급 (햇볕을 가리려고) **손**을 **눈**위에 얹고 **보다**.

(**수레굴대끝세 · 두들길 수**)

擊

一 … 擊

擊碎 (격쇄) 때려부숨
擊追 (격추) 적을 쫓아가 침

칠 격 ゲキ(うつ)

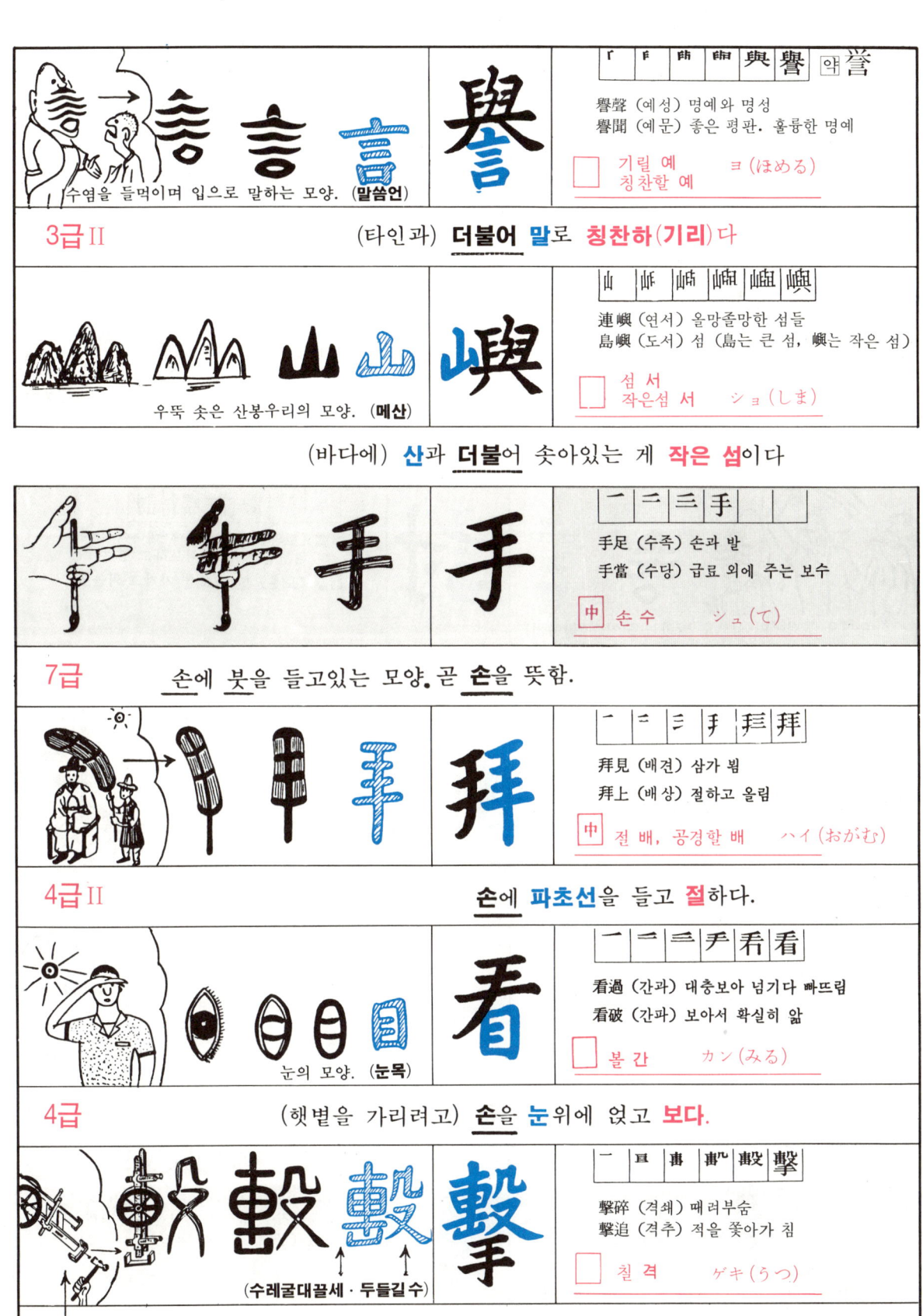

(수레 체대끝이 갈라지지않게) **덮방**을 **두들**겨 박으려고 **손**으로 **치다** 4급

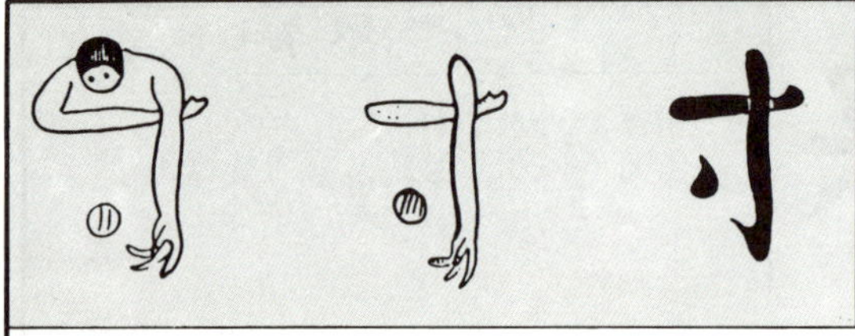

寸

一	十	寸			

寸劇 (촌극) 아주 짧은 연극

寸志 (촌지) 조그마한 뜻

中 마디 촌, 손 촌 スン

8급 **손 마디**의 모양을 그린 것.

나무의 모양(**나무목**)

村

一	十	才	木	村	村

村落 (촌락) 시골의 마을

村理 (촌리) 마을

中 마을 촌, 시골 촌 ソン(むら)

7급 **나무**의 **손**(즉 나무가지)에 쌓여 있는 곳이 **시골 마을**이다.

수염을 들먹이며 입으로 말하는 모양. (**말씀언**)

討

亠	亠	言	言	討	討

討議 (토의) 어떤 사물에 대하여 각자의 의견을 내걸고 검토하고 협의하는

討論 (토론) 한 논제를 가지고 의논함

칠 토 トウ(うつ)

4급 **말**로 따지며 **손**으로 **치다.**

나무의 모양 (**나무목**)

북을 세워놓은 모양(**북주 · 북세울주**)

樹

一	木	木	桔	桔	樹

樹林 (수림) 나무가 우거진 숲

樹技 (수지) 나무 가지

中 세울 수, 심을 수 나무 수, ジュ(き)

6급 **나무**를 **북**을 **손**으로 **세우듯 심다.**

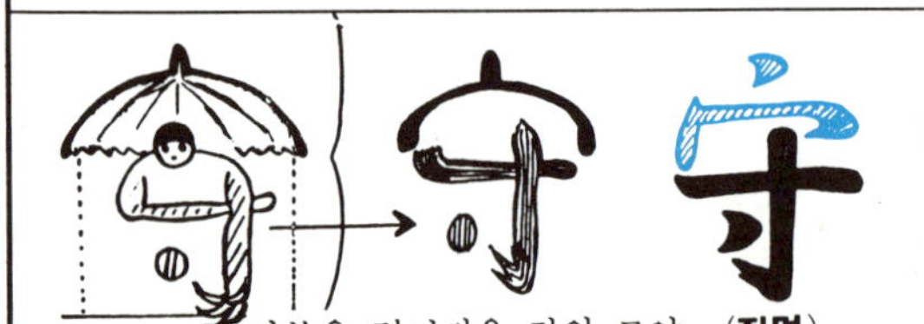
지붕을 덮어씌운 집의 모양. (**집면**)

守

丶	宀	宀	守	守

守衛 (수위) 관공서, 학교 공장 등의 경비를 맡아 보는 사람

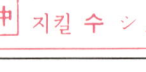

中 지킬 수 シュ(まもる)

4급II **집**을 **손**으로 **지키다.**

(**큰대 · 새추**)

奪

一	大	㚄	奞	奪	奪

奪倫 (탈륜) ① 올바른 가르침을 어기고 딴짓을 함 ② 질서를 문란하게 함

奪取 (탈취) 빼앗아 가짐

빼앗을 탈 ダツ(うばう)

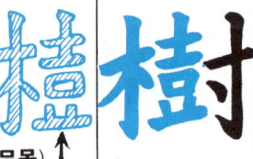

3급 **큰.새**가 **손**에서 확 날아가(새를) **빼앗**기다

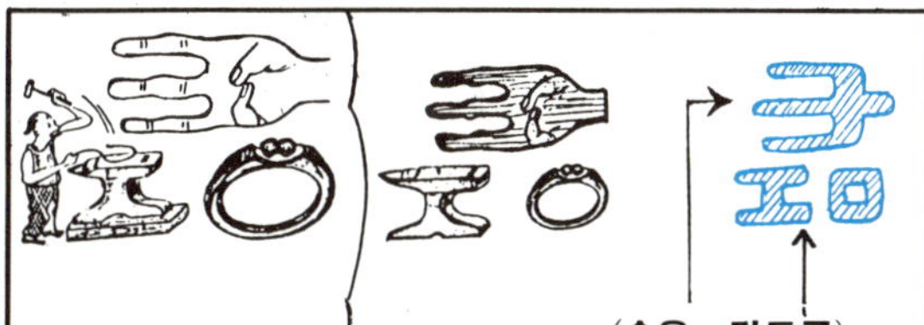

(손우・만들공)

尋

ㄱ	⺕	彐	𢍺	尋	尋

尋思 (심사) 마음을 침착히 하여 사색함
尋人 (심인) 찾는 사람

찾을 심
보통 심 ジン(たずねる)

3급 **손**으로 **만든 반지**를 **손마디**에서 **보통 찾아 볼 수 있다**

付

丿	亻	仁	付	付	

付票 (부표) 쪽지를 붙임
交付 (교부) 내어 줌 例 交付金

(※물건을 주려고 부치다)
줄 부, 부칠 부 フ(つける)

3급II **사람**에게 **손**으로 물건을 **주다**.

(대죽)

옛날 임금이 병력을 출동시킬때 대쪽에 「출병」이라는 글을 새긴 어명장을 주었는데 이것을 **병부**에서 받으면 다른 한쪽과 **들어맞**나 붙여 봄으로서 진짜인가를 **증거**로 삼았다는데서 생긴자임.)

符

丿	⺈	⺮	笁	符	符

符合 (부합) 꼭 들어맞음
符同 (부동) 옳지 못한 일을 하기 위하여 몇 사람이 결탁함

병부 부・들어맞을 부
증거 부 フ

대나무쪽을 **주며**는 **병부**에서는 두쪽이 **들어맞**나 보아 **증거**를 삼다 3급II

지팡이의 모양(**글자 왼쪽에 붙을시**) (**언덕부**)

附

㇌	阝	阝亻	阡	附	附

附加 (부가) 있던 것에 덧붙임
附屬 (부속) 주되는 물건이나 일에 딸려서 붙음

붙일 부
붙을 부 フ(つく)

3급II (종에게) **언덕**배기 땅을 **주니** 거기에 **붙어**살다

집의 모양(**집엄**)

府

亠	广	庁	庁	府	府

府庫 (부고) 문서나 재물을 넣는 창고
府院君 (부원군) 왕비의 아버지나 공신의 칭호

마을 부
관청 부 フ

4급II **집**집마다 고지서를 발급하여 **주는** 곳이 **관청**이다

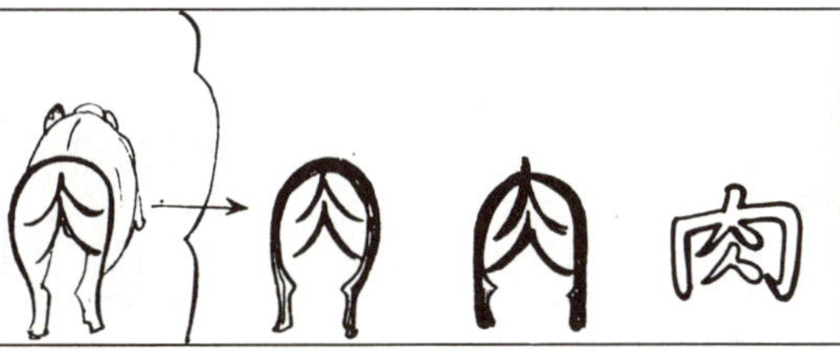

돼지의 둔부를 그린모양(**고기육**)

腐

亠	广	庁	府	腐	腐

腐・ (부란) 썩어 문드러짐
腐心 (부심) 근심・걱정으로 마음을 썩임

썩을 부 フ(くさる)

3급 (냉장고 없이) **관청**에 둔 **고기**가 **썩다**

寺

一 十 土 土 寺 寺

寺法 (사법) 절에서 시행하는 법규
寺內 (사내) 절의 안

中 절 사, 관청 사　ジ(てら)

4급II　**연꽃**과 **여의주**를 든 부처를 모신 **절**을 뜻함.

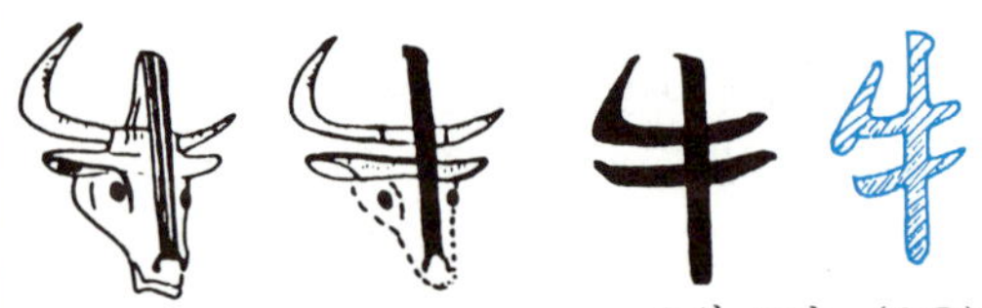

소의 모양. (**소우**)

特

丿 𠂉 牛 牛 牪 特

特別 (특별) 일반과 다름
特許 (특허) 특별히 허가함

中 특별할 **특**　トク

6급　**소** 중에 **절**에서 씨받이로 쓰는 것은 **특별히** 크다.

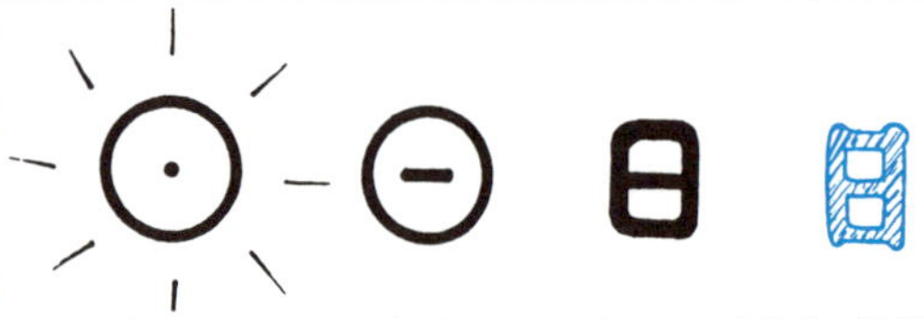

해(날)의 모양(**해가떠서 새날이 온다는 뜻**) (**해일. 날일**)

時

丨 日 日一 日土 時 時

時局 (시국) 시대의 되어 가는 상태
時速 (시속) 한 시간에 달리는 속도

中 때 시　ジ(とき)

7급　(종을 쳐) **날**마다 **절**에서 **때**를 알리다.

수염을 들먹이며 입으로 말하는 모양. (**말씀언**)

詩

亠 言 言 計 詩 詩

詩書 (시서) 시경과 서경
詩人 (시인) 시를 짓는 사람

中 글 시, 시 시　シ

4급II　**말**로 **절**에서 **시**를 읊다.

팔을 흔들며 총총 걸어가는 모양. (**갈척. 바삐갈척**)

待

丿 彳 彳土 彳圭 待 待

待望 (대망) 기다리고 바람
優待 (우대) 특별히 잘 대접함

中 기다릴 대　タイ(まつ)

6급　**바삐가** **절**에서 불공드릴 순서를 **기다리다**.

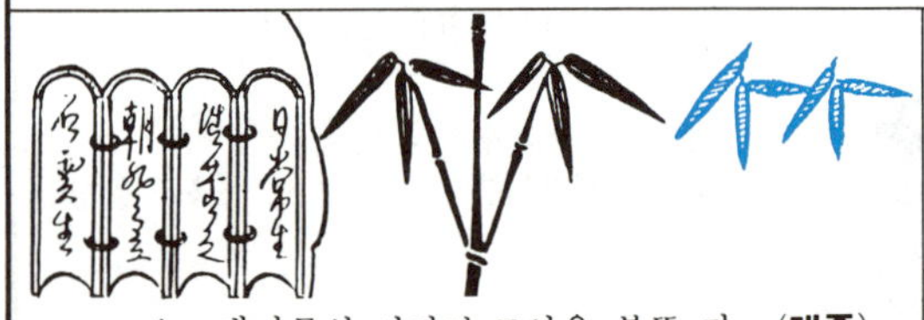

대나무의 이파리 모양을 본뜬 자. (**대죽**)

等

丿 𠂉 竹 竹 筀 等

等待 (등대) 대기함
等差 (등차) 등급의 차이

中 무리 등, 등급 등 가지런할 등　トウ(など)

* 종이가 없던 옛날에는 대나무 조각을 엮어서 거기다 글을 썼음.

대쪽에 쓴 불경을 **절**에서 **등급**(무리)별로 **가지런히** 놓다.

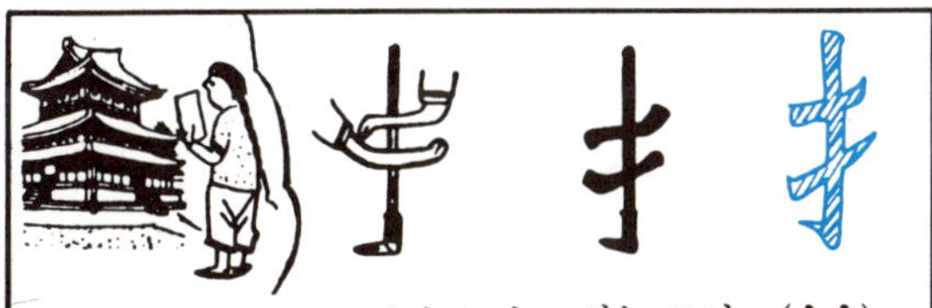
양손으로 괭이를 잡고 있는 모양. (**손수**)

持

一	扌	扗	抟	持	持

持續 (지속) 계속하여 지녀 나감
持參 (지참) 물건을 가지고 참석함

中 가질 **지**　　ジ(もつ)

4급　　**손**에 **절**에서 준 부적을 **가지다.**

사람이 섰는 모양. (**사람인**)

侍

亻	仁	仕	仕	侍	侍

侍立 (시립) 웃어른을 모시고 섬김
侍下 (시하) 부모나 조부모가 살아 있어 모시고 있는 사람

모실 **시**　　ジ(さむらい)

3급II　　**사람**같은 부처를 **절**에다 **모시**다

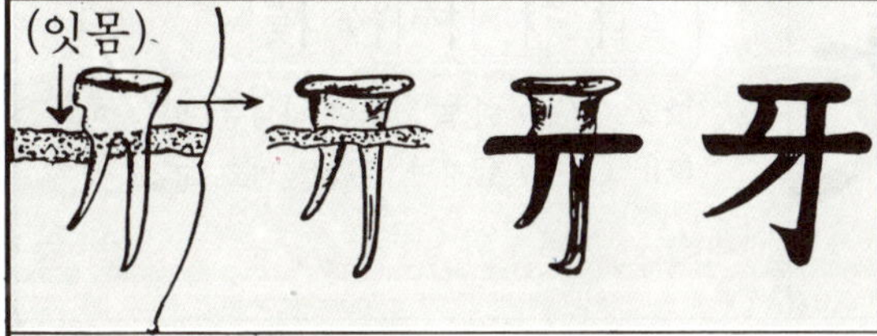

牙

一	匚	于	牙		

牙音 (아음) 어금니 소리 (ㄱ, ㄲ, ㅇ, ㅋ)
牙彫 (아조) 상아를 재료로 새기는 조각

어금니 **아**　　ガ(きば)

3급　　**어금니**의 모양을 본뜬 자

풀싹이 돋아 나오는 모양. (**풀초**)

芽

一	艹	艹	芒	芽	芽

發芽 (발아) 초목의 눈이 틈
新芽 (신아) 새싹

싹 **아**　　ガ(め)

3급　　**풀**이 **어금니** 같이 **싹**이 나오다

날개를 편 새의모양 (**새추**)

雅

一	匚	牙	牙	牙隹	雅

雅淡 (아담) 말쑥하고 담박함
雅量 (아량) 너그러운 도량

갈가마귀 **아** · 맑을 **아**
우아할 **아**　　ガ(みやび)

3급II　　**어금니**를 부딪치는 소리를 내며 우는 **새**인 **갈가마귀**의 울음소리가 **맑고 우아하다**

邪見 (사견) 사악한 생각
邪曲 (사곡) 올바르지 못함
邪惡 (사악) 도리에 어긋나고 악독함

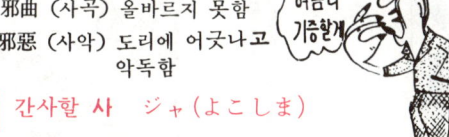

간사할 **사**　　ジャ(よこしま)

邪

지팡이의 모양.(**글자우측에 붙을시**) (**읍읍. 마을읍**)

3급II　　**어금니**를 빼여서 **마을**에 기증하겠다고 하며 **간사하**게 굴다

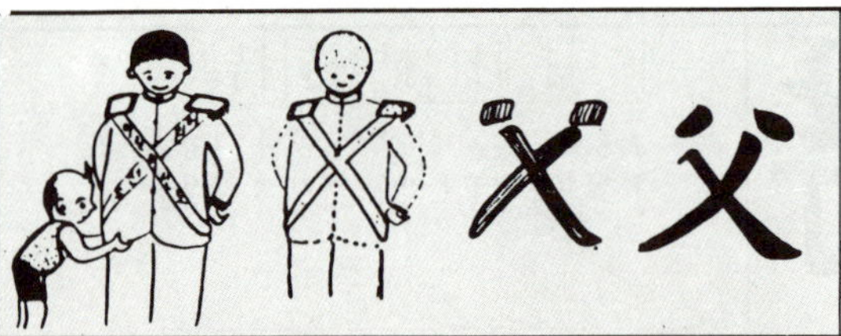

父

丿 八 グ 父

父女 (부녀) 아버지와 딸

父喪 (부상) 아버지의 초상

中 아비 부　フ(ちち)

8급　견대를 좌우로 두른 **아버지**의 모양.

交

丶 亠 亣 六 亦 交

交友 (교우) 친구와 사귐

交通 (교통) 오고 가는 일

中 사귈 교　コウ(かわす)

6급　**갓**을 쓴 **아버지**가 친구와 **사귀**다.

나무의 모양. (**나무목**)

校

一 木 木' 杧 校 校

校友 (교우) 학교를 같이 다니는 벗

校正 (교정) 글자나 글귀를 바로 고침

中 학교 교　コウ(まなびや)

8급　꿈**나무**들이 **사귀**며 공부하는 곳이 **학교**다

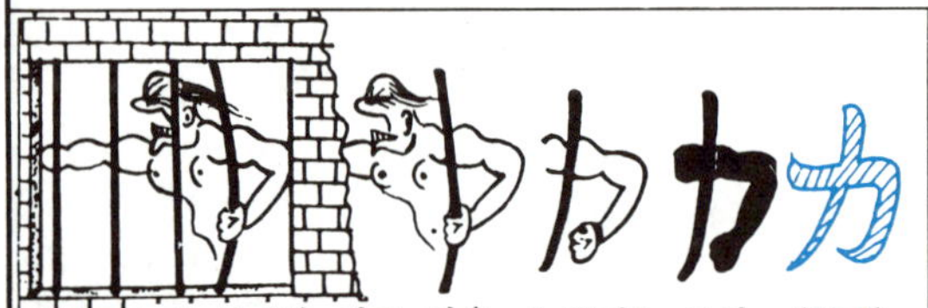

철 창살을 팔로 힘을 써 벌리는 모양. (**힘력**)

効

亠 六 交 効 効

効果 (효과) 좋은 결과

効能 (효능) 효력의 능력

보람 효

본받을 효　コウ(ならう)

(좋은 친구와) **사귀**기에 **힘**쓴 **보람**이 있어 좋은 점을 **본받게** 되다

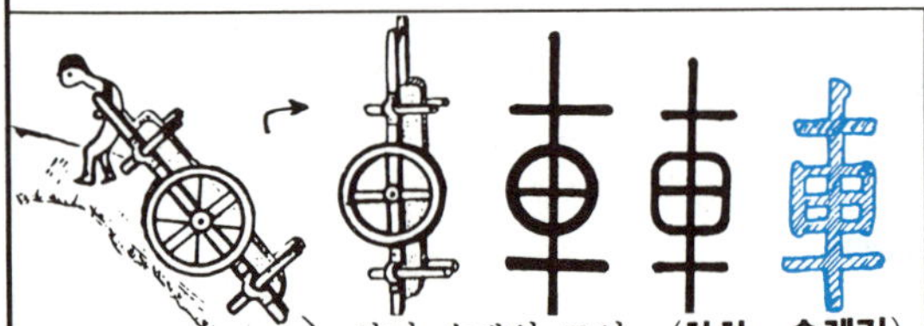

차나 수레의 모양. (**차차 · 수레거**)

較

一 亓 車 軒 軡 較

較略 (교략) 대개. 줄거리

較著 (교저) 명백하고 뚜렷이 나타남

비교할 교　カク(くらべる)

3급II　**차**를 **사귀**려고(운전하려고) 딴 차와 서로 **비교하다**

郊外 (교외) 도시 주변의 들

郊原 (교원) 들과 평원

郊里 (교리) 마을. 촌락

들 교

시골 교　コウ

郊

지팡이의 모양(**글자우측에 붙을시**)(**읍읍. 마을읍**)

3급　(남여가) **사귀**기 좋은 **마을**이 **시골 들**이다

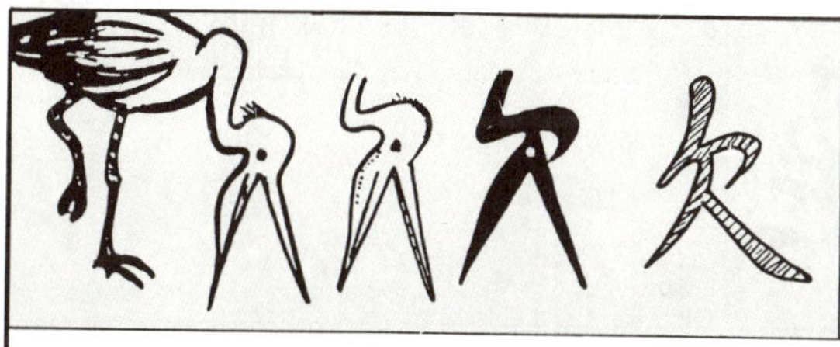

欠

丿	𠂊	𠂊一	欠

欠伸 (흠신) 하품과 기지개

欠縮 (흠축) 흠결 (欠缺)

□ 부족할 흠, 입크게벌릴 흠
하품할 흠　ケツ(かける)

부리 긴 새가 **입을 크게 벌리고 하품**하는 모양.

입의 모양. (**입구**)

吹

𠃊	口	口'	口𠂊	口𠂊一	吹

吹鳴 (취명) 사이렌 등을 불어 울림

吹入 (취입) 공기를 불어 넣음

中 불 취　スイ(ふく)

3급 II

입과 **입을 크게 벌리고 불다.**

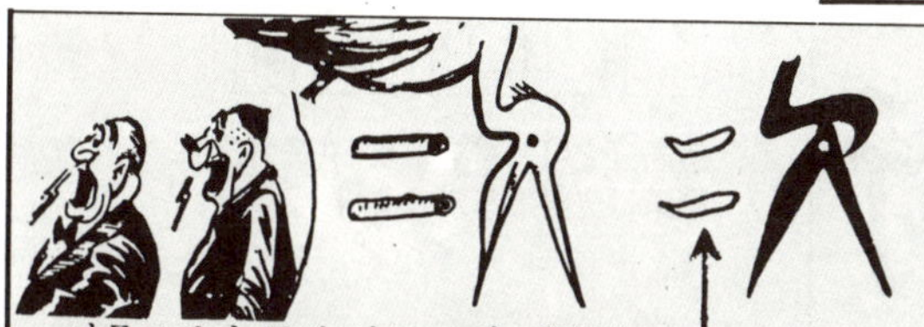

나무토막이 두개 있는 모양 (**두이**)

次

一	二	冫	冫𠂊	冫𠂊一	次

次期 (차기) 다음 시기

次席 (차석) 수석의 다음 자리

中 다음 차, 버금 차　ジ(つぐ)

4급 II

두번째로 **입을 크게 벌리고** 명령하는 자는 첫째
다음으로 높은 자다.

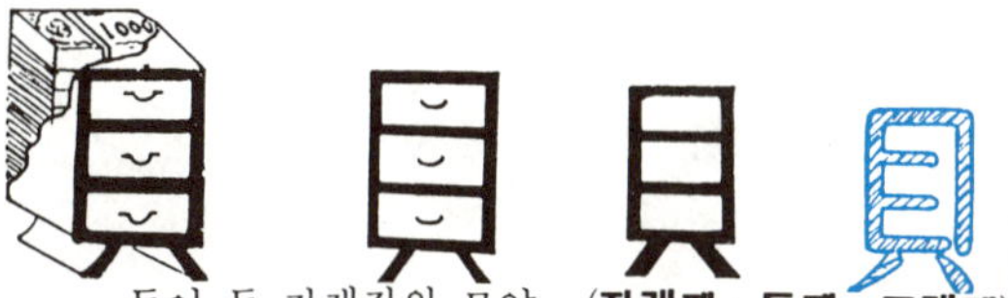

돈이 든 자개장의 모양. (**자개패 · 돈패 · 조개패**)

資

一	二	冫𠂊	次	資	資

資源 (자원) 자연이나 기술의 발전에 따라 생산에 이용되는 것

資本 (자본) 영업의 기본이 되는 돈

□ 재물 자　シ(もと)

4급

사람에 있어 건강 **다음**으로 치는 **재산(돈)**이 **재물**이다

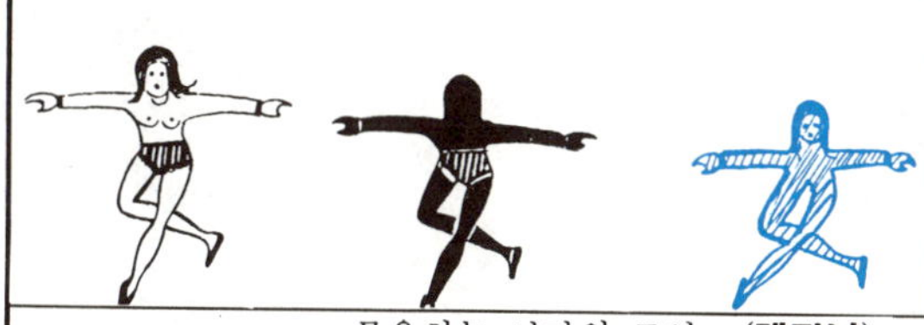

무용하는 여자의 모양. (**계집녀**)

姿

二	冫𠂊	次	姿	姿	

姿態 (자태) 몸을 가지는 태도나 맵시

姿色 (자색) 여자의 고운 얼굴

□ 아름다울 자
맵시 자　シ(すがた)

4급

(첫번째여자) **다음**에 맞은 **여자**(즉첩)가 **맵시**가 **아름답**다.

젖가슴의 모양. (**가슴심 · 마음심**)

恣

一	二	冫𠂊	次	恣	恣

恣行 (자행) 방자한 행동

恣擅 (자천) 방자하게 제 주장대로 함

□ 방자할 자　シ(ほしいまま)

3급

사람에게 있어 선한 마음 **다음**으로 치는 **마음**이 **방자함**이다

鼎

鼎立 (정립) 솥발과 같이 셋이 섬.
鼎足 (정족) 솥발.

□ 솥 정 テイ(かなえ)

2급 세 개의 발이 달린 옛날 **솥**의 모양을 본뜬 자.

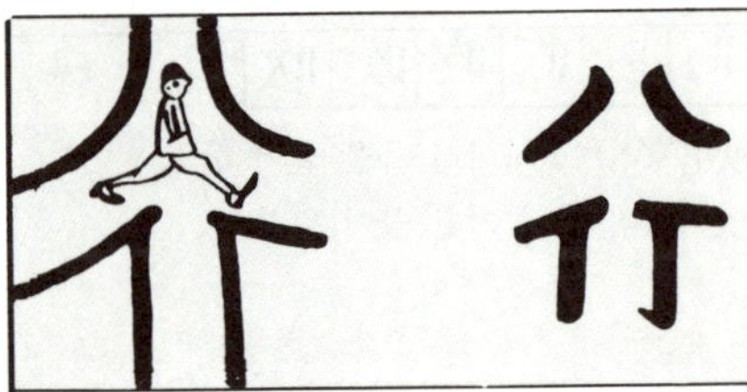

行

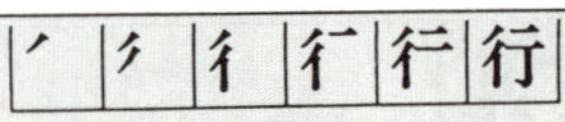

行實 (행실) 품행
行列 (항렬) 혈족 관계의 계급

中 다닐 행, 항렬 힝 コウ(いく、おこなう)

6급 사람이 많이 **다니는** 사거리의 모양.

뿌리의 모양 (**뿌리출**)

術

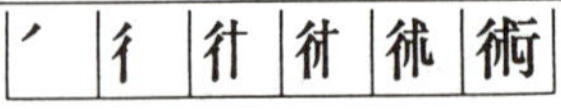

術語 (술어) 학술상의 전문어
術策 (술책) 모략. 계략

□ 꾀 술 재주 술 ジュツ

6급 (식물의) **뿌리**가 잘 **다니게**(뻗게) 기르는 것도 **재주**다

求

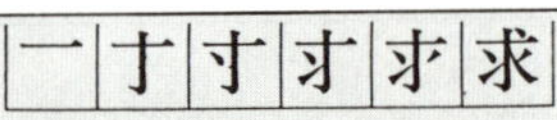

求學 (구학) 배움의 길을 찾음
求婚 (구혼) 혼인 자리를 찾음

中 구할 구 キュウ(もとめる)

닻의 모양.
닻으로 정박한 배가 떠 가지 못 하게 **구한다**는 뜻. 4급II

못을 집게로 잡고 두들기는 모양 (**칠복. 두들길복**)

救

救命 (구명) 목숨을 건져 줌

中 구제할 구 건질 구 キュウ(すくう)

5급 (사람을) **구하려고** 맹수를 **두들겨** 사지에서 **건지다(구원하다)**.

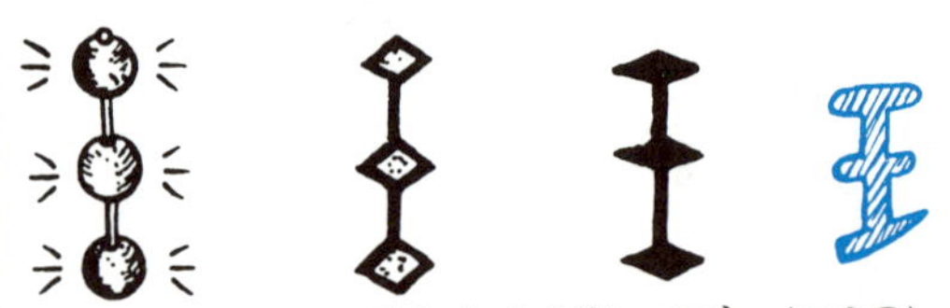

구슬이 꿰어있는 모양. (**구슬옥**)

球

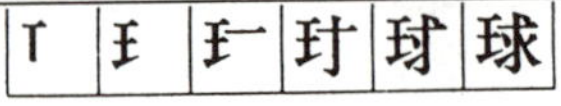

球形 (구형) 공같이 둥근 모양
球技 (구기) 공을 사용하는 운동경기

□ 둥글 구 キュウ(たま)

6급 **구슬**을 **구하려고**(만들려고) **둥글게** 하다

그림없이 익히기편

級數 번호	部首 총획수	한자	訓	音	시험에 나오는 활용예문
2급地 1	木 총9획	柯	가지	가	地名字(지명자). 柯葉(가엽) 南柯一夢(남가일몽) 柯條(가조 : 나뭇가지)
2급人 2	車 총12획	軻	수레/사람이름	가	孟軻(맹가 : 맹자의 이름) 軻峨(가아 : 높은 모양)
2급地 3	人 총7획	伽	절	가	伽藍(가람) 僧伽(승가) 伽倻琴(가야금) 伽倻山(가야산 : 경남 합천 · 경북 성주에 걸쳐 있는 산)
2급人 4	辵 총9획	迦	부처이름	가	迦藍(가람) 釋迦牟尼(석가모니)
2급姓 5	貝 총13획	賈	성(姓) 장사	가 고	賈氏(가씨) 賈島(가도 : 당나라 시인) 商賈扇(상고선) 商賈船(상고선)
2급人 6	玉 총9획	珏	쌍옥	각	人名字(인명자).
2급地 7	木 총7획	杆	몽둥이	간	操縱杆(조종간) 杆太(간태 : (動)강원도 杆城에서 나는 명태)
2급 8	艸 총13획	葛	칡	갈	葛根(갈근) 葛藤(갈등) 葛巾(갈건 : 葛布로 만든 두건) 葛巾野服(갈건야복)
2급族 9	革 총18획	鞨	오랑캐이름	갈	靺鞨族(말갈족 : 퉁구스족의 일족으로, 시베리아, 중국 동북지방, 함경도에 걸쳐 살던 부족)
2급人 10	邑 총8획	邯	사람이름 趙나라 서울	감 한	姜邯贊(강감찬) 邯鄲之夢(한단지몽) 邯鄲學步(한단학보)
2급 11	心 총16획	憾	섭섭할	감(:)	憾怨(감원 : 원망함) 遺憾(유감 : 마음에 남아있는 섭섭한 마음)
2급地 12	山 총8획	岬	곶(串)	갑	岬角(갑각 : 바다에 뾰족 나온 육지)
2급人 13	金 총13획	鉀	갑옷	갑	人名字(인명자). ※ 甲과 同字.
2급地 14	山 총8획	岡	언덕/산등성이	강	福岡(복강 : 일본 九州에 있는 지명) 岡陵(강릉 : 언덕이나 작은 산)
2급地 15	山 총11획	崗	산등성이/언덕	강	花崗巖(화강암) ※ 岡의 俗字
2급姓 16	女 총9획	姜	성(姓)	강	姜邯贊(강감찬) 姜后(강후 : (人)周 宣王의 后) 姜在求(강재구) 姜太公(강태공)
2급姓 17	弓 총16획	彊	굳셀	강	彊(强)弩(강노) 自彊(强)不息(자강불식)
2급地 18	田 총19획	疆	지경	강	疆界(강계) 疆宇(강우 : 國土. 領土.) 新疆省(신강성 : 中國의 省 이름)
2급地 19	人 총6획	价	클/착할	개:	价人(개인 : (制)周代 軍事를 맡던 大官)

級數 번호	部首 총획수	한자	訓	音	시험에 나오는 활용예문
2급人 21	土 총13획	塏	높은 땅	개:	人名字(인명자). 李塏(이개 : 조선 단종 때의 충신)
2급 22	土 총7획	坑	구덩이	갱	坑口(갱구) 坑道(갱도) 坑夫(갱부) 坑內採掘(갱내채굴) 焚書坑儒(분서갱유)
2급人 23	金 총17획	鍵	열쇠/자물쇠	건:	鍵盤(건반) 鍵盤樂器(건반악기)
2급 24	乙 총3획	乞	빌	걸	求乞(구걸) 乞人憐天(걸인연천) 門前乞食(문전걸식) 哀乞伏乞(애걸복걸)
2급人 25	木 총10획	桀	하왕이름	걸	桀惡(걸악 : 추악함. 暴惡함)
2급人 26	人 총12획	杰	뛰어날	걸	※ 傑의 俗字.
2급 27	手 총12획	揭	걸/들	게:	揭揚(게양) 國旗揭揚臺(국기게양대) 揭示板(게시판) 新聞揭載(신문게재)
2급 28	阜 총13획	隔	사이 뜰	격	隔離(격리) 隔差(격차) 隔世之感(격세지감) 隔靴搔癢(격화소양)
2급 29	牛 총11획	牽	이끌/끌	견	牽牛(견우) 牽引車(견인차) 牽制勢力(견제세력) 牽强附會(견강부회)
2급人 30	瓦 총14획	甄	질그릇	견	人名字(인명자). 甄萱(견훤 : 후백제 초대(初代) 왕)
2급人 31	火 총8획	炅	빛날	경	人名字(인명자).
2급人 32	玉 총16획	璟	옥빛	경:	人名字(인명자).
2급人 33	人 총15획	儆	경계할	경:	儆戒(경계 : 잘못된 일이 생기지 않도록 미리 조심함) 儆儆(경경) 儆備(경비)
2급人 34	玉 총19획	瓊	구슬	경:	人名字(인명자).
2급 35	糸 총19획	繫	맬	계:	繫留(계류) 繫船(계선) 繫屬(계속) 繫束(계속) 繫縛(계박) 連繫指導(연계지도)
2급地 36	白 총11획	皐	언덕	고	皐蘭草(고란초) 皐蘭寺(고란사) 皐復(고복)
2급 37	隹 총12획	雇	품팔	고	雇傭員(고용원 : 노동자(勞動者)) 雇用主(고용주 : 사용자(使用者)) 解雇(해고)
2급地 38	丨 총7획	串	곶/땅이름 익힐/뀔	곶 관	황해도 長山串(장산곶) 중랑구 石串洞(석관동)
2급 39	艸 총12획	菓	과자/실과	과	菓子(과자) 茶菓(다과) 茶菓會(다과회) 氷菓類(빙과류) 製菓店(제과점)
2급人 40	玉 총12획	琯	옥피리	관	人名字(인명자).

級數 번호	部首 총획수	한자	訓	音	시험에 나오는 활용예문
2급 41	欠 총12획	款	항목/정성	관:	定款(정관) 約款(약관) 借款(차관) 款曲(관곡) 落款(낙관)
2급 42	犬 총7획	狂	미칠	광	狂氣(광기) 狂亂(광란) 狂奔(광분) 狂風(광풍) 狂犬病(광견병) 狂信徒(광신도)
3급 43	心 총13획	愧	부끄러울	괴:	愧色(괴색) 慙愧(참괴) 自愧之心(자괴지심)
2급地 44	木 총14획	槐	회화나무	괴	地名字(지명자). 槐木(괴목) 충청북도 槐山郡(괴산군)
2급 45	糸 총12획	絞	목맬	교	絞死(교사) 絞殺(교살) 絞首刑(교수형)
2급 46	肉 총15획	膠	아교	교	阿膠(아교) 膠沙(교사) 膠狀(교상) 膠着狀態(교착상태)
3급 47	艸 총9획	苟	진실로	구:	苟安(구안) 苟且(구차) 苟免(구면) 阿諛苟容(아유구용 : 알랑거리며 구차스럽게 행동함)
2급人 48	玉 총7획	玖	옥돌	구	人名字(인명자). 李玖(이구 : 고려 후기의 문신)
2급地 49	邑 총8획	邱	땅이름	구	大邱廣域市(대구광역시)
2급 50	欠 총15획	歐	구라파/칠	구	歐美(구미) 歐羅巴(구라파 : 유럽) 西歐(서구) 西歐列强(서구열강)
2급 51	貝 총17획	購	살	구	購買(구매) 購入(구입) 新聞購讀(신문구독) 購讀者(구독자) 購買者(구매자)
2급姓 52	革 총17획	鞠	성(姓)	국	姓氏字(성씨자).
2급 53	手 총11획	掘	팔	굴	堀穴(굴혈) 堀鑿機(굴착기) 堀鑿工事(굴착공사) 文化財發掘(문화재발굴)
2급 54	穴 총13획	窟	굴	굴:	窟穴(굴혈) 洞窟(동굴) 巢窟(소굴) 土窟(토굴)
2급 55	糸 총8획	糾	얽힐	규	糾彈(규탄) 紛糾(분규) 糾合(규합)
2급人 56	玉 총10획	珪	홀	규	人名字(인명자). ※ 圭의 古字.
2급人 57	大 총9획	奎	별	규	奎章閣(규장각 : 조선 시대 정조 원년에 설치한 역대 왕실 문서를 보관하던 관청. 현재 서울대학에 있음)
2급人 58	手 총12획	揆	헤아릴	규	揆度(규탁 : 헤아려 생각함)
2급地 59	木 총15획	槿	무궁화	근:	槿域(근역 : 우리 나라를 달리 이르는 말) 槿花(근화)
2급人 60	玉 총15획	瑾	아름다운 옥	근:	人名字(인명자).

級數 번호	部首 총획수	한자	訓	音	시험에 나오는 활용예문
4급 61	竹 총12획	筋	힘줄	근	筋骨(근골) 筋力(근력) 筋肉質(근육질) 鐵筋(철근) 心筋梗塞(심근경색)
2급名 62	儿 총14획	兢	떨릴	긍:	兢懼(긍구) 兢兢(긍긍) 兢兢業業(긍긍업업 : 항상 조심하여 공경하고 삼가함)
5급 63	水 총7획	汽	김	기	汽船(기선) 汽艇(기정) 汽管(기관 : 蒸氣를 통하는 쇠통. 汽罐(기관) 汽笛(기적) 汽筒(기통)
2급地 64	水 총7획	沂	물이름	기	地名字(지명자). 沂水(기수 : 中國 山東省을 흐르는 江)
2급人 65	水 총11획	淇	물이름	기	人名字(인명자). 沂水(기수 : 中國 河南省을 흐르는 江)
2급 66	木 총12획	棋	바둑/장기	기	棋院(기원) 棋聖(기성) 將棋(장기)
2급人 67	玉 총12획	琪	아름다운 옥	기	人名字(인명자).
2급人 68	竹 총14획	箕	키	기	箕子(기자 : 은(殷)나라의 성인(聖人)) 箕子朝鮮(기자조선) 箕帚(기추)
2급名 69	馬 총18획	騏	준마	기	人名字(인명자). 騏驥(기기 : 천리마. 아주 좋은 말)
2급名 70	鹿 총19획	麒	기린	기	人名字(인명자). 麒麟(기린) 麒麟兒(기린아)
2급人 71	玉 총12획	琦	옥이름	기	人名字(인명자).
2급人 72	老 총10획	耆	늙은이	기	人名字(인명자). 耆老(기로)
2급人 73	玉 총16획	璣	구슬	기	人名字(인명자).
2급人 74	八 총16획	冀	바랄	기	冀圖(기도 : 바라는 것을 이루려고 꾀함) 冀望(기망 : 희망이 이루어지기를 바람)
2급名 75	馬 총27획	驥	천리마	기	人名字(인명자).
2급 76	尸 총7획	尿	오줌	뇨(요)	尿道(요도) 尿路(요로) 放尿(방뇨) 糖尿病(당뇨병) 利尿劑(이뇨제)
2급 77	尸 총5획	尼	여승	니(이)	尼僧(이승) 比丘尼(비구니) 釋迦牟尼(석가모니)
2급 78	水 총13획	溺	빠질	닉(익)	溺死(익사) 耽溺(탐닉)
2급 79	金 총17획	鍛	쇠불릴	단	鍛鍊(단련) 體力鍛鍊(체력단련)
2급地 80	水 총12획	湍	여울	단	地名字(지명자). 長湍郡(장단군 : 임진강 상류의 북한 지역)

級數 번호	部首 총획수	한자	訓	音	시험에 나오는 활용예문
2급 81	肉 총17획	膽	쓸개	담:	膽囊(담낭)　膽汁(담즙) 膽力(담력)　膽大(담대)　熊膽(웅담)
2급地 82	土 총13획	塘	못	당	池塘(지당 : 못)
2급 83	土 총8획	垈	집터	대	垈地(대지)　落星垈(낙성대)
2급 84	戈 총18획	戴	일	대:	推戴(추대)　戴冠式(대관식) 不俱戴天(불구대천)
2급人 85	心 총12획	悳	큰/덕	덕	人名字(인명자).　※ 德의 古字.
2급 86	土 총13획	塗	칠할/진흙	도	塗料(도료)　塗褙(도배)　塗炭(도탄) 塗裝(도장)　塗色工事(도색공사)
2급 87	心 총11획	悼	슬퍼할	도	哀悼(애도)　追悼(추도)　追悼式(추도식)
2급人 88	火 총18획	燾	비칠	도	人名字(인명자).　燾育(도육 : 덮어 보호하여 기름)
2급人 89	心 총11획	惇	도타울	돈	人名字(인명자).
2급人 90	火 총16획	燉	불빛	돈	人名字(인명자).
2급姓 91	頁 총13획	頓	조아릴	돈	異次頓(이차돈 : 신라 승려(僧侶). 최초의 순교자)
2급人 92	乙 총6획	乭	이름	돌	人名字(인명자).　甲乭(갑돌)
2급 93	木 총12획	棟	마룻대	동	A棟(동)　病棟(병동) 棟梁之材(동량지재)　汗牛充棟(한우충동)
2급姓 94	艸 총13획	董	바를	동:	董督(동독)　骨董品(골동품) 董狐之筆(동호지필 : 사실을 직필하여 역사에 남김)
2급姓 95	木 총7획	杜	막을	두	杜甫(두보 : 당나라 시인)　杜詩諺解(두시언해) 杜絶(두절)　杜門不出(두문불출)
2급 96	屮 총4획	屯	진칠	둔	屯畓(둔답)　屯田(둔전)　屯田兵(둔전병) 屯監(둔감)　屯營(둔영)
2급姓 97	邑 총15획	鄧	나라이름	등	鄧小平(등소평 : 1904~1997년. 中國의 정치지도자)
2급 98	言 총17획	謄	베낄	등	謄寫(등사)　謄本(등본)　戶籍謄本(호적등본)
2급 99	馬 총20획	騰	오를	등	騰落(등락)　沸騰(비등)　沸騰點(비등점) 急騰(급등)　龍蛇飛騰(용사비등)
2급 100	艸 총19획	藤	등나무	등	藤架(등가)　藤家具(등가구)　葛藤(갈등)

級數 번호	部首 총획수	한자	訓 音	시험에 나오는 활용예문
2급 101	衣 총13획	裸	벗을 라(나):	裸體(나체) 裸身(나신) 赤裸裸(적나라 : 아무 숨김없이 본디 모습 그대로 드러남)
2급 102	手 총8획	拉	끌어갈 랍(납)	拉致(납치) 拉北(납북) 被拉(피랍)
2급地 103	艸 총12획	萊	명아주 래	부산광역시 東萊區(동래구)
2급 104	車 총15획	輛	수레 량(양)	車輛(차량 : ① 여러 가지 '차 종류' 를 통틀어 이르는 말 ② 연결된 열차의 한 칸)
2급人 105	亠 총9획	亮	밝을 량(양)	人名字(인명자). 諸葛亮(제갈량 : 중국 蜀漢(촉한)의 충신)
2급姓 106	木 총15획	樑	들보 량(양)	棟樑(동량) : 도리와 들보
2급姓 107	口 총7획	呂	성씨/법칙 려(여):	律呂(율려 : 육률(六律)과 육려(六呂). 음악, 가락)
2급地 108	广 총19획	廬	농막집 려(여)	廬山(여산 : 중국 江西省에 있는 명산) 廬幕(여막 : 농막(農幕)) 三顧草廬(삼고초려)
2급地 109	石 총20획	礪	숫돌 려(여):	礪山(여산 : 전라북도에 있는 지명)
2급地 110	馬 총29획	驪	검은말 려(여)	경기도 驪州郡(여주군) 驪山(여산 : 중국 진시황의 무덤이 있는 산)
2급地 111	水 총14획	漣	잔물결 련(연)	경기도 漣川郡(연천군)
2급名 112	水 총16획	濂	물이름 렴(염)	濂溪(염계 : 中國 북송의 周敦頤(주돈이)의 號)
2급 113	犬 총18획	獵	사냥 렵(엽)	獵銃(엽총) 狩獵期(수렵기) 獵奇小說(엽기소설) 獵奇的 狂氣(엽기적 광기)
2급人 114	玉 총9획	玲	옥소리 령(영)	人名字(인명자). 玲瓏(영롱 : ① 소리가 맑고 아름답다)
2급地 115	酉 총20획	醴	단술 례(예):	경상북도 醴泉郡(예천군)
2급地 116	鳥 총23획	鷺	해오라기 로(노)	白鷺(백로 : 해오라기)
2급姓 117	魚 총15획	魯	노둔할 로(노)	魯(駑)鈍(노둔) 魚魯不辨(어로불변)
2급姓 118	皿 총16획	盧	姓/검을 로(노)	盧(노)씨 : 274성씨 중 33위 盧生之夢(노생지몽 : 인생의 榮枯盛衰는 덧없음)
2급地 119	艸 총20획	蘆	갈대 로(노)	地名字(지명자). 서울시 蘆原區(노원구) 蘆岸(노안) 蘆雁圖(노안도)
2급 120	竹 총22획	籠	대바구니 롱(농)	籠球(농구) 籠絡(농락) 籠城(농성) 欌籠(장롱) 籠(농 : 상자모양의 작은 가구)

級數 번호	部首 총획수	한자	訓 音	시험에 나오는 활용예문
2급 121	人 총14획	僚	동료 료(요)	同僚(동료) 官僚(관료) 幕僚(막료)
2급地 122	辵 총16획	遼	멀 료(요)	遼東(요동 : 중국 遼河(요하)의 동쪽 지방) 遼遠(요원) 遼東半島(요동반도)
2급 123	疒 총17획	療	병고칠 료(요)	療法(요법) 診療(진료) 治療(치료) 醫療(의료) 醫療院(의료원) 醫療機關(의료기관)
2급 124	石 총12획	硫	유황 류(유)	硫黃(유황 : 화약, 성냥의 원료로 쓰임) 硫酸(유산 : 황산(黃酸)의 구용어(舊用語))
2급姓 125	刀 총15획	劉	죽일/묘금도류(유)	劉備(유비 : 촉한(蜀漢)을 세운 소열황제(昭烈皇帝))
2급 126	言 총18획	謬	그릇될 류(유):	誤謬(오류) 謬見(유:견) 謬說(유설)
2급地 127	山 총11획	崙	산이름 륜(윤)	崑崙山(곤륜산 : 中國에 있는 山)
2급名 128	木 총13획	楞	네모질 릉(능)	人名字(인명자). 楞嚴經(능엄경 : 불경의 이름)
2급人 129	鹿 총23획	麟	기린 린(인)	人名字(인명자). 麒麟(기린) 강원도 麟蹄郡(인제군)
2급 130	手 총15획	摩	문지를 마	摩擦(마찰) 摩擦熱(마찰열) 撫摩(무마) 摩尼敎(마니교) 摩天樓(마천루)
2급 131	鬼 총21획	魔	마귀 마	魔鬼(마귀) 魔力(마력) 魔法(마법) 魔術(마술) 惡魔(악마) 病魔(병마)
2급 132	疒 총13획	痲	저릴 마	痲痺(마비) 痲藥(마약) 痲醉(마취)
2급 133	肉 총15획	膜	막/꺼풀 막	鼓膜(고막) 角膜(각막) 結膜(결막) 腦膜炎(뇌막염) 心臟瓣膜(심장판막)
2급 134	女 총10획	娩	낳을 만:	娩痛(만통) 分娩(분만) 分娩室(분만실) 婉娩(완만 : 의젓하고 부드럽다)
2급族 135	革 총14획	靺	말갈족 말	靺鞨(말갈 : 함경도 북쪽에 살던 부족 이름)
3급 136	网 총8획	罔	없을 망	駭怪罔測(해괴망측) 罔極(망극) 罔極之痛(망극지통) 罔極之恩(망극지은)
2급 137	木 총8획	枚	낱 매	枚數(매수) 枚擧(매거 : 낱낱이 들어 말함)
2급 138	鬼 총15획	魅	매혹할 매	魅力(매력) 魅了(매료) 魅惑的(매혹적)
2급族 139	豸 총13획	貊	북방 종족 맥	濊貊族(예맥족 : 북쪽에 살던 부족 이름)
2급地 140	見 총11획	覓	찾을 멱	木覓山(목멱산 : 서울 南山의 옛 이름)

級數 번호	部首 총획수	한자	訓	音	시험에 나오는 활용예문
2급人 141	人 총9획	俛	구부릴	면:	俛仰亭(면앙정 : 조선 명종 때 학자 宋純(송순)의 호) 俛首(면수) 俛仰(면앙)
2급名 142	冂 총11획	冕	면류관	면:	冕旒冠(면류관) 冕服(면복)
2급地 143	水 총7획	沔	물이름	면:	沔川(면천 : 충남 당진군 소재)
2급 144	艸 총15획	蔑	업신여길	멸	蔑視(멸시) 輕蔑(경멸) 凌(陵)蔑(능멸)
2급地 145	艸 총9획	茅	띠	모	茅草(모초 : 벼과의 다년초) 茅簷(모첨 : 초가지붕의 처마)
2급姓 146	牛 총6획	牟	姓/보리	모	釋迦牟尼(석가모니) 牟麥(모맥) 牟利(모리)
2급 147	巾 총12획	帽	모자	모	帽子(모자) 着帽(착모) 紗帽冠帶(사모관대)
2급人 148	言 총18획	謨	꾀/꾀하다	모	人名字(인명자). 謨訓(모훈 : 국가의 대계(大計)를 꾀할 가르침)
2급人 149	禾 총16획	穆	화목할	목	人名字(인명자). 和穆(화목)
2급名 150	日 총9획	昴	별이름	묘	昴星(묘성) 昴宿(묘수) 人名字(인명자).
2급地 151	水 총7획	汶	물이름	문	경기도 파주시 汶山邑(문산읍)
2급 152	糸 총10획	紊	문란할/어지러울	문:	紊亂(문란 : 도덕이나 질서 등이 뒤죽박죽 되어 어지러움) (예) 풍기문란(風紀紊亂)
2급地 153	弓 총17획	彌	미륵/오랠	미	彌勒佛(미륵불) 彌滿(漫)(미만) 彌縫策(미봉책)
2급人 154	玉 총8획	玟	아름다운 돌	민	人名字(인명자).
2급人 155	日 총8획	旻	하늘	민	人名字(인명자).
2급人 156	日 총8획	旼	화할	민	人名字(인명자).
2급姓 157	門 총12획	閔	성(姓)	민	閔泳煥(민영환 : 조선 말기의 우국지사(憂國之士))
2급人 158	玉 총9획	珉	옥돌	민	人名字(인명자).
2급 159	舟 총11획	舶	큰 배	박	船舶(선박) 漕舶(조박) 舶來(박래)
2급 160	手 총13획	搬	운반할	박	搬入(반입) 搬出(반출) 運搬(운반)

級數 번호	部首 총획수	한자	訓 音	시험에 나오는 활용예문
2급 161	人 총7획	伴	짝 반:	伴侶者(반려자) 伴奏者(반주자) 伴送(반송) 伴行(반행) 同伴(동반) 隨伴(수반)
2급姓 162	水 총15획	潘	姓/뜨물 반	姓氏字(성씨자). 潘沐(반목 : 뜨물로 머리를 감음)
2급人 163	石 총17획	磻	반계 반(번)	磻溪(반계 : 조선 중기 실학의 창시자인 유형원의 호) 은평구 碌磻洞(녹번동)
2급國 164	水 총12획	渤	바다이름 발	渤海(발해 : 698~926년. 고구려의 옛 지역인 만주동부에 세운 나라)
2급地 165	金 총13획	鉢	바리때 발	경기도 이천시 夫鉢面(부발면) 周鉢(주발) 托鉢(탁발) 托鉢僧(탁발승)
2급 166	糸 총10획	紡	길쌈 방	紡毛(방모) 紡絲(방사) 紡錐形(방추형) 紡績(방적) 紡織工場(방직공장)
2급姓 167	方 총10획	旁	곁 방:	姓氏字(성씨자). 旁求(방구) 旁錄(방록)
3급 168	人 총12획	傍	곁 방	傍觀(방관) 傍證(방증) 傍若無人(방약무인) 傍聽(방청) 傍聽客(방청객)
2급姓 169	龍 총19획	龐	높은 집 방	姓氏字(성씨자).
2급 170	人 총10획	俳	배우 배:	俳優(배우) 映畵俳優(영화배우)
2급姓 171	衣 총14획	裵	옷 치렁거릴 배	姓氏字(성씨자). 裵克廉(배극렴 : 조선의 개국공신(開國功臣)
2급地 172	竹 총12획	筏	뗏목 벌	전남 보성군 筏橋邑(벌교읍) 筏夫(벌부 : 뗏목을 타는 뱃사공)
2급 173	門 총14획	閥	문벌 벌	門閥(문벌) 財閥企業(재벌기업) 派閥(파벌) 學閥(학벌) 族閥體制(족벌체제)
2급姓 174	艸 총9획	范	성(姓) 범	姓氏字(성씨자). 范世東(범세동 : 고려 말기의 학자)
2급 175	人 총15획	僻	궁벽할 벽	窮僻(궁벽) 僻者(벽자) 僻波(벽파) 僻村(벽촌) 僻地(벽지) 僻巷窮村(벽항궁촌)
2급姓 176	卜 총4획	卞	姓/조급할 변:	姓氏字(성씨자). 卞季良(변계량 : 조선 초기의 학자)
2급名 177	廾 총5획	弁	고깔 변:	弁韓(변한 : 우리 나라 고대 三韓 중의 한나라) 弁冕(변면) 弁言(변언)
2급人 178	火 총9획	炳	불꽃 병:	人名字(인명자).
2급人 179	日 총9획	昞	밝을 병:	人名字(인명자).
2급人 180	日 총9획	昺	밝을 병:	人名字(인명자). ※ 昞과 同字.

級數 번호	部首 총획수	한자	訓	音	시험에 나오는 활용예문
2급人 181	禾 총8획	秉	잡을	병:	人名字(인명자).
3급 182	立 총10획	竝	나란히	병:	竝立(병립) 竝進(병진) 竝用(병용) 竝稱(병칭) 竝設(병설) 竝行(병행) 竝列合成語(병렬합성어)
2급 183	人 총10획	倂	아우를	병:	倂記(병기) 倂呑(병탄) 倂合(병합) 合倂症(합병증) 漢字倂(竝)用(한자병용)
2급人 184	車 총14획	輔	도울	보:	輔導(보도) 輔弼(보필) 輔佐官(보좌관) 輔國安民(보국안민)
2급人 185	水 총15획	潽	물이름	보:	人名字(인명자).
2급 186	襾 총18획	覆	덮을/엎을	복	覆蓋(복개) 覆面(복면) 覆土(복토) 覆審(복심) 飜覆(번복) 顚覆事故(전복사고)
2급人 187	香 총18획	馥	향기	복	人名字(인명자). 馥郁(복욱 : 그윽한 향기)
2급 188	人 총10획	俸	녹	봉:	俸祿(봉록) 俸給(봉급) 俸米(봉미) 本俸(본봉) 減俸(감봉) 薄俸(박봉)
2급山 189	艸 총15획	蓬	쑥	봉	蓬萊山(봉래산 : 금강산의 여름철 이름)
2급 190	糸 총17획	縫	꿰맬	봉	縫製(봉제) 縫針(봉침) 縫合手術(봉합수술) 天衣無縫(천의무봉)
2급地 191	金 총10획	釜	가마	부	釜煮(부자) 釜山廣域市(부산광역시)
2급地 192	阜 총8획	阜	언덕	부:	曲阜(곡부 : 중국 공자(孔子)의 墓가 있는 곳)
2급 193	攴 총15획	敷	펼	부(:)	敷設(부:설) 敷衍設明(부연설명) 社屋敷地(사옥부지) 高水敷地(고수부지)
2급名 194	艸 총8획	芬	향기로울	분	芬蘭(분란 : '핀란드'의 한자음 표기) 芬皇寺(분황사) 芬芳(분방)
2급人 195	鳥 총19획	鵬	붕새	붕	鵬翼(붕익) 鵬圖(붕도) 鵬程萬里(붕정만리)
2급人 196	比 총9획	毘	도울	비	毘盧峯(비로봉 : 금강산의 최고봉) ※ 毗와 同字.
2급册 197	比 총9획	毖	삼갈	비	懲毖錄(징비록 : 유성룡이 지은 임진왜란 야사(野史))
2급姓 198	一 총5획	丕	클	비	丕業(비업 : 큰 사업. 대업(大業). 丕子(비자 : 천자의 적자(嫡子). 원자(元子). 태자(太子)
2급 199	匚 총10획	匪	비적/도적	비:	匪賊(비적) 武裝共匪(무장공비)
2급人 200	彡 총11획	彬	빛날	빈	彬彬(빈빈) 彬蔚(빈울) ※ 斌이 本字.

級數 번호	部首 총획수	한자	訓	音	시험에 나오는 활용예문
2급地 201	水 총8획	泗	물이름	사:	泗洙(사수) 泗上弟子(사상제자) 泗沘城(사비성 : 백제 수도 부여의 옛 이름)
2급 202	食 총14획	飼	먹일/기를	사	飼料(사료) 飼育(사육) 飼養(사양)
2급 203	口 총10획	唆	부추길	사	唆囑(사촉 : 남을 부추김) 示唆(시사) 教唆(교사)
2급 204	赤 총11획	赦	용서할	사:	赦罪(사죄) 特別赦免(특별사면) 赦免復權(사면복권)
2급 205	人 총12획	傘	우산	산	雨傘(우산) 傘壽(산수 : 八十(팔십)세를 이르는 말) 傘下團體(산하단체)
2급 206	艸 총15획	蔘	삼	삼	蔘圃(삼포) 蔘茸(삼용) 蔘鷄湯(삼계탕) 人蔘(인삼) 山蔘(산삼) 紅蔘(홍삼)
2급 207	手 총12획	插	꽂을/끼울	삽	插木(삽목) 插樹(삽수) 插入(삽입) 插畵(삽화) 插花(삽화) 插話(삽화)
2급名 208	广 총9획	庠	학교	상	人名字(인명자). 庠序(상서 : 향리의 학교)
2급地 209	舌 총12획	舒	펼	서:	舒眉(서미) 振舒(진서) 舒遲(서지) 충청남도 舒川郡(서천군)
2급 210	玉 총13획	瑞	상서로울	서:	祥瑞(상서) 瑞氣(서기) 瑞光(서광) 瑞星(서성) 瑞兆(서조)
2급 211	石 총14획	碩	클	석	碩士(석사) 碩學(석학) 碩座教授(석좌교수)
2급人 212	日 총12획	晳	밝을	석	人名字(인명자). 明晳(명석)한 두뇌
2급人 213	大 총15획	奭	클/쌍백	석	人名字(인명자). 李範奭(이범석 : 독립 운동가)
2급人 214	金 총16획	錫	주석	석	人名字(인명자). 朱錫(주석) 錫石(석석)
2급人 215	玉 총13획	瑄	도리옥	선	人名字(인명자).
2급人 216	玉 총15획	璇	옥	선	人名字(인명자).
2급 217	糸 총18획	繕	기울	선:	修繕(수선) 繕補(선보 : 고치고 기움) 繕寫(선사 : 잘못을 바로잡아 고쳐 베낌)
2급人 218	玉 총18획	璿	아름다운 옥	선	人名字(인명자).
2급人 219	卜 총11획	卨	사람이름	설	李相卨(이상설 : 독립운동가. 헤이그밀사)
2급姓 220	艸 총17획	薛	姓/대쑥	설	薛聰(설총 : 이두(吏讀)문자를 집대성함)

級數 번호	部首 총획수	한자	訓	音	시험에 나오는 활용예문
2급地 221	阜 총10획	陝	땅이름	섬	陝西省(섬서성 : 中國의 省 이름)
2급地 222	日 총16획	暹	해 돋을	섬	暹羅(섬라 : 泰國(타이 : Thailand)의 예전 이름인 시암(Siam)의 한자음 표기)
2급地 223	虫 총19획	蟾	두꺼비	섬	蟾津江(섬진강 : 전라도에 있는 강)
2급 224	糸 총23획	纖	가늘	섬	纖細(섬세) 纖維(섬유) 合纖(합섬) 纖維工業(섬유공업) 纖纖玉手(섬섬옥수)
2급人 225	火 총17획	燮	불꽃	섭	人名字(인명자). 燮和(섭화 : 조화시켜 알맞게 함)
2급人 226	日 총11획	晟	밝을	성	人名字(인명자).
2급 227	貝 총12획	貰	세놓을	세:	貰房(세방) 朔月貰(삭월세) 月貰(월세) 傳貰(전세) 專貰(전세)
2급姓 228	邑 총8획	邵	姓/땅이름	소	平山 邵氏(평산 소씨)
2급 229	糸 총11획	紹	이을	소	紹介(소개) 紹介狀(소개장) 紹介所(소개소) 職業紹介(직업소개)
2급地 230	巛 총11획	巢	집	소	巢窟(소굴) 卵巢(난소) 歸巢性(귀소성) 歸巢本能(귀소본능)
2급姓 231	宀 총7획	宋	姓/송나라	송:	宋氏(송씨) 宋時烈(송시열 : 조선시대 정치가)
2급人 232	水 총9획	洙	물가	수	洙泗學(수사학 : 공자의 가르침, 곧 유학(儒學))
2급人 233	金 총14획	銖	저울눈	수	銖兩(수량 : 아주 작은 분량. 한량의 24분의 1)
2급國 234	阜 총12획	隋	수나라	수	중국의 통일왕조(581년~618년).
2급 235	手 총13획	搜	찾을	수	搜査(수사) 搜索(수색) 搜索令狀(수색영장) 搜查網(수사망) 搜索隊(수색대)
2급人 236	水 총9획	洵	참으로	순	人名字(인명자).
2급人 237	玉 총10획	珣	옥이름	순	人名字(인명자).
2급人 238	艸 총10획	荀	풀이름	순	人名字(인명자). 荀子(순자 : 中國의 전국시대(戰國時代)의 학자)
2급人 239	水 총11획	淳	순박할	순	淳朴(순박) 淳風(순풍 : 순박한 풍속) 淳厚(순후 : 인정이 두터움)
2급地 240	玉 총13획	瑟	큰 거문고	슬	琴瑟(금슬 : 거문고와 비파) 琴瑟(금실 : 다정하고 화목한 부부사이)

級數 번호	部首 총획수	한자	訓	音	시험에 나오는 활용예문
2급地 241	糸 총19획	繩	줄/노끈	승	沖繩(충승 : 오키나와)　自繩自縛(자승자박) 捕繩(포승)　紙繩工藝(지승공예)
2급姓 242	木 총9획	柴	섶	시:	姓氏字(성씨자). 薪柴(신시 : 장작과 섶나무. 땔감용 나무)
2급 243	尸 총9획	屍	주검	시:	屍身(시신)　檢屍(검시)　變屍體(변시체) 屍諫(시간 : 주검으로써 간언(諫言)하는 일)
2급人 244	車 총13획	軾	수레앞턱 가로나무	식	人名字(인명자).
2급 245	歹 총12획	殖	불릴	식	增殖(증식)　殖産(식산)　養殖(양식) 生殖(생식)　生殖器(생식기)　繁殖期(번식기)
2급人 246	水 총12획	湜	물 맑을	식	人名字(인명자).
2급 247	糸 총11획	紳	큰 띠	신:	紳士(신사)　紳士服(신사복)
2급 248	肉 총12획	腎	콩팥	신(:)	腎臟(신:장)　腎臟結石(신:장결석) 腎經(신경)　腎不全症(신:부전증)
2급地 249	水 총18획	瀋	즙/물이름	심:	瀋陽(심양 : 中國 동북지방의 지명)
2급 250	手 총12획	握	쥘	악	握手(악수)　掌握(장악)　內容把握(내용파악)
2급人 251	門 총16획	閼	막을	알	人名字(인명자). 金閼智(김알지 : 경주 안동 김씨의 시조(始祖))
2급 252	疒 총17획	癌	암	암:	癌腫(암종)　胃癌(위암)　乳房癌(유방암) 肝癌(간암)　大腸癌(대장암)
2급 253	手 총8획	押	누를	압	押釘(압정)　押印(압인)　押送(압송) 押留(압류)　押收(압수)　差押(차압)
2급江 254	鳥 총16획	鴨	오리	압	鴨綠江(압록강)　鴨形硯滴(압형연적)
2급姓 255	艸 총6획	艾	쑥	애	姓氏字(성씨자).
2급地 256	土 총10획	埃	티끌	애	埃及(애급 : '이집트' 의 한자음 표기)
2급 257	石 총13획	碍	거리낄	애	拘碍(구애)　碍子(애자 : 사기로 만든 절연체) 碍人耳目(애인이목)
2급地 258	人 총11획	倻	가야	야	伽倻山(가야산 : 경남 합천군의 해인사가 있는 산)
2급 259	心 총13획	惹	이끌	야:	惹端(야단)　惹起(야기)　惹鬧(야료) 惹起鬧端(야기요단)
2급地 260	衣 총17획	襄	도울	양:	地名字(지명자).　강원도 襄陽郡(양양군)

級數 번호	部首 총획수	한자	訓	音	시험에 나오는 활용예문
2급名 261	彡 총9획	彦	선비	언:	李彦迪(이언적 : 조선시대 학자) 彦士(언사) 울산광역시 彦陽面(언양면)
2급人 262	行 총9획	衍	넓을	연:	人名字(인명자). 敷衍(演)說明(부연설명) 蔓衍(延)(만연) 摩訶衍(마하연 : 금강산에 있는 절)
2급人 263	女 총9획	姸	고울	연:	姸人(연인) 姸能(연능)
2급人 264	水 총11획	淵	못	연	淵源(연원) 淵潭(연담) 深淵(심연)
2급 265	門 총15획	閱	볼	열	檢閱(검열) 閱兵(열병) 査閱(사열) 閱覽(열람) 閱覽室(열람실)
2급姓 266	門 총16획	閻	마을	염	閭閻(여염) 閻羅大王(염라대왕)
2급人 267	火 총16획	燁	빛날	엽	人名字(인명자).
2급人 268	日 총13획	暎	비칠	영:	人名字(인명자). ※ 映의 俗字.
2급人 269	玉 총13획	瑛	옥빛	영	人名字(인명자).
2급人 270	玉 총15획	瑩	옥돌/밝을	영	崔瑩(최영 : 고려 말의 명장(名將))
2급地 271	皿 총9획	盈	찰	영	盈德郡(영덕군) 盈溢(영일 : 가득히 차서 넘침) 盈虛(영허 : 가득 참과 텅 빔)
2급姓 272	艸 총8획	芮	성(姓)	예	姓氏字(성씨자). 芮芮(예예 : 풀이 싹이 나서 자라는 모양)
2급 273	頁 총13획	預	맡길/미리	예:	預金(예금) 預置(예치) 預貸(예대) 參預(참예 : 참여(參與))
2급人 274	目 총14획	睿	슬기	예:	睿德(예덕) 睿賢(예현) 睿哲(예철) ※ 叡와 同字. 睿製(예제) 睿旨(예지)
2급人 275	水 총16획	濊	종족이름	예:	濊貊(예맥 : 한족(韓族)의 조상(祖上)이 되는 민족.
3급 276	人 총13획	傲	거만할	오:	傲氣(오기) 傲視(오시) 傲然(오연) 傲慢(오만) 傲慢不遜(오만불손)
2급國 277	土 총16획	墺	물가	오:	墺地利(오지리 : '오스트리아'의 한자음 표기)
2급人 278	金 총13획	鈺	보배	옥	人名字(인명자).
2급地 279	水 총7획	沃	기름질	옥	충청북도 沃川郡(옥천군) 沃土(옥토) 肥沃(비옥) 門前沃畓(문전옥답)
2급 280	禾 총19획	穩	편안할	온(:)	平穩(평온) 穩當(온:당) 穩全(온:전) 穩健派(온건파)

級數 번호	部首 총획수	한자	訓	音	시험에 나오는 활용예문
2급姓 281	邑 총10획	邕	막릴/화할	옹	邕氏(옹씨) 邕穆(옹목) 邕邕(옹옹)
2급姓 282	隹 총13획	雍	화할	옹	雍容(옹용 : 마음이 화락하고 조용한 모양) 辟雍(벽옹 : 천자(天子)가 세운 학교)
2급 283	手 총16획	擁	낄/안을	옹:	擁護(옹호) 擁立(옹립) 擁衛(옹위) 擁壁(옹벽) 抱擁(포옹)
2급地 284	瓦 총18획	甕	독	옹:	甕器(옹기) 甕天(옹천) 甕城(옹성) 甕津郡(옹진군)
2급地 285	艸 총11획	莞	왕골	완	전라남도 莞島郡(완도군) 莞簟(완점 : 왕골 자리와 대자리)
2급人 286	水 총7획	汪	넓을	왕(:)	汪兆銘(왕조명 : 중국정치가) 汪汪(왕왕) 汪然(왕연) 汪洋(왕:양)
2급地 287	日 총8획	旺	왕성할	왕:	人名字(인명자)/地名字(지명자) 경기도 儀旺市(의왕시)
2급 288	止 총9획	歪	비뚤	왜(외)	歪曲報道(왜곡보도) 歷史歪曲(역사왜곡)
2급國 289	人 총10획	倭	왜나라	왜	倭國(왜국 : 옛날 일본을 일컫던 명칭) 倭寇(왜구) 壬辰倭亂(임진왜란)
2급 290	女 총7획	妖	요사할	요	妖妄(요망) 妖艶(요염) 妖氣(요기) 妖婦(요부) 妖術(요술) 妖僧(요승)
2급姓 291	女 총9획	姚	예쁠	요	姚冶(요야 : 용모가 아름다움) 嫖姚(표요 : 날랩. 날쌤)
2급人 292	羽 총20획	耀	비날	요	人名字(인명자). 耀翰(요한 : 글을 빛냄)
2급 293	人 총13획	傭	품팔	용	傭兵(용병) 傭員(용원) 雇傭(고용) 雇傭員(고용원) 日傭職(일용직)
2급人 294	金 총19획	鏞	쇠북	용	人名字(인명자).
2급人 295	水 총13획	溶	녹을	용	溶媒(용매) 溶溶(용용) 溶液(용액) 溶解(용해)
2급人 296	玉 총14획	瑢	패옥소리	용	人名字(인명자).
2급 297	火 총14획	熔	녹을	용	熔融(용융) 熔解(용해) ※ 鎔의 俗字.
2급人 298	金 총18획	鎔	쇠녹일	용	鎔巖(용암) 鎔融(용융) 鎔鑄(용주) 鎔解(용해) 鎔接(용접) 鎔鑛爐(용광로)
2급人 299	人 총7획	佑	도울	우:	人名字(인명자). 佑啓(우계) 保佑(보우) 天佑神助(천우신조)
2급人 300	示 총10획	祐	복	우:	人名字(인명자). 祐助(우조) 天祐(천우)

級數 번호	部首 총획수	한자	訓	音	시험에 나오는 활용예문
2급姓 301	内 총9획	禹	성(姓)	우:	姓氏字(성씨자). 禹王(우왕 : 중국 고대 하(夏)나라를 세운 제왕)
2급人 302	日 총6획	旭	아침해	욱	旭光(욱광)　旭日昇天(욱일승천)
2급人 303	邑 총9획	郁	성할	욱	郁郁(욱욱 : ① 향기가 가득하다 ② 문물(文物)이 성하고 빛나는 모양)
2급人 304	日 총9획	昱	햇빛 밝을	욱	昱昱(욱욱)하다 : (해가) 눈부시게 밝다.
2급人 305	火 총13획	煜	빛날	욱	煜煜(욱욱)하다 : 빛나서 환하다.
2급人 306	頁 총13획	頊	삼갈	욱	人名字(인명자).
2급姓 307	艸 총8획	芸	향풀	운	姓氏字(성씨자).　※ 藝의 略字.
2급地 308	艸 총15획	蔚	우거질	울	蔚山廣域市(울산광역시)　蔚然(울연 : ① 초목이 무성하게 우거져 있다.)
2급 309	鬯 총29획	鬱	답답할	울	鬱憤(울분)　鬱火(울화)　鬱寂(울적) 鬱陵島(울릉도)　鬱鬱蒼蒼(울울창창)
2급地 310	火 총14획	熊	곰	웅	熊女(웅녀)　熊膽(웅담 : 곰의 쓸개) 熊津(웅진 : 충남 공주시(公州市)의 옛 이름)
2급 311	艸 총9획	苑	나라동산	원	文苑(문원)　藝苑(예원)　鹿野苑(녹야원)
2급人 312	衣 총10획	袁	성(姓)	원	姓氏字(성씨자). 袁世凱(원세개 : 중국 청나라 말의 정치가)
2급人 313	女 총12획	媛	계집/예쁠	원	人名字(인명자). 才媛(재원 : 재주 있는 젊은 여자)
2급人 314	玉 총13획	瑗	구슬	원	人名字(인명자).
2급姓 315	鬼 총18획	魏	姓/위나라	위	姓氏字(성씨자). BC403~BC225. 中國 전국(戰國)시대의 나라.
2급地 316	水 총12획	渭	물이름	위	地名字(지명자). 渭水(위수 : 中國에 있는 江)
2급姓 317	韋 총9획	韋	다룬가죽	위	韋編三絶(위편삼절 : 책을 맨 가죽끈이 세 번이나 끊어졌다는 뜻으로, 독서에 힘씀을 이르는 말)
2급姓 318	人 총9획	兪	姓/인월도/대답할	유	姓氏字(성씨자).　兪應孚(유응부 : 조선 단종 때 충신)
2급地 319	木 총13획	楡	느릅나무	유	楡里木(유리목 : 오리나무) 楡岾寺(유점사 : 금강산에 있는 사찰)
2급地 320	足 총16획	踰	넘을	유	서울시 강북구 水踰洞(수유동) 踰越節(유월절)

級數 번호	部首 총획수	한자	訓	音	시험에 나오는 활용예문
2급人 321	广 총12획	庾	곳집/노적가리	유	人名字(인명자). 金庾信(김유신 : 신라의 명장(名將))
2급姓 322	尸 총4획	尹	姓/다스릴	윤:	尹瓘(윤관 : 고려 예종 때 학자) 尹善道(윤선도) 尹奉吉(윤봉길) 判尹(판윤)
2급人 323	儿 총4획	允	맏/진실로	윤:	人名字(인명자). 允可(윤가) 允許(윤허) 允當(윤당)
2급人 324	金 총12획	鈗	창/병기	윤	人名字(인명자).
2급人 325	肉 총9획	胤	자손	윤	人名字(인명자). 胤玉(윤옥) 胤裔(윤예) 胤子(윤자)
2급 326	虫 총16획	融	녹을	융	融合(융합) 融化(융화) 融和策(융화책) 金融(금융) 金融政策(금융정책)
2급人 327	土 총9획	垠	지경/땅끝	은	人名字(인명자). 李垠(이은 : 영친왕(英親王). 구한 말 마지막 황태자 고종의 7번째 아들)
2급姓 328	殳 총10획	殷	은나라	은	殷鑑不遠(은감불원 : 다른 사람의 실패를 자신의 거울로 삼으라는 말)
2급人 329	言 총15획	誾	향기	은	人名字(인명자). 南誾(남은 : 조선의 개국공신)
2급 330	冫 총16획	凝	엉길	응:	凝結(응결) 凝固(응고) 凝視(응시) 凝集力(응집력) 凝灰巖(응회암)
2급地 331	鳥 총24획	鷹	매	응	은평구 鷹巖(岩)洞(응암동) 鷹犬(응견) 鷹視(응시 : 날카로운 눈초리로 노려 봄)
2급地 332	人 총6획	伊	저	이	伊人(이인) 伊時(이시) 地名字(지명자). 伊太利(이태리 : '이탈리아'의 한자음 표기)
2급人 333	玉 총10획	珥	귀걸이	이:	人名字(인명자). 李珥(이이 : 1536~1584. 조선 시대의 유교 학자)
2급人 334	心 총8획	怡	기쁠	이	人名字(인명자). 南怡(남이 : 1441~1468. 世祖 때의 장수(將帥))
2급人 335	羽 총11획	翊	도울	익	翊戴(익대 : 군주(君主)로 받들어 도움) 翊贊(익찬 : 군주의 정치를 도움)
2급人 336	人 총8획	佾	춤	일	八佾(팔일 : 논어의 篇名) 八佾舞(팔일무) 佾舞(일무 : 사람을 여러 줄로 세워 추는 춤)
2급人 337	金 총18획	鎰	무게이름	일	人名字(인명자).
2급 338	女 총7획	妊	아이밸	임:	妊娠(임신) 避妊(피임) 妊産婦(임산부)
2급 339	言 총16획	諮	물을	자:	諮問(자문 : 전문가에게 의견을 물음) 諮問機關(자문기관)
2급人 340	水 총12획	滋	불을	자	滋甚(자심) 滋養劑(자양제) 滋養(자양 : 몸에 영양이 되는 일) 滋養分(자양분)

級數 번호	部首 총획수	한자	訓 音	시험에 나오는 활용예문
2급 341	石 총14획	磁	자석 자:	磁氣(자기) 磁石(자석) 磁場(자장) 磁(瓷)器(자기) 陶磁(瓷)器(도자기)
2급地 342	广 총6획	庄	전장/농막 장	田庄(전장) ※ 莊의 簡體字.
2급人 343	玉 총15획	璋	반쪽/홀 장	人名字(인명자). 弄璋之慶(농장지경)
2급人 344	木 총15획	樟	녹나무 장	人名字(인명자).
2급人 345	艸 총15획	蔣	姓/줄 장(:)	蔣介石(장:개석 : 1887~1975. 대만의 정치지도자) 蔣茅(장모) 蔣席(장석)
2급 346	宀 총10획	宰	재상 재:	宰相(재상) 主宰(주재 : 책임지고 맡아 처리함)
2급 347	水 총8획	沮	막을 저:	沮止(저지) 沮害(저해) 沮害事犯(저해사범) 沮害要因(저해요인)
2급人 348	田 총7획	甸	경기 전	地名字(지명자). 畿甸(기전 : 서울 부근)
2급 349	殳 총13획	殿	전각/큰 집 전:	聖殿(성전) 神殿(신전) 寢殿(침전) 勤政殿(근정전) 예술의 殿堂(전당)
2급 350	穴 총22획	竊	훔칠 절	竊盜(절도) 竊取(절취) 剽竊(표절) 剽竊作品(표절작품)
2급人 351	水 총5획	汀	물가 정	人名字(인명자).
2급人 352	玉 총11획	珽	옥이름 정	人名字(인명자).
2급 353	舟 총13획	艇	거룻배 정	小艇(소정) 艦艇(함정) 漕艇競技(조정경기) 救命艇(구명정) 快速艇(쾌속정)
2급 354	人 총11획	偵	염탐할 종	偵察(정찰) 偵探(정탐) 探偵(탐정)
2급人 355	木 총13획	楨	광나무 정	楨幹(정간 : 담의 양쪽 끝에 세우는 나무기둥)
2급人 356	示 총14획	禎	상서로울 정	孫基禎(손기정 : 1936년 11회 베를린올림픽 때 마라톤에서 금메달을 획득함)
2급地 357	方 총11획	旌	기/표할 정	旌表(정표) 銘旌(명정) 旌旗(정기) 旌閭(정려) 旌門(정문)
2급人 358	日 총12획	晶	밝을/수정 정	晶光(정광) 結晶(결정) 結晶體(결정체) 紫水晶(자수정) 液晶畵面(액정화면)
2급姓 359	邑 총15획	鄭	나라 정:	※ 중국 춘추시대(BC806~BC357)의 제후국. 鄭夢周(정몽주 : 고려 말의 충신)
2급 360	刀 총16획	劑	약제 제	藥劑(약제) 助劑(조제) 錠劑(정제) 湯劑(탕제) 消化劑(소화제) 營養劑(영양제) 解熱劑(해열제)

級數 번호	部首 총획수	한자	訓	音	시험에 나오는 활용예문
2급人 361	示 총10획	祚	복	조	福祚(복조) 祚命(조명) 天祚(천조) 登祚(등조) 溫祚(온조 : 백제(百濟)의 왕)
2급姓 362	曰 총10획	曺	성	조	姓氏字(성씨자). 曺植(조식 : 조선 중종 때의 학자)
2급 363	手 총11획	措	둘	조	措處(조처) 措置(조치) 應急措置(응급조치)
2급 364	金 총11획	釣	낚시	조:	釣臺(조대) 釣況(조황) 釣師(조사) 釣魚(조어) 釣魚臺(조어대) 始釣會(시조회)
2급 365	彡 총11획	彫	새길	조	彫塑(조소 : 새기거나 깎아서 만드는 조각(彫刻))
2급姓 366	走 총14획	趙	姓/나라	조:	姓氏字(성씨자). 趙光祖(조광조 : 조선 중종 때의 학자. 문신)
2급人 367	玉 총12획	琮	옥홀/서옥	종	人名字(인명자).
2급 368	糸 총14획	綜	모을	종	綜絲(종사) 政府綜合廳舍(정부종합청사) 綜合大學(종합대학) 綜合病院(종합병원)
특급II 369	金 총17획	鍾	종발/모을	종	鍾鉢(종발) 鍾愛(종애) ※ 人名字(인명자)에 많이 쓰임.
2급 370	馬 총15획	駐	머무를	주:	駐屯(주둔) 駐美大使(주미대사) 常駐(상주) 駐車場(주차장) 駐韓美軍(주한미군)
2급 371	玉 총10획	珠	구슬	주	珠玉(주옥) 珠簾(주렴) 珠算(주산) 念珠(주염) 如意珠(여의주)
5급 372	辵 총12획	週	주일	주	週末(주말) 週刊(주간) 週報(주보) 隔週(격주) 來週(내주) 週番士官(주번사관)
2급 373	大 총9획	奏	아뢸	주:	奏者(주자) 奏請(주청) 奏效(주효) 奏樂(주악) 獨奏(독주) 伴奏(반주) 演奏(연주)
2급人 374	田 총19획	疇	밭이랑	주	人名字(인명자). 田疇(전주) 疇輩(주배)
2급 375	金 총22획	鑄	쇠부릴	주:	鑄物(주물) 鑄造(주조) 鑄鐵(주철) 鑄字(주자) 鑄錢(주전) 鑄型(주형)
2급人 376	水 총10획	浚	깊게 할	준:	人名字(인명자). 浚渫(준설) 浚井(준정)
2급人 377	土 총10획	埈	가파를	준:	人名字(인명자).
2급人 378	山 총10획	峻	높을	준:	人名字(인명자). 泰山峻嶺(태산준령) 峻刑(준형) 峻酷(준혹)
2급人 379	日 총11획	晙	밝을	준:	人名字(인명자).
2급人 380	馬 총17획	駿	준마	준:	駿馬(준마) 駿足(준족)

級數 번호	部首 총획수	한자	訓	音	시험에 나오는 활용예문
2급 381	冫 총10획	准	비준/승인할	준:	批准(비준) 批准書(비준서) 認准(인준) 准尉(준위) 准將(준장) 准士官(준사관)
2급人 382	水 총17획	濬	깊을	준:	濬水(준수) 濬哲(준철) 濬川(준천)
2급人 383	艸 총8획	芝	지초	지	靈芝(영지) 芝蘭之交(지란지교)
2급地 384	土 총7획	址	터	지	寺址(사지) 城址(성지) 史蹟址(사적지)
2급人 385	禾 총13획	稙	올벼	직	人名字(인명자).
2급地 386	禾 총15획	稷	피	직	稷山(직산 : 충청남도 천안시에 있는 지명) 社稷壇(사직단) 社稷洞(사직동)
2급 387	雨 총15획	震	우레	진:	震怒(진노) 震度(진도) 震災(진재) 地震帶(지진대) 震天動地(진천동지)
2급 388	言 총12획	診	진찰할	진:	診斷(진단) 診療(진료) 檢診(검진) 診察室(진찰실) 診斷書(진단서) 聽診器(청진기)
2급姓 389	禾 총10획	秦	姓/나라	진	秦始皇(진시황 : 중국 최초로 중앙집권적 통일제국을 건설한 진 나라의 황제)
2급姓 390	日 총10획	晋	姓/나라	진:	경남 晋州市(진주시) 晋陽(진양)
2급 391	土 총14획	塵	티끌	진	塵土(진토) 落塵(낙진) 粉塵(분진) 集塵(집진) 風塵(풍진) 塵肺症(진폐증)
2급 392	車 총16획	輯	모을	집	輯錄(집록) 蒐輯(수집) 特輯(특집) 編輯部(편집부) 編輯長(편집장)
2급 393	辵 총15획	遮	가릴	차:	遮光(차:광) 遮陽(차양) 遮壁(차:벽) 遮斷(차:단) 遮斷器(차:단기)
2급 394	食 총16획	餐	밥/먹을	찬	朝餐(조찬) 午餐(오찬) 晩餐(만찬) 尸位素餐(시위소찬 : 직책을 다하지 못하면서 녹만 먹음)
2급人 395	火 총17획	燦	빛날	찬:	燦爛(찬란) 豪華燦爛(호화찬란)
2급人 396	玉 총17획	璨	옥빛	찬:	人名字(인명자).
2급人 397	玉 총23획	瓚	옥잔/제기	찬	人名字(인명자).
2급人 398	金 총27획	鑽	뚫을	찬	硏鑽(연찬 : 깊이 연구함) 硏鑽會(연찬회)
2급 399	木 총5획	札	편지	찰	書札(서찰) 落札(낙찰) 流札(유찰) 現札(현찰) 改札口(개찰구)
2급地 400	攴 총12획	敞	시원할/높을	창:	전라북도 高敞郡(고창군) 高敞(고창 : 지세가 높고 평평하여 앞이 탁 트임)

級數 번호	部首 총획수	한자	訓	音	시험에 나오는 활용예문
2급人 401	日 총9획	昶	해길	창:	人名字(인명자).
2급人 402	土 총11획	埰	사패지	채:	人名字(인명자).
2급姓 403	艸 총15획	蔡	姓/나라	채:	姓氏字(성씨자).
2급 404	隹 총10획	隻	외짝	척	隻手(척수) 隻言(척언) 隻步(척보) 隻窓(척창) 隻行(척행)
2급地 405	金 총11획	釧	팔찌	천	釧路(천로 : 일본 北海道[홋카이도]에 있는 지명)
2급人 406	口 총12획	喆	밝을/쌍길	철	人名字(인명자). ※ 哲과 同字.
2급人 407	水 총15획	澈	맑을	철	鄭澈(정철 : 1536~1593. 조선 선조(宣祖) 때 문신.)
2급名 408	目 총18획	瞻	볼	첨	瞻望(첨망) 瞻仰(첨앙) 瞻星臺(첨성대 : 경주(慶州)에 있는 신라시대의 천문 관측대)
2급 409	言 총16획	諜	염탐할	첩	諜者(첩자) 間諜(간첩) 諜報(첩보) 諜報員(첩보원)
2급 410	辵 총14획	遞	갈릴	체	遞信(체신) 郵遞局(우체국) 郵遞筒(우체통) 遞改(체개) 遞減(체감) 驛遞(역체)
2급 411	水 총14획	滯	막힐	체	滯納(체납) 滯留(체류) 滯拂(체불) 延滯(연체) 停滯(정체)
2급 412	口 총10획	哨	망볼/작다	초	哨兵(초병) 步哨(보초) 哨戒(초계) 前哨戰(전초전 : 본격적인 전투 전의 소규모 전투)
2급 413	火 총12획	焦	탈/그을릴	초	焦燥(초조) 焦點(초점) 焦眉(초미) 焦眉之急(초미지급) 勞心焦思(노심초사)
2급國 414	木 총13획	楚	초나라	초	四面楚歌(사면초가) 楚漢(초한 : 楚의 항우(項羽)와 漢의 유방(劉邦))
2급國 415	虫 총13획	蜀	나라이름	촉	蜀漢(촉한 : 220~263. 유비(劉備)가 세운 왕조)
2급姓 416	山 총11획	崔	姓/높을	최	姓氏字(성씨자)
2급地 417	木 총13획	楸	가래	추	地名字(지명자).
2급姓 418	邑 총13획	鄒	추나라	추	鄒魯之鄕(추로지향 : 공맹(孔孟)의 고향이라는 뜻)
2급 419	走 총17획	趨	달아날	추	趨勢(추세 : 대세(大勢)의 흐름이나 경향(傾向)) 歸趨(귀추 : 어떤 결과로서 귀착하는 바)
2급 420	車 총12획	軸	굴대	축	主軸(주축) 車軸(차축) 回轉軸(회전축) 地軸(지축) 天方地軸(천방지축)

級數 번호	部首 총획수	한자	訓	音	시험에 나오는 활용예문
2급 421	足 총19획	蹴	찰	축	蹴球(축구) 蹴球競技(축구경기) 蹴鞠(축국) 蹴踏(축답) 一蹴(일축)
2급人 422	木 총13획	椿	참죽나무	춘	椿堂(춘당) 椿丈(춘장) 椿萱(춘훤) 椿府丈(춘부장 : 남의 아버지를 높여 일컫는 말)
2급人 423	水 총7획	沖	화할/빌	충	崔沖(최충 : 고려시대 문신. 학자) 沖積世(충적세) 沖積物(충적물) 沖積土(충적토)
2급 424	火 총8획	炊	불땔	취:	炊飯(취반) 炊事(취사) 炊事兵(취사병) 炊事道具(취사도구)
2급人 425	耳 총14획	聚	모을	취:	聚合(취합 : 모아서 하나로 합침) 聚落(취락 : 인가(人家)가 모여 있는 곳)
2급地 426	山 총9획	峙	언덕/우뚝솟을	치	서울시 강남구 大峙洞(대치동) 對峙狀況(대치상황) 對峙政局(대치정국)
2급地 427	隹 총13획	雉	꿩	치	地名字(지명자).
3급 428	手 총6획	托	맡길	탁	依托(託)(의탁) 托鉢僧(탁발승) 無依無托(무의무탁)
5급 429	十 총8획	卓	높을/뛰어날	탁	卓越(탁월) 卓見(탁견) 卓絶(탁절) 卓子(탁자) 卓球(탁구) 卓上空論(탁상공론)
2급 430	言 총14획	誕	낳을/거짓	탄:	誕生(탄생) 佛誕日(불탄일) 誕日鐘(탄일종) 聖誕節(성탄절)
2급地 431	水 총22획	灘	여울	탄	玄海灘(현해탄) 新灘津(신탄진) 漢灘江(한탄강 : 강원도 철원군, 경기도 연천군 소재)
2급人 432	口 총5획	台	별	태	人名字(인명자). 天台宗(천태종 : 불교 종파의 하나) ※ 臺의 略字.
2급 433	肉 총9획	胎	아이밸	태	胎氣(태기) 胎動(태동) 胎兒(태아) 胎盤(태반) 胎葉(태엽)
2급 434	風 총14획	颱	태풍	태	颱風(태풍 : 북태평양 남서부에서 발생하여 동북아시아 내륙으로 불어닥치는 초속 17m 이상 되는 열대성 저기압)
2급人 435	儿 총7획	兌	바꿀 기쁠	태 열	兌管(태관 : 색대) 兌換紙幣(태환지폐 : 정화(正貨)와 교환하는 지폐)
3급II 436	儿 총7획	兎	토끼	토	兎糞(토분) 兎月(토월) 兎死狗烹(토사구팽) 養兎(양토) ※ 兔의 俗字.
2급 437	手 총7획	把	잡을	파:	把握(파악) 把守兵(파수병)
2급地 438	土 총8획	坡	언덕	파	경기도 坡州市(파주시) 서울시 松坡區(송파구)
2급 439	襾 총19획	覇	으뜸	패:	覇權主義(패권주의) 覇者(패자) 連覇(연패) 覇氣滿滿(패기만만) ※ 霸의 俗字.
2급姓 440	彡 총12획	彭	성(姓)	팽	姓氏字(성씨자). 彭(澎)湃(팽배)

級數 번호	部首 총획수	한자	訓	音	시험에 나오는 활용예문
2급人 441	戶 총9획	扁	작을/넓적할	편	扁鵲(편작 : 中國 고대의 명의(名醫)) 扁(片)舟(편주) 扁額(편액)
2급 442	人 총11획	偏	치우칠	편	偏見(편견) 偏食(편식) 偏愛(편애) 偏憎(편증) 偏重(편중) 偏差(편차) 偏頗(편파)
2급 443	土 총8획	坪	넓이단위	평:	坪當價格(평당가격) 坪數制限(평수제한) 建坪(건평) 延建坪(연건평)
2급 444	心 총8획	怖	두려워할	포:	恐怖(공포 : 무서움과 두려움) 畏怖(외포 : 두려워함. 두려워서 떪)
4급II 445	石 총10획	砲	대포	포:	砲擊(포격) 砲隊(포대) 大砲(대포) 曲射砲(곡사포) 砲兵隊(포병대) 投砲丸(투포환)
2급地 446	魚 총16획	鮑	절인물고기	포:	鮑尺(포척) 鮑魚之肆(포어지사) 鮑石亭(포석정 : 경주에 있는 신라의 고적지)
2급 447	手 총8획	抛	던질	포:	抛棄(포기 : 하던 일을 중도에 그만두어 버림) 抛物線(포물선 : 원뿔곡선의 한가지)
2급人 448	艸 총13획	葡	포도	포	葡萄牙(포도아 : '포르투갈'의 한자음 표기) 葡萄(포도) 葡萄糖(포도당) 葡萄汁(포도즙)
2급 449	金 총15획	鋪	펼/가게	포	鋪道(포도) 道路鋪裝(도로포장) 老鋪(노포) 紙物鋪(지물포)
2급人 450	木 총7획	杓	북두자루	표	人名字(인명자).
2급姓 451	馬 총12획	馮	성(姓) 탈	풍 빙	姓氏字(성씨자). 馮夷(풍이 : 물 속에 있는 귀신) 馮據(빙거)
2급人 452	水 총8획	泌	스며 흐를 분비할	필 비:	※ 人名字(인명자)에서는 '필'字로 쓰임. 分泌物(분비물) 泌尿器科(비뇨기과)
2급姓 453	弓 총12획	弼	도울	필	人名字(인명자). 弼成(필성) 弼導(필도) 輔弼(보필)
2급 454	虍 총9획	虐	모질/사나울	학	虐殺(학살) 虐政(학정) 自虐(자학) 暴虐無道(포학무도) 兒童虐待(아동학대)
2급 455	舟 총20획	艦	큰 싸움배	함:	艦隊(함대) 艦上(함상) 艦長(함장) 軍艦(군함) 航空母艦(항공모함)
2급地 456	阜 총10획	陜	땅이름 좁을	합 협	地名字(지명자). 陜川(합천 : 경상남도에 있는 地名) 陜(峽)谷(협곡) 陜(狹)窄(협착)
2급人 457	亠 총4획	亢	높을	항	人名字(인명자). 亢羅(항라) 亢進(항진) 亢龍有悔(항룡유회 : 지나치게 높이 올라가면 후회함)
2급人 458	水 총7획	沆	넓을	항	人名字(인명자).
2급地 459	木 총7획	杏	살구	행:	杏林(행림) 杏仁(행인) 杏花(행화) 銀杏(은행) 성동구 杏堂洞(행당동)
2급人 460	赤 총14획	赫	빛날/붉을	혁	人名字(인명자). 朴赫居世(박혁거세 : 신라의 시조(始祖))

級數 번호	部首 총획수	한자	訓 音	시험에 나오는 활용예문
2급人 461	火 총18획	爀	불빛/붉을 혁	人名字(인명자).
2급人 462	火 총9획	炫	밝을/빛날 현:	人名字(인명자).
2급人 463	金 총13획	鉉	솥귀 현	人名字(인명자).
2급地 464	山 총10획	峴	고개/재 현:	地名字(지명자). 마포구 阿峴洞(아현동) 서대문구 峴底洞(현저동)
2급 465	女 총13획	嫌	싫어할 혐	嫌惡(혐오) 嫌惡感(혐오감) 嫌怨(혐원) 嫌忌(혐기) 嫌疑者(혐의자)
2급 466	山 총10획	峽	골짜기 협	峽谷(협곡) 峽農(협농) 峽路(협로) 海峽(해협)
2급 467	土 총9획	型	모형/거푸집 형	模型(모형) 金型(금형) 元型(원형) 原型(원형) 典型(전형) 大型(대형) 類型(유형)
2급姓 468	邑 총7획	邢	姓/나라이름 형	姓氏字(성씨자).
2급人 469	火 총9획	炯	빛날 형	炯眼(형안) 炯心(형심)
2급人 470	水 총18획	瀅	물 맑을 형:	人名字(인명자). 汀瀅(정형 : 물이 맑고 깨끗함. 작은 시내)
2급 471	行 총16획	衡	저울대 형	衡平(형평) 平衡(평형) 均衡(균형) 銓衡(전형) 銓衡日字(전형일자)
2급人 472	香 총20획	馨	꽃다울/향기 형	人名字(인명자). 柳馨遠(류형원 : 조선 중기 실학자)
2급姓 473	戶 총11획	扈	따를 호:	姓氏字(성씨자). 跋扈(발호) 扈徒(호도) 扈衛廳(호위청 : 궁중을 경호하던 군영(軍營))
2급人 474	日 총8획	昊	하늘 호:	人名字(인명자). 昊天罔極(호천망극)
2급人 475	示 총10획	祜	복 호	人名字(인명자). 徐天祜(서천호 : 원(元)나라 학자)
2급人 476	日 총11획	晧	밝을 호:	人名字(인명자).
2급人 477	白 총12획	皓	흴 호:	皓皓白髮(호호백발) 丹脣皓齒(단순호치)
2급人 478	水 총15획	澔	넓을 호:	人名字(인명자). ※ 浩와 同字.
2급 479	水 총17획	濠	호주/해자 호	濠洲(호주 : '오스트레일리아'의 한자음 표기) 外濠(외호 : 성 밖 둘레에 판 구덩이. 해자(垓子))
2급地 480	土 총17획	壕	해자 호	塹壕(참호) 防空壕(방공호) 掩蔽壕(엄폐호)

級數 번호	部首 총획수	한자	訓	音	시험에 나오는 활용예문
2급人 481	金 총18획	鎬	호경	호:	人名字(인명자).
2급 482	酉 총14획	酷	심할	혹	酷毒(혹독) 酷暑(혹서) 酷烈(혹렬) 酷寒(혹한) 酷評(혹평) 苛酷行爲(가혹행위)
2급人 483	水 총8획	泓	물 깊을	홍	人名字(인명자).
2급 484	革 총13획	靴	신	화	軍靴(군화) 短靴(단화) 長靴(장화) 室內靴(실내화) 洋靴店(양화점)
2급人 485	女 총15획	嬅	탐스러울	화	人名字(인명자).
2급地 486	木 총16획	樺	자작나무	화	地名字(지명자).
2급人 487	木 총10획	桓	굳셀	환	桓雄(환웅 : 단군신화에 나오는 천제자(天帝子). 웅녀를 맞아 단군을 낳음)
2급人 488	火 총13획	煥	빛날	환:	人名字(인명자).
2급 489	水 총13획	滑	미끄러울 익살스러울	활 골	滑降(활강) 滑空(활공) 滑走路(활주로) 圓滑(원활) 滑稽(골계)
2급人 490	日 총10획	晃	밝을	황	人名字(인명자).
2급人 491	水 총13획	滉	깊을	황	人名字(인명자). 퇴계 李滉(이황 : 조선조의 학자)
2급地 492	水 총11획	淮	강이름	회	淮陽郡(회양군 : 강원도 내금강(內金剛)쪽으로 철원군·양주군·고성군과 접하고 있음)
2급地 493	木 총17획	檜	전나무	회:	檜木(회목) 檜皮(회피)
5급 494	攴 총10획	效	본받을	효:	效果(효과) 效率(효율) 效能(효능) 效驗(효험) 無效(무효) 藥效(약효) 發效(발효) 時效(시효)
2급姓 495	口 총6획	后	임금/왕후	후:	姓氏字(성씨자). 后稷(후직) 王后(왕후) 皇后(황후) 皇太后(황태후)
2급人 496	火 총14획	熏	불길	훈	人名字(인명자). 熏煮(훈자) 熏蒸(훈증)
2급 497	力 총16획	勳	공	훈	勳章(훈장) 攻勳(공훈) 敍勳(서훈) 勳褒章(훈포장) 國家報勳處(국가보훈처)
2급人 498	土 총17획	壎	질나팔	훈	壎篪(훈지 : 피리의 일종. '壎'은 흙으로 만들고, '篪'는 대로 만듦. 형제간의 서로 화목함을 이름)
2급人 499	艸 총18획	薰	향풀	훈	人名字(인명자). 薰氣(훈기) 香薰(향훈) 薰陶(훈도) 薰育(훈육)
2급名 500	彳 총17획	徽	아름다울	휘	徽章(휘장) 徽言(휘언) 徽音(휘음) 徽號(휘호)

級數 번호	部首 총획수	한자	訓	音	시험에 나오는 활용예문
2급人 501	火 총10획	烋	아름다울	휴	人名字(인명자).
2급族 502	勹 총6획	匈	오랑캐	흉	匈奴族(흉노족 : 기원전 3세기 ~ 1세기경에 몽골 지방에서 활약하던 유목민족)
2급人 503	欠 총12획	欽	공경할	흠	人名字(인명자). 欽敬(흠경) 欽慕(흠모) 欽仰(흠앙) 欽命(흠명)
2급 504	女 총9획	姬	계집	희	舞姬(무희) 美姬(미희) 佳姬(가희)
2급人 505	女 총15획	嬉	아름다울	희	人名字(인명자). 嬉遊(희유)
2급人 506	心 총16획	憙	기뻐할	희	人名字(인명자).
2급人 507	示 총17획	禧	복	희	人名字(인명자).
2급人 508	火 총16획	熹	성할/빛날	희	人名字(인명자). 朱熹(주희 : 주자(朱子)의 이름)
2급人 509	羊 총16획	羲	황제이름	희	伏羲(복희 : 중국 고대 전설상의 제왕)

저절로 외워지는
한자능력검정시험 3~2급

字音索引

① 한자능력 검정시험 3~2급 한자 2350자를 음순으로 배열하였다.

② 오른쪽 숫자는 한자가 실린 면수를 나타낸다.

저절로 외워지는 중영단어

Easy Vocabulary

총정리

중학교 교과서에 나오는 전단어를 수능시험
출제빈도에 따라 11등급으로 나누어 수록하였습니다.
삽화를 보며 암기문장을 읽으면
단어가 저절로 외어집니다.

* 본 표지는 실물보다 약1.5배 확대한 것입니다.

퀸 출판사
Queen

퀸 출판사에서 만든 책들

퀸 출판사에서 만든책들

대입수능

저절로 외워지는 영단어 빈도순

Exam English - Words by selfmind

Exam English
Words by
selfmind

* 본 표지는 실물보다 약1.5배 확대한 것입니다.

퀸출판사
Queen

자동암기

영어사전

ENGLISH-KOREAN DICTIONARY

ENGLISH-KOREAN

ENGLISH
KOREAN
DICTIONARY

ENGLISH-KOREAN DICTIONARY ENGLISH-KOREAN DICTIONARY ENGLISH-KOR

퀸 출판사

* 본 표지는 실물보다 약1.5배 확대한 것입니다.

퀸 출판사에서 만든 책들

[13] **ask** [æsk/ɑːsk 애스크] ⓢ 묻다, 물어보다

애수(슬픈근심) 크냐고

암기 올드미스에게 애스(哀愁)크냐고 묻다.

(oldmiss 노처녀) (ask 묻다)

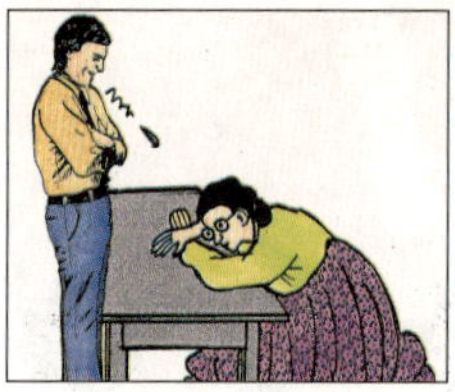

[15] **bad** [bæd 베드] ⓗ (비교급 worse, 최상급 worst) 나쁜

베더니 가위 쥐고

암기 나쁜 부위를 베드니 가우쥐고 도려내다.

(나쁜 불량한 bad) (gouge 도려내다)

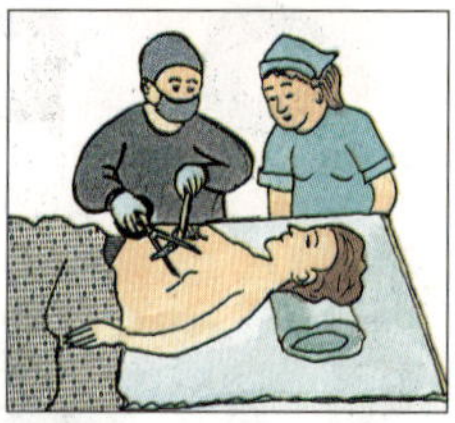

[28] **child** [tʃaild 차일드] ⓜ《복수 children [tʃíldrən]》 아이, 어린이

차씨가 일도 어린이를

암기 차(車)일드 많은 어린이럴 어르다.

(child 아이 어린이) (lull 어르다)

[34] **develop** [divéləp 뒤밸엎] ⓢ 발달(발전)하다, 개발하다

기사 뒤 배를 엎어놓고

암기 엔지니어가 뒤밸엎어놓고 개발하다.

(engineer) (develop, 개발하다)

[42] **example** [egzǽmpl/-záːm- 애그잠풀] ⓜ 보기, 예, 견본

애가 그 잠오는 풀

암기 애그잠풀을 견본으로 먹어

(example 견본)

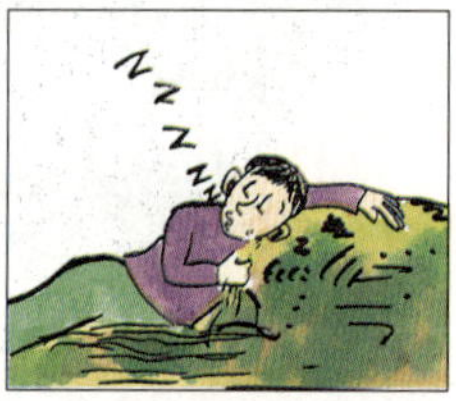

[59] **how** [hau 하우] ⓑ 어떻게, 얼마로, ~하는 방법

암기 "어떻게 하우?"하며 하는 방법을

(어떻게 how 하는 방법)

스승님께 물어.

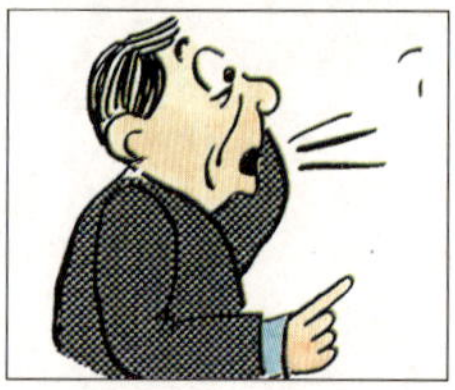

[61] **human** [hjúːmən 휴-먼] ⓗ 인간의 ⓜ 인간

휴면(休眠)

암기 휴먼(休眠)상태에 있는 인간(人間).

(human 인간다운, 인간의, 인간(人間))

Of course I make mistake, I'm only *human*.

물론 나도 실수를 하지, 나도 인간이니까.

* 상기 내용은 [저절로 외워지는 중영단어 총정리]에서 발췌한 것입니다.